有组织犯罪通论

General Theory of Organized Crime

莫洪宪　著

法律出版社 LAW PRESS · CHINA
北京

图书在版编目(CIP)数据

有组织犯罪通论 / 莫洪宪著. -- 北京 : 法律出版社, 2023

ISBN 978-7-5197-8219-1

Ⅰ. ①有… Ⅱ. ①莫… Ⅲ. ①犯罪集团-刑事犯罪-研究-中国 Ⅳ. ①D924.114

中国国家版本馆CIP数据核字(2023)第153577号

有组织犯罪通论
YOUZUZHI FANZUI TONGLUN

莫洪宪 著

策划编辑 李 群 陈昱希
责任编辑 陈昱希
装帧设计 贾丹丹

出版发行 法律出版社
编辑统筹 法规出版分社
责任校对 张红蕊
责任印制 耿润瑜
经　　销 新华书店

开本 710毫米×1000毫米 1/16
印张 33.75 **字数** 584千
版本 2023年11月第1版
印次 2023年11月第1次印刷
印刷 三河市龙大印装有限公司

地址:北京市丰台区莲花池西里7号(100073)
网址:www.lawpress.com.cn
投稿邮箱:info@lawpress.com.cn
举报盗版邮箱:jbwq@lawpress.com.cn

销售电话:010-83938349
客服电话:010-83938350
咨询电话:010-63939796

书号:ISBN 978-7-5197-8219-1
定价:98.00元

凡购买本社图书,如有印装错误,我社负责退换。电话:010-83938349

作 者 简 介

莫洪宪

现任武汉大学（二级）教授，博士生导师。兼任中国刑法学研究会学术顾问，中国廉政法制研究会副会长，武汉市法学会副会长；最高人民法院特邀咨询员；省、市政法委、法院、检察院、公安部门专家咨询委员会委员；武汉市政府参事。主持完成国家社科基金重大攻关项目及一般项目共计二十余项。主要研究方向：有组织犯罪研究、反腐败研究以及毒品犯罪研究。出版《有组织犯罪研究》《加入〈联合国打击跨国有组织犯罪公约〉对我国的影响》等著作十余部，在国内外学术刊物上发表学术论文百余篇。

序　言

有组织犯罪是人类社会发展中的“毒瘤”，对国家安全、社会秩序、经济运行等构成严重威胁，是刑事司法和刑事治理的重要对象。预防和打击有组织犯罪，事关公民的生命、健康与财产等重要法益，关系社会的安定、国家的发展。自1994年《那不勒斯政治宣言和打击有组织跨国犯罪的全球行动计划》签署之后，世界各国纷纷加强了惩治有组织犯罪的立法和司法工作。2000年第五十五届联合国大会通过了《联合国打击跨国有组织犯罪公约》，旨在促进合作，以便更有效地预防和打击跨国有组织犯罪。我国作为该公约的缔约国，依法打击有组织犯罪不仅是履行国际义务的需要，更是基于我国现代化实践的考量。中华人民共和国成立后，党和政府采取高压严打政策，在较短的时间内彻底清除了旧社会遗留下来的反动“会道门”等黑恶势力。改革开放以来，受境内外多方面因素的影响，黑恶势力在一些地方又沉渣泛起。我国1997年修订《刑法》时，增加规定了组织、领导、参加黑社会性质组织罪的条文，结合司法实践制定了一系列司法文件，密织打击黑恶势力犯罪的刑事法网。2018年1月，中共中央、国务院发出《关于开展扫黑除恶专项斗争的通知》对扫黑除恶专项斗争进行了全方位部署，特别强调对涉黑涉恶问题突出的重点地区、行业及领域要依法严惩。据统计①,截至2021年3月,全国共打掉涉黑组织3644个,涉恶犯罪集团11675个,全国公安机关共破获涉黑涉恶刑事案件24.6万起,全国检察机关共起诉涉黑涉恶犯罪案件3.6万件23万余人,全国法院一审判决3.29万件22.55万人。我国治理有组织犯罪成效十分显著,但有组织犯罪形势依然严峻,有组织犯罪新形态不断出现,给有组织犯罪的打击与治理带来新考验、新挑战。

抗制有组织犯罪的最好解决方案,就是走向法治化。2021年5月,为巩固扫黑除恶专项斗争的成果、应对黑恶势力违法犯罪的变化升级,中共中央办公厅、国务院办公厅印发了《关于常态化开展扫黑除恶斗争巩固专项斗争成果的意见》。2021年12月24日,第十三届全国人民代表大会常务委员会第三十二次会议审议通过了《中华人民共和国反有组织犯罪法》(以下简称《反有组织犯罪法》),并于2022年5月1日生效实施。该法是历年专项斗争最重要的制度成果,也是未来反有组织犯罪工作的法律依据,通过建立全流程的反有组织犯罪工作机制和有组织犯罪预防治理体系,力求从根本上消除有组织犯罪的生存土壤,实现标本兼治。该法的颁布对于建设更高水平的平安中国、法治中国,推进国家治理体系与治理能力现代化,增强人民群众的获得感、幸福感、安全感,确保人民安居乐业、社会安定有序、国家长治久安具有重要意义。

本人自1997年出版了国内第一本有组织犯罪专著——《有组织犯罪研究》至今,已过二十余年。我国学者基于中国立场、从中国视角对有组织犯罪问题进行了深入而广泛的探讨和研究,提出了不少真知灼见,推动有组织犯罪的理论研究和实践探索不断走向深入。更为重要的是,我国有组织犯罪立法取得了前所未有的进展。按照党中央部署,全国人民代表大会常务委员会将制定《反有组织犯罪法》列入2020年度立法工作计划。在此过程中,笔者主持承担了中国法学会重大委托课题"《反有组织犯罪法》立法研究"(CLS 2019 ZDWT01－1)、中国法学会2019重大委托项目"扫黑除恶专项斗争第三年工作思路、重点举措"(CLS 2019 ZDWT32)以及中国法学会2019年一般项目"网络空间黑恶势力犯

① 参见《中央每4年开展一次 扫黑除恶督导督查》,载《北京青年报》2021年3月31日,第A03版。

罪治理研究”(CLS 2019 C07),课题组所形成的《中华人民共和国反有组织犯罪法(专家建议稿)》的很多条文被纳入正式通过的立法之中。

党的二十大报告指出:“必须更好发挥法治固根本、稳预期、利长远的保障作用,在法治轨道上全面建设社会主义现代化国家。”在扫黑除恶专项斗争取得阶段性成果的基础之上,“推进扫黑除恶常态化”成为新时代推进平安中国建设的重要举措。“常态化”意味着反有组织犯罪工作走向规范化、法治化、长效化。在此背景下,系统梳理探讨有组织犯罪研究的理论发展、充分总结既有的实务经验、深入分析域外治理得失显得十分必要。2022年10月本人有幸主持承担了中国犯罪学学会“新时期涉黑涉恶犯罪生成机理及其长效治理研究”课题(FZXXH2022C06),从而促使自己将数十年的相关研究成果加以深化,进一步系统研究有组织犯罪的产生原因、刑事政策、刑事立法、刑事司法等方面的问题,并展望其未来的发展,以期推动现代法治理念在扫黑除恶斗争常态化进程中的有效实现。

为此,本人在书中对以下内容进行了重点阐释:

第一,认真梳理了有组织犯罪的关键理论问题。本书不仅在第一章至第三章针对有组织犯罪的概念、特征、类型、原因等问题进行深入阐释,且在第四章对于有组织犯罪的刑事政策进行分析。

第二,注重刑法学、犯罪学理论与立法、司法实践的紧密结合。本书在评述有组织犯罪的概念、类型时即注意和《反有组织犯罪法》保持一致,第十章专门就该法的规范适用作了阐述。第六章在分析有组织犯罪的立法时,结合立法意旨、犯罪构成、司法规范予以探讨,具有较强的实践指导意义。

第三,充分研判域外有组织犯罪立法与实践的得失。本书第七章对于日本、意大利、德国、法国、英国、美国、俄罗斯等国有组织犯罪立法与实践进行分析,第六章对港澳台地区的有组织犯罪立法与实践进行分析,并且指出其长处和不足。

第四,强调打击有组织犯罪的国内与国际协同。本书不仅在阐释有组织犯罪概念、类型时注意国内与国际的衔接,且在第八章专门论述了打击有组织犯罪的国际合作问题,特别是就我国应当如何参与国际治理有组织犯罪进行了探讨。

第五,深入探讨有组织犯罪面临的新形势、新问题。针对有组织犯罪网络化的问题,本书没有简单地沿用既有立法与理论,而是将有组织犯罪和网络犯罪的原理结合,提出创新性观点。本书第十章还基于《反有组织犯罪法》实施的新背景,就如何推动常态化的有组织犯罪治理提出了个人见解。

本书针对有组织犯罪结构的变迁,立求运用刑法学、犯罪学、刑事政策学等多学科理论,从刑事一体化的角度,尽可能全面、系统地对有组织犯罪进行多维度、多领域的探讨,为在刑事法律导向下的有组织犯罪刑事治理现代化提供有益参考。但是有效预防、打击和治理有组织犯罪不仅是刑事立法、刑事司法需要解决的问题,也是一个需要国家与社会全面参与的系统工程。由于本人水平所限,书中难免存在不足,敬希各位专家和读者批评指正。

莫洪宪

目录 Contents

第一章　有组织犯罪的概念

第一节　域外的有组织犯罪概念

有组织犯罪的概念首先是基于各国的规定展开的。对一国社会的反对或侵害，可能意味着对另一个国家的支持或受益，因此，有组织犯罪只是民族国家国内法的概念。[①] 因而在此，首先考察各国对于有组织犯罪的界定。

一、域外立法中的有组织犯罪概念

（一）日本立法中的有组织犯罪概念

有组织犯罪在日本又称暴力团犯罪，暴力团即雅库扎，是日本的犯罪集团。“暴力团”一词是较为“文明”的正式用语，该词源于《暴力团对策法》的规定；在口语中，日本民众一般称为“雅库砸（や く ざ）”[②]，是的屋（的屋）、香具师（香具師）、博徒（博徒）、愚连队（愚連隊）的综合，泛指一切危害社会

---

① 参见梁利波：《有组织犯罪立法的国际谱系》，载《刑法论丛》2014 年第 3 期。

② 据日语词典《広辞苑》的记载，“や く ざ”一词的来源如下：在抽三张的赌博中，抽到八（や）九（く）三（ざ）三张时不得分，因此，“や く ざ”的原意为毫无用处，后被用来代指对社会毫无价值的无赖等，进而引申成为暴力团的俗称。参见山中一郎「組織暴力団の社会学」『明治学院論集 198』（明治学院大学文経学会，1972 年）1 頁。

的人。[①] 暴力团一词在第二次世界大战后才被广泛使用，一般社会上将有组织犯罪与暴力团犯罪或雅库扎犯罪视为同义语。

1991 年，日本为了打击和遏制有组织犯罪制定了《暴力团对策法》[②]，首次在法律上把有组织犯罪称为暴力团，该法第 2 条第 2 款规定："暴力团是指有可能助长其团体成员（包括其构成团体的成员）的集团性，长期进行不法作为的团体。"在这部法律中，指出了暴力团是集团性、长期性地从事暴力型不法行为的团体，揭示了有组织犯罪最本质的属性和特征。日本警察厅出版的《警察白皮书》指出："就警察而言，暴力团的定义是以流氓、赌徒、江湖骗子等组织或集团的势力为背景，有可能进行集团性、长期性、暴力型不法行为的组织。暴力团以高度的犯罪性、特有的组织原则来设定势力范围，以暴力牟取经济目的为特征。"《警察白皮书》对暴力团的界定比《暴力团对策法》更为全面。《暴力团对策法》虽抓住了有组织犯罪的部分本质特征，但忽略了有组织犯罪的其他特征。

1999 年，日本进一步颁布了《有组织犯罪处罚法》，该法第 2 条规定："所谓'组织'，是指'所有成员作为一个整体，基于组织命令，按照预先确定的任务分担而行动的结合体'。"[③]此后，虽然日本于 2017 年对《有组织犯罪处罚法》进行修正，但是，并未修改"组织"的定义。

从上述规定可以看出，日本立法在界定有组织犯罪的概念时，强调有组织犯罪的组织结构特征，更多的是从有组织犯罪的"组织性"的视角来界定有组织犯罪的。

（二）意大利立法中的有组织犯罪概念

意大利的黑社会组织，堪称世界有组织犯罪的鼻祖，这些黑社会组织统称为黑手党（Mafia）或者黑手党型组织，意大利《刑法典》第 416 条称它们为黑手党集团。

---

① 仅就词根的意思来看，该类犯罪组织在日本早已存在，如"的屋"意为江湖术士，"香具師"意为江湖艺人，"博徒"意为开设赌场的团伙，"愚连队"意为结伙危害社会的地痞、流氓、无赖。

② 《暴力团对策法》是日本政府为了打击和控制日本的雅库扎专门制定的法律。但它不是将暴力团以犯罪的形式加以禁止的刑事法律，而是以逐步减少和排除暴力团组织为目的的带有若干刑事条款的行政法律。参见何秉松：《黑社会组织（有组织犯罪集团）的概念与特征》，载《中国社会科学》2001 年第 4 期。

③ 当某个人的杀人行为是为了获取、维持、扩大团体的不正当利益，其行为是基于团体在一定区域内的威力或支配力，其行为视为"团体活动"，即"基于团体的意图决定的行为，其效果或利益归属于该团体"。参见莫洪宪：《日本惩治有组织犯罪的最新法律对策》，载《国外社会科学》2001 年第 3 期。

2015 年修订的意大利《刑法典》第 416 条之二第 3 款把黑手党①定义为："当参加集团的人利用集团关系的恐吓力量以及因实施犯罪而产生的从属和互相保密的条件，以便实施犯罪，直接或间接对经济活动、许可、批准、承包和公共服务的经营或控制，使自己或其他人取得不正当利益或好处，阻止或妨碍自由行使表决权，或者在选举中为自己或其他人争取选票，或者是为了在选举期间阻止或阻碍行使投票的自由，或在选举磋商期间为自己或他人谋取选票时，该集团即为黑手党集团。"

依照这个定义，黑手党是一个为了直接或间接实现对经济活动的经营或控制，以谋取不正当利益或好处的组织。同时，意大利《刑法典》还规定，为了妨碍选举自由或是为了争取选票是黑手党的一个特征。这些规定反映了意大利黑手党的现状，即黑手党势力已从政治上、经济上全面向合法社会渗透，其触角已延伸到意大利各个行业和地区。

但需要注意的是，该法典对黑手党的界定没有强调暴力这一特征。有学者也提出，这一定义的缺点是：(1)意大利 3 个主要黑手党，不仅规模庞大，人数众多，而且是有严密的组织结构和严格纪律的秘密组织（特别是其著名的"沉默的法则"是其组织不易破获的重要保证）。但是，这一定义对黑手党的结构和规模没有提出明确的要求。(2)意大利黑手党又是以野蛮残酷的暴力而闻名的有组织犯罪集团。至今，暴力仍然是意大利黑手党维持其组织纪律和与政府相抗衡的重要手段，也是它向政治和经济渗透的强大后盾，但是这一定义没有反映出这个根本性的特点。② 其实，暴力在黑手党处理内部事务和外部事务中都起着非常重要的作用。对内而言，暴力是维系黑手党内部纪律的后盾，对任何违犯者都必须予以严厉处罚；对外而言，暴力是黑手党与政府分庭抗礼的重要手段。因此，意大利关于有组织犯罪的概念的界定注重两个方面的要素，既注重有组织犯罪的组织结构，又揭示有组织犯罪的典型行为特征。③

---

① 有学者将其简化，认为意大利的法律对黑手党的定义是："在一个内部有隶属关系，运用恐吓、威胁等手段从事违法犯罪活动，以获取经济利益或其他非法利益的组织。"参见戴铭：《欧盟境内的有组织犯罪与联合打击》，载《现代世界警察》2020 年第 7 期。

② 参见何秉松：《黑社会组织（有组织犯罪集团）的概念与特征》，载《中国社会科学》2001 年第 4 期。

③ 参见李芳晓：《国外有组织犯罪的概念与特征》，载《国外社会科学》2007 年第 1 期。

（三）德国立法中的有组织犯罪概念

20 世纪 70 年代以前，德国的有组织犯罪并不常见。但进入 20 世纪 90 年代后，德国的有组织犯罪越来越严重，特别是两德合并统一后，由于社会制度的变革，人们在意识形态、观念上存在一系列冲突，社会矛盾加剧，犯罪率明显上升，有组织犯罪愈演愈烈。为了遏制有组织犯罪的发展势头，德国制定了相关的法律规范，对有组织犯罪予以严厉的打击。1992 年制定的《打击违法毒品交易和其他有组织犯罪表现形式法》（Gesetz zur Bekämpfung des illegalen Rauschgifthandels und anderer Erscheinungsformen der Organisierten Kriminalität, OrgKG）简称《有组织犯罪法》，使用了有组织犯罪的提法，但也未能对有组织犯罪进行明确定义。在司法实践中，司法机关特别是侦查机关在追究此类犯罪时主要从现象上进行归类和下定义。[①] 对于何谓有组织犯罪，人们有不同的理解，为此，德国议会于 1992 年对有组织犯罪的概念进行了明确界定，认为“有组织犯罪是指由数个犯罪人或组织有计划地实施的旨在获利的犯罪行为，各犯罪人或组织在较长时间或不确定的期间内利用企业或商业组织，使用暴力或其他恐怖措施致力于对政策、传媒、司法、经济等施加影响”[②]。上述有组织犯罪概念的界定主要揭示了有组织犯罪的目的特征、组织结构及其手段特征等。

德国《刑法典》第 129 条对此予以界定，并于 2017 年修正为：“（1）建立或者作为成员参与以最高可判处至少 2 年的自由刑的犯罪为目的或者活动的组织，处 5 年以下的自由刑或者罚金刑。支持此种组织或者为其招募成员或者支持者的，处 3 年以下的自由刑或者罚金刑。（2）组织是 2 人以上组成的、为追求某种优先的共同利益、长期存在且以确定的人员分工、延续的成员组成和鲜明的结构形式独立组织的集合……”

（四）美国立法中的有组织犯罪概念

美国有组织犯罪源自 20 世纪 20 年代末开始实施的禁酒令。美国是一个典型

---

① 参见梁利波：《有组织犯罪立法的国际谱系》，载《刑法论丛》2014 年第 3 期。

② 徐久生：《德国犯罪学研究探要》，中国人民公安大学出版社 1995 年版，第 118 页。

的移民国家,其有组织犯罪也呈现出这一特点。[①] 为打击日趋严重的有组织犯罪,美国采取了积极的措施并制定了相应的法律。对有组织犯罪概念也作出了界定。1967 年,美国总统专门调查委员会报告指出:"所谓有组织犯罪乃指在人民及政府控制之外活动的社团,它拥有成千上万个在像任何大公司一样复杂的机构中工作并服从于比合法政府更严格的强制的罪犯。它的活动不是一时的冲动而是复杂的阴谋的结果,并依据计划长年累月地进行活动,其最终目的在于控制整个社会的活动,以便获得大量的利润与财富。"该报告界定的有组织犯罪概念揭示出其终极目的在于控制整个社会,以便获得大量的利润和财富,同时,指出了有组织犯罪组织体系的严密、复杂,但并没有揭示有组织犯罪与一般公司的区别,把有组织犯罪的关键词定位在商业公司上,并没有揭示有组织犯罪的本质特征。

1970 年,美国国会制定了《联邦有组织犯罪控制法》(Organized Crime Control Act of 1970)。该法把有组织犯罪界定为"一个从事提供非法商品和非法服务,其中包括但不限于赌博、卖淫、高利贷、毒品、劳工欺诈以及其他该组织成员的非法活动的高度组织化、纪律化的社会团体"。该概念强调有组织犯罪的高度组织化程度,同时强调有组织犯罪实施的一系列严重犯罪行为。但也有学者对该界定提出批评,认为该法的定义是从犯罪行为的视角诠释有组织犯罪的,其缺陷是既没有反映出有组织犯罪的目的性,也没有揭示出暴力特征,用词有些含混不清,缺乏可操作性。[②] 或者认为,上述概念强调有组织犯罪集团的高度组织化程度,以及有组织犯罪集团实施的一系列严重犯罪行为。但是,该观点仍然没有强调犯罪集团的暴力性质。[③] 此后数十年,美国并未侧重推出有组织犯罪的立法,而是强调基于其司法制度不断强化对有组织犯罪的打击。

之后,美国也在反思和修正有组织犯罪的概念。客观上美国曾在很长一段时间,基于种族偏见以及对犯罪客观事实的漠视而秉持狭义的有组织犯罪概念,20 世纪 80 年代之后,美国最终在注重调查研究并在消除观念偏见的基础上采用了广义的有组织犯罪概念。[④]

---

① 一般认为,在其境内形成了多种族裔犯罪组织共存的格局,有意大利裔集团、拉美裔集团、华裔集团、越南裔集团、日本裔集团等。其中最大的当数意大利裔黑手党拉科萨·诺斯特拉家族。

② 参见李芳晓:《国外有组织犯罪的概念与特征》,载《国外社会科学》2007 年第 1 期。

③ 参见何秉松:《黑社会组织(有组织犯罪集团)的概念与特征》,载《中国社会科学》2001 年第 4 期。

④ 参见赵赤:《中外惩治有组织犯罪比较研究》,中国政法大学出版社 2017 年版,第 126 页。

（五）俄罗斯立法中的有组织犯罪概念

早在苏联解体前有组织犯罪已经存在，但是，对其界定却并非易事。俄罗斯刑事法律体系和法学界在有组织犯罪概念的界定方面存在两个维度，即犯罪学维度和纯法学维度。有组织犯罪的犯罪学概念主要揭示这一现象的社会本质和特征，而法学概念则侧重它的形式要件阐释，以便于增强司法实践中的可操作性。此外，有组织犯罪法学概念的突出特点还体现为它的程式化、简洁性，以及重法律层面的属性。①

在专门立法层面，俄罗斯没有关于有组织犯罪的专门法律。1995 年俄罗斯联邦杜马通过了《与有组织犯罪作斗争》的法律（但是俄罗斯联邦总统没有批准该法律）。② 学者们认为，必须在统一的、综合性的法律框架内构建具有相互联系、互不抵触的法律规范体系，才能将有组织犯罪这种具有严重社会危害性的现象控制在一定的水平。制定一部统一的、综合性的立法，既要包括打击有组织犯罪的刑事实体法的内容，也要包括行政、民事法律、刑事诉讼、刑事执行等立法内容。③此后，俄罗斯多次起草《反有组织犯罪法（草案）》，其中草案第 2 条将有组织犯罪定义为有组织犯罪团体及其犯罪活动，以及犯罪圈整合关系的机制体系，进而将有组织犯罪团体理解为有组织团伙、匪帮、各种犯罪组织、犯罪集团的广义概念。

传统观点认为，在刑法层面，俄罗斯打击有组织犯罪的刑事立法规定始于其 1996 年俄罗斯《联邦刑法典》，该部刑法典设专门条款对组建犯罪集团的行为规定了相应的刑事责任，且揭示了犯罪集团的特征要件。④ 俄罗斯《联邦刑法典》第 35

---

① 参见庞冬梅：《俄罗斯有组织犯罪的企业化路径及对策研究》，载《上海政法学院学报（法治论丛）》2018 年第 5 期。

② 参见庞冬梅：《全球化时代俄罗斯有组织犯罪及其法律对策研究》，载《俄罗斯中亚东欧研究》2011 年第 2 期。

③ Федоров А. В. О формировании законодательства по борьбе с организованной преступностью и коррупцией, и месте органов Федеральной службы безопасности в этой сфере правоохранительной деятельности // Законодательст в Российской Федерации, регламентирующее борьбу с организованной преступностью и коррупцией и его соответствие международным правовым нормам. Семинар. СПб., 25 – 26 мая 1996 г. Стенографический отчёт. С. 118. Цит. по: Топильская Е. В. Организованная преступность. —СПб.: Издательство《Юридический центр Пресс》, 1999. С. 137.

④ Агильдин В. В. Организованная преступность: понятие, признаки, вопросы, требующие разрешения // Криминологический журнал Байкальского государственного университета экономики и права. – 2013. – № 3 (25). С. 50.

条第3款规定，有组织集团是“事先为实施一个或几个犯罪而组织起来的固定集团”；其第35条第4款规定，犯罪团体是“为实施严重犯罪或特别严重的犯罪而成立起来的有严密组织的集团（组织），或者是为此目的而成立的有组织集团的联合组织”。由此可见，该法典在两个层面对有组织犯罪加以界定。但是，此界定遭受到俄罗斯学者的批评，因为其仅仅从组织规模和组织化程度上揭示“有组织犯罪集团”的特征，没有涉及其他特征，具有一定的片面性。① 有学者认为：“俄罗斯刑法并没有给出一个‘有组织犯罪’的法律概念，规定的仅仅是有组织犯罪的不同表现形式和责任。”②

俄罗斯关于有组织犯罪的立法界定有自身的特点与局限。正如有的学者指出的，俄罗斯在界定有组织犯罪的定义时，侧重其组织规模和组织化程度的特征，而对有组织犯罪的其他特征，尤其是暴力特征则没有概括。从俄罗斯有组织犯罪的实际情况来看，该国的有组织犯罪不仅具有组织化程度高的特点，还具有使用暴力等手段来牟取经济利益，具有经济实力，拥有权力和势力范围等诸多特征。③

此外，西方国家也有在相关立法中间接规定有组织犯罪概念的适例。例如，法国《刑法典》本身并未界定何为有组织犯罪，但是，规定了如何处罚，可以从中间接推导出有组织犯罪的范畴和核心要求。英国《严重犯罪法案（2015）》（Serious Crime Act 2015）虽然从法律名称上看并非专门指向有组织犯罪，但是，其中规定了不少有组织犯罪的专门条款，也可间接描绘出有组织犯罪的概念轮廓。

二、国际组织对有组织犯罪概念的界定

20世纪以来，犯罪的组织化程度越来越高，有组织犯罪发展和蔓延的态势越来越严重，有学者指出，有组织犯罪对社会的危害性程度被列为战争之后的第二位，④并随着经济全球化的进程而呈现出国际化的特点，为了有效地遏制有组织犯

① 参见何秉松：《黑社会组织（有组织犯罪集团）的概念与特征》，载《中国社会科学》2001年第4期。

② АгильдинВ. В. Организованнаяпреступность：понятие，признаки，вопросы，требующиеразрешения// Криминологический журнал БГУЭП. 2013№ 3，С. 5.

③ 参见李芳晓：《国外有组织犯罪的概念与特征》，载《国外社会科学》2007年第1期。

④ Лунеев В. В. Организованная преступность в России：осознание，истоки，тенденции // Государство и право. 1996. № 4. Цит. по：Ф. Хохряков Организованная преступность в России：60 – е – перваяполовина 90 – х годов. // Общественные науки и современность. 2000. № 6. С. 62.

罪,联合国召开了一系列国际会议,针对跨国有组织犯罪问题商议对策。关于重要的国际会议及其通过的与有组织犯罪相关的重要文件有以下几个。①

第一,1993 年 4 月举行了联合国预防犯罪和刑事司法委员会第二届会议。在这次会议上,秘书长提交了"有组织犯罪活动对整个社会影响"的报告。该报告指出,有组织犯罪具有以下特征:(1)有组织犯罪是犯罪分子或犯罪集团的一种联合体;(2)有组织犯罪精心策划犯罪活动,而且责任分工非常明确;(3)有组织犯罪倾向于向顾客提供非法货物或服务方面的垄断或近似的垄断;(4)有组织犯罪并不局限于明显的非法活动或非法服务;(5)有组织犯罪使用诸如恫吓、暴力和拉拢腐蚀等手段,通过对非法货物和服务的垄断来确保经济利益,并对合法的企业进行渗透,对政府官员进行腐蚀。该报告指出了有组织犯罪使用恐吓、暴力和拉拢腐蚀手段等特征,在对有组织犯罪其他特征的描述上,要么没有概括,要么有些用词不够贴切。②

第二,1994 年 11 月 21—23 日,在意大利那不勒斯举行了联合国有组织跨国犯罪世界部长级会议,会议一致通过了全体委员会提交的《那不勒斯政治宣言和打击有组织跨国犯罪的全球行动计划》。该行动计划对有组织犯罪的特征进行了概括论述,认为有组织犯罪是指"为从事犯罪活动而组成的集团;其首领得以对本集团进行控制;使用暴力、恐吓或行贿收买等手段以牟利或控制地盘和市场;为进行犯罪活动向合法企业渗透而进行的非法收益洗钱;扩大新活动领域至本国边界之外的潜在可能性,与其他有组织跨国犯罪集团进行合作"。

第三,2000 年 12 月 12—15 日,联合国在意大利西西里岛巴勒莫市就如何防止跨国有组织犯罪一体化等问题举行国际会议,当时就有包括我国在内的 123 个国

---

① 有学者将 1991 年 10 月 21—25 日在苏兹德尔举行的有组织犯罪问题国际研讨会也纳入考察视野,出席这次研讨会的有来自 15 个国家、联合国秘书处、附属于联合国的赫尔辛基预防和控制犯罪研究所、国际刑警组织和芝加哥伊利诺斯大学国际刑事司法办公室的官员和专家。关于有组织犯罪集团的概念,会议提出了如下基本观点:(1)有组织犯罪的演变及其形式尽管有某些共同的特点,但因国家而异。犯罪集团的形成受到各种社会、经济和法律因素的影响。(2)有组织犯罪可分成许多类型。包括传统的或黑手党式的犯罪、犯罪集团式职业犯罪,还有根据其种族、文化和历史纽带划分的有组织犯罪集团。(3)许多有组织的犯罪集团控制着不同的地盘,而另一些有组织犯罪集团则参与不同类型的犯罪。(4)有组织犯罪导致社会、政治和经济弊端。政治弊端可包括渗透和影响各政党以及包括当地行政当局在内的政府机构,贿赂政客和国家官员。虽然这次会议有联合国等相关国际组织的参与,但相关国际组织并非具有主导地位,因此其内容未必充分体现其对于有组织犯罪概念的认识。参见何秉松:《黑社会组织(有组织犯罪集团)的概念与特征》,载《中国社会科学》2001 年第 4 期。

② 参见李芳晓:《国外有组织犯罪的概念和特征》,载《国外社会科学》2007 年第 1 期。

家和欧洲共同体签署了《联合国打击跨国有组织犯罪公约》[①]（又称《巴勒莫公约》）。该公约指出，有组织犯罪“系指由三人或多人所组成的，在一定时期存在的，为了实施一项或多项严重犯罪或根据本公约确立的犯罪以直接或间接获得金钱或其他物质利益而一致行动的集团”。这个概念是以有组织犯罪最低限度为起点界定的概念。对此有学者指出，这个概念表明，有组织犯罪集团[②]具有以下特征：(1)有组织犯罪集团是有3人或多人组成的有组织结构的集团；(2)有组织犯罪集团是为了实施一项或多项严重犯罪或根据该公约确立的犯罪而一致行动的集团；(3)有组织犯罪集团是以直接或间接获得金钱或其他物质利益为目的而组成的集团；(4)有组织犯罪集团是在一定时期内存在的集团。[③]

第四，2017年更新的《联合国打击跨国有组织犯罪公约实施立法指南》还限定了“有组织犯罪集团”的目的：“有组织犯罪集团”的定义仅包括通过其活动寻求直接或间接获得“金钱或其他物质利益”的集团，原则上不包括某些恐怖主义团体或反叛团体等集团，这些集团追求的目标是纯非物质性的。然而，如果这些集团实施了《联合国打击跨国有组织犯罪公约》规定的以谋取金钱或其他物质利益的犯罪，《联合国打击跨国有组织犯罪公约》仍将适用于这些集团实施的犯罪。在这种情况下，根据联合国大会第55/25号决议，大会不仅通过了《联合国打击跨国有组织犯罪公约》，还呼吁所有国家承认跨国有组织犯罪活动与恐怖主义行为之间的联系。[④]

此外，国际刑警组织[⑤]也曾就有组织犯罪组织作出较为宽泛的定义：“任何一个有一定组织结构，以恐吓、贿赂手段通过非法活动获取钱财为主要目的的组织都可

---

① 赵秉志、杨诚主编：《〈联合国打击跨国有组织犯罪公约〉与中国的贯彻研究》，北京师范大学出版社2009年版，第8页。

② 在国际上“有组织犯罪”往往指“有组织犯罪集团”，而在我国有组织犯罪包括黑社会性质组织犯罪和（按犯罪集团认定的）恶势力组织犯罪，应区分使用的场合。

③ 参见何秉松：《中国有组织犯罪研究（第一卷）：中国大陆黑社会（性质）犯罪研究》，群众出版社2009年版，第225－226页。

④ UNDOC：《联合国打击跨国有组织犯罪公约实施立法指南》，第8－9页，https://www.unodc.org/documents/treaties/Legislative_Guide_2017/Legislative_Guide_C.pdf。

⑤ 面临有组织犯罪的挑战，许多国家刑事警察机构共同组成了国际联合组织（国际刑警组织）。该组织起源于1914年4月在摩纳哥举行的第一届国际刑事警察会议。会议倡议创立一个以搜集情报和进行咨询为目的的服务于各国的警察机构。1923年9月在维也纳举行的第二届刑事警察会议上，“国际刑事警察委员会”成立，1946年其总部迁至巴黎。1956年6月在维也纳举行的第25届会议上该委员会改名为“国际刑事警察组织”，当时的会员国为58个，截至1987年年底，会员国达143个。国际刑警组织为促进各国刑事警察之间的相互合作，为建立有助于预防和打击有组织犯罪的各种制度，起了重要的作用。

以认为是有组织犯罪组织。”①

三、国外学者关于有组织犯罪的不同观点

虽然“有组织犯罪”是各国均普遍采用的法学概念，但是，就如何界定有组织犯罪却难以达成共识。这种现象不仅在世界范围内是如此，即使在同一个国家也不例外。例如，法国有的学者认为只有黑社会类型的犯罪才是有组织犯罪，这种黑社会表现为犯罪组织这一现实实体，其具有明显的等级结构，其成员为追逐各种利益而集结成一体，他们各自分工明确，主要依靠暴力或贿赂实施犯罪。另有学者认为有组织犯罪需通过多项指标界定：行为由一群有共同目的的人实施；这一群人在等级结构中由一个权威机构支配；反复实施犯罪；犯罪的实施主要在于使用暴力及恐吓手段；犯罪的目的在于满足对合法市场上难以实现的财产或服务的追求。②再如，俄罗斯对有组织犯罪的界定基本采用了广义的有组织犯罪概念，即把行为的组织性作为界定有组织犯罪的主要特征。③ 有学者认为从犯罪学层面厘清有组织犯罪的概念有助于准确界定其特征和内涵，有利于对有组织犯罪精准打击。④ 但也有学者认为“对有组织犯罪概念进行界定是极其复杂的，因为有组织犯罪是一个非常复杂的社会现象，这一社会现象与其他众多的社会制度和社会过程相交叉，并牢固地生长在社会机体上，进而很难将之划分出来进行研究”。⑤ 又如，日本实务界及理论界在界定有组织犯罪的概念时，更多的是从犯罪组织的视角来界定有组织犯罪。⑥

从国外学者对有组织犯罪所作的表述来看，由于对有组织犯罪存在各种不同的理解和认识，因此，迄今还没有形成一个比较科学且为大多数学者所公认的概念。兹介绍几种具有代表性的观点。

（一）行为概念说

所谓行为概念说，是指注重揭示有组织犯罪的典型行为特点的定义理论。美

① 戴铭：《欧盟境内的有组织犯罪与联合打击》，载《现代世界警察》2020年第7期。

② 参见张亚平：《法国惩治有组织犯罪的立法动向》，载《云南大学学报（法学版）》2012年第4期。

③ 参见龙长海：《俄罗斯有组织犯罪的族裔化发展态势及原因》，载《中国刑事法杂志》2014年第1期。

④ 参见李昕韡：《俄罗斯有组织犯罪形势及打击机制》，载《现代世界警察》2020年第7期。

⑤ Агапов П. В. Обо сновных тенденциях организованной преступности в современной России// Криминологический журнал БГУЭП. 2013. № 3. С. 43.

⑥ 参见李芳晓：《国外有组织犯罪的概念与特征》，载《国外社会科学》2007年第1期。

国1982年出版的犯罪学辞典持这一观点,认为有组织犯罪除了控制某一政府外,还提供非法商品、非法服务,如赌博、放高利贷、毒品交易、淫秽物品交易和卖淫,协调和组织国内或跨国犯罪组织攫取最大利润。有组织犯罪往往获取较其他犯罪活动形式高二倍的收益。有组织犯罪包括黑手党和黑社会结构。① 俄罗斯学者认为,犯罪组织是为从事法律所禁止的活动而成立的,活动涉及生产、传播、运输麻醉品,伪造货币,从事酒类、药品代用品、毒药、武器、毒物的地下生产,贩卖妇女,等等。②

行为概念说虽然着眼点在于行为类型,未深入分析有组织犯罪的实质,但对科学地揭示有组织犯罪的概念无疑具有一定的启发意义。

(二)功能概念说

所谓功能概念说,是指阐述有组织犯罪功能作用定义的理论。如意大利著名学者洛扎依澳,P. 米娜(Розарио Минна)认为,有组织犯罪最终已不是盗匪或者共同实施犯罪的一个群体,组织的实质在于其团体内部的五个功能作用:收集和传递信息,中立于法律保护机关的活动,利用主要的社会经济部门,存在内部结构,行为外部的某种“合法性”。③

俄罗斯有相当一部分学者持同样观点。例如,波别盖依洛(Э. Ф. Побегайло)从有组织犯罪具有组织再生产的功能作用的普遍性出发,认为有组织犯罪是具有高度社会危害性的社会病理现象,表现为稳定的犯罪联盟(犯罪组织)的不断的和相对大规模的再生产的功能作用。④ 叶梅利亚诺夫(А. С. ЕМЕЛЬЯНОВ)认为,有组织犯罪“表现为犯罪集团及其犯罪活动存在的现象,这种现象具有犯罪团伙组织的稳定的地区和跨地区联系和在封闭型的相当大的社会集团内部实施犯罪活动

---

① Crime Dietionary, De Sola R. N. Y. 1982, Выступление на “круглом столе” криминологической ассоциации // Организованная преступность – 2. Проблемы, дискуссии, предложения. М., 1993. С. 147.

② Уголовное право. Особенная часть: учебник / отв. ред. И. Я. Козаченко, Г. П. Новоселов. – 4 – еизд., изм. И доп. – М., 2008. С. 489 – 490.

③ Розарио Минна:《Мафия, сопротивляющаяся закону》, Выступление на “круглом столе” криминологической ассоциации // Организованная преступность – 3. Проблемы, дискуссии, предложения. М., 1996. С. 14.

④ Побегайло Э. Ф. Тенденции современной преступности и совершенствование уголовно – правовой борьбы с нею. М., 1990. С. 17.

的特点”。[1] 鲁涅耶夫(B. B. Лунеев)认为,有组织犯罪的最终目的是追逐利润以及各种物质性利益,这便决定了其必然伴随着一系列违法犯罪活动的实施。[2] 阿达什科维奇(Ю. И. АДАШКЕВИЧ)认为:“有组织犯罪是具有严重社会危害性的丑恶现象,它以刑事犯罪、黑经济结构以及政权管理机关的腐败三者相结合为特点实施犯罪行为的群体,该群体不仅控制着违法犯罪资金,甚至控制了国家或社会某些领域的部分合法资金。”[3]古罗夫(A. И. ГУРОВИЙ)认为,有组织犯罪是持续存在的、有稳定管理的、相当规模运行的犯罪实体,通过贿赂腐蚀等手段建立一个对抗社会控制的保护系统。[4]

上述对有组织犯罪概念所作的解释,对于帮助我们正确地界定有组织犯罪的内涵具有十分重要的参考意义。

(三)结构概念说

所谓结构概念说,是指注重分析有组织犯罪的组织结构或行为结构的定义理论。主张组织结构概念说的学者认为,有组织犯罪起源于各种职业犯罪,二者的区别在于,有组织犯罪具有更加复杂、多样、善变、从属的等级结构,具有适应现代社会经济和政治发展和与腐败官员紧密联系的特点。季亚科夫(C. B. ДьЯКОВ)根据有组织犯罪的组织结构特征指出:有组织犯罪是具有森严等级、在具体的犯罪纲领下纠合在一起,制订秘密方案,实施贿赂,逃避司法机关的追诉,进行大规模的犯罪行动,并与国外犯罪势力、国际黑社会有紧密联系的稳定犯罪集团。[5] 俄罗斯权威性犯罪学教材主张以有组织犯罪的组织结构为重心建立其定义,认为有组织犯罪是由固定成员、森严等级、有计划实施犯罪的联合体。联合体的活动直接或间接相互充实和协商,以获取某一区域或控制某一部门非法经营的最大利润。[6] 阿格里金(B. B. Агильдин)将有组织犯罪的特征概括为:善于自我保护;犯罪组织(团

---

① Емельянов А. С. Понятие организованной преступности и проблемы борьбы с ней // Вопросы организованной преступности и борьбы с ней. М., 1993. С. 5.

② Лунеев В. В. Организованная преступность в России: осознание, истоки, тенденции // Государство и право, 1996. № 4.

③ Организованная преступность -2 / Под ред. А. И. Долговой. М., 1993. С. 20.

④ Гуров А. И. Организованная преступность - не миф, а реальность. М., 1990. С. 19.

⑤ Организованная преступность -2 / Под ред. А. И. Долговой. М., 1993. С. 20.

⑥ Криминология: Учебник / Под ред. Н. Ф. Кузнецовой, В. В. Лунеева. 2-е изд., перераб. и доп. М., 2005. С. 294-298.

伙)或者几个类似组织之间具有很强的(秘密)凝聚力;从非法经营活动或者合法经营活动中攫取利润,在此过程中伴有违法犯罪行为;使用暴力或者以使用暴力相威胁的手段控制相关市场领域。①

主张行为结构概念说的学者在分析有组织犯罪的活动结构基础上归纳其定义,认为有组织犯罪是一种完全不确定的现象,是群体、集团犯罪活动的总和;它具有获取高额利润的社会网络和社会关系体系;其群体成员的犯罪活动具有稳定性和长期性,有明确分工、等级森严、犯罪活动专业化,具有追求在最短期限内获得最大利润的目的性;群体成员具有特殊的社会"保险"、安全措施和铁的纪律。由此可看出,有组织犯罪活动的主体和客体的现实性,活动本身所具有的目的、手段、结果及全过程。尽管团体内的某一个人或某些人的行为可能仅是目的行为或手段行为或结果行为,但均属整体犯罪行为。其行为结构呈以下模式:

(主体→手段　　客体→目的)→结果

有组织犯罪集团……

活动过程

据此可作出如下定义:有组织犯罪是由稳定的集团成员实施的、理智的、系统的重复活动。在有组织犯罪活动中,起主导作用的主体即有组织犯罪集团具有与正常的社会文化相对立的行为目的指向和退化的行为规范,利用社会、经济、立法结构及人的心理结构缺陷、疏漏和矛盾,建立自己的"犯罪王国"。上述定义对有组织犯罪的解释不仅具有高度的概括性,而且具有广泛的适用性,因而,具有重要的理论价值和实践价值。

(四)广狭概念说

所谓广狭概念说,是指从广狭不同角度界定有组织犯罪定义的理论。目前,国际社会对有组织犯罪的核心问题,即有组织犯罪的规模、组织结构、内部关系,存在广狭意义的理解。

广义的有组织犯罪的观点认为,有组织犯罪是一些结构松散、灵活多变的犯罪

---

① Агильдин В. В. Организованная преступность: понятие, признаки, вопросы, требующие разрешения // Криминологический журнал Байкальского государственного университета экономики и права. Иркутск. 2013., № 3. С. 50–55.

组织，其真正的优势和效能在于小而灵，因而，具有高度的适应性和投机性。与其将有组织犯罪视为一种正规的组织机构，不如说它更接近于社区中的一些帮派团伙。像意大利黑手党、南美贩毒组织那样规模庞大、组织成型的有组织犯罪毕竟是少数，而规模较小、结构松散灵活的犯罪帮伙是有组织犯罪的主要部分。

1991年10月，联合国在莫斯科举行的“反有组织犯罪国际研讨会”上印发的文件，从广义上将有组织犯罪界定为由犯罪者故意操纵和控制的、组织结构相对稳定、具有逃避社会控制之防护体系的犯罪集团，通过暴力、恐吓、腐蚀和大量盗窃等非法手段所实施的犯罪活动。

狭义的有组织犯罪的定义是一种设定性的，即认为有组织犯罪是大规模的、内部等级制明显的组织，其内部结构及运作形式类似于现代的国家行政机构或公司法人。这种观点着眼的是那些具有庞大的、稳定的组织体系，规模影响巨大的犯罪组织，这些犯罪组织吸收了合法社会组织管理的经验，在政治、经济、社会等方面严重侵蚀着国家生存的根基，有的甚至成为“第二政府”，并大规模地进行跨国犯罪，影响国际秩序。诸如意大利黑手党、南美贩毒组织等。

此外，还有国外学者针对《联合国打击跨国有组织犯罪公约》中的有组织犯罪概念进行研究。他们认为联合国关于有组织犯罪的概念规定过于简单，因为这种规定使跨国有组织犯罪与其政治及经济现实背景相分离，从而不利于理解这种犯罪现象的根源。同时，该规定也掩盖了这样的事实，即有组织犯罪的好斗性也在于其与外部社会、政治或者企业组织之间的冲突性质这一传统关系。这一概念规定忽视了有组织犯罪与白领犯罪、街头犯罪以及黑手党等犯罪组织之间的区别。①

第二节　有组织犯罪概念的争议与二元界定

一、关于有组织犯罪概念的争议

（一）关于有组织犯罪概念本身的争议

关于有组织犯罪，由于理解的不同而存在差异或争议。② 与国外的研究情况

① 参见赵赤：《中外惩治有组织犯罪比较研究》，中国政法大学出版社2017年版，第125页。

② 参见马克昌：《有组织犯罪——全球关注的问题》，载《法学论坛》2004年第5期。

相仿,我国[1]学者对有组织犯罪概念的研究,也存在不同意见的交锋,尚未达成共识。就既有研究来看,目前我国学者对有组织犯罪的概念所作的解释,有以下几种代表性的观点。

1. 基本特征说

该说主张,根据有组织犯罪的性质目的、组织结构、活动方式、发展变化及对社会的危害性等基本特征,综合提炼有组织犯罪的定义。如有学者提出,有组织犯罪,是指由首领决策层、组织指挥层和具体执行层多级垂直权力构成庞大、稳定的严重刑事犯罪集团。它的基本特征为,组织结构严密,戒律帮规严酷,等级制度森严;运用暴力、威胁和贿赂为基本手段,占有一定区域,并跨境跨国有计划、有分工地以合法或非法形式开办经济实体,控制和垄断行业,进行大规模盗窃、抢劫、敲诈、绑架人质、走私武器和贩卖毒品等多种犯罪活动,以谋取高额暴利为目标;贿赂政府官员和警官、法官、检察官等人员,以保护自己,逃避法律惩罚。[2]

还有学者认为,给有组织犯罪下定义应当把握两个基本特征:一是有组织;二是犯罪行为。既要认清有组织犯罪在犯罪主体结构上与其他犯罪的不同,又要把握其所犯罪的类型或行为方式的特殊性。就第一个要素"有组织"来讲,其人数必须在2人或3人以上,犯罪的合作有其长期性的特征;就第二个要素"犯罪行为"来讲,它是指以追求高额经济利益为核心的任何行为,包括暴力的,也包括非暴力的;有明显严重违法的行为,如贩毒,也有在法律的边缘进行活动的行为,如在娱乐场所经营色情行业;还有貌似合法而实施非法活动的行为,如开办合法公司、企业以供洗钱等。据此将有组织犯罪界定为"二人或三人以上,为追求经济利益而结成长期同盟,共同实施犯罪的一种犯罪形态"[3]。上述定义偏重横向、静态揭示有组织犯罪的定义,难以客观反映有组织犯罪由低级向高级发展的动态特点。

有学者则具体从基本特征层面界定了有组织犯罪集团,是指由3人或多人所组成的、在一定时期内存在的、为了实施一项或多项犯罪并(或)介入合法经济或政治以获得金钱、物质利益和权力而一致行动的、有一定经济实力和势力范围的、

---

① 此处特指我国内地(大陆),港澳台地区有组织犯罪的概念参见第六章相关内容。

② 参见周长康:《关于有组织犯罪的几个问题》,载《青少年犯罪研究》1997年第8-9期。

③ 赵秉志、赫兴旺:《论有组织犯罪》,载《法学前沿》编辑委员会编:《法学前沿》(第1辑),法律出版社1997年版。

有组织结构的暴力性集团。①

基本特征说能够较为全面地反映有组织犯罪的各个要素，但是未能揭示其犯罪本质和特质，因此，虽然具有启发意义，但是，难以提炼出科学的概念。

2. 本质特征说

该说主张从把握本质特征的角度理解有组织犯罪的内涵。如认为有组织犯罪的内涵包括两点：第一，任何有组织犯罪都不是“孤立的个人反对统治关系的斗争”，凡是有组织犯罪其主体必然是由数个个体所组成。所以，有组织犯罪的本质特征之一在于它是一种共同犯罪。第二，既然是共同犯罪，那么在数个个体之间必然存在一定的协调活动并表现为某种形态“组织”形式。因此，有组织犯罪的另一个本质特征就是它具有对犯罪人员和犯罪行为的组织活动过程。据此，有组织犯罪可定义为，具有对犯罪活动和犯罪人员组织过程的一种共同犯罪。②

另有学者从系统论的角度来明确有组织犯罪的本质，进而予以界定。其认为，有组织犯罪就是这样的一个整体和系统。有组织犯罪借以区别其他一般犯罪的特质就在于其“组织性”，即“系统性”。有组织犯罪作为要素—结构—功能的统一体，从其发生、发展直至变迁、消亡无不折射着系统进化论的余韵，而对有组织犯罪的预防和打击又无不贯穿着系统论、控制论的精髓。③

本质特征说注意到界定有组织犯罪应把握其特殊实质，但是，这一观点往往忽略了对于有组织犯罪的全面把握，因此，难以确保概念的周延性。

3. 广狭概念说

该说主张有组织犯罪概念有广狭之分，其中有的学者偏重从广义上界定，有的学者则偏重从狭义上界定，还有的学者主张从广义与狭义相结合的角度进行界定。概括起来有如下观点。

第一种观点为狭义概念论，即从狭义的视角来界定有组织犯罪，将其限定在有限的范畴，并形成了不同的具体观点。有学者认为，有组织犯罪（organized crime）是黑社会犯罪（criminal syndicate，underworld crime）的同义语，由此，有组织犯罪属于一种以独特的组织形态为承载、以谋求巨额经济利益为宗旨、具有权力庇护和严

---

① 参见何秉松：《黑社会组织（有组织犯罪集团）的概念与特征》，载《中国社会科学》2001 年第 4 期。

② 参见李玫瑾：《论有组织犯罪的概念、形态与形成规律》，载《青少年犯罪研究》1997 年第 8 - 9 期。

③ 参见杜宇：《系统论视野中的有组织犯罪》，载《现代法学》2000 年第 2 期。

格纪律等特征的特殊形态的犯罪。同时,他们认为作为一个学科专门术语,有组织犯罪应当具有区别于其他近似术语的意义,这些近似的术语包括黑社会性质(组织)犯罪、集团犯罪等。① 类似的观点将黑社会组织与有组织犯罪集团等同视之,如认为黑社会组织(有组织犯罪集团),是指由 3 人或多人所组成的,在一定时期内存在的,为了实施一项或多项犯罪并(或)介入合法经济或政治以获得金钱、物质利益和权力而一致行动的,有一定经济实力和势力范围的,有组织结构的暴力性集团。②

与之不同,有的学者虽然主张从狭义的视角理解有组织犯罪,但是,对其范围的理解不尽相同。第一种意见认为,不应仅将有组织犯罪限于黑社会组织犯罪,其还应包括集团犯罪。例如,有学者认为,有组织犯罪概念的外延要大于黑社会组织或黑社会性质组织,恐怖组织、诈骗性的犯罪集团也属于国际上有组织犯罪的范围。③ 另有学者基于狭义视角对我国的有组织犯罪进行界定,认为其是以获取经济利益为主要目的,以暴力、威胁或利诱为主要手段,具有持续进行反社会活动能力并形成区域或行业性不良影响的纪律集团。④ 或有学者认为,我国的所谓有组织犯罪或称犯罪集团,一般是多指 3 人以上为共同多次实行一种或几种故意犯罪而建立的具有一定的组织性与稳定性的共同犯罪组织。⑤ 还有学者在前述狭义界定的基础上增加了"秘密性"的限定,其认为有组织犯罪是指 3 人以上,有秘密组织及其等级结构,主要犯罪成员稳定,故意实施严重的共同犯罪或集团犯罪,它既包括黑社会性质组织实施的共同犯罪或集团犯罪,也包括黑社会组织实施的共同犯罪或集团犯罪。该定义在组织性特征上,强调其秘密性符合我国有组织犯罪的实际情况;强调其主要成员稳定,且有等级结构,从而把团伙犯罪排除在外。⑥ 第

---

① 参见张小虎:《有组织犯罪的犯罪学类型性考究》,载《江苏社会科学》2016 年第 6 期。论者之前的观点为,有组织犯罪(organized crime),俗称"黑社会犯罪"(under - world society),是指基于明确的宗旨章程、严格的纪律约束、高度的权威统治等而构建的犯罪组织,成为对抗国家的一股犯罪力量,在国家党政的某些腐败官员权力的庇护下,以合法的经济组织等为外衣,采取系统、稳妥、严密的手法实施各种危害行为。参见张小虎:《有组织犯罪的事实特征与刑法规定》,载《法学家》2008 年第 3 期。

② 参见何秉松:《黑社会组织(有组织犯罪集团)的概念与特征》,载《中国社会科学》2001 年第 4 期。

③ 参见梁利波:《有组织犯罪立法的国际谱系》,载《刑法论丛》2014 年第 3 期。

④ 参见张远煌:《关于我国有组织犯罪的概念及发展形态的再思考》,载《人大法律评论》2009 年第 1 期。

⑤ 参见齐贤等:《黑龙江省有组织犯罪特征探析》,载《青少年犯罪研究》1997 年第 8 - 9 期。

⑥ 参见李锡海:《帮会文化与有组织犯罪》,载《法学论坛》2004 年第 5 期。

二种意见认为，在我国，有组织犯罪是黑社会性质组织犯罪和恶势力犯罪的合称，其中黑社会性质组织犯罪是典型代表。[①]

第二种观点为广义概念论，即从广义的视角理解有组织犯罪，将其扩大至有组织的共同（结伙）犯罪。其认为，有组织犯罪是指3人以上故意实施的一切有组织的共同犯罪或者集团犯罪活动。这一概念揭示的含义有：（1）作为有组织的犯罪而言，其主体数量必须在3人以上，这样就把有组织犯罪与一般共同犯罪从主体上区别开来。（2）作为有组织犯罪而言，其主观罪过形式只能由故意才构成，过失不构成有组织犯罪，这样就把有组织犯罪同非有组织犯罪区别开来。（3）作为有组织犯罪而言，就其表现形式来看，不仅包括有一定组织行为的结伙性犯罪，也包括有一定组织形式的集团性犯罪，还包括有一定组织机构的黑社会性质的犯罪。这样就把犯罪学意义上的有组织犯罪同刑法意义上的有组织犯罪区别开来。[②] 或有学者认为，目前中国的有组织犯罪包括三种组织形式，即松散的犯罪结伙、犯罪集团及带黑社会性质的犯罪组织。[③] 类似的观点认为，有组织犯罪“指三人或三人以上，按照纪律和等级永久性集合在一起，为最大限度地获取经济利益，采用恫吓、暴力和贿赂的方法而实施的犯罪行为”[④]。或者提出共同犯罪、犯罪团伙、犯罪集团属于犯罪组织，黑社会性质组织与恶势力都属于有组织犯罪。[⑤] 或者主张有组织犯罪是指一切3人以上故意实施有组织的共同犯罪或犯罪集团。[⑥] 对此，有学者作出评价，认为广义说目前在黑恶势力犯罪研究中受到更多学者的推崇。[⑦]

第三种观点为广狭二分论，即分别从狭义和广义的视角界定有组织犯罪。其认为，狭义有组织犯罪包括集团犯罪和黑社会犯罪，其结构严密，等级森严，有固定的组织机构和人员，以暴力、贿赂等手段，进行组织卖淫、贩毒、赌博、绑架勒索、拐

---

① 参见靳高风：《中国反有组织犯罪法律制度研究》，中国人民公安大学出版社2016年版，第1页。

② 参见邓又天、李永升：《试论有组织犯罪的概念及其类型》，载《法学研究》1997年第6期。

③ 参见丁慕英、单长宗：《中国对有组织犯罪——走私罪和洗钱罪的惩治与防范——国际刑法学协会中国分会的国家报告》，载《法学家》1998年第2期。

④ 郭自力：《论有组织犯罪的概念和特征》，载《中外法学》1998年第2期。

⑤ 参见刘仁文、刘文钊：《恶势力的概念流变及其司法认定》，载《国家检察官学院学报》2018年第6期。

⑥ 参见阮方民、王晓：《有组织犯罪新论——中国黑社会性质组织犯罪防治研究》，浙江大学出版社2005年版，第11页。

⑦ 参见李海滢：《对黑恶势力犯罪基础问题的重新审视——以共同犯罪与有组织犯罪为界域》，载《河南社会科学》2020年第7期。

卖人口等犯罪。广义的有组织犯罪包括一般的团伙犯罪、集团犯罪和黑社会犯罪，它是相对于个体犯罪和无组织的群体犯罪而言的，其特征是突出了组织性，但不区别于组织的松散性与严密性，因此，凡是在某个或几个人的组织指挥或纠合下，有组织地进行犯罪活动的，均应视为有组织犯罪。[①]

笔者赞同对有组织犯罪作广狭概念的界定，但上述观点有的将有组织犯罪等同于犯罪集团显然欠妥。有的不但将犯罪集团作为与黑社会组织并列的有组织犯罪形态列入狭义概念，而且将一般犯罪团伙或松散的犯罪结伙作为有组织犯罪的初级形态，扩大了有组织犯罪概念的范围。有的将黑社会组织与黑社会性质组织两种不同形态的有组织犯罪相混淆，不符合我国当前有组织犯罪的实际和发展趋势。

因此，应当基于我国实践明确妥当的广狭界限。综观国内外学者对有组织犯罪概念所下的各种不同的定义，针对我国司法实践中各种有组织犯罪活动的实际情况，结合我国刑事立法的有关规定，笔者认为，关于有组织犯罪的概念可对其作广义、狭义的理解。广义的有组织犯罪，是指 3 人以上故意实施的一切有组织的集团犯罪活动。它不仅包括有一定组织形式和组织关系的黑社会组织或黑社会性质组织所实施的犯罪活动，也包括有一定组织机构和组织形态的犯罪集团所实施的犯罪活动。狭义的有组织犯罪，是指 3 人以上有一定组织形式、主要犯罪成员基本固定、社会危害性大、反侦查能力强的集团性犯罪组织所实施的犯罪活动。它包括黑社会性质的组织、恶势力组织实施的犯罪活动。

（二）关于有组织犯罪概念要素的争议

由前述国内外有关有组织犯罪的概念可以看到，在此问题上的规定和解释很不一致。就有组织犯罪概念的各个要素也未形成统一认识，世界各国和不同学者的分歧主要表现在以下几个方面。

1. 关于有组织犯罪的主体范围的争议

争议的焦点是国家能否成为有组织犯罪主体的问题。因此，一些学者把有组织犯罪称为“犯罪辛迪加”或“非法企业”。在这样的定义中，有组织犯罪的主体实际上就是由个人结合而成的“企业”或这种“企业”联合体——辛迪加。与这种通

---

① 参见王敏等：《关于广东省有组织犯罪的思考》，载《青少年犯罪研究》1997 年第 8－9 期。

常看法不同，一些学者认为国家也可成为有组织犯罪的主体。国家组织的犯罪就是由作为国家代理人的国家公职人员在其工作中实施的被法律确定为犯罪的行为。例如，采取非法手段对公民通信进行监视、窃听，向法律禁止出售武器的国家售出武器，支持恐怖主义活动等行为都被他们认为是国家组织的犯罪，是有组织犯罪的特殊类型。

2. 关于有组织犯罪组织结构的争议

有组织犯罪是有一定组织结构的群体实施的犯罪，问题是组织结构达到什么程度的群体才具备"有组织"的性质。一种观点认为，有组织犯罪应达到类似于警察局那样等级分明的官僚机构的程度，有老板、顾问、副老板、尉官和士兵这样不同的身份的成员，有集权化的领导体制和明确的角色分工。另一种观点认为，有组织犯罪并非基于一种固定的正式的关系，而是基于亲属、朋友关系，特别是保护人与被保护人之间的关系而形成的松散的、非正式的但却有效的互动关系。①

3. 关于有组织犯罪的主观目的的争议

有组织犯罪的目的是获得经济利益，学者们对此没有异议。但对于有组织犯罪是否具有政治目的争议很大。有学者认为有组织犯罪具有政治目的，有学者却否认政治目的的存在，认为为政治目的而实施的犯罪是政治犯罪，不属于有组织犯罪。探究组织目的是否包含政治目的的意义在于判断有组织犯罪与恐怖主义犯罪的关系。对于这两者的关系，无论是国际学术界还是国内学术界都没有达成统一的甚至较为通行的认识。对于认为组织目的包含政治目的的人来说，恐怖主义犯罪可以成为有组织犯罪的一个类型。例如，国际刑警组织总秘书长雷蒙·肯德尔就将恐怖主义犯罪列为有组织犯罪的一种类型，也有国内学者持同样的观点。②另外，也有不少学者认为有组织犯罪不追求政治目的。

4. 关于有组织犯罪手段的争议

大多数学者认为暴力、恐吓是有组织犯罪使用的基本手段。③ 尽管如此，如果有组织犯罪的主要目标是获得经济利益，而不是进行恐怖主义活动的话，那么，从

---

① 参见陈光中、[加]丹尼尔·普瑞方廷主编：《联合国刑事司法准则与中国刑事法制》，法律出版社1998年版，第297页。

② 参见康树华主编：《当代有组织犯罪与防治对策》，中国方正出版社1998年版，第185－187页。

③ 参见宋小明：《试析有组织犯罪分子对国家工作人员的贿赂腐蚀及其对策》，载《政法学刊》1997年第3期。

一个理性的行动者来看，当使用暴力、恐吓手段所冒的风险太大，如可能会带来官司、帮派纷争等，以至于付出的成本会高于收益时，有组织犯罪可能会避免使用暴力与恐吓。他们认为尽管有组织犯罪可能会使用暴力、恐吓手段，但它不会被滥用到通常人们想象的那种程度。①

二、有组织犯罪概念的二元界定②

基于研究角度的不同，人们对同一事物可能会给出不同的概念。有组织犯罪概念之所以如此众多而无法统一，原因也在于此。为了更清晰地界定有组织犯罪的概念，避免不必要的混乱，本书赞同分别从刑法学、犯罪学两个角度定义有组织犯罪，即在有组织犯罪研究中应坚持二元论的方法和观点。持二元论观点的学者认为，在界定有组织犯罪概念时，可以借鉴对犯罪概念的二元界定的方法。对于犯罪这一概念而言，其界定的角度和层次不是单一的，至少可以从两个方面着手，即规范层面和事实层面。在犯罪现象中，可区分为两个不同的方面：一个是犯罪现象的规范方面，它属于刑法学的范畴；另一个是犯罪的事实或实体层面，即犯罪现象、犯罪与环境和犯罪人个性的关系，这属于犯罪学的内容。正是由于刑法学和犯罪学的学科性质和研究任务的差异，基于各自特殊的理论分析和实践需要，刑法学和犯罪学才从各自的视野对犯罪这一概念予以界定。由此，犯罪概念才有了刑法学犯罪概念和犯罪学犯罪概念之分。同样，在界定有组织犯罪概念时，也可以作出二元划分，即将其划分为刑法学意义上的有组织犯罪概念和犯罪学意义上的有组织犯罪概念。③ 对此，有学者也指出，刑法学对有组织犯罪的有效规制与合理惩处，是以犯罪学对有组织犯罪的有效分析为基本前提的，在从犯罪学视野到刑法学视野的转换过程中，刑法学本身基于自身的价值取向对于有组织犯罪的界定应有所取舍，所以，有组织犯罪的界定应当遵循犯罪学与刑法学的双重视野。④ 作出这种

---

① 参见梅建明、陈侃：《有组织犯罪概念的社会学分析》，载《中国人民公安大学学报》2002 年第 6 期。

② 参见莫洪宪：《有组织犯罪概念研究》，载《法学评论》1998 年第 3 期；莫洪宪、郭玉川：《有组织犯罪的界定》，载《国家检察官学院学报》2010 年第 2 期。

③ 理解二元性的有组织犯罪概念时需注意，从广义和狭义的不同视角界定有组织犯罪是可以的，但不见得广义的有组织犯罪概念就是犯罪学意义上的有组织犯罪概念，而狭义的有组织犯罪概念就是刑法学意义上的有组织犯罪概念。参见李锡海：《帮会文化与有组织犯罪》，载《法学论坛》2004 年第 5 期。

④ 参见赵微、王昭振：《有组织犯罪界定及其组织行为实行行为化——基于犯罪学与刑法学的视角转换》，载《法学家》2008 年第 3 期。

区分的理论依据在以下几个方面。

第一，刑法学上的有组织犯罪概念是一种规范概念，而犯罪学上的有组织犯罪概念则是一种事实概念。这是由两种学科本身的学科性质所决定的。刑法学上的有组织犯罪概念紧紧依照法律规范界定，它注重有组织犯罪法律特征的设定，并以此为框架，建构惩治有组织犯罪的刑事法网；它注重的是对有组织犯罪成立的法律特征的描述和界定，要求极高的确定性和可操作性，规范色彩极浓。犯罪学上的有组织犯罪概念则关注社会现象，强调有组织犯罪的实际样态，并以此为基础，展开理论上相应的分析和研究。它不强调有组织犯罪的法律评价标准，但十分强调有组织犯罪的实际存在特征；它不注重什么行为才应成为刑法上规定的有组织犯罪，以及如何对之进行惩治，但非常注重在更广泛的意义上分析何种性质和表现形式的行为才实质上应当被视为有组织犯罪。对此有学者提出，对有组织犯罪的科学认识，必须立足于有组织犯罪的事实性特征而不是只拘泥于现成的规范性概念。只有这样，对有组织犯罪的界定才因具有坚实的事实基础而更具有科学性，并因此发挥出这一概念的应有功用。[①] 甚至有学者提出，在有组织犯罪的犯罪学研究与刑法学研究这两者之间，刑法学研究更应主动地关照乃至“眷顾”犯罪学研究。[②]

第二，刑法学上的有组织犯罪概念是一种静态概念，而犯罪学上的有组织犯罪概念则是一种动态概念。刑法学上的有组织犯罪概念是固化在法律规范中的法律特征的抽象，因此它描述的总是特定国家现实情况下的有组织犯罪情态，具有相对的静止性。犯罪学上的有组织犯罪概念则从整个世界有组织犯罪的发展进程入手，将有组织犯罪视为一个犯罪“组织化”不断升级的动态运动过程，不将其拘于一国、一时之限，因而，是一个相对动态的概念。

第三，刑法学上的有组织犯罪概念是一个局部概念，而犯罪学上的有组织犯罪概念则是一个整体概念。由于刑法学上的有组织犯罪概念的静止性，使这一概念必须注重本国、本阶段的有组织犯罪特征，因而，总是使其局限在特定的国家和特定的时期范畴之内。犯罪学上的有组织犯罪概念则从整个世界出发，着眼于有组织犯罪发展的各个时间阶段，从而使犯罪学上的有组织犯罪概念相应地成为整体

① 参见张远煌：《关于我国有组织犯罪的概念及发展形态的再思考》，载《人大法律评论》2009 年第 1 期。

② 参见万国海、马荣春：《有组织犯罪的研究导向：超越具体类型的一种“规划”》，载《苏州大学学报（法学版）》2015 年第 2 期。

概念。

第四,刑法学上的有组织犯罪概念是一个具体概念,而犯罪学上的有组织犯罪概念则是一个抽象概念。正是由于刑法学上有组织犯罪概念的规范性,使这一概念必须具有极高的确定性、稳定性和可计算性;正是由于犯罪学上有组织犯罪的事实性,使这一概念在实践中显得相对含混和难以捉摸,具有极大的开放性、灵活性和模糊性。因而,前者相对而言具体,后者则相对抽象。

第五,刑法学上的有组织犯罪概念是一个不可统一的概念,而犯罪学上的有组织犯罪概念则是一个可以相对统一的概念。不同的国家犯罪“组织化”发展的进程不同,呈现的样态也随之不同,因而,依据本国一定时期情况,确定的规范意义上的刑法概念也随之不同,不可强求统一。犯罪学上的有组织犯罪概念则着眼于犯罪的“组织化”过程,从宏观上勾勒有组织犯罪的大体轮廓,不拘泥于一国、一时之限,因而,是一个一般的、整体的概念,可以在对各个国家、有组织犯罪的各个时期的共同特征加以抽象之后而得到相对统一。①

(一)有组织犯罪的犯罪学概念

综观国内外学者对有组织犯罪概念所下的各种不同的定义,针对我国有组织犯罪活动的实际情况,结合我国刑事立法的有关规定,笔者认为,如果单纯将有组织犯罪作为一种静态现象,忽视其发展变化的规律,只能揭示其表象特征。例如,有学者提出,有组织犯罪作为一种犯罪类型,它是客观存在的事实,虽然中外学者对其定义莫衷一是,但无论怎样表述有组织犯罪概念,都少不了两个内容:一是有组织犯罪的主体,即一定的犯罪组织、群体或集团;二是存在有组织的犯罪行为。②但如果将有组织犯罪作为动态现象考察,就会发现犯罪的“有组织化”进程由小到大、从简单到复杂、从组织松散不定型到结构严谨、定型成熟的连续渐变性特点。笔者认为,运用耗散结构理论来界定有组织犯罪的概念,得出的结论将会更为科学。

根据耗散结构理论,一个开放系统在达到远离平衡状态的非线性区时,一旦系统的某一参量达到某一阈值,通过涨落,系统可能引起突变,由原来的无序状态转

① 参见杜宇:《有组织犯罪概念二元论》,载《湖南省政法管理干部学院学报》2000 年第 5 期。

② 参见冯殿美、曲振涛:《有组织犯罪的成因及其对策分析》,载《法学论坛》2003 年第 3 期。

变为一种在时间、空间或功能上的有序状态,即耗散结构。这种有序状态的维持要求不断地与外界交换物质和能量,即“耗散”的含义在于这种结构的产生与维持,在于物质和能量的耗散。西方学者将这种需要耗散物质和能量才能维持其有序的结构称为耗散结构,将系统在一定条件下能够自行产生的组织性叫自组织现象。[①]耗散结构理论为全人类提供了一种全新科学的自然观和系统的方法论,该理论被人们誉为当代科学的辉煌成就之一和前沿理论之一。由耗散结构理论所阐述的非平衡系统的自组织原理,描绘了系统从无序态进入有序态的转变过程、机理和规律。笔者试图运用耗散结构理论,分析有组织犯罪系统的运行轨迹特征,揭示其本质定义。

此外,德国社会学家马克斯·韦伯(M. Weber)早在1910年提出“层峰结构”理论,这是指一种金字塔形的组织结构。国内外诸多学者借用该理论观察有组织犯罪现象,将有组织犯罪纳入“金字塔”系统结构之中,使人们能看到有组织犯罪所具有的系统性特征。

1. 有组织犯罪系统呈开放性

根据开放性原理,任何系统只有把自己保持在不断与外界进行物质、能量、信息交换的状态下,才能具有保持自身动态稳定的能力。任何客观事物都处于永恒的运动、发展变化之中。系统自身的动态稳定性,是系统有序程度的标志,是自组织过程中不可缺少的基本要素。因此,系统的产生是从无序到有序的转化,系统的发展是有序程度的提高。

有组织犯罪系统呈开放性,表现为该系统与外界进行物质、能量、信息的交换。

第一,有组织犯罪的组织形式千变万化。一方面,犯罪组织形态的发展从萌芽形态、不成熟形态到成熟形态,即从犯罪团伙、犯罪集团、黑社会性质的组织到黑社会组织,呈立体网络系统。随着犯罪组织化程度的不断增强,犯罪组织规模日益庞大,社会危害性加剧。另一方面,跨地区、跨国界有组织犯罪猖獗,并呈现蛛网状的黑社会组织联盟,呈放射状向各国辐射发展,犯罪活动隐蔽性强,往往逃避法律制裁。

第二,有组织犯罪活动五花八门。犯罪人员不仅从事有组织的非法经营和服务,从一个社会部门向诸多社会部门扩展;而且渗透到各种有利可图的合法赢利活

① 参见郭咸纲:《西方管理思想史》(插图修订第4版),北京联合出版公司2014年版,第205页。

动领域，包括操纵金融机构或通过信息网络进行诸如洗钱等违法犯罪活动。

第三，有组织犯罪手段花样翻新。其中主要的是暴力、软暴力以及贿赂手段。暴力、恐吓是有组织犯罪保持其组织活力，实现其目标的重要手段。通常情况下，暴力能力是有组织犯罪成员的必备条件；暴力资本是犯罪成员获取权势的基础。有组织犯罪系统的形成和扩充是暴力力量的联合和壮大。暴力成为有组织犯罪垄断巨额利润行业的“秩序”，掠取财富实现资本原始积累，排除司法机关打击的保障。西半球某些国家或地区的有组织犯罪暴力的规模可与许多内战相媲美。① 然而，单靠暴力手段易于暴露，难以实现有组织犯罪的宗旨。为了维护有组织犯罪系统的生存和发展，他们更多地使用软暴力，“‘软暴力’指行为人为谋取不法利益或形成非法影响，对他人或者在有关场所进行滋扰、纠缠、哄闹、聚众造势等，足以使他人产生恐惧、恐慌进而形成心理强制，或者足以影响、限制人身自由、危及人身财产安全，影响正常生活、工作、生产、经营的违法犯罪手段”②。同时，他们千方百计使用贿赂腐蚀手段，获得政府的中立化，寻求“保护伞”。他们重点对负责侦查、指控有组织犯罪的官员进行贿赂，对合法企业的主管人员进行拉拢，使自身在价格、原料、质量及商业秘密方面取得更大利润，进行不正当竞争。在此过程中，犯罪分子甚至与合法商人结成联盟。③

这标志着有组织犯罪不断地从无序走向有序，从低级有序走向高级有序，维持自身的动态及不断发展。由此可见，有组织犯罪系统呈开放性，而非封闭性。因为在封闭系统中，只有重复运动，而没有任何变化，是一种“死”结构。正是由于有组织犯罪系统的开放性，其组织形态、活动方式、犯罪手段与外界环境不断进行物质、能量、信息的交换，当外界条件的变化达到一定特征值时，有组织犯罪系统可能引起突变，即处于非平衡状态，由平面性转化为层次性的有序状态。

2. 有组织犯罪系统的整体性

根据耗散结构理论，非线性相干作用是系统整体性的来源和本质。复杂系统内部诸要素的非线性相互作用是推动系统向有序发展的内在动力，这种非线性相

---

① See Louis – Alexandre Berg & Marlon Carranza, *Organized Criminal Violence and Territorial Control: Evidence from Northern Honduras*, Journal of Peace Research, Vol. 55:5, p. 566(2018).

② 参见 2019 年 4 月 9 日，最高人民法院、最高人民检察院、公安部、司法部《关于办理实施“软暴力”的刑事案件若干问题的意见》第 2 条规定。

③ See Ko – Lin Chin, *Heijin: Organized Crime, Business, and Politics in Taiwan*, Routledge, 2015, p. 20.

互作用能使系统各要素间产生协同作用和相干效应,主要表现在两个方面:一是使系统各要素间相互制约、耦合而产生整体效应和自组织结构的相干效应,二是使系统在临界点上失稳,多分支演化为新的系统,形成新的结构。如果我们以非线性机制的可逆性(反馈性)、横向性和网络性来考察有组织犯罪系统内的各个要素,会发现这三性使各个要素相互制约、协同,使子系统联合起来。如果没有非线性作用,那么,这种联合仅仅是诸子系统的作用的简单叠加,而在非线性作用下,这种线性叠加失效了,取而代之的是这种联合被放大而产生整体性行为,产生出支配系统自组织有序演化的运动模式,并且进一步与子系统的非线性相互作用构成“作用循环链”,共同耦合产生整体效应——有组织犯罪对社会的严重危害。

犯罪,就其原始形态而言,是一种个人的反社会行为。犯罪是社会生活的产物,必然受制于社会形态的变化。在实际社会生活中,出于社会分工的需要,在错综复杂的关系中,具有相同利益关系的人出于共同的利益而实现特定的社会结合,这就是社会组织。社会组织的出现是人类生产力发展与社会生活需要的必然结果。

犯罪也是一种社会活动,其自然会借用社会组织形式攫取社会利益,是对抗社会的需要。根据整体性原理,各个孤立犯罪(要素)一旦组成系统整体,就具有单独犯罪所不具有的性质和功能,即犯罪的整体性性质和功能不等于各个孤立犯罪的性质和功能的简单拼合,由若干个相互联系、相互作用,并按一定结构所组成的犯罪组织系统已成为具有一定新功能的有机整体。

由此可见,有组织犯罪形态的演变是个渐进的过程,无组织的分散个体犯罪是有组织犯罪系统的基石,没有初始的个体与社会互动中的孤立反应形式,不可能形成犯罪的有组织形态,即团伙、集团、黑社会性质组织、黑社会组织。当然,孤立的犯罪只是构成有组织犯罪系统的必要条件,如果没有一定的结构方式将其组合起来,仅有量的变化,不可能形成具有系统性质的有机整体,只不过是个“堆”,如一堆散沙,只是改变了“沙土”的堆积性,而这种堆积性仅是形成沙土的各个部分的总和。

在有组织犯罪系统中,整体不等于孤立犯罪的总和,而是在有明确的组织目标,严格的纪律、制度,独特的成员选择方式,首领的至上权威,明确的等级性,先进的物质条件,并实施大规模犯罪的基础上形成系统后的新质,这种新质是个体犯罪在孤立状态下所不具有的。新的质又带来了新的量,而这种新的量同堆积量的增减是截然不同的。在有组织犯罪系统中,具有每一成员孤立犯罪时所不具备的分工协作的功能,整个犯罪效益远远超过孤立犯罪的总和。

3. 有组织犯罪系统的涨落机制作用

根据耗散结构理论,在远离平衡态的非线性区,系统达到某个特征值附近,由于系统失稳,随机的小涨落会通过相干效应而互相耦合放大成宏观的巨涨落;驱使系统发生质变,形成耗散结构。有组织犯罪系统发展变化涨落机制的作用有多个方面的体现。

(1)组织结构的层次性

整个有组织犯罪系统犹如金字塔形结构,其底部为相对简单的"临时性"系统,而顶部却是相当复杂的系统——黑社会性质的组织或黑社会组织。该系统的复杂性在于其内部等级森严,呈垂直权力机构,上级对下级拥有绝对权力,下级必须无条件服从上级。在底部和顶部之间存在若干系统与上下层次相连接。中间层就其自身的组成部分来说,它们也是系统,但就更高层次的系统来说,它们是要素。由此可见,在整个有组织犯罪系统中各个要素在系统中的地位和作用不同,系统和要素是相对的,一个系统可能是上个系统的要素;一个要素对下个系统来说又可能是系统,要素既是有组织犯罪组织形态发展的表现形式,也是有组织犯罪得以发展的必要条件。层次结构系统往往较非层次结构系统发展快,且安全、高效。其原因在于:当具有层次结构的系统解体为各个层次的子系统时,各子系统结构并不因此而全部解体;而非层次结构系统一旦解体,即刻分解为零散的基本组成要素,全部结构必然崩溃。任何系统的发展都会遇到各种随机的扰动,有组织犯罪系统更为突出,如犯罪组织之间的竞争和合并、司法机关的严厉打击等,由于有组织犯罪具备组织结构的层次性,往往能够迅速弥补损失,重建更加完善的系统。具有临时性的组织形态的犯罪组织(如犯罪团伙),不具有层次结构系统,因此,极不稳定,稍有动荡就会解体。

(2)组织活动的目的性

有组织犯罪系统的目的性与其系统的开放性紧密相关,其组织活动的目的性体现在有组织犯罪系统内部要素与外部环境的相互作用中。有组织犯罪的基本目标是追求经济利益,当客观存在的非法需求信息输入时,犯罪组织会作出反应,即提供非法商品和服务,如毒品、赌博、卖淫等,进而垄断这些领域,获取更大的利益。这种反应作为信息的输出提供给外界的它系统,而它系统又将此输出作为新的输入接受，并作出新的反应。因此，哪里存在非法需要，哪里的有组织犯罪活动就异常活跃，如利用金融机构对金融业务的需求，利用某些地区或国家对投资的渴求，将非法收益投入金融机构或合法商业，大肆洗钱，从而使合法经济中渗透着非法“血液”。

(3)组织功能分解协调性

有组织犯罪系统既具有整体性特征，又具有分解、协调性特征。有组织犯罪系统内部协调体现在设置专业与分工，犯罪组织的首领负责组织管理和意识形态及各层面的协调，是该组织的智囊中心和领导核心。内外安全的保障者，对内执行首领指示，控制行动者的活动，保障组织活动的目的实现；对外利用合法身份、专业知识技能作掩护，或贿赂官员，为犯罪组织提供安全保障。具体执行犯罪活动者，设定具有专业技能的人从事专业性强的犯罪，如洗钱、网络犯罪、伪造货币等，所设置的专业和分工形成若干个子系统，这些系统之间的相互联系和相互作用构成有组织犯罪系统整体，作为系统整体的各个组成部分并不因此丧失自身的特性，而是作为子系统发挥着自己的功能，它们一方面具有很大的自主权，另一方面通过内部的协同作用产生有序结构。有组织犯罪系统的外部协调体现在，为了其组织的生存，尽力为自己创造合适的外部环境，协调与同行之间、政权当局及社会各阶层的关系。以黑社会组织为例，具体分析如下。

第一，虽然有组织犯罪具有垄断的特点，但为了避免黑社会组织之间的两败俱伤，往往采取联手合作的协调方式，实行利益均沾，缓解彼此冲突，避免内耗。这种功利的联合仍然避免不了相互争斗。随着各自实力的变化，旧的平衡被打破，通过争斗与协调重组新的平衡。

第二，有组织犯罪不仅以整体的力量抗衡社会，而且采取软硬兼施的协调方式使国家对其犯罪行为在最大限度上保持中立。他们腐蚀、收买政府官员，向政权机关渗透，或制造危害社会治安事件，给政府施加压力。

第三，黑社会与合法社会的协调，宗旨是尽量减少摩擦，求得共同生存。在犯罪活动方面采取降低可见度的协调方式，即减少暴力性、掠夺性犯罪，主要实施“无被害人”的犯罪①，如毒品、卖淫、赌博等犯罪，并大规模向合法企业渗透；在文化层

---

① “无被害人”的犯罪又称“自己是被害人的犯罪”，即行为人侵害自己利益的犯罪。参见高铭暄主编：《当代刑法前沿问题研究》，人民法院出版社 2019 年版，第 86 页；陈家林：《外国刑法理论的思潮与流变》，中国人民公安大学出版社、群众出版社 2017 年版，第 83 页。

面上，尽量与社会主流价值观念相协调。

(4)自组织性

根据自组织理论，自组织指的是不需要外部指令，而是在一定条件下自行产生特定有序结构的过程。自组织不是按外部指令完成的，但从自组织过程在不同的研究对象中有不同的表现形式来看，似乎不宜推论自组织中不存在内部指令。有组织犯罪系统的自组织过程具有两个要素，即组织指令和组织对象，其中组织指令起着关键性的作用，整个组织过程根据组织指令进行。在有组织犯罪系统中，其组织内部的完整规章制度起着组织指令的作用。不同的犯罪组织系统，其组织指令，即"帮规会律"不尽相同，体现着不同的民族思想、价值观念、文化特点及历史背景。最初的"帮规会律"并不是哪个个人事先规定的，而是处于社会对立面、具有相同利益关系的人，出于攫取社会利益和对抗社会的需要，从分散走向集合活动过程中逐渐达成的一种默契或公约，作为一种规则提出来后成为组织系统内部的一种制约因素，规范着每个人的行为，成为一种组织指令。如对组织忠诚、不得背叛；尊重上司、执行命令；内外有别，严守秘密；团结互助，一致对外；有福同享、有难共当；违纪者惩、立功者奖。在严密的组织指令控制下，系统内部由无序走向有序，并从上至下形成金字塔结构。用相互作用揭示有组织犯罪系统组织指令的产生，明显可见两大因素。

一个因素是最初的无组织、分散的个体犯罪行为，具有一定的随机性，难以达到预期的目的；具有"临时性"组织形态的松散犯罪群体，虽有明确的犯罪目的，但无严格的纪律约束，一致则合，不一致则分，难以实现规模性效应。于是，出现了具有组织指令的稳定犯罪组织形态，这反映了犯罪群体之间的竞争、偏害等负互作用，偏利、合作和共生等正互作用，以实现高度组织对人的约束力。

另一个因素是每个参加犯罪组织的人当初都有各自的目的和动机，当他们认识到不改变孤军作战、盲目行动的局面难以实现自己的目的时，就会在以非法形式协作实现社会利益分配或再分配上达成共识，从而产生共同目标。正是有了这一共同目标，才能找出一套调整组织内部关系的"帮规会律"。

由此可见，有组织犯罪系统的组织指令的产生是状态信息（个体犯罪状态、临时性组织状态等）、规律信息（团体犯罪活动规律）和共同目标三者相结合的产物，是自组织系统对环境变化所作的应急反应。在这三者的结合过程中，有组织犯罪的首领或组织核心起着特殊调控作用，他们不仅能在组织指令形成过程中进行权威性干预,发出趋化信号,执行自组织功能,使组织指令符合所有组织对象的运动规律,并体现组织对象的共同的、根本的和长远的利益。

在有组织犯罪复杂系统中的组织对象都是有意识有目的的人,对之严格的审核标准、条件,关系到犯罪组织的凝聚力、战斗力和生命力。新入伙的成员必须与组织有同样的价值观念,个人利益融入组织利益之中,并具备组织所要求的能力、资格。通常有组织犯罪自组织过程是非平衡条件下产生的,系统内部的这种非平衡就是组织对象之间的各种差异。只有当系统内部出现某种定向的流动时,一个有机的整体才得以形成。因此,在犯罪系统的自组织中往往有意识地利用各种差异,甚至有目的地设置各种差异,如奖惩制度,造成成员间优劣利益分配不平衡,树立榜样效应。

总之,在有组织犯罪开放系统中,组织指令的规范作用,组织对象之间协调和竞争的矛盾运动,会出现某些偏离系统稳定状态的涨落,有的涨落会在一定外界条件和系统内部非线性机制的作用下得到放大,使组织对象在更大范围内产生协同运动,使有组织犯罪系统从无序到有序,从低级有序到高级有序。

(5)稳定性

有组织犯罪系统随着其活动领域的不断扩大,自组织结构作出相应的自我调整,以适应生存的发展,保持其组织的长久性和稳定性。具体表现在以下几个方面。

第一,组织结构的调整。有组织犯罪的宗旨是追求经济利润,其贪欲无止境,为了以最少的投入、最小的风险,安全获取最大利润,它们借用合法外衣掩护,跨国组织联合力量,不断向企业化、部分合法化和跨国联合体发展。它们对犯罪作长远之计的调整;对组织机构进行分工协作、权责分明的调整,并以“企业董事会”式的委员会取代家长式的首领决策系统,吸收科学的管理方式,作为一个法人式的组织而存在运行。

第二,组织成员的调整。犯罪主体的犯罪素质的高低、逃避制裁能力的强弱决定有组织犯罪的成功率和效益的大小。随着有组织犯罪走向“企业化犯罪”,国外称为“犯罪辛迪加”或“犯罪联合体”,对高素质、专业化“人才”的需求越来越强烈。因为任何周密的犯罪计划要转化为实际的犯罪效益,离不开具体的实施者——犯罪人的技能、经验、胆量、判断力等情况。犯罪能力的强弱体现犯罪人的犯罪素质。此外,成功逃避法律制裁的能力,即破坏现场、毁灭证据、威胁收买证人、逃离现场、布置疑阵等反侦破手段,以及贿赂官员寻求庇护等决定犯罪成败。因此,有组织犯罪系统注重从长远利益出发,培训犯罪“专才”,调整人员队伍,以保持其组织系统的有序、稳定。

第三,组织凝聚力的调整。通过不断改善、配备实施犯罪的物质条件,如装备上运输工具、通讯工具、武器等先进的犯罪工具,利用计算机、信用卡等现代科技作案,提高犯罪的安全系数及犯罪效益的可观性,在“共同利益”的宗旨协调下,组织凝聚力得以进一步增强。

由此可见,有组织犯罪系统的稳定性不是在静止中实现的,而是在运动中实现的。有组织犯罪系统顺应社会发展的需要,不断作出相应的自我调整,使之在远离平衡后又恢复到稳定状态,然而此时的稳定状态的有序程度已不再停留在原来的水平上,而是提高到一个新的水平。

综上所述,根据耗散结构理论可对有组织犯罪定义作如下表述:有组织犯罪是以追求经济利益为基本目标,采取暴力和贿赂为主要手段,具有组织机构的层次性、组织功能的分解协调性、组织指令的规范性和组织成员的稳定性,组织形态由低到高的有序性,实施犯罪行为的犯罪组织整体系统。

(二)有组织犯罪的刑法学概念

准确界定有组织犯罪的刑法学概念对于司法机关打击有组织犯罪具有重大意义。如前所述,在界定有组织犯罪概念时存在广狭概念说,有些学者在界定有组织犯罪概念时将一些松散的结伙犯罪也归于有组织犯罪。如有学者指出,刑法学意义上的有组织犯罪包括有组织行为的共同犯罪、共同犯罪中的聚众犯罪、集团犯罪、黑社会性质组织犯罪和黑社会犯罪、其他法定的犯罪组织实施的犯罪及有组织犯罪的下游犯罪——洗钱罪。[①] 也有学者基于现有规定,提出刑法学上的有组织犯罪的概念应界定为 3 人或 3 人以上故意实施的一切有组织的共同犯罪活动。这一概念揭示的内涵和外延有:(1)作为有组织犯罪,其主观罪过必须故意。(2)作为有组织犯罪,主体数量必须是 3 人或 3 人以上。(3)作为有组织犯罪,必须具有一定的组织形式,即是“有组织的”。[②] 笔者认为,以上观点值得商榷。因为有组织

---

① 参见卢建平主编:《有组织犯罪比较研究》,法律出版社 2004 年版,第 24 页。

② 参见李洁:《打击有组织犯罪法律适用中的难点及其消解途径》,载《国家检察官学院学报》2009 年第 6 期。

的犯罪并不等于有组织犯罪,[①]有组织犯罪应特指有一定组织结构的犯罪团体实施的犯罪。如果认为有组织行为的犯罪就属于有组织犯罪,那么,司法实践中多数有预谋的共同犯罪是有组织犯罪,这就使通过界定有组织犯罪来打击这种行为的针对性降低;而且,制定有关严厉惩治有组织犯罪的法律规范也主要是因为这种犯罪团体并不是以实施一次犯罪为目的,而是以多次实施犯罪为目的,对社会的危害性大。如果实施了某个犯罪的共同犯罪人,并没有多次实施犯罪的故意,仅仅因为其实施犯罪时有组织行为(拉拢、勾结他人,出谋划策,居间协调等),就作为有组织犯罪处理,显然不妥。有些学者将集团犯罪也作为有组织犯罪,无形中也是从广义视角来理解有组织犯罪。

另有学者试图分别从“有组织”和“犯罪”的本质对有组织犯罪进行界定。其认为,从语义上理解,有组织犯罪包含了两个基本内容,即“有组织”和“犯罪”。所谓“有组织”应有两层含义:一是行为主体的组成结构;二是行为本身的组织性。所谓“犯罪”,在刑法学意义上是指实施危害社会、违反刑法且应当受到刑罚处罚的行为。因此,刑法学意义上的有组织犯罪是指3人或3人以上组成的,具有一定较为固定的组织形式的组织(可以是普通犯罪集团、黑社会性质组织和黑社会组织),以获取不法利益为目的,以暴力、恐怖、威胁、贿赂或其他手段实施的犯罪行为。[②] 但是,在刑法学视野中,“有组织”和“犯罪”并非割裂的概念,应对有组织犯罪进行整体的刑法评价。

笔者认为,有组织犯罪的刑法学概念应具有较高的确定性和可操作性,需注重有组织犯罪的法律特征。因此,在界定有组织犯罪的刑法学概念时,需严格依照我国《刑法》的规定,即以《刑法》总则、《刑法》分则对有组织犯罪的规定为依据。[③]《刑法》意义上明确规定的有组织犯罪仅包括黑社会性质组织犯罪。此外,2021年12月24日全国人大常委会公布的《反有组织犯罪法》第2条第2款规定的恶势力组织实施的犯罪也属于有组织犯罪。

我国黑社会性质组织的出现,主要源于两个方面:一是境内黑社会性质组织的滋生;二是境外黑社会组织的渗透。针对有组织犯罪,1997年3月14日颁布的

---

① 参见皮艺军:《有组织犯罪的界定》,载《青少年犯罪研究》1997年第8-9期。

② 参见许靖、杨丽、邢菲菲:《对有组织犯罪查处中的疑难问题研究》,载《政治与法律》2010年第5期。

③ 参见卢建平主编:《有组织犯罪比较研究》,法律出版社2004年版,第24页。

《刑法》首次在刑法条文中明确规定了"组织、领导、参加黑社会性质组织罪""入境发展黑社会组织罪""包庇、纵容黑社会性质组织罪"3 个罪名，其中黑社会性质组织的概念被界定为："以暴力、威胁或者其他手段，有组织地进行违法犯罪活动，称霸一方，为非作恶，欺压、残害群众，严重破坏经济、社会生活秩序的组织。"这一概念强调了黑社会性质组织的暴力性和犯罪活动的有组织性，并描述为"称霸一方，为非作恶，欺压、残害群众"，应当指出，法律条文中这种概括性用语没有显示出刑事立法语言的专业性以及严谨性，以至于在司法实践中，对黑社会性质组织的认定分歧较大。鉴于此，2000 年 12 月 4 日在全国范围内部署首次"打黑除恶"专项斗争之后，最高人民法院审判委员会根据《刑法》第 294 条的规定，通过了《关于审理黑社会性质组织犯罪的案件具体应用法律若干问题的解释》，规定黑社会性质的组织一般应具有四个特征：(1)组织性，即组织结构比较严密，人数较多，有比较明确的组织者、领导者，骨干成员基本固定，有较为严格的组织纪律。(2)经济性，即通过违法犯罪活动或者其他手段获取经济利益，具有一定的经济实力。(3)保护伞，即通过贿赂、威胁等手段，引诱逼迫国家工作人员参加黑社会性质组织活动，或者为其提供非法保护。(4)暴力性，即在一定区域或者行业范围内，以暴力、威胁、滋扰等手段，大肆进行敲诈勒索、欺行霸市、聚众斗殴、寻衅滋事、故意伤害等违法犯罪活动，严重破坏经济，社会生活秩序。严格地说，最高人民法院提出的上述四个特征，只有第四个特征是《刑法》第 294 条明文规定的，而其他特征，如黑社会性质组织的组织化程度、经济目的与经济实力，以及收买或胁迫国家工作人员参加活动和提供保护等内容在《刑法》第 294 条中无法寻找到直接依据。

过去在认定黑社会性质组织方面，存在较大分歧，有论者认为构成黑社会性质组织应具备 3 项特征，有的则认为应具备 4 项特征。其区别也就是"保护伞"究竟是否为黑社会性质组织的必备条件。2002 年 4 月 28 日全国人大常委会在最高人民法院的司法解释及司法实践的基础上，对"黑社会性质组织"认定标准又作出了进一步的规定，《关于〈中华人民共和国刑法〉第二百九十四条第一款的解释》强调黑社会性质组织应当同时具备以下特征：(1)形成较稳定的犯罪组织，人数较多，有比较明确的组织者、领导者，骨干成员基本固定，有比较严格的组织纪律；(2)有组织地通过违法犯罪活动或者其他手段获取经济利益，具有一定的经济实力，以支持该组织的实力；(3)以暴力、威胁或其他手段，有组织地多次进行违法犯罪活动，为非作恶，欺压、残害群众；(4)通过实施违法犯罪活动，或者利用国家工作人员的包庇、纵容,称霸一方,在一定区域或者行业内,以暴力、威胁、滋扰等手段,大肆进行敲诈勒索、欺行霸市、聚众斗殴、寻衅形成非法控制或者重大影响,严重破坏经济、社会生活秩序。该立法解释虽也强调四个特征,但作了较大修改,集中体现在三个方面:第一,"保护伞"不再作为认定黑社会性质组织的必要条件。《关于审理黑社会性质组织犯罪的案件具体应用法律若干问题的解释》强调,国家工作人员参加黑社会性质组织的活动或者为其提供非法保护,是认定黑社会性质组织的必备条件;而立法解释对"利用国家工作人员的包庇、纵容"作为成立黑社会性质组织的选择条件,这表明黑社会性质组织存在多种形态,既存在"黑白"渗透类型,也存在无"保护伞"类型。第二,在黑社会性质组织实施的行为方面,强调"有组织性"。关于"有组织"犯罪是指犯罪行为还是集团组织,一直是中外学者争论的焦点。根据《关于〈中华人民共和国刑法〉第二百九十四条第一款的解释》,在认定黑社会性质组织时,不仅应看其主体是否形成较稳定的犯罪组织,还应判断参加该犯罪组织的人员所实施的犯罪活动或行为是否具有有组织性。第三,突出强调黑社会性质组织"在一定区域或者行业内形成非法控制或者重大影响"的后果。《关于〈中华人民共和国刑法〉第二百九十四条第一款的解释》中删除了《关于审理黑社会性质组织犯罪的案件具体应用法律若干问题的解释》中黑社会性质组织实施的具体行为方式,而增加了对黑社会性质组织的行为后果特征的描述,表明立法者的意旨在于,强调黑社会性质组织与犯罪集团或一般共同犯罪的区别不在于它们实施的具体犯罪行为的差异,而在于黑社会性质组织对既存的经济、社会生活秩序严重破坏这一特定的危害方式和危害结果。

2009 年 7 月 15 日,最高人民法院、最高人民检察院、公安部在北京召开了办理黑社会性质组织犯罪案件座谈会,联合发布了《办理黑社会性质组织犯罪案件座谈会纪要》。会议认为,自 1997 年《刑法》增设黑社会性质组织犯罪的规定以来,全国人大常委会、最高人民法院分别作出了《关于〈中华人民共和国刑法〉第二百九十四条第一款的解释》与《关于审理黑社会性质组织犯罪的案件具体应用法律若干问题的解释》,对于指导司法实践发挥了重要作用。但由于黑社会性质组织犯罪的构成要件和所涉及的法律关系较为复杂,在办案过程中对法律规定的理解还不尽相同。为了进一步统一司法标准,《办理黑社会性质组织犯罪案件座谈会纪要》就黑社会性质组织在实践中争议较大的问题,阐明了一致意见:第一,关于组织特征。黑社会性质组织不仅有明确的组织者、领导者,骨干成员基本固定,而且,组织结构较为稳定,并有比较明确的层级和职责分工。第二,关于经济特征。在办案时不能一般性地要求黑社会性质组织所具有的经济实力必须达到特定规模或特定数额,无论其财产是通过非法手段聚敛,还是通过合法的方式获取,只要将其中部分或全部用于违法犯罪活动或者维系犯罪组织的生存、发展即可。“用于违法犯罪活动或者维系犯罪组织的生存、发展”,一般是指购买作案工具、提供作案经费,为受伤、死亡的组织成员提供医疗费、丧葬费,为组织成员及其家属提供工资、奖励、福利、生活费用,为组织寻求非法保护以及其他与实施有组织的违法犯罪活动有关的费用支出等。第三,关于行为特征。暴力性、胁迫性和有组织性是黑社会性质组织行为方式的主要特征,但有时也会采取一些“其他手段”。根据司法实践经验,《关于〈中华人民共和国刑法〉第二百九十四条第一款的解释》中规定的“其他手段”主要包括:以暴力、威胁为基础,在利用组织势力和影响已对他人形成心理强制或威慑的情况下,进行所谓的“谈判”“协商”“调解”;滋扰、哄闹、聚众等其他干扰、破坏正常经济、社会生活秩序的非暴力手段。第四,关于危害性特征。称霸一方,在一定区域或者行业内,形成非法控制或者重大影响,从而严重破坏经济、社会生活秩序,是黑社会性质组织的本质特征,也是黑社会性质组织区别于一般犯罪集团的关键所在。对于“一定区域”,不能简单地要求“一定区域”必须达到某一特定的空间范围,而应当根据具体案情,并结合黑社会性质组织对经济、社会生活秩序的危害程度加以综合分析判断。对于“一定行业”,既包括合法行业,也包括黄、赌、毒等非法行业。这些行业一般涉及生产、流通、交换、消费等一个或多个市场环节。此外,《办理黑社会性质组织犯罪案件座谈会纪要》还就办理黑社会性质组织犯罪的其他问题,如包庇、纵容黑社会性质组织罪主观要件的认定、黑社会性质组织成员的刑事责任、涉黑犯罪财物及其收益的认定和处置、认定黑社会性质组织犯罪的证据要求、黑社会性质组织成员的立功问题、对“恶势力”团伙的认定和处理、视听资料的收集、使用等问题加以详细规定。

在此基础上,最高人民法院、最高人民检察院、公安部、司法部先后于 2018 年发布《关于办理黑恶势力犯罪案件若干问题的指导意见》,2019 年发布《关于办理恶势力刑事案件若干问题的意见》,进一步对于“黑社会性质组织犯罪”和“恶势力犯罪”作出详细规定。《关于办理恶势力刑事案件若干问题的意见》中规定:“恶势力,是指经常纠集在一起,以暴力、威胁或者其他手段,在一定区域或者行业内多次实施违法犯罪活动,为非作恶,欺压百姓,扰乱经济、社会生活秩序,造成较为恶劣的社会影响，但尚未形成黑社会性质组织的违法犯罪组织。”

三、我国有组织犯罪概念的新发展

有学者就《刑法》及相关规范性文件关于有组织犯罪的规定提出不同意见，并建议对有组织犯罪的概念界定进行调整。如有学者提出，目前，我国香港特别行政区、澳门特别行政区、台湾地区的黑社会组织不仅大量存在，而且，极力向中国内地（大陆）渗透，与内地（大陆）黑社会（性质）组织合作或合流。今后中国内地（大陆）新出现的黑社会（性质）组织，与港澳台地区的黑社会组织之间的融合是一种必然的趋势，而且，我国港澳台地区的黑社会组织与中国内地（大陆）黑社会（性质）组织并无性质上的区别。因此，在中华人民共和国领域内，或迟或早，必将实行黑社会性质组织概念的统一化，这是反黑斗争的客观要求。进而认为，目前在中国，无论是港澳台地区的黑社会组织，或者是内地（大陆）的黑社会（性质）组织，至少在理论上都可以使用统一的概念，统称为中国的黑社会组织。[①] 类似的观点认为，目前虽然尚无权威结论证明我国境内存在黑社会组织，但不可否认带有黑社会性质组织的专业化越来越强，组织程度越来越高，正在逐步向典型黑社会组织转化，黑社会组织可能迟早会在中国境内出现。因此，从立法“前瞻性”和与世界各国立法接轨的角度来讲，非常有必要从立法上对我国境内的黑社会组织犯罪进行预先规制。[②]

相关论者也从国际视角对其观点予以论证。如有学者提出，《联合国打击跨国有组织犯罪公约》规定的“有组织犯罪集团”能够涵盖多种形态的有组织犯罪，灵活性较强，而我国《刑法》规定的“黑社会性质组织”灵活性较弱，值得探讨。[③] 也有论者基于前述视角认为，我国已经批准了《联合国打击跨国有组织犯罪公约》并决定将其适用于中国内地和中国香港特别行政区，为了保证公约在中国的有效实施，有必要修改《刑法》，规定“黑社会组织”这个完整的概念取代“黑社会性质组织”这

① 参见何秉松：《黑社会组织（有组织犯罪集团）的概念与特征》，载《中国社会科学》2001 年第 4 期。

② 参见刘韵、刘期勇、邓华鑫：《论我国有组织犯罪立法的缺陷及完善》，载《北华大学学报（社会科学版）》2014 年第 5 期。

③ 参见赵赤：《中外惩治有组织犯罪比较研究》，中国政法大学出版社 2017 年版，第 126 页。

个不完整的概念，以便与“有组织犯罪集团”概念保持一致。①

但笔者认为，应根据我国有组织犯罪的实际情况明确有组织犯罪的概念。有学者冷静地指出，考察一国有组织犯罪的组织化程度，不应机械地参照所谓他国典型的有组织犯罪形态来衡量本国的有组织犯罪发展形态，而应立足于本国的发展现状，以动态的眼光作出符合实际情况的判断。② 我国黑社会性质组织与黑社会组织的概念完全是两码事，不能直接用有组织犯罪来替换之，因为两者的内涵和外延迥然不同。一方面，两者呈现互为对应关系；另一方面，两者并不能实现完全的对接，在使用时必须注意到两者的差异。③ 从立法和司法实践来看，我国并未出现黑社会组织，我国《刑法》中也仅规定“黑社会性质组织犯罪”。

2021 年 12 月 24 日，全国人民代表大会常务委员会通过了《反有组织犯罪法》，该法第 2 条第 1 款规定：“本法所称有组织犯罪，是指《中华人民共和国刑法》第二百九十四条规定的组织、领导、参加黑社会性质组织犯罪，以及黑社会性质组织、恶势力组织实施的犯罪。”由此，该法不仅肯定了“黑社会性质组织犯罪”的概念，而且将“恶势力组织犯罪”纳入有组织犯罪的范畴。也即，应从两个层面对有组织犯罪加以理解：一是有组织犯罪既包括黑社会性质组织犯罪，也包括恶势力组织犯罪。二是有组织犯罪既包括成立、发展犯罪组织的犯罪，也包括犯罪组织实施的犯罪。在《反有组织犯罪法（草案）》公布后，有学者曾提出黑恶势力犯罪也就是现阶段“有组织犯罪”的中国概念，因此，草案中基于“坚持总体国家安全观”“维护国家安全”的立法目的，有组织犯罪概念宜为“黑恶势力犯罪”更符合当下中国实际，更准确地反映出对于特定犯罪现象专项立法、科学立法的现实需求。④ 笔者认为，《反有组织犯罪法》所界定的黑社会性质组织、恶势力组织本身即强调“组织”性，采“有组织犯罪”的概念更能反映其犯罪本质。此外，“有组织犯罪”也是一个世界性的概念，如此规定也有利于我国开展相关国际合作。

《反有组织犯罪法》虽然仅在第 2 条第 2 款具体界定了“恶势力组织”，但是，并不意味着未明确“黑社会性质组织”的概念。由于“黑社会性质组织”已经在《刑

---

① 参见何秉松：《中国有组织犯罪研究（第一卷）：中国大陆黑社会（性质）犯罪研究》，群众出版社 2009 年版，第 217 页。

② 参见张远煌：《关于我国有组织犯罪的概念及发展形态的再思考》，载《人大法律评论》2009 年第 1 期。

③ 参见梁利波：《有组织犯罪立法的国际谱系》，载《刑法论丛》2014 年第 3 期。

④ 参见王燕飞：《〈反有组织犯罪法（草案）〉的理论检视》，载《河北法学》2021 年第 11 期。

法》中加以具体规定,因此,该条第1款仅作出指引规定。结合《刑法》第294条第5款和该条第2款的规定,“黑社会性质组织”和“恶势力组织”的多数特征具有同类性质,在理解时应注意:第一,组织特征。前者要求形成较稳定的犯罪组织,人数较多,有明确的组织者、领导者,骨干成员基本固定;后者要求经常纠集在一起,但尚未形成黑社会性质组织。第二,行为特征。前者要求以暴力、威胁或者其他手段,有组织地多次进行违法犯罪活动,为非作恶,欺压、残害群众;后者要求以暴力、威胁或者其他手段,在一定区域或者行业领域内多次实施违法犯罪活动,为非作恶,欺压群众。第三,危害性特征。前者要求通过实施违法犯罪活动,或者利用国家工作人员的包庇或者纵容,称霸一方,在一定区域或者行业内,形成非法控制或者重大影响,严重破坏经济、社会生活秩序;后者要求扰乱社会秩序、经济秩序,造成较为恶劣的社会影响。需注意的是,前者对于经济特征有要求,即有组织地通过违法犯罪活动或者其他手段获取经济利益,具有一定的经济实力,以支持该组织的活动,后者则无此要求。对比二者特征可以发现,除了“恶势力组织”不要求经济特征外,其与“黑社会性质组织”在组织特征、行为特征、危害性特征上均具有一致性,只不过对于“恶势力组织”的要求程度相对较低。

此外还应注意,境外的黑社会组织犯罪也属于《反有组织犯罪法》规定的“有组织犯罪”范畴。《反有组织犯罪法》第2条第3款规定:“境外的黑社会组织到中华人民共和国境内发展组织成员、实施犯罪,以及在境外对中华人民共和国国家或者公民犯罪的,适用本法。”

由此可以看出,《反有组织犯罪法》最终确立了狭义的有组织犯罪概念,其仅包括恶势力组织犯罪、黑社会性质组织犯罪和境外的黑社会组织犯罪三类犯罪。

第三节 有组织犯罪的相关概念

一、有组织犯罪与集团犯罪

根据《刑法》第26条第2款的规定,犯罪集团指“三人以上为共同实施犯罪而组成的较为固定的犯罪组织”。据此,所谓犯罪集团,是指由3人以上,为了实施某种或多种犯罪而建立起来的,具有相当固定性的犯罪组织。犯罪集团有两个主要特征:一是人数较多,至少有3人。二是有一定的组织性,成员比较固定,而且有明显的首要分子,集团的成员以首要分子为核心,结合比较紧密,有的还有一定的组织名称、组织纪律和严密分工,不是作一次案就散伙,而是为了在相当长的时期内,保持犯罪集团的状态,不断地进行一种或多种犯罪。这正是犯罪集团与一般的共同犯罪、结伙犯罪以及团伙犯罪的区别所在。这种在集团首领领导下的稳定、紧密的犯罪组织是犯罪集团经常得以有预谋地实施严重犯罪的保障,是其严重社会危害性的客观反映。

关于集团犯罪和有组织犯罪的关系,学者形成了不同的观点。

第一,多数学者认为有组织犯罪是特殊的集团犯罪。如认为,按照其严密程度强弱来划分及排列,犯罪集团可分为黑社会组织、黑社会性质的组织与普通犯罪集团三种类型。根据我国《刑法》的规定,目前我国社会中只有普通犯罪集团与黑社会性质的组织两类,而不存在黑社会组织。[①] 或认为,犯罪集团可以分为一般犯罪集团和特殊犯罪集团,进而认为有组织犯罪中的犯罪组织即为特殊犯罪集团。其提出,特殊犯罪集团是指《刑法》分则特别规定的某种特殊性质的犯罪集团,主要是黑社会性质组织(《刑法》第 294 条)、恐怖组织(《刑法》第 120 条)、邪教组织(《刑法》第 300 条)、会道门(《刑法》第 300 条),这些犯罪集团都是《刑法》分则特别加以规定的,因此,在刑法理论上一般把它们称为特殊犯罪集团,以区别于一般的犯罪集团。[②]

有的学者认为犯罪集团实施的犯罪并非均系有组织犯罪。只有那些以经济市场为依托,亦即通过经济交易行为来获取生存基础的犯罪集团所实施的犯罪,才是有组织犯罪,而其他的则只能称为犯罪集团。比如,专门从事盗窃、抢劫等非经济犯罪的犯罪集团的犯罪活动,就不能称为有组织犯罪。[③]

第二,部分学者认为有组织犯罪包括集团犯罪。其认为,应将有组织犯罪界定为 3 人以上故意实施的一切有组织形式的犯罪活动,强调其“组织机构”的特征,在外延上它包含一般性集团犯罪、带黑社会性质的组织犯罪和典型黑社会犯罪。[④]

笔者认为,有组织犯罪与集团犯罪在很多方面具有共同点,如人数众多、犯罪

---

① 参见马克昌主编:《刑法》,高等教育出版社 2017 年版,第 140 页。

② 参见何秉松:《中国有组织犯罪研究(第一卷):中国大陆黑社会(性质)犯罪研究》,群众出版社 2009 年版,第 189 页。

③ 参见刘远:《有组织犯罪概念的刑法哲学分析》,载《法学家》2008 年第 3 期。

④ 参见赵微、王昭振:《有组织犯罪界定及其组织行为实行行为化——基于犯罪学与刑法学的视角转换》,载《法学家》2008 年第 3 期。

具有一定的固定性等。但是,“有组织的犯罪”并不一定是有组织犯罪。应当说,广义的有组织犯罪,即3人以上故意实施的一切有组织的集团犯罪活动,不仅包括有一定组织形式和组织关系的黑社会组织或黑社会性质组织所实施的犯罪活动,也包括有一定组织机构和组织形态的犯罪集团所实施的犯罪活动。狭义的有组织犯罪,即3人以上有一定组织机构和组织关系、内部结构紧密、等级森严、犯罪能量大、抗衡社会和自我防护能力强的最具典型意义的黑社会组织所实施的犯罪活动,其与普通犯罪集团还是存在明显差别的。对此有学者指出,我国《刑法》总则规定的“犯罪集团”虽然在概念外延上包括了有组织犯罪集团,但其立法目的并非针对有组织犯罪而设,只是为了解决共同犯罪人之间的刑罚分配问题。这就意味着,处理有组织犯罪这一特别形式的共同犯罪,应该有某种特别的共犯处罚原则或者理论。① 有学者进一步对有组织犯罪集团的特征予以概括:复杂的有组织等级关系;存在巨额资金周转;犯罪分子同政法机关的结合(贿赂联系),具有保护措施体系,甚至具有战斗队员、保安人员、雇佣杀手及反侦查能力。②

笔者认为,应当从犯罪组织、犯罪目的、犯罪行为与犯罪危害等方面理解二者之间的差别:第一,狭义的有组织犯罪具有更强的组织性,其层次等级更为森严,组织戒律更为严格,结构关系更为系统,组织宗旨更为明确,组织制度更为规范。外人加入犯罪组织,通常具有极其严格的步骤和程序,要经过严格的筛选,面临更为严格的行规戒律的约束。这些都是一般的犯罪集团无法比拟的。第二,有组织犯罪往往以经济利益作为最终追求目标,这既是其维系赖以生存的犯罪组织的需要,也是所有犯罪成员高度凝聚、具有极强的原动力的原因。犯罪集团则不然。有些犯罪集团并非必然出于攫取经济利益的目的,寻衅滋事,聚众斗殴,欺压、侮辱妇女等也可能成为某些犯罪集团的目的。第三,与普通犯罪集团相比,有组织犯罪由于分工明确、细密,不同的犯罪部门负责不同的犯罪分工,因而,成功率高。有的有组织犯罪利用合法的公司、企业等形式从事犯罪活动,让人不易觉察。有组织犯罪一般要寻求“保护伞”,以便为它们继续犯罪创造条件和提供保障。因此,有组织犯罪的犯罪手段更多样、隐秘,对国家机关工作人员的腐蚀更大,其社会危害性也更大。

---

① 参见赵赤:《中外惩治有组织犯罪比较研究》,中国政法大学出版社2017年版,第391页。

② 参见何秉松:《黑社会组织(有组织犯罪集团)的概念与特征》,载《中国社会科学》2001年第4期。

二、有组织犯罪与聚众犯罪

聚众犯罪也被称为聚合性共同犯罪，指以向着同一目标的多数人的共同行为为犯罪构成要件的犯罪。如武装叛乱、暴乱罪，聚众扰乱社会秩序罪等属之。[①] 聚众犯罪具有两个明显特征：第一，聚集多人，即不特定的多人。对于聚众犯罪中的"众"，学者们一般认为指3人以上，这样理解显然有些机械。在司法实践中，《刑法》规定的聚众犯罪，可以说基本上没有出现过聚集三五人的情况。而且，聚集三五人，很难让人想象到就能够达到聚众冲击国家机关、扰乱社会秩序的地步。因此，聚众，更多地应该指聚集不特定的多数人。第二，必须由《刑法》分则特别规定。哪些犯罪是聚众犯罪，必须由《刑法》分则加以明确规定，如聚众淫乱罪、聚众斗殴罪、聚众扰乱社会秩序罪等。不过，聚众犯罪不应当根据是否出现"聚众"二字才确定，而在于《刑法》分则的规定是否体现"聚众"特征。如聚众赌博构成赌博罪，聚众扰乱法庭秩序构成扰乱法庭秩序罪，这两个罪名没有"聚众"字样，但以"聚众"为构成条件。

聚众犯罪与有组织犯罪都属于共同犯罪，都要求多数人参加，有首要分子组织、策划。两者的区别在于：第一，组织程度不同。有组织犯罪的组织程度很高，有严格的组织纪律，层次结构森严，自成体系；聚众犯罪通常并没有严密的组织结构和纪律，不特定的人在一起具有纠合性，组织化程度不高。第二，成员组成不同。有组织犯罪的成员都是犯罪组织的必然组成部分，而且具有固定性特点，在相当长的时间内参与服从组织的犯罪；聚众犯罪的成员多数属于一般社会成员，不是犯罪组织的必然组成部分，也不具有固定性，更不需要在相当长的时间内实施服从组织的犯罪。聚众犯罪有可能随时可以加入，因而，其成员聚集具有临时性。第三，有组织犯罪虽然也是"聚众"，但其中的"众"只要求3人以上足够。聚众犯罪聚集的则是不特定的多数人，3人组成的情况是不切现实的。第四，目的不同。有组织犯罪一般出于谋取经济利益，采取违法犯罪手段实现经济利益的诉求，犯罪成员的加入也主要是出于获取不法经济来源的目的。有组织犯罪获取的经济利益，纯粹属于非法，不具有任何合法性。聚众犯罪既可以是出于获取经济利益的要求，也可以是为了达到非经济目的，参加成员可能出于获取经济利益的目的，也可能出于同

---

① 高铭暄、马克昌主编：《刑法学》，北京大学出版社、高等教育出版社2014年版，第167页。

情、不明是非等原因参加。第五，处罚不同。凡是有组织犯罪成员，不论是组织者、领导者、策划者等首要分子，还是一般参加成员，都将构成犯罪，受到刑罚制裁。聚众犯罪则通常处罚首要分子或者积极参加者，一般的成员不构成犯罪，也不受刑罚处罚。

三、有组织犯罪与团伙犯罪

团伙犯罪，是指3人以上结成一定组织或纠合比较松散的共同犯罪形式。它可能是犯罪集团，也可能是一般共同犯罪。[①] 团伙犯罪并不是一种严格意义上的法律术语，而是自20世纪70年代后期开始，我国司法实践通过对刑事犯罪的研究提出来的概念。由于这一提法是对我国社会上所出现的特定犯罪现象简单明了的概括，所以，已成为公认的概念。一般认为，(狭义的)犯罪团伙是指3人以上为了多次实行犯罪而结合起来的、组织形式灵活多样、结构松散、成员不完全固定，只有一个或几个核心成员、组织化程度很低的犯罪结伙，它只是结伙，而没有形成一定形式的组织。[②] 或认为，有组织犯罪与团伙犯罪具有质的差异，前者之所以具有组织性，并不是其成员为了满足某种"封官加爵"的心理需要，而是由于其成员大多进行各种不同的高度专业化的活动，为了保证这些活动得以完成而必须建立明确的等级制度并授予其成员以相应职位，唯有如此才能形成明确的行为规则、严格的组织纪律和高效的犯罪收益，而这是团伙犯罪所无法比拟的。即便只从形式与数量上看，组织性也是远远超出犯罪团伙容纳能力的为数众多的犯罪分子凝结成一个整体的必要的基本结构特征。就此来说，从犯罪团伙到有组织犯罪，可谓"犯罪的现代化"。[③]

从犯罪团伙的组织结构来看，存在两种类型：一是临时凑合型的松散联盟团伙；二是相对稳定型团伙。这种紧与松相间，聚与散相济，得聚则聚，得散则散的结构决定了犯罪团伙的两大特点，即成员组成呈条块分割型和纠合型；内部结合呈松散、树枝状分散型。犯罪团伙的形成是以各社会基层单位，如自然村落、街道、学校、工作单位为地域基础，以同学、同乡、邻里亲友、同宗共祖、狱友、"难友"为感情

---

① 参见马克昌：《刑法理论探索》，法律出版社1995年版，第113页。

② 参见何秉松：《中国有组织犯罪研究（第一卷）：中国大陆黑社会（性质）犯罪研究》，群众出版社2009年版，第186页。

③ 参见刘远：《有组织犯罪概念的刑法哲学分析》，载《法学家》2008年第3期。

基础，团伙成员间利益与血缘相连，即主观上习性相近、兴趣相投，扭曲的人生观和生活方式相通，在“义气”的激发下逐步产生共同的犯罪故意，形成团伙犯罪的思想基础。犯罪团伙区域性强，且成员职业化，团伙专业化，横向联系少，呈分散状态，如流氓团伙、盗窃团伙、拐卖人口团伙等。作案地点及侵袭目标具有明显的选择。犯罪团伙虽在组织上明显存在首领或骨干分子，但是，个别成员“走穴”“跳槽”现象普遍，团伙成员不稳定，内部结构呈树枝状分散型。早年间犯罪团伙中青少年增多、城镇闲散人员、个体户增多、女性增多，这些主体结构的加盟，往往是为了寻求社会支持。因此，他们在团伙中处于从属地位，对团伙骨干呈依附状态。

总体来看，犯罪团伙组织松散，成员不固定，没有共同犯罪的预谋或策划，由于突发性事件或偶然的机会而纠集一起，或临时纠集为伙，犯罪行为具有随意性，应当认定为一般共同犯罪。团伙犯罪与有组织犯罪是有区别的：第一，团伙犯罪组织结构松散，成员分工不细，没有严格的组织纪律；而有组织犯罪有严密的组织机构，重要成员固定或基本固定，而且，有着明确的分工，有一定的组织纪律、行为规范和价值目标，对“违纪”者给予制裁。第二，团伙犯罪目的性较差，目标不明确，侵害对象不特定，具有随意性、情境性、偶发性、犯罪纲领和计划的缺乏性；而有组织犯罪在犯罪的预谋上、实施犯罪的部署上、反侦查的对策和其成员“攻守同盟”上均有着精心的安排。第三，团伙犯罪时分时散，完成一次或数次犯罪后，往往散伙回家；而有组织犯罪以犯罪所得作为犯罪目标，成立犯罪组织，计划长期存在，不以完成某些犯罪为满足。所以，必须从理论上搞清楚这二者的联系与区别，不能把团伙犯罪等同于有组织犯罪。①

但同时也应看到，有组织犯罪和团伙犯罪之间也存在特定的联系。虽然犯罪团伙的“有组织”特点不明显，尚不属于有组织犯罪。但是，有组织犯罪又是在大量犯罪团伙存在的基础上发展起来的，团伙犯罪现象越严重，有组织犯罪发展也越快。可以这样说，犯罪团伙是有组织犯罪的预备队和后备力量，那些趋于恶化的犯罪团伙，最终发展成为有组织犯罪将是必然的趋势。② 因而，治理有组织犯罪也应关注团伙犯罪。

---

① 参见冯殿美：《有组织犯罪的几个理论问题》，载《政法论坛》2003 年第 1 期。

② 参见朱蓓莉：《有组织犯罪的界定及其类型特征》，载《政法论丛》2000 年第 2 期。

四、有组织犯罪与单位犯罪

单位犯罪即传统意义上的法人犯罪,又称社团犯罪。比较各国刑事立法,我国刑法规定的单位犯罪概念显得独特,但从单位犯罪的规定内容看,外国刑法及刑法理论早已有之,这就是法人犯罪。我国《刑法》第 30 条规定:“公司、企业、事业单位、机关、团体实施的危害社会的行为,法律规定为单位犯罪的,应当负刑事责任。”据此,单位犯罪指公司、企业、事业单位、机关团体为本单位谋取非法利益,经单位集体决定或者由负责人员决定实施的侵害社会关系和法律秩序的行为。“现实中如某些银行的分行、支行,某些总公司下属的分公司,社会团体中的非法人团体等,虽然不具有法人资格,但某些条件下却可能成为犯罪的主体。为此,我国《刑法》规定的是单位犯罪,而不是法人犯罪,它既包括法人,也包括非法人组织。”[①]单位犯罪具有如下特征:第一,单位犯罪的主体包括公司、企业、事业单位、机关、团体。第二,单位犯罪必须在单位主体的意志支配下实施的。第三,单位犯罪必须由《刑法》分则或分则性条文明确规定。这里的法律,是指《刑法》分则或分则性条文。[②]

从单位犯罪的一般含义来看,单位犯罪与有组织犯罪在本质上具有区别。第一,单位犯罪中的有关机构和组织是有合法身份的团体,虽然该团体实施了犯罪行为,但它仍履行着自身的社会职责或从事正常的生产经营活动。有组织犯罪中的有关机构或者组织自一开始就是非法的,并且,该团体完全是以实施犯罪活动作为其存在的基础的。第二,单位犯罪是一种整体犯罪,是以社会组织体的面目出现的。认定某一单位的行为构成了犯罪,并不意味着该单位内部的每一个成员都构成了犯罪。有组织犯罪是以单个犯罪行为为基础组合起来的犯罪群体,如果认定该群体构成了犯罪,那么,就意味着每一个参与者均构成了犯罪。第三,单位犯罪在主观方面既可以由故意构成,也可以由过失构成。有组织犯罪则完全是由故意构成。因此,在犯罪学理论上,我们应注意划清有组织犯罪与单位犯罪的本质差别,以免混淆二者之间的界限。

但在某些情况下,单位犯罪也可能转变为有组织犯罪。某些单位自设立时起,就在合法的形式掩盖下从事犯罪活动,除了社团的名义“合法”,实际上就是一个

---

① 郎胜主编:《中华人民共和国刑法释义》,法律出版社 2015 年版,第 31 页。

② 参见马克昌主编:《刑法》,高等教育出版社 2022 年版,第 73 – 74 页。

结构严密的犯罪组织，不能作为单位犯罪处理；某些单位在成立之初从事合法经营，但发展到一定程度后，以犯罪为主要目的，则有可能成为有组织犯罪。[①]

单位犯罪与有组织犯罪问题中特别值得关注的是企业犯罪。有组织犯罪对企业的渗透问题必须引起关注。[②] 有组织犯罪和企业有着双向的关联：（1）近年来，不少犯罪组织借助合法的公司、企业从事有组织犯罪。[③] 其甚至按照经营公司企业的模式组织实施犯罪，公司企业型组织模式也已成为有组织犯罪较为成熟的组织形态。[④]（2）企业也存在有组织犯罪化的情况。从企业有组织犯罪化的具体路径来看，主要有两种类型：第一，外在结合型有组织犯罪化类型，即企业在发展过程中寻求犯罪组织的帮助而逐渐有组织犯罪化。第二，内生发展型有组织犯罪化类型，即企业将社会闲散人员、有犯罪前科的人员吸纳到企业中，组成保安队或护卫队，从而逐渐有组织犯罪化。[⑤]

关于如何区分有组织犯罪与企业犯罪，有学者提出：第一，资金来源不同。合法企业的资金主要是由公司资本或者公司、银行信用提供的，而犯罪组织的资金基本上来源于犯罪所得。第二，文化不同。合法企业往往体现着一定社会中社会成员所共同奉行的主流文化，而犯罪组织在本质上仍然是以帮会文化和暴力文化为依托。第三，管理方式存在本质差异。虽然合法企业和犯罪组织都会建立管理制度等规章制度进行内部管理，但是，后者仍是以暴力、威胁等强制性手段对组织成员进行严格的人身控制。第四，机构设置存在差异。尽管犯罪组织会设置相应的岗位、部门和层级管理，但是，各职位对应着组织的内部层级，实际上无所谓职级编制，往往是因人设岗。[⑥] 上述观点从资金、文化、管理、人员等方面对于犯罪组织与企业进行比较，具有启发意义。

本书认为，由于犯罪组织和企业组织均是某种“组织体”，还应进一步对于有组织犯罪和企业犯罪分别从刑法学和犯罪学层面进行对比。例如，就企业犯罪中

---

① 参见黄立：《有组织犯罪概念之我见》，载《福建政法管理干部学院学报》2000 年第 3 期。

② See Jay S. Albanese, *Organized Crime in Our Times* (6th Edition), Routledge, 2015, p. 69 – 86.

③ 参见莫洪宪：《试论我国大陆有组织犯罪发展阶段》，载《河南警察学院学报》2011 年第 3 期。

④ 参见蔡军：《我国有组织犯罪刑事规制体系的检视与重构——基于有组织犯罪集团向企业化发展趋势的思考》，载《法商研究》2021 年第 3 期。

⑤ 参见蔡军：《我国有组织犯罪企业化的路径及其表现分析》，载《法学论坛》2021 年第 1 期。

⑥ 参见蔡军：《我国惩治有组织犯罪的刑事司法问题及其机制调适——基于有组织犯罪企业化发展趋势的思考》，载《河南大学学报（社会科学版）》2021 年第 6 期。

最为典型的公司犯罪[1],从刑法学角度看,公司犯罪,是指公司或公司成员为了公司的利益,以及公司疏于管理,违反法定义务的,由公司人员在业务过程中实施的严重危害社会、违反刑法且依法应当负刑事责任的行为。[2] 从犯罪学角度看,公司犯罪的本质是违反经济伦理(诚信与公平等)、环境伦理等伦理规则的行为。在公司刑事立法中体现并使之符合经济伦理、环境伦理的要求,是划定公司犯罪圈的基本原则的要求,以及该原则背后潜在伦理规则最终决定显性法律规则的客观规律的要求。[3] 对比前述有组织犯罪的刑法学、犯罪学概念可以发现,有组织犯罪和企业犯罪最本质的区别在于"组织体"和犯罪之间的关系,有组织犯罪中的"组织体"和犯罪是共生关系,其存在、发展就是为了实施(违法)犯罪;与之不同,企业犯罪中的"组织体"本身具有合法性,只不过其实施了某些特定的犯罪行为,因而,应受惩处。

---

① 在我国,公司犯罪是单位犯罪和经济犯罪交集的一部分,不是正式的法律概念,只是一个学理概念。参见莫洪宪:《我国公司犯罪的现状、原因及对策》,载《法学杂志》2014 年第 1 期。

② 参见卢林:《公司犯罪论:以中美公司犯罪比较研究为视角》,法律出版社 2010 年版,第 29 页。

③ 参见丁英华、季境:《公司犯罪论》,中国检察出版社 2011 年版,第 28 - 29、35 页。

第二章　有组织犯罪的发展、特征和类型

第一节　有组织犯罪的发展

一、国外有组织犯罪的发展

有组织犯罪是极其复杂的社会现象，进行预防和治理首先需要了解其真实的状况。然而，由于被纳入打击视野的往往是犯罪组织的具体犯罪行为，加之犯罪组织采用各种方式进行隐蔽，人们很难轻易地了解有组织犯罪的全貌。因此，有必要基于犯罪学的视角，通过实证研究的方法了解有组织犯罪的具体情况，从而为有效治理提供扎实的基础。国外学者指出，(有组织犯罪)实证结果对调查实践中监管程序的实施具有借鉴意义。①

国外一般以"有组织犯罪集团"为治理对象。全球和区域性国际组织曾就有组织犯罪集团进行专门的调查。2010年联合国毒品与犯罪问题办公室(the United Nations Office on Drugs and Crime, UNODC)在纽约对外关系理事会(the Council on Foreign Relations)发布了报告《犯罪全球化：跨国有组织犯罪威胁评估》(The Globalization of Crime: A Transnational

---

① See Hans Nelen & Dina Siegel, eds., *Contemporary Organized Crime: Developments, Challenges and Responses*, Springer, 2021, p. 270.

Organized Crime Threat Assessment)①。此外,2012 年,欧洲议会在斯特拉斯堡决定成立一个专门委员会,负责调查欧盟内有组织犯罪、腐败和洗钱等违法活动。该委员会由 45 人组成,其主要职责是调查黑手党和其他犯罪组织对欧盟合法经济、公共部门和金融系统的渗透情况,评估有组织犯罪的规模及其对欧盟经济与社会的影响,并提出应对措施。②

根据联合国的相关调查,有组织犯罪集团的主要特征为:(1)2/3 的有组织犯罪集团具有典型的等级结构,1/3 的有组织犯罪集团表现为较为松散的组织结构。(2)多数有组织犯罪集团为中等规模,也即成员为 50—100 人。(3)就多数有组织犯罪集团而言,暴力手段在组织的活动中居于核心地位。(4)不到半数的有组织犯罪集团成员没有明显的社会及种族身份特点,只有不到 1/3 的有组织犯罪集团成员具有较为明显的种族身份特点。(5)多数有组织犯罪集团主要实施的只是一种犯罪活动。(6)多数有组织犯罪集团在多个国家进行犯罪活动。(7)多数有组织犯罪集团在活动中使用腐败手段,其中包括广泛使用和偶尔使用。(8)将近半数的有组织犯罪集团不具有政治影响,1/3 的有组织犯罪集团具有地方或者区域性的政治影响。(9)将近半数的有组织犯罪集团广泛地渗透到合法经济领域当中。(10)多数有组织犯罪集团与作为非法商品主要来源的其他有组织犯罪集团进行过合作。③

此外,国外有组织犯罪的犯罪行为也值得关注。例如,《犯罪全球化:跨国有组织犯罪威胁评估》全面研究了跨国有组织犯罪的威胁,其所实施的人口犯罪、走私犯罪、毒品犯罪、枪支犯罪、自然资源犯罪、伪造犯罪、海盗犯罪、网络犯罪等具体犯罪行为,以及这些具体犯罪行为对于地区稳定的影响。本书认为,根据对国外有组织犯罪活动特点的分析,可以看出不同形态的有组织犯罪,其组织活动是各种各样的。从有组织犯罪的跨国联盟的发展趋势来看,犯罪组织为了攫取巨额利润,大规模地进行贩卖毒品,盗窃,走私军火、文物、汽车、人体器官,组织卖淫、赌博、非法移

---

① UNODC, *The Globalization of Crime: A Transnational Organized Crime Threat*, Assessment, https://www.unodc.org/documents/data-and-analysis/tocta/TOCTA_Report_2010_low_res.pdf.

② 此外,一些区域组织还发布专门性有组织犯罪调查。例如,欧洲刑警组织(Europol)发布专门的网络有组织犯罪威胁评估报告,如《网络有组织犯罪威胁评价(2021)》[Internet Organised Crime threat Assessment(2021)], https://www.europol.europa.eu/cms/sites/default/files/documents/internet_organised_crime_threat_assessment_iocta_2021.pdf。

③ 参见赵赤:《中外惩治有组织犯罪比较研究》,中国政法大学出版社 2017 年版,第 60-61 页。

民，盘踞金融信贷、工程、股市领域，破坏生态、污染环境等严重犯罪活动，危害严重。

第一，毒品犯罪。[①] 有组织犯罪为了攫取巨额利润，从事各种非法商品和服务，尤其是非法毒品交易，毒品是一种具有极大风险的“业务”，因而，要求其组织功能结构更加复杂。（1）有组织犯罪集团所涉毒品来源广泛，品种繁多，并以行贿、谋杀等手段来达到贩毒目的。（2）有组织犯罪集团精心策划贩毒路线，以获取巨额利润。（3）有组织犯罪集团不断翻新贩毒手段，以确保贩毒活动的绝对安全。一些贩毒集团甚至花费高额费用购置报警装置。[②]

第二，盗窃与走私犯罪。主要包括：（1）涉军火犯罪。有组织犯罪集团贩运军火由来已久，但其交易量却由于一些国家的政治不稳定和伴随出现的武装冲突而明显增长。有组织犯罪集团不仅拉拢现役军人为之效劳，而且将发展对象转向年轻群体。（2）涉文物犯罪。有组织犯罪集团针对各国的博物馆、教堂、画廊和私人收藏的艺术品和价值昂贵的古玩进行走私贩卖，甚至建立广泛的辅助网络，拉拢精通古玩的专业人士。（3）涉车辆犯罪。有组织犯罪集团往往从工业发达国家盗窃汽车转销给发展中国家，甚至有研究认为该类犯罪在非法获利上仅次于走私军火、贩毒。（4）涉人体器官犯罪。很多国家无法充分满足病患者对人体器官的需求，由此出现了高价销售人体器官的“黑市”，发展中国家的城市大量的流离颠沛和无家可归的人（其中包括儿童）可能成为器官移植的来源。不少有组织犯罪集团涉足这一非法领域。

第三，非法行业犯罪。主要包括：（1）卖淫犯罪。众所周知，有组织犯罪集团大规模参与经营卖淫活动由来已久，其新的特点是这种活动日益扩大，具有跨国性。（2）赌博犯罪。非法赌博是有组织犯罪集团的暴利来源之一。赌博的类型各种各样，有组织犯罪集团所操纵的赌博活动主要有四种——登记赌注的赌博、数字赌博（非法彩票）、掷骰赌博与赌博娱乐场。此外，有组织犯罪集团为了保障赌博

---

① 毒品犯罪的次生犯罪同样危害巨大，毒品滥用者自身甚至也需要实施大量暴力犯罪，才能获取吸食毒品所需资金。Основы борьбы с организованной престуностью / Под ред. В. С. Овчинского, В. Е. Эминова, Н. П. Яблокова. М., 1996. С. 150 – 151. Цит. по: Топильская Е. В. Организованная преступность. —СПб., 1999. С. 53.

② Основы борьбы с организованной престуностью / Под ред. В. С. Овчинского, В. Е. Эминова, Н. П. Яблокова. М., 1996. С. 150 – 151. Цит. по: Топильская Е. В. Организованная преступность. —СПб., 1999. С. 43/44.

业的顺利安全，通常要贿赂地方官员，将此作为“正当”支出款项。

第四，金融犯罪。有组织犯罪集团善于利用高新技术进行犯罪活动。随着金融业务的计算机化、网络化，有组织犯罪集团利用信息技术方式能在短期内获取暴利，且不露痕迹，大肆作案。金融部门为了保全业务“信誉”，往往受害后而不愿报案，忍气吞声；加上在这一领域立法严重滞后，执法人员专业知识欠缺，难以履行侦破和控制的任务，这就为有组织犯罪集团肆无忌惮地进行计算机犯罪、金融诈骗犯罪创造了条件。此外，有组织犯罪集团还充分利用投资领域的特点，将其犯罪行为扩展至期货、股市、房地产等领域，赚取非法利益。

第五，非法移民犯罪。有组织犯罪集团进行贩卖人口、非法移民的活动规模日益增大，不仅直接破坏了一些国家民族主权的根基，而且严重威胁着上当受骗移民的人身安全。非法移民的对象主要来自南亚、东欧等国家。①

第六，生态环境犯罪。不少有组织犯罪集团捕杀野生动物，用于制作药品或装饰品，以牟取暴利。这一情况无疑使国际性的贩运野生动物活动更加猖獗，加剧了许多动物种类的灭绝，破坏了自然环境。不仅如此，有组织犯罪集团还涉足危险废物的非法处理，严重危害环境。

此外，有组织犯罪集团还实施侵占运输货物、垄断工程建设等犯罪行为，对全球的经济、社会等造成了方方面面的危害后果。

二、我国有组织犯罪的发展

由于各国国情不一，社会背景、经济基础、文化传统有别，有组织犯罪结构分层不完全相同。但总体来讲，随着现代化进程出现的巨大社会变迁，带来社会关系的调整，使社会的政治结构、经济结构和文化结构重新组合，社会利益重新分配，当社会控制弱化时，就会出现犯罪失控。在失控的历史契机中，有组织犯罪不但会出现量的增加，还会出现质的“飞跃”，即犯罪的组织形态会由低级向高级，乃至更高级发展。

就我国而言，虽曾有一段时期完全消灭了这种犯罪形式，形成了一个持续25

① Основы борьбы с организованной престуностью / Под ред. В. С. Овчинского, В. Е. Эминова, Н. П. Яблокова. М., 1996. С. 150－151. Цит. по: Топильская Е. В. Организованная преступность. —СПб., 1999. С. 46.

年的有组织犯罪历史空白期。[①] 但改革开放以后,有组织犯罪死灰复燃。发展至今,有组织犯罪的规模和实力与改革开放初期相比已不可同日而语。

基于此,也需对有组织犯罪发展的阶段性和层次性进行关联研究[②]。以改革开放为起点,学者多将我国有组织犯罪的发展划分为三个阶段。如有学者认为,我国黑社会性质组织主要是从犯罪团伙发展而来的,经历了一个从无到有、由小到大的发展过程,可以归纳为三个阶段:一是20世纪70年代末至80年代末——黑社会性质组织的萌发阶段,在这个阶段犯罪团伙大量出现;二是20世纪90年代初至20世纪末——黑社会性质组织的集中转型阶段,在这个阶段犯罪团伙向黑社会性质组织转化;三是21世纪初至今——黑社会性质组织的发展阶段,在这个阶段黑社会性质组织走向成熟。[③]

本书认为,有组织犯罪是以获取非法经济利益为主要目的之犯罪形态,其萌芽与发展离不开一定的经济环境。如上所述,计划经济时代通常是不可能产生有组织犯罪的。因此,划分我国有组织犯罪的阶段,与我国经济发展的不同阶段具有密切关系。因此,当下研究有组织犯罪的发展阶段,势必要考虑中国特色社会主义新时代。

1978年以后,我国经济发展可以基本上划分为四个阶段:一是1978年至1984年,计划经济向有计划的商品经济过渡时期。二是1985年至1993年有计划的商品经济时期。三是1994年至2011年,为社会主义市场经济时期。四是2012年至今,为新时代社会主义市场经济时期。据此,笔者认为,我国有组织犯罪应当划分为以下四个阶段:一是有组织犯罪的萌芽阶段,即1978年至1984年;二是有组织犯罪的滋生阶段,即1985年至1993年;三是有组织犯罪的发展阶段,即1994年至2011年;四是有组织犯罪的全面治理阶段,即2012年至今。

第一,有组织犯罪的萌芽阶段(1978年至1984年)。从1978年至1984年,受当时政治经济环境的影响,我国犯罪率呈现逐步增长态势。从现有资料来看,当时发案率大幅度攀升的案件,大多是案情并不复杂的暴力型、寻衅滋事型犯罪

---

① 参见何秉松:《中国有组织犯罪研究(第一卷):中国大陆黑社会(性质)犯罪研究》,群众出版社2009年版,第90页。

② 参见莫洪宪:《试论我国大陆有组织犯罪发展阶段》,载《河南警察学院学报》2011年第3期。

③ 参见于天敏等:《黑社会性质组织犯罪理论与实务问题研究》,中国检察出版社2010年版,第17-22页。

案件,真正体现有组织化的犯罪案件较少。受当时的经济条件决定,基本上难以出现为了经济目的实施犯罪的高度组织化的犯罪群体。20 世纪 80 年代初的黑社会性质组织与经济利益结合得并不紧密,虽然有抢劫团伙,但与有组织犯罪不可同日而语。即便有少数团伙具有一定的组织性,也不能表明当时的有组织犯罪已形成一种趋势。因此,认为当时的有组织犯罪处于刚刚萌芽阶段,是比较客观的。

第二,有组织犯罪的滋生阶段(1985 年至 1993 年)。这一时期,随着有计划的商品经济的提出及推行,我国经济体制改革进入新的历史阶段。这些经济改革,使得社会主义商品生产与销售日趋丰富,人们的物质财富积累快速递增,促进了全国范围内的人口大流动,农民工成为一个新生概念。与此相对应,刑事发案率在"严打"后呈现大幅度攀升趋势,犯罪团伙急剧增长,有组织犯罪得以快速滋生,其组织形态、规模以及人员数量得以提升,社会危害更为巨大。这一时期的有组织犯罪有两个典型特点:(1)国内有组织犯罪迅速滋生,出现了明显的黑社会性质组织犯罪。此时的犯罪分子已经充分明白,如果其犯罪组织想进一步壮大,必须有更大的经济实力,谋求更多的经济利益,这些必须有"保护伞"才能变为现实。"与此同时,犯罪团伙自身的成熟程度也有了进一步提高,主要表现为:组织化程度不断提高,组织的严密性、稳固性增强,组织规模进一步扩大;财力得到进一步增强,开始向经济领域渗透;向地方政权特别是政法部门渗透,腐蚀拉拢干部,寻求保护等。"①(2)境外黑社会势力向境内渗透。特别是我国香港特别行政区、我国澳门特别行政区的黑社会犯罪势力,开始向内地渗透、吸收成员。境外黑社会渗透与境内犯罪团伙,成为中国黑社会性质组织犯罪滋生的直接动因之一。总体来说,这一阶段由于社会主义有计划的商品经济的确立及发展,打破了传统的计划经济的统治地位,使得国家经济建设上了一个新的台阶。随之而来的犯罪现象也呈现前所未有的变化,犯罪率急剧攀升,有组织犯罪得以滋生并进入人们的视野。

第三,有组织犯罪的发展阶段(1994 年至 2011 年)。1993 年 11 月 11 日至 14 日,中共十四届三中全会通过的《中共中央关于建立社会主义市场经济体制若干问题的决定》指出,社会主义市场经济体制是同社会主义基本制度结合在一起的。

---

① 李文燕、柯良栋主编:《黑社会性质犯罪防治对策研究》,中国人民公安大学出版社 2006 年版,第 39 页。

1999年我国明确了非公有制经济是社会主义市场经济的重要组成部分。2000年以后,我国有组织犯罪逐渐发展并日益走向成熟,各级司法机关破获的黑社会性质组织犯罪不但越来越多,而且规模越来越大,组织结构更加严密,许多黑社会性质犯罪都有“保护伞”,而且不少已经渗透到合法领域,通过合法注册公司、企业等形式在社会上公开从事活动。

第四,有组织犯罪的全面治理阶段(2012年至今)。随着新时代社会主义市场经济的发展,有组织犯罪也有了新的变化,特别是由于我国进行全面打击,其一方面更加具有组织性、危害性,另一方面不得不走向地下化、隐蔽化。特别是自2018年开始的“扫黑除恶”专项斗争,黑恶势力犯罪得到根本遏制。随着《反有组织犯罪法》的公布与实施,有组织犯罪治理迎来新的历史阶段。

综观我国有组织犯罪的发展可以发现,相当长一段时期内,我国有组织犯罪的发展同样面临着由低级形态向高级形态演变的趋势。其不同形态无论是组织特点,还是组织形式,都既有一定的联系,又有一定的区别。研究其区别和递进的发展过程,对于我们进一步认识有组织犯罪的形成和发展,研究中国目前有组织犯罪的状况都具有重要的意义。

第二节 有组织犯罪的特征

一、关于有组织犯罪特征的观点梳理

(一)国外关于有组织犯罪特征的观点

1995年联合国第七届预防犯罪和罪犯处遇大会再次强调,不能把有组织犯罪视为抽象的罪恶、“昙花一现”的威胁,必须针对这种特殊社会现象深入探索其特

征，有助于统一有组织犯罪界定的条件和标准。关于有组织犯罪的特征①，国外学术界主要存在三种观点。

1. 组织性质说

在1993年4月联合国预防犯罪和刑事司法委员会第二届会议上，联合国秘书长关于"有组织犯罪活动对整个社会影响"的报告着重分析了有组织犯罪的组织特征。他指出了以下几个方面内容。

（1）有组织犯罪是犯罪分子或犯罪集团的一种联合体。他们出于经济目的而纠合一体，其组织与中世纪欧洲所存在的封建帮会极为相似，内部严格实行等级制，上级对下级拥有绝对权力，权力传递具有继承性。组织成员根据种族、血缘、犯罪记录等条件选择、审定。他们通过提供非法商品和服务，或以非法的方式提供合法的商品和服务获取经济利益。

（2）有组织犯罪精心策划犯罪活动，在实施非法活动或以非法方式追求合法目标时通常有一部分人进行各个层面的协调，某些成员可能固定履行其永久性承诺，职责分工非常明确。

（3）有组织犯罪者往往通过贿赂国家官员，取得对合法行业或非法行业的垄断，以最大限度地掠夺利润。

（4）有组织犯罪运用"弱肉强食"的伎俩，如恫吓、暴力、拉拢腐蚀等手段。行使暴力是有组织犯罪保持其活力和实现最终目标的主要手段，必要时也使用贿赂

① 也有研究针对不同类型有组织犯罪分别归纳其特征。根据联合国国际犯罪预防中心（International Center for the Prevention of Crime, ICPC）2002年发布的研究报告，典型的有组织犯罪集团包括五种类型：一是"标准型等级结构"。有组织犯罪集团的标准型结构具有如下几个主要特点：一个领导人；清晰的等级结构；严格的内部组织纪律；有一个具体的组织名称；通常具有明显的社会及种族身份；暴力方法成为核心手段；通常对特定地区拥有影响力或控制能力。二是"区域型等级结构"。有组织犯罪集团的区域型结构具有以下几个特点：呈现一个领导人的结构形式；组织的指示命令都是来自一个中心；地区一级的组织存在一定程度的独立和自治特点；组织实施的活动多样化；通常具有明显的社会及种族身份；暴力方法成为核心手段。三是"聚合型等级结构"。有组织犯罪集团的聚合型结构具有以下几个特点：犯罪集团中存在多种形式的组织结构，但通常以标准结构为主；各个犯罪组织均有自己的头目；各个犯罪组织之间存在一定程度的自治；这种组织形式不太常见。四是"核心型团伙"。有组织犯罪集团的核心型具有以下几个特点：核心组织的周围存在一个松散的网络联系；组织成员人数比较有限；组织成员很少具有某种社会或者种族身份；这些犯罪组织通常对内对外都没有自己的组织名称。五是"罪犯联系网络"。有组织犯罪集团的罪犯网络型结构具有以下几个特点：组织的活动由核心人物决定；组织网络的联系围绕一系列犯罪计划而持续存在；组织中人际关系的作用大于社会或者种族身份；犯罪组织不大为社会公众注意。参见赵赤：《联合国有组织犯罪调查评估及其启示》，载《武汉理工大学学报（社会科学版）》2013年第3期。

手段寻求保护。

(5)组织管理“有章可循”,如同合法组织一样,有组织犯罪有一套规章制度约束其成员,违纪者严惩不贷。

2. 活动结构说

部分学者注重从有组织犯罪的活动结构归纳其特征。如俄罗斯学者阿达什科维奇(Ю. И. АДАШКЕВИЧ)认为,有组织犯罪的特点主要体现在以下几点。

(1)内部活动具有高度保密性。组织内部的绝对保密关系到集团的生死存亡,为此采取“双保险”措施,一方面立下“守口如瓶”的准则,违者会受到一定惩罚;另一方面给予指控者及其家属以物质和精神上的支持,使证人中立,求得高度的凝聚力。据俄罗斯官方统计,90%的有组织犯罪集团的犯罪活动处于隐匿之中。

(2)利用刑法和刑事诉讼法的疏漏。有组织犯罪集团为了达到自己的犯罪目的,千方百计利用社会关系网,利用立法滞后或立法之间的冲突、矛盾。

(3)组织结构严密、自成体系。有组织犯罪集团的森严等级制与基层结构的相对独立性形成了“防护”格局,取缔其内部垂直体系的任何一组成员都无碍大局,失去的成员随即可作新的补充。

(4)犯罪政治化、政治犯罪化相交融。有组织犯罪集团利用钱权交易法则,以犯罪收益贿赂政权管理机关,包括司法机关的代表,建立一张无形的保护网,提高犯罪活动的安全系数,为肆无忌惮实施犯罪创造条件。

(5)建立内部安全机构和提供安全服务。

(6)活动空间越来越大,往往笼罩整个地区或部门,并建立跨国联系。

(7)渗透传播媒介,借以宣传犯罪思想,渲染恐怖氛围。据此可将有组织犯罪的活动结构特点归纳为:犯罪活动具有稳定性、经常性、计划性、保密性,具有组织管理保障结构、领导层、行动的统一规范;影子经济[①]与刑事犯罪相结合;[②]与政权

---

① 所谓“影子经济”,是指某些经济活动不向国家申报收入,国家也无法对其进行控制和征税,而其产值又不能纳入官方的国民生产总值中的犯罪现象。“影子经济”犯罪活动五花八门,无所不在,按其盈利形式大致可分为两大类:一类是经营者通过合法的经济单位,谋取非法的经济收入,其惯用的手法是,只交一种所得税,不报或少报其他收入,偷漏所得税,偷漏营业税,或多报费用开支;另一类是经济犯罪活动,即经营者直接从事黑市交易,进行非法经营,如签订假合同、秘密借贷、黑市雇工等。“影子经济”本身是一种对抗性的社会经济过程,它直接破坏一国的经济发展。

② 影子经济现象的大量存在与迅猛发展,主要是由前工业社会向新时代工业社会转型及之后所兴起的经济全球化所引起的。参见庞冬梅:《俄罗斯有组织犯罪的企业化路径及对策研究》,载《上海政法学院学报(法治论丛)》2018 年第 5 期。

机关、经济管理部门、法律保护系统的腐败官员联系紧密;建立了中立一切社会监控的体系;采取侦查与反侦查手段;积累了巨额资金,不断扩大势力范围。①

3. 组织性质和活动结构并合说

俄罗斯学者罗马连科(М. В. РОМАНЕНКО)主张从哲学、社会学的角度审视有组织犯罪,认为有组织犯罪是社会现代化进程中的变体现象,它具有稳定的、自生的社会体系,依据其与现实社会制度和规范相对立的利益原则和价值规范发挥作用。有组织犯罪的特征是组织结构严密、等级森严;具有特殊的行为、道德规范,奖励责任制度;具有可观的非法资金,建立了稳定的区域犯罪体系,全面蔓延,跨区域并实行协调分工,其目的在于追求最大利润;超越国界,与异国、境外的黑势力建立联系,形成国际有组织犯罪的庞大市场;有组织犯罪首领利用种种渠道和方法渗入各级国家行政、经济、法律保护机关。②

俄罗斯学者赫尔贝尔格(Д. Л. ХЕБЕРГ)和特里特(Х · ТРИИТ)在分析有组织犯罪与渎职犯罪的联系和区别时指出:有组织犯罪分子巧妙地利用和收买,使国家机关工作人员"驯服"地为其服务。巨额财富的占有者之所以对权力和法律产生兴趣,其实质在于保障其聚集的财富及其人身安全。因此,有组织犯罪集团成员视其组织活动为自己的事业或职业,而利用职权为其效劳的渎职者则是在其行使职务行为过程中的次要、伴生的事业或职业。据此,他们认为有组织犯罪的特征是:保持极权主义的长期犯罪勾结;不择手段地追求利润,并利用人性薄弱环节而强盛;采取暴力和收买手段;保全自己,逃避法律。③

有学者将有组织犯罪的特征分为"必备特征"和"选择特征"。所谓必备特征,也称内容特征,即有组织犯罪的自身组织特点,它包括稳定、经常、有计划从事犯罪活动的秘密性,具有组织管理和保障机构、权威的领导者、统一的行动规范、免受社会监控的体系,拥有巨额资金等。所谓选择特征,也称功能特征,即有组织犯罪的活动特点,它包括组织内部的首领不参与实施具体犯罪;"洗"钱,按照种族、血缘建立犯罪集团,与跨国犯罪集团的联系,运用现代的科学技术。④

---

① Организованная преступность – 2 / Под ред. А. И. Долговой. М. , 1993. С. 118 – 119;124 – 125.

② Организованная преступность – 3 / Под ред. А. И. Долговой. М. , 1996. С. 12.

③ Организованная преступность – 2 / Под ред. А. И. Долговой. М. , 1993. С. 119. 120. 150.

④ Емельянов А. С. Понятие организованной преступности и проблемы борьбы с ней // Вопросы организованной преступности и борьбы с ней. М. , 1993. С. 7.

还有学者主张从经济、政治、思想三个方面归纳有组织犯罪的组织性质和活动特点。经济特征表现为:有组织犯罪将犯罪收益投入广泛的流通领域,包括腐败的社会经济过程,以利于增加非法资本积累,加大流通量。如果截断犯罪资本的现实来源,有组织犯罪集团结构则不攻自破。当然,他们还会重新开始非法资本积累,开辟新的流通渠道,寻求新的供应源。政治特征表现为:有组织犯罪的最终目的是要建立隐匿统治,即犯罪集团对奉公守法的社会公民以及政权机构的专政,为此他们千方百计地掩盖其从属的非法集团的利益,利用犯罪权势关系所获得的地下资源反对现行国家统治。思想特征表现为:有组织犯罪集团成员在共同的犯罪思想基础上纠集一体,其共同思想纲领反映了他们的特殊价值标准,如金钱万能等。

但事实仍然是,没有一个关于有组织犯罪特征的标准清单可以得到普遍认可。即使是最传统的定义也遭到了国际学者和政策制定者的抵制和怀疑。多年来,有组织犯罪最受认可和接受的特征之一是缺乏政治或意识形态动机;二是有限或专属会员的概念。①

(二)我国关于有组织犯罪特征的观点

我国学者围绕有组织犯罪的特征进行了系统探讨,形成了不同的视角与观点,其中有代表性的为层次结构说、要素特征说和综合特征说。

1. 层次结构说

有学者提出,有组织犯罪作为与刑法配置结构相对立的子系统,其结构呈同心圆的三个层次特点为:犯罪动因层、犯罪行为层、犯罪安全保护层。第一,犯罪动因层。犯罪动因层的产生要受非法需要的规模、非法物资和非法服务的供给规模、犯罪对象价格率的变动三个条件的制约,只有三个条件都符合犯罪行为人的心理要求时,才会激发犯罪行为人对犯罪经济利益的期望心理的产生,进而激活其他层面的犯罪活动的进行。第二,犯罪行为层。犯罪经济活动的成功要受犯罪活动的组织程度、风险系数和犯罪时间机会成本的利用三个条件的制约,只有具备了犯罪活动的严密性、低风险性、时间机会成本利用的有效性三个条件,犯罪活动才能成功,犯罪经济利益才能实现。第三,犯罪安全保护层。有组织犯罪的安全保护层包括

---

① See Mitchel P. Roth, *Global Organized Crime: A 21st Century Approach*, 2nd *ed.*, Routledge, 2017, p. 29.

内部保护和外部保护两部分。内部保护表现为犯罪组织自觉地、有目的地组织建设行为;外部保护表现为犯罪组织与公权力的非法利用相结合的行为过程。正是通过上述三层次的整合,有组织犯罪形成了以满足犯罪动因要求为核心的结构功能体系。①

层次结构说主要强调有组织犯罪的层级特征,对于其他特征的关注不足。

2. 要素特征说

有学者认为,有组织犯罪应当同时具备六个要素,并且实质上描述了有组织犯罪的特征。(1)拥有权力庇护:这是有组织犯罪的核心标志。被金钱与美色等贿买的腐败官员,或者为了达到个人政治目的而有意识地利用有组织犯罪的某些官员,为有组织犯罪充当"保护伞"。(2)利用企业掩护:通过注册公司、商行、企业、社团等,作为有组织犯罪的组织依托;而有组织犯罪的一系列活动,则在这些公司与企业等"外衣"的掩饰下进行。(3)专注独特犯罪:有组织犯罪的宗旨是聚敛财富,具体犯罪活动包括贿买官员牟取暴利,走私,贩卖毒品、军火,洗钱,开设赌场、妓院,放高利贷,贩卖人口等。(4)组织活动诡秘:具有严格的组织章程与帮规,基于残酷的暴力贯彻落实纪律;犯罪活动专业化与技术化;内部结构等级森严,指挥行动系统高效运作。(5)武装经济实力:超乎寻常的暴力后盾与经济能量是有组织犯罪生存的重要根基。有组织犯罪精良的武器装备与巨额的经济资产,甚至可以和政府军队与国家财政匹敌。(6)势力网络庞大:有组织犯罪依凭其强大的能量,可以控制与把持某种行业性的活动;而在地域上,其势力范围不仅限于某个城市,而且常常可以渗透到全国甚至国外。②

有的学者虽然表述为"事实特征",但实际上依然是基于不同要素来描述有组织犯罪的特征。其认为,表明有组织犯罪特殊存在的事实特征大致可以归纳为四个方面。(1)目的特征:犯罪的实施旨在获取超常的经济利益。(2)方式特征:犯罪的实施是以组织体的形式即通过多人之间的联合与协作的方式进行的。(3)手段特征:以暴力、威胁等作为获取经济利益的基本手段。(4)危害特征:犯罪组织基于获取经济利益目的的实现,不仅以各种方式现实地破坏合法秩序,而且力图在

---

① 参见朱俊强:《论有组织犯罪的刑法配置结构——以国际刑法、区域刑法、国家刑法一体化为视角》,载《暨南学报(哲学社会科学版)》2006 年第 3 期。

② 参见张小虎:《有组织犯罪的犯罪学类型性考究》,载《江苏社会科学》2016 年第 6 期;张小虎:《有组织犯罪的事实特征与刑法规定》,载《法学家》2008 年第 3 期。

活动范围内建立和维护有利于持续获利的非法秩序。①

要素特征说更多地从客观层面考察有组织犯罪的各个特征,对于主体、主观层面的关注度不足。

3. 综合特征说

更多学者选择对有组织犯罪的特征进行综合描述,以确保周延性。如有学者认为,有组织犯罪主要的共同特征是:(1)有组织犯罪一般没有意识形态的目标,主要追求、获取经济利益。这同激进的、主张政治改革的恐怖组织不同,有组织犯罪是通过某些正当的或违法犯罪活动获取财物,然后通过"洗钱"的手段洗白,并向经济领域渗透。(2)有组织犯罪是一个内部等级森严、有严格的组织纪律性的长久性组织。他们具有长远的计划和目标,核心成员相对保持稳定,犯罪行为具有连续性,具有三级或三级以上的垂直权力结构,内部等级森严。(3)犯罪手段表现为威胁、暴力和贿赂。但随着社会的不断发展和变化,有组织犯罪已把目标转向议会、政府和执法部门,在议员、官员、法官、检察官和警官中物色"对象",寻找"合作伙伴",用贿赂的方式获取更大的非法利益。(4)有组织犯罪不仅从事违法犯罪活动,而且逐渐从事正当合法的商业活动。②

有学者认为有组织犯罪的基本特征是:(1)组织成员关系复杂。有的具有血缘、姻亲关系,有的是同乡、同族、同监、同队人员,被腐蚀拉拢的党政干部等,其中有前科的成员居多。(2)组织结构严密有序。有名称,有盟誓式的入会仪式,有严酷的帮规会律,组织内部的帮主具有绝对权威,自上而下等级森严,分工明确细致,各司其职,成员配发武器或凶器及先进的通讯工具,有计划、有目标、有组织地进行各种违法犯罪活动。(3)趋向联盟作案。数个犯罪团伙或帮会互为利益联合组成一个新的犯罪组织的现象逐渐增多,他们相互勾结,共同预谋,制订计划,协同作案,具有极大的社会危害性。③

还有学者认为,我国有组织犯罪的特点主要表现在如下几个方面:首先,组织化较为明显,但从犯罪结构上讲,其层次性不是很强。其次,经济目的比较明确,但由于犯罪条件的限制,其政治目的不是很突出。再次,因上述两个方面的限制,我

---

① 参见张远煌:《中国有组织犯罪的发展现状及立法完善对策》,载《法治研究》2012 年第 2 期。

② 参见胡敏、万富海:《有组织犯罪、带黑社会性质的团伙犯罪和流氓恶势力犯罪的特征及其认定》,载《华东政法学院学报》2001 年第 5 期。

③ 参见朱其良:《试论有组织犯罪的治理对策》,载《学术论坛》2001 年第 5 期。

国的有组织犯罪呈现出较强的地域性。最后,由于我国的社会环境不同于其他国家、地区,有组织犯罪存在暴力性和脆弱性两重特点。①

总体来看,综合特征说更为全面,能够较为系统地反映有组织犯罪的特征。但同时,也应借鉴层次结构说、要素特征说的长处,基于体系化的方式进行界定。

二、我国有组织犯罪特征的构成形态②

由于我国有组织犯罪发展过程的复杂性,以及有组织犯罪泛滥所处时代的独特性:整个社会处于转型期,旧的体制和价值观念被打破,新的体制和价值观念尚未完全建立。曾有一段时期,我国的有组织犯罪绝对数量甚至较大。③ 我国有组织犯罪具有一定特色和时代烙印,其每一个特征的内部结构都不是单一的,存在复杂的构成形态。本书从有组织犯罪的结构特征、主体特征、手段特征、观念特征、活动领域特征以及空间地域特征等方面对它的构成形态予以分析,从而揭示其运动变化规律和发展趋势。

(一)我国有组织犯罪结构特征的构成形态

组织性是有组织犯罪的本质特征。④ 这是因为,对社会的安宁与秩序而言,有组织犯罪有较之单独的个人犯罪和一般性的多人犯罪更加持续、更加广泛和更加深刻的特殊社会危害性。⑤ 有组织犯罪组织性集中体现在它具有一定的组织结构。有组织犯罪的组织结构无论是从纵向看还是横向看都有一定的层次性。

所谓组织性,是指有组织犯罪中的犯罪人之间是通过某种联系方式相互串联起来,形成稳定的犯罪组织。⑥ 从纵向看,即从有组织犯罪形成发展的视角看,无论是国内,还是国外,有组织犯罪结构都无一例外的是由小到大、由低级向高级发展。⑦ 从横向看,在同一国家的同一时期,总是同时并存着组织结构形态不同的有

---

① 参见林黄鹂:《对有组织犯罪的考量和打击对策》,载《山东社会科学》2006 年第 10 期。
② 参见莫洪宪、郭玉川:《有组织犯罪特征的构成形态》,载《犯罪研究》2009 年第 2 期。
③ 参见莫洪宪:《我国有组织犯罪的特征及其对策》,载《河南财经政法大学学报》2012 年第 6 期。
④ 参见邸瑛琪:《有组织犯罪及其特征》,载《河南省政法管理干部学院学报》2002 年第 4 期。
⑤ 参见张远煌:《关于我国有组织犯罪的概念及发展形态的再思考》,载《人大法律评论》2009 年第 1 期。
⑥ 参见王烁:《中国的熟人社会与有组织犯罪的组织性特征》,载《犯罪研究》2014 年第 6 期。
⑦ 参见莫洪宪:《有组织犯罪结构分类研究》,载《河北法学》1998 年第 5 期。

组织犯罪形式。

一段时期以来，我国有组织犯罪的组织性出现较大幅度的提升。对此有学者指出，组织化程度的提高包括犯罪组织内部结构的严密化和组织规模的扩大化。一般是由比较松散的组织发展成为有严密组织结构和严格组织纪律的组织，组织的规模一般由数人扩展为十几人、几十人。① 此类组织有明确的组织领导者、骨干成员，组织成员稳定，具有三级以上的科层制度和管理规范。②

总体上看，我国有组织犯罪组织性的发展程度仍然较为有限，特别是与西方国家该类犯罪的组织性相比有所不同，一般为恶势力组织或黑社会性质组织。具体呈现以下特点。

第一，多数有组织犯罪组织化程度不高，结构层次较简单。我国有组织犯罪从总体水平上看，组织化程度不高，结构较为松散，很少有三层以上等级组织存在，成员数量一般不多，彼此熟悉，除首领地位显著外，内部等级不森严；作案时有分工但却不保密，相互知晓，容易暴露。例如，我国犯罪组织虽然数量庞大，但与日本相比，单个组织的成员人数较少，势力范围较窄，组织结构较为松散，整体上仍处于黑社会性质组织的阶段。③

第二，经济基础不扎实、不雄厚。西方的一些有组织犯罪，如黑手党，其经济实力雄厚，对当地、甚至整个国家的经济都会产生重要影响。我国有组织犯罪尽管有一定的经济实力，有的甚至在当地已成为巨富、首富，但从全国范围来看，对整个社会经济尚不能产生影响；从当地经济状况来看，也难以左右市场。

第三，政治保护级别较低。在经济全球化的条件下，有组织犯罪中的政治因素也会增加，犯罪分子在从事有组织犯罪的活动中，会大量采用贿赂、腐蚀行政、司法官员的方法为其进行犯罪活动寻求“保护伞”。④ 西方黑社会势力不仅在本地拉拢腐蚀中层领导和基层具体执法人员，而且渗透进入上层政权机关，收买议员、政府高官为其服务。这种政治保护网络分布极广，遍及社会各行各业。我国有组织犯

---

① 参见何秉松：《中国有组织犯罪研究（第一卷）：中国大陆黑社会（性质）犯罪研究》，群众出版社2009年版，第168页。

② 参见莫洪宪：《试论我国大陆有组织犯罪发展阶段》，载《河南警察学院学报》2011年第3期。

③ 参见莫洪宪、张小宁：《中日犯罪组织比较分析——中国黑社会性质组织VS日本暴力团》，载《法学杂志》2011年第5期。

④ 参见林亚刚、何荣功：《经济全球化与我国有组织犯罪的发展趋势及其对策》，载《犯罪研究》2003年第3期。

罪虽然也千方百计地企图进入政治领域,寻求庇护,也可能用金钱、女色拉拢一些国家工作人员为其服务,但往往只限于本地区范围内级别较低的公务员,所以,我国有组织犯罪的“保护伞”多由中下层官员组成,权力不大,在严厉打击有组织犯罪的态势下往往自身难保,难以真正起到保护作用。因此,在我国有组织犯罪寻求“保护伞”的过程中,更多的是向基层政权渗透。①

第四,在全国范围内,犯罪的组织化程度发展不平衡,未形成全国联网和全国性的有组织犯罪。由于特殊的地理位置、经济状况及历史原因,我国广东、海南、福建等沿海地区和部分省份中,犯罪组织化程度高、发展快、数量多;而西北、西南、华北等地区则相对偏低。这种组织化程度的不平衡使得我国有组织犯罪尚不能有效地相互串联,构建全国性犯罪网络。在西方国家,某些成熟的犯罪组织能覆盖全国,甚至在国外也有分支机构。②

(二)有组织犯罪主体特征的构成形态

有组织犯罪人数一般较多,不同的犯罪组织、同一组织内部的人员的构成都十分复杂。在年龄、职业、受教育程度以及有无前科等方面存在不同的构成形态。笔者将针对有组织犯罪主体在这几个方面的具体构成作一分析,以期揭示有组织犯罪主体的构成现状及运动变化规律。

1. 我国有组织犯罪主体的年龄构成

青少年是我国有组织犯罪的主力军,有组织犯罪在主体年龄结构上存在低龄化的趋势。当今社会中辍学少年儿童和流浪少年儿童的大量存在,为有组织犯罪的发展提供了庞大的“后备力量”,客观上导致了有组织犯罪的大量存在和急剧发展。不少辍学少年儿童甚至成为有组织犯罪成员的基本来源。③

其中,颇令人忧虑的是进城务工人员“第二代”的犯罪问题。这一群体不仅数量庞大,而且,由于亲情的缺失,导致其更是行走在社会的“边缘”。教育权利的缺失,使他们失去了改变命运的通道,也失去了以校园纪律维系的自控能力。有的进城务工人员“第二代”既未能接受系统的义务教育,更难以享有正规的中高等教

---

① 参见于天敏等:《黑社会性质组织犯罪理论与实务问题研究》,中国检察出版社 2010 年版,第 266 页。

② 参见赵东平:《简论我国有组织犯罪的特征》,载《国家检察官学院学报》1999 年第 2 期。

③ 参见黄立:《有组织犯罪基本特征探讨》,载《湖南公安高等专科学校学报》2000 年第 4 期。

育，从小就养成了叛逆心理。就业权利的歧视，使他们失去了以劳动养活自己的权利，进城务工人员“第二代”中的一些人在工作失利以至于屡屡碰壁之后，最终走上了不劳而获、劫人钱财乃至图财害命的不法歧途。对一些早已失掉自尊之心的少年来说，他们融入现代城市生活的愿望越是强烈，越是深切地体会到来自各方面的排斥，于是，往往在“乡党”中、在相同经历的少年中寻求社会支持。如果我们对此问题不引起高度的重视，进行及早干预，他们将会成为有组织犯罪重要的成员来源。

2. 我国有组织犯罪主体的职业构成

有组织犯罪的犯罪分子在职业构成上以城市无业人员等为主体。从近年来查处的案件看，以城市无业人员、进城务工人员为代表的社会群体成员，在黑恶势力发展的各个阶段都有参加，转“黑”的趋势较明显。① 城市无业人员由于没有工作，面临着巨大的生活压力，为维持生计铤而走险。在改革开放之前，我国农民犯罪率一直较低，农村“熟人社会”存在的非正式社会控制体系也抑制了犯罪的发生。但改革开放之后，农村发生了巨大变化，农村人口大量向城市流动。这一方面导致农村基层政权控制功能弱化，宗族势力抬头，一些黑恶势力在农村称霸一方，为非作歹；另一方面进入城市的农民由于整体能力有限，无法找到收入较高的工作，只能做一些社会底层的工作，与城市的繁华形成巨大的反差，这种反差给他们带来的是失落感、挫折感及心理不平衡，使之与城市闲散人口结合而共同犯罪，或以同乡关系为纽带，成为外来人口有组织犯罪的主体。

在有组织犯罪主体特征的职业构成中，国家工作人员的参与也应引起高度重视。按照全国人大常委会的有关解释，黑社会性质组织不以存在国家工作人员的“保护伞”为成立的必要要件，但在司法实践中，国家工作人员充当黑社会性质组织“保护伞”的现象是大量存在的。可以说，没有国家工作人员的纵容和支持，有组织犯罪不可能呈现恶性发展的趋势。值得注意的是，此前曾出现一种新苗头，一些国家工作人员已不再安于充当“保护伞”的角色收受贿赂，甚至更希望自己主导有组织犯罪。②

---

① 参见张远煌：《中国有组织犯罪的发展现状及立法完善对策》，载《法治研究》2012 年第 2 期。

② 参见邱格屏：《从“保护伞”到“黑老大”——解读中国黑社会性质组织中官员角色的变迁》，载《青少年犯罪问题》2008 年第 1 期。

国家工作人员直接参与有组织犯罪或充当有组织犯罪“保护伞”的数量虽然不多，但是危害很大，它严重影响了打击有组织犯罪的效果，影响了党和政府在人们心中的形象，也严重败坏了社会风气，应当引起我们高度重视。

3. 我国有组织犯罪主体受教育程度的构成形态

在一般犯罪中，具有较高教育程度的犯罪人不乏其人，特别是在“白领犯罪”中，犯罪人多是文化程度较高的人。但在早期有组织犯罪中，情况却并非如此，绝大多数有组织犯罪的成员文化程度不高。这说明，我国有组织犯罪此前在教育程度上仍属于低层次阶段，尚未网罗到大量受过高等教育的人作为其成员，这一点和西方有组织犯罪存在较大区别。西方有组织犯罪由于历史悠久，发展程度较高，组织内部的领导者本身受教育程度较高，且组织活动也需要从事大量合法经营来进行掩护，因此，这些组织常常利用金钱地位网罗大量高层次人才。相比之下，我国早期的有组织犯罪由于发展历史较短，成熟程度不高，组织领导者受教育程度不高，还普遍缺乏对“人才”重要性的认识，而知识分子也不愿委身于素质较低的领导者之下从事犯罪活动。因此，有组织犯罪人员的文化层次普遍较低，这是我国有组织犯罪目前大多停留在黑恶势力和黑社会性质组织阶段，而没有发展为典型的黑社会的原因之一。

但这种状况只是暂时的，随着有组织犯罪的不断发展，他们可能会逐步意识到这个影响“组织发展”的问题。假如黑社会性质组织能网罗一批具有大专以上学历者做中上层领导，中国的黑社会性质组织将会令人恐怖。① 近年来，犯罪组织成员构成多元化，专业人员不断参与其中，尤其是在犯罪组织的骨干成员中，已有相当比例的人员受过良好教育。②

4. 我国有组织犯罪主体的前科情况

我国有组织犯罪人中具有前科的比无前科的人要少。有组织犯罪组织从社会上网罗新成员在大量增加，这些人尚未直接经受过司法机关的打击。但从绝对数值看，有组织犯罪中具有前科的人还是十分庞大的，而且，这些人在有组织犯罪中是骨干和中坚力量。有组织犯罪的首犯、主犯多有暴力犯罪的前科，正是这些具有

---

① 参见莫洪宪、王明星：《中国大陆黑社会性质犯罪的特点及其刑事对策》，载《湖北警官学院学报》2002 年第 2 期。

② 参见张远煌：《中国有组织犯罪的发展现状及立法完善对策》，载《法治研究》2012 年第 2 期。

前科劣迹的首要分子和主犯,控制、推动着整个犯罪组织的行为。[①]

具有前科的人员被释放后往往混迹社会,有的为生活所迫加入各种有组织犯罪团体;有的干脆铤而走险,结伙成帮,进行走私、贩毒等犯罪活动,逐渐成为我国有组织犯罪的重要力量。加之此前我国对犯罪分子的改造工作存在这样或那样的不足,有些罪犯在服刑期间没有得到彻底改造,再社会化没有顺利完成,每年都有一批犯罪恶性未除的释放人员重新回到社会,有业不就或无业可就。其为满足个人物欲或基本生活需求,加入犯罪组织,并成为犯罪组织骨干。这些成员因受过政府的打击并受到社会歧视,普遍带有仇视报复社会的心理,并且,组织结合紧密,手段残忍,富有犯罪经验,危害特别严重,是我国有组织犯罪的"骨干力量"。

(三)我国有组织犯罪手段特征的构成形态

有组织犯罪的犯罪手段多种多样,为了实现犯罪目的,他们往往综合使用各种犯罪手段,既采取传统的暴力、贿赂等手段,也采取现代高科技的手段,并利用合法的形式掩盖其犯罪行为。缘于我国有组织犯罪所处的特定发展阶段,其在犯罪手段方面存在以下特征:第一,暴力手段大量运用,是有组织犯罪的基本手段。我国有组织犯罪大多处于"资本的原始积累阶段",暴力是其基本的生存方式,只有依靠暴力获得巨大利益,才能在相互"火并"中凸显实力。[②] 第二,进一步利用贿赂手段。在各种利益诱惑日益多元化的今天,有组织犯罪的贿赂、利诱让部分掌握着权力和资源的官员难以拒绝和抵制。第三,手段的智能化趋势明显。有组织犯罪的智能化趋势表现在以下几个方面:首先,犯罪计划日渐趋于周密完善。犯罪是有成本的。降低成本,用最小的投入,获得最大的收益是任何一个犯罪组织所追求的目标。要实现这一目标,必须在事前有周密的计划,通过计划设计最佳的犯罪模式和逃避打击的方法。其次,高科技犯罪手段日渐突出,运用先进的通讯设备、交通工具、物质工具进行犯罪已渐成发展之势。随着现代社会的进步,高素质的犯罪人将逐渐替代低素质的犯罪人,主要依靠传统体力手段将逐渐让位于依靠智力的方法。第四,犯罪手段更加隐蔽和狡诈,社会危害性更大。公开的犯罪方式虽然仍是常见的犯罪形式,但秘密潜藏于社会深层的、以合法身份和职业作掩护的犯罪形式将越

---

① 参见莫洪宪:《我国有组织犯罪的特征及其对策》,载《河南财经政法大学学报》2012年第6期。

② 参见莫洪宪、王明星:《中国大陆黑社会性质犯罪的特点及其刑事对策》,载《湖北警官学院学报》2002年第2期。

来越多。渗透于经济领域，如建筑、股票交易、内外贸易、服务行业，以此为掩护进行犯罪的情况越来越多。

对有组织犯罪的手段具体分述如下。

1. 暴力手段

暴力是有组织犯罪最基本的犯罪手段。暴力在我国有组织犯罪中的作用体现在：一是在提供非法商品和非法服务方面实现对专卖权和专营权的垄断；二是在进行不法和合法生意时向对方直接或间接显示威慑力量，加以恐吓，以保证生意成功；三是在生意中与顾客或与其他黑帮发生争执时，以武力取胜；四是肃清"内奸"，排除异己，纯洁队伍；五是为逃避司法控制，杀害司法调查人员或消灭人证。[①]对此有学者指出，暴力既是维持组织纪律的重要手段，又是犯罪组织对外扩展势力，争夺势力范围和进行各种犯罪活动的后盾和保证。[②]

有组织犯罪的形成与发展都是依靠暴力而逐步壮大的。一些传统的暴力型有组织犯罪都是直接与暴力有关或者明显以暴力为后盾的，如抢劫、杀人、绑架、敲诈勒索等。这类有组织犯罪往往凭借其成员的武力，利用某些地方政府执法不严、人民群众害怕的弱点，肆无忌惮地实施犯罪，成为称霸一方、让人望而生畏的犯罪势力。对于给有组织犯罪带来大量利润的非法行业，如贩毒、赌博、卖淫等，有组织犯罪集团之间则因争夺其垄断权而进行竞争。在这种情况下，更是由各自的"暴力"实力决定胜负。

我国的黑社会性质组织也采用传统的暴力手段进行犯罪资本的原始积累。暴力手段不仅使其迅速积累了成千上万的物质财富，供组织成员挥霍，而且，逐步积累雄厚的经济基础，形成独特的犯罪经济。

此外，在各级政法机关持续不断地严厉打击下，近年来我国有组织犯罪日益采取"软暴力"的方式实施犯罪。[③] 甚至可以说，暴力非但不是黑社会性质组织犯罪的必要手段，(严重)暴力反倒是其法律风险的最大来源之一。[④] 黑社会性质组织在经历原始的资本积累和犯罪能量积蓄阶段后，随着向经济、政治领域的渗透，可

---

① 参见皮艺军：《有组织犯罪的界定》，载《青少年犯罪研究》1997 年第 8 - 9 期。

② 参见何秉松：《中国有组织犯罪研究（第一卷）：中国大陆黑社会（性质）犯罪研究》，群众出版社 2009 年版，第 168 - 169 页。

③ 参见莫洪宪：《试论我国大陆有组织犯罪发展阶段》，载《河南警察学院学报》2011 年第 3 期。

④ 参见赵军：《有组织犯罪中的胁迫研究——对一个"黑帮"成长历程的入圈考察》，载《河南大学学报（社会科学版）》2012 年第 3 期。

以通过多种方式实现其犯罪目的,开始弱化暴力行为,出现了以威胁取代暴力,逼而不打、打而不伤、伤而不重、重不致命的犯罪手法,即“软暴力”行为,但仍以暴力为主。[①] 司法实践中,实施软暴力的方式多种多样,从言语威胁、动作恐吓、电话骚扰、跟踪纠缠、出场摆阵到逼而不打、打而不伤,尽量不直接使用暴力;即使必须使用直接暴力,组织者也往往要求打手们把握分寸,做到伤而不重、重而不死。这种有组织的新型暴力方式,既能造成社会心理上的威慑,达到打击对方、扩张势力、牟取暴利的目的,又增加了司法机关及时发现和有效打击的难度。[②]

2022 年 12 月 7 日最高人民法院发布第 33 批指导性案例,其中指导性案例 186 号“龚品文等组织、领导、参加黑社会性质组织案”[③],进一步明确了黑社会性质组织实施“软暴力”的主要行为特征,“软暴力”涉黑的认定标准。

该案基本案情为:2013 年以来,被告人龚品文、刘海涛在江苏省常熟市从事开设赌场、高利放贷活动,并主动结识社会闲杂人员,逐渐积累经济实力。形成了以被告人龚品文、刘海涛为首的较为稳定的犯罪组织,并于 2015 年 4 月实施了首次有组织犯罪。该组织人数众多,组织者、领导者明确,骨干成员固定。被告人龚品文为该组织的组织者、领导者,被告人刘海涛为该组织的领导者……组织内部分工明确,按照被告人龚品文、刘海涛的指派为讨债而实施非法拘禁、寻衅滋事、敲诈勒索、强迫交易等违法犯罪行为。该组织形成了“红钱按比例分配”“放贷本息如实上报,不得做手脚”等不成文的规约,对成员的行动进行约束。建立奖惩制度,该组织通过有组织地实施开设赌场、高利放贷等违法手段聚敛资产,具有较强的经济实力。该组织为维护其非法利益,以暴力、威胁等手段,有组织地实施了开设赌场、寻衅滋事、非法拘禁、强迫交易、敲诈勒索等违法犯罪活动,并长期实施多种“软暴力”行为,为非作恶,欺压、残害群众,严重破坏社会治安,妨害社会管理秩序,造成了恶劣的社会影响。一审宣判后,龚品文、刘海涛等人提出上诉。江苏省苏州市中级人民法院裁定:驳回上诉,维持原判。

该案犯罪组织已经形成了“以黑养黑”的组织运作模式,以其势力、影响和暴

---

① 参见于天敏等:《黑社会性质组织犯罪理论与实务问题研究》,中国检察出版社 2010 年版,第 259 页。

② 参见张远煌:《中国有组织犯罪的发展现状及立法完善对策》,载《法治研究》2012 年第 2 期。

③ 参见最高人民法院:《指导案例 186 号:龚品文等组织、领导、参加黑社会性质组织案》,http://www.court.gov.cn/fabu-xiangqing-382211.html。

力手段的现实可能性为依托，有组织地长期采用多种“软暴力”手段实施大量违法犯罪行为，同时，辅之以“硬暴力”，“软暴力”有向“硬暴力”转化的现实可能性，足以使群众产生恐惧、恐慌进而形成心理强制，并已造成严重危害后果，严重破坏经济、社会生活秩序的，应认定该犯罪组织具有黑社会性质组织的行为特征。

该案的指导意义在于，总结了黑社会性质组织实施“软暴力”的主要行为特征，在此基础上明确了“软暴力”涉黑的认定标准，为实践中认定、处理以“软暴力”为主要行为方式的违法犯罪活动提供了指引，有利于统一“软暴力”涉黑案件的裁判标准和尺度。

2. 贿赂手段

有组织犯罪虽然有很大的能量和势力，但与国家所拥有的实力相比，并不属于同一层次。在有组织犯罪和国家之间存在一种二元互动关系，国家要打击和消灭有组织犯罪，而有组织犯罪要逃避这种打击或者进行对抗。[①] 有组织犯罪一方面通过提高自己的实力加强自己的对抗硬实力，另一方面，千方百计地减轻面临的国家暴力机关的压力。贿赂是消解国家暴力机关压力于无形的最有力工具，无数的事例也证明了贿赂手段的有效性。因此，有组织犯罪的贿赂腐蚀行为得到了相当广度和深度的展开。在美国甚至有人认为，有组织犯罪“有更大的权势，它对地方政府的控制比地方政府对它的控制更多”。有组织犯罪通过贿赂、佣金、竞选捐款等来收买警察、行政官员、检察官、法官、议员、新闻记者、编辑等，以防被揭露和打击。

我国国情与美国不一样，所以，有组织犯罪贿赂的具体对象和方法也不一样，但贿赂手段同样是有组织犯罪常用并有效的一种手段。剖析有组织犯罪典型案例，就会发现很多黑社会性质犯罪组织后面都有一张渗透党政部门或执法机关的“关系网”，都有一些腐败分子利用职权为犯罪分子充当“保护伞”。在各种腐败现象中，司法机关的腐败对有组织犯罪的影响最为直接。部分司法人员接受犯罪分子的贿赂腐蚀，充当其“保护伞”，有的甚至与犯罪分子同流合污，共同实施犯罪活动。有观点甚至认为，中国的黑社会（性质）组织的发展，有一个非常显著特点，就是它对官方特别是警方的腐蚀、渗透以及与其相互勾结。[②] 有学者对此进行归纳，

---

① 但也有学者提出贿赂“保护伞”并非犯罪组织生存发展所必需。参见赵军：《有组织犯罪中的胁迫研究——对一个“黑帮”成长历程的入圈考察》，载《河南大学学报（社会科学版）》2012 年第 3 期。

② 参见何秉松：《中国有组织犯罪研究（第一卷）：中国大陆黑社会（性质）犯罪研究》，群众出版社 2009 年版，第 171 页。

提出近些年来黑社会性质组织成员向政治领域渗透的程度在加剧，出现了新动向：其一，主动物色公职人员帮助其实现职务晋升，为其所用。其二，采取暴力、威胁、贿赂手段，操纵选举，直接控制农村基层政权。其三，通过收买有权势的上级领导，控制下属组织牟取暴利。[①] 此前，我国黑社会性质组织犯罪处于上升阶段，与腐败现象有着极为密切的关系。要从根本上抑制有组织犯罪的增长，必须大力开展反腐败工作。[②]

3. 技能/智能型手段

虽然暴力或者以暴力为后盾是多数有组织犯罪采取的一种基本手段，但某些有组织犯罪集团在实施犯罪时，也使用技能/智能型手段。所谓技能/智能型手段，是指犯罪时依靠技术和智慧等方式方法的总称。高科技的产生和发展在为人类生产和生活带来福利和便捷的同时，不恰当使用高科技也给人类社会带来了灾难。特别是高科技被有组织犯罪利用，增加了公安机关对案件侦破的困难程度。[③] 高科技犯罪手段日渐突出，运用先进的通讯设备、交通工具、物质工具进行犯罪已渐成发展之势。[④] 如有些有组织犯罪多从事具有一定技能和智能的犯罪，在实施犯罪的过程中，虽然也不排除使用暴力或以暴力作为后盾，但更多的是倚仗某种技能或智能从事犯罪活动，如盗窃、赌博、诈骗等。虽然这类有组织犯罪因缺乏暴力的视觉冲击力而社会影响力不如暴力型有组织犯罪那么大，但其给人民群众带来的经济损失和精神打击却是极大的。一些有组织犯罪还运用现代化的通讯工具，如通过计算机网络实施犯罪行为。这都说明了技能/智能型手段在有组织犯罪中地位的上升。

此外，技能/智能型手段的采用也和有组织犯罪人员构成的变化密切相关。对此有学者指出，在经济上属于下层但掌握相当技术知识的社会成员，是当前社会环境中最有条件实现向上流动的群体，也是期望最高、流动需求最迫切的群体。这一群体在高等院校毕业生中有相当的规模。这些“人才”如果加入有组织犯罪，势必

---

① 参见张远煌：《中国有组织犯罪的发展现状及立法完善对策》，载《法治研究》2012 年第 2 期。

② 参见康树华：《论有组织犯罪的基本手段》，载《江苏公安专科学校学报》2001 年第 2 期。

③ 参见林亚刚、何荣功：《经济全球化与我国有组织犯罪的发展趋势及其对策》，载《犯罪研究》2003 年第 3 期。

④ 参见邸瑛琪：《有组织犯罪及其特征》，载《河南省政法管理干部学院学报》2002 年第 4 期。

促使有组织犯罪进入金融、网络等高科技领域。①

4. 以合法形式掩盖非法目的

一些有组织犯罪团伙在进行一段时间的犯罪活动后，为了达到长期犯罪而不被发现的目的，开始注重包装和寻求掩护，试图以合法形式掩盖非法目的。例如，黑社会性质组织多采取以成立“公司”或其他经营形式为掩护，掩盖其非法活动，用公司利润掩盖非法获利。② 有的犯罪组织的头目以各种手段取得合法的甚至显要的社会地位，以掩护犯罪活动；有的犯罪组织利用经济环境比较宽松的机会，用非法所得开办企业。以这些经济实体为依托，表面上合法经营，实际上实施有组织犯罪。有的犯罪组织在经营过程中实力逐渐增大，已能控制一个地域或一个行业的经济运行，形成一定的势力范围。进而有学者从对我国有组织犯罪企业化的表现予以归纳，认为其包括组织管理的企业化、行为方式的企业化、组织文化的企业化。③ 这种由非法向“合法”的转变并不意味着有组织犯罪开始放弃犯罪，正好相反，他们只是以此为掩护，企图实施更大规模、更多数量的犯罪。因此，不管这些披上了“合法”外衣的犯罪组织表面上看起来多么“合法”，其本质仍然是非法的，因为它们的目的仍然是追求巨额非法利润，手段仍然是非法的。

特别是随着我国对于有组织犯罪的打击日益严厉，使用这种手段的有组织犯罪数量正呈逐渐增加之势，必须引起我们的高度重视。对此有学者指出，随着我国社会主义市场经济的深入发展，社会经济体制、政治体制等会不断完善，社会监控力量也会不断加强，无序、混乱的社会秩序也会得到一定程度的改进，从有组织犯罪存在形式看，“合法化”“专业化”趋势明显。④

（四）我国有组织犯罪观念特征的构成形态

有组织犯罪之所以社会危害性巨大，有组织犯罪集团之所以能作为一个整体对外实施犯罪行为，发挥出比单个人的力量相加更大的破坏力，除了它严密的组织结构、严格甚至残酷的帮规纪律外，一个重要原因就是因为它在观念形态上深受犯

---

① 参见张远煌、姚兵：《社会流动视野中有组织犯罪发展趋势探讨》，载《山东警察学院学报》2008年第4期。

② 参见莫洪宪：《我国有组织犯罪的特征及其对策》，载《河南财经政法大学学报》2012年第6期。

③ 参见蔡军：《我国有组织犯罪企业化的路径及其表现分析》，载《法学论坛》2021年第1期。

④ 参见林亚刚、何荣功：《经济全球化与我国有组织犯罪的发展趋势及其对策》，载《犯罪研究》2003年第3期。

罪亚文化的影响,形成了共同的价值观和团体观念。共同的价值取向使他们形成一个整体,实施孤立的犯罪分子不能实施的犯罪行为。因此,分析有组织犯罪的观念特征,对于了解有组织犯罪产生的深层原因,预测其发展趋势,采取有针对性的打击措施具有重要意义。

有组织犯罪在观念特征方面有以下特点。

第一,在价值取向上具有趋同性,产生群体反社会意识。价值上的趋同使有组织犯罪产生主观上的聚合力,加强组织的力量。有组织犯罪是在各个组织成员相互作用的基础上构建起来的,犯罪组织内部的价值观念必然要得到每一个成员的认可,同一犯罪组织的成员都有相同或大致相同的价值观念,并在此基础上形成组织的共同价值取向。在个体的价值判断和组织的共同价值取向相一致的情况下,个体行为自然地依属于整体的活动,所以,这种价值取向的趋同对犯罪组织的所有个体而言是一种强有力的向心力。由于有组织犯罪的成员具有相同或相近的思想、需求、价值观、人生观,容易形成相互间的心理共鸣,从而形成一致的反社会或群体人格。成员个体在组织内部压力和社会外部压力下被诱导学习适应组织所需要的观念、态度和行为方式。一切以群体利益为中心,自我意识减弱,对组织的规范和意志表示屈从,群体意识融入个体自我意识之中,二者形成高度统一,产生群体情绪情感,最终形成群体的反社会性。

第二,有组织犯罪成员对犯罪组织具有归属意识。从心理学的角度分析,每一个人都有强烈的自我表现欲,都想获得成功。关键是自我表现的方式和实现成功的途径是否合乎社会主流价值观的要求。如果与社会主流价值观相悖,他就会寻求承认自己行为正当性的空间和主体。一旦有这样的空间和主体对他反社会的行为给予肯定和认可,就会使他产生强烈的归属感。

第三,归属意识是人的一种生存本能。为了将自己的能量发挥到最大值,为了取得最大的利益,必须依属一定的群体,借助群体的力量去达到目的,归属意识也是基于自我保护的一种安全感的需要而产生的。单个的行为主体的生存风险较之于一个群体大得多,因此,在社会中人自觉或不自觉地依属于一定的群体。犯罪组织是由被社会抛弃或者有着共同兴趣而聚合寻求支持的人组成的,体现了人类群体性的本能特点。犯罪组织为个体提供自尊的来源,以及对其反社会行为进行合理化解释的心理慰藉。犯罪组织成员对群体产生归属感,群体对他们具有极大的诱惑力,从而使犯罪组织成为一个独立的、特殊的行为中心。在这个中心中的任何一个成员因为有了可以依托的群体力量产生一种扭曲的自豪感:以成为某个群体的成员而自豪,以这个群体拥有较强的反社会力量而自豪,甚至以这个群体实施的反社会行为的业绩而自豪。个人有限的能力也因为借助于群体的能力而成倍地扩展。归属意识可以说是任何犯罪组织或有组织犯罪行为者都具备的一种主观心态,是犯罪群体得以形成的凝聚剂,没有归属意识就没有犯罪群体,也就没有犯罪组织和有组织犯罪。①

有组织犯罪共同的价值观和群体反社会人格是在一定的亚文化的影响下形成的,由于深受五千年传统文化和一些外来的西方文化的双重影响,我国有组织犯罪的亚文化具有一定的独特性。具体来说,我国有组织犯罪在观念方面同时受下列几种文化的影响,呈现复杂的构成特点。

1. 暴力文化

暴力文化崇尚暴力、迷信暴力、在面对矛盾和纷争时依靠暴力解决问题,这与我国的主流文化是相背离的。我国的主流文化,特别是传统文化提倡"和为贵",追求人与人之间关系的和谐。改革开放以来,西方的暴力文化大量进入我国,特别是互联网的普及更是加速了暴力文化信息的进入。暴力文化是诱发暴力犯罪的一个重要诱因。近些年来,有组织犯罪和暴力犯罪呈大幅上升的态势,这与一些间接弘扬暴力文化的影视、书籍有关。②

有组织犯罪深受暴力文化的影响,组织中的很多成员就是在暴力文化的影响下走向犯罪的道路的,而组织内部对暴力的推崇更是使其对有组织犯罪的成员包括整个组织的行为产生决定性的影响。在这些犯罪群体里,具有暴力的资本、敢使用暴力的成员,就受到其他成员的尊重;实施过犯罪行为,实施的犯罪行为多,进过监狱、进的次数多的成员,就有可供"炫耀"的资本。在这样的氛围下,有组织犯罪的成员在与外界发生冲突时,首先考虑的是暴力。

2. 地缘文化

中国人的"乡土观念"特别重,这可能和我国历史上长期是一个以农业为主的社会有关,这种社会的一个重要特点就是少迁徙,不到万不得已人们不愿离开自己的故土。中华人民共和国成立初期,由于推行计划经济政策,户籍管理十分严格,将全国

① 参见邸瑛琪:《有组织犯罪及其特征》,载《河南省政法管理干部学院学报》2002 年第 4 期。

② 如很多青少年崇拜和模仿电影中的犯罪形式和犯罪组织形式就是一例。

人民划分为农业人口与非农业人口，人们失去了“迁徙权”，导致人们的地域观念更加强烈。因此，黑社会性质组织存在明显的地缘因素，尤其是流动人口大量进入城市之后，在某一城市形成“河南村”“浙江村”等小团体社会，一些操着同样口音的人聚集起来，在受到当地人歧视及生活挤压下，“同呼吸共命运”，极易形成黑社会性质组织。

3. 亲缘文化

“血浓于水”，亲情观念时刻萦绕在中国人的心头。中国受儒家文化的影响，家族观念强烈。不仅如此，中国一直是典型的熟人社会，同学、战友、狱友、朋友等情谊缠绕着中国人。许多黑社会性质组织的犯罪分子都是在监狱中相识的，然后相互勾连，共同进行违法犯罪活动。熟人之间有着彼此的了解，共同语言较多，他们极易成为黑社会性质组织的“骨干”。

4. 帮派文化

中国传统文化中推崇“义气”。这些帮派文化对现今的黑社会组织影响很大，在当前的黑社会性质组织中，有的举行仪式，形成帮会体系，体现出中国有组织犯罪所特有的亚文化——帮派文化。[①]

（五）我国有组织犯罪活动领域特征的构成形态

近年来，有组织犯罪不断更新和隐蔽犯罪活动，除继续在一些传统领域从事犯罪活动外，还出现了一些新的犯罪类型。如介入民事经济纠纷；插手城市拆迁、农村征地及外来民工维权，向政府管理欠缺地带、执法难点问题渗透；从事公司欺诈、盗版等经济犯罪活动；网络犯罪、信用卡诈骗、伪造钞票、保险欺诈等犯罪活动。从总体上看，有组织犯罪的主要活动领域可分为四个方面：一是实施抢劫、敲诈勒索等暴力犯罪；二是提供非法的商品和服务；三是向合法领域渗透；四是成为地下执法者，一些有组织犯罪集团依靠自己所拥有的实力（主要是暴力），在政府执法部门缺位时替代政府的职责，在各个黑帮发生冲突时进行仲裁。下面针对有组织犯罪在这四个方面的特点进行阐述。

1. 暴力犯罪

正如前文所述，暴力是有组织犯罪的一个最基本的手段。因此，暴力犯罪是有

---

① 参见莫洪宪、王明星：《中国大陆黑社会性质犯罪的特点及其刑事对策》，载《湖北警官学院学报》2002 年第 2 期。

组织犯罪的传统犯罪领域，即使现在，它仍是有组织犯罪的重要活动内容。暴力犯罪的种类一般包括抢劫、敲诈勒索、收取保护费、强买强卖等。

(1)故意杀人、伤害。我国有组织犯罪实施杀人、伤害行为的情况较为普遍。

(2)抢劫。抢劫即以暴力、胁迫等方法劫取他人财物。有组织犯罪抢劫的对象除了普通地点的财物外，还常常抢劫银行、珠宝店、餐厅、赌场等能汇聚大量财物的场所。由于这些地方一般防卫严密，一般的罪犯不敢到这里实施抢劫行为，只有有组织犯罪成员才能依靠组织的能力实施这类犯罪。

(3)敲诈勒索。有组织犯罪敲诈勒索的对象一般是有一定积蓄，或者是从事一定营业的单位和个人。

(4)收取保护费。某一犯罪组织定期向商家收取一定数目的金钱，以保护商家不会遭到该犯罪组织或其他犯罪组织的骚扰。俄罗斯学者尖锐地指出，90%的有组织犯罪活动皆具有贪利性。有组织犯罪的财富积累路径主要表现为提供非法服务和商品或者以非法形式提供合法的服务和商品。① 我国的情况也不例外，其主要特点是采用暴力手段排除异己，垄断、独霸某一行业的经营权，并以收取“保护费”的名义对其他经营者进行敲诈勒索，在某一行业里形成强势地位，在其势力范围内无人能与之抗衡。② 收取保护费是有组织犯罪的收益来源之一。保护费的数额通常由商家和犯罪组织进行协商后才决定，一旦决定就必须定期缴纳，否则，会面临人身财产安全，这其实也是勒索的另一种方式。按照惯例，只有在某犯罪组织控制了一定地域后，其成员才有资格向“地盘”上的商店收取保护费。保护费的收入多少取决于某犯罪组织的“地盘”或势力范围大小。收取保护费是所有发展到中、高级阶段的有组织犯罪攫取利益的常用手段。此前在很多城市的娱乐场所、客运市场等都大量存在黑社会性质组织收取保护费的情况。

(5)强买强卖。一些有组织犯罪集团在与他人发生经济交往时，不是依照市场的准则在双方平等自愿的基础上进行交易，而是依靠自己组织的暴力强迫他人交易。常见的是迫使他人以超出市场价很多的价格购买自己的商品，或者逼迫他人以远远低于市场正常价格低价卖给自己商品。如果对方不服从，就采取暴力手

---

① Карягина О. В. , Колычев Р. А. Проблемы квалификации преступлений о рейдерских захватах собственности // Безопасность бизнеса. 2010. № 4. С. 13.

② 参见于天敏等：《黑社会性质组织犯罪理论与实务问题研究》，中国检察出版社 2010 年版，第 261 页。

段或者“软暴力”手段，轻者在对方经营场所滋扰闹事、毁坏他人商品，重者对他人实施伤害甚至杀害的行为。这样的行为，严重破坏了市场交易秩序，造成他人重大损失。

2. 提供非法的商品和服务

一些人在基本的、正常的欲望满足之后，常常会产生一些畸形的欲望，而这些欲望是社会正常的伦理观念所不允许的。因此，能满足这种欲望的商品和服务也是为国家所禁止的。但是，有需要就有市场，只要从事这种行为能带来利益，就会有人铤而走险。事实上，提供被禁止的商品和服务的利润是正常商品和服务所不可比拟的。在巨大的利益面前，很多人难免越轨。但这个行业的“准入”条件也较高，没有一定的势力、人力、社会关系不可能顺利经营下去，而有组织犯罪集团恰恰具备这些条件。所以，向社会提供非法的商品和服务成为有组织犯罪一个重要的活动领域。有组织犯罪向社会提供的非法商品和服务主要有以下几类。

(1)贩毒。目前，毒品在世界范围的蔓延十分迅速，其中很大部分应归功于有组织犯罪，贩毒组织在其中发挥了重要作用。[①] 毒品的泛滥与有组织犯罪有着密切的关系，许多毒品犯罪的滋生和蔓延都使有组织犯罪获得了很大的社会发展空间；而有组织犯罪的发展又极大地增强了毒品违法犯罪的“能量”，加剧了毒品的泛滥，如此恶性循环，侵蚀着社会肌体，困扰着世界各国政府。[②] 现在多数国家将非经严格程序批准的毒品买卖视为非法，并进行严厉打击。但毒品的需求量大，非法贩卖毒品的利润十分惊人，暴利的驱使让犯罪分子铤而走险。贩毒的高风险、高难度，使其成为只有高度组织起来的有组织犯罪才能实施。在有组织犯罪的操纵下，毒品已威胁到了全人类生存和发展，世界各国及国际组织正加强采取各种措施打击贩毒行为。国际毒品集团是迄今为止最典型的企业化犯罪组织，其组织结构有明显的企业化倾向，是集产、供、销为一体的国际毒品卡特尔或托拉斯。我国也不例外，根据中国国家禁毒委员会办公室 2022 年 6 月发布的《2021 年中国毒情形势报告》，运送毒品由“大宗走物流、小宗走寄递”向大宗毒品交专业团队组织运

---

① Основы борьбы с организованной престуностью / Под ред. В. С. Овчинского, В. Е. Эминова, Н. П. Яблокова. М., 1996. С. 43 – 44.

② 参见朱飞、李永升：《有组织犯罪与毒品犯罪的共生模式》，载《吉首大学学报(社会科学版)》2010 年第 2 期。

输、小量毒品交给未严格执行实名制要求的寄递公司代送演变。①

(2)走私。走私是有组织犯罪常用的一种牟取暴利的犯罪活动。国家对进出口的货物除个别免税商品外,都要征收关税。走私者通过逃避海关的监管,将这部分本该交给国家的税款不予缴纳,因此,能在交易中占据价格优势并取得暴利。国家对走私的打击也是十分严厉的,如我国就有专门的缉私队伍。依靠单个人的力量不可能进行大规模的走私活动,只有具有较大的规模、严密的体系,并具有相应活动能力的组织才能实施这样的行为,而有组织犯罪正符合这样的条件。因此,有组织犯罪涉入走私活动是"顺理成章"的事情。在我国沿海地区,大规模的走私集团为数不少。有组织犯罪走私的货物既包括普通货物,也有国家禁止进出口或者限制进出口的货物,如毒品、黄金白银、文物等。有研究认为,中国有组织犯罪进行非法野生动物贸易日益走向多元化。②

(3)赌博。赌博业是有组织犯罪的传统领域。由于赌博业在我国整体上处于非法状态而且利润惊人,因此,当前我国的赌博业也往往为有组织犯罪所掌控。犯罪组织在赌博方面所从事的主要活动有:经营各种未经主管部门批准的非法幸运彩票、奖券、抽奖等活动,在赌场放高利贷等。我国目前甚至出现了和国外赌博集团相勾结进行赌球的有组织犯罪活动。其中,规模较大,实力较强的犯罪组织自己垄断、控制赌场经营,赚取高额利润;而规模较小、实力较弱的犯罪组织为赌场提供安全保卫或者追讨赌债等。

(4)色情行业。色情业是有组织犯罪得以寄生的又一传统犯罪领域。由于色情业获取的暴利相当可观,各个层次的犯罪组织均不甘落后,纷纷染指其中。有的直接参与,有的幕后操纵;有的开办娱乐场所,提供色情服务;有的与境外勾结,走私、贩卖及复制黄色音视频、光盘、书刊等淫秽物品;还有的与我国台湾地区、我国香港特别行政区等地黑社会组织相勾结,诱骗内地(大陆)女青年到我国台湾地区、我国香港特别行政区,以及国外从事性服务行业。有组织犯罪和色情业的关系大致有两种情况:其一为有组织犯罪集团直接控制、经营色情业,其二为色情业依

---

① 参见中国国家禁毒委员会办公室:《2021 年中国毒情形势报告》,载 https://new.qq.com/omn/20220625/20220625A080S600.html。

② See Daan P. van Uhm & Rebecca W. Y. Wong, *Chinese Organized Crime and the Illegal Wildlife Trade: Diversification and Outsourcing in the Golden Triangle*, Trends in Organized Crime, Vol. 24:4, p.500 (2021).

附于有组织犯罪集团，寻求有组织犯罪集团的保护，并交纳保护费。此外，色情行业还可能具有跨国影响。

此外，近年来有组织犯罪集团进行贩卖人口、非法移民的活动规模越来越大。例如，俄罗斯学者曾指出，非法移民的对象主要来自印度、伊拉克、伊朗、巴基斯坦、罗马尼亚、斯里兰卡、苏丹等国家[①]。

3. 向合法领域渗透

联合国国际犯罪预防中心选择了具有代表性的16个国家和1个地区的40个有组织犯罪集团向合法经济领域渗透的典型案例进行研究。该项研究结果显示，将自己的犯罪所得及其收益向合法经济领域进行广泛投资的有组织犯罪集团共18个，占调查总数的45%；将自己的犯罪所得及其收益向合法经济领域进行部分投资的有组织犯罪集团共12个，占调查总数的30%；将自己的犯罪所得及其收益向合法经济领域进行少量投资的有组织犯罪集团共10个，占调查总数的25%。[②]从联合国国际犯罪预防中心的调查结果来看，有组织犯罪明显呈现企业化趋势。[③]我国的有组织犯罪也不例外。

从有组织犯罪成员实现社会流动的心理可以判断，完成原始积累的有组织犯罪势必转向政治领域和合法经济领域。[④] 有组织犯罪向合法领域渗透的途径主要有两个：一是向合法经济领域渗透，二是向政治领域渗透。

（1）向合法经济领域渗透。除了使用各种暴力或非暴力的犯罪手段外，有组织犯罪重要的手段之一就是向经济领域渗透，把犯罪所得投资于经济活动。[⑤] 因为国家对有组织犯罪的打击一直处于高压态势，一些有组织犯罪在发展到黑社会性质组织阶段之后，担心被打击以及“黑钱”被国家没收，就尽力实现“漂白”。其自身被“漂白”后，更能增加隐蔽性，不易被政府发现，甚至会由于自己对当地经济

---

① Основы борьбы с организованной преступностью / Под ред. В. С. Овчинского, В. Е. Эминова, Н. П. Яблокова. М., 1996. С. 46.

② 参见赵赤：《联合国有组织犯罪调查评估及其启示》，载《武汉理工大学学报（社会科学版）》2013年第3期。

③ 参见龚义年：《域外有组织犯罪企业化防控模式及其对我国的启示》，载《行政与法》2018年第4期。

④ 参见张远煌、姚兵：《社会流动视野中有组织犯罪发展趋势探讨》，载《山东警察学院学报》2008年第4期。

⑤ 参见何秉松：《中国有组织犯罪研究（第一卷）：中国大陆黑社会（性质）犯罪研究》，群众出版社2009年版，第169页。

的影响而受到政府的保护。因此,他们动用自己的经济力量,投资于各种合法的产业。当前社会主义市场经济飞速发展,多种经济成分并存,同时,社会主义市场经济法规并不健全,这为有组织犯罪向合法经济渗透提供了有利条件。他们利用这一有利时机,加速向经济领域渗透,为掩盖其非法活动将其违法所得转化为"合法收益",通过组织的"企业化""合法化",有组织犯罪也步入现代化。①

(2)向政治领域渗透。就"越轨"影响而言,影响立法进程的行为只能以集体、有组织的方式进行。② 我国有组织犯罪在加速向合法经济领域发展的同时,不断加强向政治领域渗透。一些具备了一定经济基础的黑社会性质犯罪组织,采取各种手段渗透到国家政治生活领域,寻求政治"保护伞",以期减少使用暴力、提高犯罪效能;腐败现象的存在也使得有组织犯罪向政治领域的渗透成为可能。当然,有组织犯罪向政治领域的渗透并不仅限于寻求一个"保护伞",其也在寻求在政治领域占据一席之地。经济决定政治,有了一定的经济基础之后,其不再仅仅满足于经济上的富有,更要追求政治上的"进步",期望以正面形象参与社会管理。同时,政治上的"进步"还能加强对本组织的保护。发展成为黑社会性质的组织已具备了向政治领域渗透的资本和手段。他们最主要的手段是贿赂,经由贿赂拉拢、收买政府官员,进而通过受腐蚀的政府官员在某一政权组织和经济组织内为犯罪组织的头目谋取职位,直接插手政治、经济管理。

值得一提的是,与国外有组织犯罪向高层进行政治渗透的特点明显不同,目前我国有组织犯罪政治渗透的重点是基层政权,特别是农村基层政权。在我国,目前大量存在一种由相对特定的地域内的犯罪分子自发纠集而形成的有组织犯罪,此种犯罪组织利用一定区域内的血缘、地缘等关系集合成团,占据特定势力范围,在公安实际工作中多将其称为"恶势力",或者依其犯罪地域或作案范围形象地比喻为"乡霸""村霸""路霸"等。由于我国基层政权具有相当大的实际权力,这些犯罪组织在其形成和演变过程中,总是尽力介入基层政权管理。他们或者通过送礼行贿,联络关系;或者强拉选票,借此登上政治舞台,把持、操纵甚至慑服基层政权,以达到犯罪目的。恶势力一旦把持基层政权,则更加利用手中的权力,以合法名义做

---

① 参见应培礼、吴军:《有组织犯罪的概念及特征探究》,载《犯罪研究》2004 年第 4 期。

② See Bojan Dobovšek & Boštjan Slak, *Old Horizons of Organised – White Collar Crime: Critical Remarks About the Current Definition, Development and Perceptions of Organised and White – Collar Crime*, Journal of Financial Crime, Vol. 22 (3), p. 312(2015).

掩护，从事各种非法活动，甚至迫害人民群众。①

有学者指出，由于有组织犯罪业者进行的非法活动与合法活动结合得如此紧密，以致已经越来越难以分清他们所进行的活动究竟是非法还是合法的了。虽然在合法与非法商业企业之间的联系变得越来越明显，但要认定那些从事这些活动者并不是一目了然的。②

4. 成为地下执法者

此前，我国在某些领域社会矛盾比较突出，但由于政府人力所限，或者由于一些执法人员工作消极、不作为，使得这些矛盾长期得不到解决。在这种情况下，有组织犯罪就乘虚而入，插手一些本该由有关政府职能部门管理的事务。其中，比较突出的是有组织犯罪插手城市拆迁、农村征地以及农民工维权等领域。

地下执法者的角色还体现在一些犯罪组织头目对不同的有组织犯罪之间矛盾的裁决。不同的犯罪组织之间因为利益冲突也会发生矛盾，且十分激烈。他们之间的矛盾当然不会求助警察处理，往往让当地最有势力的犯罪组织头目居间裁决。这些"黑道"的仲裁者，一旦犯罪组织有利益纠纷，有暴力冲突，往往去找其解决。

对此有学者指出，一些黑社会组织以"调查公司""咨询公司""保安公司"等形式出现，用各种非法或不正当手段为其客户收取合法或非法债务，或帮助客户解决自己难以或不便解决的问题，从中获赚取高额佣金，由此催生了"暴力讨债""地下出警"等现象的出现。③

（六）我国有组织犯罪空间地域特征的构成形态

相较于国外的黑社会组织，我国的黑社会性质组织的活动范围较小，一般以乡镇或城市的某一区域为势力范围，活动较大的也仅扩展到整个城市，跨城市、跨省份的较少。④ 同时，由于历史条件的差别，地理位置的不同，以及经济发展程度的多样性，我国有组织犯罪发展是极不平衡的，存在明显的地域差别。首先，在广东、福建、海南、云南、黑龙江等沿海、沿边省份中，由于开放较早，或和其他国家（地

---

① 参见黄立：《有组织犯罪基本特征探讨》，载《湖南公安高等专科学校学报》2000 年第 4 期。

② 参见姚向阳：《有组织犯罪的相对性研究》，载《政法论丛》2000 年第 4 期。

③ 参见张远煌：《中国有组织犯罪的发展现状及立法完善对策》，载《法治研究》2012 年第 2 期。

④ 参见于天敏等：《黑社会性质组织犯罪理论与实务问题研究》，中国检察出版社 2010 年版，第 262 页。

区）相邻，有组织犯罪的组织化程度高且数量较多；我国其他地区有组织犯罪发展程度较低且数量较少。其次，城市和城乡接合部历来是有组织犯罪的高发地，而农村的有组织犯罪相对较少且发展水平较低。由于有组织犯罪发展的不均衡，我国有组织犯罪目前尚未有效相互串联，尚未构建起成全国性的犯罪网络，这为我们打击有组织犯罪提供了便利条件。

但是，随着我国有组织犯罪的不断发展，为了自身的发展需要，也为了更好地逃避打击和为团伙成员提供犯罪支持，并组成强大的力量与政府对抗，这些分散的犯罪组织有朝着联合方向发展的趋势，必须引起我们的高度重视。①

从我国有组织犯罪活动的空间地域范围划分，可以将其分为地域性有组织犯罪、跨地域性有组织犯罪和跨国性有组织犯罪。

1. 地域性有组织犯罪

所谓地域性有组织犯罪，是指某一犯罪组织长期盘踞某一地区从事某种或多种犯罪活动。这类犯罪的特点是犯罪分子利用家族、社会恶势力等为依托，长期在某一地区进行各种各样的违法犯罪活动。②

各国的有组织犯罪都存在地域性的特点，但中国有组织犯罪的地域性更加明显。其活动范围有一定的局限性，势力范围往往是一个城市的一部分，一个乡镇，甚至是一个村，对于其势力范围之外的影响不大。在外国，席卷全国甚至在国外都有分支机构的黑社会组织大量存在，有些甚至达到了国际化水准。③

2. 跨地域性有组织犯罪

所谓跨地域性有组织犯罪，是指某一犯罪组织的活动范围不仅局限于其发源地，而且不断向周边地区拓展、扩散，兼跨数个不同地区。这里的地区可以是我国内地（大陆）与港澳台地区，也可以是内地（大陆）腹地的各个不同地区。由于这种类型的有组织犯罪活动地域范围广，流动性强，因此，较之区域性有组织犯罪的社会危害性更大。④ 这样的犯罪组织在之前已开始涌现。

在有组织犯罪发展之初，大多为称霸一方的恶势力，随着其贪婪野心的明显膨

---

① 参见黄立：《有组织犯罪基本特征探讨》，载《湖南公安高等专科学校学报》2000年第4期。

② 参见邓又天、李永升：《试论有组织犯罪的概念及其类型》，载《法学研究》1997年第6期。

③ 意大利“黑手党”、日本“山口组”等黑社会组织已成为国际性的黑社会。参见莫洪宪、王明星：《中国大陆黑社会性质犯罪的特点及其刑事对策》，载《湖北警官学院学报》2002年第2期。

④ 参见邓又天、李永升：《试论有组织犯罪的概念及其类型》，载《法学研究》1997年第6期。

胀，向外地发展就成为其活动的必然趋势。[①] 他们或者通过不同犯罪组织之间的火并，势力强大的犯罪组织吞并势力较小的犯罪组织，实现规模扩张和活动地域的扩大；或者通过签订协议，实现不同地域犯罪组织之间的联合，互通信息，互相协助。

3. 跨国性有组织犯罪

世界各国对有组织犯罪的共同敌视，尤其是在禁毒、反走私、反劫机、制止环境犯罪方面的通力合作，已使单个的犯罪组织很难顺利地完成某些大型的犯罪活动。因此，一些有组织犯罪已不再囿于传统的地盘，开始另外开拓新的活动空间、寻求新的合作伙伴。近年来，我国境内外犯罪组织越来越多地联合从事制贩毒品、组织偷渡、走私文物、走私濒危动植物等的犯罪，都是我国有组织犯罪国际化的具体反映。随着国际交往的不断增加，境外的黑社会组织向我国的渗透活动也日益加剧，境内外有组织犯罪之间的相互勾结和合作将会不断升级，国内有组织犯罪的"国际化"发展势头也将变得十分突出。近年来，境外的一些黑社会组织在我国境内大力发展组织，使得跨国性的黑社会性质犯罪活动已在我国东南沿海地区和某些边缘省区不断出现，并逐渐蔓延至其他地区。事实表明，我国境内的有组织犯罪同国际上的有组织犯罪勾结起来的可能性是完全存在的。一旦他们联合起来，在中国必将出现国际化的、较大规模的有组织犯罪，给我国的社会稳定和社会治安带来更加严重的威胁。[②]

第三节　有组织犯罪的类型

一、有组织犯罪的分类学说[③]

有组织犯罪之间存在现实的差异。[④] 如果仅从形式上对于有组织犯罪进行分类，势必陷入林林总总的观点，难以实现分类的有效化。如有学者将有组织犯罪从

---

① 参见赵秉志、赫兴旺：《跨国跨地区有组织犯罪及其惩治与预防》，载《政法论坛》1997 年第 4 期。

② 参见黄立：《中国大陆有组织犯罪发展的 11 种趋势》，载《公安学刊（浙江公安高等专科学校学报）》2001 年第 4 期。

③ 参见莫洪宪：《有组织犯罪结构分类研究》，载《河北法学》1998 年第 5 期。

④ See Gerard McElwee & Robert Smith, eds., *Exploring Criminal and Illegal Enterprise: New Perspectives on Research*, Policy & Practice, Emerald, 2015, p. 70.

六个不同角度划分为20种主要类型。[1] 需要明确的是，有组织犯罪作为一种复杂的社会现象，其多层性不仅体现在组织结构方面，而且体现在犯罪活动结构方面。为了揭示有组织犯罪的金字塔型立体组织结构，即由下至上层层递进的组织化程度，由初级形态到中级形态至高级形态的发展规律；为了探索有组织犯罪的活动结构特点，即犯罪走向复杂化、智能化、有组织化的演变发展规律，必须对有组织犯罪进行分类研究。关于有组织犯罪的分类，学术界存在多种理论。

（一）“结构层次”论

该理论强调，有组织犯罪是按照森严的等级建立的组织，其结构近似传统的小团体联合会，所不同的是它具有复杂的社会关系网络。因此，研究有组织犯罪结构，既不以其组织规模的大小衡量，也不以是否形成结构网络为标准，而是从其不断由“小”结构变为“大”结构，由一个多变的组织网络变为官僚腐败分子与犯罪组织相结合的紧密网络来分析，尤其注意有组织犯罪发展变化的连续性和渐变性的特点。[2]

依据结构层次论，有组织犯罪分为三种类型，即三个层次。第一层次为有组织犯罪团伙，即组织者和若干参与者为了共同实施犯罪纠合在一起，通常实施盗窃车辆、入室盗窃、暴力抢劫、非法金融业务等犯罪行为。第二层次为有组织犯罪集团，即若干犯罪团伙的整体化，组织内部首领明确职责分工，配备良好的技术设备、交通工具和武器装备。第三层次为有组织犯罪专门组织，即组织内部等级森严，首领起着监控、协调、保护及管理作用，不直接实施具体犯罪，一般不受法律追诉，如黑社会组织、黑社会性质组织。

（二）“犯罪现象”论

该理论将有组织犯罪视为一种特殊社会现象，从有组织犯罪的主体成分、活动范围和活动性质进行分类研究。

第一，从有组织犯罪的主体身份上来划分，国内学者主张，可以分为自然人构成的有组织犯罪和法人构成的有组织犯罪。

所谓自然人构成的有组织犯罪，是指3个以上达到法定年龄、具有刑事责任能

---

① 参见黄立：《有组织犯罪类型研究》，载《中国刑事法杂志》2000年第6期。

② Основы борьбы с организованной престуностью / Под ред. В. С. Овчинского, В. Е. Эминова, Н. П. Яблокова. М., 1996. С. 15.

力的人勾结在一起所从事的有组织犯罪。这类犯罪的特点是作为有组织犯罪的主体必须是自然人,并且根据各种具体犯罪对主体年龄的要求不同,能否构成有组织犯罪的情形也不一样。例如,构成有组织的抢劫犯罪集团,只要是年满 14 周岁的自然人即可构成;而对于有组织的盗窃集团而言,则必须是年满 16 周岁的自然人才能构成。

所谓法人构成的有组织犯罪,是指包括法人在内的 3 个以上的犯罪主体,为了共同实施某一种或多种犯罪而相互结合在一起所从事的有组织犯罪。这类犯罪的特点是:(1)犯罪主体成分复杂,即可能全部是多个法人,也可能是法人与多个非法人单位,还可能是法人与多个自然人,并且这些犯罪主体成员基本稳定;(2)这些犯罪主体成员经常纠集在一起共同实施一种或者多种犯罪;(3)在这类犯罪活动中,一般有较明显的首要成员,其首要成员一般是法人;(4)这类犯罪的实施通常是有预谋、有计划的;(5)这类犯罪的作案手段复杂多样、狡黠诡秘,逃避司法机关侦查的能力很强,因而,具有很强的自我保护能力;(6)由于这类犯罪较之自然人有组织犯罪更加复杂,因而,往往给社会造成的危害也非常严重。①

第二,从有组织犯罪的活动范围来划分,国内学者主张可以将其分为区域性有组织犯罪、跨地区性有组织犯罪和跨国性有组织犯罪。

所谓区域性有组织犯罪,是指某一犯罪组织长期盘踞某一地区从事某种或多种犯罪活动。这类犯罪的特点是犯罪分子利用家族、社会恶势力等为依托,长期在某一地区进行各种各样的违法犯罪活动。

所谓跨地区性有组织犯罪,是指某一犯罪组织的活动范围不局限于发源地,而是不断向周边地区拓展、扩散、兼跨数个不同地区。

所谓跨国性有组织犯罪,是指某一犯罪组织已经超越了国界,在国家与国家之间或者国家与地区之间从事大规模有计划的犯罪活动。

国外学者认为,根据有组织犯罪的活动范围,可以将其分为地域性有组织犯罪与部门性有组织犯罪。前者指控制一定地域的非法生意或合法生意的犯罪组织;后者指势力范围限于某些部门的犯罪组织。目前这两类有组织犯罪活动趋于紧密交织,某一地区的有组织犯罪可以同时控制、操纵若干部门,在这种情况下,有组织犯罪的活动范围的划分根据非法生意或合法生意的“贡品”,出现了地区部门性

---

① 参见邓又天、李永升:《试论有组织犯罪的概念及其类型》,载《法学研究》1997 年第 6 期。

“康采恩”①的联合组织②。

第三，从有组织犯罪的活动性质上来划分，国内学者主张二分说，即单一型有组织犯罪和混合型有组织犯罪。

所谓单一型有组织犯罪，又可称为专门性有组织犯罪，它是指犯罪组织的成员结合在一起长期从事某一方面的犯罪活动。

所谓混合型有组织犯罪，又可称为综合性的有组织犯罪，它是指某一犯罪组织在实施具体的犯罪活动中，同时或者先后触犯了刑法所规定的多种犯罪。

与之不同，国外学者则主张三分说和四分说。1991 年 10 月在莫斯科举行的“反有组织犯罪”国际研讨会上将有组织犯罪现象分为三种类型，即传统型、职业型、种族型。

所谓传统型，是指黑手党家族型，它通常有森严等级、内部规则、纪律制裁、行为守则以及多种多样的非法活动。这种类型包括高度发达的最大的犯罪集团。

所谓职业型，是指犯罪组织成员联合实施固定的犯罪活动，最典型的是从事盗窃车辆、武装抢劫、勒索等职业犯罪活动实体。这种类型的犯罪组织不很稳定，集团成员经常变化，有的成员可能同时参与不同类型的犯罪集团。

所谓种族型，是指犯罪组织以种族、文化和纽带划分，它们控制一定地域、参与固定形式的犯罪。种族、文化和历史纽带将有组织犯罪集团成员与其出生地联系在一起，从而形成了一个跨国界的庞大犯罪网络。他们利用其出生、语言和风俗的一致性，形成保护机制，得以躲避执法机构所采取的行动。从许多有组织犯罪集团的组成来看，种族或民族的因素占相当大的比例，他们通常按种族或民族的称号来称呼。当然，划分有组织犯罪集团的类型并不一定意味着这些集团之间有严格的界限，几乎每一个有组织犯罪实体都具有多种组成特点，涉及不同要素的新的组织形式可能经常出现。

国际刑警组织主张运用犯罪现象将有组织犯罪活动性质分为四种主要类型：(1)具有森严等级、内部规则和“荣誉规范”的黑社会家族式集团；(2)专门从事盗窃车辆、贩毒、金融诈骗的职业集团；(3)民族性有组织犯罪集团；(4)具有某种政治目的的恐怖活动组织。

---

① “康采恩”指资本主义国家中垄断性的联合企业。

② Организованная преступность – 2 / Под ред. А. И. Долговой. М., 1993. С. 120.

(三)“发育成熟”论

该理论以设定的标准,将有组织犯罪划分为发育成熟型与未发育成熟型。如美国犯罪学家霍华德·阿伯汀斯基(Howard Abadinskey)在其权威著作《有组织犯罪》(*organized Crime*)中指出发育成熟型的有组织犯罪特征是,不同于恐怖组织和政治组织,其目标就是金钱和利益,其政治性行为不过是为了寻求保护和逃避制裁;具有三级或三级以上的垂直权力机构,上级对下级拥有权力,权力位置呈继承性,权力传递不取决于某个在位的人;基于种族、血缘、犯罪记录及其他条件选择成员,一个成功的犯罪组织具有比它实际要吸收的人数更多的申请加入者;组织建制及犯罪计划具有持久性与稳定性;非法使用暴力和贿赂双重手段;仿效合法社会组织,设置专业与分工,以提高作案效能;垄断所有行业(包括合法行业、非法行业),以最大限度掠夺利润;依内部规章制度进行组织管理。如果犯罪组织尚不完全具备上述特征,则为未发育成熟型的犯罪组织。

美国有学者主张根据有组织发育进程将犯罪组织分为三种类型:(1)有组织刑事犯罪集团,其特点是以家族血缘关系为基础;(2)有组织经济犯罪集团,其特点是以追求非法利润为宗旨,个人利益隶属集团成员的整体相互关系之中,内部组织结构环节具有相对的独立性,且互相转换,以求实现最大利润;(3)犯罪联合会,是有组织犯罪最发达的形式,即相当于美国“寻求在人民及其政府控制之外运转的社会”①。

(四)“功能作用”论

该理论根据有组织犯罪集团的功能作用将犯罪组织分为四类:(1)政治社会型犯罪组织,指犯罪集团的目的不仅是追求直接的物质利益,而且企图改变或破坏现行社会政治制度,如恐怖活动、民族主义组织、匪帮组织等。(2)集团型犯罪组织,指物质利益并非集团所追求的主要目的,集团赖以生存的基础是集团心理,独特的犯罪组织本身具有社会威望,尤其以街头青少年团伙最突出。(3)贪利型犯罪组织,其目的是获取直接的物质利益,通常实施抢劫、盗窃、敲诈、诈骗等犯罪活动。(4)犯罪辛迪加,即典型的黑社会组织,其宗旨是通过非法商品和服务,利用

---

① 1967年美国执法委员会“反有组织犯罪”特别工作组给有组织犯罪下的定义。

暴力和被贿赂腐蚀的政权机关的庇护，不断获取巨额利润[①]。

（五）“逆向模式”论

该理论是国外有组织犯罪研究中出现的一种新理论，此论将犯罪组织分为机关政治式或法人组织式、世袭式或受托庇护网络式。前者指组织结构、运作方式都类似现代机关政治或法人组织模式的犯罪组织，其内部等级森严、分工细致、因人设位、责任明确、自上而下垂直联络；后者指组织结构以血缘姻亲关系为纽带的犯罪组织，强调以传统的仪式礼节架结人与人之间的感情联系，构建受托庇护网络关系，以利于整体行动，维护共同的利益。

除上述分类理论外，还存在犯罪类型论，犯罪对象、手段、目的结果论等。总之，各种有组织犯罪类型均具有自己的活动特点和规律，分类研究对于揭示有组织犯罪的本质具有重要意义。

二、有组织犯罪的具体类型[②]

关于有组织犯罪的分类，常见的思路是以一种平面化的视角进行划分，如学者在进行有组织犯罪研究时，基于“组织”的性质分别围绕黑社会（性质）组织犯罪、恐怖组织犯罪、邪教组织犯罪和其他类型的有组织犯罪进行研究。[③]

此后，也有学者对于上述思路进行反思，基于层次的视角研究有组织犯罪的类型。如有学者认为，就目前司法实践中已经反映出来的有组织犯罪结构形态而言，大致可以划分为两种基本类型，即科层结构型与扁平结构型。其中，科层结构型有组织犯罪是传统有组织犯罪的基本形态，具体经历以下四个阶段：（1）初级阶段的组织结构。虽然此时组织体内的成员基本平等，尚未形成明确的领导与被领导、支配与被支配的关系，但因多名成员在一定时期内经常或多次纠合在一起实施违法犯罪活动，事实上已经初步具备了集多人之人力协同危害社会的特征，即组织体危害特征。（2）发展阶段的组织结构。随着初级阶段较松散的组织结构的演进，原

---

① ［俄］B. A. 沙巴林：《美国人看俄国的有组织犯罪》，载《法制》1996 年第 1 期。

② 广义的有组织犯罪除了包括黑恶势力犯罪外，还包括恐怖组织犯罪、邪教组织犯罪等，这里的“有组织犯罪”仅指黑恶势力犯罪。

③ 参见万国海、马荣春：《有组织犯罪的研究导向：超越具体类型的一种“规划”》，载《苏州大学学报（法学版）》2015 年第 2 期。

先的主犯开始演变为组织体的领导者、策划者，获得支配其他成员的权力，并逐渐不再直接参与具体的违法犯罪活动，组织体内上下两级的组织结构关系开始形成。(3)成熟阶段的组织结构。当犯罪组织体内部的分工与合作进一步明确并固化，比较成熟的组织构架得以形成。(4)联盟型的组织结构。当一个犯罪组织体的组织结构超过3个以上层级时，如任其发展，其组织体结构有可能从金字塔型进一步演变，变成多个金字塔型的联合网络，形成庞大的犯罪联盟。扁平结构型有组织犯罪则是实践中业已出现的新型组织结构。① 其对于有组织犯罪进行层次化的分类，虽然具有启发性意义，但是，未能结合不同有组织犯罪的形态进行划分，仍需进一步结合有组织犯罪的层次和形态进行探讨。

本书认为，应从结构层次的视角分析有组织犯罪的类型。有组织犯罪的结构层次，是从有组织犯罪形成发展的纵向视角，考察犯罪组织由松散的共犯群体→半紧密团体→紧密团体→统一的"小社会"的发展过程，随着组织化程度的递进，组织结构更趋紧密，对社会的威胁更大。有组织犯罪结构都是由小到大，由低级向高级发展，这在美国②、日本③和我国台湾地区④有组织犯罪的发展过程中均得到充分

---

① 参见张远煌、林德核:《试析有组织犯罪的演变特征及存在形态》，载《法学杂志》2012年第3期。

② 美国的有组织犯罪发展经历了三个阶段：第一阶段，19世纪末，一些以同种族成员构成的犯罪组织活动于美国各城市，形成以外来势力为主的松散犯罪团伙。第二阶段，"禁酒期"的犯罪集团公司。1920年美国颁布实施《禁酒法》，许多自20世纪之初移民美国的黑手党人以敲诈勒索为营生，发现贩酒有暴利可图，他们竭力垄断酒精市场，建立统一的全国性的大型组织，犯罪组织走向集团公司化。第三阶段，禁酒令取消后的黑社会组织。1933年《禁酒法》被罗斯福政府取消，随着饮酒业的非犯罪化，有组织犯罪转向其他市场，投资新的非法行当，诸如非法销售毒品，放高利贷，经营卖淫和赌博业等。

③ 日本的有组织犯罪也同样经历了从团伙、暴力团到大型的黑社会组织的发展过程：第一阶段，20世纪40年代中期至20世纪50年代中期，主要存在两个不同的有组织犯罪团伙：一是以赌博为业的"赌博"团伙；二是靠欺行霸市谋生的"江湖艺人"团伙(惯犯团伙)。第二阶段，20世纪50年代中期至20世纪60年代中期，各有组织犯罪团伙出现分化，团伙间不断火并，出现新的犯罪团伙"暴力团"以及犯罪垄断组织，暴力犯罪猖獗，组织规模扩大。第三阶段，20世纪60年代之后，由于警方集中打击了暴力团成员，有力瓦解了中、小型犯罪团伙，但漏网的大团伙却靠吞并中、小团伙扩大自己的组织规模。

④ 台湾大学政治系教授赵永清认为，我国台湾地区黑社会组织发展大致经历了四个发展阶段：第一阶段，1945年至1960年，属于"社会型黑道期"。从台湾的都市帮派组织经过20世纪50年代初青少年太保时代，到20世纪50年代末已形成大型组织化崛起的趋势。第二阶段，20世纪60年代起属于"经济型黑道期"。随着台湾工业的起步，大都会的快速发展，黑社会势力也在都市加速发展。他们摆脱了零星的地下帮派势力形态，有组织、有规模地进行地上黑经济活动。第三阶段，20世纪70年代，属于"黑势力扩大期"。台湾黑势力经过20年的发展，不但出现了上千个帮派组织，而且垄断了各行各业，既包括"非法行业"，也包括合法行业。第四阶段，从1980年起，黑社会发展进入"政治型黑道期"。黑社会组织公开介入政治选举，进入"议事"殿堂，收买管区警察并与社区内"民意代表"勾结，以求保护其身份和事业。台湾黑社会组织在长期调整之后，其势力已以各种方式渗透到各个层面，并与政治力量结合起来，根深蒂固，形成一股不易破除的势力。

佐证。

基于层次化的视角加以理解，我国学者一般将有组织犯罪划分为集团犯罪、黑社会性质组织犯罪和黑社会组织犯罪。如有学者认为，根据我国刑事立法的相关规定以及司法实践中有组织犯罪的实际和未来发展趋势，广义说对有组织犯罪范围的认识是可取的。在我国，有组织犯罪主要存在三种形式，即一般的集团犯罪、黑社会性质组织犯罪和黑社会组织犯罪。其中，一般集团犯罪是有组织犯罪的初级形态，黑社会性质组织是有组织犯罪的中间形态，而境外黑社会组织则是有组织犯罪的高级形态。[①] 还有学者将团伙犯罪也纳入有组织犯罪的范畴，认为有组织犯罪各种发展形态交替演进、同时并存。(1)有组织犯罪的初级形态。非临时纠合型犯罪团伙基数庞大，为有组织犯罪从初级形态向高级形态发展储备了巨大的能量。(2)有组织犯罪的中级形态。各类犯罪集团增长迅速，归类分析主要有两种表现形式：一是专门从事特定犯罪的犯罪集团，如走私集团、贩毒集团、拐卖人口集团、盗窃集团、诈骗集团、组织卖淫集团、制售假药集团等。二是城乡恶势力。这两种形态的有组织犯罪，虽然实施违法犯罪的内容、方式以及犯罪活动涉及的领域有所不同，但它们都具有一个共同的基本特征——在获取暴利动机的驱使下，成员之间大多已形成了领导与被领导或指挥与被指挥的层级关系，组织体内已有比较明显的头目与从属之分，这使其实施违法犯罪行为的计划性和协同性进一步增强，犯罪能量也因此增大。(3)有组织犯罪的高级形态。黑社会组织犯罪进入活跃期，具有下述四个方面的基本特征：一是获取暴利和强化势力范围的手段多元化；二是有组织犯罪活动的实施已具有较大的协调性与计划性；三是组织体具有很强的稳定性；四是已具备在局部地区或行业形成非法影响或控制的能量。[②]

本书认为，根据《反有组织犯罪法》《刑法》等立法规定以及我国有组织犯罪治理实践，应从以下三个类型理解有组织犯罪：(1)恶势力组织犯罪。《反有组织犯罪法》首次明确规定了“恶势力组织”，并将其作为有组织犯罪的组织之一，其属于有组织犯罪的初级形态，内部往往以没有矫治好的人员或具有违法前科的不法分子为核心，具有明显的地域性，划分各自的势力范围，称霸一方。(2)黑社会性质组织犯罪。如果初级形态的有组织犯罪以实施犯罪，破坏社会为主要特征，那么，

---

① 参见林亚刚、何荣功：《经济全球化与我国有组织犯罪的发展趋势及其对策》，载《犯罪研究》2003年第3期。

② 参见张远煌：《中国有组织犯罪的发展现状及立法完善对策》，载《法治研究》2012年第2期。

有组织犯罪的高级形态——黑社会性质组织则在经济领域、政治领域向社会渗透，以求控制社会，犯罪类型和规模都已超过了前者。从公安机关破获的大量黑社会性质犯罪组织来看，其组织犯罪的秘密性和犯罪的暴力性集中体现了高级形态的有组织犯罪的特点，它继承了历史上帮会特有的传统，形成了具有中国特色的犯罪组织。(3)(境外)黑社会组织犯罪。黑社会组织是有组织犯罪的最高形态，形成了完备的网络体系，不但具备稳定而庞大的经济实力，而且有的成员渗入政权内部成为政府官员、议员，或在政界寻找代理人，实现权力与犯罪的结合。由于黑社会组织建有自己的武装力量，因此，往往能在一定程度上以其政治力量、经济力量、军事力量与现政权抗衡。此外，黑社会组织的犯罪规模、犯罪手段、犯罪工具的全面现代化，使它有能力进行大规模的跨国跨地区的有组织犯罪。在我国虽然不存在有组织犯罪的最高形态，但是，防范和打击境外黑社会组织的渗透仍然是具有重要意义，因此，在犯罪类型考察时不应忽略。

下文将结合恶势力组织犯罪、黑社会性质组织犯罪和黑社会组织犯罪的层次关系进行阐释。

(一)有组织犯罪的初级形态——恶势力组织犯罪

理解“恶势力组织”首先应明确“恶势力”的内涵。不少学者将“恶势力”界定为团伙，如认为恶势力(团伙)是指由 3 人或多人以获得金钱或其他物质利益为目的结合起来、多次实施犯罪、已形成一定势力的暴力性团伙。恶势力(团伙)的特征是：(1)系团伙，即“3 人以上为了多次实行犯罪而结合起来的、组织形式灵活多样、结构松散、成员不完全固定，只有一个或几个核心成员的、组织化程度很低的犯罪结伙”；(2)犯罪结伙与暴力相结合，成为暴力性团伙；(3)以获得金钱或其他物质利益为目的；(4)多次实施犯罪，严重危害社会；(5)已形成一定的势力。[①] 或有学者认为，恶势力是指以暴力、胁迫为手段，在一定地域范围内称王称霸，欺压良善，主要危害社会秩序的违法犯罪团伙。其特征为：(1)一般为松散型组织结构。恶势力以一个或数个人为首，等级区分不清晰，无严格的组织纪律，依靠利益或所谓的江湖义气维系团伙的完整性，一般是为实施某一违法犯罪活动而聚集在一起。

---

① 参见何秉松：《中国有组织犯罪研究(第一卷)：中国大陆黑社会(性质)犯罪研究》，群众出版社 2009 年版，第 257 页。

(2)暴力性。行为方式上使用暴力、威胁手段。暴力手段是指对行为对象行使有形力,如殴打、伤害等;威胁手段是指使用暴力相威胁,对行为对象进行精神上的强制。(3)多样性。恶势力犯罪团伙所实施的违法犯罪类型非常多,包括故意伤害、寻衅滋事、聚众斗殴、敲诈勒索、强迫交易、盗窃、非法拘禁等,但是较少实施杀人、强奸、抢劫、绑架等“强暴力”犯罪活动。(4)区域性。恶势力犯罪团伙往往在一定区域内从事违法犯罪活动,因为它们都有自己固定的地盘,到其他区域作案,就会侵犯其他团伙的利益。只有在不同的团伙合作时或者不同的团伙争夺利益时,才会出现跨区域作案。(5)一定的危害性。恶势力犯罪团伙的违法犯罪活动涉及社会生产生活的多个领域,只要是有利可图的领域,他们都会涉足,大到工程建设,小到民间纠纷的解决,对社会的危害性非常严重。(6)准政治依赖性。恶势力犯罪团伙中的某些成员,在某种程度上依赖于自己在国家机关工作的亲戚朋友。在实施违法犯罪活动后,通过这些政治关系,逃避法律惩罚,或者求得较轻的处罚,从而可以继续为非作歹维系恶势力犯罪团伙的存在。[①] 但如前所述,犯罪团伙可能包括或属于一般共同犯罪,因此,也为区分恶势力和恶势力犯罪组织提供了空间。此外,还有学者认为,普通恶势力故意共同实施的犯罪是介于一般共同犯罪与集团性共同犯罪之间的犯罪形态,即聚众性共同犯罪。[②] 但是,“聚众性”的表述使其难以与普通共同犯罪相区分。

本书认为,“恶势力”是指经常纠集在一起,以暴力、威胁或其他手段,在一定区域或者行业内多次实施违法犯罪活动,为非作恶,扰乱经济、社会生活秩序,造成较为恶劣的社会影响,但尚未形成黑社会性质组织的犯罪团伙。[③] 尤其在农村地区长期称霸一方的恶势力,其成员大都以亲缘、地缘、血缘等为纽带纠合而成。恶势力是在经济利益和社会利益驱动条件下产生和发展的,是集非法性、地域性、组织性、经济利益性和凶残性等特点为一体的新的犯罪形式。其特点表现为:(1)犯罪行为具有复合性。恶势力一般集抢劫、伤害、强奸、盗窃、敲诈勒索、赌博等多种违法犯罪行为于一身,犯罪行为复杂多样。(2)组织结构呈多层性。恶势力的主

---

① 参见于天敏等:《黑社会性质组织犯罪理论与实务问题研究》,中国检察出版社2010年版,第66-67页。

② 参见李海滢:《对黑恶势力犯罪基础问题的重新审视——以共同犯罪与有组织犯罪为界域》,载《河南社会科学》2020年第7期。

③ 参见莫洪宪:《我国有组织犯罪的特征及其对策》,载《河南财经政法大学学报》2012年第6期。

体突出,大多以屡教不改、有前科的刑释人员和违法人员为核心,这些有违法犯罪经历的人,具有反侦查意识,在群体中有很大的威慑性。具有反社会倾向的地方无业闲散人员和初“出道”的不法者是趋附在这个核心周围的基础,实施具体的违法犯罪行为。群体成员依“资历”差异所处地位有别,呈现出一种多层性。组织结构的多层性与向心性的统一反映了恶势力趋向成熟。(3)犯罪活动的区域性。恶势力一旦形成,就有一定的势力范围,甚至跨地区活动,或利用其他恶势力进行大规模犯罪行动。恶势力在其势力范围内公然巧取豪夺、欺压群众,甚至欺行霸市、勒索财物,插手纠纷、充当“地下出警队”,严重影响社会治安和秩序。(4)犯罪手段的暴力性。恶势力的形成和发展在很大程度上是依靠暴力或以暴力威胁,他们直接以暴力手段争夺和建立势力范围,或者以暴力为基础恫吓群众,逼人就范。近年来,恶势力更是倾向于采取“软暴力”手段。(5)行为的隐蔽性。早年间,恶势力往往公然蔑视法律、无视政府,直接实施各类违法犯罪行为。近年来,恶势力则普遍采取“漂白”的方式,以公司等形式作为隐蔽,实施各类违法犯罪行为,以逃避打击。(6)社会危害的严重性。恶势力具有明显的反社会意识,其活动直接危害社会治安秩序,破坏经济建设,阻扰基层政权组织的正常工作,严重威胁公众安全。为逃避打击,他们以行贿收买等各种方式向政权组织和司法机关内部渗透,寻求靠山和“保护伞”,借以欺压群众,进一步扩大势力范围。

关于恶势力犯罪能否纳入有组织犯罪的范畴学界存在争议。第一种观点认为,恶势力犯罪是有组织犯罪。如周光权教授认为恶势力团伙是黑社会性质组织的雏形,是动态发展过程中处于较高级阶段的有组织犯罪形态。[①] 第二种观点认为,恶势力犯罪不是有组织犯罪。如有学者认为,在我国,恶势力的结构形式松散,组织程度低,与犯罪集团和有组织犯罪无法比拟,因此,如果主张把恶势力犯罪纳入有组织犯罪的范畴,势必会不当缩小黑恶势力犯罪的治理范围。[②] 或有学者认为,从本质上讲由于普通恶势力缺乏明确的组织性特征,因此,用“犯罪团伙”来界定更加准确。[③] 第三种观点认为,“恶势力”就是“恶势力组织”,因而,属于有组织

---

① 参见周光权:《黑社会性质组织非法控制特征的认定——兼及黑社会性质组织与恶势力团伙的区分》,载《中国刑事法杂志》2018 年第 3 期。

② 参见何荣功:《避免黑恶犯罪的过度拔高认定:问题、路径与方法》,载《法学》2019 年第 6 期。

③ 参见何显兵:《论“扫黑除恶”中的没收犯罪工具》,载《东方法学》2019 年第 5 期。

犯罪。有学者提出,恶势力历经了由口语化[①]到法律术语的演进过程,相关司法文件明确宣告恶势力犯罪属于有组织犯罪,因此,恶势力是恶势力组织或者恶势力组织犯罪的简称。[②] 第四种观点认为,应区分恶势力和恶势力犯罪集团,后者才是犯罪组织。如认为,在我国将恶势力划分为普通恶势力与恶势力犯罪集团两个阶段的前提下,即使承认存在有组织犯罪也仅限于以恶势力犯罪集团为载体,普通恶势力也是不可能实施有组织犯罪的,即普通恶势力犯罪不属于有组织犯罪形态。[③] 此前,第四种观点具有较强的理论和实务影响。

本书认为,前述第四种观点虽然更具有合理性,但仅是有组织犯罪类型划分的刑法结论,而非本身。由于我国《刑法》仅规定了黑社会性质组织犯罪,未规定恶势力组织犯罪,因此,对于恶势力组织的犯罪,按照犯罪集团的规定加以定罪处罚。但是,从有组织犯罪类型的角度,仍应考察恶势力组织犯罪本身。

《反有组织犯罪法》第 2 条第 2 款规定:“本法所称恶势力组织,是指经常纠集在一起,以暴力、威胁或者其他手段,在一定区域或者行业领域内多次实施违法犯罪活动,为非作恶,欺压群众,扰乱社会秩序、经济秩序,造成较为恶劣的社会影响,但尚未形成黑社会性质组织的犯罪组织。”《反有组织犯罪法》首次在立法层面明确提出“恶势力组织”,将司法实践中长期争论的“犯罪团伙、恶势力犯罪集团”等问题加以厘清,明确只有形成组织的恶势力犯罪才是有组织犯罪,一般的犯罪团伙按照《刑法》等相关规定依法定罪处罚即可。根据前述规定,可以从以下几个方面理解恶势力组织的特征:(1)组织特征,即“经常纠集在一起”,但是,也应注意这种“纠集”的程度必须尚未达到更高层面的黑社会性质组织的组织程度。(2)行为特征,即“以暴力、威胁或者其他手段,在一定区域或者行业领域内多次实施违法犯罪活动,为非作恶,欺压群众”。恶势力组织同样会运用“暴力、威胁或者其他手段”,但是,并不要求每次违法犯罪活动均具有组织性,也不要求“残害”群众。(3)危害性特征,即“扰乱社会秩序、经济秩序,造成较为恶劣的社会影响”,即虽然恶势力组织并不一定“称霸一方”,也不一定利用“保护伞”,但是,必须扰乱社会、经济生

① 更有学者认为“恶势力”概念并不是严格的法律术语,只是由于每次专项斗争都使用了这一称谓才逐渐使其成为司法实践和理论研究所使用的术语。参见于冲:《黑社会性质组织与“恶势力”团伙的刑法界分》,载《中国刑事法杂志》2013 年第 7 期。

② 参见王强军:《知恶方能除恶:“恶势力”合理界定问题研究》,载《法商研究》2019 年第 2 期。

③ 参见李海滢:《对黑恶势力犯罪基础问题的重新审视——以共同犯罪与有组织犯罪为界域》,载《河南社会科学》2020 年第 7 期。

活,造成恶劣影响。(4)阶段性特征,即“尚未形成黑社会性质组织”。由此可见,恶势力犯罪集团不同于普通犯罪集团。

2022 年 12 月 7 日最高人民法院发布第 33 批指导性案例,其中指导性案例 187 号“吴强等敲诈勒索、抢劫、故意伤害案”①进一步明确了恶势力犯罪集团与普通犯罪集团的区分标准。

该案的基本案情为:2017 年 2 月初,被告人吴强、季少廷为牟取不法利益,与被告人曹兵共同商定,通过约熟人吃饭时“劝酒”,诱使被害人酒后驾驶机动车,而后再制造交通事故,以被害人系酒后驾驶机动车欲报警相要挟,索要他人钱财。被告人曹静怡、李颖明知被告人吴强等人欲实施上述违法犯罪活动而积极加入。在被告人吴强、季少廷的组织、安排下,逐步形成相对稳定、分工明确的犯罪团伙,开始实施敲诈勒索犯罪。在实施违法犯罪的过程中,为了增加人手,被告人吴强又通过被告人邵添麒将两名未成年人带入敲诈勒索犯罪团伙。在短时间内,快速形成以吴强为首的犯罪集团,其中吴强为该犯罪集团的首要分子,被告人……等人为该犯罪集团的骨干成员,被告人……等人为该集团的主要成员,被告人……等人为该犯罪集团的积极参加者。其间,吴强纠集……等人,以威胁、恐吓等手段,先后 5 次实施敲诈勒索的犯罪行为。吴强又纠集……等人持气手枪、管制刀具、电棍等,采用暴力手段实施抢劫。检察机关以被告人吴强等人犯抢劫罪、敲诈勒索罪,向×××人民法院提起公诉,认定本案是以吴强为首带有恶势力性质的犯罪集团。

法院认为:被告人吴强等人在单纯“谋财”意图的支配下采取以暴力、威胁等手段,在一定区域内多次实施敲诈勒索、抢劫犯罪,犯罪手段、行为方式与典型的恶势力犯罪集团存在明显差异,实际所侵犯的法益也基本集中在公民财产权利方面。恶势力犯罪集团是符合犯罪集团法定条件的恶势力犯罪组织,其特征表现为:有 3 名以上的组织成员,有明显的首要分子,重要成员较为固定,组织成员经常纠集在一起,共同故意实施 3 次以上恶势力惯常实施的犯罪活动或其他犯罪活动。本案被告人系单纯为牟取不法利益而实施违法犯罪活动,不具有“为非作恶,欺压百姓”特征,不能认定为恶势力犯罪集团,应按一般犯罪集团对各被告人定罪量刑。

该案裁判理由强调,恶势力犯罪集团是符合犯罪集团法定条件的恶势力犯罪

---

① 参见最高人民法院:《指导案例 187 号:吴强等敲诈勒索、抢劫、故意伤害案》,https://www.court.gov.cn/fabu-xiangqing-382221.html。

组织。恶势力犯罪集团应当具备"为非作恶、欺压百姓"特征,其行为"造成较为恶劣的社会影响",因而,实施违法犯罪活动必然具有一定的公然性,且手段应具有较严重的强迫性、压制性。普通犯罪集团实施犯罪活动如仅为牟取不法利益,缺乏造成较为恶劣社会影响的意图,在行为方式的公然性、犯罪手段的强迫压制程度等方面与恶势力犯罪集团存在区别。该案准确分析了恶势力犯罪集团"形成非法影响、谋求强势地位"的意图和"为非作恶、欺压百姓"的特征,明确了恶势力犯罪集团与普通犯罪集团的区分标准,对相关案件审理具有重要的指导价值。

(二)有组织犯罪的高级形态——黑社会性质组织犯罪

黑社会性质组织犯罪是《刑法》第294条第1款明文规定的一种犯罪类型,也是当今中国学者及司法部门经常使用的概念。[①] 就我国有组织犯罪来看,尚不具备形成黑社会的土壤,因此,我国的"高级"有组织犯罪只能称为"带有黑社会性质的犯罪组织"[②]。黑社会性质组织的"组织化"已达到较严密的程度,犯罪活动方式也更具隐蔽性。它同松散型有组织犯罪相比,是高一层次的有组织犯罪,而且,带有"黑(社会)"的色彩。这种涉"黑"特质的出现,使黑社会性质组织产生了单一性质的犯罪集团所不具备的,与社会抗衡的组织功能。黑社会性质组织是低级的有组织犯罪向最高级的有组织犯罪形式——黑社会组织过渡的一种中间形态,也是黑社会组织的雏形,这种形式的有组织犯罪此前在我国大量出现,若打击遏止不力,其最终将发展成为典型的黑社会组织。现实中,黑社会性质的组织的存在,严重危害地方社会治安,影响经济发展和人们的价值观念,破坏正常的社会生活秩序。随着被破获的此类犯罪组织的数目呈逐年上升之势,成员人数也逐渐增多,有日本专家分析,目前中国的黑社会性质组织成员至少已达百万之众。[③]

黑社会性质组织作为有组织犯罪的高级形态,是恶势力组织向黑社会组织过渡的中间形式,是我国在新的历史条件下犯罪发展的重要特点,它的产生除了境内原因,也有境外原因。后者指境外黑社会组织的渗透和辐射,即由外来源生成的黑社会性质组织。境外犯罪组织主要采取四种渗透方式:(1)以投资者的身份掩护黑社会人员入境并骗取合法职业立稳脚跟;(2)联络和培植境内黑社会势力的代

---

① 本书第一章已对其四个特征予以阐释,在此仅就如何认定进一步加以分析。

② 参见林黄鹂:《对有组织犯罪的考量和打击对策》,载《山东社会科学》2006年第10期。

③ 夏木実「中国における組織犯罪の情勢と対策」治安フォーラム7月号(2001年)。

表人物;(3)在毒品、假币、枪支、色情业等领域开辟犯罪市场;(4)通过多种媒体方式大量向境内传播有组织犯罪的方法、手段。

有学者主张依据其本质特征即“称霸一方,为非作恶,欺压、残害群众”予以界定,“一部分人紧密地结合在一起,通过各种手段,对公民及其社会生活实施非法控制,阻碍国家对社会生活的正常管理。当这种非法控制达到了‘严重破坏经济、社会生活秩序’的程度时,它就构成了有组织犯罪或黑社会组织犯罪”。有学者认为“称霸一方,为非作恶,欺压、残害群众”,是我国现阶段有组织犯罪的本质特征,是现阶段“有组织犯罪”的中国概念。① 上述观点似乎未将本质特征与行为的客观表现形式细致区分,笔者难以苟同。

所谓黑社会性质组织,是指3人以上不特定多数人采取暴力、威胁或者其他手段,有组织地进行违法犯罪活动,称霸一方,为非作恶,残害群众,严重破坏经济、社会生活秩序的非法组织。黑社会性质组织首先具有有组织犯罪的典型特征:(1)犯罪人数众多,且成员相对固定;(2)组织内部成员之间存在地位差别,有领导层和一般成员的区分;(3)有一定强制约束力的帮规戒律和行为规范;(4)犯罪种类多元化②,趋向于职业化犯罪;(5)逐渐形成一定的势力范围;(6)犯罪手段多元,包括暴力、恐吓、贿赂等多种手段。此外,黑社会性质组织往往通过首要分子出面谋求政治地位或贿赂官员等方式寻求政治“保护伞”,建立起连通政府与民间的情报网络以逃避法律的制裁。③

黑社会性质组织作为有组织犯罪的高级形态,其特殊性表现为:(1)以追求非法的政治、经济利益为目的,且犯罪意图具有宏观性和不特定性及鲜明的经济色彩,表现在用各种违法犯罪手段疯狂地掠夺和非法占有社会的财富。在社会主义市场经济条件下,黑社会性质组织的聚众斗殴、寻衅滋事等是其争夺和划分势力范围、为其经济利益服务的手段,而非目的。因此,这是以一种特殊的、秘密的组织形

---

① 参见陈兴良主编:《刑事法评论》(第1卷),中国政法大学出版社1997年版,第531-532页。

② 黑社会性质组织的主要犯罪类型包括敲诈勒索犯罪、贩毒犯罪、赌博犯罪、枪械犯罪、卖淫嫖娼犯罪以及走私、故意杀人、故意伤害等犯罪。参见莫洪宪、张小宁:《中日有组织犯罪现状比较研究》,载《刑法论丛》2009年第2期。黑社会(性质)组织实施的犯罪非常广泛,它可以实施任何它愿意实施的犯罪。为了实现自己的目的,它可以不择手段地实施任何犯罪。任何企图在理论上限定黑社会(性质)组织实施的犯罪的范围,都是不正确的。参见何秉松:《中国有组织犯罪研究(第一卷):中国大陆黑社会(性质)犯罪研究》,群众出版社2009年版,第385页。

③ 莫洪宪、张小宁:《中日有组织犯罪现状比较研究》,载《刑法论丛》2009年第2期。

式参与社会利益的再分配，这种社会势力往往能在短期内聚敛大量财产，迅速拥有雄厚的经济实力，为其继续犯罪、称霸一方奠定物质基础。(2)3 人以上具有高度组织化的犯罪组织。从司法实践来看，其组织结构严密，等级森严，内部分工明确，有严格的、必须遵从的纪律，有逃避社会控制和法律制裁的防护体系。(3)以暴力、威胁或者其他手段为后盾，维持黑社会性质组织的生存秩序。所谓暴力、威胁手段，是指通过绑架人质、抢劫、暗杀、敲诈勒索等犯罪活动实现资本原始积累，排除竞争对手，进行行业垄断，获取更大的经济利益。对于那些掌握黑社会性质组织内幕，或专门查办黑社会性质组织犯罪的公安、司法人员，则采取暴力警告、人身伤害、威胁家属等方法，企图阻止反黑社会性质组织的行动。所谓其他手段，是指贿赂、腐蚀及其他非法手段。以违法犯罪为根本内容组建起来，并依靠违法犯罪而生存发展的黑社会性质组织，必然面临如何逃避司法机关打击的问题。他们一方面用非法所得去收买、贿赂国家公务人员，寻求“保护伞”；另一方面，借合法经济组织的招牌作掩护，利用入股、投资联营等方式，转移赃款，进行洗钱等犯罪活动。(4)建立自己的“势力范围”。他们还利用其恶势力的影响和雄厚的经济实力，在基层政权组织软弱涣散的地方，借换届选举之机，由黑社会性质组织成员直接向地方基层政权组织渗透，从而执掌地方基层政权；他们在其“势力范围”内插手地方基层政治、经济活动，控制、垄断某些领域，独霸一方，瓜分利益市场；他们“为非作恶”，欺压残害群众，使人感觉到他们控制了地下“政权”。上述特征可进一步概括为“犯罪手段的多样性；违法犯罪活动的有组织性和广泛性；对社会破坏的严重性”①。

组织黑社会性质组织的方式是多种多样的，如劝说、引诱、介绍他人参加黑社会性质组织，为他人进行引见、联络、撮合，以使其能顺利加入黑社会性质组织的行为；此外，还存在胁迫他人加入黑社会性质组织，即行为人以威胁、恐吓、要挟等方式，违背他人意愿，强迫他人参加黑社会性质组织的行为等。

实践中，应注重围绕四个特征认定黑社会性质组织。(1)组织特征的认定。一是稳定性，注重组织存在及时间，在认定黑社会性质组织的过程中应进行综合判断，尤其是对于黑社会性质组织标志性事件的把握。二是规模性，一般黑社会性质组织应具有一定数量的成员。三是严密性，注重把握等级与管理关系，其应具有明确的层级和职责分工，也应关注是否存在纪律、规约。(2)经济特征的认定。一是

① 参见王作富主编:《中国刑法的修改与补充》，中国检察出版社 1997 年版，第 222 页。

攫取经济利益手段具有多样性，具体包括通过违法犯罪活动攫取、通过合法方式攫取以及通过资助获取等。二是应具有一定的经济实力。三是其所获取的经济利益用于违法犯罪活动或者维系犯罪组织的生存、发展。（3）行为特征的认定。一是行为手段具有多样性，必须包括犯罪行为，但也可以采取以暴力、威胁为基础的“其他手段”。二是违法犯罪行为系出于黑社会性质组织意思或利益，也包括违法犯罪行为实施后被组织所认可的情形。三是行为数量具有多次性。（4）危害性特征的认定。一是其危害需在一定范围内产生影响，注意“一定区域”“一定行业”不一定限于特定物理空间。二是其危害影响必须具有重大性。此外，对于黑社会性质组织的四个特征应综合和全面把握，从整体进行判断分析，而不拘泥于某一具体特征。

我国的黑社会性质也具有多种类型，其中具有代表性的为如下五种：（1）“渗透型”。这主要是被我国香港特别行政区、我国澳门特别行政区政府和我国台湾地区当局定性为黑社会的组织，渗入内地（大陆）、建立据点，吸收成员而形成的团伙。（2）“帮派型”。即以帮会名义组织的犯罪团伙。该类组织大多出现在过去帮会较为盛行的长江流域与东南沿海一带。（3）“企业型”。以公司名义组织的犯罪团伙。他们为攫取权力和钱财，以暴力、威胁等手段，进行敲诈勒索、诈骗，网罗人员，并模仿现代企业管理模式控制成员，进行犯罪活动。（4）“家族型”。以同一家族成员为核心，以居住地作为作恶区域，网罗不法分子，称霸乡里，违法犯罪。（5）“匪霸型”。即以强拿硬要、欺行霸市为特征的黑恶势力犯罪团伙。①

黑社会性质组织犯罪也处在变化发展之中，形成了多个趋势：（1）内部结构更加严密，组织化程度越来越高。（2）以开办经济实体为掩护，以商养黑、以黑护商，加速向经济领域渗透。（3）以政护黑，以“善”遮黑，向政治领域渗透能力增强。（4）在经济利益驱使下实施跨国犯罪活动，加速与国际犯罪组织勾结。（5）犯罪经验不断积累，犯罪活动日趋隐蔽化和具有欺骗性。（6）涉足科技领域，犯罪手段日趋多样化和现代化。②

此外，还应注意恶势力组织和黑社会性质组织的联系和区别。“黑社会性质组织”和“恶势力组织”的多数特征具有同类性质，在理解时应注意：（1）组织特征。

---

① 参见谭松林、彭邦富主编：《中国秘密社会（第7卷）》，福建人民出版社2002年版，下编第2章。

② 参见于天敏等：《黑社会性质组织犯罪理论与实务问题研究》，中国检察出版社2010年版，第267－272页。

前者要求形成较稳定的犯罪组织，人数较多，有明确的组织者、领导者，骨干成员基本固定；后者要求经常纠集在一起，但尚未形成黑社会性质组织。(2)行为特征。前者要求以暴力、威胁或者其他手段，有组织地多次进行违法犯罪活动，为非作恶，欺压、残害群众；后者要求以暴力、威胁或者其他手段，在一定区域或者行业领域内多次实施违法犯罪活动，为非作恶，欺压群众。(3)危害性特征（非法控制特征）。危害性特征是黑社会性质组织的本质特征，也是区别其与恶势力组织的核心特征。前者要求通过实施违法犯罪活动，或者利用国家工作人员的包庇或者纵容，称霸一方，在一定区域或者行业内，形成非法控制或者重大影响，严重破坏经济、社会生活秩序；后者要求扰乱社会秩序、经济秩序，造成较为恶劣的社会影响。需深入把握二者在危害性特征上的关键区别：一是前者对于行为方式有要求，即“通过实施违法犯罪活动”或者“利用国家工作人员的包庇或者纵容”，后者则无此要求。二是前者要求称霸一方，在一定区域或者行业内，形成非法控制或者重大影响，后者也无此要求。在理解这一特征时应注意，对于“一定区域”“一定行业”需综合分析判断。“一定区域”应当具备一定空间范围，并承载一定的社会功能；“一定行业”是指在一定区域内存在的同类生产、经营活动。三是前者要求“形成非法控制或者重大影响，严重破坏经济、社会生活秩序”；后者仅要求“扰乱社会秩序、经济秩序，造成较为恶劣的社会影响”。由此可以看出，后者无论是社会影响还是对社会秩序的冲击均与前者不可同日而语。还需注意，前者对于经济特征有要求，即有组织地通过违法犯罪活动或者其他手段获取经济利益，具有一定的经济实力，以支持该组织的活动，后者则无此要求。对比二者特征可以发现，除了“恶势力组织”不要求经济特征外，其与“黑社会性质组织”在组织特征、行为特征、危害性特征上均具有一致性，只不过对于“恶势力组织”的要求程度相对较低。

（三）有组织犯罪的最高形态——黑社会组织犯罪

关于黑社会组织，有学者认为其指由 3 人或多人所组成的，在一定时期内存在的，为了实施一项或多项犯罪并（或）介入合法经济或政治以获得金钱、物质利益和权力而一致行动的、有一定经济实力和势力范围的、有组织结构的暴力性集团。其本质属性和特征为：(1)有一定结构的组织；(2)有组织的暴力；(3)通过犯罪和（或）介入合法经济和政治以获得金钱、物质利益和权力；(4)有一定的经济实力；(5)确立排他性的势力范围。在这五个特征中，有组织的暴力是根本性的特征，是黑社会组织(有组织犯罪集团)的本质。[①] 这一观点虽然在一定程度上反映了黑社会组织的部分特征,但是,其将黑社会组织等同于有组织犯罪集团,显然扩大了黑社会组织的范围。

本书认为,黑社会组织,是指组织结构严密,成员固定,等级分明,帮规纪律严厉,具有相当经济实力并有政治“保护伞”庇护,以暴力为后盾,在特定区域或领域称霸的犯罪组织。它具有以下特征:(1)组织结构复杂,发展程度高。组织内部等级森严,有领导层、具体组织实施层和执行层之分,重要成员基本固定,首领具有绝对权威,每个成员绝对服从其上级,整个组织绝对服从首领。(2)具有严格的帮规纪律,对违反帮规的组织成员施以残酷的惩戒。(3)犯罪种类多元化,常见的有故意杀人、故意伤害、敲诈勒索、贩毒、走私、赌博、拐卖人口、盗卖文物、制假贩假、组织卖淫和偷渡等。(4)犯罪手段复杂,包括暴力、恐吓、贿赂,并常采用一些智能化的手段以掩盖其非法行为,虽然常常采用暴力手段,但暴力并不是它的首选,只有在其他手段,如贿赂等不能起到作用时,才作为最后的手段出现。(5)具有一定的势力范围。黑社会组织之间通过划分势力范围和利益场所,实现对一定区域和行业的非法控制,建立其自己的势力范围。(6)具有政治“保护伞”。通过贿赂利诱等手段,拉拢腐蚀司法和政府官员,构建庇护机制,以逃避政府的打击、增强组织的实力。一些黑社会组织的首领还亲自参与或者派人打入政府机关内部,谋取黑社会组织的最大利益。

黑社会组织和黑社会性质组织虽然有一定的类似之处,但是,二者也具有显而易见的区别。有学者将其具体概括为:第一,组织性。组织性包括组织的规模和组织化程度。从组织的人数规模看,黑社会组织的人数往往比黑社会性质组织人数更多。第二,暴力程度。黑社会组织的暴力化程度远远高于黑社会性质组织的暴力化程度。第三,经济基础。黑社会组织往往由于其人数众多,控制范围广,其财力则比较雄厚。黑社会性质组织由于还处于黑社会的初级形态,其经济实力往往还未发展得非常壮大,其经济实力相对于黑社会组织而言,则是很小的。第四,控制范围。黑社会性质组织的控制范围往往较黑社会组织的控制范围小,对社会的

① 参见何秉松:《中国有组织犯罪研究(第一卷):中国大陆黑社会(性质)犯罪研究》,群众出版社2009年版,第246页。

影响远不如黑社会组织范围广、危害大。[①] 以上概括可在理解黑社会组织和黑社会性质组织的区别时参考。

黑社会组织是有组织犯罪的最高形态,它在黑社会性质组织的基础上实现了犯罪组织系统的升级换代,使有组织犯罪实现了质的飞跃,完成了黑社会组织从雏形到成熟的过程。典型的黑社会组织,因其犯罪的高度组织性,在当今世界犯罪领域内是最具迷惑性和隐蔽性、犯罪能量最强、最具有社会危害性的犯罪组织形式。如果任其发展,甚至有可能干扰一个国家的正常司法运转,对整个国家的政治生活和经济生活产生不利影响。[②]

关于我国是否存在黑社会组织,有学者认为从局部和发展趋势来看,一些地方有组织犯罪的组织结构已十分高级,而且,其组织化的发展速度十分惊人。一些有组织犯罪集团,其组织形式日趋严密,重要成员固定,基本上已经具备了黑社会组织的全部特征,不再仅仅是处于过渡阶段的"黑社会性质组织"。[③] 但就实践情况来看,我国黑社会性质组织犯罪虽然发展也十分迅速,已基本摆脱低级形态,大多确立了严格的组织纪律和比较完善的组织体系,向组织化、正规化、规模化的方向加速发展,甚至不少黑社会性质组织已经走上了公司化运作的道路,但是从整体来看,我国的黑社会性质组织犯罪与黑社会组织犯罪是有根本区别的,特别是自"扫黑除恶"专项斗争开展以来,我国的有组织犯罪得到充分治理,黑社会组织更无生存空间。

但这并不意味着我国的有组织犯罪治理不需要注重黑社会组织。改革开放以来,境外黑社会组织和新生黑社会组织势力不断向我沿海边境地区渗透,广东、福建、云南等省尤为突出。境外黑社会组织采取多种形式在我国境内发展组织:(1)据点式发展,即将与境内有社会联系且熟悉境内情况的黑社会骨干派入境内,以开办娱乐场所为据点,作为立足基地。通过据点发展骨干成员,然后逐步扩大组织。(2)串联式发展。境外黑社会成员有不少是从境内偷渡非法出境的,境外黑社会组织利用这些人熟悉乡情,返回活动方便的条件,通过串亲访友的渠道发展组织。(3)信邮式发展。境外黑社会成员以各种合法身份为掩护采取寄信方式在境

---

① 参见于天敏等:《黑社会性质组织犯罪理论与实务问题研究》,中国检察出版社 2010 年版,第 63－65 页。

② 如意大利黑手党,曾对意大利的政局产生重大影响,现在虽屡遭打击但影响犹存。

③ 参见康树华:《我国有组织犯罪的现状及其治理》,载《法学家》2008 年第 3 期。

内拉关系，从中物色发展对象。(4)分散式发展。境外成员入境后，在从事不法活动中，着重从流窜作案人员中寻找合适对象，实行分散、个别的发展组织。

《反有组织犯罪法》第2条第3款规定："境外的黑社会组织到中华人民共和国境内发展组织成员、实施犯罪，以及在境外对中华人民共和国国家或者公民犯罪的，适用本法。"不仅该法采取了同时规定境内黑社会性质组织和境外黑社会组织的模式，我国《刑法》第294条也既规定了组织、领导、参加黑社会性质组织罪，又规定了入境发展黑社会组织罪。

第三章　有组织犯罪的原因

有组织犯罪是社会文明发展的矛盾产物，是社会、经济、文化、心理综合动因聚合而成的复杂社会现象，其与个体报复社会型犯罪的发生原因具有实质的不同。① 有学者提出，一般多是从政治原因、经济原因、社会原因、文化原因、心理原因、个体原因等方面对有组织犯罪的原因进行分析。② 在社会原因方面，因社会转型所造成的社会控制能力下降是有组织犯罪产生的一个重要因素；在经济原因方面，对经济利益的疯狂追求是有组织犯罪的根本目的；在文化原因方面，社会主流文化与社会亚文化的激烈对抗是有组织犯罪存在的重要原因。③

早期关于有组织犯罪原因的研究，多关注社会原因方面，如社会转型期生产力与社会关系的诸多不适应，市场经济对人们思想道德观念的负面影响，大量无业人员出现，国家控制力减弱，急剧增长的刑事犯罪尤其是团伙犯罪等。但是，对有组织犯罪微观因素的研究还有待加强，应力求从生物因素、心理因素、个体社会化等方面去考察黑社会犯罪的成因。④

我国犯罪学研究发展迅速，取得了丰硕的研究成果，日渐

---

① 参见莫洪宪、吴爽：《论个体报复社会型犯罪的概念及发生原因》，载《河南警察学院学报》2013 年第 4 期。

② 参见何秉松：《中国有组织犯罪研究（第一卷）：中国大陆黑社会（性质）犯罪研究》，群众出版社 2009 年版，第 449 页。

③ 参见冯殿美、曲振涛：《有组织犯罪的成因及其对策分析》，载《法学论坛》2003 年第 3 期。

④ 参见莫洪宪、周娅：《中国法学会犯罪学研究会第 12 届学术研讨会综述》，载《中国法学》2003 年第 6 期。

从哲学、法学、社会学、心理学、生物学和精神病学等学科来考察犯罪现象,从单因素的平面考察方式跨入综合动因论,使研究的触角逐步深入各个相关领域,关于犯罪原因的研究也日益深化。运用犯罪综合动因论考察这种特殊社会现象,可看出其产生原因是一个整体系统,即由若干个相互联系和相互作用的因素所构成,形成多层次、多维度的原因网络结构。

作为整体系统的有组织犯罪原因,包括社会、经济、文化、心理等方面的原因①,由于各方面原因在相互作用的基础上具备了综合动力的性质,使有组织犯罪原因处于一种动态变化之中,并呈现出整体性、层次性和动态性的特点。

第一节 有组织犯罪的社会原因

究其实质,犯罪是一种社会事实,如果仅仅将犯罪看成单纯的对法和法律的破坏,那么,统治者以国家对个人、以整体对个别、以集中对分散形式出现的犯罪惩罚就无从解释。因此,仍需深入挖掘导致有组织犯罪产生的各种具体社会原因,以充分阐释和应对有组织犯罪。总体来看,造成有组织犯罪现状的社会原因包括现代化进程的负效应、腐败现象,以及社会失范和规范软化等。

一、现代化进程的负效应

当今有组织犯罪的产生和发展具有一系列的社会原因,这些社会原因不依立法者的意志为转移,它取决于一定的社会生活条件。有组织犯罪与社会条件的不可分离性,使各国有组织犯罪之间的共同性大有覆盖差异性的趋势。这种一致性趋势是由于当今各国犯罪背后存在一种共通的、超越国界的巨大社会力量——现代化。对此国外学者也指出,重要的是要了解“全球化”和“现代性”与有组织犯罪的关系,而有组织犯罪也被描述为现代性的黑暗侧面。② 任何社会的现代化过程

---

① 本章基于一般视角研究有组织犯罪的原因,具体到我国层面境外有组织犯罪的渗透和影响也是现实原因之一。参见何秉松:《中国有组织犯罪研究(第一卷):中国大陆黑社会(性质)犯罪研究》,群众出版社 2009 年版,第 511 页;于天敏等:《黑社会性质组织犯罪理论与实务问题研究》,中国检察出版社 2010 年版,第 291 页。

② See Felia Allum & Stan Gilmour, eds., *The Routledge Handbook of Transnational Organized Crime*, 2nd edition, Routledge, 2022, p. 2.

都同时存在正效应与负效应,而任何一种负效应都有可能在某种特殊的社会条件下转化为犯罪因素。20 世纪以来,特别是第二次世界大战以后,发展中国家陆续开始集中走向现代化,与西方国家 19 世纪的情形相似,伴随工业化与城市化进程的是犯罪率的大幅度上升,犯罪由“传统型”向“现代型”,即由非组织型向有组织型的转变。由于发展中国家具有各自的民族和文化背景,并处于工业发展过程中的不同阶段,因而,作为现代化“副产品”的犯罪现象及其变迁也具有各自的特殊性。尤其是当今社会,以经济发展为主题,以工业化和都市化为主要标志的现代化过程对人类生活的各方面产生了空前规模的深远影响,犯罪作为一种综合性的社会现象,它所具有的变化趋势是现代化给人类生活打上的深刻烙印。对我国而言同样如此,犯罪无论是作为依附性的社会变量受制于社会现代化过程,还是作为相对独立的变量参与现代化社会的变迁过程,均不能逃逸于社会现代化的作用力之外。

对此可结合“社会转型论”或“社会变迁论”予以阐释。第一,根据“社会转型论”,我国社会从“封闭型”向“开放型”转化的过程中,在计划经济向市场经济过渡的阶段,在新的价值观念、社会规范、社会控制模式和手段尚未完全建立起来,以及它们尚未为社会广大成员所理解和接受的情况下,刑事犯罪将会增加,而且日趋严重,待社会转型完成之后,犯罪现象将趋于正常。也有学者提出,我国黑社会(性质)犯罪的产生与发展,归根结底是由于我国计划经济转向市场经济的社会转型时期政治、经济、文化等急剧变化的必然结果。① 我国正处在社会主义初级阶段,从社会发展角度看,这一阶段实际上就是我国从农业社会向现代化社会转变的时期,其社会基本矛盾的特殊性,使社会具有将犯罪控制在一定范围和程度的可能性,同时,也存在犯罪由“传统型”向“现代型”,由非组织型向有组织型转变的现实危险性。当社会主义社会在现代化进程中出现巨大的社会变迁,带来社会关系的调整,社会的政治结构、经济结构、文化结构的重新组合,社会利益的重新分配,不可避免地会出现一段社会控制在某些方面的乏力,在这种历史契机中,犯罪不但会出现量的增加,还会出现犯罪的组织形态、犯罪手段的现代化趋势。有组织犯罪的生存与发展,反映了现代化与犯罪的关系相当复杂。第二,根据“社会变迁论”,我

---

① 参见何秉松:《中国有组织犯罪研究(第一卷):中国大陆黑社会(性质)犯罪研究》,群众出版社 2009 年版,第 471 页。

国社会处于深刻的变革之中,其结果必然冲破原来的生产关系和建立新的社会秩序。在此过程中,将有一部分人不适应新情况,各种社会问题突出,犯罪也会随之增多,有组织犯罪也不例外。不仅城市中的有组织犯罪如此,农村中的有组织犯罪同样如此。农村有组织犯罪是结构性矛盾激化的产物和表征,是以血缘、地缘为组带聚合起来的,以获取经济利益为目的,采用暴力、恐怖或其他手段在一定区域或人群中实施非法控制的行为。① 矛盾的冲突和激化导致了农村社会的有组织犯罪,如表现为村落体的暴力抗法这一类型。②

由此,在现代化的进程中,犯罪现象的存在不一定是异体、非社会性的反常现象。相反,一定的犯罪率、犯罪类型的存在是社会的正常现象。到目前为止,还没有出现任何一个发展中或发达的现代化国家能够摆脱犯罪的纠缠,可能将来也不会出现这样的"理想国"。从本质而言,犯罪蕴含着人类生存方式的永恒悖论——承受社会的压力(人的客观性)和对社会的反叛(人的主体性),即社会的集约性与个体自律性的矛盾,犯罪正是人的欲求与社会规范之间冲突的最高表现形式。人的欲求是永恒的,而规范对人的欲求的约束则是相对的。受到种种因素的制约(如社会发展的动态性与规范的相对静止性的矛盾,社会化功能与社会控制不完全相等)。因此,社会主义制度下犯罪不可避免,一定的犯罪率是社会主义社会过程中的常态现象。处于社会转型过程中不可避免地产生剧烈的社会震动,被打破的旧格局和体制必然引发各种矛盾和冲突,诸如社会价值观念的更新导致人的心态改变;自我意识的加强导致的社会整体观念淡薄;私有权的恢复导致私有观念、利己主义的再现与膨胀等,为有组织犯罪的滋生发展提供了条件和机会。因此,在一定社会条件下,犯罪的变化具有规律性,这种规律性表现在犯罪与社会其他因素的关联之中。这种关联性又决定了犯罪主要是超越于个体之上的社会力量所制约的社会事实,传统型犯罪向现代型犯罪转换的趋势。随着我国改革开放和社会主义市场经济的发展,我国的有组织犯罪发展也必然带有和具体国情相关的一些特征。

二、腐败现象的相互作用

腐败是伴随着有组织犯罪发展而产生的最具破坏性的现象之一,它是国家公

---

① 参见曾赟:《农村社会结构变迁与有组织犯罪生成》,载《中国刑事法杂志》2003 年第 5 期。

② 参见何秉松:《中国有组织犯罪研究(第一卷):中国大陆黑社会(性质)犯罪研究》,群众出版社 2009 年版,第 106 页。

职人员贪污贿赂、徇私舞弊、钱权交易、以权谋私、弄权渎职等的总称。俄罗斯学者在经典刑法教科书中给腐败下的定义为,“腐败意味着不斗争、不正派。在刑法上它意味着不道德,或者在很大程度上说是不应有的行为。公职人员在履行职责过程中不合法地利用职权,或者乘履行职责之机收受贿赂行为”,“不合法地履行职责”就是“职务腐败”。[①] 还有的学者指出:把有组织犯罪看作一种社会政治现象,贿赂腐蚀就是有组织犯罪的重要特征之一。贿赂腐蚀是建立在公职人员损害国家和社会利益的违法和其他交易基础上的,其动机可能各种各样,由此收买的形式也会有所不同。[②] 腐败导致的最直接后果是促使社会向着犯罪化的方向发展,腐败官员与企业主们相互勾结,必然助长有组织犯罪的嚣张气焰,而不断发展、壮大的有组织犯罪集团在从事洗钱等一系列犯罪活动的同时,将其势力扩张至国家的政权层面。[③]

任何性质的权力只要没有限制都可能导致腐败。公共权力的非规范、非公共运作导致的权力滥用,主要表现在权力失控、权力失衡和权力异化。例如,我国由于受传统文化以及过去高度集中的经济体制的影响,我国公共权力深入社会生活的各个方面,成为调整社会关系的强大力量。我国处于社会转型的过程之中,必然会有社会结构、价值观念的重大变化。在这种情况下,社会的某些方面会暂时处于一种失范状态。腐败正是这种失范状态的表征之一,其产生具有一定的必然性。当前,腐败现象已成为我国政治、经济生活中影响面广、危害大、全社会关注的焦点问题。

著名美国学者 M. 爵恩斯顿曾列举了腐败的四种主要形式,即商业贿赂、庇护制、交情与徇私情、“危机贿赂”。(1)商业贿赂与黑色经济活动、非法交易、逃税、伪造会计支出报告等相联系。非法市场交易往往按照商人和官员的需要,以支付贿赂换取非法产品的生产和销售,扩大商品种类,提高商品价值,形成垄断规模交

---

① Основы борьбы с организованной престуностью / Под ред. В. С. Овчинского, В. Е. Эминова, Н. П. Яблокова. М., 1996. С. 14.

② См. подробнее: Организованная преступность и коррупция (исследования, обзоры, информация). Екатеринбург, 2000. Вып. 2; Системы общеуголовной этики поведения. М., 1999. Цит. по: Криминология: Учебник / Под ред. Н. Ф. Кузнецовой, В. В. Лунеева. 2-е изд., перераб. и доп. М., 2005. С. 398.

③ Звягин А. А. Факторы роста коррупции и тене-вой экономики, взаимосвязь коррупции и теневой эко-номики //Материалы Всероссийской научной конфе-ренции. Москва, 6 июня 2007 г. М., 2007. С. 234.

易。市场贿赂现象极为普遍。尽管消费者对物价昂贵不满,但商场激烈竞争和重复交易,形成了交换的稳定价格。(2)庇护制。通常非法交易仅集限于少数人或组织手里,收益和权利的集中制涵盖了各种联系,包括以乡谊、党派、亲属和在其他原则基础上产生的老板庇护,对居民需求的集中控制迫使许多人履行一定的政治义务,即有组织的政治活动,例如,参加有利于某一政党的竞选活动。有时庇护制实行贿赂"计划",按照地方或中央政权的授意或愿望,操纵舆论和行动;庇护制以各种方式对居民施加影响,从小恩小惠、产品分配到就业安排,签署优惠合同均以回报"好处"为交换条件,即隐匿贿赂。操纵庇护制的人竭力垄断权力并企图控制政府。(3)交情与徇私情。其包括指派亲属占据重要岗位,成交时作出大幅让步,优惠购买私人财产,获取硬通货币等。对经营范围的控制为利用交情与徇私情达到腐败的目的创造了先决条件。由于财富的分配是在家族的上层成员和小团体范围内进行,因此,所获取贿赂和其他"好处"的资金是巨额的,当然家族贿赂规模比不上商业贿赂和庇护制。(4)"危机贿赂"。许多经商者在冒风险经营的特殊条件下,买卖的对象不再是商品,而是可能给国家带来巨大的政治推动力或变革的官方决定。

腐败现象与有组织犯罪的关联性已经显而易见。一般而言,官员腐败与普通刑事犯罪只发生偶然的、个别的松散关系,如在某一次犯罪中腐败官员与犯罪人相勾结,或犯罪人借助其权力实施犯罪或逃避惩处;但在有组织犯罪中,尤其是在黑社会性质组织或黑社会组织犯罪中,这种联系则表现为多方面牢固地与国家和地方政权机构中的某些腐败分子相勾结、互惠共生,结为一体。在各种腐败现象中,司法机关的腐败对有组织犯罪的影响最为直接。有组织犯罪为了逃避打击,并持久地经营非法商品和服务,以获得更大效益,必须通过政治渗透来借助权力保护犯罪。政治渗透的主要形式是对政府公职人员的贿赂、腐蚀,以钱权交易编织关系网,保护犯罪;有的还赞助政治部门或以社会慈善行为收买人心,扩大社会影响,获取政治资本;有的利用议会选举打入政界,或控制选票,操纵选举,推出自己的政治代表。一般研究者都认为,有组织犯罪不是政治组织,它的基本目标是追求经济利益。然而,不是政治组织,并不等于不关心政治,政治利益与经济利益是紧密相连的。就连权力机关内的腐败人员都了解利用政治权力捞取经济利益。一旦进入政治领域,实施经济目标犯罪就会更具"活力"。在一些资本主义社会,黑社会犯罪组织已成为社会力量的一极,成为各个政治势力拉拢的对象,周旋于各派政治力量之间，影响地方政治决策，操纵地方议会选举，堪称政治渗透的典型。在我国，腐败现象也本是几千年“官本位”“权本位”社会的痼疾。

有组织犯罪和腐败之间的关系受到各国学者的关注。“有组织犯罪向政权机构渗透，利用政权机构建立逃避责任的安全体系，并依靠政权机构及其代表成功地与社会和国家对峙……许多公职人员本身也千方百计地寻求与黑社会组织建立联系，以便利用自己的职权换取一定的报酬。”①有组织犯罪能够与国家及其代理人打交道，甚至能够形成普遍影响政治的机制。② 例如，俄罗斯反有组织犯罪专家认为，该国有组织犯罪集团与国家、地方政府之间存在一种共生的关系。有组织犯罪集团破坏选举程序，破坏现行的多党制，破坏迈向合法的市场经济所必须的立法活动。有组织犯罪集团为竞选基金会提供捐款，资助候选人和新当选的议会成员。他们与有组织犯罪集团里应外合，任意终止诉讼，免除犯罪人的刑事责任，并为犯罪人提供帮助和办理出境护照等。③ 有组织犯罪集团利用腐败（方式）将政客安插到国家立法机构，阻挠立法进程——因为这有可能限制有组织犯罪的活动。例如，在俄罗斯由于立法者和执政者中的个别腐败者的阻挠，在相当长一段时期没有通过的法律有反腐败法、反有组织犯罪法、金融法、证券市场条例、保险法等，这些都是与有组织犯罪作斗争的重要法律。

我国学者也注意到这一现象。如认为，腐败本身不仅是一种犯罪行为，而且对犯罪的恶性发展起着推波助澜的作用。④ 腐败现象和有组织犯罪是相互“促进”的。对此有学者指出，政治腐败越严重，黑社会组织的发展就越迅速，而黑社会组织的发展又会加深和促进腐败，两者是相互作用的。政治腐败与黑社会组织相勾结的严重程度，既是他们互动的结果，又是他们发展程度的综合标志。⑤ 此前，我国也曾存在国家机关工作人员涉黑现象。⑥ 一些官员将自己的权力当作换取不法利益的砝码，与黑社会性质犯罪组织勾结，在获取黑帮贿赂的同时又以权力给予黑

---

① Организованная преступность－3 ∕ Под ред. А. И. Долговой. М., 1996. С. 224.

② Nicholas Barnes, *Criminal Politics: An Integrated Approach to the Study of Organized Crime, Politics, and Violence*, Perspectives on Politics, Vol. 15:4, p. 979－980(2017).

③ Организованная преступность－2 ∕ Под ред. А. И. Долговой. М., 1993. С. 54.

④ 参见于天敏等：《黑社会性质组织犯罪理论与实务问题研究》，中国检察出版社2010年版，第281页。

⑤ 参见何秉松：《中国有组织犯罪研究（第一卷）：中国大陆黑社会（性质）犯罪研究》，群众出版社2009年版，第510页。

⑥ 参见莫洪宪：《试论我国大陆有组织犯罪发展阶段》，载《河南警察学院学报》2011年第3期。

帮资源。[①]

有组织犯罪与腐败现象的交互可以从两个方面加以理解:第一,有组织犯罪通过掌权者手中权力的特殊威力,采取以合法掩护非法,寻找"靠山"、"保护伞"及"同路人"的策略,为其不法行为"保驾护航"。其为了逃避打击,对司法部门进行腐蚀利诱,寻求庇护,甚至通过权钱交易,进入政治领域,为其犯罪组织的发展建立强大的"保护伞"。[②] 财富、贿赂、腐蚀所达到的政治渗透作用,使犯罪组织的活动具有了鲜明的现代社会特色,将对立的能见度降至最低点,创造了其立足、生存、发展的空间。黑社会(性质)组织正是通过对正常社会进行政治、经济的全面渗透,辅助行使或代替行使政府职能,犯罪势力发展成为一种社会力量。当犯罪组织成功实现涉足政治领域,又具雄厚的经济实力之时,而社会的监控力量已为腐败的渗透所严重削弱,致使犯罪组织不断蔓延。因此,有组织犯罪的存在、发展、演化与权力的媒介作用密不可分。第二,犯罪组织运用贿赂渗透手段,实现与腐败者角色置换。表面上犯罪者讨好腐败者,而实际上,政治渗透已将可利用的官员彻底腐蚀,使犯罪者在相当程度上左右着腐败者,有的甚至把持了要害部门。犯罪组织在层层关系网和深厚的保护网的庇护下大行其道。此前,我国已面临黑社会性质组织犯罪的严重威胁,而权力腐败极大地削弱了国家同有组织犯罪作斗争的力量和效果,更不必说有些腐败现象本身就是犯罪。这是犯罪控制效能低下的主要原因,因此,从根本上抑制有组织犯罪的增长,有赖于对权力的制约性以及反腐败斗争的成效性。唯此,才能杜绝有组织犯罪向政治领域渗透的缝隙和通道,才能激励和坚定社会民众反对有组织犯罪的意志和信心。党的十八大以来,反腐败斗争取得压倒性胜利并全面巩固,但是,反腐败斗争具有长期性,因此,切实统筹反有组织犯罪和反腐败仍然是重要的任务。

三、社会失范与规范软化

现代化过程中出现的失范状态可以成为我们对当前有组织犯罪现象的一种社会学的解释。失范,最先是由法国社会学家杜尔亥姆(EmiIe Durkheim)在说到社会参与的某些情况时第一次使用。从字面含义来说,失范状态是指规范的缺乏或

---

① 参见张小虎:《有组织犯罪的犯罪学类型性考究》,载《江苏社会科学》2016 年第 6 期。

② 参见于天敏等:《黑社会性质组织犯罪理论与实务问题研究》,中国检察出版社 2010 年版,第 263 页。

者丧失,因此也称乏范。从内容上理解,失范状态是指旧有的价值观念和行为模式被普遍否定或遭到严重破坏,逐渐失去对社会成员的约束力;新的价值观念和行为模式未被普遍接受或尚未形成,不具有对社会成员的有效约束力,使社会成员的行为缺乏明确的社会规范约束,形成社会规范真空这样一种社会状态①。社会失范是社会转型中出现的一种特有现象。社会转型促使新生事物不断发生,层出不穷,而有些新的犯罪未及时被扼制和打击,出现了法律规范软化的现象。

根据"社会控制失调论"②,社会正处于大变动时期时,社会结构发生急剧变化,由此会导致社会失调,产生低层次社会群体。低层次社会群体特别是青少年群体的需要,没有从社会变动中获得满足,便产生反社会倾向和无视社会规范的行为偏差,从而导致犯罪增长。改革开放以来,我国进入社会主义发展新时期,在巨大的社会变革中,各种社会关系发生了巨大的调整,这就要求政治体制进行适时适当的调整,原有的管理模式已不适应新形势下发展的需要,但在政治体制改革中有很多新问题,政府的某些配套政策出现了滞后和偏差,使社会控制机制减弱甚至无所适从。③

此前我国有组织犯罪发展日趋严重,许多有组织犯罪经历了从团伙、集团到黑社会性质组织的生长发展过程。那么,这一现象之所以没有被及时发现并摧毁其于萌芽状态,主要原因之一在于法律控制手段不力,即立法滞后。这些规定和解释在用于当前的黑社会性质组织犯罪案件时已呈现出一定的局限性,难以适应实践需要。此外,对打击和处理黑社会性质组织案件的程序规定,此前法律也缺少必要的准备和考虑。我国黑社会性质组织的犯罪规模、组织化程度、危害程度、逃避社会控制和法律制裁的能力虽不及西方国家的黑社会组织,但已远远超过早期刑事立法的规定。对于"法无明文规定"的犯罪,要严厉打击,自然会显得缺乏法律依据和法力威慑,而威慑力不足的法律,无疑会纵容有组织犯罪的恶性发展。

国家预防、控制和打击有组织犯罪的最主要、最基本的措施,是制定完善而严

---

① 参见郑杭生等:《社会运行导论》,中国人民大学出版社 1993 年版,第 148 页。

② 与之类似,控制理论认为,犯罪行为是在个人与社会之间的纽带薄弱或打断时发生的。控制理论的基本假设是,当人们与社会的维系薄弱或破裂时,则会产生偏差行为,换言之,当人们与社会的维系坚强时,则来自内心的冲动与欲望,就能受到控制而产生顺从社会规范的行为。当外部制约弱化时,如果一个人的自我约束力不够,就容易向犯罪组织靠拢,也容易在特定的历史条件下,形成犯罪组织。参见于天敏等:《黑社会性质组织犯罪理论与实务问题研究》,中国检察出版社 2010 年版,第 276 – 277 页。

③ 参见王润生:《我国黑社会性质犯罪背后的政治因素》,载《公安大学学报》2000 年第 4 期。

厉的刑事法律。刑事立法的滞后,客观上使有组织犯罪作案后未受到刑事追究,这不仅强化了罪犯的犯罪心理,而且促成了犯罪组织作案的高成功率和高安全率。用犯罪经济学的观点审视有组织犯罪,尤其是黑社会性质组织犯罪,往往是在权衡一定利弊的条件下,对各种不同谋利方式的成本和收益,即进行本益分析后作出的一种理性选择。据此,影响有组织犯罪的重要因素是惩罚成本,即犯罪遭到惩罚所受到的损失。惩罚成本是一种预期成本。犯罪犹如商品的供求法则,当价格提高时,消费者就会自动压缩商品的需求量。当犯罪惩罚成本提高时,犯罪就会减少,因为犯罪率与犯罪得利成正比,同犯罪成本、惩罚成本成反比。提高犯罪成本是有效降低犯罪率的途径之一。就我国而言,随着刑事立法的不断完善,对有组织犯罪的打击不断强化,社会失范对有组织犯罪的影响正在日趋减弱。①

如果说刑事立法滞后影响了对有组织犯罪的惩罚和震慑作用,那么,社会规范的软化则促进了犯罪类型的转化,即从非组织型到有组织型的转变。这种转变是犯罪适应社会发展,提高自身生存能力的必然结果。从理论上讲,犯罪类型的转变会导致社会反应——社会控制机制的相应转变或重建。因为任何一种社会,决定其社会秩序的首先是其社会结构的合理性、社会关系的协调程度,其次是社会管理者控制社会的能力。

从此前我国对有组织犯罪的控制能力来看,其未能实现与犯罪同步转型,不仅社会控制方式的转变已严重滞后,而且某些强行规范得不到贯彻与执行,特别是规范冲突现象大量发生,削弱了固有的规范约束力,规范控制功能不能充分发挥;社会的防范方式及其能力远远落后于严峻的社会治安现实,刑事法网客观上还存在相当大的漏洞,所有这些为有组织犯罪提供了历史的机遇与条件;从长期的松散型组织犯罪演进到有高度组织型犯罪,产生大量黑社会性质的犯罪组织;犯罪组织已具有相当程度的政治、经济渗透能力,并形成势力范围,依靠各种犯罪手段,积累大量社会财富,形成一定的资本支持能力。总之,犯罪组织政治、经济的渗透,关系网的编织,犯罪经验的积累,现代通讯、运输工具的运用,均提高了其逃避社会制裁的能力。

传统型犯罪向现代型犯罪的转换应该说是相当长时期我国犯罪的主要趋势。

---

① 有组织犯罪刑事规范的实施效果也具有重要的影响。此前,我国的有组织犯罪司法实践存在一定的偏差。参见莫洪宪:《我国有组织犯罪的特征及其对策》,载《河南财经政法大学学报》2012 年第 6 期。

对现代型犯罪的有效控制，在很大程度上依赖于改革、发展、稳定三者关系的协调。在一个急功近利式地追求纯粹经济发展目标的社会中是不可能有真正的社会控制；在一个稳定为至上价值的社会中也不可能有长足的发展。这种矛盾引出了社会控制“度”的概念，“度”的缺乏，使社会控制易流于一种不具备社会效果的短期行为或情绪性冲动行为。因此，必须处理好改革、发展、稳定三者之间的关系，掌握好“度”。特别是在中国特色社会主义进入新时代，世界面临百年未有之大变局的背景下，更要促进各个方面的有效协调，切实促进预防和治理有组织犯罪。

第二节　有组织犯罪的经济原因

追本溯源，犯罪现象的出现与存在，是同人类社会生产力发展、生产方式变革以及经济发展到一定阶段的历史进程联系在一起的。人类社会的存在和发展方式是一个不断向前和向上发展的螺旋式的运行方式，是一个无止无休的运动进化过程。在任何社会里，基本矛盾都是生产关系和生产力、上层建筑和经济基础的矛盾，而这两对范畴的矛盾又集中地体现在社会关系状态上。因此，社会犯罪现象作为人类社会发展到一定历史阶段上社会关系失调的反映，也就是社会基本矛盾的一种直接产物。由于社会基本矛盾的根基在于社会生产力，因而，从宏观整体上来考察人类社会犯罪现象的原因，就在于社会生产力的发展水平。社会生产力的发展，需要一定的生产关系与之相适应，即是说一定的生产关系是在一定的生产力基础上形成，当然，一定的生产关系，又反过来促进或阻碍生产力的发展。生产关系作为人们在物质资料生产过程中相互结成的社会关系，是最基本的社会关系。社会关系，特别是包含人们在物质资料生产、分配、交换和消费过程中的关系，倘若生产关系失调，哪怕是暂时的、局部的失调，也会导致社会矛盾、生成犯罪等问题，从而阻碍社会的发展和进步。

一、社会生产力水平的阶段性

有组织犯罪和社会的发展阶段密切相关。例如，当今世界有组织犯罪越来越多地从事满足非法需求的“无被害人”的企业化犯罪行为，即制造贩卖毒品、组织卖淫、赌博等。

长期以来,我国处于社会主义初级阶段,即不发达的阶段。这就决定了我们必须在社会主义条件下经历一个相当长的初级阶段,去实现工业化、现代化。同时,由于生产力发展水平的阶段性,决定了在生产关系所有制结构上的多元性和复杂性,决定了社会主义初级阶段的基本经济制度是“公有制为主体、多种所有制经济共同发展”。多种经济成分形成不同的利益关系格局,在多种利益关系格局没有充分合法的手段进行合理变革的前提下,必然会引起种种矛盾和冲突,导致社会关系的失调和混乱。“利益冲突论”认为,社会主义市场经济的发展必然带来社会利益结构的改变,打破原来产品经济下的利益结构,形成新的利益格局。最突出的表现是伴随社会主义市场经济发展的要求,出现了不同层次的利益群体之间,个人与个人、个人与集体和国家之间,集体与集体、集体与国家之间利益差别增大和矛盾增多,国家一时难以采取有效的措施加以调整,而建立全新的公平合理的利益格局又有一个长期而复杂的过程,利益矛盾和冲突导致犯罪的增长。

不可忽视的是,在一定条件下的开放或“搞活”,逐渐形成了对各方面的相对失控。市场经济的一个突出特点是给社会、企业、公民更大的自由度,从而让社会群体、个人努力发挥自身的优势和特长,积极参与市场竞争,并以此推动社会主义经济的迅猛发展。然而在这种情势下,国家对社会各方面的管理职能相对减弱,驾驭和控制社会的能力也有所降低。这在一定程度上给有组织犯罪活动造成了可乘之机。例如,自我国改革开放以来,从手机、汽车、电器到工业柴油,境外犯罪组织向中国境内走私商品已成为一项蓬勃发展的业务。① 自由市场经济提供了流动的机会和回报,如财富和消费能力,这些机会和回报将女性引诱到犯罪组织中。②

近年来,我国有组织犯罪就是利用合法的经济行为,如投资办厂,开办各类经济实体,成为法人,获取合法社会身份,进而不断向合法商业领域渗透,提供合法与非法服务,采用暴力、恫吓、暗杀、欺诈,逐渐走向行业垄断;广泛采取洗钱将非法资金合法化,直至一定程度控制金融业,从中获取了巨额利润,为有组织犯罪的进一步发展奠定经济基础。例如,之前出现的非法“讨债公司”,就是有组织犯罪通过非法手段满足合法需求得以生存和发展的现象。此前由于经济领域内存在大量的

---

① See Dina Siegel & Henk van de Bunt, eds., *Traditional Organized Crime in the Modern World: Responses to Socioeconomic Change*, Springer, 2012, p. 71.

② See Anqi Shen, *Female Membership in the Black – Society Style Criminal Organizations: Evidence from a Female Prison in China*, Feminist Criminology, Vol. 11:1, p. 85 (2016).

诈骗钱财及拖欠债务的现象,司法体制上的地方保护主义及执法不力,使得债权人无法通过正常途径及时追偿债务,于是,一些以暴力或恐吓为手段的讨债公司应运而生。这些名为讨债公司的犯罪组织,采用极简单的方法抽取大量钱财,其存在和发展是利用了社会的漏洞,适应了债权人的需要。

2012 年以来,我国经济建设取得重大成就,经济保持中高速增长,开放型经济新体制逐步健全,对外贸易、对外投资、外汇储备稳居世界前列,我国经济已由高速增长阶段转向高质量发展阶段。与此同时,我国正处在转变发展方式、优化经济结构、转换增长动力的攻关期,建设现代化经济体系是跨越关口的迫切要求和我国发展的战略目标。① 在此背景下,有组织犯罪的生存空间被大幅度压缩,但是,除治理既存有组织犯罪外,也需防范新背景下滋生新的有组织犯罪。

二、劳动力供求的矛盾

全球化与劳动力要素的流转密切相关,也带来了有组织犯罪的变化。② 就我国而言,此前由于社会生产力的阶段性,社会所提供的充分就业水平有限,失业大军的存在几乎是任何一个发展中国家都会碰到的难题。这个难题,不仅要求社会生产力迅速发展,也导致了社会生产关系的错位与脱节,使失业这一社会问题成为威胁社会稳定的重要因素之一,尤其是剩余劳动力的存在是有组织犯罪滋生的经济因素之一。在现代化进程中,剩余劳动力问题是困扰我国的最大社会难题。劳动力供求矛盾突出,失业现象将长期存在,就业难问题呈现增长趋势。失业问题可以说是社会发展过程中的必然结果,只能缓解,无法消除。一定程度的失业创造了能者上、劣者下的条件,形成社会劳动力的蓄水池,有利于实现企业与劳动力之间的优化组合。但超过正常量的失业人口,会带来一系列社会问题。目前虽然我国脱贫攻坚战取得了全面胜利,但是,由于失业问题带来的返贫风险依然存在,如果这些群体无法在社会上生存立足,也可能成为助力有组织犯罪发展的重要动因。

此外,随着产业结构调整、经济社会发展,也会带到来传统产业相关人员的失业。其原因既在于随着社会生产力的发展,生产效率的提高,很多社会工作只需要更少的劳动力;也在于随着科学技术发展,很多原本需要人工的岗位被“机器”或

---

① 参见习近平总书记在中国共产党第十九次全国代表大会上的报告《决胜全面建成小康社会 夺取新时代中国特色社会主义伟大胜利》。

② 参见夏玉珍主编:《犯罪社会学》,华中科技大学出版社 2014 年版,第 114 页。

者“机器人”代替,特别是在人工智能时代到来的背景下。失业为社会不平等的表现方面之一,失业人员也是有组织犯罪的人员来源之一。[①] 因此,在关注劳动力供求矛盾对有组织犯罪的影响时,也需对此予以关注。

这种劳动力供求的矛盾也会影响“价值期待冲突”——犯罪组织成员多身处社会底层,缺乏向上流动的合法机会,却具有建立在非制度性手段基础上的高价值期待。对于面临着慢性失业、失业或者从事低薪、劳苦工作的底层“精英”来说,由于不能或不愿通过合法途径改变自己的恶劣生存处境,他们的利益诉求常常寻找非常规的社会流动阶梯、采取反社会的形式,这时有组织犯罪就是一种理性的经济行为,是非法的商业活动形式,通过向社会供应非法服务及提供法律所禁止的产品来获取最大利润。[②]

三、人口的规模性流动

人口迁移现象对有组织犯罪也产生影响。随着社会经济活动大量增多,人员、资金、物质、技术等的流动量和流动速度将大大提高。[③] 近年来,世界人口迁移均呈现上升趋势,城市化[④]过程说到底是资本、人口、劳动等生产力要素向城市集中化的过程,而工业化则是推进城市化的永恒“发动机”。工业现代化的强有力推动,使资本、人口、劳动在定向驱动的空隙中出现了犯罪得以生存的种种主客观条件。

我国人口迁移的强烈波动性和流向单一性所不断地聚集形成了社会震荡,其深刻的社会历史背景是我国的传统经济发展模式,即以高度集中的行政管理为主导的产品经济模式。这一经济模式作为我国人口迁移模式的基础,其影响是深远的,它造成“城乡隔绝”“城乡对立”的客观现实。农业经济发展滞后,城乡收入差距客观存在,农民从事农业生产的积极性降低,于是,大量农村闲置劳动力出现,其

---

① 参见李蕴辉、辛科:《刑事政策与社会政策初论》,中国民主法制出版社 2013 年版,第 118 – 119 页。

② 参见张爽:《有组织犯罪社会认同研究——以中日有组织犯罪合作研究项目报告为例》,载《政法论丛》2015 年第 1 期。

③ 参见何秉松:《中国有组织犯罪研究(第一卷):中国大陆黑社会(性质)犯罪研究》,群众出版社 2009 年版,第 511 页。

④ 另有学者提出,有组织犯罪与市民社会有某种天然的、紧密的联系,市民社会的发生、发展与有组织犯罪的发生、发展具有一定的同步性。参见姚建龙:《市民社会与有组织犯罪》,载《犯罪研究》2004 年第 2 期。

中很大一部分人迁移城市，但此前城镇现代化发展水平难以吸收农村庞大剩余劳力。在城市就业机会有限的条件下，失控人口呈现规模性流动，农民大量涌入城市经商、务工、从业，其不但造成城市人口承载能力的超负荷，而且导致农村大批劳力弃耕而去，农田荒毁。如此这些边缘人群及其子女的上升空间愈加狭窄。[①] 这些迁移人员往往在城市面临生计问题，遭受挫折则易于心理失衡，其与城市闲散人口有可能产生交互，形成为数众多的无业社会流民群体，潜藏着极大的爆发力和破坏力，为有组织犯罪提供了潜在的人员基础。有学者进而提出，由于利益表达的组织性、制度性、话语性以及自生性阙如，致使新生代农民工的合理诉求得不到有效表达，合法权益得不到有效维护，进而驱使他们选择"黑夜政治"方式进行泄愤[②]。

此外，一些特殊情况下的人口流动状况也会影响有组织犯罪。例如，在新冠疫情期间，传统的有组织犯罪活动也发生了相应的变化。[③]

第三节　有组织犯罪的文化原因

经济动机虽然可以解释犯罪活动，但是从本质上讲有组织犯罪是在困难情况下的犯罪合作。[④] 因此，寻求其进行合作的文化机理就显得更为重要。随着现代化进程的发展，现代社会与传统社会相比更加开放，异质文化的交流成为必然。与社会开放一致的是，社会公众的文化需求呈现多样化，主文化与亚文化共存共荣，社会主文化的兼容同化力增强。但不可忽视的是，亚文化中的犯罪文化包括暴力文化、帮会文化等。文化冲突是孕育犯罪，尤其是有组织犯罪的文化土壤。

---

① 参见莫洪宪：《我国有组织犯罪的特征及其对策》，载《河南财经政法大学学报》2012 年第 6 期。

② 参见张志胜：《表达阙如与黑夜政治——利益视域下的新生代农民工犯罪问题研究》，载《青少年犯罪问题》2011 年第 2 期。该文作者进一步指出，唯有增强其利益表达的组织性，拓展政治参与渠道，提升话语权利以及支持其实现全面"提素"，才是问题的最优解。

③ See Saša Djordjević & Bojan Dobovšek, *Organised Crime in Western Balkans Six at the Onset of Coronavirus*, International Journal of Sociology and Social Policy, Vol. 40:9/10, p. 815(2020).

④ See Edward R Kleemans, *Organized Crime and the Visible Hand: A Theoretical Critique on the Economic Analysis of Organized Crime*, Criminology & Criminal Justice, Vol. 13:5, p. 626(2013).

一、帮会文化的影响

20 世纪 50 年代,美国犯罪学家关于“亚文化群”理论的提出,使犯罪的文化学研究受到广泛关注。所谓亚文化,是指那些相对于主文化而言,跟主文化在观念认识、价值认定、行为方式上有较大差异,对人类社会的发展不起主导和决定作用的文化,亚文化也被称为副文化。① 亚文化理论认为社会结构中包括若干与中产阶级对立的次一级的亚群体。这些亚群体的社会地位、生活水平与中产阶级有明显差异,无法用正常手段实现价值目标。他们不按中产阶级的社会标准去行为,造成社会适应困难与对抗心理。在群体中,他们形成了自己独特的、与中产阶级标准相对立的文化价值体系,常常采用违法行为对抗社会文化,以宣泄、补偿自己的不满。亚文化的理论意义之一,在于它指出在同一文化背景中,存在对立的文化群体和不同的文化标准(价值观念、生活信仰、行为准则等)。文化标准的对立,使社会主文化代表的社会规范受到藐视,导致冲突行为发生。不良亚文化具有解释与主流文化不符的特点,并容易被传播。因此,它对于犯罪的发生和犯罪向组织化发展具有积极的推动作用。②

从有组织犯罪的历史发展来看,历史传统对有组织犯罪的影响很深。昨天的民间社会与有组织犯罪之间的关系可能更多地说明了今天和明天的犯罪组织方式。③“亚文化论”认为,由于病态的亚文化(副文化)的传播、泛滥,腐蚀污染了部分人的灵魂,势必导致腐化堕落,走向犯罪。美国学者多从“帮伙”的角度对亚文化进行阐释,如刘易斯·雅布隆斯基在《暴力帮伙》一书,发展了一种以帮伙的群体结构为特征的暴力帮伙论。其认为,暴力帮伙是在社会解组的贫民区中没有受到适当社会化的、社会病态的青少年,疏远和逃避主流社会,对主流社会进行偏执狂式的反应的结果。④ 意大利“黑手党”、日本“暴力团”和我国香港特别行政区“三合会”在组织结构、帮规会律、活动方式等方面各具特点,其中一个深层次的原因就是各国或地区具有不同的历史传统以及所在地公众具有不同的亚文化传统。历史

---

① 参见康树华、魏文新:《有组织犯罪透视》,北京大学出版社 2001 年版,第 271 – 272 页。

② 参见于天敏等:《黑社会性质组织犯罪理论与实务问题研究》,中国检察出版社 2010 年版,第 290 页。

③ See Bill Tupman, *What does the Way Crime was Organised Yesterday Tell Us About the Way Crime is Organised Today and will be Tomorrow*?, Journal of Money Laundering Control, Vol. 18:2, p. 231(2015).

④ 参见郭子贤:《黑社会(性质)组织形成研究》,知识产权出版社 2006 年版,第 79 – 80 页。

以其强大的惯性广泛深刻地影响着本国、本地区公众的思想和行为方式，所以，有浓厚历史传统的有组织犯罪难以从根本上铲除，其再生能力很强。

我国是世界上封建制度延续时间最长的国家，封建社会中的一些亚文化思想，发育、演变得最充分和最成熟。所谓的熟人社会，本质上就是社会中人与人之间相互联系的一种思维方式和行为逻辑，这种已深入中国人骨髓的思维方式和行为逻辑，同样对中国的有组织犯罪的组织性特征有深刻的影响。[①] 有学者甚至归纳了熟人社会对于有组织犯罪组织性特征的影响：(1)组织规模容易发展壮大；(2)组织内部严密程度相对松散；(3)组织对外“凝聚力”相对较强；(4)组织的核心圈为当地人，外地人往往处于外层。[②]

就我国犯罪亚文化而言，江湖结社文化或帮会文化占主导地位。帮会文化，是反映帮会生存方式、活动方式、行为准则、伦理关系、帮内规矩、价值观念的文化。[③] 20世纪初沦为半殖民地后，西方资本主义、帝国主义的介入，使中国社会上的黑势力更加雄厚。数千年的封建行帮意识和宗族帮会文化根深蒂固，是形成有组织犯罪的文化基础。封建文化对人们思想的渗透很深，封建等级观念并没有随着统治阶级的覆灭而退出历史舞台，而是成为犯罪组织内部层级结构的基本依据。[④] 对此有学者指出，有组织犯罪与历史上的帮会一脉相承，有很多相似之处，这是它与帮会文化有不可分割的内在联系的一种表征，在我国，有组织犯罪无一不是从认同帮会文化开始，并从中汲取自己的精神营养的。帮会文化具有深远的历史文化渊源。秘密结社，拉帮结派古已有之。[⑤] 溯其根源，或因封建社会中的土地兼并，造成大批农民离开土地，进入城市，成为无业游民，为求生存而结成利益共同体；或因封建社会缺乏社会公正，阶级压迫剧烈，底层民众为互相扶持、互相帮助而拉帮结派；或因民族斗争、阶级斗争的需要而形成组织的形式。特别在近代，中国的帮会组织愈演愈烈，从天地会、“三合会”到青帮、红帮，对社会生活的影响深远。分析帮会文化的特征，则既可看到它离不开社会主文化的影响，又独具其亚文化的特点。因此，也有学者将“帮派思想”和“暴力意识”作为犯罪亚文化的核心，其认为

---

① 参见王烁：《中国的熟人社会与有组织犯罪的组织性特征》，载《犯罪研究》2014年第6期。

② 参见王烁：《中国的熟人社会与有组织犯罪的组织性特征》，载《犯罪研究》2014年第6期。

③ 参见莫洪宪：《我国有组织犯罪的特征及其对策》，载《河南财经政法大学学报》2012年第6期。

④ 参见于天敏等：《黑社会性质组织犯罪理论与实务问题研究》，中国检察出版社2010年版，第288页。

⑤ 参见李锡海：《帮会文化与有组织犯罪》，载《法学论坛》2004年第5期。

犯罪分子之所以要组织或者参加黑社会组织，是因为他们从两种犯罪亚文化中意识到只有组织起来并拥有暴力，才能形成一股与社会相抗衡的独立的力量，并且，只有凭借这种力量才能获得财富、权力和名誉，迅速提高自己的社会地位。①

作为一种不合法的秘密组织，帮会生存发展必须依靠内部的“精诚团结”，甚至献身精神。除了依靠江湖义气的凝聚力外，在群体内部还普遍建立起仿血缘的兄弟关系，这也明显带着中国传统文化特点。父子、兄弟的血缘关系在传统文化中被认为是最重要、最可靠、最基本的伦理关系，是一切伦理关系的起点。在亚群体集团内虽无血缘，却都建立了仿血缘的兄弟关系。帮会文化是典型的犯罪亚文化，群体内形成独具的文化规范，如隐语、暗号、文身、“歃血结盟”等秘密的入会仪式，严密的帮会规矩等。

帮会集团作为一种秘密活跃在社会底层的亚文化群体，是一种国家政治的异己力量，一般受到国家政权的排斥和打击。但值得注意的是，帮会文化在现代社会中仍然十分活跃，在东方文化圈内尤为明显。其中绝大多数犯罪组织在组织结构、活动方式上，仍沿袭亲族和帮派的封建特性；思想意识和精神支柱仍继承“江湖义气”“侠义精神”的封建衣钵。现代社会的这种畸形现象说明：一方面，在现代化、都市化进程中，由于社会结构的巨大变迁，人口膨胀，流动加速，大量农民进入城市，农业社会向工业社会转型，极大地削弱了原有的社会控制力量。帮会崛起必然意味着社会控制出现了疏漏。另一方面，在中国传统文化中的确存在有利于帮会繁衍的文化特质，帮会文化的生成土壤仍然存在。在社会底层，那种“江湖义气”的伦理观念，“拉帮结派”的意识，“出外靠朋友”的传统仍然根深蒂固。这说明不仅是社会主文化具有历史继承性，而且社会亚文化具有较强的历史继承性。对此有学者指出，黑社会性质组织与帮会相比，只不过其组织性更具现代性，共同行为的目的性更明确，从组织头目到成员都知道他们的犯罪是一种共同犯罪，这是它比一般犯罪破坏性和社会危害性更大的一个原因。② 还有学者从有组织犯罪发展的角度理解与亚文化的关系，指出作为一种亚文化的社会组织结构，有组织犯罪组织也是随着经济、社会的发展而由低级形态向高级形态发展演进的。③

---

① 参见何秉松：《中国有组织犯罪研究（第一卷）：中国大陆黑社会（性质）犯罪研究》，群众出版社2009年版，第493页。

② 参见李锡海：《帮会文化与有组织犯罪》，载《法学论坛》2004年第5期。

③ 参见蔡军：《我国有组织犯罪企业化的路径及其表现分析》，载《法学论坛》2021年第1期。

二、文化冲突的影响

犯罪的背后都有文化冲突的影子,都是某种文化冲突的反映。[①] 从文化角度考察有组织犯罪与文化的关系,实质也是一种文化冲突关系。有组织犯罪群体行为体现的无视主文化认可的社会标准的亚文化模式与法律规范所代表的社会主文化的冲突。在文化传递、文化传播、文化变迁、文化冲突等诸种文化现象中,文化冲突与有组织犯罪具有最密切的关系。

所谓文化冲突,是指在文化传播过程中,两种或两种以上的文化规范不同的异质文化接触、碰撞而产生的文化对抗现象。美国学者塞林在《文化冲突与犯罪》一书中较为系统地研究了文化冲突。一种是纵向的,即随着文明发展而发展的不同时期文化规范的冲突;另一种是横向的,即同一时期内两种文化的规范对立导致的法律规范间的冲突。塞林指出,随着文化集团法律规范的扩展和文化集团成员的迁移,在相邻的文化领域边缘,不同文化准则会引起激烈冲突,导致犯罪。当社会结构从简单化变为复杂化、分层化,文化价值规范由单一变为多元,那么,在同一文化集团、社区领域中也会发生文化冲突。原来的文化集团会分化出新的社会集团,产生特殊的文化准则和价值标准。[②] 由此可见,社会文化在很大程度上影响人的观念、心理、思维方式及行为方式。文化的发展,不但决定于经济基础的变化和社会发展状况,而且受制于其他文化的影响。文化的传播是社会开放的必然结果,人口流动和大众传媒都使异质文化得到广泛的传播。

改革开放后,我国现代文化出现了多种异质文化组合、交融、冲突的格局。在多种文化并存的社会里,每种文化都有自己的价值观念和行为规范。异质文化的接触,或相互适应、互补、融合、涵化为一种新质文化,或相互排斥,形成文化冲突,产生犯罪,并且,随着文化冲突的加剧,犯罪现象更加复杂。“中西文化冲突论”认为,我国传统的东方文化面临着西方文化的渗透和挑战,东西方文化的差异和冲突,对社会成员特别是对青少年影响甚大,容易导致行为偏差进而陷入犯罪。[③] 从我国的现实状况来看,如果说封建行帮观念对现实社会中有组织犯罪的形成发展

---

① 参见吴鹏森:《犯罪社会学》,社会科学文献出版社 2008 年版,第 255 页。

② 参见莫洪宪:《有组织犯罪研究》,湖北人民出版社 1998 年版,第 174 页。

③ 参见赵廷光、莫洪宪:《犯罪的本质、起源与产生》,载王牧主编:《犯罪学论丛》(第 1 卷),中国检察出版社 2003 年版,第 133 页。

起着抽象、概念性引导作用，那么，在改革开放后，外来消极文化的渗透、展示和描述，以及中外文化的冲突，则为有组织犯罪的滋生、发展提供了形象而具体的示范教材，起到了催化作用。例如，境外凶杀、恐怖、色情、暴力及黑社会组织犯罪的音视频、书刊，通过各种渠道在社会上流传；大众传媒对吸毒、劫机、绑架人质等犯罪报道的渲染，客观上引发了一部分人效法、模仿和学习，并作为他们实施有组织犯罪活动的合理化的口实。社会心理规律和实践告诉我们，"榜样"的力量无穷。不良参照群体的消极"榜样"作用不可低估，它会对群体犯罪心理的形成乃至群体犯罪行为的发生起着不同程度的社会暗示作用。此外，帮派主义、码头文化、低俗趣味等低俗文化也有一定市场，对黑社会性质组织的形成和发展起到了推波助澜的作用。①

第四节　有组织犯罪的心理原因

有学者认为有组织犯罪的心理特点包括：第一，利益最大化。有组织犯罪的一个最大特点是追求经济利益，这使该类组织以利益最大化为群体目的。在利益目的驱动下，参加犯罪组织的个人将群体目标视为个人目的，通过加入犯罪组织分享由犯罪带来的利益成果，共同的利益追求成为有组织犯罪的重要心理特点。第二，集体意识。在有组织犯罪中，群体的结构严密，组织形态稳定，分工明确并且纪律严明，群体成员对群体只有服从的义务。这使从事有组织犯罪的群体成员在互动过程中形成鲜明的"我们意识"，对群体有归属感和依赖性。第三，压力。与犯罪团伙不同，从事有组织犯罪的群体有严格的奖惩制度，有严格的群体规范。这一方面是为了保证其犯罪目的的实现，另一方面是防止因个别人的自首给群体带来的法律风险。规范的存在和该类群体严明的等级制度成为一种压力作用于每一个成员。压力的结果是培养了成员的服从意识，有利于群体犯罪目的的实现。第四，首领决策代表群体意志。从事有组织犯罪的群体中有不同级别的领导者，其是有组织犯罪的主犯，而参加者有时属于被蒙蔽的从犯，在有组织犯罪过程中，首领或主犯的决策具有命令的性质，能够决定群体共同行为的发展方向、决定行为的法律性

① 参见于天敏等：《黑社会性质组织犯罪理论与实务问题研究》，中国检察出版社2010年版，第288页。

质,代表整个群体的意志。① 以上概括具有一定的参考价值,但是本书认为,更应从有组织犯罪的心理特点出发,深入挖掘其心理原因,从而更深刻地了解该类犯罪。

有组织犯罪是群体犯罪的高级形态,其犯罪主体是一种特殊的社会群体。根据社会心理学的基本原理,群体是指以一定的特征相结合,并以共同的活动为基础进行交往的联合体。这种联合泛指群体成员直接或间接的接触,包括社会交往和心理交往。群体存在的基础,在于共同的价值规范、统一的原则或一致的利益与目的。所谓有组织犯罪心理,是指犯罪组织成员之间、成员与组织之间的意向、动机、目的相互影响而成立的适合于犯罪的价值、态度、行为方式的总和。有组织犯罪心理具有下列特点。

第一,有组织犯罪心理是犯罪组织成员共同的价值、态度和行为方式的总和。其中共同的价值和态度反映了犯罪组织的心理基础;共同的行为方式是其共同的犯罪心理的外在表现。在有组织犯罪中,其共同的心理特点表现为心理相容,关系融洽,配合默契。一旦有组织犯罪活动受挫或面临打击,成员之间往往相互袒护,攻守同盟。因此,有组织犯罪心理是以犯罪组织面貌出现的心理状态。

第二,有组织犯罪心理具有组织界限性。有组织犯罪,尤其是黑社会组织或黑社会性质组织是一个有机联系的整体,它应犯罪规模、效益的需要而产生,因犯罪组织结构而相区别。因此,有组织犯罪有自己固有的组织界限,内外分明。每一个犯罪组织的成员均是"向内",自觉维护本犯罪组织的共同利益。如果某一成员对他所属的犯罪组织不亲不近或不忠实,则被组织内部其他成员视为异类。如果某一成员以牺牲本集团的利益为代价,维护另一集团的利益,则被视为背叛本集团行为,将受到组织内部戒规的惩罚。有组织犯罪心理的组织界限性往往导致不同的犯罪组织之间的心理冲突,如为了争夺地域控制、资财或扩大势力范围而产生的"火并"。

第三,有组织犯罪心理是适合于有组织犯罪的心理倾向。个体犯罪心理是各种影响和支配犯罪人实施犯罪行为的心理因素及其相互关系;而有组织犯罪心理,不论其组织规模大小,都不是一个独立的心理实体,而是一种表现为犯罪组织的价值、态度以及适合于有组织犯罪的气氛、倾向或集团的行为定式。这种有组织犯罪

① 参见罗大华、何为民主编:《犯罪心理学》,中国政法大学出版社 2012 年版,第 415 - 416 页。

心理的产生,取决于犯罪组织成员之间的相互交往、共同的价值观念和以集团凝聚力的行为准则为核心的依附关系,使之形成心理集团,在同一刺激作用下,产生情感、态度、动机、意向的共鸣,出现以个体心理反应为基础的集团心理,形成一种适合于有组织犯罪的氛围。

第四,有组织犯罪心理是成员犯罪心理的集中反映。在犯罪组织中,成员之间的互动、模仿、感染会生成一定的社会心理现象,并在此基础上出现一种融合组织成员共同心理特征的集团心理。犯罪组织心理的出现,正是这一过程的集中反映。

有组织犯罪的产生和发展有下列心理因素。

一、一致的畸形需求

从本质而言,人是社会的人,不能脱离社会而存在,人的本身就是自然与社会的高度统一体。人的心理是在人的社会实践过程中发生和发展起来的,主要决定于人的社会存在,决定于人的社会物质生活条件。人的需要纷繁复杂,从生理上的最基本需要到物质需要和精神需要的复杂交织。社会对其每一成员不仅有物质方面的互通有无和满足,而且社会结构本身可以带来权力、成就、尊重和安全等方面的满足。社会矛盾往往集中反映在经济地位的不平等上,这造成了人们心理的失衡,容易滋生以非法手段摆脱贫困的想法。[①] 从犯罪心理学的研究角度来看,动机是由需要激发的,某一种需要一旦产生,便以欲望等形式反映在人的头脑中,并随之产生满足这种欲望的冲动——动机。对非法欲望的追求滋生违法犯罪动机。有组织犯罪的存在也需要某种共通的"价值标准"作为依托。[②] 有组织犯罪成员的共同需求是形成组织的纽带,其需求的层次随着客观外界条件的变化而变化,从而促使犯罪组织结构随之变化。[③] 因为犯罪人要满足不断增长的非法欲望和需求,往往感到势单力薄,难以得逞,需要凭借群体力量实施违法犯罪,因而,有组织犯罪成为他们实现既定犯罪目标的最佳模式,是犯罪群体共同需求结构强化的结果。有组织犯罪集团的畸形需求具体表现在如下方面。

---

① 参见于天敏等:《黑社会性质组织犯罪理论与实务问题研究》,中国检察出版社 2010 年版,第 283 页。

② 参见莫洪宪、张小宁:《中日有组织犯罪现状比较研究》,载《刑法论丛》2009 年第 2 期。

③ 根据体制理论,有组织犯罪集团是一种社会体系,社会内部体制的弊端是其形成的根本原因。社会内部体制导致了公民的需求无法得以满足,而非法组织在合法政府之外也就产生了。参见于天敏等:《黑社会性质组织犯罪理论与实务问题研究》,中国检察出版社 2010 年版,第 278 页。

第一,合群需求。从本质上讲,合群需求是人的一种基本社会需要,人类是群集动物,有合群生活的习惯和倾向。有组织犯罪的产生,亦在一定程度上反映了人类群集性的本能特点。合群的原因,往往是参与者的个人需要,首先,是出于共同的反社会需要,以社会为对象发泄个人不满,往往是维系犯罪集团的纽带。其次,个人的畸形需要是有组织犯罪集团纠合而成的客观基础。他们一方面在犯罪组织中寻求不受社会调节的需求满足;另一方面企图依靠犯罪组织的力量实现仅凭个人力量无法满足的需要。最后,情感交流与精神寄托的需要。在有组织犯罪集团中,成员之间主观心理基础相近、相通,情感交流成为调节人际关系的中介,当集团成员个人在社会生活中受挫而产生紧张、焦虑时,如失业使生活窘迫,判罪而被监禁等,集团内部的物质和精神抚慰作用成为一种不可缺少的精神寄托。也有学者从"底层阶层意识"的视角加以论述,其认为由于很难通过合法途径改变恶劣的生存处境,底层群体从意识上觉得难以通过努力改变其底层地位,逐渐出现甚至固化"底层化"意识,对社会现实产生不满情绪,而犯罪就成了应对这些消极情绪的方法之一。在底层阶层意识下,社会被认为充满敌意、偏见、危险,这时破坏社会秩序就成了自我防卫的本能需要,有组织犯罪被合理化为一种被迫的谋生方式,由此中和了犯罪组织成员的主体责任。①

第二,财势满足。有组织犯罪以追求经济利益为目的,并可凭借暴力、贿赂手段从事各种非法商品的经营和服务,从中攫取巨额财富。② 一方面,获利心理始终是有组织犯罪的重要心理动因。对此有学者提出,全社会成员都在追求金钱和财富这个市场经济条件下最重要的稀缺有价物,处在社会不平等的阶梯中最底层、最恶劣处境的社会成员,他们对财富和金钱的渴望和追求,就更为强烈、更为迫切。这些社会地位和处境相类似的人,很容易在追求财富和金钱的共同目的下联合起来,组成黑社会(性质)组织,并通过黑社会(性质)组织的系统的活动来实现系统的目的。在这个过程中,对金钱和财富的追求,不仅作为预先确定的共同目标,促使系统的组成,而且自始至终引导着黑社会(性质)组织的系统行为,推动这个系

---

① 参见张爽:《有组织犯罪社会认同研究——以中日有组织犯罪合作研究项目报告为例》,载《政法论丛》2015 年第 1 期。

② 行为人无法获得合法的社会地位与获取财富的均等机会,内心产生挫折与愤怒的紧张动机和压力,更易于导致犯罪行为的发生。参见于天敏等:《黑社会性质组织犯罪理论与实务问题研究》,中国检察出版社 2010 年版,第 276 页;李文燕、柯良栋主编:《黑社会性质犯罪防治对策研究》,中国人民公安大学出版社 2006 年版,第 258 页。

统由低级向高级的发展。[①] 无论是策划、领导有组织犯罪的首领，还是积极参与者大都为了获取某种直接或间接的利益，而这种利益是在个人独自的情况下难以得到的，犯罪组织者利用“有福同享，有难同当”的口号笼络人心，以组织内部的利益均沾和利益公平原则作为平衡成员心理的手段，形成组织凝聚力。当其成员根据自己入伙时间的长短，个人能力的大小，在具体犯罪活动中所作的“贡献”自断利益份额时，一旦与犯罪组织者的公断相吻合，这不仅满足了个人的物质欲望，而且更加追随犯罪组织者；反之，犯罪组织成员内心深处的不公平感会产生离心力，使犯罪组织的凝聚力减弱。另一方面，有组织犯罪这一等级森严的特殊群体结构，具有满足其成员畸形精神需求的“特异功能”，如获取某种权威的威风感，随心所欲的成就感，有依有靠的归属感，获得保护的安全感，以及令人畏惧而又令人羡慕的被尊重感。这种权势的双重效益和满足，具有极大的诱惑性，它使一致的畸形心理欲求得到相互认可和强化，形成共同的反社会心理倾向，成为有组织犯罪的原动力。如国外学者也关注到男性荣誉的文化和意识形态信念和其参与有组织犯罪的关联。[②]

第三，以情换义。所谓“情”，即犯罪组织给其成员一定的恩惠和关怀，这种恩惠包括物质性的奖励、荣誉性的地位提升、情感性的关怀。往往情感性的关怀极具欺骗性和笼络性，如犯罪组织成员被捕、被监禁，犯罪组织的其他成员会去探视，设法营救，甚至身穿“孝服”陪送刑场。这种情感笼络的对象不限于犯罪组织成员，而且扩展到对他们家属的照顾、安抚。尽管情感笼络因亲缘、地缘、业缘之分有厚薄之别，但总体来说，犯罪组织所投入的情感笼络将得到其组织成员“义”的回报与反馈。犯罪组织者以情换义的手段，得到组织成员甘愿为组织集团承担风险，牺牲个人利益乃至生命在所不惜的反射回报，使集团内部形成合力。如果某一组织成员享受了其组织集团的恩惠却拒绝回报或背叛，则会被众人视为“不义”，理所当然地受到犯罪组织的惩罚。

---

① 参见何秉松：《中国有组织犯罪研究（第一卷）：中国大陆黑社会（性质）犯罪研究》，群众出版社 2009 年版，第 487 页。

② See Giovanni A. Travaglino et al., *Organized Crime and Group – Based Ideology: The Association Between Masculine Honor and Collective Opposition Against Criminal Organizations*, Group Processes & Intergroup Relations, Vol. 17:6, p. 80(2014).

二、交往中的心理互动

犯罪组织中流行的价值观和行为模式虽然与主流社会相悖,但从调查数据来看,有组织犯罪认同却不是通过下行的、强制性的灌输实现的,而是一个自发的、主动的过程,犯罪组织成员对犯罪组织这一参考群体有强烈的认同。[①] 有组织犯罪是由低级向高级渐进发展起来的,其形成的结构具有多方面、多层次性的特征,又始终以"交往"为其纽带。通常社会交往是人们逐渐相互接近而变得亲密的社会渗透过程。虽然亲属关系仍然是促进违法者之间合作的常用手段,但犯罪集团更有可能在可用时诉诸其他基于非亲属关系的机制。[②] 这种过程是由接近、交换信息和感情向亲密关系发展,持续的相互交往可扩大和提高亲密的关系程度。如果我们从"交往"这个媒介点出发,分析有组织犯罪现象,可发现交往是有组织犯罪心理迅速而又不易查明的扩散过程,这一过程以模仿、暗示、遵从、认同等心理现象为基础,导致产生共同的情绪和行为反应。

第一,模仿。在发展心理学中,模仿被视为仿效榜样或从原型得到启发,作为发展创造力的基础。在有组织犯罪内部,模仿既可能产生在其成员之间,尤其是犯罪组织的首领,往往成为全体成员模仿的直接对象;还可能产生在犯罪组织之间,即将其他犯罪群体作为学习参照的群体。当个体的信念、态度与行为都与所参照团体的标准相符合时,就意味着他与参照对象发生了同化。模仿过程是集团成员对共同犯罪行为的一种感知与理解,其功能在于,削弱个体的自制力,使个体情不自禁地仿效他人的情绪和行为,以加深其思想、行为、兴趣上的反社会倾向。

第二,暗示。在有组织犯罪心理的产生过程中,模仿通常是参与者自身的心理过程,而暗示则往往是犯罪组织的核心人物、组织者、决策者对其成员有目的的一种特殊的影响。在犯罪组织的参与者当中,恶性较深的成员为了达到一定目的,通过暗示对其他成员施加影响,暗示不需要证明和逻辑推理来说明,主要是情绪、意志方面的影响,可能反映在言语、语气上,也可能体现在表情上。暗示效应因人而异,同时取决于各方面的因素。暗示者的权威性对暗示性的强弱起着重要作用。

---

① 参见张爽:《有组织犯罪社会认同研究——以中日有组织犯罪合作研究项目报告为例》,载《政法论丛》2015 年第 1 期。

② See Paolo Campana & Federico Varese, *Cooperation in Criminal Organizations: Kinship and Violence as Credible Commitments*, Rationality and Society, Vol. 25:3, p. 282(2013).

通常成熟的有组织犯罪，都具有影响较大的组织者，即首领人物，他是部分人心甘情愿追随的对象，其权威性足以影响整个犯罪组织的凝聚力。与一般的社会组织不同，有组织犯罪的权威者并非行政“任命”或“安排”的产物，而是靠权威者自身的“所作所为”，即特有的犯罪经验，遭受刑事处罚的经历，以及与政界官方的交往等因素树立起来的。他们能够运用暗示的手段，控制组织成员及其组织活动，达到仅凭个人力量无法实现的目的。但暗示的作用也具有有限性，如确定犯罪利润比口头上可能暗示的要复杂得多。[①]

第三，互动。通过相互交往，形成有组织犯罪的情感结聚和组织意识，犯罪组织成员间相同或相近的思想、利益、人生观、价值观、情绪、心态而引起相互的共鸣，因而，产生“亲群”心理，这种亲群结构层次是依附各种媒介而聚结的。例如，有的以“同域”情感为媒介而结聚，有的以“同遭遇”或“同病相怜”为媒介而结聚，在交往中没有相互吸引的媒介难以形成成员间的心理互动。所谓互动，是指个人与他人或集体，两个变量或多种变量发生关系的过程中相互之间的影响，或共同的作用。它是社会中人们相互交往，共同生活的结果，也是人与人之间彼此能互相发生关系，从而构成纷繁复杂的社会原因。通常互动以个人生活空间为基础，生活空间越近，心理距离越小。从社会心理互动类型来看，存在无序心理互动和有序心理互动。无序心理互动无中心、方向不定，缺乏持久的共同目标，常表现为一哄而起或一哄而散；而有序心理互动则有中心、有方向，比较协调。有组织犯罪集团成员以有序心理互动为基础。

三、个体差异的互补

犯罪，在社会学上是行为主体与社会互动过程中实现的一种以非法获益为目的，又以严重社会危害性、违法性而受到社会制裁为其特征的严重反社会行为。那么，犯罪行为产生后，必然存在犯罪人自身“受益”与强烈的社会反应——受到法律惩治，付出犯罪经济学所称“惩罚成本”的代价。无疑，这里存在一种价值关系即“犯罪收益”与“犯罪支出”的比率问题。任何“理性的犯罪人”都会追求以最小的“投入”，换取最大的“产出”，这就是所谓的“犯罪效益。”[②]

---

① See Edwin W. Kruisbergen et al., *Explaining Attrition: Investigating and Confiscating the Profits of Organized Crime*, European Journal of Criminology, Vol. 13:6, p. 692(2016).

② 参见周良沱：《犯罪效益论》，载《南昌大学学报（社会科学版）》1997 年第 2 期。

在社会结构转型的背景下，首属群体整体上弱化趋势明显，群体成员关系趋于松散，人们日益转化为一种分离的、原子化的个体，甚至一些首属群体已经名存实亡。个体更多地以职业为中心进行活动，业缘关系日趋重要，而有组织犯罪正是犯罪组织成员长期从事的具有一定稳定性的“职业”，犯罪组织由此成为其成员的首属群体。一方面，犯罪组织成员最基本的安全和生活需求依靠犯罪组织来维护，犯罪组织将成员的个体利益和团体利益紧密相连，使得有组织犯罪具有更强大的凝聚力和约束力。另一方面，与首属群体的整体弱化相反，犯罪组织却得到了局部加强，在犯罪组织中人际关系初级化的现象突出，犯罪组织初级化为拟家庭的首属群体。①

有组织犯罪显示的是一种群体性的社会“恶”势力，在这种犯罪组织中，组织成员不再是孤立无援的个人，而是强大的组织力量、组织纪律、组织措施提供支持。② 有组织犯罪大多从事风险大且利润丰厚的行业，如贩毒、走私军火、卖淫、拐卖人口、赌博等，其犯罪活动规模越大，组织化程度要求越高，需要有善于规避法律，战胜竞争对手而精心设计犯罪活动的组织策划者；有效忠犯罪组织，保障内部成员安全利益的保护者；有“尽责职守”的财务管理者；有具有不同智能的具体实施者，如熟悉信息技术，熟悉金融领域的流通规则，精通洗钱业务，或者专门的职业杀手等。通过犯罪组织成员之间智力、技能、气质和性格等方面的差异互补，使犯罪组织得以分工合作，犯罪活动得以有机地分解，相对独立的各个环节因其组织性而遥相呼应，被有效地控制。此外，犯罪组织成员加入群体的动机各异，并且个体之间时有冲突发生，但客观的犯罪意图交流、勾连，加速了成员间的心理互补，使不同类型的犯罪人在犯罪组织调和机能作用下，淡化了相互间的矛盾，趋向于心理与行为上的统一。犯罪组织成员在互补基础上所形成的有机整体，类似一个“小(型)社会”，自上而下，由内向外，使犯罪活动更趋于精细、熟练且专业化，从而具有更大的危害能量。

四、罪责扩散与从众心理

有组织犯罪需要形成犯罪的合力，集中群体的犯罪技能与方法，提高分工协调

---

① 参见张爽：《有组织犯罪社会认同研究——以中日有组织犯罪合作研究项目报告为例》，载《政法论丛》2015 年第 1 期。

② 参见谢勇、王燕飞主编：《有组织犯罪研究》，中国检察出版社 2005 年版，第 37 页。

能力,强化犯罪意识和犯罪动机,以及罪责分散意识。根据群体动力学理论,群体中的个人思想和言行与他一人时有所区别,个体会产生依赖于群体的力量感。在有组织犯罪中,组织内部本身的气氛与凝聚力,不仅会激发不同主体潜在的犯罪意向,而且会促成相互学习的交感效应,使个体在主观上淡化单独作案的罪责感,产生责任分担的侥幸心理,获得作案时的心理帮助。责任的分解与犯罪组织内部的分工密切相关。由于一个连贯的整体行为被分解,由数人分别执行,行为的责任也就相应地出现了分散与减轻,既存在犯罪的预谋阶段和犯罪的实施阶段的分解,也存在犯罪行为操作过程中的分解。如有组织的贩毒,接、送、转各管一段,各负其责。负责前一环节者不知悉后一环节的危害后果,因而减轻内心的自责与罪恶感;负责后一环节者则借由不明前一环节的起始为由,而推卸罪过,甚至借口自己是被迫、被骗或不得已而为之等。互相推诿,罪责扩散,从而减轻个人应负的刑事责任和良心谴责。这种"法不责众"或合理化心理机制用一种自我能接受、超我能宽恕的理由来代替自己行为的真实理由,以保持内心的安宁,不但减轻了犯罪人单独作案的心理压力,而且增强了其对犯罪组织的归属感,乐于以代表群体的面目出现,增强在社会生活和从事犯罪活动时的力量感。

五、内外压力与集团心理

通常情况下,社会压力是作为社会需求制约个体行为的力量。它包括由社会中的多数人有意识地施加于个体压力,个体所感受到的社会对自己的无形的约束。一旦个体的意向或行为与社会要求相矛盾时,社会压力便随之而产生,导致有组织犯罪集团心理增强的社会压力,包括其群体内部压力和外部压力。

内部压力来自两个方面,即犯罪组织的帮规帮纪和犯罪组织从事某种犯罪活动时的群体气氛,即社会化的一种特殊形式。在这一过程中,个体受到犯罪组织施加的种种影响,放弃个人在原先的社会化中已形成的一些观念、态度和行为方式,并在某种压力下被诱导学习适应有组织犯罪所需要的观念、态度和行为方式。所思所虑、所作所为必须以犯罪组织的利益为重,自我个性减弱,对犯罪组织的规范或意志表示屈从。社会心理学研究表明,当个体面临某种社会压力而表现遵从行为时,绝大多数朝向参照团体规范。群体压力的存在是产生符合行为,即遵从或从众行为的前提,没有这种压力,便不会有符合行为。

所谓符合行为,是指个体因感受到群体压力而在行动上与多数人取得一致的现象。通常个体所感受到的群体压力的大小与符合倾向的强度成正比。犯罪组织是按照一定的纲领与系统结成的一种联合体。[①] 相较于一般共同犯罪和普通的集团犯罪,有组织犯罪已经形成或者意欲形成“组织体之恶”。[②] 对于有组织犯罪来说,其组织成员在更为广泛的心理层次上发生从众现象,由于犯罪组织的“清规戒律”的灌输,组织内反社会的气氛和情绪上的共鸣,个体一经熏陶、感染,很快形成共同的意识,接受群体利益、需要、规范、价值、目标等,使个体的主体性部分丧失。在群体压力的作用下,成员自我意识已溶解于群体意识和群体行动之中。群体意识内化为个体自我意识,个体降低或失去原有的理智,排斥与有组织犯罪意识相矛盾的观念和信念,并能自我约束,心甘情愿接受其组织支配,将犯罪组织意识转变为自己心理活动的动力。由此可见,有组织犯罪内部的规范力是致使群体犯罪心理和犯罪组织得以巩固和维系的“法宝”。

在形成强烈的群体犯罪意识基础上,由于组织成员之间的情感和情绪交互感应,又会形成相应的群体情绪情感,尤其是有组织地从事某种犯罪活动时的群体气氛,会对参与者产生压力感。在特定情境中,由于群体激昂情绪互动,相互渲染,会促成一种难以控制的群体气氛,它调动参与者的潜在意向,增强其敢于放纵自己的自由感。同时,对参与者的从众心理起到钳制作用,在从众心态下参与残忍的犯罪活动。强制个体心理调适服从犯罪组织的利益。有组织犯罪的参与者在总体上存在一致的利益倾向,但在交往过程中由于个人需求、动机、行为方式等方面的差异,成员之间、成员与组织之间也存在一定的利害冲突,这种冲突如不能及时解决,组织内部的凝聚力则会削弱。因此,为了个体无条件服从犯罪组织的整体利益,强迫组织成员以自我心理调适的组织压力方式来抑制各种冲突。利害冲突的调适为有组织犯罪实现其整体行为目的创造了条件。

有组织犯罪的外部压力主要来自竞争对手的威胁和警方、司法机关对有组织犯罪的打击。在有组织犯罪集团外部,集团作为一个非法的社会权力系统。[③] 第一,有组织犯罪所具有的垄断性特征,决定了犯罪组织之间有相互吞并和激烈冲突

---

① 参见陈明华:《有组织犯罪问题对策研究》,中国政法大学出版社 2004 年版,第 17 页。

② 参见蔡军:《我国惩治有组织犯罪的实践困境与立法对策》,载《华东政法大学学报》2013 年第 4 期。

③ 参见何秉松:《中国有组织犯罪研究(第一卷):中国大陆黑社会(性质)犯罪研究》,群众出版社 2009 年版,第 276 页。

的现象。某一犯罪组织一旦被其他组织击败,其犯罪成员不仅失去了已有的利益和安全感,还会因被对方视为异己而面临危险。此时,外在的压力反而促进了犯罪组织内部抛弃前嫌,自上而下地团结协作,与犯罪组织同生死、共存亡的心理,驱使犯罪组织的凝聚力进一步增强。第二,有组织犯罪的严重社会危害性,必然导致社会公众在知觉、态度、情感方面的憎恶反应,从而对有组织犯罪形成一定的社会压力;各国刑事立法打击有组织犯罪的措施,以及反有组织犯罪的国际合作力量,形成围剿有组织犯罪和跨国有组织犯罪的社会压力。外在的压力一方面加速有组织犯罪的崩溃瓦解,另一方面从逆反的角度强化了有组织犯罪的凝聚力。因此,外在的压力和威胁往往是引起和促进有组织犯罪进一步升级的重要因素。越是受到公众舆论的谴责、排斥和社会打击,犯罪的组织程度就越强,社会压力的作用强化了其组织成员与社会心理的疏远,强化了他们对犯罪组织的归属感和同群感,并在逆反心理的作用下,刺激反社会意识的形成与沟通,从孤立的个人反抗社会走向有组织的群体反抗社会,组织形态更趋完善。

第四章　有组织犯罪的刑事政策

第一节　我国刑事政策的发展[①]与有组织犯罪

一、刑事政策的含义与体系

“刑事政策”一词是德国教授费尔巴哈于1803年提出的。他认为:“刑事政策是国家据以与犯罪作斗争的惩罚措施的总和。”[②]此后,随着社会经济的发展以及国家与犯罪作斗争观念的变迁,刑事政策的含义也在不断变化。目前,有关刑事政策的概念,中外学者仁者见仁,智者见智,尚未形成一致的意见。

在我国,关于刑事政策的定义,学界历来存在争议,集中体现在对刑事政策广义与狭义的不同理解上。从广义上讲,刑事政策是针对犯罪采取的各种准则、策略、方针以及具体措施的总称。从狭义上讲,刑事政策是针对犯罪采取的刑罚或者刑法规定的措施。笔者认为,定义刑事政策必须考虑以下几点:第一,刑事政策的制定主体是国家而非政党。在我国,虽然许多刑事政策是通过执政党的相关文件、报告等提出的,但在上升为法律之前,难以直接作为司法依据。因此,执政党会通过的相关文件、报告中提出的某项刑事政策,只有通过国家机关(立

① 参见莫洪宪:《改革开放以来我国刑事政策总体评估和启示》,载《东方法学》2008年第5期。

② [法]米海依尔·戴尔玛斯-马蒂:《刑事政策的主要体系》,卢建平译,法律出版社2000年版,第1页。

法机关、司法机关或者党政机关等)发布后,才能上升为一项具有法律效力的政策、措施,这是由宪法规定的依法治国方略决定的,是社会主义法治国家的基本要求之一。第二,刑事政策是直接同犯罪作斗争的策略、措施。如果将国家制定或者颁布的任何措施或者策略都认定为刑事政策,将会导致刑事政策范围的不合理扩大。在许多情况下,国家制定的措施或者策略,多少对于防范犯罪具有效果,即使没有直接效果也会有间接效果。例如,国家制定扶助农村经济发展的政策,对预防犯罪也有一定的作用。因此,定义刑事政策,必须立足于那些直接与防范犯罪相关的措施、策略,不应将所有社会政策包括在内。第三,刑事政策的目标是预防、惩罚、遏制犯罪。针对犯罪的刑事政策,不应局限于业已发生的犯罪,在犯罪发生之前,预防犯罪同样是其目标。即便是犯罪发生后,刑事政策的目标也不是单一的。一方面,对于业已发生的犯罪,惩罚是必须的;另一方面,如何有效遏制犯罪发展的态势,也是刑事政策的目标之一。此外,在惩罚犯罪的同时,为了使犯罪人早日回归社会,成为有益于社会的人,教育、矫正也是一项重要的措施。因此,从目标上讲,刑事政策主要是为了预防、惩罚、遏制、教育和改造犯罪人的需要。综上所述,笔者认为,所谓刑事政策,是指国家以预防、惩罚、遏制、教育和改造犯罪人为直接目的而制定、颁布的各种策略、方针、措施、制度等。

犯罪发生,往往不是基于单一原因,这就决定了防治犯罪不但包括刑事措施,也应包含刑事措施之外的社会措施。如有学者提出:"刑事政策是指国家政治系统和社会公共权力组织基于一定的社会公共价值目标(为共性价值目标)并以防控犯罪为个性价值目标而有组织地采取的一系列方略。"①刑事措施主要是指在刑事立法、刑事司法、刑事执行阶段采取的各种措施;刑事社会措施是指除刑事措施之外的各种防治犯罪的社会措施。基于这一点,有学者认为,从刑事政策的内容、范围来看,它不仅包括刑事立法政策,还包括刑事司法政策、刑事执行政策和刑事社会政策。② 日本学者也认为:"所谓刑事政策是国家机关(国家和地方公共团体)通过预防犯罪、缓和犯罪被害人及社会一般人对于犯罪的愤慨,从而实现维持社会秩序的目的的一切措施政策,包括立法、司法及行政方面的对策。"③一般来说,不包

---

① 魏东主编:《刑事政策学》,四川大学出版社 2011 年版,第 19 页。

② 参见刘仁文:《论刑事政策的概念与范围》,载《中国人民公安大学学报(社会科学版)》2005 年第 1 期。

③ [日]大谷实:《刑事政策学》,黎宏译,法律出版社 2000 年版,第 3 页。

括任何刑事立法、司法、执行政策的纯粹社会政策,往往并非直接针对防治犯罪,其范围也过于宽泛,不易把握,谓之刑事政策有些勉强。当然,包括刑事立法、司法、执行政策在内的,综合其他社会策略、措施的综合性刑事政策之存在,是毋庸置疑的。由此,笔者认为,刑事政策按照属性可以划分为刑事法律政策与刑事综合政策。前者指以刑事法律手段为核心的刑事政策;后者指包括刑事法律手段以及各种社会措施的刑事政策。

改革开放以来,我国执行的刑事政策中,属于刑事综合政策的,主要指社会治安综合治理。社会治安综合治理,是指在各级党委和政府领导下,将各方面的力量组织起来,充分运用政治的、经济的、思想教育的、文化的、行政的和法律的各种手段,惩罚制裁犯罪者、犯罪行为,挽救、改造违法犯罪者,积极消除产生违法、犯罪的原因,全面预防和减少违法犯罪,维护社会主义法律秩序。① 社会治安综合治理政策酝酿于20世纪70年代末,提出于20世纪80年代初,形成于20世纪90年代初,是在影响社会治安的原因日趋复杂、社会治安形势日益严峻的背景下形成的。该方针是指包括刑事立法、刑事司法或刑事执行等刑事法律政策在内,综合运用政治、经济、文化、社会等诸多领域的措施、手段而形成的综合性犯罪防御体系。至于刑事法律政策,可以分为两类:一是基本刑事法律政策,即对刑事立法、刑事司法或者刑事执行等各阶段均具有指导作用的刑事政策。这类政策主要包括惩办与宽大相结合的刑事政策和宽严相济的刑事政策等。二是具体刑事法律政策,即重点对刑事立法、刑事司法或者刑事执行等某个阶段具有指导作用的刑事政策。主要包括惩治与教育改造相结合的刑事政策;惩前毖后、治病救人的刑事政策;坦白从宽、抗拒从严的刑事政策;从重从快“严厉打击刑事犯罪”的刑事政策(以下简称“严打”的刑事政策);死刑政策;“教育、感化、挽救的方针”;等等。

与刑事法律政策相比,刑事综合政策具有如下鲜明特征:一是参与主体的综合性。我国参与社会治安综合治理的部门,除了政法机关外,还包括工商、税务、民政、基层群众自治性组织等一切国家机关和社会组织以及广大人民群众,是一项国家机关和全民参与的综合性犯罪防治工程。刑事法律政策的参与主体主要是政法机关等。二是治理手段的多样性。刑事法律政策往往通过刑罚手段、非刑罚的制裁措施对犯罪进行治理。社会治安综合治理不但包括刑事法律手段,还包括各种

① 参见孙国华等主编:《法理学》,中国人民大学出版社2004年版,第417页。

民事、行政手段以及宣传教育等手段。三是治理工作的长期性。社会治安综合治理立足于长远发展,不计较一朝一夕得失,侧重长治久安。刑事法律政策虽然也最终服务于长治久安,但其直接针对的是一段时期内的犯罪防治工作,体现了阶段性防治犯罪的策略和方针。四是运作机制的综合性。刑事法律政策主要是通过刑事实体法、刑事程序法、刑事执行法等刑事法律运作机制对犯罪这种危害社会的行为加以预防、制裁、遏制。社会治安综合治理则不但采取专业性刑事法律机制,还运用行政运作机制甚至军事化的运作机制,达到防治犯罪的目标。至于具体刑事法律政策,如对严重危害社会治安的刑事犯罪适用的依法从重的方针,对轻微犯罪的少年犯适用的教育、感化、挽救的方针等,都是具体刑事政策。具体刑事政策针对性较强,适用范围较窄。

有学者认为社会治安综合治理与宽严相济的刑事政策应当相提并论,作为基本刑事政策:"我国现阶段的基本刑事政策就是社会主义和谐社会目标及社会主义法治理念指引下的社会治安综合治理政策与宽严相济刑事政策。它真切地反映了我国在新的历史时期的基本刑事政策总体价值目标和宏观实体策略的有机统一,我国现阶段的基本刑事政策很好地体现了对既有基本刑事政策的延续与发展。"①

本书认为,刑事综合政策是国家预防、惩治、遏制犯罪的总纲,处于第一层级,基本刑事法律政策处于第二层级,具体刑事法律政策处于第三层级。也即,第一层次为刑事综合政策,即社会治安综合治理。经过 20 余年的实践,社会治安综合治理已成为我国刑事政策的统筹性纲领,是其他刑事政策的出发点和归宿。② 第二层次为基本刑事(法律)政策,即宽严相济的刑事政策。宽严相济刑事政策是作为独立的刑事政策提出的,是取代惩办与宽大相结合成为新的历史条件下的基本刑事政策。③ 第三层次为具体刑事(法律)政策,即针对有组织犯罪制定和实施的刑事政策。

二、有组织犯罪刑事政策的附属阶段

对有组织犯罪之所以在理论上有对其进行单独研究的必要,在立法对策、司法

---

① 魏东主编:《刑事政策学》,四川大学出版社 2011 年版,第 39 页。

② 参见莫洪宪:《改革开放以来我国刑事政策总体评估和启示》,载《东方法学》2008 年第 5 期。

③ 参见马克昌:《宽严相济刑事政策的演进》,载《法学家》2008 年第 5 期。

对策和社会对策方面，之所以要制定不同于其他犯罪形式的特殊对策，关键就在于这种犯罪形式因其内部成员所具有的层级结构和活动的有组织性，使其具有了有计划的长期进行集团性不法活动的能力，并具有形成与合法社会控制相对抗的势力的趋势。[①] 鉴于有组织犯罪的严重性，有学者明确提出必须重塑关于有组织犯罪的基础观念，将其视为一种不同于传统暴力犯罪的、危害更为严重的新型犯罪，创造性地建立和运用特别立法方式、特别执法制度、特别防控体系和机制予以应对。[②] 这也意味着在刑事政策层面需要对其予以特殊考量。

正如我国有组织犯罪的变化经历了一定时期的发展演变，我国有组织犯罪的刑事政策也经历了由附属到独立的转变，在早期阶段附属于基本刑事政策而存在。"基本刑事政策，是指党和国家制定的，对一切犯罪及其他有关危害行为作斗争具有普遍指导意义的方针和策略。这种刑事政策的精神是指导全部刑事立法、刑事司法及其他有关活动的，也是贯穿于全部刑事政策之中的，带有整体性的、全局性的指导意义，因此，又可称总刑事政策。具体的刑事政策，是指党和国家制定的，对特定的犯罪及其他有关危害行为作斗争具有指导意义的方针和策略。它仅对某一类犯罪人或对刑事活动的某一方面适用。"[③]"我国的刑事政策也不是一成不变的，根据不同的形势，不仅基本刑事政策的侧重面会有所变化，而且会提出新的刑事政策，以便在新形势下同某些犯罪作斗争。"[④]在早期阶段，有组织犯罪并无独立的刑事政策，而是附属于基本刑事政策。

改革开放以来，我国基本刑事法律政策的发展变迁主要经过三个阶段：惩办与宽大相结合的刑事政策，"严打"的刑事政策（该政策本应属具体刑事政策，但在现实社会生活中却异变为基本刑事政策），宽严相济的刑事政策。其中，惩办与宽大相结合的刑事政策主要适用于 1979 年至 1983 年。1983 年作为权宜之计的"严打"的刑事政策后来上升为刑事政策的主要载体。2005 年以后，随着宽严相济的刑事政策的提出，"严打"的刑事政策才逐步回归到应有的位置上。在此过程中，上述政策也分别作为打击有组织犯罪的刑事政策而实施。

---

① 参见张远煌：《关于我国有组织犯罪的概念及发展形态的再思考》，载《人大法律评论》2009 年第 1 期。

② 参见蔡军：《我国治理有组织犯罪刑事政策的检讨与调适——基于有组织犯罪企业化趋势的思考》，载《中州学刊》2021 年第 2 期。

③ 马克昌：《论宽严相济刑事政策的定位》，载《中国法学》2007 年第 4 期。

④ 马克昌：《宽严相济刑事政策研究》，清华大学出版社 2012 年版，第 4－5 页。

（一）惩办与宽大相结合的刑事政策（1978—1983年）

1979年《刑法》第1条规定，《刑法》是依照惩办与宽大相结合的政策制定。其后，这一政策广泛应用于打击各类犯罪的实践。关于这一政策的含义演变，有学者认为，当时和之后，惩办与宽大相结合的政策仍将是我们信守的准则，但是与过去相比，政策内涵正在与刑事法律观念相应地发生变更。首先，"惩办少数，改造多数"的原则被赋予了新的内涵。其次，"区别对待"与刑罚的个别化是相一致的。最后，宽严相济概念得到新的定位。一般认为惩办、宽大与罪刑法定是统一的。在对任何犯罪行为进行实体惩罚时必须以刑法为准绳，不能超越刑法的规定任意定罪处刑，这是"惩办"的基本内容。"宽大"体现了刑事政策的谦抑主义，是建立在罪刑法定主义基础上的，从宽的反义词不再完全是从严。① 也有学者认为，惩办与宽大相结合的政策主要强调的是宽大，少杀政策和"给出路"政策就反映了这一点。②

总体来看，惩办与宽大相结合政策从产生之日起，就带有强烈的政治斗争色彩。该政策在成为我国基本刑事政策并且被法律化之后，恰遇我国出现新一轮犯罪高峰。该时期，也是我国有组织犯罪萌芽的时期，因此，在对相关犯罪组织和人员的打击过程中，更多地强调惩办层面。

（二）"严打"的刑事政策的"升级"（1983—2005年）

我国"严打"的刑事政策萌芽于改革开放初期，当时各种严重危害社会治安以及经济秩序的犯罪大幅攀升。1983年9月2日全国人大常委会通过了《关于严惩严重危害社会治安的犯罪分子的决定》，该决定修订了《刑法》规定的六种犯罪的构成要件，并提高了其法定刑，最高刑至死刑；并且在时间效力上采取从新原则，而非采取《刑法》规定的从旧兼从新原则。上述六种犯罪的规定在"严打"公布后得到立即适用。由此可见，刑事立法的变化彰显了"严打"的刑事政策的作用。

"严打"的刑事政策确立以来，我国先后于1983年、1996年、2001年开展了三次声势浩大的"严打"专项整治活动，小规模的"严打"斗争几乎年年都有。除了上

① 参见苏惠渔、孙万怀：《我国若干刑事政策的回顾与展望》，载《中国刑事法杂志》1999年第6期。

② 参见陈兴良：《刑事法治视野中的刑事政策》，载《江苏社会科学》2004年第5期。

述三次全国性的大规模“严打”活动外，全国各级政法机关还组织了某些专项“严打”活动。典型的有1990年公安部部署的打击“车匪路霸”专项斗争；1991年中央社会治安综合管理委员会部署为期三年的反盗窃专项斗争；1995年“打拐”专项斗争；2000年“打击拐卖妇女儿童犯罪”、制贩假增值税发票和“打黑除恶”专项斗争；2005年打击商业贿赂专项斗争。

由此可以看出，在“严打”的刑事政策阶段，由于我国有组织犯罪的不断发展，其已经成为严重影响社会治安的犯罪类型，因此，在“严打”之下开展了“打黑除恶”专项斗争，有组织犯罪的刑事政策虽然仍未独立提出，但是，在贯彻刑事政策的专项行动层面已经开始具有独立性。

（三）宽严相济的刑事政策（2005年至今）

经过改革开放，我国社会发生了翻天覆地的变化，经济建设、民主法治建设、文化建设等取得了前所未有的成就，人民的生活水平大幅度提高。同时，社会观念发生了很大改变，社会矛盾从对抗型走向非对抗型，社会治安形势从传统型向非传统型转化，构建社会主义和谐社会成为国家重大战略思想。① 在这种形势下，如何服务于构建社会主义和谐社会，最大限度地增加和谐因素，最大限度地减少不和谐因素，成为我国刑事政策的重心，宽严相济的刑事政策正是基于这一需求应运而生。② 2006年3月十届全国人大四次会议上，《最高人民法院工作报告》《最高人民检察院工作报告》中强调“宽严相济”的刑事政策对之后司法工作的重要指导意义。2006年10月11日，中国共产党第十六届中央委员会第六次全体会议通过的《中共中央关于构建社会主义和谐社会若干重大问题的决定》明确指出：“实施宽严相济的刑事司法政策，改革未成年人司法制度，积极推行社区矫正。”宽严相济的

---

① 参见孟昭武：《准确把握宽严相济刑事政策与社会主义刑事司法理念》，载谢望原等主编：《中国刑事政策报告》（第3辑），中国法制出版社2008年版，第69页。

② 2005年12月5—6日，在全国政法工作会议召开之际，时任中央政法委员会书记罗干提出，要注意贯彻宽严相济的刑事政策，并阐释了这一刑事政策的基本内涵。罗干指出，“宽严相济”是指：“对刑事犯罪区别对待，做到既要有力打击和震慑犯罪，维护法制的严肃性，又要尽可能减少社会对抗，化消极因素为积极因素，实现法律效果和社会效果的统一。”他认为：“贯彻宽严相济的刑事政策，一方面，必须坚持‘严打’方针不动摇，对严重刑事犯罪依法严厉打击，在稳准狠上和及时性上全面体现这一方针；另一方面，要充分重视依法从宽的一面，对轻微违法犯罪人员，对失足少年，要继续坚持教育、感化、挽救的方针，有条件的可适当多判一些缓刑，积极稳妥地推进社区矫正。”这是“宽严相济”的刑事政策首次在全国性会议上得到阐述和重视，标志着我国刑事政策将发生重大转变。

刑事政策的出台,是中国社会发展到一定阶段的必然产物,是保障尊重人权、建设和谐中国的需要,代表了我国刑事政策的新发展。2008 年,根据中央社会治安综合管理委员会的部署,要坚持开展“打黑除恶”专项斗争,始终保持对严重危害人民群众生命财产安全的杀人、爆炸等严重暴力犯罪和“两抢一盗”等多发性侵财犯罪的“严打”高压态势,依法严厉打击经济领域和制假售假、侵犯知识产权等违法犯罪活动。

在我国打击有组织犯罪的实践过程中,宽严相济刑事政策发挥了极为重要的作用。“严”的层面充分贯彻在打击有组织犯罪及其人员的整体过程中,“宽”的层面则为分化瓦解犯罪组织人员、确保打击范围和成果提供了支持。需要指出的是,即便是在宽严相济刑事政策的框架下,对于有组织犯罪的打击也是整体从严。

三、有组织犯罪刑事政策的独立阶段

(一)既有刑事政策的不足

1. 对社会治安综合治理方针的评估与反思

社会治安综合治理方针自 20 世纪 90 年代初正式确立并实施以来,在其指导下开展了多方面工作。应当说,社会治安综合治理方针作为一个动用全社会力量参与,各级党政机关高度重视,有着广泛群众参与的、全方位、立体型综合整治运动,谓之最好的刑事政策并不过分。但从实际效果来看,综合治理的目标显然尚未达到。

自社会治安综合治理方针出台以来,官方层面对此效果充分肯定,学界更多的是提出反思意见。有人指出,我国治安综合治理方针基本上是在转型初期,我国当前的治安综合治理工作似乎并没有跟上转型加速期的步伐,没有充分意识到从前所依赖的传统模式已经发生变化或者正在发生变化。① 还有人认为,治安综合治理方针明显具有滞后性且缺乏实效性。主要表现在:一是尚未从刑事政策理论化的层面形成具体、有效的工作机制;二是多年的摸索和探求尚未真正找准、抓住落实社会治安综合治理方针的具体、有效的载体,没有真正发现社会治安综合治理的“切入点”,阻碍了社会治安综合治理方针的深入开展;三是在综合治理与依法治

① 参见杨正鸣、姚建龙:《转型社会中的社会治安综合治理体系改革》,载《政治与法律》2004 年第 5 期。

理上还存在很大缺陷;四是非市场经济色彩浓重;五是仍然以权威政治为组织保证。①

本书认为,社会治安综合治理的方针虽然发挥了积极作用,但也存在一定弊端。主要表现在:一是该方针口号多于实质。尽管《关于加强治安综合治理的决定》对社会治安综合治理的工作任务、要求和目标、工作范围、原则重大措施等作了详细规定,但这些规定绝大多数是原则性的、空洞的,没有确实有效的载体和配套措施,难以真正落到实处。二是该方针存在异化。虽然《关于加强治安综合治理的决定》规定社会治安综合治理是运用经济的、行政的、法律的等多种手段整治治安,打击犯罪和预防犯罪,但从司法实践的落实来看,其内容却是以"严打"为主,真正消除犯罪原因的手段并不多。事实上,刑事政策必须与社会政策同时进行,在社会各个人身上发生作用,与一切教化改善及其他种种设备相辅而行,方有成功的可能。② 三是该政策的推行中带有浓厚的政治甚至军事色彩,缺乏人性关怀措施。司法实践中,社会治安综合治理措施主要是以强制性、命令性、任务性的方式贯彻,而不是根据对犯罪发生的内在和外在原因加以深刻分析,从人性化、人道化的立场解决犯罪问题,效果自然大打折扣。四是配套社会措施贯彻不力,导致该政策执行难。造成该问题的原因很多,其中与源自计划经济下的许多相关制度,如户籍制度等没有伴随社会经济的发展及时改变有密切关系。五是观念陈旧,没有随势而变。在贯彻、落实社会治安综合治理方针时,无论是领导层、执法部门还是群众,常常从对立面出发对有前科者采取全盘否定的态势,无形中使其中的许多人重新走上犯罪道路。如我国迄今为止未设置复权制度,这意味着一旦犯罪,将终生不能从事某些职业,这无疑断绝了一部分罪犯改恶从善的愿望,导致再犯概率增加。

2. 对"严打"的刑事政策的评估与反思

通过对大规模"严打"的分析,可以发现"严打"的效果具有如下特征:一是发案率经"严打"只是轻微下降或者下降幅度不明显,三次"严打"均呈现同种样态。二是在"严打"第一年或者"严打"年,犯罪发案率明显下降,此后却呈稳步上升趋势,即使在"严打"期间亦如此。三是"严打"结束后的次年,总发案率呈现出报复

---

① 参见赵亮:《当代中国社会转型时期的刑事政策调整》,吉林大学 2008 年博士学位论文,第 90-91 页。

② 参见马克昌主编:《近代西方刑法学说史》,中国人民公安大学出版社 2008 年版,第 231 页。

性增长态势。个罪的发案率多数情形下也是如此,其中抢劫罪、盗窃罪最为明显。四是从总体上看,随着经济社会的发展以及人口增多,犯罪发案率呈现大幅度增长趋势。据此,可以充分说明"严打"对于遏制犯罪并没有明显的实效或者效果甚微。相反,往往还会引起犯罪的报复性增长。如果联系"严打"期间投入的大量人力、财力、物力,其效益确实值得怀疑。从某种程度上说,国家在这方面是得不偿失的。

对于"严打"的刑事政策及其效果,部分学者予以充分肯定。有学者认为,"严打"作为一项刑事政策,它本身并不必然与刑法的理性精神相对立,亦不必然与法治理念相违背。对"严打"方针本身的价值是肯定的。只是一个如何最大化地实现其价值,如何尽可能减少"严打"在现实中可能产生的弊端的实践问题。① 还有学者认为,"严打"是转型时期我国政局、社会长期稳定的保证。"转型期本是'多事之秋',但我国却保持了转型期的政治稳定与社会稳定,这首先应当归功于党和国家实行了正确的政治政策与经济政策,同时,也应当归功于党和国家实行了正确的刑事政策。我国经济连年快速增长,政治局面和社会状况长期安定,这就是对刑事政策是否正确的检验和证明。"②但更多的学者则是反思"严打"的刑事政策的种种弊端。如有学者认为,国家不能仅通过打击犯罪去解决犯罪问题,除了打击,还应当通过服务社会、解决社会问题进而遏制犯罪。不但如此,从社会转型的角度说,"严打"不利于促进社会的合理分化,不利于社会的转型。③ 有学者认为,"严打"只追求一时的轰动效应而忽视长远效果,一方面使得司法资源严重透支,另一方面给不法分子提供了规避法律制裁的机会与经验,降低了犯罪风险与犯罪成本,致使犯罪率必然反弹和上升。④ 还有学者认为:"'严打'战役结束,其后相继开展不同层次、不同内容的'严打'专项斗争,'严打'的巨大惯性和高压态势,并未达到理想的抗制犯罪的社会效果,应加以反思和适当调整。"⑤有的学者则指出:"几次'严打'后不久犯罪形势又趋恶化的现象表明,良好的社会治安状况仅仅靠'严打'是不能持久的,要实现社会治安形势的根本好转,必须实行理性的治理犯罪

① 参见齐文远、周详:《"严打"方针的刑法学思考》,载《法学论坛》2002 年第 5 期。
② 马长生:《对我国改革开放以来刑事政策的回顾与展望》,载《法学杂志》2005 年第 5 期。
③ 参见翟中东:《中国社会转型与刑事政策调整》,载《学术论坛》2003 年第 1 期。
④ 参见王平:《刑罚轻重的根据——兼论严打》,载《政法论坛》2002 年第 2 期。
⑤ 严励:《我国刑事政策的价值追问》,载《山东公安专科学校学报》2004 年第 2 期。

对策。”①

笔者认为,“严打”能够对犯罪具有一定的震慑作用,在某种程度上体现了刑法的及时性,具有一定作用。但是,“严打”的弊端更为明显。从法律的角度看,“严打”具有如下缺陷:首先,“严打”违背刑罚目的。“严打”具有浓厚的政治性、军事性、阶级专政性色彩,站在国家立场上乃将之作为一项政治斗争、甚至阶级斗争对待。这种将犯罪行为决然推向对立面的阶级斗争方式,不利于预防、教育犯罪人,违背刑罚目的。其次,“严打”不利于人权保障与社会公平和正义的实现。“严打”易造成“严打”范围之外的其他刑事犯罪一律从重处罚,导致司法不公,甚至错案。“严打”偏离严格执法,不利于人权保障,难以实现社会公平和正义。再次,“严打”不利于犯罪惩治,有避重就轻之嫌。由于“严打”的经常性、习惯性与针对性,无疑提醒犯罪人注意国家刑事政策的方向,不要“自投罗网”,从而使犯罪人,特别是惯犯、再犯等反“严打”、反侦破技巧增强,乃至强化其逃避打击的技能。最后,“严打”有时会偏离防治犯罪的整体工程,不利于犯罪综合治理。从我国“严打”的内容来看,许多情况下将某些犯罪作为一年或者一定期间重点(如黄赌毒犯罪、贪污贿赂犯罪等),发动政法机关的主要力量予以针对性打击,从而导致惩治犯罪的国家力量的严重偏斜。由此引发社会疑问,即“严打”期间对专项打击的犯罪之外的其他犯罪,是否应放松打击力度。另外,从社会学的角度分析,“严打”的不足也是明显的:第一,关于严厉打击刑事犯罪的决策过程具有高度人格化的特征;第二,政策执行在很大程度上依靠群众运动(打战役)而非官僚体制,以特殊的行政授权取代一般的司法程序;第三,指导思想上反对官僚体制和司法程序的“四平八稳”,主张从快、从重、从严和“一刀切”。鉴于此,可以认为“严打”总体属于一种人治的政府执行方式。②

3. 宽严相济的刑事政策之评析

宽严相济刑事政策是在构建社会主义和谐社会的背景下提出的。和谐社会是民主法治、公平正义、诚信友爱、充满活力、安定有序、人与自然和谐相处的社会,它要求既要维持良好的社会治安,又要营造和谐的人际关系。对于宽严相济的刑事

① 刘守芬、李瑞生:《刑事政策变迁与刑种的改革及完善》,载《河南省政法管理干部学院学报》2008年第2期。

② 参见胡伟:《政府过程》,浙江人民出版社1998年版,第23页。

政策，学术界几乎一致给予肯定。有学者认为，宽严相济的刑事政策与世界刑事政策发展之“两极化”暗合，但前者比后者更加合理，因为刑事政策的两极化突出的是矛盾的两个极端，而宽严相济的刑事政策不但重视“轻轻重重”，而且强调两者的相互调济。宽严相济的刑事政策是刑事理性选择的结果，它取代“严打”的刑事政策来指导我国的刑事立法是历史的必然。[①] 有学者认为，新中国的基本刑事政策经历了从“惩办与宽大相结合”的刑事政策到“严打”的刑事政策再到“宽严相济”的刑事政策的调整过程。宽严相济的刑事政策的出台是中国社会各个方面共同思考和努力的结果，是中国刑事政策的新发展。[②] 有学者基于对“严打”的刑事政策的反思，认为应当在总结经验教训的基础上，在一定程度上回归惩办与宽大相结合的刑事政策。不过，惩办与宽大相结合的表述因其约定俗成而定型化，命题中蕴含着意识形态成分，在其他命题不能完全反映惩办与宽大相结合的刑事政策的基本精神的情况下，赞同以宽严相济的刑事政策取代惩办与宽大相结合的刑事政策。[③]

笔者认为，宽严相济的刑事政策是在“严打”的刑事政策实施10余年之后，面对犯罪发案率不断攀升而已有刑事政策束手无策的情形下，回归理性的一种合理选择。与“严打”的刑事政策相比，宽严相济的刑事政策抛弃了军事化、政治化、强制性的运动战式的防治犯罪手段，更多地融入了人性化、情理化的因素，体现了新时期我国的刑事政策朝着科学化、合理化迈进的坚定步伐。宽严相济的刑事政策是在惩办与宽大相结合的刑事政策基础之上的发展与飞跃，代表了执政党在预防与惩治犯罪上的理念变迁。正如著名法学家马克昌教授所指出的：“宽严相济刑事政策是惩办与宽大相结合刑事政策的继承和发展。”[④]尤其是通过对“严打”的理性思考，提出宽严相济的刑事政策，对犯罪分子包括严重犯罪分子，该宽则宽，当严则严，宽以济严，严以济宽，区别对待，罚当其罪，以取得犯罪预防和控制的最佳效果。

---

① 参见刘守芬、李瑞生：《刑事政策变迁与刑种的改革及完善》，载《河南省政法管理干部学院学报》2008年第2期。

② 参见吴宗宪：《解读宽严相济的刑事政策》，载《中国人民公安大学学报（社会科学版）》2007年第1期。

③ 参见陈晓明：《对宽严相济刑事政策的几点疑虑》，载谢望原等主编：《中国刑事政策报告》（第3辑），中国法制出版社2008年版，第33页；陈兴良主编：《宽严相济的刑事政策研究》，中国人民大学出版社2007年版，第8－9页。

④ 马克昌：《论宽严相济刑事政策的定位》，载《中国法学》2007年第4期。

(二)专门有组织犯罪刑事政策的形成

对于黑恶势力犯罪予以严厉打击是我国历来的刑事政策。21 世纪初,针对黑恶势力犯罪进行体系化、系统化的刑事打击就已开展,并在此过程中孕育着专门的刑事政策。由于当时我国的社会主义市场经济体制和社会防范管理机制还不健全,以及组织结构、利益关系的深刻调整,加之境外黑恶势力的渗透等多种因素的影响和诱发,黑恶势力犯罪并没有得到有效根除,仍在不断滋生蔓延,并日益向经济、政治等领域渗透。[①] 正是在这一背景下,“打黑除恶”的刑事政策应运而生。

2000 年 11 月,公安部向中共中央、国务院提交了《公安机关关于开展全国“打黑除恶”专项斗争有关工作情况的报告》。中共中央、国务院对公安部的报告高度重视,很快作出决策:“针对当前我国一些地方黑社会性质组织和黑恶势力违法犯罪活动猖獗的情况,公安部要从 2000 年 12 月到 2001 年 10 月,组织全国公安机关开展一场‘打黑除恶’专项斗争,集中打击黑恶势力的违法犯罪活动。”公安部也迅速成立了“全国公安机关‘打黑除恶’专项斗争领导小组”,各省、自治区、直辖市公安厅、局也成立专项斗争领导小组,全力以赴搞好专项斗争。2000 年 12 月,最高人民法院及时出台了《关于审理黑社会性质组织犯罪的案件具体应用法律若干问题的解释》,对《刑法》第 294 条规定的有关内容进行了详细解释,为依法惩治黑社会性质组织的犯罪活动,更好地认定、审理黑社会性质组织犯罪案件提供了规范指引。由此,“打黑除恶”作为刑事政策开始全面指导黑恶势力犯罪的治理。

即便形成了基本刑事政策和专门刑事政策配合的机制,有组织犯罪治理依然存在不足。如有学者提出,在“从重从快”刑事政策指导下的“严打”和专项斗争存在本身不能克服的诸多问题:第一,“周期化”的“严打”和专项斗争的运动化、阶段性和周期性的特点,注定了有组织犯罪不可能从根本上得到遏制,“严打”和专项斗争的实际效果并不显著。第二,在“严打”和各种专项斗争中,司法机关往往只看“树木”而看不到“森林”,对有组织犯罪的渐进发展过程和整体态势无法把握。第三,由于“严打”和专项斗争并非常态性政策,而更多地具有规模性、针对性、阶段性等特点,因而,“严打”导致了“重打轻防”,其效用也只能在“严打”期间发挥,

---

① 参见彭新林:《刑法各论前沿问题探索》,南开大学出版社 2016 年版,第 236 页。

“严打”过后必然伴随着“宽打”。第四,虽然自2000年开始的两次全国性“打黑除恶”专项斗争弥补了之前的数次“严打”针对性不强、效果不明显的缺陷,但是频频开展的专项斗争使得部分公安机关等司法部门乃至其他社会力量患上“专项斗争依赖症”,将打击严重刑事犯罪和有组织犯罪的希望寄予由中央各部门统一部署的“严打”和专项斗争。第五,在急功近利的心态和政绩工程的利益驱动下,“周期化”的“严打”和专项斗争不可避免地带有运动化和扩大化色彩,对我国的法治化进程造成了一定的危害。不恪守法治原则的运动化不仅会导致“打黑除恶”的扩大化,造成对人权侵犯和程序正义的丧失,而且也会在全国司法机关乃至各个部门之间产生协调、配合有余而相互监督、制约不足的局面。①

究其实质,根源在于运动化而非法治化的刑事政策模式,必然无法起到彻底有效治理有组织犯罪的作用。对此,有学者甚至提出,实际上,从我国“严打”的历史进程看,“严打”不仅没有遏制住严重犯罪不断发展升级的客观事实,甚至“打黑”中也出现了越打越黑、越打越难打的尴尬局面。其中最为典型的就是,不仅出现了先前所没有的严重危害社会政治、经济和生活秩序的有组织犯罪,而且这种对社会危害极大的犯罪还出现了越打越多、越打越大的趋势。② 还有学者提出,由于对黑社会性质组织犯罪的严峻性认识不足,各地公安机关仅限于通过各类专项斗争来打击黑社会性质组织犯罪,未能作为一项长期的任务开展,这样显然不能遏制我国日益严峻的有组织犯罪形势。③

在相当长的一段时间“打黑除恶”刑事政策与基本刑事政策配合,发挥了重要的作用,但是,随着黑恶势力犯罪的变化发展,其日益呈现出一些新的犯罪特征,既有刑事政策越发难以完成有效治理。具体表现为以下几个方面。

第一,黑恶势力犯罪向国计民生领域蔓延,目标行业的重要性明显。黑恶势力犯罪日趋向国计民生的重要领域蔓延,并且所涉行业、范围时有变化,各省具体情况虽然有所不同,但基本趋势大致相同。其涉足的工程建筑、矿产资源、交通运输等行业均对于国计民生具有重要意义,亟须建立科学的机制长期保障这些领域的安全。

---

① 参见蔡军:《我国惩治有组织犯罪的问题与破解路径》,载《河南大学学报(社会科学版)》2014年第4期。

② 参见赵赤:《中外惩治有组织犯罪比较研究》,中国政法大学出版社2017年版,第356页。

③ 参见冯殿美、曲振涛:《有组织犯罪的成因及其对策分析》,载《法学论坛》2003年第3期。

第二,黑恶势力获利方式更新,经济来源的变化性明显。黑恶势力犯罪改变了传统的"收取保护费"等方式,而是寻求更为多样的获利方式,如果未能及时、有效地予以规制,难以捕捉和打击其新的经济来源。

第三,黑恶势力向新兴领域延伸,犯罪领域的延展性明显。黑恶势力犯罪也在不断向新兴领域延伸,最典型的即为通过信息网络的方式实施相关犯罪。这些领域的更新发展迅速,需要构建与时代共发展的治理机制。

第四,黑恶势力寻求政治身份庇护,社会管理的渗透性明显。黑恶势力犯罪在传统的寻找"保护伞"方式之外,还积极寻求自身的政治身份。亟须在有效打击后构建防控机制,长期预防其向政权组织渗透,预防其政治上的"洗白"。

第五,黑恶势力日趋隐形化、软暴力化,组织模式的隐蔽性明显。为了应对法律打击,黑恶势力纷纷通过组建"公司"披上合法外衣,或者通过采取软暴力的方式规避法律制裁。如果缺乏科学的指导将难以对其组织形式进行实时监控和打击,可能导致一些黑恶势力潜伏下去。

第二节　有组织犯罪刑事政策的转向

一、有组织犯罪刑事政策转向的理论背景

有组织犯罪刑事政策的转向与风险社会与预防刑法观密切相关。一直以来,谦抑性一直作为刑法的根本属性,强调刑法保持克制,尽量有限地介入社会生活。对其价值内涵,我国学者概括为:"第一,刑法的紧缩性,刑法的作用仅限于维持社会必要的生存条件。第二,刑法的补充性,刑法在更大程度上作为行政法的补充法。第三,刑法的经济性,指以最少的刑法资源投入,获取最大的刑法效益。刑法的谦抑性又具体包括犯罪范围的谦抑性和刑罚限度的谦抑性。"[①]在此意义上,谦抑性刑法强调刑法手段尽量避免使用,作为其他立法的保障手段、最后手段,强调刑事立法的消极面向。本书认为,刑法的谦抑性包括以下三层思想内涵。

第一,刑法调整范围的不完整性。正如美国法哲学家埃德加·博登海默指出:"虽然在有组织的社会的历史上,法律作为人际关系的调节器一直发挥着巨大的

① 参见陈兴良:《刑法的价值构造》,中国人民大学出版社2017年版,第293-355页。

和决定性的作用,但在任何这样的社会中,仅仅依凭法律这一社会控制力量显然是不够的。实际上,还存在一些能够指导或引导人们行为的其他工具,这些工具在实现社会目标的过程中用以补充或部分替代法律手段,这些工具包括权力、行政、道德和习惯。"[①]在整个社会控制体系中,反映阶级阶层意愿和积淀民族心理的风俗、习惯、道德、宗教等社会规范,通过内心信念、社会舆论,自发调节绝大部分的社会关系。直接体现统治阶级意志、以国家强制力作为后盾的法律只是调节一定范围和一定层次的社会关系。即使是纳入法律调整视野的社会关系,其中绝大部分由民法、经济法、行政法、环境法、劳动法等部门法,通过立法明示民事、经济、行政等法律后果,以民事制裁、经济责任、行政处罚等手段,来加以引导、调节和规范。"刑法只能以最重要的社会利益为保护对象"[②],规制一小部分社会危害性达到相当严重程度的违法行为。

第二,刑法统制手段的最后性。在整个国内法律体系中,刑法以外的其他部门法,是统制社会的第一道防线,统治阶级把绝大多数危害社会的行为,作为民事、经济、行政违法行为予以制裁,只有当行为达到相当严重的社会危害性程度、采用其他部门法手段难以充分保护时,才动用刑法进行抗制。"社会只有在迫不得已的情况下才能规定并运用刑法(罚)"[③]。中外法制发展史表明,随着社会文明的进步和法律部门的分工细化,以刑罚为主要制裁方式的刑法,经历了从介入国民生活各个角落的全面法——调整一定范围社会关系的部门法——作为其他部门法实施后盾的保障法这样一个演变轨迹[④],刑法像一把高悬的"达摩克利斯之剑",适时而用,最终成为统制社会的最后一道防线。

第三,刑罚制裁方式发动的克制性。对于符合刑法规定的犯罪行为,从国家主义和绝对主义以及实现社会正义的角度来看,必然要发动刑罚权,采取有罪必罚、重罪重罚的正义报应。然而,正如德国法学家耶塞克所言,"刑法只是社会控制的一种方式,它的适用,必然会导致对当事人的自由、尊严和财产的重大侵犯和由此导致的其他社会不利后果。因此,它必须在最大可能限制的范围内使用"。立足于

---

① [美]E. 博登海默:《法理学:法律哲学与法律方法》,邓正来译,中国政法大学出版社 1999 年版,第 357 页。

② 陈忠林:《意大利刑法纲要》,中国人民大学出版社 1999 年版,第 8 页。

③ 陈忠林:《意大利刑法纲要》,中国人民大学出版社 1999 年版,前言。

④ 参见张明楷:《刑法格言的展开》,北京大学出版社 2013 年版,第 166 - 180 页。

个人主义和相对主义，从维护社会秩序和保障人权的角度来看，对于某些犯罪行为，必要时可以重罪轻罚甚至有罪不罚，尽可能采用非刑罚的方式实现刑事责任，运用保安处分等矫正措施来教育改善行为人以防卫社会，退一步讲，即使万不得已必须施以刑罚，也要求克制、谨慎和节俭，注重刑罚的轻缓化、文明化，优先考虑适用轻的刑罚种类、低的刑罚幅度，以尽可能少量轻缓的刑罚达到刑罚的目的和实现刑法的机能。①

具体到有组织犯罪层面，仅强调事后打击的“打黑除恶”刑事政策也越发显得捉襟见肘，亟须从预防层面提出新的有组织犯罪治理的专门刑事政策。此前就有学者不限于“打黑除恶”，系统提出打击以黑社会性质组织犯罪为代表的有组织犯罪的政策要求：(1)严格依法、宽严相济；(2)打早打小、露头就打；(3)黑恶必除、除恶务尽；(4)综合治理、惩防并举。②

如有学者提出树立“打防并举、预防优先”的刑事政策观念。其指出，有组织犯罪的生成与发展机理本身就不同于一般犯罪，对其查处特别困难；有组织犯罪朝着企业化方向演变更提高了对其惩治和查处的难度。有组织犯罪企业化使其组织结构和行为模式日益隐蔽化，行为方式和活动范围日益多样化、扩大化。因此，必须尽快转变传统的以打击为主的刑事政策观念，树立“打防并举、预防优先”的刑事政策观念，采取多种措施铲除有组织犯罪滋生、发展的土壤和环境。我国在制定、实施应对有组织犯罪企业化的具体刑事政策时，除了运用刑事措施外，还需综合运用金融监管，行业监管，行政、民事、经济、政治等治理方式，多措并举。③

关于有组织犯罪的刑事政策发展，此前也有学者提出，此前国内的刑事法制度实际上还是在“严打”的刑事政策的指导下制定的。这就不难理解我国现行基本刑事法律在惩治有组织犯罪方面的某些不足之处。总之，与国外很多国家的政策措施比较，我国惩治有组织犯罪的刑事政策还需要在内涵上加以丰富，尤其是需要完善诸如进一步分化瓦解犯罪组织的政策制度，以更好地打击有组织犯罪。④ 另有学者认为，日本采取的举措对于中国打击黑社会性质组织具有极其重要的参考

① 参见莫洪宪、王树茂：《刑法谦抑主义论纲》，载《中国刑事法杂志》2004 年第 1 期。

② 参见于天敏等：《黑社会性质组织犯罪理论与实务问题研究》，中国检察出版社 2010 年版，第 52 - 55 页。

③ 参见蔡军：《我国治理有组织犯罪刑事政策的检讨与调适——基于有组织犯罪企业化趋势的思考》，载《中州学刊》2021 年第 2 期。

④ 参见赵赤：《中外惩治有组织犯罪比较研究》，中国政法大学出版社 2017 年版，第 374 页。

价值,只有从“人”“财”“物”三个方面彻底地斩断黑社会性质组织的生存渠道,才能有效地将其扼杀于萌芽状态。① 还有学者认为,从政策内涵的丰富性上看,与美欧国家相关政策制度相比,我国惩治有组织犯罪的刑事政策较为侧重“重”的一面,而在“宽”和“济”的方面似乎还有不足。十分明显的例子体现在分化瓦解犯罪组织的政策措施方面。②

二、“扫黑除恶”刑事政策的展开

(一)“扫黑除恶”刑事政策定位

2018年1月,中共中央、国务院发出《关于开展扫黑除恶专项斗争的通知》,正式启动“扫黑除恶”专项斗争。专项斗争的目标要求为“一年打击遏制、两年深挖根治、三年长效常治”,专项斗争于2020年年底结束。2018年1月,最高人民法院、最高人民检察院、公安部、司法部联合印发《关于办理黑恶势力犯罪案件若干问题的指导意见》,针对实践中遇到的新情况、新问题,就黑恶势力犯罪案件的侦办作出具体规定。2019年,上述四个部门同时公布《关于办理恶势力刑事案件若干问题的意见》《关于办理“套路贷”刑事案件若干问题的意见》《关于办理实施“软暴力”的刑事案件若干问题的意见》《关于办理黑恶势力刑事案件中财产处置若干问题的意见》四个司法文件,对于黑恶势力犯罪侦办中的新问题进一步作出详细规定。2019年7月,上述四个部门公布了《关于办理利用信息网络实施黑恶势力犯罪刑事案件若干问题的意见》,就利用信息网络实施黑恶势力犯罪刑事案件侦办的问题进行规定。随着上述法律文件的出台和实施,“扫黑除恶”作为黑恶势力犯罪治理的新刑事政策被确立,黑恶势力犯罪治理的刑事政策转向已经完成。

“扫黑除恶”刑事政策应体现社会治安综合治理刑事政策与宽严相济的刑事政策。其中,对于社会治安综合治理刑事政策的体现较易于理解,从“打黑除恶”到“扫黑除恶”这一变化,能充分说明对于黑恶势力犯罪的治理并不限于刑事治理,而是强调综合治理。值得关注的是如何理解“扫黑除恶”刑事政策与宽严相济的刑事政策之间的关系,对此可以从宏观与微观两个层面进行考察。

在宏观层面,宽严相济的刑事政策可以覆盖“扫黑除恶”刑事政策的内容。宽

① 参见张小宁:《中日有组织犯罪的暴力化特征比较分析》,载《犯罪研究》2010年第2期。

② 参见赵赤:《中外惩治有组织犯罪比较研究》,中国政法大学出版社2017年版,第373页。

严相济的刑事政策的适用范围很广，对各种犯罪和犯罪人都能适用；不仅对刑事司法有指导作用，而且对刑事立法和刑事执行都起到了指导作用。[①] 虽然“扫黑除恶”刑事政策的内容范围广泛，但并未超出宽严相济的刑事政策所能覆盖的范围。

在微观层面，宽严相济的刑事政策的各项要求与“扫黑除恶”刑事政策并不冲突。宽严相济的刑事政策包括：该严则严，当宽则宽；严中有宽，宽中有严；宽严有度，宽严审时。[②] 其中，宽严相济最为重要的还是在于“济”，不仅是指对于犯罪应当有宽有严，而且在宽与严之间还应当具有一定的平衡，互相衔接，形成良性互动。[③] 如有学者基于宽严相济的刑事政策认为，目前从严判处刑罚、严格刑罚执行，使刑罚整体偏重，因此，应充分实现宽与严“相济”，对不同的犯罪和犯罪分子区别对待，做到严中有宽、宽以济严，以及宽中有严、严以济宽。[④] “扫黑除恶”刑事政策也是强调在法律界限内对于黑恶势力犯罪进行治理，该严则严、当宽则宽也是其题中之义。此外，通过“扫黑除恶”中的“扫”也可以体现其不仅强调各项要求的分别实现，而且强调协同实现，与“相济”要求具有契合性。

（二）“扫黑除恶”刑事政策的核心内容

从“扫黑除恶”相关文件的规定以及各地实践的情况，可以总结出五个方面的核心内容，即“依法严惩”“打早打小”“打准打实”“打伞破网”“打财断血”。这五个方面分别从不同的维度指导实践，相互配合、相互促进，构成了“扫黑除恶”刑事政策的基本体系。

第一，“依法严惩”。对于黑恶势力犯罪的治理必须严格依照法律的规定进行，同时，强调对其予以严厉惩罚，以切实达到治理效果。始终对有组织犯罪保持严厉的高压态势，这既是防止社会犯罪形势恶化不可或缺的手段，也是开拓和巩固犯罪预防局面的必要保障。[⑤] “依法严惩”属于广义的“犯罪化”范畴。“所谓犯罪化，是指通过制定新法或者修改法律，将目前认为不是犯罪的行为视为犯罪。据此，由刑罚加以规制的行为范围也就变大；从刑罚适用范围扩大的观点来看，通过

---

① 参见马克昌：《论宽严相济刑事政策的定位》，载《中国法学》2007 年第 4 期。

② 马克昌：《宽严相济刑事政策刍议》，载《人民检察》2006 年第 19 期。

③ 参见陈兴良：《宽严相济刑事政策研究》，载《法学杂志》2006 年第 4 期。

④ 参见赖早兴：《惩治黑恶势力犯罪中宽严相济刑事政策之贯彻》，载《法学杂志》2019 年第 6 期。

⑤ 参见张远煌：《关于我国有组织犯罪的概念及发展形态的再思考》，载《人大法律评论》2009 年第 1 期。

提高法定刑进而对现存的犯罪予以重罚的措施，或者在程序上缓和科处刑罚条件的措施，也具有同样的机能。"[①]"依法严惩"显然属于对黑恶势力犯罪予以重罚，符合"犯罪化"的性质。另有学者指出，严密法网在罪名设置上不仅应包括有组织犯罪的组织行为和实行行为，还应涵盖各类有助于有组织犯罪形成、发展、壮大的帮助行为和促成行为；在法律责任设置上不仅应设置个人的刑事责任，还应设置相应的单位责任以及个人的行政责任、民事责任等。[②]

对于黑恶势力犯罪"依法严惩"有两重含义：其一，黑恶势力犯罪必须依法惩处，而不能仅依据抽象的政策精神，不能脱离刑事法律规范而进行惩处，确保每一起黑恶势力犯罪案件都能禁得起法律和历史的检验。其二，黑恶势力犯罪必须从严惩处，切实使该类犯罪受到严厉打击，而不能放纵。需要明确，"依法严惩"中的"严惩"不同于"严打"，"严惩"必须依法进行，不能超越法律界限。对其进行严厉处罚的刑事政策依据在于黑恶势力犯罪是特殊的有组织犯罪，不同于单独实施具体犯罪，比如，黑恶势力有组织实施的强迫交易犯罪显然比某一个、某几个行为人实施的强迫交易犯罪危害更为严重，因此，需要严厉惩处。

此外，必须把握好"依法严惩"与宽严相济的关系。依法对于黑恶势力犯罪进行严惩，并不意味着在宽严选择上有所偏废而只侧重于"严"。"宽严相济"强调宽松刑事政策与严厉刑事政策之间的"相济"，即协调运作，其中的"严"蕴含严密法网、严厉惩治、严肃执法之意，与单纯的"严打"有较大区别。[③] 历史经验证明，对有组织犯罪一味强调"严厉打击"，并不能取得明显效果，反而会造成有失司法公正、不利于保障人权、增加资源耗费、不利于社会和谐稳定等后果。[④]

对于有组织犯罪打击实践中"宽严相济"的把握，学者多从主体的角度加以论述。如有学者认为，"严"的体现是突出重点，严厉打击组织者、策划者、指挥者和其他骨干成员，在量刑上要严；"宽"的体现是从宽处置一般参与人员，做到区别对

---

① ［日］川出敏裕、［日］金光旭：《刑事政策》，钱叶六等译，中国政法大学出版社 2016 年版，第 92 页。

② 参见蔡军：《我国治理有组织犯罪刑事政策的检讨与调适——基于有组织犯罪企业化趋势的思考》，载《中州学刊》2021 年第 2 期。

③ 参见赵秉志：《宽严相济刑事政策及其贯彻的基本问题》，载《人民检察》2009 年第 17 期。

④ 参见王春林：《宽严相济刑事政策的时代意义——从"严打"到宽严相济刑事政策演变角度分析》，载《江苏大学学报（社会科学版）》2009 年第 5 期。

待,有宽有严,分化瓦解。[1] 或有学者认为,一方面,对严重刑事犯罪依法严厉打击;另一方面,要充分重视从宽的一面,对轻微违法犯罪,对失足青少年,要继续坚持教育、感化、挽救的方针,有条件的可适当多判一些缓刑。[2] 还有学者系统予以归纳,提出惩治黑恶势力犯罪中刑事政策"宽"应从以下方面贯彻:"首先,主观恶性较小、人身危害性不大的黑恶势力成员可以从宽。其次,对于未成人应当依法从宽。再次,对处于犯罪停止形态中或有自首、立功情节者可以从宽处罚。最后,审慎适用缓刑、减刑、假释和暂予监外执行。"[3]

之所以对于有组织犯罪的成员区别采取"严"与"宽"的刑事政策,一个至关重要的原因就是实现分化瓦解。如有学者指出,要注意贯彻"以宽为辅"的政策导向方面,这除了犯罪组织成员本身的罪责有轻重之别这一正义要求外,更是出于分化、瓦解犯罪组织和提高有组织犯罪揭露率的策略考虑。[4] 或有学者指出,应该一方面,严密有组织犯罪的刑事立法,给予有组织犯罪严厉的打击;另一方面,应该制定限期自首、立功、坦白等"奖励"制度,促使有组织犯罪分子迷途知返,悔过自新。只有这样才能迅速、有效地分化瓦解危难深重的有组织犯罪组织。[5]

本书认同以上分析,宽严相济的刑事政策要求做到宽中有严、严中有宽、严惩有据、宽处有理、宽严适度、不枉不纵。[6] "依法严惩"必须在宽严相济的框架下进行,并非放弃了宽严相济中"宽"的侧面,这一判断也是基于黑恶势力犯罪治理中基本刑事政策与具体刑事政策的关系。

第二,"打早打小"[7],即必须依照法律规定对可能发展成为黑社会性质组织的犯罪集团、"恶势力"团伙及早打击,绝不能允许其坐大成势。对于有组织犯罪的打击必须"打早",在其内部联系制度化、规则化之前,及早对其进行打击,否则将

---

① 参见储槐植、贾凌:《合理反击有组织犯罪》,载《甘肃政法学院学报》2009 年第 2 期。

② 参见蔡军:《我国惩治有组织犯罪的实践困境与立法对策》,载《华东政法大学学报》2013 年第 4 期。

③ 赖早兴:《惩治黑恶势力犯罪中宽严相济刑事政策之贯彻》,载《法学杂志》2019 年第 6 期。

④ 参见张远煌:《中国有组织犯罪的发展现状及立法完善对策》,载《法治研究》2012 年第 2 期。

⑤ 参见谢勇、王燕飞:《建国初期有组织犯罪惩治策略研究——一种犯罪学的分析路径》,载《湘潭大学社会科学学报》2002 年第 5 期。

⑥ 参见莫洪宪:《我国有组织犯罪的特征及其对策》,载《河南财经政法大学学报》2012 年第 6 期。

⑦ 也有学者认为,我国应当大力提倡惩治有组织犯罪的专门刑事政策,树立该专门刑事政策的权威性质并加以切实贯彻。此外,可以考虑将我国惩治有组织犯罪专门刑事政策的简要称谓从"打早、打小"更改为"早打特打",旨在突出该专门刑事政策在内涵上的另一重要特点。参见赵赤:《中外惩治有组织犯罪比较研究》,中国政法大学出版社 2017 年版,第 387 页。

会大大增加打击有组织犯罪的司法成本，且可能达不到预想的效果。[①] 对此有学者指出，我国“立法定量”的刑法特征决定了有组织犯罪集团所实施的那些一般违法行为往往不符合犯罪的成立要件，一些地方的政法部门在打击处理这类犯罪时，往往就事论事、就案论案，没有作为有组织犯罪来对待。因此，依据刑法规定，行为人就不会承担一般违法行为的刑事责任。这些现象一方面容易使司法机关形成带黑团伙犯罪并不严重的错误判断，造成打击不力的局面；另一方面使司法机关在打击有组织犯罪时思想上有顾虑，很容易出现案件降格处理的情况。[②] 无论是基于历史的经验还是现实的选择，打击有组织犯罪都要“打早”“打小”，从一般违法开始，力求将其遏制在萌芽之中。同时，在萌芽状态下有组织犯罪的组织化程度并不高，规模也往往较小，因而，不需要动用太多的人力、物力就可以将其消灭殆尽，极大地节约社会资源。[③] 类似观点如，对于有组织犯罪的打击必须“打早”，在其内部联系制度化、规则化之前，及早对其进行打击，否则，将会大大增加打击有组织犯罪的司法成本，且可能达不到预想的效果。[④] 除了减少社会成本，另有学者指出“打早打小”在避免与减少被害方面有意义，其认为犯罪组织的程度越高，社会危害性也就越大，若是能将有组织犯罪遏制在萌芽状态，不等犯罪组织壮大到一定规模就将其消灭，势必会避免和减少很多被害的发生，降低悲剧发生的概率。[⑤]

“打早打小”应进行立体的理解，对于黑恶势力犯罪既注重对于黑恶势力的打击，也注重对于犯罪行为的打击：“第一层，对已形成的黑恶势力一旦发现，及时打掉，即早发现，早打击；第二层，对尚未形成黑恶势力但可能向黑恶势力演变过渡的早期犯罪，坚决打击，即打苗头，打萌芽。”[⑥]在其政策结构中，双层结构是核心内涵，即在“早”（事前）与“晚”（事后）、“小”（轻微）与“大”（严重）的体系中，强调对于轻微（违法）犯罪行为的事前治理，全面打击相关组织、人员、行为，防止其成长或演变为黑恶势力犯罪的组织、人员、行为。

---

① 参见王烁：《中国的熟人社会与有组织犯罪的组织性特征》，载《犯罪研究》2014 年第 6 期。

② 参见蔡军：《我国惩治有组织犯罪的问题与破解路径》，载《河南大学学报（社会科学版）》2014 年第 4 期。

③ 参见李洁：《有组织犯罪“打小”从一般违法开始——兼论司法打击与行政处理的配合价值》，载《北方法学》2011 年第 6 期。

④ 参见王烁：《中国的熟人社会与有组织犯罪的组织性特征》，载《犯罪研究》2014 年第 6 期。

⑤ 参见李洁：《预防有组织犯罪：从“打小”开始》，载《国家检察官学院学报》2011 年第 5 期。

⑥ 余新民：《对黑恶势力犯罪坚持“打早打小”原则的探讨》，载《中国人民公安大学学报（社会科学版）》2005 年第 6 期。

另需明确“打早打小”是在黑恶势力犯罪的范畴内，针对黑社会性质组织和“恶势力”开展的，进而辐射至一般意义上的犯罪组织。有学者指出：“一般有组织犯罪团伙是黑社会性质组织的‘后备军’和组织基础，一些有组织犯罪团伙在土壤、条件和机遇等均具备的情况下，可能发展成为黑社会性质组织。及时侦查、惩处一般有组织犯罪团伙是黑社会性质组织犯罪侦防工作的关键一环。”[①]因此，基于“打早打小”的刑事政策要求，对于一般意义的有组织犯罪依法打击的同时，应特别注重对其成长为黑恶势力的潜在性、苗头性趋势进行关注和治理，防止其成长为黑社会性质组织以及恶势力组织。

第三，“打准打实”，即应当本着实事求是的态度，在准确查明黑恶势力犯罪事实的基础上，依法定罪量刑，既不能“降格”，也不能“拔高”，做到不枉不纵。“打准打实”与刑罚的性质有关。“刑罚是一种强制，它是违背犯罪人的意愿的，其途径是破坏或者消灭犯罪人的法益，同时国家意志又得以体现”。[②] 由于刑罚是以“侵害”法益的形式呈现，因此，如果出现偏差造成了冤假错案，反而不利于黑恶势力犯罪的治理。

基此，“打准打实”对于“打早打小”具有制约性。“强调对黑社会性质组织‘打早打小、露头就打’，并非要求司法机关可以无视刑法的规定，对尚处于‘早小阶段’不具备刑法规定黑社会性质组织特征的犯罪组织或‘一般恶势力’也一概按照黑社会性质组织认定。”[③]也即，“打早打小”必须在“打准打实”框架内完成，才能确保“打早打小”的刑事政策效果的有效实现。

第四，“打伞破网”，即打击黑恶势力的“保护伞”，打破其社会“关系网”。黑恶势力的“保护伞”即支持、纵容、包庇黑恶势力的滋长、蔓延、扩大并逃避法律惩处的国家机关工作人员。[④] 形形色色的“保护伞”是黑恶势力得以生存、发展、壮大的根源所在。[⑤] “反黑”要与反腐败同时进行，扫除黑势力的“保护伞”，消灭其存在的

---

① 王彦学：《黑社会性质组织犯罪侦防层次论》，中国人民公安大学出版社 2015 年版，第 190 页。

② [德]冯·李斯特：《论犯罪、刑罚与刑事政策》，徐久生译，北京大学出版社 2016 年版，第 29 页。

③ 何荣功：《“打早打小”刑事政策的理解与黑社会性质组织的认定》，载肖永平主编：《珞珈法学论坛》(第 13 卷)，武汉大学出版社 2014 年版，第 130 页。

④ 参见左昊、潮龙起：《黑恶势力“保护伞”的危害及其防治》，载《甘肃社会科学》2005 年第 5 期。

⑤ 参见徐永伟：《黑社会性质组织“保护伞”的刑法规制检视与调试——以涉黑犯罪与腐败犯罪的一体化治理为中心》，载《北京社会科学》2019 年第 5 期。

社会基础。[1] 在“打黑除恶”阶段，“保护伞”的打击就已经被重视，到“扫黑除恶”阶段，“打伞破网”更是作为核心的内容被提出和实践。

“打伞破网”的提出意味着对于黑恶势力“保护伞”的打击更为全面、更为系统。“打伞破网”不仅要求对于传统意义的上的“保护伞”予以打击，更强调严厉打击“官伞”“警伞”“庸伞”，将不作为的“庸伞”也纳入目标范围，体现了“破网”对于“打伞”的推动，强调了彻底扫除黑恶势力的社会基础。

第五，“打财断血”，即在打击黑恶势力犯罪的同时，彻底斩断黑恶势力利益链条，彻底摧毁其经济基础和“造血”功能。对此有学者指出，有组织犯罪是以谋取经济利益为主要目的的犯罪类型。对于该类犯罪，如果仅对行为人处以自由刑或者资格刑，就会忽略对犯罪所得利益的剥夺，使得犯罪仍然有利可图。[2] 可见，通过非法手段攫取经济利益，是黑恶势力赖以生存和发展的经济基础，如不彻底铲除，很容易出现“打而后生”问题。只有坚持在强力“打伞破网”的同时坚决“打财断血”，才能彻底治理黑恶势力犯罪。

“打财断血”是“扫黑除恶”刑事政策的新内容，突出强调了对于黑恶势力经济基础的打击。之前日本在驱逐暴力团运动中也曾将断绝其资金来源作为将暴力团从社会所有的领域中驱逐出去的目的，但并未将其作为独立的刑事政策内容。[3] “打财断血”的提出，是基于对黑恶势力“春风吹又生”现实状况的有效回应，具体是从资产上彻底扫除黑恶势力存在的基础，在“打准打实”的基础上，对于关联财产进行全面核查，将与黑恶势力犯罪相关的财产彻底查处、有效处置，防止其再成为该类犯罪滋生的经济基础。

（三）“扫黑除恶”刑事政策的特色

“扫黑除恶”刑事政策是基于我国黑恶势力犯罪治理实践所提出的。与德国、日本等传统大陆法系国家黑社会组织犯罪的刑事政策相比，二者具有一定的共同之处，比如“扫黑除恶”强调“依法严惩”，对于黑恶势力犯罪予以严厉打击。与之类似，日本也强调为了使暴力团明白犯罪得不偿失，有必要在立案、起诉及量刑阶

---

① 参见江雪松：《刑事政策理论视野下弱势群体涉黑解读》，载《求实》2010 年第 8 期。

② 参见蔡军：《我国治理有组织犯罪刑事政策的检讨与调适——基于有组织犯罪企业化趋势的思考》，载《中州学刊》2021 年第 2 期。

③ 参见［日］大谷实：《刑事政策学》，黎宏译，法律出版社 2000 年版，第 363 页。

段,在法律许可的范围内对其进行严厉的处罚,基于这一考虑,在刑事司法的适用上便采取了对暴力团成员从严处分的方针。① 与此同时,"扫黑除恶"刑事政策也具有很多鲜明的特色。

第一,治理对象的广泛性。传统意义上,各国对相关犯罪的打击多限于黑社会组织范畴,比如,在日本将暴力团犯罪作为黑社会组织犯罪予以打击,确立了不同于其他犯罪的刑事政策。② "扫黑除恶"刑事政策所打击的不仅包括黑社会性质组织犯罪,也包括恶势力组织犯罪,其同类对象具有广泛性。

第二,相关财产治理的实质性。"扫黑除恶"刑事政策除了注重对于黑恶势力犯罪行为人的处遇,也注重对于相关财产进行实质化处置。其他国家多数是仅关注犯罪人的处遇问题,"所谓的犯罪者处遇可以说是,对于犯罪者,附加上了以防止其再犯和促进其复归社会的目的,在司法阶段上的处分内容之决定以及在矫正、保护阶段上的再教育与更生处置的总体"③。犯罪者的处遇又可细化为在刑事设施内所施行的处遇和在此之外(社会内处遇)所施行的处遇。与此相对,对于相关财产的处置却未充分重视,虽然日本2017年《有组织犯罪处罚法》修正时第22条第1款规定了对有组织犯罪中应当没收的对象财产可以由法院签发保全命令禁止处分,但也仅是重视程序层面,而非实体层面。"扫黑除恶"刑事政策中"打财断血"的内容则是强调对于黑恶势力犯罪相关财产的实体打击,以消除该类犯罪的经济基础,从而在实质层面确立了处置该类犯罪财产的独立规则,而非仅限于程序层面。

第三,关联犯罪治理的协同性。之前其他国家多强调对于黑社会组织犯罪进行专门治理,并未将其与关联犯罪的治理相联系。比如意大利的《反黑手党及预防措施法》,虽然针对黑手党犯罪治理作出了全面规定,但是,并未延伸至关联犯罪的协同打击。"扫黑除恶"刑事政策强调"打伞破网",强调黑恶势力犯罪与"保护伞"的贪污贿赂犯罪、渎职犯罪协同治理,从而彻底扫除黑恶势力的关系网络,彻底涤荡其社会基础,消弭黑恶势力生长的社会空间。

第四,犯罪防控与犯罪打击的衔接性。既有刑事政策理论与实践多强调犯罪

---

① 参见[日]大谷实:《刑事政策学》,黎宏译,法律出版社2000年版,第362页。

② 参见[日]川出敏裕、[日]金光旭:《刑事政策》,钱叶六等译,中国政法大学出版社2016年版,第296页。

③ 参见[日]上田宽:《犯罪学》,戴波、李世阳译,商务印书馆2016年版,第176页。

的事后打击而非防控,重要原因在于其多将犯罪防控限定在犯罪预防范畴。如日本学者认为,“承认以预防犯罪为目的的措施,会扩大权利侵害的范围,这是事实;迄今为止,对于以预防犯罪为目的的警察权的行使,还存在很强的戒备心,犯罪的事后性处理仍处于核心地位”①。对这一状况,也有学者进行了反思,“所谓犯罪预防是指对未然的犯罪进行防止。犯罪预防在刑事政策上虽然极为重要,但迄今为止并未对其予以足够的重视”。② “扫黑除恶”刑事政策则基于黑恶势力犯罪的特殊性,将“打早打小”作为重要内容,从而确立了阶段式的犯罪治理模式,在犯罪预防与犯罪打击中间增设了犯罪控制内容,对于早期的、危害性较轻的犯罪进行治理,实现犯罪防控与犯罪打击的有效、全面衔接,拓展了犯罪治理阶段。

此外,与“打黑除恶”相联系,“扫黑除恶”的刑事政策还具有以下特点:第一,政策理念的延续性。无论是“打黑除恶”还是“扫黑除恶”,对于黑恶势力犯罪的严厉打击态度始终未变,所打击的对象也是既包括黑社会性质组织犯罪也包括恶势力组织犯罪。此外,不仅强调对于黑恶势力犯罪的打击,也强调“除恶务尽”,以根治为政策目标,体现了政策的延续性。第二,相关内容的发展性。“扫黑除恶”并未局限于黑恶势力犯罪本身的扫除,而是强调从刑事政策层面进行延展性的治理,以期实现彻底根治。比如,不仅强调对于黑恶势力犯罪行为进行直接打击,也强调对于黑恶势力组织、人员进行长效防控;不仅强调对于黑恶势力犯罪违法所得的罚没,而且强调对于黑恶势力经济基础的彻底扫除。第三,辐射范围的全面性。“扫黑除恶”辐射全主体、全领域,司法机关、党政机关、基层政权组织、社会团体、社会公众均参与黑恶势力犯罪的治理;既针对重点地区、重点行业、重点领域进行集中治理,也从全社会共同参与、长效防控的层面进行系统治理。

(四)“扫黑除恶”刑事政策的常态化③

随着“扫黑除恶”专项斗争收官,其也进入常态化开展的新阶段。可将扫黑除恶的“常态化”界定为:将扫黑除恶过程中已形成常规状态的制度措施可持续、日

---

① [日]川出敏裕、[日]金光旭:《刑事政策》,钱叶六等译,中国政法大学出版社 2016 年版,第 230 页。

② [日]大谷实:《刑事政策学》,黎宏译,法律出版社 2000 年版,第 84 页。

③ 参见莫洪宪、罗建武:《扫黑除恶常态化研究——以〈反有组织犯罪法〉实施为重点》,载《中国人民公安大学学报(社会科学版)》2022 年第 2 期。

常化，以及将尚未形成常规状态的制度措施完善到常规化状态，并同样使之可持续、日常化。换言之，扫黑除恶常态化有两个层面，也即对成熟的制度措施进一步规范化、法治化固定，同时需要对不成熟或空白的制度措施先发展完善、后规范固定。由此可见，常态化在扫黑除恶场域下，既是目标，亦是行动手段，最终目的是制度化、规范化、法治化。更进一步来说，扫黑除恶"常态化"具有如下基本特征：第一，规律性。黑恶势力及其犯罪的产生、发展以及治理都具有符合其自身特点的治理规律，而专项斗争形式是运动式治理。扫黑除恶常态化就是要祛除运动式黑恶治理的非常规性，使其回归本来的治理规律。第二，可控性。其也可被称为可预测性，即扫黑除恶的常态化遵循有组织犯罪治理的基本规律，才能达到预期目标和效果，而这种规律可以被认知、掌握和利用。第三，稳定性。从整体上来看，扫黑除恶常态化就是使治理的机制和手段从不稳定的非常规状态走向稳定的常规状态，体现的是一种整体性趋势。第四，动态性。由事物发展变化的规定性所决定，扫黑除恶常态化尤其是第二个层面，具有从非常规化到常规化的一个阶段性变化，同时也意味着机制和措施的不断优化调整。第五，嵌入性。要实现扫黑除恶的机制措施常规化并始终有效运转，须始终将嵌入性理念融入贯彻其中，使之嵌入社会各领域治理环节、嵌入各部门日常工作、嵌入人们日常生活，常规的高效运行而逐步消除非常规的运动式特性。在看到扫黑除恶常态化从目标设定到行动手段再到制度化状态的同时，还必须强调常态化所具有的针对性特征，也即常态化并不排斥变动性和多元化，既要延续成熟制度措施，也要有针对性地解决"顽疾"和新问题。实际上，扫黑除恶常态化就是要有针对性地革除原有运动式治理的弊端，为扫黑除恶的规范化开展注入持续动力源，从而形成规律、稳定的常规状态。更值得强调的是，常态化所拥有的上述五个基本特征尤其是嵌入性，能够在很大程度上消解运动式治理模式潜在的权力过度集中风险，即通过将扫黑除恶治理措施嵌入不同领域、制度和主体，以实现权力制衡。

扫黑除恶常态化还需注意层次性。通常而言，因作用场域的范围不同，可划分为宏观、中观和微观三个层次。具体到对扫黑除恶常态化构成要素的分析，宏观层次强调整体性，如政治、法律、文化等，中观层次是宏观层次范畴下的相对具体的制度、程序等，微观层次即主体要素、手段要素、保障要素等。因此，就扫黑除恶常态化的具体构成要素，宜从宏观、中观、微观层面分别加以探讨。[①] 在分析扫黑除恶常态化的构成要素之前，有必要首先明确一对概念之间的区别，以便更好地动态展现构成要素的形成过程。这对概念是滕尼斯提出的“共同体”与“社会”，他认为二者的区别在于：“在共同体里，尽管存在种种分离的因素，但人们保持着结合，社会则与之相反，虽然其存在种种结合的因素，人们却保持分离，而在社会里，不会产生源于一个先天的、必然存在的统一体的行动。”[②]因此，扫黑除恶常态化就是要发挥二者的优势，使黑恶治理从国家专门机关的专门行动发展为多种因素结合的社会统一行动。通俗来说，就是构建起扫黑除恶的制度性框架，使其规律地、稳定地、可预测地、日常地运行，无须阶段性地集中统一推进。

常态化既是一个过程，亦是一种状态，内含嵌入性、社会化及问题导向三重逻辑，且核心之一乃是解决制度体系长效运行的动力及其持续性。此外，也不能忽视常态化概念本身及其基本特征、应对不同实际的针对性等视角。鉴于此，扫黑除恶常态化的构成要素应当包括以下几个方面的内容：一是宏观层面，即常态化实现的整体逻辑及其进路，包括治理格局和治理路径，前者涉及政治领域和法治领域，后者则紧紧围绕司法治理与综合治理，但这里强调的是宏观范畴，而非具体的治理内容，如治理的具体制度、运行机制与程序等。二是中观层面，即常态化的治理目标、具体治理制度及其运行机制、程序，以及治理价值的提炼等。三是微观层面，如治理主体及对象的相关内容、治理的具体措施手段、治理效果的具体保障等，是常态化过程中比中观层面更加具体的考察角度。需要强调的是，根据不同地区、不同领域、不同对象所进行的有针对性的治理内容调整，并不与常态化的规律性、稳定性等特征相冲突，反而有利于扫黑除恶常态化根据不同实际作出有重点的、阶段性的优化。

应当看到扫黑除恶常态化的实现，不仅有前述理论上的逻辑支撑，也有现实的条件，即解决扫黑除恶过程中所面临的一系列非常态问题，进而体现其可持续性。至于具体的实现载体，乃是不断完备的嵌入式制度体系，且需要通过多层级立法予

---

① 尽管在此提出从宏观、中观、微观上分类讨论扫黑除恶常态化的构成要素，但其中的宏观层面，实际上比一般意义上最广义的宏观视角相对较窄，其好比经济制度与具体经济制度的关系，因此，本书对宏观、中观、微观的界定是基于扫黑除恶常态化的具体场域，分析常态化实现的逻辑脉络，并非大而不当地空洞谈最广义的制度。

② ［德］斐迪南·滕尼斯：《共同体与社会》，张巍卓译，商务印书馆2019年版，第129页。

以固定。当然,仍然应当强调常态化的动力形成与持续,以保障常态化下的制度体系长久、高效、日常化运作。

三、有组织犯罪刑事政策发展的启示

改革开放以来,刑事政策几经变迁,折射出国家预防和惩治犯罪的思维模式、观念以及方法上的转变,为我国今后刑事政策的确定积累了极具价值的经验。在此背景下,我有组织犯罪的刑事政策也历经变迁,从附属走向独立,从“打黑除恶”走向“扫黑除恶”,具有重要的启示意义。

第一,针对社会现实,与时俱进,适时调整、改革有组织犯罪刑事政策,充分发挥其功能与实效。改革开放以来,我国经历了四次大的社会政治、经济、法治形势的变迁:一是国家实施改革开放政策。“文化大革命”结束后,1978 年我国实行改革开放政策,迎来了社会观念、道德伦理、思想文化的大解放。二是社会主义市场经济的确立。1992 年,党的十四大召开,明确提出了“中国经济体制改革的目标是建立社会主义市场经济体制”。市场经济是充分体现自由、公平、竞争、独立自主和权利平等的现代经济形态,与计划经济完全不同。伴随着经济体制的翻天覆地变化,人们的思想理念、道德水准、伦理观念、文化意识等都发生了巨大变化。三是依法治国方略的入宪。1997 年,党的十五大召开,首次明确将“依法治国,建设社会主义法治国家”确立为政治体制改革的根本目标和治理国家的基本方略,并对依法治国与法制发展战略作了精辟阐述。随后,宪法确立了“社会主义实行依法治国”的目标。全国掀起了探讨依法治国,建设社会主义法治国家的理论热潮。人们对民主政治、法治模式、法治与德治、立法行政司法改革、农村法治建设等方面展开深入的理论探讨,以提高全民族的法律素质为目标的“四五”普法,公民的法律意识有了质的提高,懂得利用法律维护权益,保障国家、社会、集体的利益。四是习近平法治思想的提出。2020 年 11 月召开的中央全面依法治国工作会议正式提出“习近平法治思想”,这一思想不仅具有十分重大的理论和实践意义,而且具有非常深刻的政治和法治价值。习近平法治思想从我国革命、建设、改革的伟大实践出发,着眼全面建设社会主义现代化国家、实现中华民族伟大复兴的奋斗目标,深刻回答了新时代为什么实行全面依法治国、怎样实行全面依法治国等一系列重大问题。

与此同时,根据我国有组织犯罪的发展阶段,专门刑事政策的发展也呈现递进、变迁的过程。从附属政策到独立政策,不仅意味着有组织犯罪刑事政策体系地位的提升,更意味着其独立内涵的赋予;从“打黑除恶”到“扫黑除恶”,绝非仅一字之变,而是体现了有组织犯罪刑事治理理念的转型与变迁。因此,我国有组织犯罪刑事政策未来发展应在价值、目标等方面与时俱进并加以适当调整。一方面,有组织犯罪刑事政策应当由事实层面向与价值层面相结合、具体实践向宏观决策相结合转变,实现有组织犯罪宏观治理和微观治理的结合。最初的研究中将刑事政策界定为单纯的策略、方针、措施、原则等,随着研究的深入,将刑事政策逐步界定为战略、态度、艺术、谋略、智慧等。刑事政策学不仅是应用性科学,而且是一门决策性科学,是一门价值批判的“形而上”的知识体系。[①] 另一方面,关注刑事政策价值追求的变化,从纯粹的功利主义向与人本主义相结合转变。过去刑事政策只关注犯罪的预防和控制,如将刑事政策界定为“同犯罪作斗争,以期实现抑制和预防犯罪之目的的策略、方针、措施和原则”等,逐渐转移到对犯罪预防、控制的合理性、正义性,如将刑事政策界定为“为维护社会稳定、实现社会正义,围绕预防、控制和惩治犯罪所采取的策略和措施”[②]。具体到有组织犯罪的刑事政策,也应更加注重犯罪预防、控制的合理性、正义性。

例如,在早期我国的有组织犯罪刑事政策曾附属于“严打”的刑事政策,应客观看待其影响。如果说 1983 年的“严打”在当时的历史条件下还具有一定意义的话,那也应该是一时的权宜之计。其间经历过市场经济建立、依法治国方略确立以及加入 WTO 等一系列影响国家政治、经济生活的重大历史事项,仍然坚持不懈,甚至在相当程度上将“严打”的理念传承给“打黑除恶”刑事政策,对于有组织犯罪的刑事治理客观上产生了一定的重刑主义影响。与此同时,“严打”是宽严相济刑事政策“严”的一面的表现,它虽然是一项具体刑事政策,但并不是独立于宽严相济刑事政策之外的,更不是与之对立的。“严打”属于宽严相济刑事政策的“严”的一面。宽严相济“宽”的一面对“严打”对象仍然适用。不能一说“严打”就只考虑“严”,而忽视“宽”的一面。[③] 因此,在未来制定和实施有组织犯罪刑事政策时,如果欲使其充分发挥实效,必须随着社会政治、经济、科技、法治、文化的发展变化而适时调整,切实做到与时俱进,充分适应社会现实的需要。特别是在新时代背景

---

① 参见梁根林:《刑事政策:立场与范畴》,法律出版社 2005 年版,第 165 页。

② 李运才:《论刑事政策及其研究的形势》,载《昆明理工大学学报(社会科学版)》2008 年第 3 期。

③ 参见马克昌:《论宽严相济刑事政策的定位》,载《中国法学》2007 年第 4 期。

下,更要注重基于常态、长效、长期防控有组织犯罪来把握刑事政策的尺度。

第二,调整陈旧观念,改变依赖惩治的策略,多管齐下防治有组织犯罪,真正与建设平安中国相结合。一直以来,我国在贯彻有组织犯罪刑事政策上都是强调刑事法律手段,尤其是刑罚的作用,忽视其他社会政策、体制改革、制度完善等方面的协调与配合,致使刑事政策的功效大打折扣。政府官员往往在意识上把各种刑事政策当作维护社会治安的核心手段,不惜采取政治化、军事化、命令式的措施、手段加以落实。综观我国目前各种有关刑事政策的论述或者研究,几乎都是将刑事政策限定为国家(当然包括执政党)专有或者专属的。[①] 只有将刑事政策上升到政治的层面,才有可能考虑市民社会在刑事政策体系中的地位与作用,政治国家与市民社会双本位的二元犯罪控制模式的实现才是可能的,国家主导、社会力量广泛参与的综合治理方针特色才能充分显示出来,作为"治道"的刑事政策本色才能得到充分展示。[②] 与此同时,普通大众也适应并认可国家的这种意识和态度,积极参与有组织犯罪防控。

早期刑事政策的导向客观上影响了有组织犯罪的刑事治理。例如,公权力主导的有组织犯罪治理体系往往难以形成制度化、长久化的治理机制,这也是早期有组织犯罪治理运动化、阶段化的重要原因。再如,前述敌视、漠视边缘群体的观念,也无疑在将一些社会边缘群体"推向"犯罪组织。日本学者指出,我们同时需要制定长期的社会政策和迅速见效的刑事政策。[③] 在落实刑事政策的同时,必须完善其他配套制度。如改革户籍制度,给外来务工人员与当地居民同等的公民待遇;完善社会保障制度,建立外来务工人员社会权益保障体系;严惩贪污腐败,营造公正、平等的社会秩序;完善法律法规,依法保障外来务工人员的合法权益;转变政府职能,充分尊重外来务工人员的主体地位,孕育和谐的社会氛围和环境;等等。实践证明,只有真正落实卓有成效的具体社会政策,配合刑事法律手段,充分实现社会治安综合治理,预防、惩治、遏制犯罪的目标才能得以实现。

总之,我国在防治有组织犯罪方面,无论是政府层面还是社会各阶层,均需进一步提升思想观念,防范重刑思想,注重配套措施的支撑,从根本上去反思犯罪赖以发生的真正原因,协同防治犯罪。2021 年 3 月 5 日,《中华人民共和国国民经济

---

① 参见曲新久:《刑事政策的权力分析》,中国政法大学出版社 2002 年版,第 34 页。

② 参见卢建平:《作为"治道"的刑事政策》,载《华东政法学院学报》2005 年第 4 期。

③ 参见长井园:《有组织犯罪:日本文化的产物》,载《中国刑事法杂志》2004 年第 5 期。

和社会发展第十四个五年规划和2035年远景目标纲要(草案)》提出,统筹发展和安全,建设更高水平的平安中国。平安中国要求,维护社会稳定和安全。因此,要加强社会治安防控,编织全方位、立体化、智能化社会安全网,健全社会矛盾综合治理机制,推进社会治安防控体系现代化。防控有组织犯罪既是平安中国建设的题中之义,也是重要内容。因此,必须改变依赖惩治的策略,多管齐下防治犯罪,与平安中国建设相结合,不断推动未来我国有组织犯罪刑事政策的发展。

第三,重视民意,坚持将有组织犯罪刑事政策制度化、法治化置于核心地位,避免其人治化。民意,从规范意义上讲,是指作为非统治群体的广大公众的利益诉求。自中华人民共和国成立以来民意就一直是统治高层的基本政治取向。每次"严打",无不是响应民意对社会治安形势的高度关注,以及迫切要求严惩违法犯罪活动的需要开展的。进入21世纪后,随着中国民主政治进程的推进,民意在高层的正式话语中已被明确表征,进而被作为决策机制中的必备元素。[①] 总之,根据广大人民群众对社会治安的反馈和意见,制定相关刑事政策,是应然也是必然。对于有组织犯罪的刑事打击也是如此,当时往往对于社会危害极大、群众反映强烈的犯罪组织予以严厉打击,以有效维护社会治安。"扫黑除恶"刑事政策也是基于在新时代的民意所制定,《关于开展扫黑除恶专项斗争的通知》明确提出"保障人民安居乐业"。

但是,尊重民意的同时,更应该坚持有组织犯罪刑事政策的制度化、法治化。片面尊重民意很可能导致刑事政策偏离制度化、法治化轨道,造成民意与法律冲突,可能架空法律。客观地说,民意通常是与法律相吻合的,毕竟法律的制定体现了广大人民群众的意志。但是,民意与法律有时也是脱节的,主要表现在:首先,民意与客观事实存在一定偏差。就犯罪事实而言,知晓的人毕竟总是少数,更多的人是通过其他渠道获得。由于传播渠道以及传播者的原因,很难说人民群众获得的信息完全能够代表客观事实。既然民意有时并非对客观事实的真实反映,自然就与遵循客观事实的法律产生矛盾。其次,现实生活中的民意,虽然能反映客观事实,但出于对社会治安的不同判断标准以及对犯罪的不同心态,也会影响对社会治安形势的客观判断。最后,人们法律意识的普遍薄弱,会造成对犯罪的认定与判断

---

① 参见莫晓宇:《民意的刑事政策分析:一种双向考量后的扬弃》,载《甘肃政法学院学报》2007年第3期。

更依赖主观想象，从而与法律脱节。在民意与法律冲突时，置法律于不顾的民意，必然造成刑事政策贯彻和落实的随意性、自发性，缺少具体的评判标准和依据，从而使刑事政策完全取决于民意，在权威和在实效上必将大打折扣。这就需要转变观念，使有组织犯罪的刑事政策走上规范化、法治化的轨道。同时，需不断完善相关制度，努力使符合民意与刑事政策的规范化、法治化同步、协调，充分发挥刑事政策的功效和目标。当民意与法律发生冲突时，要有效疏导、化解民意，真正走上法治化道路。

特别是对有组织犯罪而言，其和民意之间形成了某种特定的互动关系。一方面，有的“民意”由于害怕被犯罪组织欺压、报复，所以未能充分显现出来，只有该组织被打击之后才能被全部了解；另一方面，由于人民群众深受有组织犯罪之害，因此，可能将个人认知和情绪带入判断，从而片面强调对于有组织犯罪严厉打击。

总之，制定有组织犯罪的刑事政策时，既要重视民意，更要坚持刑事政策的制度化、法治化，将刑事政策纳入规范化、法治化框架之内，避免刑事政策人治化。

第五章　有组织犯罪的刑事立法

第一节　有组织犯罪的刑事实体立法

一、有组织犯罪刑事实体立法规范

由于我国采取一元制的刑事立法结构，所有犯罪及其罚则均在《刑法》中加以明文规定，有组织犯罪也不例外。实践中，虽然对于有组织犯罪更多地需要适用《刑法》分则的具体规定，但也需要注意《刑法》总则中的相关条款。

（一）总则立法[①]

《刑法》总则中与有组织犯罪直接相关的规定有三处[②]，一是关于犯罪集团的规定，二是关于特别累犯的规定，三是关于限制减刑假释的规定。

1. 关于犯罪集团的规定

我国《刑法》中并未独立规定恶势力组织的处置规则，实践中对其系按照犯罪集团予以认定和处罚。犯罪集团是指由3人以上为实施某种或多种犯罪而建立起来的、具有相当稳定的犯罪组织。刑事犯罪集团有多种类型，例如，走私集团、拐卖人

---

① 参见马克昌主编、莫洪宪执行主编：《刑法》（第5版），高等教育出版社2022年版，第136－137、223－224、257页。

② 关于犯罪组织和犯罪集团的关系，本书第一章已进行详细分析，在此不再展开。

口集团、盗窃集团、诈骗集团、贪污集团、卖淫集团和贩卖、运输毒品集团等。根据《刑法》第26条第2款的规定，犯罪集团，是指3人以上为共同实施犯罪而组成的较为固定的犯罪组织。代表性的观点认为，成立犯罪集团必须符合以下要求：(1)共同犯罪人在3人以上，即必须是3名以上达到刑事责任年龄、具备刑事责任能力的人才能构成犯罪集团。(2)为共同实施犯罪而成立。犯罪集团总是以实施某一种或者某几种犯罪为目的而形成的，否则便不能成为犯罪集团。(3)成立了较为固定的犯罪组织。犯罪组织即以犯罪为目标而形成的组织，而组织总是意味着其内部成员相互之间存在领导与被领导的关系。①

但是从有组织犯罪的角度理解犯罪集团，还应进一步从犯罪组织的角度解读其特征。有学者将其特征概括为：第一，有一定的组织形式存在，但基本成员不稳定，时合时分，组织结构松散；第二，没有明确固定的从属关系，没有较为细致的组织分工；第三，目标不明确，目的性较差，作案带有很大的随机性、偶发性；第四，没有明确的纲领、计划和共同遵守的组织纪律，主要依靠成员之间的相互需要来维持。②

本书认为，从有组织犯罪的角度来看，上述特征概括具有启发意义，但是仍需进一步细化。总体来看，犯罪集团的特征主要体现在以下几点。

(1)主体的多数性。犯罪集团的成员至少在3人以上，且重要成员固定或基本固定。在司法实践中，犯罪集团一般都不止3人，只有3人的是极个别的情况。正因如此，《刑法》明确规定犯罪集团是“三人以上”，这一最低人数限制。在人员组织上，具有一定的结构层次性和间接性。犯罪活动的参与者之间并无个人情感方面的接触，彼此之间可以不知姓名或不知底细，维系他们关系的只是共同的利益和目的。为达到同一犯罪目的他们必须接受某种纪律或规矩的制约。

(2)目的的明确性。建立犯罪集团这种组织形式是为了共同实施一种或多种犯罪。犯罪集团所实施的犯罪通常具有预谋性，有较严密的行动计划和合作分工。因为集团成员不是作一次案就散伙，而是在相当长的时期内，保持集团组织状态，以便不断进行一种或多种犯罪。

(3)形式的组织性。犯罪集团的组织性表现为：第一，犯罪集团成员之间具有

① 参见马克昌主编、莫洪宪执行主编：《刑法》(第5版)，高等教育出版社2022年版，第136页。

② 参见康树华：《有组织犯罪的类型特征》，载《江苏公安专科学校学报》1998年第5期。

明显的首要分子与一般成员之分,不仅有犯罪活动的分工,而且有组织职务的分工,即有领导者和被领导者。所谓首要分子,是指在犯罪集团中起组织、策划、指挥作用的犯罪分子。首要分子以犯罪集团存在为前提,在犯罪集团中首要分子可以是一名,也可以不止一名。总之,集团成员以首要分子为核心,置于首要分子的支配之下,首要分子在犯罪集团中有着特殊地位,起着特殊作用。第二,犯罪集团的重要成员是固定的或基本固定的,具有一定的组织形式或联系方法,在实施犯罪的过程中他们之间有明确的分工,相互协同配合。第三,有较严密的内部组织纪律,使集团成员之间的联系具有一定的牢固性。第四,在犯罪活动的组织上,这类犯罪的组织活动大多具有职业性的特点,多发生在经济或政治领域内。犯罪活动的分工、协调均由犯罪集团上层所控制,而下层、执行者的分工相当具体,因此,它具有一定的自我保护机制。

(4)结合的稳定性。犯罪集团是为了长期多次进行犯罪活动,或者是为了实施需要多人或较长时间才能完成的重大犯罪案件而组建的,而不是为了实行一次或几次犯罪而临时或偶尔纠集在一起,结合的稳定性体现在集团所具有的内聚力,即集团成员不轻易脱离的群体意识和依附观念。这种内聚力的形成,主要是由于:第一,共同犯罪活动使成员不愿脱离集团,他们在长期的犯罪生涯中,目的相同,利益一致,成员之间互相制约,一旦陷入集团,难以剥离。第二,共同的价值观念,使成员之间情感相同、志趣相投,一旦抱团,不易脱离。

(5)严重的危害性。犯罪集团是为了长期进行犯罪活动而建立起来的,因此,不论其实际作案的次数多少,都对社会具有严重的危害性。同时,犯罪集团的犯罪活动,是在首要分子的策划、指挥下实施的,手段技巧诡秘,实施犯罪和逃避侦查的能力强,一般善于实施严重犯罪,对社会的危害特别大,这是单独犯罪所无法比拟的。

此外需注意,犯罪集团的范畴大于恶势力组织的范畴。实践中,从犯罪集团的角度考察恶势力组织,其具体表现为:第一,有 3 名以上的组织成员;第二,有明显的首要分子,重要成员较为固定;第三,组织成员经常纠集在一起;第四,共同故意实施 3 次以上恶势力惯常实施的犯罪活动或者其他犯罪活动。

2. 关于特别累犯的规定

累犯,是指因犯罪而受过一定刑罚处罚的犯罪人,刑罚执行完毕或者赦免以后,在法定期限内又犯一定之罪的情形。所以,累犯基本上有两种含义:一是作为量刑情节,累犯是一种特定的再次犯罪的事实;二是作为量刑时评价的对象。在此意义上,累犯是指因犯罪受过一定刑罚处罚,刑罚执行完毕或者赦免以后,在法定期限内又犯一定之罪的特定犯罪人。

根据《刑法》总则的规定,累犯可分为一般累犯和特殊累犯两类。对于特殊累犯,《刑法》第 66 条规定:"危害国家安全犯罪、恐怖活动犯罪、黑社会性质组织犯罪的犯罪分子,在刑罚执行完毕或者赦免以后,在任何时候再犯上述任一类罪的,都以累犯论处。"据此,因为犯黑社会性质组织犯罪受过刑罚处罚,刑罚执行完毕或者赦免后,在任何时候再犯该类犯罪的,构成特殊累犯。构成特殊累犯的条件为:(1)前罪和后罪都必须是危害国家安全犯罪、恐怖活动犯罪或黑社会性质组织犯罪。只要前罪与后罪是这三类罪之一,如前罪是危害国家安全犯罪,后罪是恐怖活动犯罪的,或者前罪是恐怖活动犯罪,后罪是黑社会性质组织犯罪的,均成立特殊累犯。如若前后两罪或者其中一罪不是这三类犯罪,则不成立特殊累犯,符合条件的成立一般累犯。这实际上在很大程度扩大了特殊累犯的成立范围。[①] (2)前罪被判处的刑罚和后罪应判处的刑罚的种类及其轻重不受限制。即使前后两罪或者其中一罪被判处或者应判处管制、拘役或者单处某种附加刑的,也不影响其成立。(3)必须是在前罪刑罚执行完毕或者赦免以后再犯罪。因此,如果前罪是免予刑罚处罚并且也不是被赦免的,就不成立特殊累犯。至于前罪与后罪的相隔时间,不影响特殊累犯的成立。换言之,前罪的刑罚执行完毕或者赦免以后,任何时候再犯危害国家安全罪、恐怖活动罪、黑社会性质组织罪的,即构成特别累犯,不受前后两罪相距时间长短的限制。[②]

根据我国《刑法》第 65 条第 1 款的规定,对累犯应当从重处罚,即采取必须从重处罚的原则。在确定累犯的刑事责任时,应注意把握以下几点:(1)对累犯必须从重处罚。不管其是一般累犯还是特别累犯,都必须在法定刑的限度以内,对其判处相对较重的刑罚,即适用较重的刑种或较长的刑期。(2)从重处罚,是相较于不构成累犯时应承担的刑事责任而言的。对于累犯从重处罚,其参照标准应是在其不构成累犯时应承担的刑事责任。(3)在决定从重的幅度时,除根据其所实施的犯罪行为的性质、情节、社会危害程度确定其刑罚外,还应考虑后罪与刑罚执行完

---

① 参见周光权:《刑法总论》,中国人民大学出版社 2021 年版,第 452 页。

② 对于成立特别累犯,没有时间上的限制,体现了对于其更加从重处罚的精神。参见高铭暄、马克昌主编:《刑法学》(第 10 版),北京大学出版社、高等教育出版社 2022 年版,第 260 页。

毕或赦免时间的间隔以及后罪与前罪的关系,但“从重处罚”不是一律判处法定最高刑。

3. 关于限制减刑假释的规定

《刑法》第 50 条第 2 款规定:“对被判处死刑缓期执行的累犯以及因故意杀人、强奸、抢劫、绑架、放火、爆炸、投放危险物质或者有组织的暴力性犯罪被判处死刑缓期执行的犯罪分子,人民法院根据犯罪情节等情况可以同时决定对其限制减刑。”对于具备有组织的暴力性犯罪特征的黑社会性质组织犯罪,可以适用对其限制减刑。《刑法》第 81 条第 2 款规定:“对累犯以及因故意杀人、强奸、抢劫、绑架、放火、爆炸、投放危险物质或者有组织的暴力性犯罪被判处十年以上有期徒刑、无期徒刑的犯罪分子,不得假释。”该条对绑架和有组织的暴力性犯罪均规定不得假释,也体现了对黑社会性质组织犯罪分子加大了打击力度。①

(二)分则立法②

1. 组织、领导、参加黑社会性质组织罪③

(1)组织、领导、参加黑社会性质组织罪的概念和构成

组织、领导、参加黑社会性质组织罪,是指组织、领导或者参加黑社会性质组织的行为。本罪具有如下构成要件。

①本罪的客体是复杂客体,既侵犯了经济、社会生活秩序,又侵犯了公民的人身权利。黑社会性质组织对于国家、社会和人民群众的危害是多方面的,不仅严重破坏经济、社会生活秩序,也严重危及人民群众生命财产的安全,对社会治安造成严重威胁。

②本罪的客观方面表现为行为人实施了组织、领导、参加黑社会性质组织的行为。所谓组织黑社会性质组织,是指倡导、发起、策划、安排、组建黑社会性质组织的行为。所谓领导黑社会性质组织,是指在黑社会性质组织中处于领导地位,对该组织的活动进行策划、决策、指挥协调的行为。组织领导者虽然并不直接实施具体

---

① 参见莫洪宪:《我国有组织犯罪的特征及其对策》,载《河南财经政法大学学报》2012 年第 6 期。

② 参见马克昌主编、莫洪宪执行主编:《刑法》(第 5 版),高等教育出版社 2022 年版,第 498 – 505 页。

③ 有观点提出,有组织犯罪案件从犯罪结构表征为整罪与子罪有机统一的“双层构罪模式”,即由罪名众多、案件繁杂且彼此交叉的子罪和子罪群共证的整罪构成。参见蒋和平:《有组织犯罪案件证据审查起诉标准论》,载《人民论坛》2015 年第 29 期。

的侵害行为，但其组织、领导、策划的非现场实施的行为和现场指挥的行为，并不比直接执行者行为的危害小。[①] 通常组织者即是领导者，但也不尽然，非组织者（参加者）也可能成为领导者。组织者、领导者对于黑社会性质组织的成立、违法犯罪活动的发动起着关键作用，因此，其是刑法打击的重点。所谓参加黑社会性质组织，是指虽然没有组织、领导，但积极主动地参加他人组织的黑社会性质组织，并积极参与谋划、实施违法犯罪活动的行为。也就是说，凡是与黑社会性质组织正式成员和骨干分子共同多次以该组织名义实行或准备实行违法犯罪活动，或是自觉听令于该组织并多次参与违法犯罪活动的，或是多次自发参与该组织有组织违法犯罪的，都应视为参加。[②] 如果行为人完全受欺骗而加入黑社会性质组织，在了解真相后反悔，只是迫于黑社会性质组织的威吓而无法退出该组织的，不能视为参加黑社会性质组织。当然，如果起初受欺骗加入黑社会性质组织，行为人了解真相后仍积极参加有关违法犯罪活动的策划或实施的，符合参加黑社会性质组织罪的特征，应以参加黑社会性质组织罪定罪处罚。同时，参加分为积极参加和一般参加。积极参加，是指明知是黑社会性质组织仍然热衷于加入的行为，一般参加，是指除积极参加者外的其他参加行为。刑法惩罚的对象是积极参加的行为，对于一般参加者，不作为犯罪处理。本罪是行为犯，属于选择性罪名，只要行为人实施了组织、领导、参加黑社会性质组织的行为之一，便成立本罪。对于“组织”“领导”“积极参加”“其他参加”这四种行为的判断，应从实质上进行考察，而不能单纯从行为人是否制定了组织纲领、章程，是否履行了参加手续等形式上进行考察。另外，有的行为人非主动、经他人介绍参加黑社会性质组织后，其在黑社会性质组织中的作用、地位可能发生变化，成为积极实施违法犯罪分子，对这种行为人，应当归入“积极参加”之列。对于起初加入时表现得比较积极，而后并没有参与违法犯罪活动的策划，在他人积极实施违法犯罪时也不积极实施的，则应归入“其他参加”之列。根据2000年12月5日公布的最高人民法院《关于审理黑社会性质组织犯罪的案件具体应用法律若干问题的解释》第3条的规定，对于参加黑社会性质的组织，没有实施其他违法犯罪活动的，或者受蒙蔽、胁迫参加黑社会性质的组织，情节轻微的，可以不作为犯罪处理。

---

① 参见李洁：《打击有组织犯罪法律适用中的难点及其消解途径》，载《国家检察官学院学报》2009年第6期。

② 参见曾祥生、陈放：《黑社会性质组织犯罪的司法认定》，载《人民检察》2001年第5期。

根据《刑法》第 294 条第 5 款的规定，黑社会性质的组织应当同时具备以下特征：第一，形成较稳定的犯罪组织，人数较多，有明确的组织者、领导者，骨干成员基本固定；第二，有组织地通过违法犯罪活动或者其他手段获取经济利益，具有一定的经济实力，以支持该组织的活动；第三，以暴力、威胁或者其他手段，有组织地多次进行违法犯罪活动，为非作恶，欺压、残害群众；第四，通过实施违法犯罪活动，或者利用国家工作人员的包庇或者纵容，称霸一方，在一定区域或者行业内，形成非法控制或者重大影响，严重破坏经济、社会生活秩序。

③本罪的主观方面为故意，即行为人怀着明确的意图组织、领导黑社会性质组织，或者明知是黑社会性质组织而参加。因此，如果行为人在不知是犯罪组织的情况下或者在被欺骗的情况下而加入其中，不构成犯罪。但行为人如果后来发现自己加入了黑社会性质组织而不退出，并参与犯罪活动的，仍可构成本罪。本罪的成立不要求行为人具有特定的目的。

典型案例 1（组织特征）：

吴某占等人组织、领导、参加黑社会性质组织案[①]

2010 年 1 月至 2016 年 5 月，吴某占组织、领导赵某荣、李某、郭某林、郭某刚、吴某磊、林某、吴某艳、杜某岗、吴某志，多次实施违法犯罪行为，形成了以吴某占为组织者、领导者，赵某荣、李某为积极参加者，郭某林、郭某刚、吴某志、吴某艳、吴某磊、林某、杜某岗为其他参加者的较稳定的犯罪组织。该犯罪组织通过高利放贷，获利 1300 余万元；强迫华丰公司、金诚公司放弃中标工程，使用两公司名义施工，获取工程款 1350 万余元；通过强行违规建设加油站、违规开发住宅楼和商业街等违法犯罪活动非法牟利，并用谋取的利益向组织成员支付报酬，向因参与违法犯罪活动受伤或死亡的组织成员支付医疗费、子女抚养费等。该组织通过实施上述违法犯罪活动，干扰、破坏他人的正常生活、生产秩序，破坏公司、企业、国家机关的正常生产经营和工作秩序，在山东省聊城市冠县东古城镇区域内造成严重影响。

黑社会性质组织犯罪的前提和基础是实施主体在刑法上评价为黑社会性质组

---

① 参见最高人民法院刑事审判第一、二、三、四、五庭主办：《刑事审判参考》（总第 123 集），法律出版社 2020 年版，第 1－10 页。

织的犯罪集团。换言之,黑社会性质组织罪的犯罪主体是多人,该多人构成犯罪集团,该犯罪集团可以在刑法上评价为黑社会性质组织。因此,对黑社会性质组织犯罪的认定,首先要对实施犯罪的主体在刑法上进行组织构成性评判。我国《刑法》规定,黑社会性质组织的组织特征为"形成较稳定的犯罪组织,人数较多,有明确的组织者、领导者,骨干成员基本固定"。据此,黑社会性质组织在组织特征上要满足以下三个条件:一是组织成员人数较多。黑社会性质组织在层级上一般要有三个层级,层级之间一般为金字塔式构造,即越往下人越多,故也要多于 3 人。二是组织成员有明确的层级,一般分为三级:组织者、领导者,骨干成员,一般参加者(也称其他参加者)。三是犯罪组织稳定。所谓"稳定",是指犯罪组织存续时间较长、主要成员固定。

该案中,以被告人吴某占为首的犯罪组织成员共 10 人,以成立泰昌公司为标志,可以认定为自 2010 年 1 月 4 日成立,至案发存续时间长达 6 年多,可以认定为形成稳定的犯罪组织。吴某占是泰昌公司的负责人,并实际组织实施违法犯罪活动,是该组织的组织者、领导者。被告人赵某荣是泰昌公司会计,并组织实施部分违法犯罪活动;被告人李某负责管理部分组织成员,积极参加违法犯罪活动,二人均为该组织的骨干成员。其他组织成员郭某林、郭某刚、吴某磊、林某、吴某艳、杜某岗、吴某志受吴某占或者赵某荣、李某指使参加部分违法犯罪活动,系一般参加者。因此,以吴某占为首的犯罪组织具备黑社会性质组织的组织特征。

典型案例 2(行为特征):

韩某某等人组织、领导、参加黑社会性质组织案[①]

2013 年 3 月,被告人韩某某经被告人管某某介绍进入信而富公司从事小额贷款业务,后升至部门经理;被告人胡某某、叶某某、李某某系韩某某同事。后韩某某等人依托放贷公司形成了较稳定的犯罪组织。该组织为了索要欠款,多次通过非法拘禁、辱骂殴打、威胁恐吓、夹击身体敏感部位、喷辣椒水、踩脚趾、烟头烫、"架飞机"及电击等恶劣手段,有组织地实施了一系列违法犯罪活动。多次使用暴力手段

① 参见最高人民法院刑事审判第一、二、三、四、五庭主办:《刑事审判参考》(总第 120 集),法律出版社 2020 年版,第 60 - 68 页。

非法拘禁多名借款人；为谋取非法利益，采用暴力威胁手段，以索要高额利息、滞纳金等费用为由，逼迫借款人写借条，以此敲诈勒索；在敲诈未果后，纠集多人对借款人的财物进行打砸，故意毁坏他人财物；在暴力讨债过程中多次强拿硬要借款人财物，深夜强行进入借款人住宅。该组织还通过喇叭喊话、门上喷漆、发送暴力讨债视频等方式向借款人施加压力，吸引群众围观，扰乱社会秩序。在放贷过程中，设定高额滞纳金及罚息，肆意认定违约、擅自垒高债务、伪造银行流水等手段，将“套路贷”手段及暴力讨债相结合，从而最大限度地谋取非法利益。2016 年 8 月 17 日至 2018 年 1 月 4 日，该组织非法放贷 105 人次，放贷金额 3,064,400 元，非法获利 1,131,050 元。

犯罪是对行为违法性的评价，离开了行为，则不存在犯罪。黑社会性质组织犯罪也不例外。黑社会性质组织犯罪在犯罪行为上，要求以暴力或软暴力手段，有组织地多次实施违法犯罪活动，形成对人民群众的欺压和残害。软暴力，是指暴力、威胁色彩虽不明显，但实际是以组织的势力、影响和犯罪能力为依托，以暴力、威胁的现实可能性为基础，足以使他人产生恐惧、恐慌，进而形成心理强制或者足以影响、限制人身自由，危及人身财产安全或者影响正常生产、工作、生活的手段，包括但不限于所谓的“谈判”“协商”“调解”以及滋扰、纠缠、哄闹、聚众造势等手段。

该案中，该组织为了索要欠款，由韩某某及组织成员以暴力、胁迫或其他手段，共同实施了非法拘禁、寻衅滋事、敲诈勒索、故意毁坏财物、非法侵入住宅及诈骗等一系列违法犯罪活动；违法犯罪行为具有多样性，有使用暴力胁迫手段实施的非法拘禁、敲诈勒索、故意毁坏财物的行为，也有使用“软暴力”手段实施的寻衅滋事、非法侵入住宅的行为，还有使用“套路贷”手段实施的诈骗行为。由此，该组织已具备《刑法》规定的黑社会性质组织所要求的“以暴力、威胁或者其他手段，有组织地多次进行违法犯罪活动，为非作恶，欺压、残害群众”的行为特征。

典型案例 3（经济特征）：

方某等人组织、领导、参加黑社会性质组织案①

2016 年 2 月至 2017 年 8 月，被告人方某、徐某真利用无锡市乾宏信息咨询服

---

① 参见最高人民法院刑事审判第一、二、三、四、五庭主办：《刑事审判参考》（总第 123 集），法律出版社 2020 年版，第 29－40 页。

务有限公司(以下简称乾宏公司)、无锡海嘉投资有限公司(以下简称海嘉公司)、乾府公司、无锡市乾多多投资有限公司、无锡乾友投资有限公司(以下简称乾友公司)、无锡乾富投资有限公司(以下简称乾富公司)、无锡市万友投资有限公司(以下简称万友公司)七家公司结成“乾”字头公司联盟,假借民间小额贷款之名,通过“签订虚假借据收据”“肆意认定违约”等方式,采用非法拘禁、敲诈勒索、寻衅滋事、纠缠、滋扰、恐吓等手段实施“套路贷”犯罪。方某等人制造民间借贷假象,恶意虚增债务,故意制造违约或肆意认定违约,软硬兼施“索债”,投入的400余万元本金在短短的一年半内不断获益,共非法放贷3100余万元。

黑社会性质组织是犯罪集团的高级形态,具有特定的犯罪目的。一般而言,黑社会性质组织的主要犯罪目的是追求经济利益,支持组织活动,豢养组织成员,其也必须有一定的经济基础,这是进行违法犯罪活动、维系犯罪组织的必要条件。因此,无论是哪个领域、哪个地区的黑社会性质组织,其犯罪的目的可能有很多,但经济利益必然是其主要目的之一,其实施的违法犯罪活动可能很多,但始终会以攫取最大化的经济利益为主要目标。

该案的黑社会性质组织正是通过实施“套路贷”犯罪迅速敛财,从起初的一家乾宏公司不断壮大,直至在无锡市成立了七家“乾”字头公司,共非法放贷3100余万元。该组织一方面将通过违法犯罪活动获取的经济利益主要用于开办分公司、子公司;另一方面形成紧密的联盟,排挤其他同类竞争公司,在整个无锡地区的小额贷款公司中具有较强的影响力和话语权。

典型案例4(危害性特征):

刘某1等人组织、领导、参加黑社会性质组织案①

被告人刘某1于1997年3月在四川省绵阳市成立被告单位四川汉龙(集团)有限公司(以下简称汉龙集团),后又安排被告人刘某平(刘某1的姐姐)管理公司财务。被告人刘某1与刘某2、孙某东、孙某君以兄弟亲情、合作经营为纽带,以汉龙集团等经济实体为依托,相互支持、相互融合,逐步形成了以刘某1、刘某2、孙某

---

① 参见最高人民法院刑事审判第一、二、三、四、五庭主办:《刑事审判参考》(总第107集),法律出版社2017年版,第64－78页。

东为组织者、领导者，被告人唐某兵、孙某君、缪某、曾某军、文某灼、旷某坪、陈某铭、旷某燕和詹某（另案被告人）等人为骨干成员，被告人刘某3、李某、车某勇、仇某峰、刘某平、肖某红和张某华、田某伟、张某、袁某林、曾某、桓某柱、孙某兵、闵某、李某国、钟某华、黄某、王某、王某洪、刘某辉（均系另案被告人）等人为其他参加者的较稳定的犯罪组织。该犯罪组织为树立其非法权威，维护其非法利益，为非作恶，欺压、残害群众，有组织地实施了故意杀人，故意伤害，非法拘禁，非法买卖枪支，非法持有枪支、弹药，敲诈勒索，故意毁坏财物，妨害公务，寻衅滋事，开设赌场，窝藏等数十起犯罪活动以及随意殴打他人、聚众赌博、串通拍卖等11起违法行为，共造成8人死亡、多人受伤等极其严重的危害后果。该组织通过实施违法犯罪活动及利用国家工作人员的包庇和纵容，称霸一方，在广汉市、绵阳市、什邡市等地形成重大影响，并对广汉市的赌博游戏机行业形成非法控制，严重破坏了上述地区的经济秩序和社会生活秩序。

社会危害性是犯罪行为的本质特征。黑社会性质组织作为犯罪集团的高级形态，其所具有的社会危害性远高于其他犯罪。普通犯罪侵害的对象和危害后果都是直接的、具体的、特定的，而黑社会性质组织犯罪，除侵害对象及对侵害后果具体、直接、特定外，还要求具有间接的、不特定的、抽象的侵害对象和侵害后果，即“在一定区域或者行业内，形成非法控制或者重大影响，严重破坏经济、社会生活秩序”。直接具体特定的侵害对象与后果与间接抽象不特定的侵害对象与后果间具有因果关系，也就是说，“在一定区域或者行业内，形成非法控制或者重大影响，严重破坏经济、社会生活秩序”是该组织实施的具体违法犯罪活动形成的整体效应和后果。可见，间接抽象不特定的侵害对象与后果是黑社会性质组织具有的独特的社会危害后果，是黑社会性质组织的本质特征。这是黑社会性质组织在单独评价组织成员所犯个罪外，整体评价为黑社会性质组织罪的法理基础所在。

该案中，被告人刘某1等人通过实施违法犯罪活动和利用国家工作人员的包庇、纵容，称霸一方，在四川省多地形成重大影响，并对广汉市的赌博游戏机行业形成非法控制，严重破坏当地经济秩序和社会生活秩序，显然符合“在一定区域或者行业内，形成非法控制或者重大影响，严重破坏经济、社会生活秩序”，其危害性特征十分显著。

（2）组织、领导、参加黑社会性质组织罪的认定

①本罪与一般犯罪集团的界限

根据《刑法》第26条第2款的规定，一般犯罪集团是指3人以上为共同实施犯

罪而组成的较为固定的犯罪组织。黑社会性质组织与一般犯罪集团的区别体现在以下几点。

第一,犯罪行为的多样性。黑社会性质组织的违法犯罪活动范围广泛,不像一般犯罪集团那样比较单一。黑社会性质组织可能实施盗窃、抢劫、伤害、杀人、强奸等犯罪,也可能从事走私、贩毒、组织、强迫妇女卖淫等犯罪活动,具有犯罪行为多样化的特点。

第二,犯罪组织的严密性。黑社会性质组织具有一般犯罪集团的组织特征,但组织结构更为严密,违法犯罪活动一般是有组织进行的。但其组织规模大,人数众多;组织分工明确,有固定的组织成员,成员之间有一定的等级,并有向多层次发展的趋势;组织内部有严格的组织纪律。

第三,犯罪手段的强制性。黑社会性质组织的犯罪手段充斥着暴力、威胁等身体强制和精神强制内容,他们不仅依靠强制手段争夺和建立势力范围,而且依靠强制手段恫吓群众,甚至采用“软暴力”。一般犯罪集团虽然也使用暴力、威胁方式,但尚未形成手段强制性的特点。

第四,犯罪活动的区域性。黑社会性质组织在一定的区域内为非作恶,欺压、残害百姓。有的甚至具有一定的暴力武装力量和较强的经济实力,操纵一定区域内一定行业的经济,与基层政权“分庭抗礼”。这是一般犯罪集团难以达到的。

第五,社会危害的严重性。黑社会性质组织具有强烈的反社会意识,其违法犯罪活动严重破坏一定区域的经济秩序和社会生活秩序。特别是为了逃避打击,他们往往以金钱收买、色情引诱等不正当手段向政界渗透,寻求靠山或“保护伞”,借以扩大势力范围。犯罪集团虽然也有一定的组织形式,但它只是一种有组织的共同犯罪形式,结构通常较松散,没有统一行动纲领等。区别黑社会性质组织与一般犯罪集团的意义在于:组织、领导、参加黑社会性质的组织构成《刑法》第 294 条第 1 款规定的组织、领导、参加黑社会性质组织罪;组织、领导一般犯罪集团则成立特殊共同犯罪,其具体罪名根据行为人所具体实施的行为内容来确定,根据《刑法》第 26 条第 3 款的规定:“对组织、领导犯罪集团的首要分子,按照集团所犯的全部罪行处罚。”

②本罪与组织、领导、参加恐怖活动组织罪的界限

这两种犯罪有许多相同之处,如二者行为方式都为组织、领导、参加;行为的对象都是国家明令禁止的非法组织;二者同为行为犯,即一旦实施组织、领导、参加行

为,不论有无实施其他犯罪行为,也不论是否已造成实际危害结果,均可构成犯罪;二者同为一般主体,在主观上也都表现为直接故意。二者的区别体现在以下几点。

第一,组织、领导、参加的组织的本质属性不同。组织、领导、参加黑社会性质组织罪的行为对象是黑社会性质组织;而组织、领导、参加恐怖活动组织罪的行为对象是恐怖活动组织。

第二,侵犯的客体不同。组织、领导、参加黑社会性质组织罪侵犯的是社会管理秩序;组织、领导、参加恐怖活动组织罪侵犯的是不特定多数人的生命财产安全。

③本罪与聚众斗殴罪、寻衅滋事罪的团伙界限

本罪与聚众斗殴罪、寻衅滋事罪的团伙区别体现在以下几点。

第一,黑社会性质组织犯罪是有组织、有领导的犯罪;聚众斗殴罪、寻衅滋事罪虽然也存在团伙性的犯罪,但这种团伙没有明确的组织者和领导者。

第二,黑社会性质组织犯罪,一般有固定的骨干成员,组织结构相对紧密;聚众斗殴、寻衅滋事的团伙犯罪,其成员一般是临时纠集的。

第三,黑社会性质组织实施犯罪都是有组织地进行的,所以一般比较周密,组织性、预谋性、目的性较强;非黑社会性质组织团伙作案表现出较强的冲动性、盲目性。

④本罪的罪数形态

本罪是行为犯,行为人只要实施了组织、领导、参加黑社会性质组织的行为就构成犯罪,并不以行为人是否实施了其他犯罪为构成本罪的必要要件。黑社会性质组织所具有的反社会性的特点决定了其成立就是为了实施某种或某些违法犯罪活动,因而,在其活动过程中必然会伴生其他各种各样的违法犯罪活动。如果行为人组织、领导、参加黑社会性质组织,但实施的其他行为未达到犯罪的程度,则直接以组织、领导、参加黑社会性质组织罪一罪定罪处罚。如果行为人组织、领导、参加黑社会性质的组织,又实施了其他犯罪的,应当依照数罪并罚的规定处罚。

(3)组织、领导、参加黑社会性质组织罪的处罚

根据《刑法》第 294 条第 1 款、第 4 款的规定,组织、领导黑社会性质的组织的,处 7 年以上有期徒刑,并处没收财产;积极参加的,处 3 年以上 7 年以下有期徒刑,可以并处罚金或者没收财产;其他参加的,处 3 年以下有期徒刑、拘役、管制或者剥夺政治权利,可以并处罚金。犯该罪又有其他犯罪行为的,依照数罪并罚的规定处

罚。根据最高人民法院《关于审理黑社会性质组织犯罪的案件具体应用法律若干问题的解释》第 4 条的规定,国家机关工作人员组织、领导、参加黑社会性质组织的,从重处罚。

2. 入境发展黑社会组织罪

入境发展黑社会组织罪,是指我国境外的黑社会组织的人员到我国境内发展其成员的行为。所谓境外的黑社会组织,是指被境外国家和地区确定为黑社会的组织。该组织既包括境外的黑社会组织,也包括我国香港特别行政区、澳门特别行政区、台湾地区的黑社会组织。本罪的客体是社会治安管理秩序。本罪的客观方面必须同时具备两个要件:一是危害行为,即采取引诱、腐蚀、强迫、威胁、暴力、贿赂等手段发展境外黑社会组织成员的行为;二是犯罪地,即在中华人民共和国境内。根据最高人民法院《关于审理黑社会性质组织犯罪的案件具体应用法律若干问题的解释》,发展组织成员,是指将境内外人员吸收为该黑社会组织成员的行为。对黑社会组织成员进行内部调整等行为,可视为发展组织成员。内部调整,包括对黑社会组织成员职位的升迁、调换、降低以及选举等调整行为。在中华人民共和国境内,是指境外黑社会组织通过各种途径到我国境内发展组织成员,包括:行为人本人在我国境外,但其利用在我国境内的人员或者互联网将在我国境内的人员发展成为其组织成员的;行为人本人在我国境外,委托在我国境内的该组织人员发展组织成员的;在境外通过互联网发布“招募”我国成员信息的;等等。到我国境内不以行为人亲身到达我国境内为条件,因为《刑法》设立入境发展黑社会组织罪的宗旨,是维护我国境内的社会管理秩序,防止境外黑社会组织向我国境内的渗透。本罪是行为犯,只要行为人有发展组织成员的行为,即构成本罪既遂,而不要求他人最终是否被发展、吸收为组织成员,也不要求被发展的黑社会组织成员从事了违法犯罪活动。本罪的主体是特殊主体,即只能是境外的黑社会组织的人员。本罪的主观方面为直接故意,即明知我国法律禁止并取缔一切黑社会组织,仍在我国发展其组织成员。动机如何,不影响本罪的成立。根据《刑法》第 294 条第 2 款、第 4 款的规定,犯本罪的,处 3 年以上 10 年以下有期徒刑;犯本罪又有其他犯罪行为的,依照数罪并罚的规定处罚。

3. 包庇、纵容黑社会性质组织罪

包庇、纵容黑社会性质组织罪,是指国家机关工作人员包庇黑社会性质的组织,或者纵容黑社会性质的组织进行违法犯罪活动的行为。本罪的客体是司法机关同黑社会性质组织作斗争的正常活动和社会治安管理秩序。本罪的客观方面表现为:一是包庇黑社会性质的组织;二是纵容黑社会性质的组织进行违法犯罪活动。行为人只要实施了其中一种行为,即可构成本罪。即使实施了两种行为,也只以一罪论处,不实行数罪并罚。根据最高人民法院《关于审理黑社会性质组织犯罪的案件具体应用法律若干问题的解释》,包庇黑社会性质组织的方式主要有六种:(1)为黑社会性质组织及其成员逃避查禁,通风报信;(2)隐匿、毁灭、伪造证据;(3)阻止他人作证、检举揭发;(4)指使他人作伪证;(5)帮助逃匿;(6)阻挠其他国家机关工作人员依法查禁。所谓纵容黑社会性质组织违法犯罪,是以行为人有制止、打击黑社会性质组织犯罪的职责为前提,缺乏这一前提的知情不举,则不属于纵容。纵容与共犯不同,纵容仅有不履行职责,放任他人违法犯罪的行为,但未参与黑社会性质组织进行违法犯罪的活动。纵容的对象是黑社会性质组织实施违法犯罪活动,如果黑社会性质组织没有实施具体的违法犯罪行为,或刚刚建立还未来得及实施就被查处,行为人纵容不构成本罪。可见,"包庇"是一种积极作为行为,而"纵容"是一种消极不作为行为。本罪由特殊主体即国家机关工作人员构成,但不是所包庇、纵容的黑社会性质组织的成员。国家机关工作人员为黑社会性质组织及其人员提供隐藏处所、财物,帮助其逃匿或作假证明的,以本罪论处。本罪的主观方面为故意,即明知是黑社会性质的组织,或者明知该组织进行违法犯罪活动,而故意进行包庇、纵容。

根据《刑法》第 294 条第 3 款、第 4 款的规定,犯本罪的,处 5 年以下有期徒刑;情节严重的,处 5 年以上有期徒刑。犯本罪又有其他犯罪行为的,依照数罪并罚的规定处罚。所谓情节严重,根据最高人民法院《关于审理黑社会性质组织犯罪的案件具体应用法律若干问题的解释》主要是指:(1)包庇、纵容黑社会性质组织跨境实施违法犯罪活动的;(2)包庇、纵容境外黑社会组织在境内实施违法犯罪活动的;(3)多次实施包庇、纵容行为的;(4)致使某一区域或者行业的经济、社会生活秩序遭受黑社会性质组织特别严重破坏的;(5)致使黑社会性质组织的组织者、领导者逃匿,或者致使对黑社会性质组织的查禁工作严重受阻的;(6)具有其他严重情节的;等等。

典型案例5(包庇、纵容行为):

张某琦包庇、纵容黑社会性质组织案①

被告人张某琦,男,1973年9月6日出生,曾任中共温岭市公安局委员会委员、浙江省温岭市公安局副局长、浙江省台州市公安局城市管理警察支队副支队长(主持工作)、支队长、台州市公安局纪委副书记。2017年7月24日张某琦被逮捕。张某琦身为国家机关工作人员,明知陈某强团伙在浙江省温岭市有组织地长期从事违法犯罪活动,不依法履行职责,对陈某强(另案处理)等人组织、领导的黑社会性质组织实施的违法犯罪活动,多次进行包庇、纵容,或者积极帮助该组织领导者和成员逃避查禁或打击,一度致使对该黑社会性质组织的查禁工作受阻,为其充当"保护伞"。

关于包庇、纵容黑社会性质组织罪应从两个方面加以认定。第一,主观方面。一是本罪主观上只能是故意,过失不构成本罪。其中"包庇"行为仅为直接故意,"纵容"则可以是直接故意,也可以是放任态度的间接故意,间接故意表现为消极不作为。二是对于包庇、纵容对象的认知程度问题,即是否需要认识到其包庇、纵容的是黑社会性质组织及其违法犯罪活动。从司法实践来看,黑社会性质组织发展是一个渐进的过程,有时还会以合法外衣予以隐匿,准确认识其性质非常困难,故法律不可能要求行为人对黑社会性质组织有确定的认识。第二,客观方面。一是包庇和纵容行为的表现和区别。最高人民法院《关于审理黑社会性质组织犯罪的案件具体应用法律若干问题的解释》第5条对"包庇""纵容"加以定义的同时,也列举了行为的表现形式。包庇行为是积极作为,纵容行为是在有查禁义务情况下,消极不作为。二是在审查本罪时还应注意两点:(1)本罪是行为犯,原则上只要行为人在客观上实施了包庇、纵容黑社会性质组织行为的,即构成本罪且属既遂,不要求其包庇、纵容的行为最终使黑社会性质的组织逃脱追究责任。(2)行为人包庇、纵容的是黑社会性质组织及其违法犯罪活动,而不能是一般的犯罪组织或违法犯罪行为。

该案中,在主观方面,被告人张某琦的包庇、纵容行为均为明显的直接故意。

---

① 参见最高人民法院刑事审判第一、二、三、四、五庭主办:《刑事审判参考》(总第123集),法律出版社2020年版,第50-54页。

同时,以陈某强为组织者、领导者的黑社会性质组织形成于2000年前后,张某琦包庇、纵容行为则始于2007年,当时以陈某强为首的黑社会性质组织已在温岭当地形成了一定社会影响,2007年10月陈某强请托张某琦为涉嫌犯聚众斗殴罪的蔡某波办理取保候审手续,该案所涉某犯罪事实发生后,因影响恶劣曾移交打黑办侦查,张某琦作为时任温岭市公安局的领导多次向打黑办打听案件,还告知陈某强逃避侦查对策,足见其熟悉该组织,且介入程度深。因此,张某琦对陈某强犯罪组织的认知程度由此可见,不仅知道该组织是从事违法犯罪活动的组织,对于该组织可能为黑社会性质组织也可认定为明知。在客观方面,在该案犯罪事实中,如被告人张某琦打招呼违规释放犯罪嫌疑人、透露警务秘密、帮助逃避处罚等,这些行为一度阻碍对该黑社会性质组织的查禁工作,符合前述司法解释所指的通过积极方式实施的包庇行为。该案犯罪事实中对寻衅滋事犯罪事实批准不予立案,符合前述司法解释所指的以消极不作为方式实施的纵容行为。同时,由于本罪是行为犯,辩护人所提的未成功帮助涉案罪犯办理取保候审、未成功让涉案罪犯逃脱处罚,因此,并非犯罪的辩护意见不能成立。

(三)下游犯罪立法

洗钱罪系指明知是毒品犯罪、黑社会性质组织犯罪、恐怖活动犯罪、走私犯罪、贪污贿赂犯罪、破坏金融管理秩序犯罪、金融诈骗犯罪的所得及其产生的收益,而以各种方法掩饰、隐瞒其来源和性质的行为。洗钱罪与有组织犯罪的关系甚为密切,现代意义上的洗钱犯罪就产生于有组织犯罪。[①] 洗钱罪作为有组织犯罪的下游犯罪,与有组织犯罪本身有着恶性循环的互动作用,已成为有组织犯罪集团的合法经济与地下非法经济之间的"桥梁"。[②] 先前即有学者提出,应加大对有组织犯罪者将非法收益合法化的监控,增强对洗钱犯罪的打击力度。[③] 要打击有组织犯罪,就必须遏制洗钱犯罪,切断有组织犯罪的资金来源,从经济上堵住其"洗钱"渠道,杜绝有组织犯罪的产生、发展和恶性膨胀。

1997年《刑法》在第191条规定了洗钱罪,颁布时就将黑社会性质组织犯罪作为其上游犯罪之一。2001年《刑法修正案(三)》修改了《刑法》第191条,将恐怖

---

① 参见高一飞:《有组织犯罪问题专论》,中国政法大学出版社2000年版,第194页。

② 参见余磊、邓小俊:《中日打击有组织犯罪的法律对策之比较》,载《法学评论》2010年第2期。

③ 参见林黄鹂:《对有组织犯罪的考量和打击对策》,载《山东社会科学》2006年第10期。

主义犯罪列为洗钱犯罪的上游犯罪,并对单位犯洗钱罪增加了“情节严重的”规定,提高了单位犯罪的法定刑;《刑法》第120条之一增加了“资助恐怖活动罪”,规定个人和单位都可以构成该罪的犯罪主体。[①]

针对以上洗钱罪的规定,有学者认为不足以打击有组织犯罪的经济基础。有学者认为,基于预防和遏制有组织犯罪集团向企业化发展的需要,应当在立法上扩大洗钱罪上游犯罪的范围,虽然不能扩大到绝大多数犯罪类型,但是,起码需要扩大到一些比较严重的犯罪,如危害公共安全罪、破坏社会主义市场经济秩序罪、渎职罪等犯罪。同时,可以继续加大对洗钱犯罪的处罚力度,以便最大限度地切断维系有组织犯罪集团生存、发展的生命线。[②] 另有学者认为,我国《刑法》第191条仅将毒品犯罪、黑社会性质的组织犯罪、走私犯罪和恐怖活动犯罪规定为洗钱罪的“上游犯罪”,却将邪教组织犯罪、制造假币犯罪组织等严重的有组织犯罪排除在洗钱罪的原生罪之外,所以主张应将洗钱罪的上游犯罪扩大至“一切能产生经济收益的犯罪行为”,以提高打击有关原生犯罪的司法效率。[③]

本书认为,如果过于扩大洗钱罪的上游犯罪范围,将会导致该罪适用的泛化。实践中,区分洗钱罪与《刑法》第312条掩饰、隐瞒犯罪所得、犯罪所得收益罪的关键就在于上游犯罪的类型,如果洗钱罪可以适用于一切有组织犯罪,不仅会导致罪名体系的混乱,也不利于对于各类有组织犯罪进行层次化、精准化的打击。《刑法修正案(十一)》在对洗钱罪进行较大修正时,[④]未调整上游犯罪范围,说明立法者认为目前其范围较为妥当。因此,虽然理应对于有组织犯罪相关的洗钱行为进行严厉打击,但是可考虑通过专门立法加以规定。

---

① 参见于改之:《我国关于有组织犯罪的立法与司法完善》,载《法学论坛》2004年第5期。

② 参见蔡军:《我国有组织犯罪刑事规制体系的检视与重构——基于有组织犯罪集团向企业化发展趋势的思考》,载《法商研究》2021年第3期。

③ 参见贾宇:《有组织犯罪之对策研究》,载《法律科学(西北政法学院学报)》2003年第5期;于改之:《我国关于有组织犯罪的立法与司法完善》,载《法学论坛》2004年第5期。

④ 《刑法修正案(十一)》对《刑法》第191条的修改涉及六个方面内容:一是将“自洗钱”行为纳入洗钱罪处罚,删除了原“明知”的规定,不再将洗钱罪上游犯罪限定为他人实施的犯罪行为,直接修改为“为掩饰、隐瞒……”二是对应“自洗钱”行为入罪,将各类行为中“协助”的表述删除。三是在第三项增加了“支付”方式。四是第四项内容由“协助将资金汇往国外”修改为“跨境转移资产”。五是完善了刑罚规定,将自然人犯罪中倍比罚金数额规定修改为抽象罚金数额规定。六是修改单位犯罪的刑罚,对直接负责的主管人员和其他直接责任人员所处的刑罚与自然人犯罪所处的刑罚保持一致,增加了关于罚金刑的规定。参见许永安主编:《中华人民共和国刑法修正案(十一)解读》,中国法制出版社2021年版,第137页。

根据《刑法》第191条的规定及相关权威释义：(1)洗钱罪的犯罪客观方面是将毒品犯罪、黑社会性质的组织犯罪、恐怖活动犯罪、走私犯罪、贪污贿赂犯罪、破坏金融管理秩序犯罪、金融诈骗犯罪的所得及其产生的收益，由非法转化为形式上合法。在具体的行为方式上包括五种：提供资金账户的行为；将财产转换为现金、金融票据、有价证券的行为；通过转账或者其他支付结算方式转移资金的行为；跨境转移资产的行为；以其他方法掩饰、隐瞒犯罪所得及其收益的来源和性质的行为。(2)洗钱罪的犯罪主体是一般主体，既包括个人，也包括单位。(3)"自洗钱"行为应受惩罚。《刑法修正案(十一)》施行前，洗钱罪的犯罪主体不包括实施上游犯罪的行为人。根据修正后的《刑法》规定，实施毒品犯罪、黑社会性质的组织犯罪、恐怖活动犯罪、走私犯罪、贪污贿赂犯罪、破坏金融管理秩序犯罪、金融诈骗犯罪的行为人，后续又实施洗钱犯罪的，可以单独构成洗钱罪。[①] (4)对单位犯罪实行双罚制。根据修正后的《刑法》第191条第1款的规定，犯洗钱罪的，处5年以下有期徒刑或者拘役，并处或者单处罚金；情节严重的，处5年以上10年以下有期徒刑，并处罚金。根据修正后的《刑法》第191条第2款的规定，单位犯洗钱罪的，对单位判处罚金，并对其直接负责的主管人员和其他直接责任人员，依照修正后的《刑法》第191条第1款的规定处罚。据此，黑社会性质组织相关主体实施洗钱犯罪，也应予以数罪并罚。

(四)核心特征的立法适用[②]

关于如何适用有组织犯罪的刑事立法规定，相关立法解释、司法解释作出了具体规定。最高人民法院《关于审理黑社会性质犯罪的案件具体应用法律若干问题的解释》首先对于"发展组织成员""包庇""纵容"黑社会性质组织罪等行为作出了具体规定。2002年4月28日，第九届全国人大常委会第二十七次会议通过了《关于〈中华人民共和国刑法〉第二百九十四条第一款的解释》，阐述了"黑社会性质组织"的组织特征、经济特征、行为特征以及非法控制特征，其中，非法控制特征

---

① 参见杨万明、周加海：《〈刑法修正案(十一)〉条文及配套〈罪名补充规定(七)〉理解与适用》，人民法院出版社2021年版，第158-160页。

② 参见莫洪宪：《黑社会性质组织认定相关问题探讨》，载《湖北社会科学》2011年第1期。

是黑社会性质组织最本质、最核心的特征,[①]它是通过“寻求非法保护”和“实施违法犯罪”,在一定区域或行业内称霸一方,严重破坏经济、社会生活秩序。从法律适用实践来看,对“保护伞”、“称霸一方”以及“严重破坏经济、社会生活秩序”的认定关系到有效打击和控制黑社会性质组织犯罪。

1.“保护伞”的认定

(1)“保护伞”概述

“保护伞”是指政府官员包庇纵容黑社会性质组织的犯罪行为,为其提供各种便利或非法保护,或者国家公职人员组织、领导、参与黑社会性质组织,共同实施犯罪的情况。从司法实践来看,有组织犯罪多有“保护伞”,[②]拥有“保护伞”更是当今大多数黑社会性质组织犯罪的运作方式之一。“保护伞”包庇、纵容行为主要包括不履行查禁职责、泄露办案信息、安排自首立功、掩盖涉黑组织犯罪事实、直接运用手中权力阻挠他人查禁等。近年来曝光的案件一再表明,黑恶势力危害越大的地域,往往有“保护伞”在“保驾护航”。他们收受贿赂,甚至通风报信、徇私枉法,违反了职务廉洁性的要求,严重干扰、破坏了司法秩序。[③]

关于“保护伞”是否为黑社会性质组织的特征,司法解释与立法解释的观点截然不同。前者持肯定态度,后者则认为具有“保护伞”并非黑社会性质组织的基本特征,而是选择性特征。应当说,立法解释更符合客观现实。在涉黑案件中,不少犯罪组织均有国家工作人员充当“保护伞”进行非法保护,包括国家工作人员作为黑社会性质组织成员进行非法保护和国家工作人员通过包庇、纵容方式对黑社会性质组织违法犯罪活动进行非法保护。这些黑社会性质组织在“保护伞”的包庇下,为争夺势力范围、确立强势地位,采用绑架、故意伤害、寻衅滋事、故意毁坏财物等暴力手段,不断实施违法犯罪活动,严重破坏了当地安定有序的社会生活秩序。在不同的黑社会性质组织中,其组织规模、经济基础、势力范围,以及有无明显的“保护伞”特征等,均可能有不同体现。虽然“保护伞”并非黑社会性质组织的必备特征,但它是黑社会性质组织犯罪实现非法控制的途径之一。

此外,有学者坚持认为,黑社会性质组织的本质特征在于一定的社会控制性,

---

① 学界对此有较为一致的认识,参见蔡军:《我国惩治有组织犯罪的实践困境与立法对策》,载《华东政法大学学报》2013 年第 4 期。

② 参见莫洪宪:《我国有组织犯罪的特征及其对策》,载《河南财经政法大学学报》2012 年第 6 期。

③ 参见莫洪宪:《我国有组织犯罪的特征及其对策》,载《河南财经政法大学学报》2012 年第 6 期。

即通过控制社会来达到反社会的目的。在社会主义制度下,要控制社会就必然要与掌握一定权力的国家工作人员结合,否则根本无法控制社会,建立所谓“黑社会性质组织”。因此,在我国,黑社会性质组织必然与腐败官员相勾结,并使其成为其“保护伞”。“保护伞”是黑社会性质组织的必备要件。① 这种观点在理论上有可取之处,但在实践中,还必须以现行立法解释作为认定黑社会性质组织的唯一标准。

(2)“保护伞”的形成机理

黑社会性质组织无论大小,其中一个主要特点是具有存在的持续性与长期性,而不是偶然犯罪或者短暂犯罪,这是其与犯罪团伙的重要区别之一。黑社会性质组织自形成以来到长期发展起来,没有当地党政要害部门的国家机关工作人员充当他们的“保护伞”,是不可能实现的。党政机关工作人员自愿为黑社会性质组织提供保护,原因是多种多样的。其中,固然有消极传统文化的影响,但是,最主要的原因还是在于利益关系。

在某种程度上说,“保护伞”是利益博弈的结果。一方面,早年在官场上,某些地方官员要想获得提拔,除了需要依靠自己出色的能力外,还需要很多外界因素,经济基础无疑是其中重要的一环。许多黑社会性质组织非常注意在国家机关培养“亲信”,时不时注入大量资金、物质等帮助其升迁。一旦升迁成功,这些国家机关工作人员自然要回报他们的“金主”。另一方面,利用权力谋取利益,也是一些国家机关工作人员沦为黑社会性质组织“保护伞”的重要原因。不仅即将退休的地方党政机关负责人可能如此,即便是刚上任的某些国家机关负责人也难免受到侵蚀,自愿成为黑社会性质组织的“保护伞”。此外,国家权力的高度集中,也是“保护伞”形成的重要原因。我们不难看到,在司法实践中,黑社会性质组织如果有了公安部门领导人的庇护,公安机关的查处行为不但不奏效,其干警甚至会遭到来自黑社会性质组织或者其所在单位的打击报复。

(3)“保护伞”的范围

对于黑社会性质组织犯罪来说,“保护伞”通常指向对其从事违法犯罪活动能够提供保驾护航的人。换言之,当黑社会性质组织实施违法犯罪活动后,需要对其违法犯罪行为给予庇护,使其得以安全运作,具有这样能力的人,往往只能是握有

---

① 参见刘宪权、吴允锋:《黑社会性质组织犯罪司法认定中若干疑难问题探讨》(上),载《犯罪研究》2002 年第 1 期。

实权，直接对违法犯罪活动具有相应职权的政法机关现职工作人员，以及能够左右司法活动的政府机关相关职能部门的在职官员。这些人虽然不亲自实施杀人、抢劫、敲诈勒索等犯罪行为，却常常为黑社会性质组织及其成员的劣迹开脱，不履行查禁职责，或泄露办案信息，或指使不法分子毁灭证据，或通过其他方式掩盖“涉黑”组织的犯罪事实，威胁、恐吓、诬告办案人员，运用手中权力阻挠正常办案，其社会危害相当严重。如果说腐败是黑恶势力滋生的温床，那么，“保护伞”利用权力加以庇护则是黑恶势力急剧膨胀的直接动因。有时，黑社会性质组织犯罪最危险的不是暴力手段或者严密的组织与纪律，而是他们与当地政府或公、检、法、司及其工作人员的特殊“关系”。许多地方打击有组织犯罪的经验证明，“保护伞”不消除，黑恶势力便难以禁绝。

能够对黑社会性质组织从事的违法犯罪活动起到庇护作用的人，范围较为广泛。除了握有实权的政府职能部门官员外，在社会上具有一定影响的名人、具有雄厚经济实力的企业家等，也可以发挥一定的作用。另外，未握有实权的政府职能部门退休官员，也可以利用自己的影响力，通过斡旋对黑社会性质组织起到庇护作用。有学者根据不同的对象，将“保护伞”分为典型“保护伞”和非典型“保护伞”。如有学者认为，若有证据证明涉案人员采取贿赂、威胁等手段，引诱、逼迫不具有保护实力的国家机关工作人员参加一次黑社会性质组织活动，或者要求提供某方面的非法保护，同时，又企图进一步向政府机关渗透，或在渗透未成功之后制造有“保护伞”假象的，或者国家机关工作人员自愿加入组织并为其提供保护，或者由黑社会性质组织成员直接渗透到国家机关为其组织的生存发展提供保护与支持的，则可认定为“非典型”的情形。① 还有学者认为，“身居一定职位的国家机关工作人员直接充当后台或参与黑社会性质组织的活动的，属于‘典型’的情形”。② 本书认为，黑社会性质组织的“保护伞”不能无限扩大化，应当限制为握有实权并对违法犯罪活动具有直接影响的国家机关工作人员。能够利用各种关系对违法犯罪进行间接包庇的人很多，如果将这些人笼统认定为黑社会性质组织的“保护伞”，则其范围会大大扩展。因此，所谓的不典型“保护伞”，并非真正意义上的“保护伞”。

---

① 参见南英主编：《“打黑除恶”审判参考》，人民法院出版社2003年版，第280页。

② 参见江苏省人民检察院课题组：《查处“黑恶”势力犯罪及其“保护伞”的适用法律问题——〈刑法〉第294条质疑》，载《江苏行政学院学报》2005年第2期。

需要提出的是,黑社会性质组织及其成员为了扩张黑恶势力,不但积极寻求国家机关的官员及工作人员做“保护伞”,还利用各种资源,揽得官方或者具有官方背景的头衔,成为所谓的“红顶”黑老大,如成为人大代表,政协委员,劳动模范,某种协会的会长、副会长甚至基层干部等。对于这种取得一定官方或者具有官方背景头衔的,是否属于“保护伞”,有学者对此予以肯定。本书认为,黑社会性质组织成员特别是其中的头目获得的某种社会地位、身份等,不应当认定为“保护伞”。如前所述,“保护伞”是相较于犯罪者本人来说的,是其本人之外的,能够充分为黑社会性质组织犯罪提供直接的庇护、开脱、依靠的权力资源。对于“保护伞”而言,黑社会性质组织及其成员是保护的对象,能够提供“保护伞”的无疑是“保护伞”的主体。如果认为犯罪成员的社会地位、身份也是“保护伞”,等于肯定了“保护伞”的主体与对象的同一,则谁保护谁就成为问题。如果将自我保护也当作“保护伞”,显然使“保护伞”的概念泛化,使之失去实质意义。因此,黑社会性质组织成员的某种社会地位、身份等,不能成为“保护伞”。

(4)“保护伞”的成立条件

本书认为,成为“保护伞”一般应具备以下两个条件:一是“保护伞”的主体。能够成为黑社会性质组织“保护伞”的人,只能是国家机关工作人员,也就是在国家机关中从事公务的人员。其他在国有公司、企事业单位和人民团体中从事公务的人员,不能成为“保护伞”。因为,“保护伞”主要是那些能够为黑社会性质组织提供最直接、最有效的权力庇护、供职于国家社会管理职能部门的工作人员。司法实践中,常见的“保护伞”主要是党政机关领导干部和高层政府官员,公安、司法机关的各级领导和警察,海关、工商、税务等行政执法机关的工作人员,金融、土地、财政等经济管理部门的工作人员,等等。二是作为“保护伞”的国家机关工作人员需要具备的主客观条件。首先,具有成为“保护伞”的意识,即必须在主观上对黑社会性质组织及其犯罪具有意识。成为“保护伞”的人,主观上明知自己保护的是黑社会性质组织,并且意识到这种组织是从事违法犯罪活动的。其次,具有成为“保护伞”意志。行为人不仅意识到自己保护的是从事犯罪活动的黑社会性质组织,而且决意对其违法犯罪活动,凭借自己的权力和影响力,予以包庇、保护乃至于纵容。最后,在客观方面,必须具有为黑社会性质组织提供保护的行为。如利用自己的权力和便利,使黑社会性质组织的犯罪分子避免公安司法机关侦查、查禁、指控、起诉、审判;为其通风报信,隐匿、毁灭、伪造证据;阻止他人作证、检举揭发,甚至指使他人作伪证;帮助黑社会性质组织的犯罪分子逃匿;阻挠、干扰其他国家机关工作人员依法查禁;以阻挠、拖延、不履行职责等方法干扰对黑社会性质组织及犯罪分子的查处,为其获取非法利益,等等。

2.“称霸一方”的认定

根据2009年12月最高人民法院、最高人民检察院、公安部联合下发的《办理黑社会性质组织犯罪案件座谈会纪要》,“称霸一方”是黑社会性质组织的重要特征之一,也是其与一般犯罪集团相区别的关键。从“称霸一方”的字面意思来看,应当具备以下几层含义。

(1)“称霸一方”的手段

在正常的社会秩序中,人们从事生活、工作以及各种正常活动,是不可能有“称霸”效果的。黑社会性质组织如果不凭借特殊手段,不可能做到称霸一方。一般来说,黑社会性质组织称霸一方的主要手段有:一是通过从事违法犯罪活动称霸一方;二是通过“保护伞”的保护行为称霸一方。

①通过从事违法犯罪活动称霸一方。

黑社会性质组织常见的称霸一方手段是暴力打砸抢以及暴力威胁等。暴力犯罪行为,虽然是黑社会性质组织常见的犯罪手段,但通常是较为初级的有组织犯罪行为方式。当前黑社会性质组织在组织目的上,仍是以获取巨额经济利益为终极目标。其实施的暴力类违法犯罪是为其获取巨额经济利益的非法保护。总之,实施违法犯罪活动,是黑社会性质组织称霸一方的基本犯罪手段。

②通过“保护伞”的保护行为称霸一方。

近年来,黑社会性质组织发展越来越成熟,手段也越来越复杂,已经不局限于传统的暴力犯罪方式,而是既采取暴力手段保护其非法经营活动——“以暴护黑”,又寻求“保护伞”保护其非法经营活动不被查处和保护触犯《刑法》的暴力手段不受打击——“以政护黑”,从而形成暴力手段与“保护伞”对获取巨额经济利益的非法经营活动的双重非法保护。

“保护伞”的保护行为,已成为黑社会性质组织通过违法犯罪行为称霸一方的依靠和保证。“保护伞”的保护行为,通常可以分为作为和不作为,其目的都是包庇、掩饰、隐瞒、放纵黑社会性质组织的违法犯罪活动。

第一,作为,即通过积极的行为实施法律禁止作为的行为。保护黑社会性质组织常见的作为方式有:一是肆意袒护。作为黑社会性质组织的“保护伞”,利用职权偏袒、保护黑社会性质组织从事违法犯罪活动是常见的方式。司法实践中，作为"保护伞"的国家机关工作人员往往违反国家法律规定，利用自己的职权为黑社会性质组织谋取利益，如直接为黑社会性质组织从事经营活动提供便利、"开绿灯"，对于同业竞争者加以百般刁难，等等，肆意袒护黑社会性质组织从事违法犯罪活动。二是阻扰查处。在明知黑社会性质组织从事违法犯罪的情形下，对有关部门的查处加以阻碍、干扰，或谎称黑社会性质组织并无违法犯罪活动，或设置重重障碍增加查处难度，或在侦办黑社会性质组织的案件中，以事实不清、证据不足为由进行刁难，或在查处时避重就轻，遗漏部分关键证据，等等。"保护伞"阻挠查处的结果，往往导致案件查处工作不能顺利开展，造成重罪轻判，致使打击不力。三是鼓励放纵。一些党政领导干部和管理部门明知是黑社会性质组织在进行违法犯罪行为，却将其视为当地经济的"有功之臣"予以保护。有的为了部门利益或个人利益任其发展，将黑社会性质组织的犯罪分子吸收为治安联防队员、市场、税务、工商协管员等，甚至放任其采取不正当手段当选人大代表、政协委员。事发后，又利用自身的身份条件，以所谓经济建设大局为重，向司法机关施加压力，指令禁止有关部门进行查办、惩处，有意干扰对黑社会性质组织的公正及时处理。另外，事实上的降格处理、打击不力、惩处不到位都是放纵犯罪，在侦查、审查起诉、起诉、审判到执行等环节中就存在私放案犯、违规取保、以罚代拘、以罚代刑、违规变更强制措施、不抓不捕不诉、重罪轻判、不公正判决、事实上的不执行等方面的问题。①

第二，不作为，即通过消极方式拒不执行法律规定应当由其实施的作为行为。黑社会性质组织称霸一方主要是通过违法犯罪活动体现的，在正常情况下法律对其违法犯罪行为是不可能容忍的，查处惩治在所必然。但相关的职能部门在明知其违法犯罪事实的情况下，为了保护黑社会性质组织，佯装不知或者不予立案，或者立案后不予查处、不付诸行动，或者拖延行动，不采取任何措施，等等。

(2)称霸一方的范围

根据《办理黑社会性质组织犯罪案件座谈会纪要》的规定，称霸一方通常是指在一定区域内的称霸，但也不能绝对化。通常来说，黑社会性质组织并非在一定区域内毫无目的的称霸，否则与犯罪团伙等没有区别。黑社会性质组织称霸一方，往往是为了获取经济利益，因而其称霸主要是在一定行业内的称霸，而非盲目地称

① 参见黄立：《"保护伞"研究》，载《河北法学》2005 年第 8 期。

霸。据此,“在一定区域”与“在一定行业”,是“称霸一方”具备的两个要素。

第一,称霸一方必须表现在一定区域,这是黑社会性质组织犯罪称霸一方的本质特征。从字面意思理解,“称霸一方”显然是以地域为核心的,这意味着“称霸”必须是在一定的地理环境、一定的空间内,具有空间的固定性。脱离一定的地域,进行流动性的违法犯罪活动,则不能称为称霸一方,充其量也只是流窜作案,因而,不可能成为黑社会性质组织。同时,在一定区域内称霸,必须是现实的、客观的,而不是人们的想象或者虚拟的。如果一方百姓出于畏惧心理,将某些犯罪团伙想象、传言得极为恐怖,实质上并无称霸事实,也不能称为“称霸一方”。另外,在一定区域内称霸与在一定时间内称霸是两个不同的概念。前者突出称霸的空间和场所,一般需要一定的时间内才能完成,因而,一定区域内称霸通常需要一定时间佐助,两者是一种因果关系。换句话说,在一定区域内称霸,必然体现为在一定时间内称霸。后者则不然,它只是强调称霸的时间,至于称霸的地域,则没有特别要求。也就是说,在一定时间内称霸,只要存在一定时间的称霸事实,至于在什么地域称霸在所不限,因而,在不同的区域内称霸并形成一个时间段,也属于在一定时间内称霸。

第二,称霸一方必须表现在一定行业,这是黑社会性质组织犯罪称霸一方的法律特征。由于犯罪团伙等也可能称霸一方,只不过其称霸一方往往是漫无目的、随意的,可能出于蔑视社会、挑衅社会伦理等不良动因,并无固定目的,这也是造成其组织性、纪律性、成员的固定性等无法与黑社会性质组织相提并论的原因。黑社会性质组织与犯罪团伙等最大的不同在于其明确的目的性,所有违法犯罪活动均围绕该目的展开,具有步骤性、计划性,从而成就其严密的组织性与纪律性。如上所述,黑社会性质组织的称霸一方,往往是为了获取经济利益,因而,其称霸主要是在一定行业内的称霸。不过,即使表面的、直接的目的不是出于经济利益,而是其他利益,但其最终的目标还是在于获取非法的经济利益。从这一角度来看,在一定行业内称霸,作为称霸一方的特征,是法律惩治黑社会性质组织犯罪的需要,因而,可以视为其法律特征。

根据《办理黑社会性质组织犯罪案件座谈会纪要》的规定,对于“一定区域”与“一定行业”,必须正确地理解和把握。“一定区域”具有相对性,其大小具有相对性,且黑社会性质组织非法控制和影响的对象并不是区域本身,而是在一定区域中生活的人,以及该区域内的经济、社会生活秩序。因此,不能简单地要求“一定区域”必须达到某一特定的空间范围，而应当根据具体案情，并结合黑社会性质组织对经济、社会生活秩序的危害程度加以综合分析判断。另外，“一定行业”则具有多样性。黑社会性质组织所控制和影响的行业，既包括合法行业，也包括黄、赌、毒等非法行业。这些行业一般涉及生产、流通、交换、消费等一个或多个市场环节。

(3)称霸一方的结果

称霸一方的结果，是指在一定区域内、在一定行业内形成非法控制或重大影响。这种破坏的结果是客观、实际的，对一定区域内一定行业原有的正常规则、秩序造成多方面的破坏。

3.“严重破坏经济、社会生活秩序”的认定

根据《办理黑社会性质组织犯罪案件座谈会纪要》的规定，通过实施违法犯罪活动，或者利用国家工作人员的包庇、纵容，称霸一方，并具有以下情形之一的，可认定为是“在一定区域或者行业内，形成非法控制或者重大影响，严重破坏经济、社会生活秩序”的黑社会性质组织。

(1)对在一定区域内生活或者在一定行业内从事生产、经营的群众形成心理强制、威慑，致使合法利益受损的群众不敢举报、控告。黑社会性质组织一般利用暴力、威胁等违法犯罪手段，通过对当地群众产生震慑心理，促使人们不敢对其违法犯罪行为检举、控告，维系其长期从事非法活动，从而对经济、社会生活秩序造成严重破坏。总之，他们以暴力手段为后盾，非法行使公共管理权，强行干预他人正常的生产经营，给当地群众形成心理强制、威慑，使其敢怒不敢言，影响极其恶劣。

(2)对一定行业的生产、经营形成垄断，或者对涉及一定行业的准入、经营、竞争等经济活动形成重要影响。称霸一定的行业，必然对一定行业的生产、经营造成垄断，从而对市场主体正常的生产、经营活动造成重大影响。

(3)插手民间纠纷、经济纠纷，在相关区域或者行业内造成严重影响。有的黑社会性质组织为了获取不法利益，扮演“政府”角色，强行插手当地民间纠纷、经济纠纷，收取非法费用，为害一方，严重破坏经济、社会生活秩序。

(4)干扰、破坏他人正常生产、经营、生活，并在相关区域或者行业内造成严重影响。通过违法犯罪活动干扰、破坏他人正常生产、经营、生活，在相关区域或者行业内造成严重影响，是黑社会性质组织从事犯罪活动常见的表现形式。

(5)干扰、破坏公司、企业、事业单位及其他社会团体的正常生产、经营、工作秩序，在相关区域、行业内造成严重影响，或者致使其不能正常生产、经营、工作。

很多黑社会性质组织都是通过组建公司、企业的形式,从事一定的生产经营,并以违法犯罪手段作为保障,大肆获取不法经济利益,干扰、破坏公司、企业、事业单位及其他社会团体的正常生产、经营、工作秩序,严重破坏经济、社会生活秩序。

(6)多次干扰、破坏国家机关、行业管理部门以及村委会、居委会等基层群众自治组织的工作秩序,或者致使上述单位、组织的职能不能正常行使。干扰、破坏国家机关、行业管理部门以及村委会、居委会等基层群众自治组织的工作秩序,既是黑社会性质组织作为具有组织性、纪律性的犯罪组织暴力抗法的表现,也是为害一方的见证,更是为其继续从事违法犯罪活动构建心理支持。通过干扰、破坏国家机关、基层群众自治组织等的正常工作秩序,达到使其违法犯罪活动得以逍遥法外的目的。

(7)利用组织的势力、影响,使组织成员获取政治地位,或者在党政机关、基层群众自治组织中担任一定职务,这是黑社会性质组织犯罪的新态势。与传统黑社会性质组织犯罪不同的是,黑社会性质组织不再局限于在政府机关内部寻求“保护伞”,而是组织、安排自己的人直接参与党政机关、社会团体之中,获取官方或半官方的各类头衔,为继续从事违法犯罪活动提供更直接、更有力的保护。黑社会性质组织向政治领域渗透的主要标志是操纵和左右政治活动。其主要表现,除了在公权力领域寻求“保护伞”外,还有其组织者、领导者或成员通过获取政治头衔操纵和左右政治活动。向政治领域渗透表现为,一方面通过寻求“保护伞”的非法保护,使国家禁止和打击黄赌毒等政策落不到实处,或者使那些黑社会性质组织实施的违法犯罪活动得不到打击;另一方面通过各种方式获取人大代表、政协委员、工商联领导等政治头衔,以既达到其“以政护黑、以黑取利”的目的,又可以实现其通过政治头衔走向上层社会的政治需求。

(8)其他形成非法控制或者重大影响,严重破坏经济、社会生活秩序的情形。这是指除上述七种情形之外的其他严重破坏经济、社会生活秩序的情形,常见的如通过静坐示威、持续滋扰等形式,破坏经济、社会生活秩序。

二、有组织犯罪刑事实体立法的评价

既有的有组织犯罪的刑事实体立法为打击该类犯罪提供了重要的立法依据,但是也有学者指出其存在一定的不足之外。有学者认为,我国打击黑社会性质组织犯罪刑事立法,系与黑社会性质组织犯罪作斗争的智慧结晶,确立了罪刑法定原则,但立法的内容具有一定的模糊性。[①] 因此,需要对于有组织犯罪刑事实体立法的内容进行具体分析,以有效明确妥当的适用方向。

(一)一般规定和体例的立法

不难看出,我国有组织犯罪的刑事实体立法仅是在分则罪名上具有专门性规定,在总则条款中缺少独立的适用规则,也并无专门的立法章节,因此,如何就刑事立法的一般规定和体例进行考量是首要的问题。

第一,有组织犯罪概念的总则立法问题。不少学者建议在《刑法》总则中规定"有组织犯罪"的概念。其认为,从我国有组织犯罪的立法模式及规范内容可知,我国在立法观念上是将有组织犯罪视为一般共同犯罪或者犯罪集团的一部分,即将其定位于特殊的共同犯罪形态或犯罪集团之一种。[②]《刑法》分则中规定了若干有组织犯罪的罪名,《刑法》总则中却没有专门的一般规定。[③] 根据《刑法》规定相关集团无法或者很难被认定为黑社会性质组织,导致了此类行为不能被纳入打击有组织犯罪的行列,进而无意中促成了"有组织犯罪坐大"的情况出现。[④] 因此,可以在我国《刑法》总则中以及未来制定的专门法律中明确规定"有组织犯罪"的概念,并在我国《刑法》分则中替换"黑社会性质的组织犯罪"的规定,为有效治理有组织犯罪及其组织形式向企业化发展提供充分的立法保障。[⑤]

在此基础上,有学者进一步给出了多重理由。其认为,着眼于有组织犯罪与相关犯罪之间的区别与联系,可以就广义的有组织犯罪进行明确、彻底和周全的规定。在此基础上,就可以研究在我国《刑法》中引入"有组织犯罪"这一国际社会通行并行之有效的概念,同时,将其与现行刑法中的相关概念如共同犯罪、团伙犯罪、

① 参见于天敏等:《黑社会性质组织犯罪理论与实务问题研究》,中国检察出版社 2010 年版,第 47-48 页。

② 参见蔡军:《我国惩治有组织犯罪的实践困境与立法对策》,载《华东政法大学学报》2013 年第 4 期。

③ 参见蔡军:《我国治理有组织犯罪刑事政策的检讨与调适——基于有组织犯罪企业化趋势的思考》,载《中州学刊》2021 年第 2 期。

④ 参见蔡军:《我国惩治有组织犯罪的问题与破解路径》,载《河南大学学报(社会科学版)》2014 年第 4 期。

⑤ 参见蔡军:《我国有组织犯罪刑事规制体系的检视与重构——基于有组织犯罪集团向企业化发展趋势的思考》,载《法商研究》2021 年第 3 期。

犯罪集团、邪教组织犯罪等加以系统整理并规定。[①] 之所以采用“有组织犯罪”这一概念术语,理由在于:其一,从刑法原理上说,国内外学者都倾向于认为,有组织犯罪是一种特殊形式的共同犯罪,其刑法制度均具有一定的特殊性。其二,从我国有组织犯罪概念使用的历史发展上说,采用“有组织犯罪”这一专门术语,有助于克服其内容与形式之间的矛盾冲突。其三,从国际视野中看,从传统概念发展为现代概念是国际社会在有组织犯罪概念术语上的共同趋势。其四,我国采用“有组织犯罪”这一概念术语有助于严厉打击有组织犯罪和更好地开展国际交流合作。[②]

不仅如此,有学者还提出基于有组织犯罪的概念突破共同犯罪的规定。其认为,在《刑法》中确立有组织犯罪概念地位的同时,应基于打击有组织犯罪的需要,突破传统刑法理论特别是传统的共同犯罪理论,在总则中设置特殊的归责原则,根据犯罪组织的结构特征和成员之间的关系扩大追究刑事责任的范围,以彻底化解有组织犯罪组织者、领导者和参加者刑事责任的认定困难。[③]

此外,有学者认为《刑法》中引入的有组织犯罪概念,可包括“黑社会组织”概念。其认为,在《刑法》总则中,应当明确规定有组织犯罪的总体概念、外延及其类型。诸如犯罪集团的概念、特征;黑社会性质组织犯罪的概念、特征;黑社会组织犯罪的概念、特征。只有如此,才能依据《刑法》总则的原则规定去认定分则规定的具体有组织犯罪,才能使总则与分则的规定协调、统一,才能防止因“法无明文规定”不能处罚黑社会组织犯罪。[④] 还有学者提出,在《刑法》总则现有的共同犯罪内容的基础上,增加黑社会犯罪和恐怖犯罪的规定。[⑤]

本书认为,目前在《刑法》总则中暂无增设“有组织犯罪”立法规定的必要。前文已述,[⑥]我国现阶段刑法学意义上的有组织犯罪包括集团犯罪、黑社会性质组织犯罪以及其他法定的犯罪组织实施的犯罪。因此,刑事立法中的“有组织犯罪”并不是单一概念,而是一组概念的集合。“组织”一词在《刑法》中本身即有多重含义,例如,黑社会性质组织与组织出卖人体器官中的“组织”即存在不同含义,如果

---

① 参见赵赤:《美国有组织犯罪基础观念的考证、反思与启示》,载《法学评论》2013 年第 4 期。

② 参见赵赤:《中外惩治有组织犯罪比较研究》,中国政法大学出版社 2017 年版,第 388 – 389 页。

③ 参见蔡军:《我国惩治有组织犯罪的实践困境与立法对策》,载《华东政法大学学报》2013 年第 4 期。

④ 参见冯殿美:《有组织犯罪的几个理论问题》,载《政法论坛》2003 年第 1 期。

⑤ 参见储槐植、贾凌:《合理反击有组织犯罪》,载《甘肃政法学院学报》2009 年第 2 期。

⑥ 参见本书第一章第二节的相关内容。

将“有组织犯罪”引入《刑法》总则规定,易导致概念体系的混乱。在有组织犯罪的范围上,应充分基于我国立法和实践,不应将黑社会组织犯罪包括在内。至于学者所述特殊性、历史性、趋同性和国际性的理由,有其道理,但是未必需要通过刑事立法来完成概念建构,也可以通过专门立法来完成。

第二,单位犯罪的问题。不少学者提出就有组织犯罪增设单位犯罪。如有学者认为,单位涉黑犯罪的情形屡屡出现,单位与涉黑犯罪的结合已经成为当代中国解决有组织犯罪问题中的突出问题。① 因此,要考虑单位犯罪同有组织犯罪中的单位问题。② 我国《刑法》未将单位规定为有组织犯罪主体,但随着形势发展,有组织犯罪不断翻新花样,组织内部不断分工细化,有些犯罪组织出资创立或控制公司,为其犯罪行为作掩饰;有些犯罪组织逐步采取“公司法人”式的管理形式,犯罪组织与合法企业有时难以区分;一些单位、法人以合法经营为掩护,从事走私、制假、售假、侵犯知识产权、偷税、诈骗等犯罪活动。③ 在有组织犯罪集团向企业化发展的过程中,一些公司、企业与犯罪组织之间实际上存在“以黑护商”“以商养黑”的双向互利合作,在客观上促进了有组织犯罪集团向企业化发展。对于这种单位与犯罪组织合作的现象,如果将单位排除于有组织犯罪的主体之外,仅处罚单位中的自然人,那么,将无法达到摧毁有组织犯罪集团经济基础的效果。④ 进而有学者提出明文规定有组织犯罪的单位主体,以有效惩治单位有组织犯罪。⑤

甚至有学者提出,应当从单位犯罪自身的特点出发,进一步完善《刑法》有关单位犯罪的规定,增加没收财产、剥夺荣誉称号、停业整顿、限制业务活动范围、强制解散等处罚方法,完善单位犯罪的刑罚体系。这样,对于那些已取得合法资格的犯罪组织,在依据单位犯罪的处罚原则予以处罚时,可以根据案件的具体情况选择适用上述几种处罚方法,以彻底、有效地消除其再犯可能。⑥

本书认为,有组织犯罪“公司化”“企业化”的问题并不意味着要通过增设单位

---

① 参见蔡军:《我国惩治有组织犯罪的问题与破解路径》,载《河南大学学报(社会科学版)》2014 年第 4 期。

② 参见储槐植、贾凌:《有组织犯罪预防论要》,载《法学家》2008 年第 3 期。

③ 参见贾宇:《有组织犯罪之对策研究》,载《法律科学(西北政法学院学报)》2003 年第 5 期。

④ 参见蔡军:《我国有组织犯罪刑事规制体系的检视与重构——基于有组织犯罪集团向企业化发展趋势的思考》,载《法商研究》2021 年第 3 期。

⑤ 参见于改之:《我国关于有组织犯罪的立法与司法完善》,载《法学论坛》2004 年第 5 期。

⑥ 参见卢建平、郭理蓉:《有组织犯罪的刑事责任与刑罚问题研究》,载《法学论坛》2003 年第 5 期。

犯罪的方式加以解决。犯罪组织本身系非法组织,该组织成立旨在实施违法犯罪活动,即便其成立形式上合法的“公司”,也不能改变其非法本质。与之不同,单位犯罪中的单位本身为合法的实体,但是其实施了犯罪行为,因此构成犯罪,单位犯罪并不否认单位的合法性。因此,对于有组织犯罪“漂白”等现象更多地应从刑事政策、司法查处等方面着手,而非盲目增设单位犯罪。

第三,立法体系的问题。不少学者提出,应进一步完善有组织犯罪立法体系,具体从两个层面展开:一是设置专门的有组织犯罪立法章节。其认为,从《刑法》的现行规定来看,各种有关有组织犯罪的规定散落于不同章节,缺乏一定的系统性。[①] 因此,在《刑法》分则中可以考虑对有组织犯罪集中加以规定,作为妨害社会管理秩序罪的专节。[②] 还有学者给出了具体的设计方案:可以在《刑法》分则的妨害社会管理秩序罪中就黑社会性质组织犯罪增设一节“黑社会性质组织罪”,将刑法原有的“组织、领导、参加黑社会性质组织罪”“入境发展黑社会组织罪”“包庇、纵容黑社会性质组织罪”,以及增设的“入境从事黑社会活动罪”“参加境外黑社会组织罪”等罪名和增设的财产刑等内容归入其中,从而形成一个完整的体系。[③] 二是专门规定“恶势力”条款。有学者认为,我国《刑法》将刑罚的锋芒仅局限于应对典型的有组织犯罪——黑社会性质组织犯罪,放弃了对处于初级形态或中级形态有组织犯罪的强力规制,从而放任了我国有组织犯罪不断地恶性演进和壮大。[④] 另有学者在此基础上提出,考虑到恶势力(团伙)是黑社会(性质)组织的一支庞大的同盟军和后备军,为了有力地打击黑恶势力,建议修改《刑法》,参考《刑法》第294 条第 1 款关于黑社会(性质)组织条文的规定,专门规定惩罚恶势力(团伙)的条文。[⑤]

本书认为,随着我国有组织犯罪刑事立法的复杂化,《刑法》第 294 条在内容上确实显得庞杂而臃肿,因此,在未来修订《刑法》时可考虑将其条文进行拆分,从

---

① 参见蔡军:《我国惩治有组织犯罪的问题与破解路径》,载《河南大学学报(社会科学版)》2014 年第 4 期。

② 参见储槐植、贾凌:《合理反击有组织犯罪》,载《甘肃政法学院学报》2009 年第 2 期。

③ 参见于天敏等:《黑社会性质组织犯罪理论与实务问题研究》,中国检察出版社 2010 年版,第 299 页。

④ 参见蔡军:《我国惩治有组织犯罪的问题与破解路径》,载《河南大学学报(社会科学版)》2014 年第 4 期。

⑤ 参见何秉松:《中国有组织犯罪研究(第一卷):中国大陆黑社会(性质)犯罪研究》,群众出版社 2009 年版,第 258 页。

而增加立法的针对性和科学性。但是,从我国刑事立法的体例来看,《刑法》分则中各节所指向的领域较为宏观,有组织犯罪立法能否支撑一节的规范体量,尚需进一步研究。至于恶势力组织犯罪,其在相当程度上具有犯罪集团的性质,如果作出独立规定可能会扰乱既有的立法模式,因此,在专门立法中加以规定也是一个可行的方案。

(二)犯罪行为类型的立法

关于既有的有组织犯罪的行为类型,也有学者提出批评。如提出,《刑法》关于有组织犯罪的罪名设置不完备,造成一些具有相当社会危害程度的有组织犯行因无《刑法》规定而无法定罪处罚。[①] 因此,需根据有组织犯罪的特点增设若干新罪,在法律层面上尽量使其无空可钻。[②] 但是本书认为,需要结合我国有组织犯罪的发展和打击状况一一进行审慎分析。关于如何评价有组织犯罪的行为类型,可从以下几个方面展开。

第一,有组织犯罪的整体行为类型。如有学者提出,《刑法》虽然明确规定了组织、领导、参加黑社会性质组织罪,但对组织、领导、参加黑社会组织罪却没有规定。究其原因,立法者的理由是"在我国,明显的、典型的黑社会犯罪还没有出现"。但其认为目前我国有组织犯罪形势已经比较严峻,随着对外开放的进一步加强,我国内地的有组织犯罪可能会"向组织化程度越来越高发展",我国《刑法》对"明显的、典型的黑社会犯罪"的惩治就会缺乏法律依据。[③] 有学者进而提出,将"组织、领导、参加黑社会性质组织罪"修改为"组织、领导、参加黑社会组织罪","包庇、纵容黑社会性质组织罪"修改为"包庇、纵容黑社会组织罪"。[④]

以上观点和相关学者对于我国有组织犯罪发展阶段的认识密切相关,应对其进行体系性的分析。具体个罪的完善不能脱离有组织犯罪的实际发展阶段和治理情况,在我国进入中国特色社会主义新时代的背景下,特别是"扫黑除恶"专项斗争完成的情况下,黑社会组织犯罪更无生存空间,显然也没有必要在《刑法》分则

---

① 参见蔡军:《我国惩治有组织犯罪的问题与破解路径》,载《河南大学学报(社会科学版)》2014 年第 4 期。

② 参见林黄鹂:《对有组织犯罪的考量和打击对策》,载《山东社会科学》2006 年第 10 期。

③ 参见于改之:《我国关于有组织犯罪的立法与司法完善》,载《法学论坛》2004 年第 5 期。

④ 参见许靖、杨丽、邢菲菲:《对有组织犯罪查处中的疑难问题研究》,载《政治与法律》2010 年第 5 期。

中增设专门罪名。

第二,帮助有组织犯罪行为的入罪问题。如有学者提出,严密法网表现在有组织犯罪的罪名设立上,不仅应包括组织行为和实行行为,而且应涵盖各类有助于犯罪组织形成、发展和扩大非法影响的帮助或促成行为。① 更有学者提出将资助有组织犯罪的行为犯罪化。其认为,有组织犯罪在本质上属于牟利性犯罪,而现实中存在某些单位或者个人基于牟利目的或者其他目的,明知对方是有组织犯罪集团,仍然在其成立、延续过程中提供物质、资金帮助,使得有组织犯罪的组织体得以顺利成立和壮大的情形。只有通过规范市场行为,将资助此类犯罪的人或组织、单位绳之以法,才能有效截断有组织犯罪集团的经济来源,斩断有组织犯罪集团向企业化发展的资金链条。② 在具体行为类型上学者的表述也不尽一致,如表述为资助、操纵有组织犯罪行为③或"促使黑社会活动罪"行为。④

本书认为,帮助有组织犯罪行为无疑需要依法打击,但是否需要在《刑法》中增设专门罪名则值得商榷。帮助行为只有在危害性过大,无法通过从属评价加以制裁的情况下才有必要作为独立犯罪加以打击。有组织犯罪本身涉及多种犯罪类型,并非每一种有组织犯罪的帮助行为均需要加以独立处罚。特别是在目前对于有组织犯罪打击已经取得显著成效的背景下,更需慎重对待这一问题。

第三,涉境外有组织犯罪行为的入罪问题。如有学者提出,我国《刑法》对组织、领导、参加黑社会性质组织罪,入境发展黑社会组织罪和包庇、纵容黑社会性质组织罪作了规定,但对某些与这三种犯罪危害性程度相当的行为却未规定为犯罪,如参加境外黑社会组织罪,包庇、纵容境外黑社会成员罪和入境从事黑社会组织活动罪,却不包含在内。⑤ 有学者进而对其中部分罪名的立法规定提出具体建议,其认为应增加规定"入境从事黑社会活动罪"和"参加境外黑社会组织罪",使之与入境发展黑社会组织罪的《刑法》规定相对应。我国《刑法》只规定了"入境发展黑社

---

① 参见张远煌:《中国有组织犯罪的发展现状及立法完善对策》,载《法治研究》2012 年第 2 期。

② 参见蔡军:《我国有组织犯罪刑事规制体系的检视与重构——基于有组织犯罪集团向企业化发展趋势的思考》,载《法商研究》2021 年第 3 期。

③ 参见赵赤:《中外惩治有组织犯罪比较研究》,中国政法大学出版社 2017 年版,第 391 页。

④ 参见刘韵、刘期勇、邓华鑫:《论我国有组织犯罪立法的缺陷及完善》,载《北华大学学报(社会科学版)》2014 年第 5 期。

⑤ 参见李洁:《预防有组织犯罪:从"打小"开始》,载《国家检察官学院学报》2011 年第 5 期;蔡军:《我国惩治有组织犯罪的问题与破解路径》,载《河南大学学报(社会科学版)》2014 年第 4 期。

会组织罪”,而遗漏了危害性与其相当的入境从事黑社会活动及境内人员参加境外黑社会组织的行为。“入境从事黑社会活动罪”是指境外黑社会成员入境从事发展黑社会成员以外的其他违法犯罪活动的行为。对于从事犯罪活动又构成其他犯罪的,应当实行数罪并罚。“参加境外黑社会组织罪”是指参加境外黑社会组织的行为,根据“属人管辖原则”和打击国际黑社会犯罪的需要,也有必要增加此罪名。①

此外,也有学者提出应对既有罪名修改。如提出修改“入境发展黑社会组织罪”的罪状,将法条“境外的黑社会组织的人员到中华人民共和国境内发展组织成员的……”修改为“境外的黑社会组织的人员向中华人民共和国境内发展组织成员的……”即将“到”修改为“向”。行为人“在境外通过电话、互联网等方式向境内发展组织成员”的行为,便可以依据该条予以制裁打击,也符合我国“防范境外黑社会组织向境内渗透”的指导精神。②

本书认为,应注意我国黑社会性质组织犯罪和境外黑社会犯罪的活动和治理情况的区别。黑社会性质组织犯罪无论在涉及领域、覆盖人员、行为方式等方面均具有全面性、典型性,因此,需要对其相关行为加以全面打击。与之相对,由于我国对有组织犯罪的有效治理,境外黑社会犯罪与我国相关的活动较为有限,因此,仅对核心行为加以打击即可,防止刑事犯罪圈的过度扩大。

(三)量刑事由的立法内容

不少学者围绕修改量刑事由的立法内容打击有组织犯罪提出建议,主要围绕以下方面展开。

第一,特别累犯的问题。早年间,不少学者提出应针对有组织犯罪增设特别累犯的规定。如有学者提出,任何时候再犯黑社会组织、恐怖组织犯罪均构成累犯。③ 其理由在于,黑社会性质组织犯罪是一类严重危害社会的犯罪,对于黑社会

---

① 参见许靖、杨丽、邢菲菲:《对有组织犯罪查处中的疑难问题研究》,载《政治与法律》2010 年第 5 期;于改之:《我国关于有组织犯罪的立法与司法完善》,载《法学论坛》2004 年第 5 期;于天敏等:《黑社会性质组织犯罪理论与实务问题研究》,中国检察出版社 2010 年版,第 297 – 298 页。

② 参见刘韵、刘期勇、邓华鑫:《论我国有组织犯罪立法的缺陷及完善》,载《北华大学学报(社会科学版)》2014 年第 5 期。

③ 参见于改之:《我国关于有组织犯罪的立法与司法完善》,载《法学论坛》2004 年第 5 期;贾宇:《有组织犯罪之对策研究》,载《法律科学(西北政法学院学报)》2003 年第 5 期。

性质组织成员受过刑事处罚，在刑罚执行完毕或者赦免后，再犯黑社会性质组织罪的，应当从重处罚，这有利于预防和打击黑社会性质组织犯罪。①

就这一问题，《刑法修正案（八）》对《刑法》第66条进行了修改，即实施黑社会性质的组织犯罪、恐怖活动犯罪都有可能成立特别累犯。②

第二，从重处罚的问题。有学者认为应当将从严惩处直接反映在立法中。其认为，我国可以采取以下两种立法模式来实现对有组织犯罪的从严处罚：一是可以在《刑法》总则中对有组织犯罪从严处罚以及从严处罚的幅度、标准作出规定；二是可以在《刑法》分则所有涉及有组织犯罪的罪名中，规定对有组织犯罪实施的犯罪行为予以从重处罚及重罚的标准。综合比较起来，上述第一种立法模式更为可取、经济，符合立法技术性的要求。③

但是，由于有组织犯罪具有复杂性，其除了包括黑社会性质组织犯罪，也包括其他有组织犯罪，并非所有的犯罪类型均应在立法上予以从严，因此，"依法从严"作为刑事政策加以掌握更具有灵活性、适应性。

第三，特殊人员减免处罚的问题。有学者提出，针对有组织犯罪的组织结构较为严密、不易侦破等特点，可在《刑法》中关于自首、立功、坦白等规定的基础上，进一步明确和增加具有自首、立功情节的有组织犯罪罪犯的减免刑和人身保护制度。此外，还应增加特殊的减轻或免刑事由的规定，即对脱离犯罪组织、与司法机关合作的黑社会性质组织、恐怖组织等组织的成员进行奖励，不将其单纯的参加行为作为犯罪处理④，以在严惩黑社会性质组织、恐怖组织的同时，达到分化瓦解恐怖组织、黑社会性质组织和鼓励恐怖分子、黑社会性质组织成员悔过自新的目的。⑤ 还有观点将这一问题延伸至被害人领域，提出对于有组织犯罪，也可以根据不同的被

① 参见于天敏等：《黑社会性质组织犯罪理论与实务问题研究》，中国检察出版社2010年版，第299页。

② 特别累犯条款具体见本节前文内容。

③ 参见蔡军：《我国有组织犯罪刑事规制体系的检视与重构——基于有组织犯罪集团向企业化发展趋势的思考》，载《法商研究》2021年第3期。

④ 也有学者结合程序法加以论述，其认为可在立法中规定对单纯参加但未实施其他犯罪活动又退出组织的、在侦查过程中与公安机关合作并检举揭发有组织犯罪罪行的，以及在审判中作为"污点证人"指证犯罪组织其他成员的，可以减轻或免除其刑事责任。参见蔡军：《我国惩治有组织犯罪的实践困境与立法对策》，载《华东政法大学学报》2013年第4期。

⑤ 参见于改之：《我国关于有组织犯罪的立法与司法完善》，载《法学论坛》2004年第5期；贾宇：《有组织犯罪之对策研究》，载《法律科学（西北政法学院学报）》2003年第5期。

害人群体,适当地运用自首与立功制度以保护被害人权利,打击有组织犯罪。[①]

有学者将这一减免制度称为"特别立功"。其认为,特别立功供述的是有组织犯罪中领导者、组织者等核心成员的重大犯罪行为,主要是共同参与的犯罪行为。同时,限定了特别立功的成立条件:一是特别立功只能适用于危害性较大、隐蔽性较强的有组织犯罪。二是特别立功只宜适用于有组织犯罪中的从犯、胁从犯。三是通过普通侦查措施难以收集证据时才允许启动特别立功程序。[②]

本书认为,有组织犯罪由于其组织性,相较于一般的犯罪在查处、打击过程中确实面临更大的困难,充分运用量刑规则,通过减免特殊人员处罚来实现有效打击,具有重要的意义。因此,在《刑法》关于自首、坦白、立功的规定基础上,进一步明确和增加对具有从轻情节的黑社会性质组织成员的减免刑和人身保护制度,可以为分化瓦解黑社会性质组织提供有力武器。但同样,由于有组织犯罪的复杂性,一方面不是所有的有组织犯罪人员均可适用这一减免规则,另一方面通过专门立法加以规定可能优于通过《刑法》加以规定。

此外,也可考虑对特定有组织犯罪人员予以从重处罚。例如,除严厉打击组织、领导、积极参加黑社会性质组织的人员外,可增加对于介绍、教唆、胁迫他人参加黑社会性质组织的人从重处罚的规定,以利于司法实践的具体操作和法律的适用。当然,这一条款规定于《刑法》之中还是专门立法也可进一步探讨。

(四)刑罚类型和执行的立法

如何从刑罚层面优化相关立法,实现对于有组织犯罪的有效打击,也是学者长期以来关注和讨论的重要领域。学者主要围绕以下问题展开。

第一,自由刑的问题。如有学者提出,黑社会性质组织、恐怖活动组织实施的其他犯罪活动,在性质上与一般犯罪不同,其具有更严重的社会危害性,因此,应适当加重有组织犯罪的法定刑。[③] 另有学者提出,现行法律对有组织犯罪的刑罚种类规定的较为单一,刑期也偏短。《刑法》制定时,我国的黑社会组织犯罪尚未完

---

① 参见陈金林:《有组织犯罪中的被害人权利保护》,载《河南省政法管理干部学院学报》2009 年第 4 期。

② 参见魏汉涛、齐文远:《构建特别立功制度之设想——破解有组织犯罪泛滥之难》,载《中南民族大学学报(人文社会科学版)》2014 年第 3 期。

③ 参见于改之:《我国关于有组织犯罪的立法与司法完善》,载《法学论坛》2004 年第 5 期。

全出现，因此，主要是针对其初级形态——黑社会性质组织进行定罪，量刑也较轻。随着有组织犯罪的发展，较轻的刑罚不能有效遏制其发展壮大。[①]

有学者还针对具体罪名提出了刑罚条款设计。其认为，针对目前我国《刑法》对黑社会性质组织犯罪量刑偏轻的情况，一是应提高对“组织、领导、参加黑社会性质组织罪”的量刑幅度，具体修改为：组织、领导、积极参加黑社会性质组织的，处3年以上10年以下有期徒刑；情节严重的，处10年以上有期徒刑或无期徒刑。二是应提高“包庇、纵容黑社会性质组织罪”的量刑幅度，具体修改为：国家机关工作人员包庇黑社会性质的组织，或者纵容黑社会性质的组织进行违法犯罪活动的，处3年以上7年以下有期徒刑；情节严重的，处7年以上有期徒刑。同时，应明确规定，利用职务上的便利犯本罪的，应当从重处罚。[②]

本书认为，应理性看待自由刑在打击有组织犯罪中的作用。随着“扫黑除恶”专项斗争的圆满收官，有组织犯罪的打击取得全面实效。在此背景下，黑社会性质组织犯罪已经得到较为充分的治理，因此，不应盲目增加自由刑的处罚程度，而应进一步探索多元治理的机制，防止其“死灰复燃”。[③]

第二，财产刑的问题。早年间，不少学者提出针对有组织犯罪增设财产刑。如有学者提出，有组织犯罪具有极大的社会危害性，从其发展趋势来看，其组织结构日趋完善，反控制力量逐步加强，社会危害性将更为严重。例如，如果在对黑社会性质组织的成员加以惩治的同时，对黑社会性质组织和组织成员的财产采取必要的措施，则就从根本上消灭了黑社会性质组织存在的物质基础，断绝了黑社会性质组织的再生根源。[④] 对于这类犯罪分子处以财产刑是抗制黑社会性质组织犯罪的有效手段。[⑤] 因此，应适当加重其法定刑，增设高额罚金、没收财产等财产刑，或提

---

① 参见许靖、杨丽、邢菲菲：《对有组织犯罪查处中的疑难问题研究》，载《政治与法律》2010年第5期。

② 参见于天敏等：《黑社会性质组织犯罪理论与实务问题研究》，中国检察出版社2010年版，第299页。

③ 如有学者提出，对于有组织犯罪，应慎用取保候审制度，甚至可以规定对有组织犯罪的嫌疑人一般不予取保候审，而将其予以羁押。参见许靖、杨丽、邢菲菲：《对有组织犯罪查处中的疑难问题研究》，载《政治与法律》2010年第5期。

④ 参见卢建平主编：《有组织犯罪比较研究》，法律出版社2004年版，第233页。

⑤ 参见杨方泉：《有组织犯罪的认定与防范》，载《中山大学学报（社会科学版）》2003年第1期。

出对黑社会性质犯罪组织及其组织成员增设罚金刑,[1]从根本上消除其再犯能力。[2]

《刑法修正案(八)》在黑社会性质组织犯罪中增设了财产刑,修正后的《刑法》第294条第1款规定:“组织、领导黑社会性质的组织的,处七年以上有期徒刑,并处没收财产[3];积极参加的,处三年以上七年以下有期徒刑,可以并处罚金或者没收财产;其他参加的,处三年以下有期徒刑、拘役、管制或者剥夺政治权利,可以并处罚金。”

此后又有学者提出了修改建议:其一,提出将法条“可以并判罚金”改为“应当并处罚金或没收财产”。[4] 其二,扩大没收财产刑的适用范围。其认为,没收财产只适用于组织、领导、参加黑社会性质组织罪,对其他形态的有组织犯罪并没有配置没收财产等财产刑,从而不利于实现“打早打小”和“打财断血”的目的,使预防和遏制有组织犯罪集团向企业化发展的效果大打折扣。[5]

本书认为,考虑到有组织犯罪的复杂性,财产刑的适用也不应作出“一刀切”的规定,应秉持审慎、妥当的态度,在扩大适用范围上也应较为慎重。

第三,资格刑的问题。不少学者从剥夺其政治权利的角度加以论述。如有学者认为,政治权利是公民自由权利的一项重要内容,但有时会被犯罪分子利用其作

---

① 参见于天敏等:《黑社会性质组织犯罪理论与实务问题研究》,中国检察出版社2010年版,第299页。

② 参见于改之:《我国关于有组织犯罪的立法与司法完善》,载《法学论坛》2004年第5期;贾宇:《有组织犯罪之对策研究》,载《法律科学(西北政法学院学报)》2003年第5期;许靖、杨丽、邢菲菲:《对有组织犯罪查处中的疑难问题研究》,载《政治与法律》2010年第5期;王园:《论有组织犯罪的经济分析》,载《云南大学学报(法学版)》2010年第2期。

③ 对黑社会性质组织犯罪增设财产刑确实具有重要的作用:第一,剥夺再犯能力。今天的犯罪组织更多地以“共同利益”为宗旨来笼络会员,增强凝聚力。从某些方面来讲,给予黑社会性质组织犯罪分子严厉的财产刑,剥夺了其再犯罪的经济能力。第二,促使相关人员“趋利避害”。有的人为生活所迫介入黑社会性质组织犯罪中,一方面,实施犯罪行为的人心存侥幸,认为未必就会受到刑罚处罚;另一方面,行为人认为即使自己被司法机关判处刑罚,由于并没有被没收财产,即使不再犯罪,也待“牢狱之灾”结束后占有犯罪资财,从而“两害相较取其轻”。第三,避免向公务员渗透。在剥夺犯罪分子一定期限的人身自由的同时,没收财产从而使其无法向政府公务人员行贿,使其赖以生存的“黑色经济”崩溃,其“保护伞”也随之消失。否则,刑满释放的犯罪分子会继续利用手中之钱财,向公务员贿赂寻求保护伞。参见莫洪宪、王明星:《中国大陆黑社会性质犯罪的特点及其刑事对策》,载《湖北警官学院学报》2002年第2期。

④ 参见刘韵、刘期勇、邓华鑫:《论我国有组织犯罪立法的缺陷及完善》,载《北华大学学报(社会科学版)》2014年第5期。

⑤ 参见蔡军:《我国有组织犯罪刑事规制体系的检视与重构——基于有组织犯罪集团向企业化发展趋势的思考》,载《法商研究》2021年第3期。

为实施某些犯罪活动的前提和主要手段。对有组织犯罪而言,在对犯罪人判处刑罚时,必须同时剥夺其所享有的政治权利,才能彻底阻遏其犯罪的手段和途径。因此,应将"并处剥夺政治权利"适用于黑社会性质犯罪等有组织犯罪的各个量刑幅度中,这样既体现了对有组织犯罪严厉打击的原则,也粉碎了犯罪分子利用政治权利继续实施犯罪的企图。①

本书认为,对有组织犯罪适用资格刑也应具体分析。如果行为人利用特定的资格实施有组织犯罪,可考虑对其相应的资格予以限制;反之,则不应盲目适用资格刑,防止滥用刑事处罚。

第四,刑事禁令的问题。"刑事禁令"具体指从业禁止和禁止令。《刑法修正案(九)》在《刑法》第 37 条之一规定了禁业规定,该条第 1 款为:"因利用职业便利实施犯罪,或者实施违背职业要求的特定义务的犯罪被判处刑罚的,人民法院可以根据犯罪情况和预防再犯罪的需要,禁止其自刑罚执行完毕之日或者假释之日起从事相关职业,期限为 3 年至 5 年。"此前,《刑法修正案(八)》就增设了《刑法》第 38 条第 2 款、第 72 条第 2 款,判处管制或宣告缓刑的,可以根据犯罪情况,同时,禁止犯罪分子在执行期间从事特定活动,进入特定区域、场所,接触特定的人。

鉴于有组织犯罪的严重性、长期性,除了采取刑罚等立竿见影的刑事措施外,也应考虑采取从业禁止和禁止令,实现有效打击和长效治理。但学界对这一问题的关注不足,仅是在相关探讨中附带提及,如有学者认为可对有组织犯罪的罪犯在一定期限内禁止其开办企业或者在任何企业中担任领导职务。② 或者基于比较法的视角,为了适应严厉打击黑社会犯罪的需要,有的国家和地区的刑法对黑社会犯罪规定了如剥夺政治权利、禁止担任公职、禁止从事一定的职业等附加刑或者保安处分。③ 对此笔者曾提出,基于有组织犯罪的特点和现行刑法对禁止令的规定,立法可以扩大禁止令的适用范围,如永久禁止有组织犯罪的犯罪人从事特定活动,进入特定区域、场所,接触特定的人,从而避免因其臭味相投而纠集在一起实施违法

---

① 参见卢建平、郭理蓉:《有组织犯罪刑罚之比较研究——兼论我国刑法关于有组织犯罪刑罚规定的完善》,载《政治与法律》2004 年第 2 期;卢建平、郭理蓉:《有组织犯罪的刑事责任与刑罚问题研究》,载《法学论坛》2003 年第 5 期。

② 参见储槐植、贾凌:《合理反击有组织犯罪》,载《甘肃政法学院学报》2009 年第 2 期。

③ 参见于天敏等:《黑社会性质组织犯罪理论与实务问题研究》,中国检察出版社 2010 年版,第 35 页。

犯罪行为。[①] 值得欣喜的是,实践中已有对有组织犯罪的罪犯判处刑事禁令的案例,未来应进一步推广适用。

第五,刑罚执行的问题。学者对于有组织犯罪人员的缓刑、假释立法也进行了探讨,并形成了不同的观点。一种观点认为,应该对于屡教不改的犯罪组织成员规定不得适用缓刑、假释。[②] 在具体层面上,就缓刑而言,一方面,缺乏适用缓刑的必要性;另一方面,为了杜绝个别司法人员利用宣告缓刑的自由裁量权对有组织犯罪的犯罪分子给予"照顾",因此,建议《刑法》应明确规定,对有组织犯罪的犯罪分子不适用缓刑。[③] 就假释而言,黑社会性质组织的主要犯罪分子也能够利用黑社会性质组织其他未落入法网的成员的帮助获得假释,从而逃脱法律的制裁。因此,建议将我国现行《刑法》第 81 条第 2 款修订为:"累犯、黑社会性质组织犯罪的主犯以及因杀人、爆炸、抢劫、强奸、绑架等暴力性犯罪被判处十年以上有期徒刑的犯罪分子不得假释。"[④]

另一种观点认为,应对有组织犯罪人员在缓刑、假释上进行更为严格的限制。如有学者认为,对黑社会犯罪等有组织犯罪人员在缓刑、假释的适用上比其他共同犯罪的犯罪人规定更为苛严的适用条件,并且不适用社区矫正。[⑤] 或有学者认为,应在自由刑方面设立特殊的缓刑、减刑和假释等制度。[⑥]

本书认为,对于有组织犯罪人员刑罚执行的问题同样不能一概而论,不宜全部禁止对其判处缓刑,或者予以假释。《刑法》第 81 条第 2 款规定:"对累犯以及因故意杀人、强奸、抢劫、绑架、放火、爆炸、投放危险物质或者有组织的暴力性犯罪被判处十年以上有期徒刑、无期徒刑的犯罪分子,不得假释。"采用的表述为"有组织的暴力性犯罪",也即仅针对兼具组织性、暴力性的,被判处 10 年以上有期徒刑、无期徒刑的犯罪分子不得假释。如前所述,有组织犯罪极为复杂,相应的犯罪分子情况也不尽相同,《刑法》仅规定对其中部分人员不得假释有其合理性。

---

① 参见莫洪宪:《我国有组织犯罪的特征及其对策》,载《河南财经政法大学学报》2012 年第 6 期。

② 参见贾宇:《有组织犯罪之对策研究》,载《法律科学(西北政法学院学报)》2003 年第 5 期。

③ 参见卢建平、郭理蓉:《有组织犯罪刑罚之比较研究——兼论我国刑法关于有组织犯罪刑罚规定的完善》,载《政治与法律》2004 年第 2 期。

④ 参见于天敏等:《黑社会性质组织犯罪理论与实务问题研究》,中国检察出版社 2010 年版,第 305 页。

⑤ 参见储槐植、贾凌:《合理反击有组织犯罪》,载《甘肃政法学院学报》2009 年第 2 期。

⑥ 参见张远煌:《中国有组织犯罪的发展现状及立法完善对策》,载《法治研究》2012 年第 2 期。

第二节 有组织犯罪的刑事程序立法

有组织犯罪有很多特殊之处,因而,刑事程序立法也具有至关重要的意义。例如,有学者将有组织犯罪侦查的特殊之处归纳为:第一,必须证明犯罪组织的存在;第二,时间长且秘密性强;第三,调查取证的难度大。① 此外,犯罪分子素质的提高,犯罪手段的日益高科技化,必将使有组织犯罪犯罪分子具有更强的反侦查能力,给侦查工作带来了困难。与之相对,从侦查权限的角度讲,虽然我国采用的职权主义模式给了检警机关较大的权限,但是在处理有组织犯罪案件时,仍显现出诸多限制和不便。②

对此有学者提出围绕有组织犯罪构建专门的刑事程序制度。如有学者认为,在刑事程序法中,需要考虑如下问题:针对有组织犯罪的管辖、侦查、讯问、审判等程序,有无特殊的、有别于单个人犯罪或者是一般共同犯罪的措施;在证据的合法性问题方面是否应当作出特殊的规定;等等。③ 另有学者提出,对有组织犯罪而言,相较于犯罪事实被揭露后的严厉制裁,如何针对有组织犯罪实施违法犯罪的特点选择和运用特别的追诉措施更具有全局性意义。④ 甚至有学者提出,鉴于有组织犯罪特别程序与普通程序的关系,建议在立法中单设专门的一章集中规定有组织犯罪案件的诉讼程序,系统、全面地就有组织犯罪打击过程中的特殊事项作出规定,对于其他一般性的内容,则直接适用诉讼程序的一般规定。⑤

《刑事诉讼法》在 2012 年、2018 年进行了修改,特别是 2012 年的修改,设置了一些针对有组织犯罪的特别制度。这些规定体现了打击黑社会性质的组织犯罪实体公正与程序公正并重,具有重要现实的意义。⑥ 有学者据此认为,它标志着我国

---

① 参见刘莹:《有组织犯罪侦查策略研究》,载《湖南社会科学》2010 年第 6 期。

② 参见许靖、杨丽、邢菲菲:《对有组织犯罪查处中的疑难问题研究》,载《政治与法律》2010 年第 5 期。

③ 参见储槐植、贾凌:《有组织犯罪预防论要》,载《法学家》2008 年第 3 期。

④ 参见张远煌:《中国有组织犯罪的发展现状及立法完善对策》,载《法治研究》2012 年第 2 期。

⑤ 参见吴高庆:《试论有组织犯罪特别程序》,载《河北法学》2007 年第 12 期。

⑥ 参见莫洪宪:《我国有组织犯罪的特征及其对策》,载《河南财经政法大学学报》2012 年第 6 期。

惩治有组织犯罪的刑事政策与国际社会进一步接轨,也更为科学、合理。[①] 但是,仍有学者提出其存在完善的空间,如认为《刑事诉讼法》中未针对有组织犯罪设计专门的诉讼程序和证据规则,刑事司法中也对有组织犯罪未设置并运用特殊的侦查手段和技术措施。[②] 据此,应基于我国有组织犯罪刑事程序相关立法,参考相关研究进行具体的分析。

此外,也有学者从其他角度提出完善有组织犯罪刑事程序立法的建议。例如,有学者对有组织犯罪案件分案审理问题进行探讨,提出共同犯罪案件尤其是有组织犯罪案件审理,应当坚持同案同审的原则,将分案审理作为例外情况来把握。[③]

一些相关立法和司法文件也涉及有组织犯罪程序规则。首先,专门针对有组织犯罪及其程序规则制定的司法文件,如最高人民法院、最高人民检察院、公安部、司法部联合发布的《关于办理黑恶势力犯罪案件若干问题的指导意见》。其次,其他相关规范文件也有不少内容涉及有组织犯罪程序规则:(1)综合性司法规范文件,如《人民检察院刑事诉讼规则》《公安机关办理刑事案件程序规定》等;(2)专门性司法规范文件,如最高人民法院《关于减刑、假释案件审理程序的规定》,以及《人民检察院办理减刑、假释案件规定》等;(3)其他法规,如《金融机构反洗钱规定》等。

总体来看,有组织犯罪也是犯罪的一种,因此,相当程度上《刑事诉讼法》的既有规定对其同样可以适用。与此同时,有组织犯罪又具有特殊性,因此,在特殊侦查手段、财产处置规则和证人保护制度上应予特别关注。

一、特殊侦查手段

黑社会性质组织的犯罪分子多是职业犯罪,具有较强的自我应变及预防能力,有着较丰富的反侦查经验和措施。在现代科技的装备下,其反侦查能力得到了进一步加强。若司法机关的所有侦查活动都公开进行,犯罪分子就会充分掌握情报和信息,及时准备,有效地采取事前预防措施和事后补救措施。[④] 例如,秘密力量

---

① 参见赵赤:《中外惩治有组织犯罪比较研究》,中国政法大学出版社 2017 年版,第 285 页。

② 参见蔡军:《我国治理有组织犯罪刑事政策的检讨与调适——基于有组织犯罪企业化趋势的思考》,载《中州学刊》2021 年第 2 期。

③ 参见龙宗智:《有组织犯罪案件分案审理问题研究》,载《法学研究》2021 年第 3 期。

④ 参见莫洪宪、王明星:《中国大陆黑社会性质犯罪的特点及其刑事对策》,载《湖北警官学院学报》2002 年第 2 期。

必须渗透罪犯的社交网络,[①]而其社会交往显然是不公开的。对此有学者提出,修改前的《刑事诉讼法》并没有赋予侦查机关窃听的权力。在对有组织犯罪的侦查过程中,如采用了秘密侦查手段,这些证据如何转化为形式上合法的证据,也是难题之一。[②] 若依据严格的证据制度,由于法律没有允许窃听,窃听所获得的材料也就不能作为证据使用,这就使得有些本可定罪的无法定罪。[③]

因此,有学者建议要允许更多地使用技侦手段,并适当地放宽对秘密侦查手段的限制。[④] 与此同时,在赋予此项权力时也应严格控制特别侦查手段的使用范围、程序等,避免滥用该项权力,保障人权。[⑤] 有学者还提出了理性地构建授权与限权相统一的秘密侦查规则体系——立法授予侦查机关秘密侦查权,将行之有效且为侦查犯罪所必需的秘密侦查规则通过立法表现出来,意味着秘密侦查在法律上的承认性或者合法性;对侦查机关而言,则意味着得到了法律上的授权,可以在侦查犯罪案件过程中采用这些侦查手段而无须担心缺乏法律上的依据。立法对秘密侦查的规制,标示着对秘密侦查权的约束或限制,防止其滥用,将秘密侦查措施对公民合法权益的侵害减至最低程度。正是从这个意义上,秘密侦查法制化在将控制犯罪与保障人权之间实现双赢。[⑥] 在具体制度设计层面,有学者提出,对于黑社会(性质)组织犯罪,由于其犯罪不危及国家安全,所以,在特殊侦查手段的运用上,应比恐怖组织犯罪更严格一些,即仍可以采用上述手段,但是,在特殊侦查手段的适用条件、程序、期限等方面控制应当更严格一些,以便利于保障公民的权利。[⑦]

《刑事诉讼法》第 150 条第 1 款规定:“公安机关在立案后,对于危害国家安全犯罪、恐怖活动犯罪、黑社会性质的组织犯罪、重大毒品犯罪或者其他严重危害社会的犯罪案件,根据侦查犯罪的需要,经过严格的批准手续,可以采取技术侦查措

---

① See Hans Nelen & Dina Siegel, *Contemporary Organized Crime: Developments, Challenges and Responses*, Springer, 2021, p. 262.

② 参见许靖、杨丽、邢菲菲:《对有组织犯罪查处中的疑难问题研究》,载《政治与法律》2010 年第 5 期。

③ 参见于改之:《我国关于有组织犯罪的立法与司法完善》,载《法学论坛》2004 年第 5 期。

④ 参见林黄鹂:《对有组织犯罪的考量和打击对策》,载《山东社会科学》2006 年第 10 期。

⑤ 参见于天敏等:《黑社会性质组织犯罪理论与实务问题研究》,中国检察出版社 2010 年版,第 301 页。

⑥ 参见罗旭红、李文燕:《有组织犯罪与秘密侦查法制化》,载《深圳大学学报(人文社会科学版)》2007 年第 4 期。

⑦ 参见储槐植、贾凌:《合理反击有组织犯罪》,载《甘肃政法学院学报》2009 年第 2 期。

施。”根据官方释义，应从五个方面理解本款规定：第一，公安机关在刑事诉讼中采取技术侦查措施必须是在立案以后。这里的“立案”，是指根据《刑事诉讼法》第109条的规定，发现犯罪事实或者犯罪嫌疑人，按照管辖范围立案侦查。第二，公安机关可以采取技术侦查措施的案件范围是危害国家安全犯罪、恐怖活动犯罪、黑社会性质的组织犯罪、重大毒品犯罪或者其他严重危害社会的犯罪案件。第三，公安机关对上述案件是否采取技术侦查措施要“根据侦查犯罪的需要”。因此，采取技术侦查措施一定是在使用常规的侦查手段无法达到侦查目的时所采取的手段。这是采取技术侦查措施的一个重要条件。第四，要经过严格的批准手续。“经过严格的批准手续”，包括两层意思：一是对制定审批程序的要求。有关部门依法制定采取技术侦查措施的审批程序，必须体现“严格”的要求，即对各种技术侦查措施在什么情况下、什么范围内、经过什么样的程序批准才能使用，应有严格和明确的规定，使侦查机关及其工作人员在工作中有所遵循，防止滥用。二是对批准采取技术侦查措施的要求。采取技术侦查措施必须依照相关规定履行严格的批准手续。实践中，有权批准使用这一措施的人，在批准与否上一定要严格掌握，在接到要求采取技术侦查措施的申请报告后，要认真审查，严格把关。第五，该款规定的技术侦查措施的执行机关是公安机关。[①] 据此，黑社会性质的组织犯罪经过严格的批准手续，也可以采取技术侦查措施。

即便《刑事诉讼法》作出上述规定，仍有学者认为关于有组织犯罪侦查手段的规定不够完善，提出对有组织犯罪侦查措施的运用与普通犯罪相同，未设置和运用特殊的侦查手段和技术。[②]

本书认为，《刑事诉讼法》作为刑事诉讼的一般立法，就黑社会性质组织犯罪作为技术侦查措施的特殊主体进行规定已是突破，如果基于该类犯罪的打击需要再作特殊规定可能有损立法的规范性、体系性。因此，可考虑在专门立法中加以特殊规定。

---

① 参见王爱立、雷建斌主编：《〈中华人民共和国刑事诉讼法〉释解与适用》，人民法院出版社2018年版，第267－268页。

② 参见蔡军：《我国惩治有组织犯罪的实践困境与立法对策》，载《华东政法大学学报》2013年第4期。

二、财产处置规则

依法有效打击、处置相关财产也是有组织犯罪刑事程序立法的重要方面①。实践中,黑社会组织犯罪的违法所得往往与其合法财产混合在一起,加之黑社会(性质)组织犯罪的复杂性以及犯罪分子逃避打击,司法机关很难完全查清财物的性质并对其予以严格区分,这给司法行政机关在实践中准确及时地追缴和没收违法所得并有效地打击黑社会(性质)组织犯罪带来了很大的障碍。② 早期也有学者提出,如对疑似有组织犯罪的收益,当尚未查证其来源时,按照当时的法律规定,不能进行先行扣押,这就容易导致赃款转移、藏匿。③

根据《刑事诉讼法》的相关规定,没收违法所得程序也可适用于之黑社会性质组织犯罪。《刑事诉讼法》第 298 条第 1 款规定:"对于贪污贿赂犯罪、恐怖活动犯罪等重大犯罪案件,犯罪嫌疑人、被告人逃匿,在通缉一年后不能到案,或者犯罪嫌疑人、被告人死亡,依照刑法规定应当追缴其违法所得及其他涉案财产的,人民检察院可以向人民法院提出没收违法所得的申请。"根据该款官方释义,违法所得没收程序的适用应当具备三个条件:第一,该程序适用于贪污贿赂犯罪、恐怖活动犯罪等重大犯罪案件。第二,必须是犯罪嫌疑人、被告人逃匿,在通缉一年后不能到案的,或者犯罪嫌疑人、被告人死亡的。实践中应当注意两点:一是适用这一程序的案件,应是贪污贿赂犯罪和恐怖活动犯罪中重大的案件,而不是情节较轻的这类案件;二是对于犯罪嫌疑人、被告人逃匿的,司法机关应当尽力通缉、抓捕,以使之尽快到案并依照法定程序追诉,只有对确实在通缉一年后仍无法抓捕到案的,才可以适用这一特别程序。第三,依照《刑法》规定应当追缴其违法所得及其他涉案财产的。根据《刑法》第 64 条的规定,犯罪分子违法所得的一切财物,应当予以追缴。适用前述规定的没收程序,应当符合《刑法》规定的属于犯罪嫌疑人、被告人

---

① 有组织犯罪的财产处置不仅是刑事实体法问题,也是刑事程序法问题。对此有学者指出,亟须在刑事实体法和刑事程序法方面予以重点关注,尽快建立健全有组织犯罪涉案财产的调查、认定规则和处置制度。参见蔡军:《我国治理有组织犯罪刑事政策的检讨与调适——基于有组织犯罪企业化趋势的思考》,载《中州学刊》2021 年第 2 期。

② 参见刘韵、刘期勇、邓华鑫:《论我国有组织犯罪立法的缺陷及完善》,载《北华大学学报(社会科学版)》2014 年第 5 期。

③ 参见许靖、杨丽、邢菲菲:《对有组织犯罪查处中的疑难问题研究》,载《政治与法律》2010 年第 5 期。

违法所得及其他涉案财产。其中,“追缴”是指将违法所得的财产强制追回。“违法所得”是指因实施犯罪活动而取得的全部财物,包括金钱或者物品,如贪污贿赂得到的金钱或者物品等。“其他涉案财产”,一般是指除违法所得以外的与犯罪有关的款物、作案工具和非法持有的违禁品等。[①] 相关司法解释明确了该款适用于黑社会性质组织犯罪。根据最高人民法院、最高人民检察院《关于适用犯罪嫌疑人、被告人逃匿、死亡案件违法所得没收程序若干问题的规定》第1条规定,该程序还适用于危害国家安全、走私、洗钱、金融诈骗、黑社会性质的组织、毒品犯罪案件等犯罪。最高人民法院《关于适用〈中华人民共和国刑事诉讼法〉的解释》第609条也作出类似规定。[②]

但是,仅就刑事程序立法而言,体系化的有组织犯罪财产处置制度仍未确立,影响了依法精准打击有组织犯罪关联财产。一方面,其可能导致财产打击范围的扩大。不少有组织犯罪往往是原本合法经营的企业在经营过程中逐渐有组织犯罪化,其资产中既有合法取得的财产,又有违法犯罪所得财产,还会出现用合法取得的财产去支持犯罪组织的犯罪活动及发展的情况。正是由于界分的难度极大,因此在司法实践中会出现随意查封、扣押财产导致侵犯合法财产的情形——在侦查阶段,不管财物是否与犯罪有关,也不论是否合法经营,公安机关对黑社会性质组织的所有财产予以查封、冻结或扣押,甚至直接采取措施对企业予以托管。[③] 另一方面,其可能不当限缩财产打击的范围。在实践中,公安部门对被告人的涉案财产没有及时查封、扣押或冻结,对后期的判决执行带来不利影响。也有些公安部门虽然对被告人财产采取了相应的措施,但并没有通过侦查措施对财产属性加以明确,由于法院没有侦查职能,单凭法庭调查无法区分合法财产和非法财产,法院最后只能将存疑财产返还被告人。因此,需进一步推动有组织犯罪财产处置规范的完善。应规定涉案财产调查和处置程序,公安部门、人民检察院、人民法院依职权查清财

---

① 参见王爱立、雷建斌主编:《〈中华人民共和国刑事诉讼法〉释解与适用》,人民法院出版社2018年版,第570－571页。

② 最高人民法院《关于适用〈中华人民共和国刑事诉讼法〉的解释》(法释〔2021〕1号)第609条规定,《刑事诉讼法》第298条规定的“贪污贿赂犯罪、恐怖活动犯罪等”犯罪案件,是指下列案件:(1)贪污贿赂、失职渎职等职务犯罪案件;(2)《刑法》分则第二章规定的相关恐怖活动犯罪案件,以及恐怖活动组织、恐怖活动人员实施的杀人、爆炸、绑架等犯罪案件;(3)危害国家安全、走私、洗钱、金融诈骗、黑社会性质组织、毒品犯罪案件;(4)电信诈骗、网络诈骗犯罪案件。

③ 参见蔡军:《我国惩治有组织犯罪的刑事司法问题及其机制调适——基于有组织犯罪企业化发展趋势的思考》,载《河南大学学报(社会科学版)》2021年第6期。

产情况后及时审查、及时处置、及时监督;同时,规定独立的合法财产返还程序,对有证据证明确属被害人合法财产、有证据证明确与黑恶势力犯罪活动无关的财产及时返还,共同形成法治化的有组织犯罪财产处置制度。

但是,专门有组织犯罪财产处置制度未必需要规定于刑事程序立法,通过专门立法加以系统规定更具有可行性。如有学者即提出,在将来制定的专门法律中应设置专章规定"有组织犯罪涉案财产的认定和处置"。其中,明确规定公安机关、人民检察院、人民法院在办理有组织犯罪案件时应当全面调查涉案财产,依照法定程序与标准对涉案财产采取查询、查封、扣押、冻结等措施,并及时返还合法财产;完善涉案财产保管机构与信息管理平台建设、涉案财物先行处置程序与涉案财产移送制度,并对涉案财产处置的过程依法进行监督,以保证涉案财产处置的有效性、及时性与透明性;强化涉案财产处置在司法审判中的重要地位,明确规定人民法院在法庭审理过程中应当对查封、扣押、冻结的涉案财产的权属进行法庭调查;人民法院的裁判涉及财产部分的内容应当明确、具体,列明相关财产的具体名称、特征、数量、金额、处置情况等。此外,还应对涉案财产的证明标准、第三人权利保护、合法财产返还、特别程序、追缴、没收其他等值财产等作出明确的规定。① 上述思路具有较强的借鉴意义。

实践中,基于既有的刑事立法,我国也探索了有组织犯罪司法规范的完善。2019 年,最高人民法院、最高人民检察院、公安部、司法部联合印发《关于办理黑恶势力刑事案件中财产处置若干问题的意见》,该意见的核心要义在于以下几点。

第一,明确该意见的意义。该意见赋予司法机关对相当大范围涉案财产的调查、处置、追缴、没收的权力,转变了实践中对黑恶犯罪财产剥夺不充分、判罚不坚决等状况,使黑恶势力案件财产处置工作有章可循,为产权的保护提供有效的制度保障。

第二,把握该意见的特点。相比此前规范性文件对黑恶势力刑事案件涉案财产处置的规定,《关于办理黑恶势力刑事案件中财产处置若干问题的意见》具有以下特点:一是明确办理黑恶势力犯罪案件涉案财产处置的总体要求,强调全面调查,依法处理,严格程序,彻底摧毁黑社会性质组织的经济基础的同时,基于人道、

① 参见蔡军:《我国有组织犯罪刑事规制体系的检视与重构——基于有组织犯罪集团向企业化发展趋势的思考》,载《法商研究》2021 年第 3 期。

秩序等需要，兼顾合法性和合理性的要求，对涉案财产采取措施，要进行及时审查；为犯罪嫌疑人、被告人扶养的亲属保留必要的生活费用和物品；根据案件具体情况，可以允许有关人员继续合理使用有关涉案财产，并采取必要的保值保管措施，以减少案件办理对正常办公和合法生产经营的影响。二是对调查黑恶势力财产状况的取证提出了具体、明确的要求，提供了工作方法与程序指南：要求“依法采取措施全面收集证据”；确定可采取查询、查封、扣押、冻结措施财产的范围；明确证明涉案财产来源的证据类型；规定涉案财产的委托和评估规则等。关于取证规则的细化，提供了办理涉案财产案件的可操作标准。三是明确了准确处置涉案财产的实体与程序规定。该意见规定了追缴、没收黑恶势力犯罪的财产范围。四是体现了充分剥夺黑恶势力犯罪所得与保护财产权并重的理念。该意见确立针对第三人的犯罪所得追缴制度，细化等值财产没收制度，并清晰界定收益的范围，体现了充分剥夺犯罪收益的理念；该意见还规定了及时返还制度等，体现了对合法财产权的保护。

第三，推动该意见的适用。界定涉黑财产性质和权属的难度非常大，甚至大于认定黑社会性质组织犯罪本身。该意见要求，严格执法，既要依法实现对黑恶势力犯罪经济实力的剥夺，也要注重保护公民的合法财产权。此前在黑恶势力刑事案件司法实践中还存在不少与该意见规定不一致的做法，集中表现在两个方面：一是涉案财产处置中追缴、没收的不足，未能充分剥夺黑恶势力的经济基础，黑恶势力的犯罪收益仍旧被犯罪分子、家属及第三人继续占有。例如，该意见规定的黑恶势力“聚敛、获取的财产投资、置业形成的财产及其收益”“聚敛、获取的财产和其他合法财产共同投资或者职业形成的财产中，与聚敛、获取的财产对应的份额及其收益”等这类较难认定的部分；二是涉案财产实体规则不足、程序规范不足，导致办理黑恶势力刑事案件财产处置存在一定程序的不规范现象。黑恶势力刑事案件涉案财产处置实践在实体、程序上存在以下重点问题，也应在实践中深化理解和认识，为进一步完善涉案财产处置机制提供基础。

其一，黑社会性质组织犯罪所得及收益的认定问题。首先，合法财产作为黑社会性质组织犯罪投入成本是否属于应追缴的涉案财产。实践中，现有规定可操作性不强。其次，对作为犯罪成本投入的合法财产，不能向前过度追溯性没收。关于黑社会性质组织成员合法财产中用于支持黑社会组织生存、发展的财产部分，不能将合法财产源头的所有资金或合法企业的所有经济利益都视为对犯罪组织活动的支持,认定为“涉黑财产”,否则,会产生“一黑俱黑”范围扩大化问题。以合法经济利益支持违法犯罪活动,应以出资额为限来认定对犯罪组织的支持。当组织成员的部分合法财产用于支持犯罪组织活动时,应将该部分财产认定为“涉黑财产”,不能将没有用于支持犯罪组织活动的其他合法部分的财产认定为“涉黑财产”。最后,对黑社会性质组织支付的工资、福利等,不宜一概作为犯罪所得或者收益追缴。实践中,组织成员多数为公司员工,其领取的政策工资、福利、奖金等能否认定为“用于违法犯罪获得或者维系犯罪组织的生产发展”也存在争议。对于涉黑财产,应当区分组织成员的正常消费行为与利用犯罪收益笼络组织成员的行为,应区分公司、企业正常的经营活动与公司、企业支持犯罪组织的活动。

其二,追缴、没收、罚金与没收财产刑等的正确适用问题。该意见要求,对于组织者、领导者一般应当并处没收个人全部财产;对于确属骨干成员或者为该组织转移、隐匿资产的积极参加者,可以并处没收个人全部财产;对于其他组织成员,应当根据所参与实施违法犯罪活动的次数、性质、地位、作用、违法所得数额以及造成损失的数额等情节,依法决定财产刑的适用。黑社会性质组织犯罪可能被处以追缴、没收、罚金与没收财产刑等不同的刑事处分措施。同样针对财产的强制,需要对不同属性的处分性质的正确理解,在追缴、没收犯罪所得和没收财产刑之间,应当确定其区分标准。

其三,黑社会性质组织犯罪所得及其收益的主体识别问题。“涉黑财产呈现出财产主体多元化、资产状况多样化”是黑社会性质组织犯罪所得及其收益认定较为困难的原因。为了充分没收黑社会性质组织犯罪所得及其收益,也有观点主张应建立刑事推定的认定思路。为了打击有组织犯罪、毒品犯罪等严重犯罪,对组织、领导、参加黑社会性质组织犯罪、毒品犯罪的犯罪分子参加犯罪组织后或在一定时间内所获得的财物、生活花费及其所参加的犯罪组织的财物设立违法所得推定制度,将证明该财物系合法所得的证明责任转移给被告方,若被告人无法证明其财物系合法所得,则推定为犯罪所得,并予以没收、追缴。①

---

① 参见莫洪宪:《黑恶势力刑事案件涉案财产处置进一步有章可循》,载《人民法院报》2019 年 4 月 14 日,第 2 版。

三、证人保护制度

先前就有学者关注围绕打击有组织犯罪建立特殊的证人制度。① 不少学者提出应强化有组织犯罪相关证人的保护。之所以需要对其进行特别保护，是因为有组织犯罪的实力往往强大，证人很可能因为害怕遭到报复和受伤害而不敢作证。② 加大证人保护力度、降低证人作证风险，是司法机关义不容辞的责任。只有提供充分有效的证人保护，才能为证人作证提供一个强有力的制度支持，才能使刑事司法中的人权保障更加完善科学。③

对于如何对有组织犯罪相关证人提供保护，学者从不同角度进行了论述。有学者提出，对证人的人身、家庭等进行专人保护，证人可以不出庭作证，可以不使用真实姓名，而只用代号的形式提供证言等。④ 有学者补充提出，一旦证人遭到犯罪组织的报复，对犯罪人应从严从快从重打击，对被害人或者其家属应尽快提供补偿。⑤ 另有学者跳出具体诉讼，提出完善我国打击有组织犯罪中证人保护制度的构想：第一，设立针对有组织犯罪中证人的专门性保护机构。第二，建立针对有组织犯罪中证人保护的专项基金。第三，适当扩大有组织犯罪中证人保护的对象范围。第四，完善有组织犯罪中证人保护的程序与措施。虽然，专门性保护机构、专项基金的建议已经脱离刑事程序立法的范畴，但是，其也围绕扩大保护范围、完善程序措施提出了具体的构想。另有学者提出，鉴于有组织犯罪中的证人在作证时考虑最多的往往是其家人、亲属的安全，因此，将证人保护的对象确定为其本人及近亲属为宜；一旦证人被纳入保护计划，则应由保护机构核发证人保护书，具体内容包括证人及其近亲属的身份信息、住址、作证案由、作证事项、有保护必要的理由、保护措施、保护期限等。启动保护程序之后，应该根据具体案情适时调整保护

---

① 参见林黄鹂：《对有组织犯罪的考量和打击对策》，载《山东社会科学》2006 年第 10 期。

② 参见许靖、杨丽、邢菲菲：《对有组织犯罪查处中的疑难问题研究》，载《政治与法律》2010 年第 5 期。

③ 参见胡隽：《论我国打击有组织犯罪中证人保护制度的完善》，载《中国人民公安大学学报（社会科学版）》2011 年第 3 期。

④ 参见于天敏等：《黑社会性质组织犯罪理论与实务问题研究》，中国检察出版社 2010 年版，第 302 页。

⑤ 参见贾宇：《有组织犯罪之对策研究》，载《法律科学（西北政法学院学报）》2003 年第 5 期。

措施,直至危险解除。[①]

本书认为,确有必要通过立法的形式确保证人及其家人的人身财产安全,并给予适当的物质奖励,以此提高民众同有组织犯罪作斗争的积极性。具体而言,既应涵盖判决前、判决后的不同阶段,也应全面覆盖各项措施,通过立法保障证人重新居住、改变身份、人身安全,包括在监同案犯证人的人身安全,以及证人重新就业获得财政补贴。在判决前,应保证黑社会性质组织无法接近证人及其亲属;在判决后,使黑社会性质组织难觅证人踪迹,无法报复。[②]

《刑事诉讼法》第 64 条规定了证人、鉴定人与被害人的特殊保护,根据该条第 1 款的规定,对于危害国家安全犯罪、恐怖活动犯罪、黑社会性质的组织犯罪、毒品犯罪等案件,证人、鉴定人、被害人因在诉讼中作证,本人或者其近亲属的人身安全面临危险的,人民法院、人民检察院和公安机关应当采取该款规定的一项或者多项保护措施。官方释义具体明确了各项措施的应用:第一,不公开真实姓名、住址和工作单位等个人信息。具体指办案机关在办理案件的过程中对有关个人信息予以保密,包括在起诉书、判决书等法律文书上使用化名等以代替真实的个人信息。第二,采取不暴露外貌、真实声音等出庭作证措施。具体指人民法院在有关人员出庭参与诉讼时,采取技术措施不使其外貌、声音等暴露给被告人、旁听人员等,但应当保证控辩双方质证的顺利进行。第三,禁止特定的人员接触证人、鉴定人、被害人及其近亲属。具体指办案机关采取措施、发布禁令,禁止可能实施打击报复的特定人员在一定期间内接触证人、鉴定人、被害人及其近亲属。第四,对人身和住宅采取专门性保护措施。包括派警力保护证人、鉴定人、被害人人身和住宅的安全。在极个别的情况,甚至可根据办案需要为其更换住宅、姓名等。第五,其他必要的保护措施。具体指上述四项以外的,办案机关认为有必要采取的其他特别保护措施。[③] 此外,该条第 2 款规定了证人、鉴定人、被害人如何请求保护,该条第 3 款规定了有关单位和个人对上述保护措施应当配合。

针对《刑事诉讼法》的上述规定,有学者认为,法律对证人的保护规定应结合

---

① 参见胡隽:《论我国打击有组织犯罪中证人保护制度的完善》,载《中国人民公安大学学报(社会科学版)》2011 年第 3 期。

② 参见莫洪宪、王明星:《中国大陆黑社会性质犯罪的特点及其刑事对策》,载《湖北警官学院学报》2002 年第 2 期。

③ 参见王爱立、雷建斌主编:《〈中华人民共和国刑事诉讼法〉释解与适用》,人民法院出版社 2018 年版,第 114 – 117 页。

具体规定进行体系化的分析。如从协调性的角度,《刑法》第 308 条虽规定对证人打击报复可追究刑事责任,但由于该条规定较为笼统、原则,没有明确对证人采用哪些打击报复行为以及打击报复行为达到何种程度时才能给予处罚,也未涉及证人保护的具体情形以及举报人等主体的保护,造成司法实践中难以操作。与之相对,《刑事诉讼法》规定的保护对象为证人及其亲属,二者范围并不完全一致,亟须专门制度予以协调。因此,未来应考虑将证人、证人的近亲属以及其他与证人有密切关系的人的安全纳入保护范围,同时,规定被害人、报案人、控告人、举报人、鉴定人的保护参照证人保护的规定执行,并应基于刑事立法和专门立法体系协调进行稳妥的制度设计。

第六章 港澳台有组织犯罪的发展、刑事立法与区际协作

第一节 香港的有组织犯罪

一、香港有组织犯罪的发展

有学者提出，香港黑社会组织可以界定为："凡使用任何三合会仪式，或采用或使用任何三合会名衔或术语，并通过合法或非法的途径获得金钱或其他物质利益的暴力性组织。"香港黑社会组织的发展变化，与香港社会政治、经济、文化的发展变化，有着内在的、不可分割的联系。但是，它也受到其他因素制约，其中，尤为重要的是受政府的反黑斗争制约。有学者进而从两个层面对香港有组织犯罪的发展进行划分：依据发展史的角度分为早期的香港黑社会组织（1912—1940 年）、日本统治时期的香港黑社会组织（1941—1945 年）、英国重新占领香港之初的黑社会组织、1948 年解放战争的决定性胜利和中华人民共和国的成立（时代的黑社会组织）、九龙暴动后的黑社会组织、黑社会组织发展壮大的 11 年（1967—1978 年）；依据香港回归前后分为香港回归前 20 年的黑社会组织、香港回归后的黑社会组织。从具体犯罪层面来看，香港的黑社会组织从事暴力行为、贩卖毒品、偷渡行动、勒索保护费、控制正当行业、经营

某些“合法”生意、洗钱等犯罪。[①] 虽然上述关于香港有组织犯罪阶段的划分较为零散，但是客观而言，香港“三合会”等黑社会组织经历了千变万化，原有的自上而下受制于统一的严格的控制系统的组织形态已不复存在，取而代之的是支离破碎的组织结构。各集团的差异和分野打破了昔日的集权式统治和统一，庞大的机构形成了上百个帮伙。

香港警务处在分析研究香港黑社会组织时曾指出，香港黑社会组织日趋严密，内部成员等级更加分明，分为三个层次：高层首脑人员负责财力支持；中层人员负责统筹计划；风险最大的是直接实施犯罪的低层分子。每个成员都有规定的代号，彼此以手势或暗语进行联络，用以辨认对方在黑社会中的地位。

二、香港有组织犯罪的刑事立法

香港对三合会和其他有组织犯罪所作出的最主要反应，就是通过了《有组织及严重罪行条例》[②]，从 1994 年 10 月开始生效。这一法令是以香港的人权法法案（在有关民权和政治权利的国际盟约的基础上形成）为背景而生效的，而且，它不侵犯民权法案共同犯罪形式予以专门规定。其指向“特别共同犯罪形式”，即它与一般共同犯罪有所不同。一般共同犯罪的犯罪人以长期实施一种或多种犯罪为目标而结为组织，其成员具有稳定性；而有组织犯罪具有长远的规划，随着犯罪活动的得手，其组织往往像滚雪球一样不断壮大，所以，它比一般的共同犯罪具有更大的危险性。该法令的基本目的就是授予侦查当局查询权，以获取侦查有组织犯罪所需的信息。2000 年 6 月 1 日香港又进一步对《有组织及严重罪行条例》作出修订，规定汇款代理人及货币兑换商须向香港警务处注册及保留大额交易记录。[③] 其后，该条例于 2002 年再次进行修订。该条例旨在增设侦查有组织罪行和某些其他罪行及某些犯罪者的犯罪得益的权力；就没收犯罪得益作出规定；就某些犯罪者的判刑订定条文；增订关于犯罪得益或关于代表犯罪得益的财产的罪行；就附带及相关事宜订定条文。

《有组织及严重罪行条例》在第 2 条“释义”中，分别界定了“三合会”与“有组

---

① 参见何秉松：《中国有组织犯罪研究（第二卷）：台港澳黑社会犯罪研究》，群众出版社 2010 年版，第 327 – 356、364、405 – 410 页。

② 《有组织及严重罪行条例》，https://www.elegislation.gov.hk/hk/cap455！zh – Hant – HK。

③ 参见陈沛林：《论香港打击黑社会有组织犯罪的立法与实践》，载《北方法学》2008 年第 2 期。

织罪行”:在该条例中(除文义另有所指外)三合会包括任何以下社团——(a)使用三合会普遍使用的任何仪式、任何与该等仪式十分相似的仪式或该等仪式的任何部分的社团;或(b)采用或利用任何三合会名衔或称谓术语的社团。有组织罪行指附表1[①]所列罪行,而且是——(a)与某三合会的活动相关的;(b)与2名或以上的人的活动有关连的,而该等人联合一起的唯一或部分目的是作出2项或以上行为,每一项均为附表1所列罪行及涉及相当程度的策划及组织的;或(c)由2名或以上的人所犯的,而且涉及相当程度的策划及组织,以及——(Ⅰ)有人丧失生命或有人有丧失生命的相当程度的危险;(Ⅱ)有人在身体或心理上受严重伤害或有人有受该等伤害的相当程度的危险;或(Ⅲ)有人严重丧失自由。可见,在香港,构成有组织犯罪的首要条件是有关的罪行必须是《有组织及严重罪行条例》附表1所列罪行,其次就是这些罪行要么是与三合会的活动有关,要么是2人或以上涉及相当程度的策划及组织,并且,以实施此等犯罪为唯一或部分目的或者严重危及他人生命、身心和自由。[②]

在理解香港有组织犯罪立法时,需注意不能单独考察《有组织及严重罪行条例》,还需注意与《社团条例》[③]一并考察。《社团条例》制定于1949年,曾于1992年、1997年进行修订。该条例旨在就社团的注册、禁止某些社团的运作以及与此有关的事宜,订定条文。第2条“释义”规定,三合会仪式指三合会社团普遍采用的任何仪式、与该等仪式十分相似的任何仪式以及该等仪式的任何部分。该条例还规定了13项有关三合会的犯罪:(1)身为三合会干事;(2)自称为三合会干事;(3)管理或协助管理三合会;(4)身为三合会成员;(5)向三合会付款或给予援助或为三合会的目的而付款或给予援助;(6)以三合会成员身份行事;(7)自称或声称三合会成员;(8)参加三合会集会;(9)保管或控制属于或关于三合会或分支机关的簿册、账目、字据、成员名单、印章、旗帜或徽章;(10)明知而容许三合会在处所内集会;(11)煽惑、诱使或邀请他人成为三合会成员或协助管理三合会;(12)使用暴力、作出威胁或恐吓以诱使他人成为三合会成员或协助管理三合会;(13)为三

① 《有组织及严重罪行条例》附表1为“与有组织罪行及指明的罪行的定义有关的罪行”,具体包括谋杀、绑架、非法禁锢、串谋妨碍司法公正4类普通法罪行,以及21类法定罪行。

② 参见赵国玲、李强:《香港有组织犯罪现状分析》,载《中国刑事法杂志》2010年第4期。

③ 香港《社团条例》,https://www.elegislation.gov.hk/hk/cap455! zh-Hant-HK。

合会牟取会费或援助。[①]《社团条例》对阻止黑社会组织的繁衍、扩充起到有效防范作用。

《有组织及严重罪行条例》与《社团条例》共同构成香港有组织犯罪的核心刑事立法。《社团条例》第18条规定，凡使用任何三合会仪式[②]，或采用或使用任何三合会头衔或术语的社团，均当作为三合会社团，被视为非法社团，《有组织及严重罪行条例》也对此作出了类似甚至相同的规定。[③] 与《有组织及严重罪行条例》所不同的是，《社团条例》还进一步在第19—23条中分别对管理、参加、资助三合会以及不当发展三合会成员等与三合会组织自身直接相关的犯罪作出了规定。由此可见，在有组织犯罪现象这一问题上，由于历史的原因，香港法例存在三合会和有组织罪行这两个意义不完全相同但又紧密相关的法律概念。[④] 对于"三合会"和"有组织罪行"的联系，有学者指出，由于"与某三合会的活动有关"是定义中三个规定组成因素其中之一，香港《有组织及严重罪行条例》基本已涵盖了绝大部分香港黑社会一般会进行的犯罪行为。这个设计弥补了香港以往为了专门针对黑社会（"三合会"）已制定逾百年的香港《社团条例》及目前其他的香港成文法刑事条例于单独应用上，对打击香港黑社会所实施的有组织犯罪之阻吓力的不足之处。[⑤]

除此之外，香港还于2000年11月制定了《证人保护条例》[⑥]，这是旨在为设立一项保护某些证人和保护与证人有联系的人士的计划而订定条文。这项法令规定，设立一个"保护证人计划"（witness protection programme），为因担任证人以致"人身安全或福祉"（personal safety or well - being）受到威胁的证人安排或提供保护及其他协助（第3条）。如证人被纳入保护证人计划内，或正为纳入保护证人计划内而接受评估，则批准当局须采取他认为必要与合理的行动，以保障证人的安全

---

① 参见何秉松：《中国有组织犯罪研究（第二卷）：台港澳黑社会犯罪研究》，群众出版社2010年版，第402 - 403页。

② 根据《社团条例》第2条有关三合会仪式的释义，三合会仪式是指三合会社团普遍采用的任何仪式、与该等仪式十分相似的任何仪式以及该等仪式的任何部分。

③ 《有组织及严重罪行条例》第2条在有关三合会的释义中指出，三合会包括任何使用三合会普遍使用的任何仪式、任何与该等仪式十分相近的仪式或该等仪式的任何部分的社团；或采用或使用任何三合会名衔或称谓术语的社团。

④ 参见赵国玲、李强：《香港有组织犯罪现状分析》，载《中国刑事法杂志》2010年第4期。

⑤ 参见陈沛林：《论香港打击黑社会有组织犯罪的立法与实践》，载《北方法学》2008年第2期。

⑥ 香港《证人保护条例》，https://www.elegislation.gov.hk/hk/cap564! zh - Hant - HK? INDEX_CS = N。

及福利(第7条)。这项法令为确保证人的安全提供了法律根据,使打击有组织罪行的法律架构更臻完善。[①]

近年来,也有学者关注到香港有组织犯罪的变化与刑事立法完善问题。如有学者关注到,在整个有组织犯罪的内部构成中,与三合会活动有关的有组织犯罪已经明显减少,相反,三合会以外的有组织犯罪团伙及集团所实施的有组织犯罪占据了主导地位。[②] 有学者更是认为,香港打击有组织犯罪的立法缺乏预防性、前瞻性、完备性和针对性,并认为应从以下几个方面加以完善:(1)在打击黑社会主要犯罪方面,为防黑社会犯罪由个别成员简单实施向组织化扩张,实在有必要考虑在与黄、赌、毒及暴力有关的法定犯罪条文中规定由黑社会成员实施这些犯罪时需要判处特定水平的刑罚,以收阻吓黑社会分子实施这些黑社会主要的犯罪之效,借此压制这些性质的黑社会犯罪的有组织化。(2)在增设黑社会犯罪罪名方面,一方面,在香港《社团条例》中加入发起、组织及领导黑社会罪名;另一方面,在香港《有组织及严重罪行条例》中增加"境外发展香港黑社会"及"协助境外黑社会"两项指定有组织犯罪罪名。(3)在修改香港刑法中黑社会定义方面,把"三合会"的法律定义作一弹性扩张,将人数较多,组织结构比较紧密,有领导或骨干成员,有较严格组织纪律,以通过违法活动及包括暴力等其他手段获取经济利益为目标的组织亦收纳于黑社会法律定义中。(4)在考虑充公黑社会财富方面,可以参考香港《防止贿赂条例》第10条关于"现任或曾任政府雇员人士有责任向香港法院解释其财产与其现在或过去官职薪酬不相称者,若不能作圆满解释者乃属犯罪"的规定,以考虑制定充公黑社会财产的条文内容和罚则。[③] 这些探讨有其合理价值,但是也存在一定的时代局限性。

本书认为,当下探讨香港有组织犯罪刑事立法的完善必须基于新时代的视角。随着社会主义进入新时代,我国的有组织犯罪治理取得了重大成效,香港特别行政区的治理与发展也进入新的历史阶段,因此,应当一方面,依据香港有组织犯罪的最新形势、最新特点,更新立法规定与相应罚则,加强有组织犯罪立法与其他香港相关立法的协调;另一方面,应充分基于"一国两制"制度的新实践、新发展,在注

---

① 参见何秉松:《中国有组织犯罪研究(第二卷):台港澳黑社会犯罪研究》,群众出版社2010年版,第478页。

② 参见赵国玲、李强:《香港有组织犯罪现状分析》,载《中国刑事法杂志》2010年第4期。

③ 参见陈沛林:《论香港打击黑社会有组织犯罪的立法与实践》,载《北方法学》2008年第2期。

重香港有组织犯罪自身特点的基础上，推动其与《刑法》《反有组织犯罪法》等相关立法的协调，推动在"一国两制"框架下不断推动香港有组织犯罪相关处置规则的不断细化、完善。

第二节　澳门的有组织犯罪

一、澳门有组织犯罪的发展

有学者将澳门黑社会的历史与现状划分为四个阶段：(1)澳门黑社会的起源(1535—1840年)；(2)鸦片战争以后葡澳统治时期的黑社会犯罪(1841—1988年)；(3)过渡时期澳门的黑社会犯罪(1988年1月15日—1999年12月19日)；(4)澳门回归祖国后的黑社会犯罪(1999年12月20日至今)。① 但是，这一划分更多具有历史意义，目前应更多关注近年来澳门有组织犯罪的变化发展。

进入20世纪90年代，澳门黑社会经历了一个由分立到联合再到分裂、对抗、火并的过程。长期以来，由于澳门的经济、社会发展水平不高，并有其特殊的经济特色，使澳门黑社会组织的犯罪活动更多地局限在一些传统的领域，如非法赌博、放高利贷、勒索、杀人、伤害、卖淫、贩毒、非法出入境等。之后，随着澳门经济的发展，社会环境以及国际环境的变化，澳门黑社会日渐进入了一些新兴的犯罪领域，如进行不法资产或物品的转移、转换或掩饰，伪造货币、债权证券及信用等。本书认为，可以将现阶段的澳门有组织犯罪分为以下四种类型，即谋利型、侵财型、暴力型、腐蚀型。

第一，谋利型有组织犯罪。谋利型有组织犯罪，是指以攫取经济利润为其直接目的，通过实施不正当或违法经营行为或服务行为而谋取不当利润的一种有组织犯罪类型。这种类型的有组织犯罪在澳门大量存在，如经营赌业、卖淫、贩毒、洗钱、走私贩私、贩卖武器、倒卖伪钞、"炒字"、非法入境与非法移民等。

第二，侵财型有组织犯罪。所谓侵财型有组织犯罪，是指为实现侵犯他人合法财产权益之目的而实施的一类有组织犯罪行为。这一类型犯罪包括抢劫、绑架、勒

---

① 参见何秉松：《中国有组织犯罪研究(第二卷)：台港澳黑社会犯罪研究》，群众出版社2010年版，第496－515页。

索、盗窃、诈骗等多种犯罪形式。在有一段时期内,澳门黑社会组织实施侵财型犯罪行为是较为普遍的。

第三,暴力型有组织犯罪。帮派暴力是指牵涉黑帮分子的暴力活动,即以侵毁他人财物、伤害他人身体、剥夺他人生命等暴力、威吓或其他手段来实现其犯罪目的,严重扰乱社会安宁,破坏社会秩序的一种有组织犯罪类型。在澳门,根据黑帮分子与受害者之间的关系,帮派暴力可分为三种类型:第一种,帮派与帮派之间的冲突,攻击者和受害者都是帮派分子,但彼此隶属不同甚至是敌对的帮派。第二种,帮派的内讧,是同一个帮派内部的成员以暴力行为相持,攻击者和受害者双方都属同一帮派,根据受害者和攻击者双方的派系结盟关系的不同,帮派内讧又分为派系间以及派系内争斗。第三种,帮派对非帮派人士的攻击,受害者通常与帮派无任何联系,例如,帮赌场或人口走私集团讨债,使用暴力胁迫债务人早日还债;用暴力手段迫使他人不敢在法庭作证检举揭发其罪行。

第四,腐蚀型有组织犯罪。所谓腐蚀型有组织犯罪,是指犯罪分子为顺利实现其目的,并确保犯罪后能逃避法律的制裁,而通过行贿等手段腐蚀权力,编织"保护网"的行为。在澳门,黑帮分子正是通过腐蚀权力,在被腐蚀的权力的保护下为非作恶,犯罪组织得以发展壮大。[①]

二、澳门有组织犯罪的刑事立法

(一)刑事实体立法[②]

澳门有组织犯罪刑事立法的突出特点就在于单行刑事法律和刑法典并行的双轨制。一方面,早在 1978 年,葡澳政府就针对黑社会而制定了专门的"黑社会管制法"。后来,随着澳门黑社会活动手段的多样化,葡澳政府于 1997 年 7 月 30 日又颁布了《有组织犯罪法》(第 6/97/M 号法律)[③],从而为打击和预防澳门有组织犯罪提供了法律依据。另一方面,早在 1852 年制定的葡萄牙《刑法典》就对歹徒组织(Associao de malfeitores)作了规定,该刑法典也适用于澳门。1886 年制定的葡萄

① 参见莫洪宪主编:《澳门有组织犯罪研究》,武汉大学出版社 2005 年版,第 18 – 43 页。

② 相关内容参见莫洪宪、王明星:《论澳门反"黑"刑事实体法的特色》,载《河南师范大学学报(哲学社会科学版)》2003 年第 5 期。

③ 澳门《有组织犯罪法》,https://bo. io. gov. mo/bo/i/97/30/lei06_cn. asp。

牙《刑法典》也对歹徒组织作了规定。① 此后,澳门《刑法典》②也对“犯罪集团”加以规定。长期以来,澳门总是在刑法典规定犯罪集团罪的同时,又在特别刑法中规定犯罪集团的特殊形态,即黑社会犯罪,两个罪名并存。③

其中,《有组织犯罪法》的刑事实体部分具有较为鲜明的特点。

1. 明确黑社会的概念

我国澳门地区对黑社会的定义采用单行刑事法律立法模式。澳门《有组织犯罪法》第 1 条规定:把为取得不法利益或好处所成立的所有组织、其存在是以协议或协定或其他途径表现出来,且从事一项或多项罪行者概视为黑社会。这些罪行包括:(1)杀人及侵犯他人身体完整性;(2)剥夺他人行动自由、绑架及国际性贩卖人口;(3)威胁、胁迫及以保护为名的勒索;(4)操纵卖淫、淫媒及做未成年人之淫媒;(5)犯罪性暴力;(6)盗窃、抢掠及损毁财物;(7)引诱及协助非法移民;(8)不法经营博彩、彩票或互相博彩及联群的不法赌博;(9)与动物竞跑有关的不法行为;(10)供给博彩而得的暴利;(11)违禁武器及弹药、爆炸性或燃烧性物质或适合从事澳门《刑法典》第 264 条(有关造成火警、爆炸及其他特别危险行为的规定)及第 265 条(有关核能的规定)所指罪行的任何装置或制品的入口、出口、购买、出售、制造、使用、携带及藏有;(12)选举及选民登记的不法行为;(13)炒卖运输凭证;(14)伪造货币、债权证券、信用卡、身份证及旅行证件;(15)行贿;(16)勒索文件;(17)身份及旅行证件的不当扣留;(18)滥用担保卡或信用卡;(19)在许可地点以外的外贸活动;(20)不法资产或物品的转换、转移或掩饰;(21)非法拥有能收听或干扰警务或保安部队及机构通讯内容的技术工具。与 1978 年颁行的《黑社会管制法》规定的黑社会行为相比较而言,其范围明显扩大,也适应了随着时代的发展而出现的诸如不法资产或物品的转换、转移或掩饰(洗钱)等黑社会行为。并且,在该条第 2 款指出黑社会的存在不需要有会址或固定地点开会;也不需要成员之间互相认识和定期开会;也不需要具有统一号令、领导或级别组织以产生完整性和推动力;更不需要有书面协议规范其组成或活动或负担或利润的分配。这样的规

① 参见何秉松:《中国有组织犯罪研究(第二卷):台港澳黑社会犯罪研究》,群众出版社 2010 年版,第 516 页。

② 澳门《刑法典》,https://bo. io. gov. mo/bo/i/95/46/codpencn/codpen0001. asp。

③ 参见李哲、朱晓琴:《澳门刑法中有组织犯罪之罪名:犯罪集团罪还是黑社会罪》,载《法律适用》2021 年第 3 期。

定,明显扩大了黑社会成立的条件,从而有利于预防和控制黑社会。

2. 严格规定黑社会犯罪

《有组织犯罪法》对于组织、领导、参加、支持黑社会的行为都明确规定为犯罪,并规定了较重的法定刑。该法第 2 条第 1 款规定了组织黑社会罪,即“发起或创立黑社会者,处 5 年至 12 年徒刑”。第 2 款规定了参加或支持黑社会的五种行为方式:(1)提供武器、弹药、犯罪工具、保管及集会地点;(2)筹款、要求或给予金钱或招募新成员,特别是引诱或做出宣传;(3)保管黑社会册籍、册籍或账册的节录部分、会员名单或黑社会仪式专用的服饰;(4)参加黑社会所举行的会议或仪式;(5)使用黑社会特有的暗语或任何性质的暗号,以加强对黑社会的社会力度。

在惩治黑社会犯罪刑事制度背后,有其刑事政策上的原因:基于刑法上的“一般预防”(阻吓及纳入社会),以及该等社团所表现出来的特别危险性;该危险性亦是此法规将社会化(特别预防)的刑法目的置于次要地位的原因。① 对于执行黑社会任何层级的领导或指挥职务,尤其是使用此等职务的暗语、暗号或代号者,其法定刑明显比其他黑社会犯罪要重。对黑社会各级头目给予严惩对于瓦解黑社会组织起着重要的作用。

3. 规定黑社会关联罪

所谓黑社会关联罪,系指不是直接的黑社会犯罪(组织、领导、参加黑社会罪),而是黑社会成员经常实施的犯罪行为本身所构成的犯罪(也可以称为黑社会行为罪)以及黑社会的下游犯罪(诸如洗钱行为)等与黑社会密切相关的犯罪。《有组织犯罪法》规定的黑社会关联罪主要有以下六种罪行②:

---

① 参见高嘉绫:《有组织犯罪法》,载《法域纵横》1998 年第 1 期。

② 此前,《有组织犯罪法》还规定了两种黑社会关联罪:(1)第 7 条规定了国际性贩卖人口:“一、为满足他人利益,招揽、引诱、诱惑或诱导别人往其他国家和地区从事卖淫者,即使构成违法的各种行为在不同国家或地区做出,处 2 至 8 年徒刑;二、倘受害人为未成年人,上款所规定的刑罚的上下限加重三分之一;倘受害人是属十四岁以下的未成年人,第 1 款所规定的犯罪处 5 至 15 年徒刑。”2008 年,《关于打击贩卖人口犯罪的法律》第 10 条“对国际性贩卖人口犯罪的提述”规定:“凡提述现行法例所载的国际性贩卖人口犯罪,及援用七月三十日第 6/97/M 号法律第 7 条,均视为提述及援用透过本法律增加的《刑法典》第 153 – A 条所规定的贩卖人口犯罪。”据此,《有组织犯罪法》第 7 条被废止。(2)第 11 条规定了联群的不法赌博:“凡联手控制、引导或以任何方式操纵幸运博彩或奖金、彩金或等同物的派发,或从中诈骗者,处 1 至 5 年徒刑。”2006 年,《关于预防及遏止清洗黑钱犯罪的法律》第 9 条规定废止 7 月 30 日第 6/97/M 号法律第 10 条、第 14 条及第 18 条第 3 款、第 4 款及第 5 款的规定。

(1)以保护为名的勒索

黑社会组织通过暴力手段强行收取保护费是最初的原始积累手段,也是发展壮大惯用的敛财手法。《有组织犯罪法》第3条专门规定了以保护为名的勒索,其行为方式主要有以下三种:其一,为取得财产或其他利益,而以黑社会名义或借用黑社会名称,通过对人身或财产进行报复的威胁,向他人提出保护其人身或财产的行为;其二,以黑社会名义或借用黑社会名称,通过对人身或财产进行报复的威胁,为就业、开张或从事营利业务而索取回报的行为;其三,报复的威胁、报酬的索取或借用黑社会名称,其进行虽不明确,但足以使受害人领会的行为。以黑社会的名义或假借黑社会之名称已足以令普通民众不敢抗拒,而被迫交出财物,其行为假若还符合黑社会罪的有关规定,则按数罪并罚处理。

(2)不当扣留证件

不当扣留他人证件也是黑社会达到其不法目的的一种手段,如扣留女性合法证件,从而使其向他人提供性服务等。《有组织犯罪法》第6条明确规定:"凡扣留他人的身份证或旅游证件,意图为自己或他人取得不法利益,或对他人造成损害或强迫他人作为或不作为或容忍某种活动者,处1至5年徒刑。"在单行刑法中对不当扣留证件的行为给予规制,对打击与黑社会有关联的犯罪有一定功效。

(3)操纵卖淫

操纵卖淫是澳门黑社会获取暴利的传统项目。《有组织犯罪法》第8条明确规定:"一、凡诱使、引诱或诱导他人卖淫者,即使与本人有协定,又或操纵他人卖淫者,即使经本人同意,处1至3年徒刑;二、不论有报酬否,凡为卖淫者招揽顾客,或以任何方式助长或方便卖淫者,处最高3年徒刑;三、犯罪未遂,处罚之。"第1款对引诱或操纵卖淫的行为加以规定;第2款则对"皮条客"给予惩处;第3款表明操纵卖淫的社会危害性之尤为严重,对于犯罪未遂也应处罚。

(4)自称属于黑社会

《有组织犯罪法》第4条则明确规定:"自称属于黑社会或与黑社会或其成员有关系,或有理由使他人相信是属黑社会或与黑社会有关系而令他人产生恐惧或不安,或损害他人的自决自由,特别是强迫他人作为或不作为容忍某种活动者,处1至3年徒刑。"

(5)在公共场所可处罚之行为

《有组织犯罪法》第9条对于在公共场所或公共进入的场所,即使是专用的场所规定了三种可处罚的行为:第一,缠扰或侵扰他人;第二,展露足以令某人产生安全受威胁的恐惧或不安的态度;第三,在无合理解释下,不论是否以隐藏方式、扣留、索求或强迫交出金钱或其他有价物。

(6)不法资产或物品的转换、转移或掩饰

《有组织犯罪法》第10条尽管没有标明该条为洗钱罪,但从洗钱的本质是将“非法财物”合法化而言,可视为澳门刑事法中的洗钱罪。其客观行为表现为:其一,转换、转移、协助或以任何方式,直接或间接方便某种犯罪活动得来的资产或物品的转换或转移活动,行为的目的是隐藏或掩饰其不法来源或协助涉及犯罪的人士逃避其行为的法律后果;其二,隐藏或掩饰该等资产、或物品、或与之有关的权利的真正性质、来源、地点、处理、调动以所有权的行为;其三,以任何名义取得收受、使用、持有或藏有犯罪所得资产或物品的行为。

上述黑社会犯罪以外的其他六种罪行都是与澳门黑社会有关联的犯罪。正如有学者所说:“这些罪行绝大部分并不新颖,因为刑事法律体系之前已处罚这些社会现象,有些更与刑法典所拟定的罪状相近。”因此,其中部分规定被纳入澳门《刑法典》,不再作为单独的黑社会有关联犯罪予以惩处。

4. 突出保护特殊证人

(1)污点证人之优待

所谓污点证人,就是指揭发、证明黑社会的犯罪分子。如果他们积极作证,可以享受减轻、易科刑罚甚至豁免刑罚之特殊待遇。《有组织犯罪法》第5条规定了特别制度:“如行为人阻止该等黑社会存续或对此认真做出努力,又成为避免犯罪的实施而通知当局该等黑社会的存在,尤其指出黑社会其他成员或支持者的身份,并揭露该等黑社会的宗旨、计划或活动者,第2条至第4条所指刑罚得特别减轻或以非剥夺自由的刑罚代替,甚至豁免刑罚。”这些特别减免刑罚的制度对于分化瓦解澳门黑社会无疑起着重要的作用。许多黑社会犯罪分子多是屡教不改者,他们多数人为了规避法律,谋求自身利益,对法律的熟悉程度绝不亚于普通法律专业人士。《有组织犯罪法》明确规定特别制度无疑给予其减免实体刑罚的路径。

(2)卧底证人之实体规定

所谓卧底证人,是指为预防和制止黑社会犯罪,将身份或资料隐藏,在警方的监督下,渗透到黑社会中,取得黑社会的信任及成为其中一员,而在必要时收集黑社会犯罪证据,进行指证黑社会的警察或第三人。“卧底证人”是特区政府或警局安插到黑社会的情报人员,对瓦解和打击黑社会起着举足轻重的作用。《有组织犯罪法》专门规定了卧底证人制度,从而对保护卧底证人有着积极的意义。该法第15条第1款规定:“刑事调查人员或第三人,为着预防或遏止罪行的目的,将身份或身份资料隐藏,在刑事警察当局监督下从事活动,渗透到黑社会内,取得黑社会成员的身份,并在从事黑社会犯罪活动的人的要求下,接受、持有、藏有、运输或交出武器、弹药或犯罪工具,庇护其黑社会成员,筹款或提供集会地点等行为,不受处罚。”

(3)对污点证人和卧底证人的实体法保护

违反司法保密制度,不正当让人知道污点证人或者卧底证人的实际情况者,根据《有组织犯罪法》第13条的规定,应当判处2年至8年有期徒刑。并且,对于污点证人或卧底证人的身份,经最后裁判确定,包括归档,维持司法保密的期限为10年。可见,澳门对污点证人及卧底证人是比较注意保护的,这与许多国家和地区的特殊证人保护制度类似。

5. 刑罚规定的特殊性

(1)加重刑罚的特殊规定

未成年人属于法律所重点保护的对象,也是澳门黑社会关注的重点人群,是黑社会发展壮大的“后备军”。澳门《有组织犯罪法》第2条第4款明确规定:“倘招募、引诱、宣传或索款行为是向十八岁以下的人士做出者,则第1款所规定刑罚上下限加重三分之一。”可见,重视对未成年人的保护,关系青少年的健康成长乃《有组织犯罪法》所关注的焦点之一。

公务人员作为澳门特区政府的“形象使者”,倘若发起或创立黑社会、参加黑社会、支持黑社会,或执行黑社会领导或指挥职务,则会直接导致民众对特区政府的不信任,以至于民众不能与当局合作共同打击黑社会;更会导致特区政府极可能为黑社会分子所操纵,其后果不堪设想。因而,若身为公务员竟以身试法,比普通民众受较重刑罚是理所当然的。《有组织犯罪法》第2条第5款规定,如果公务员发起或创立黑社会参加或支持黑社会、执行黑社会任何级别的领导或指挥职务、使用领导或指挥等职务的暗语、暗号或代号以及招募、引诱、宣传或索款行为是向未成年人做出的,应于有关刑罚上下限加重1/3。

(2)法人的刑事责任

现代黑社会日益为其披上“合法的外衣”,从而能够更好地进行黑社会犯罪活动，澳门关于法人责任的规定也经历了从专门立法到刑事立法的转变。法人也可能涉足有组织犯罪，原《有组织犯罪法》第14条也对此加以规定①。“因此，他们认为必须设立一个便于扣押源自犯罪的财产、收益及有价物的所有权的机制，以容许对由于隐藏利润而做出的处罚；同时，亦容许设立一个令信用及金融机构，可以或应当就侦查所谓‘洗黑钱’以及‘受益的不法来源’，而与当局紧密使用的制度。”事实上，“在有组织犯罪向合法经济渗透时，也刺激了合法经营向有组织犯罪领域渗透，于是双方便形成了一种‘交叉关系’”。这不仅导致非法获得的资本投资到合法事业中去，而且也可导致合法资本被用于非法商业之中，因为合法资本觊觎非法商业的高额利润。正是基于洗黑钱活动大都是凭借合法企业而进行，并且，此种经营方式对经济造成重大影响，甚至造成严重不平衡，故而《有组织犯罪法》规定了法人的刑事责任。2006年《关于预防及遏止清洗黑钱犯罪的法律》②第5条“法人的刑事责任”对于法人洗钱的刑事责任作出一般规定，因此第9条废止了《有组织犯罪法》第14条。

（3）内容庞杂的附加刑

为了打击黑社会犯罪（包括发起、创立黑社会罪，参加黑社会及领导指挥黑社会罪）、以保护为名的勒索罪、国际性贩卖人口罪③以及洗钱罪，《有组织犯罪法》在对其规定主刑之后，又在第18条专门规定了附加刑：①终止政治权利，为期2年至10年；②禁止从事公共职务，为期10年至20年；③禁止从事须具有公共凭证或获公共当局许可、批准方得从事的职业或活动，为期2年至10年；④禁止在公法人、在纯为公共资本或大多数为公共资本的企业或公共服务或财货的承批企业担任管理、监察或其他性质的职务，为期2年至10年；⑤禁止在专营公司执行任何职务，为期2年至10年；⑥禁止与某些人士接触，为期2年至5年；⑦禁止进入某些场合或地点，为期2年至10年；⑧停止行使亲权、监护权、保佐权及财产管理权，为期2年至10年；⑨停止驾驶机动车辆、飞行器或船只的权利，为期2年至5年；⑩禁止离开本地区，或未经许可下离境，为期2年至5年；⑪如非该地居民，驱逐出境及禁止进入该地区，刑期5年至10年；⑫犯不法资产或物品的转换、转移或掩饰的罪

① 此前《有组织犯罪法》第14条规定，私法人（即使不按规则成立）及无法律人格的社团，均有可能对不法资产或物品的转换、转移或掩饰等罪负刑事责任。

② 该法规的内容后被第3/2017号法律重新公布。

③ 虽然其对应的法条已被废止，但援引对应表述的其他条款并未修正，对应表述也未调整。

行，还得执行暂时封闭场所，最长为期 5 年，永久封闭场所或由法院解散；⑬实施在公共地方的可处罚行为的人，得被博彩监察及直辖市司禁止进入博彩厅，为期 2 年至 5 年。剥夺行为人从事一定事务的资格，可以预防其再犯，这是澳门政府打击、控制黑社会的重要预防工程之一。

6. 针对黑社会的刑罚裁量制度的从重性

(1) 缓刑的剥夺

对于黑社会犯罪，以保护为名的勒索罪，国际性贩卖人口罪，不法资产或物品的转换、转移或掩饰罪（仅限澳门《有组织犯罪法》第 10 条第 1 款第 a 项、第 b 项的规定，相当于其他国家或地区所规定的洗钱罪）以及违反司法保密罪（仅限泄露或发布污点证人或卧底证人的身份的行为），由于这些行为社会危害性较大，《有组织犯罪法》第 17 条规定，不得暂缓执行科处的徒刑。但是，如果行为人属于卧底的警察或第三人，则不受此限。上述这些黑社会犯罪及与黑社会有关联的犯罪，给社会造成的恶劣影响难以消除。另外，黑社会犯罪分子多属冥顽不化之徒，其人身危险性较大，对其不适用缓刑是合适的。

(2) 累犯之特殊规定

对于不适用缓刑的黑社会犯罪等五种罪而言，不能适用澳门《刑法典》第 69 条一般累犯的规定。《有组织犯罪法》第 20 条所规定的特殊累犯的条件为：第一，前、后罪均为黑社会犯罪，以保护为名的勒索罪，国际性贩卖人口罪，相当于"洗钱罪"的不法资产或物品的转换、转移或掩饰罪，或者为泄露或发布污点证人或卧底证人身份的违反司法秘密罪。这是特殊累犯的罪质条件。第二，前罪执行完毕或赦免以后的任何时候再犯上述之罪的任何一罪时，都构成累犯。可见，特殊累犯在时间上并无要求。特殊累犯与一般累犯的区别在于，特殊累犯对罪质有要求，而后者无；前者无刑度要求，而后者有；前者无时间条件，而后者要求在前罪执行完毕或赦免以后 5 年以内再犯新罪。由此可见，《有组织犯罪法》对特殊累犯的规定要比一般累犯重，体现了澳门政府严厉打击黑社会犯罪的刑事政策。

（二）刑事程序立法[①]

澳门《有组织犯罪法》的特点是刑事实体法和刑事程序法合一，在刑事程序方

---

① 相关内容参见莫洪宪、王明星：《论澳门反"黑"刑事程序法的特点与完善》，载《河南师范大学学报（哲学社会科学版）》2004 年第 3 期。

面有着突出的特点，但同时也存在需要完善的地方。

1. 突出对污点证人和卧底证人的保护

第一，对污点证人的刑事程序保护。污点证人在分化瓦解黑社会犯罪中起着举足轻重的作用。基于此，澳门《有组织犯罪法》对于已经被判刑的污点证人规定了特殊的再审制度，即对于因触犯任何罪行而确定判处徒刑的有罪判决，当被判刑者明显地采取第5条所指的任何行为（如行为人阻止黑社会存续或对此认真做出努力，又或为避免犯罪的实施而通知当局黑社会的存在，尤其指出黑社会其他成员或支持者的身份，并揭露黑社会的宗旨、计划或活动）时，有罪判决可接受再审，从而减免对污点证人的刑罚。不过这种特殊再审程序突破了澳门《刑事诉讼法典》第431条关于再审条件的规定：[①](1)曾对该裁判具有决定性之证据被另一确定判决视为虚假；(2)由法官实施且与其在作出该判决之诉讼程序中所担任之职务有关的犯罪，已被另一确定判决视为获得证明；(3)曾用作判罪依据的事实与已在另一判决视为获得证明的事实不相协调，且两者对比后得出结论，使人非常怀疑该判罪是否公正；(4)发现新事实或证据，而单凭该等事实或证据本身，或与有关诉讼程序中曾被审查之其他事实或证据相结合后，使人非常怀疑判罪是否公正。而且，这种特殊再审程序只适用该法律开始生效后6个月期限内申请特殊再审的被判罪后（第41条特殊再审程序的适用）。本书认为，在原判决并无错误或不妥之处，仅因被判罪者实施了《有组织犯罪法》第5条（特别制度）所指的任何行为，就可决定再审，实有损法律的尊严。而且，对于这种特殊再审制度规定了严格的时间条件，实不利于分化瓦解黑社会组织。当然，在澳门《刑法典》及《有组织犯罪法》没有规定减刑条件下，也不失为明智之举。

第二，对卧底证人的刑事程序保护。对于卧底证人，《有组织犯罪法》不仅从实体上给予特别考量，还从程序上给予特殊的保障。《有组织犯罪法》第28条（渗透的公务员或第三者的保护）规定，法官应当采取适当措施以防止泄露作为卧底证人的公务员或第三人的身份，司法当局应确保有关公务员或第三人的身份保密。并且，该法第13条（违反司法保密）第4款规定，污点证人或卧底证人的身份，即使是在案件审结（包括归档）后，应维持10年的司法保密。

---

① 参见中国政法大学澳门研究中心、澳门政府法律翻译办公室编：《澳门刑法典 澳门刑事诉讼法典》，澳门政府法律翻译办公室译，法律出版社1997年版，第294-295页。

2. 诉讼行为的不公开性

《有组织犯罪法》第 25 条规定:“在黑社会罪行的诉讼程序中,某些诉讼行为得排除公开进行。”本书认为,对于黑社会的某些诉讼行为排除公开性是合理的:第一,黑社会头目在受审时,为避免不必要的麻烦,不公开进行某些诉讼行为有利于顺利进行刑事诉讼程序。第二,公开审理黑社会的案件,尤其特大案件时,其行为实际可能导致竞相仿效。第三,现代黑社会的作案技术日新月异,手法日臻完备。若公开审理某些黑社会的诉讼行为,无疑公开“传授犯罪方法”。第四,有利于对污点证人和卧底证人的保护。第五,有利于普通证人的保护。

3. 对特定罪犯采取羁押措施

澳门《刑事诉讼法典》第 193 条(对特定犯罪采取羁押措施)规定:(1)如所归责之犯罪系以暴力实施且可处以最高限度超逾 8 年之徒刑,则法官应对嫌疑犯采用羁押措施。(2)为着上款规定之效力,凡犯罪涉及侵犯生命、身体完整性或人身自由,或犯罪中有作出该侵犯者,均视为以暴力实施犯罪。(3)如何归责之犯罪属下列情况,只要该犯罪可以处最高限度超逾 8 年徒刑,则第 1 款之规定,相应适用之:a. 盗窃车辆,或伪造与车辆有关之文件或车辆之识别资料;b. 伪造货币、债权证券、印花票证、印花及等同之物,或将之转手;c. 不法制造或贩卖毒品。[①] 该条所规定的羁押措施过于苛严,比如,必须要求行为人初犯的暴力可判处 8 年以上有期徒刑。《有组织犯罪法》在这方面取得了重大的突破,根据该法第二章刑事程序第 29 条规定的羁押,法官实施羁押措施的条件只有一个,即所归责的罪属于第 2 条(黑社会犯罪)、第 3 条(以保护为名的勒索)、第 7 条(国际性贩卖人口)、第 10 条第 1 款 a 项、第 b 项(不法资产或物品的转换、转移或掩饰)、第 13 条第 2 款(违反司法保密泄露卧底证人或污点证人的身份)其中的任何一项即可。采取羁押这种方式主要是根据犯罪的严重性和起诉后被告人可能被判刑或其他原因,如被告人可能逃避审理或消灭罪证。

4. 财产的扣押

对于嫌疑犯的财产进行扣押,以防其利用所拥有的财物实施违法犯罪,有利于有效地惩处黑社会犯罪活动。澳门《有组织犯罪法》第 31 条(物权的扣押)规定:

---

① 参见中国政法大学澳门研究中心、澳门政府法律翻译办公室编:《澳门刑法典 澳门刑事诉讼法典》,澳门政府法律翻译办公室译,法律出版社 1997 年版,第 209 页。

第一,扣押的对象。司法当局基于有依据的理由,相信以嫌疑犯或第三人的名义,存于银行或其他信用机构甚至在个人保险箱内的证券、有价值款物及任何其他物件、不动产或动产、权利等,系与该法律所规定及处罚的罪行有关,且用作黑社会犯罪活动,构成该活动的产物或利润或该法律所规定及处罚的犯罪的酬劳,或属该等不法活动的产物,利润或酬劳转变而成,须将之扣押。第二,全面机构的配合,金融或同等机构、社团、合伙或商业公司、登记或税务部门以及其他公共或私人实体,不得拒绝就上款所指资产、存放物或任何有价值提供资料或提交件的要求。第三,据实回答财产问题。倘属该法律规定及处罚的罪行,嫌疑犯必须如实回答司法当局向其提出有关其经济及财政状况、来自职业活动的收益及本身资产的问题,否则,处澳门《刑法典》第312条的违令罪或第323条的作虚假之当事人陈述声明所规定的刑罚。第四,财产来源不明。第1款所按资产、存放物或有价值物,倘与嫌疑犯申报的收益不相称,且无法确定其来源的合法性时,构成来源为不法的迹象。该条关于物的扣押的规定,打击了嫌疑犯或第三人的犯罪资财,对于其认罪服法有着积极的作用。

(三)刑事立法的完善

关于澳门有组织犯罪刑事立法,也有学者就如何完善进行探讨。随着1997年《有组织犯罪法》的颁布、实施以及澳门的回归,澳门政府加重了对黑社会的处罚力度、扩大了对黑社会的打击范围,澳门的社会治安趋于安定,有组织犯罪活动得到有效的遏制。[①] 同时,澳门政府根据新的形势不断推动刑事立法的完善。

在刑事实体法层面,有学者认为澳门采取单行刑事法律应对有组织犯罪有其自身的局限性。首先,就立法而言,单行刑事法律的时机性较强,因而,在立法时对与其他法律(特别是《刑法典》和《刑事诉讼法典》)的规定相互协调方面的考虑有时难免欠缺周详。其次,过多的单行刑事法律,也会给实际操作造成诸多不便。因此,其认为在刑事立法上应尽量减少单行刑事法律。[②] 另有学者提出,澳门《刑法典》没有规定犯罪集团的构成要件,作为特别刑法的《有组织犯罪法》有关黑社会的界定受当时社会形势的影响,在构成要件的界定上过于宽泛,导致司法实务界无

---

① 参见赵国玲、于小川:《澳门有组织犯罪研究》,载《人民检察》2011年第6期。
② 参见徐京辉:《澳门惩治有组织犯罪的法律概况》,载《法学家》2002年第6期。

所适从，面对可能的有组织犯罪行为，到底是以黑社会还是犯罪集团定罪，无法达成共识。据此，论者提出如下修改建议：一是修改《有组织犯罪法》第 1 条，明确界定澳门《刑法典》犯罪集团罪与《有组织犯罪法》黑社会罪的关系，将黑社会界定为一种特别的应该加重处罚的犯罪集团，并且，将“组织稳定性”的要求作为黑社会的构成要件明确规定，以区别于普通的犯罪集团。二是修改澳门《刑法典》第 288 条，在立法中明确规定犯罪集团的构成要件。建议将《刑法典》第 288 条第 4 款后增加第 5 款，具体内容为：“本法所称之犯罪集团，系指三人以上组成，在一定时间内协同行动之集体、组织或联盟。”①

本书认为，澳门同时采用刑法典与单行刑法的模式打击有组织犯罪是符合社会需求的。由于澳门地区法律属大陆法系，因此，刑法典的统一性、稳定性成为必然需要考虑的因素，通过单行刑法强化对有组织犯罪的打击可以与刑法典相互补充，共同适用。未来可在具体制度层面进一步完善罪名设计，如怎样针对跨境等有组织犯罪进行有效打击，以及和我国《刑法》等规定进行协调等。

在刑事程序法层面，也有学者就如何完善进行探讨。如有观点认为，应完善证人保护制度。其认为，对抗有组织犯罪最根本的工作，无疑是瓦解有组织犯罪的结构。这个任务主要落在犯罪侦查实务机关上，如卧底证人的启用；与此同时，在案件的审判过程中，如果部分犯罪人具有悔罪表现，也会有助于瓦解犯罪组织的组织结构。这两方面，都涉及证人保护制度。可以说，无论是在侦破案件阶段，还是在案件审判阶段，欲瓦解犯罪组织的组织结构都必须进一步完善相关证人的保护制度。防止黑社会组织报复证人，证人作证后的生活安置即变得尤为必要，立法上规定证人的生活安置内容必将裨益于有组织犯罪的防范与打击。② 另有观点认为，应当建立防止有组织犯罪嫌疑人利用沉默权的规定。其认为，承认嫌犯享有绝对的沉默权，并不符合现代刑事司法追求公正的目的，亦非实现正义的万灵之策。因此，在承认嫌犯享有沉默权的同时，应当建立一种鼓励有罪嫌犯如实陈述、认罪服法的制度。申言之，有必要对沉默的后果作出适当的区分，即对于主动供述自己或他人犯罪行为的，适用较轻的刑罚，对于利用沉默权逃避刑事追究的嫌犯，适用较严厉的刑罚。只有这样，沉默权才会真正成为嫌犯合法权益的重要保障，而不是有

---

① 李哲、朱晓琴：《澳门刑法中有组织犯罪之罪名：犯罪集团罪还是黑社会罪》，载《法律适用》2021 年第 3 期。

② 参见赵国玲、于小川：《澳门有组织犯罪研究》，载《人民检察》2011 年第 6 期。

罪嫌犯逃避法律追究的工具。[①]

本书认为,澳门有组织犯罪刑事程序法的完善可围绕以下几个方面展开:

第一,慎用保释制度。澳门《刑事诉讼法典》第182条规定了担保制度。对黑社会犯罪分子适用保释制度一定要慎重,甚至要有严格的法律限制条件。因为这一制度如果适用于拥有经济实力的有组织犯罪集团则并非权宜之计。相反,他们会利用保释之机串供、逼迫证人、毁灭证据。

第二,加强对证人的保护措施及证人的义务。证人提供的证据证实黑社会集团分子的犯罪方面起着至关重要的作用。要有效地惩治有组织犯罪,必须得到证人的充分合作,尤其是与有组织犯罪接近的人、知情者,他们有可能提供有价值的证据。但是,这些人往往基于多种顾忌,而不敢在检控或审判过程中自由陈述,有的陈述打折扣,或作虚假陈述,或佯装一无所知,或故作记忆模糊之状,或干脆拒绝陈述。如果是被害人,出庭作证的可能性更小。因此,加强对证人及家属的法律保护是有效惩治有组织犯罪的对策之一。因此,应通过立法的形式确保证人及其家人的人身财产安全,并可给予适当的物质性奖励,借此提高民众同黑社会作斗争的积极性。具体而言,通过立法保障证人重新居住、改变身份、人身安全,包括在监同案犯证人的人身安全,以及证人重新就业获得财政补贴。总而言之,在判决前,应保证黑社会无法接近证人及其亲属;在判决后,使黑社会难觅证人踪迹,无法报复,保证证人的安全及正常生活就业。

在此过程中,还应特别注重加强对普通证人的保护。"污点证人"基于获得法律的宽宥而指证,"卧底证人"基于自己肩负的职责而作证;普通证人则基于社会的正义揭露犯罪事实。前两种证人指证黑社会集团犯罪分子能立竿见影地获得实效:"污点证人"获取了减轻处罚或免除处罚或以非自由刑代替自由刑的实惠;"卧底证人"则获取了当局的嘉奖。而且《有组织犯罪法》对"污点证人"和"卧底证人"都规定了特殊制度,并未对"普通证人"给予任何惠待。恰恰是"普通证人"不具备"污点证人"及"卧底证人"反黑社会迫害的能力,得不到相应奖励的"普通证人"往往惧怕黑社会而不敢作证。因而,应对证人加强法保护措施,从法律上对其安全给予有效的保障。

第三,应扩大证据收集手段。澳门《刑事诉讼法典》第三编规定了获得证据之

① 参见徐京辉:《澳门惩治有组织犯罪的立法与司法简论》,载《人民检察》2007年第6期。

方法:检查、搜查及搜索、扣押和电话监听。其中电话监听必须符合一定的条件:(1)针对特定之罪。具体包括可处以最高限度超过3年徒刑的犯罪,关于贩卖麻醉品的犯罪、关于禁用武器爆炸装置或材料或相似的装置或材料的犯罪、走私罪或透过电话实施的侮辱罪、恐吓罪、胁迫罪及侵入私生活罪。(2)实质性条件。必须有理由相信电话监听对发现事实真相或在证据方面属于非常重要的地位。(3)程序条件。进行电话监听必须经过法官批示命令或许可,才能对电话谈话或通讯进行截听或录音。《有组织犯罪法》对于传统的尊重人权的证据搜集方法并无大的突破。鉴于此,面对狡黠的反侦查技术较强的黑社会犯罪而言,不妨授权调查当局利用秘密调查手段进行。当然,秘密侦查所获得的证据只有事后经司法当局批准方能生效。

还应注重加强秘密侦查措施的运用。澳门黑社会历史悠久,具有较强的自我应变及预防能力,有着较丰富的反侦查经验以及反侦查措施。在现代科学技术的装备下,其反侦查能力更进一步的加强。若司法机关的所有侦查活动都公开进行,黑社会犯罪分子就会充分掌握情报和信息,有效地采取事前预防措施和事后补救措施。对于澳门而言,受葡萄牙的影响,认为在未证实他人犯罪之前,对其安装窃听器、闭路监视器以及跟踪盯梢,全面影响了他人的隐私权,对其人格尊严也是一种伤害,妨碍了个人自由。但是,澳门黑社会的历史、现状及其未来发展趋势和反黑的司法实践表明,利用秘密侦查手段打击黑社会已成为客观必须。因此,采用秘密措施对付黑社会是必须的。同时要求,采取该措施必须要求警方在拥有一定的证据之情况下方能使用,而且,法律还要规定秘密侦查措施运用的程序和条件,防止因滥用而侵犯人权。在此过程中,还应充分注重信息科技,迅速开发司法计算机技术,使之成为防范、打击有组织犯罪的有力手段。①

---

① 参见王均平:《澳门有组织犯罪立法的价值及反思》,载《法学评论》2002年第5期。

第三节 我国台湾地区的有组织犯罪[①]

一、我国台湾地区有组织犯罪的发展

(一)有组织犯罪的发展

我国台湾地区帮派与大陆帮会虽有渊源,但台湾地区因受特定的地理环境、拓荒者(我国台湾地区先民多来自广东及福建两省)的特性、日本占领时期统治者所采取的治安政策及台湾地区的犯罪对策等影响,有其独特的发展轨迹。[②]

我国台湾地区有组织犯罪[③]历经四个发展阶段,即1945年至1954年的流氓崛起及混乱阶段,1955年至1984年的帮派发展阶段,1985年至1990年的帮派重组及转型阶段,以及1991年以来的组织化阶段。[④] 台湾地区犯罪组织不仅渗入经济、影视、社会等领域,还通过暴力、威胁或贿赂等手段,进入政界,其犯罪形式已从过去对某些县市议会的依附关系发展至之后的对其支配关系;从过去与个别政治人物的共生关系发展至之后与地方派系及政党的紧密联系;从过去仅能涉足地方政坛发展至之后涉足"中央"民意机构,致使台湾地区在政治及经济体系上出现权力、金钱及暴力三者密不可分的共存关系,最终使"黑金政治"成为台湾地区最严重的政治问题。[⑤] (犯罪组织)以增强他们的竞争优势或通过大规模操纵选举过程

---

① 相关内容参见莫洪宪、李成:《台湾地区组织犯罪的发展轨迹与防治对策》,载《厦门大学法律评论》2005年第1期。

② 参见李杰清:《剥夺组织犯罪所得之研究》,台北,元照出版有限公司2001年版,第38-43页。

③ 我国台湾地区所称的"组织犯罪"与大陆常说的"有组织犯罪"系"organized cirme"的不同译法,实为同一含义。此外,在法律上,台湾地区的黑社会组织有两个正式名称:其一是"犯罪组织",这是"组织犯罪防制条例"第2条规定的;其二是"帮派组合",这是"检肃流氓条例"第2条第1款规定的。"帮派组合"与"犯罪组织"是存在重合关系的两个概念,无论对帮派组合如何解释,都无法排除这种重合关系,只不过是有部分重合与全部重合的区别而已。参见何秉松:《中国有组织犯罪研究(第二卷):台港澳黑社会犯罪研究》,群众出版社2010年版,第112页。

④ 参见许福生:《从刑事政策观点论台湾地区当前犯罪控制对策之研究》,1999年台湾社会问题研究学术研讨会论文。

⑤ 参见赵永茂:《台湾地区黑道与选举之关系》,台湾革命实践研究院1994年版,第79页。

来促进具有可塑性的官员的政治生涯。[①] 此外,台湾地区犯罪组织还积极向岛外扩张,在海外建立犯罪基地,并在许多国家和地区尤其是华人聚居地相继建立分支机构,进行投资经营,从事走私、贩毒等犯罪,或与其他国家或地区的犯罪组织联手作案,将势力渗透除南极以外的六大洲。

近半个世纪以来,面对日趋严重的组织犯罪,台湾地区有关部门曾多次立法予以防治,并投入大量人力、物力与财力,采取扫黑行动,虽取得一定成效,但收效甚微。起初,基于刑事政策的考虑,采取让帮派自首登记[②],或由帮派领导人解散组织的犯罪对策。但因成效不明显,只得采取一系列的专案方式,对各主要帮派加以取缔,并逮捕、拘禁其成员。[③] 如此虽一时间使帮派数目及其成员人数递减,但事实上帮派成员有流向当时其他较大帮派的趋势。如何有效防治组织犯罪,似乎已到了"检讨过去、策励将来、重视理论为导向"时候。[④] 对此有大陆学者提出,如果从更深层次来看,这一切只不过是台湾地区的所谓"民主政治"本身存在根本性的缺陷的必然表现。这个问题不解决,任何领导者执政,都无法在反黑斗争方面取得根本性的、突破性的进展。[⑤]

(二)有组织犯罪的特征

台湾地区现代型的有组织犯罪形式已从过去单纯的打架、滋事发展为经营赌场、暴力索债、破坏环境、介入民事纠纷及炒作股市、围标工程等,这与日本暴力团

---

① Ko-Lin Chin, *Heijin: Organized Crime, Business, and Politics in Taiwan*, Routledge, 2015, p. 20.

② 此处所谓"登记",是指在一定时期内帮派成员若以书面形式向警方表明要脱离组织的决心,则可视为自首,对其已实行的犯罪予以免刑的特别规定。

③ "专案"的取缔对象本应以帮派的首脑或干部为主,但在实际上仍以一般成员为多。参见谢瑶伟:《台湾地区暴力犯罪增加原因及其防制对策之探讨》,台湾"法务部"研究中心 1997 年版,第 13 页。

④ 参见许福生:《从刑事政策观点论台湾地区当前犯罪控制对策之研究》,1999 年台湾社会问题研究学术研讨会论文。

⑤ 参见何秉松:《中国有组织犯罪研究(第二卷):台港澳黑社会犯罪研究》,群众出版社 2010 年版,第 253 页。

通常“具暴力之组织体，介入经济或民事事件”的发展趋势颇为类似。① 有观点认为，台湾地区黑社会的主要犯罪包括暴力犯罪、毒品犯罪、枪支犯罪和洗钱犯罪。②

总体来说，台湾地区的帮派犯罪除具有追逐经济利益③、偏向使用暴力手段④、犯罪方式多样化等现代型组织犯罪一般性特征之外，还因其犯罪组织形成与发展过程的特殊性，而具有以下独有特征。

1. 组织权力日益核心化、集中化

台湾地区帮派大多没有明确而具体的组织结构，大部分仅存两层组织结构。现存帮派组织为降低台湾地区有关部门犯罪对策取缔的风险及其内部纷争所形成的威胁性，已改为采用权力核心、集中化的管理模式，亦即由极少数人组成组织核心，并实行由下层成员实施犯罪的策略，企图使自身规避责任。许多帮派组织已渐渐转移为合法化或企业化（成立信托投资公司、设立建筑公司及经营娱乐、餐饮业等），其下层成员在该帮派所属的企业工作，且尽量淡化与上层成员间的关系。这种表面上的附属关系，使上层成员不仅能根据需要动员下层成员，而且，能避免因其犯罪而遭受牵连。

2. 组织内部伦理观念及制裁机制的影响力有限

台湾地区帮派组织虽仍具伦理观念及制裁机制，但实际上对其成员的影响并不明显。尤其是在“检肃流氓条例”实施后，警察机关展开了一系列的取缔专案，主要的帮派组织屡遭打击。帮派内部不得不进行调整，借以维持组织运作。然而，

---

① 台湾地区侦查组织犯罪的相关各单位，对各帮派究竟是如何利用被害人的弱点进行犯罪等情况尚难以掌握，通常只知道，公司或一般人利用帮派的情况。而这种情况与帮派易于挂钩、人们对金钱政治的不满以及对行政机关处理事情的能力不信任有关。例如，在实现债权之际，债权人若采取诉诸司法裁判的途径，则必须付出相当的时间与精力，而且未必就能取回所有债务，但若求助于帮派分子，虽仍须支付相当费用，但有时会让人容易相信能在较短如愿。参见李杰清：《剥夺组织犯罪所得之研究》，台北，元照出版有限公司 2001 年版，第 49 – 51 页。

② 何秉松：《中国有组织犯罪研究（第二卷）：台港澳黑社会犯罪研究》，群众出版社 2010 年版，第 181 – 209 页。

③ 许春金教授等人的研究，即以西西里岛组织犯罪（黑手党）研究来说明台湾地区组织犯罪帮派的现象，而提出“台湾地区非法私人保护之犯罪帮派演化理论”。参见许春金等：《台湾地区组织犯罪影响政、经体系运作之实证调查研究——如何解决黑金政治》，1997 年版，第 156 页。

④ 帮派组织暴力的使用，依其对象的不同，可分为对内与对外两种。对内是确保其内部纪律、制裁违纪成员的必要手段；对外则是保障其利益及地盘（如赌场及妓馆之保护）、相互竞争、扩大势力范围以及从事犯罪行为的常用工具。但大体来说，犯罪组织会节制暴力的使用，以避免引来治安机关的注意与侦查。参见许福生：《从刑事政策观点论台湾地区当前犯罪控制对策之研究》，1999 年台湾社会问题研究学术研讨会论文。

在此动荡环境中产生的领导人,多因威信不足而无法长期维持组织内部纪律及执行制裁活动。加上台湾地区社会中个人主义盛行,因而组织首脑在遇到个人利益与组织利益相冲突时,往往为确保自身安全与利益,必然舍弃组织中的义理与人情。而组织成员尤其是未满18岁的青少年,通常是为了满足个人的物质欲望或为反抗某种压力而加入帮派,帮派也因青少年易于差遣,并且其犯罪行为适用刑期较短的"青少年事件处理法",而乐于青少年加入。但是,就帮派组织而言,青少年因涉世浅显,缺乏经验,自然由其罪行而追查出整体组织犯罪的可能性也相当高。再者,21世纪以来的不少青少年伦理、纪律观念比较淡薄,因此,拥有稳定性较差的青少年,对于一些组织较为松散的帮派而言,反而成为其瓦解的潜在性风险。

3. 现代型帮派活动已由经济层面扩展至政治层面

现代型帮派的活动已明显由赌博、恐吓、勒索保护费及经营赌场等特种行业,发展到经营地下经济(如钱庄、金融掮客等)、围标公共工程、恶意阻挠股东大会召开、暴力索取高额利益的债权,甚至为了求得胜选,不惜违反"公职人员选举罢免法"。[①] 这些活动一般人称之为黑道犯罪,而对于普通企业干部、民意代表及政府官员的犯罪活动则称为白道犯罪。事实上,台湾地区的组织犯罪不仅已经跨越黑、白两道,且由于犯罪组织内部伦理被瓦解,加上经济的发展增加可掠夺的利益,帮派活动开始跳出传统范畴,向快速、安全获取最大利益方向发展。因此,帮派活动不仅混淆了黑、白道之间的界限,刻意制造出黑白相间的所谓灰色地带犯罪(如黑道暴力与白道滥用行政权力相结合),还朝着企业化、国际化的方式发展(如为逃避取缔政策而逃往海外的组织成员,在大陆或东南亚各国开设合法企业,一方面雇用当地人员从事合法活动,另一方面则秘密吸收组织成员,扩大组织规模。同时,还采取多种合法或贿赂、走私等非法手段,利用所在国的资源对抗台湾地区有关部门的犯罪对策)。更甚者,帮派分子为隐藏其黑道背景,或与白道结合发展成为多重组织形态的犯罪共同体,或运用财力甚至暴力,经过选举而取得其自身或其支持者的政治地位,再凭借政治地位影响政府机关的预算、人事或政策,以扩大其与政府机关之间利益供给的共生关系所产生的巨大利益,最终导致"黑金政治"[②]的产生。

---

① 台湾地区法律事务主管部门犯罪研究中心:《犯罪状况及其分析(1996年版)》,第328-329页;顾立雄等:《组织犯罪条例的立法评论》,载台湾《律师杂志》1997年第209期。

② 所谓"黑金政治",是指黑道及金钱影响了政治的正常运作,亦可言组织犯罪及派系影响了政治的运作,妨害了政治为全民服务的机会,使政治成为组织犯罪或派系的利益工具。

二、我国台湾地区有组织犯罪的刑事立法

(一)刑事立法及实践历程

台湾地区各个发展阶段防治有组织犯罪的刑事立法①具体为:

第一阶段(1945 年至 1954 年):台湾地区“刑法”第 154 条;“台清省戒严时期取缔流氓办法”(1952 年)。此时期因台湾地区刚脱离日本统治不久,百废待举,且流氓势力崛起,对社会治安尚无明显危害,因而,台湾地区政府并无对流氓采取积极取缔的作为。

第二阶段(1955 年至 1984 年):台湾地区“刑法”第 154 条;“台湾省戒严时期取缔流氓办法”(1965 年)。台湾地区以治安机关为主要执行单位,脱离检察机关的监督与参与,直接采取取缔方式,针对黑道分子赖以为生的非法产业及枪械加以取缔,以期消灭不良帮派。由于该办法仅属命令位阶,成效有限;帮派组织逐渐扩大,“江南事件”的影响导致台湾地区有关部门全面实施“一清专案”。这一时期在取缔犯罪组织之时,也会办理不良帮派组织的自首登记,进行事前警告。

第三阶段(1985 年至 1990 年):台湾地区“刑法”第 154 条;“动员戡乱时期检肃流氓条例”。鉴于帮派犯罪组织犯罪的重组与变质,警察机关自 1990 年 7 月 9 日起,即依据“动员戡乱时期检肃流氓条例”,开始规划全省同步实施的扫黑专案“迅雷专案”,这是继“一清专案”后的扫黑专案工作。“动员戡乱时期检肃流氓条例”以治安警察为主管机关,排除检察官之参与,并建立秘密证人制度,以规范个别流氓行为,但该条例无论在形式还是实质上都存在一些值得商榷的地方并造成不少侵犯人权的事实,因此,台湾地区“大法官会议”先后作出释字第 384 号、第 523 号解释,明确宣布该条例部分条文违法。这一时期仍是凭借治安机关的直接取缔方式来抗制帮派组织,但是,帮派组织逐渐与政治勾结,因此,非警方一家力量所能解决。虽然“迅雷专案”检肃到的不良帮派分子数量相当可观,然而,最终未能真正有效打击帮派的首脑。

第四阶段(1991 年以来):台湾地区“刑法”第 154 条;“检肃流氓条例”(配合终止戡乱时期,1992 年 7 月修正)(配合释字 384 号解释,1996 年 12 月修正);“洗

---

① 参见许福生:《从刑事政策观点论台湾地区当前犯罪控制对策之研究》,1999 年台湾社会问题研究学术研讨会论文。

钱防制法”;“组织犯罪防制条例”;“毒品危害防制条例”;“枪炮弹药刀械管制条例”;“通讯保障及监察法”;“证人保护法”。第一阶段自1995年3月至1996年7月为止,由警察机关依据“检肃流氓条例规划”执行;第二阶段则从1996年8月开始,纳入检察体系,由检察官指挥警宪调等治安单位统合侦办,依据相关刑事规定与“检肃流氓条例”,采刑案追诉与流氓检肃并行原则规划执行,以“重奖重惩”方式作为推动专案执行手段。对部分重要对象,采取所谓“绿岛政策”。[①]

(二)刑事立法的主要内容

1. 台湾地区“刑法”第154条

该条规定了犯罪结社罪。该条第1款规定:“参与以犯罪为宗旨之结社者,处3年以下有期徒刑、拘役或1.5万元以下罚金;首谋者,处1年以上7年以下有期徒刑。”[②]第2款规定:“犯前款之罪而自首者,减轻或免除其刑。”[③]

2. “台湾省戒严时期取缔流氓办法”

1952年3月21日和1965年10月24日台湾地区先后两次颁布该办法。两个办法内容略有不同,但其第3条第1款均规定“本办法所称流氓,为非法擅组帮会招徒结对者”,这里的“帮会”,实际上是指黑社会组织。

3. “动员戡乱时期检肃流氓条例”

1985年7月19日,台湾地区公布该条例及其实施细则。该条例第2条规定:“本条例所称流氓,为擅组、主持、操纵和参与破坏社会秩序、危害他人生命、身体、自由、财产之组织者。”这里的组织,也是黑社会组织。

---

① 第一阶段“治平专案”的基本策略仍是采取治安机关直接取缔的方式,并未广纳政府其他部门及采取其他预防措施,况且,此时的黑道已逐渐进入共生时期,已非单纯的治安机关的直接取缔所能解决,因此执行成效并不显著。第二阶段的“治平专案”能以黑道老大及黑金为目标,并制定了相关扫黑法案,还纳入了检察机关的力量以有效统合各治安单位,确实较以往单由治安机关依据行政措施来检肃的方式有效。但因未能纳入金融、工程等单位,因此,无法形成预警作用,以切断官商勾结黑金之链;并且,随着台湾地区部门人事调整,诸方案尢法持之以恒,因此,未能克竟其功。

② 原该条第1款规定:“参与以犯罪为宗旨之结社者,处3年以下有期徒刑、拘役或500元以下罚金。首谋者,处1年以上7年以下有期徒刑。”2019年,台湾地区“刑法”修改时对该款进行了调整,提高了罚金刑的处罚力度。

③ 该罪规定过于简略,且“以犯罪为宗旨”及“结社”等认定起来并不容易,因此,在适用上有实际困难,判例也并不多见。参见许福生:《台湾地区组织犯罪防制策略之研究》(2000年3月),第3页。

4. “检肃流氓条例”

1992年7月29日，台湾地区将“动员戡乱时期检肃流氓条例”修正为“检肃流氓条例”。“检肃流氓条例”规定的内容，包括实体与程序两个方面。属于程序方面的，有初审、复审、告诫、声明异议、传唤、强制到案、移送、辅导及法院治安法庭审理、抗告程序等许多程序问题。实体方面的主要内容主要是流氓的定义及流氓成立的条件、流氓的种类和处罚规定等。[①] 该条例第2条第1款规定：“本条例所称流氓，为年满18岁以上之人，有下列情形之一，足以破坏社会秩序者，由直辖市警察分局、县（市）警察局提出具体事证，会同其他有关治安单位审查后，报经其直属上级警察机关复审认定之：（1）擅组、主持、操纵或参与破坏社会秩序、危害他人生命、身体、自由、财产之帮派、组合者。（2）非法制造、贩卖、运输、持有或介绍买卖枪炮弹药、爆裂物者。（3）霸占地盘、敲诈勒索、强迫买卖、白吃白喝、要挟滋事、欺压善良或为其幕后操纵者。（4）经营、操纵职业性赌场，私设娼馆、引诱或强迫良家妇女为娼，为赌场、娼馆之保镖或恃强为人逼讨债务者。（5）品行恶劣或游荡无赖，有事实足认为破坏社会秩序或危害他人生命、身体、自由、财产之习惯者。”由于该条例在形式上和实质上都存在一定的问题。因此，台湾地区“大法官会议”于1995年7月28日作出释字第384号解释，在该解释文中明确宣示，该条例中第5条、第6条、第7条、第12条及第21条5个条文违“宪”，于1996年12月31日失效，但“检肃流氓条例”仍有存在的必要，于是提出修正“检肃流氓条例”第5条至第8条、第12条、第16条及第21条内容，函送有关立法部门审议并经三读通过，修正后的条例于1996年12月30日公布实施。该条例规定，对于年满18岁以上，具有该条例中规定的流氓行为，足以破坏社会秩序的人，予以告诫辅导或经法院裁定交付感训处分。此外，还规定了对于流氓强制到案的要求、治安法庭的审理、管

① 参见何秉松：《中国有组织犯罪研究（第二卷）：台港澳黑社会犯罪研究》，群众出版社2010年版，第261页。

训处分的执行及辅导、救济等程序。[①]

5.“洗钱防制法”[②]

“为防制洗钱,追查重大犯罪”(第1条),台湾地区于1996年10月23日公布实施“洗钱防制法”。该法第2条规定,洗钱系指“掩饰或隐匿自己或他人重大犯罪所得财物或财产上利益者”(第1款)及“收受、搬运、寄藏、故买或牙保[③]他人因重大犯罪所得财物或财产上利益者”(第2款)。该法赋予了金融机构防制洗钱行为的义务,并规定对重大犯罪所得财产,予以追征、追缴、没收,以及对从事不法洗钱者处以重刑及罚金[④]。2003年1月13日通过“洗钱防制法修正案”,8月6日施行。此次修正案计修正10个条文,新增订2个条文。修正案主要强化洗钱犯罪之处罚和预防、加强国际合作等。这是一次重大的修正,此后,又先后于2006年、2007年、2008年三次进行修正。[⑤]

6.“组织犯罪防制条例”

黑道猖獗,金权泛滥,已经严重影响台湾地区当时的社会治安以及社会发展,社会大众及舆论界要求制定防制黑道犯罪组织特别法的呼声高。为实现社会各界对防制组织犯罪的殷切期盼,针对黑道犯罪组织所具有的集团性、常习性、胁迫性及暴力性,经过借鉴其他国家防制组织犯罪的措施与立法例,根据台湾地区社会环

---

① “检肃流氓条例”第2条中虽有关于流氓的定义,但其规范对象十分笼统,构成要件也不明确(如要挟滋事,欺压善良,品行恶劣,游荡无赖等语),若扩大解释则有“道德刑罚化”之嫌。(参见翁玉荣:《动员戡乱时期检肃流氓条例及其相关法规之研究》,台湾“高等法院”高雄分院1990研究发展项目研究报告,第141－142页)。而且,该条例本质上系属行政法性质,排除了检察官的参与以及刑事审判三级三审制,再加上流氓行为与犯罪行为有别,因此,不仅无法有效规范以企业化、组织化贩毒、走私、介入公共工程、从事恐怖活动、洗钱等犯罪为宗旨的组织犯罪集团,不能有效发挥扫黑及除暴的功能(参见《组织犯罪防制条例立法资料汇编》,台湾地区法务机构编印1998年版,第15页),还难以符合抗制组织犯罪所需实质与程序正义的基本要求(参见许福生:《台湾地区组织犯罪防制策略之研究》2000年版,第7页)。另外,若从各国的组织犯罪活动形态来看,大部分是先由流氓演变至帮派,最后发展至组织犯罪,而各国的组织犯罪防治对策,亦朝此方向发展,因而从组织犯罪活动形态演变过程观之,目前台湾的“检肃流氓条例”,其适用的对象只是个人的流氓行为而已,而无法有效防制黑道组织。参见许福生:《当前犯罪控制对策之研究——两极化刑事政策之观点》,台北,警察大学出版社1998年版,第193页。

② “洗钱防制法”最新修正于2018年。

③ 立契的中介人和保人。

④ 由于台湾地区“洗钱防制法”是在“组织犯罪防制条例”制定前公布实施,因此,洗钱防制法所列举的重大犯罪类型(要求为5年以上有期徒刑)中,并无组织犯罪。因而,“组织犯罪防制条例”中,必须是可以判处5年以上有期徒刑的犯罪,才属于“洗钱防制法”所规定的重大犯罪。

⑤ 参见何秉松:《中国有组织犯罪研究(第二卷):台港澳黑社会犯罪研究》,群众出版社2010年版,第267页。

境的实际以及以往防制黑道组织犯罪的经验教训，台湾地区"法务部门"与"内政部门"于1996年4月完成"组织犯罪防制条例草案"①，并于同年8月8日呈报"行政院"审查，于9月10日函请"立法院"审议，于1996年11月22日三读通过该立法，同年12月11日颁布施行。②

台湾地区"组织犯罪防制条例"并没有使用黑社会的概念，而是称之为"犯罪组织"。该条例第2条将组织犯罪规定为：3人以上，有内部管理结构，以犯罪为宗旨或以其成员从事犯罪活动，具有集团性、常习性及胁迫性或暴力性之组织。③ 所谓内部管理结构，在于显示犯罪组织内部指挥、从属等层级管理特性，以区别于共犯、结伙犯的组成。因此，组织犯罪团体内部必须有上下从属之指挥控制结构，但不论其称呼方式为何，必有首领与帮众的存在。集团性，指以众暴寡的特性，排除个别不法行为及偶发共犯；常习性，指经常性、习惯性（如具有机会就犯的企图、意图或不务正业等习性），以排除偶发的犯罪样态；暴力性，指足以危害公共安宁秩序，一切对人或物所实施的不法暴力（如持棍殴击、砸破门窗、携枪杀人等）；胁迫性，指以一切足以使人造成精神上畏惧之威胁、迫害，如用电话恐吓、持枪威吓、寄发恐吓信等。④

有学者还根据"组织犯罪防制条例"的规定将台湾地区黑社会犯罪分为两大类。第一类，与（黑社会）犯罪组织自身直接相关的犯罪。它包括"组织犯罪防制条例"规定的发起、主持、操纵或指挥犯罪组织罪（第3条），参加犯罪组织罪（第3条），资助犯罪组织罪（第6条），包庇犯罪组织罪（第9条）。第二类，（黑社会）犯

---

① 《组织犯罪防制条例立法资料汇编》，台湾地区法务机构编印，1998年2月，第15－16页。

② 《"立法院"公报·法律案专辑》（第208辑），《组织犯罪防制条例案》，1997年8月，第2页。

③ 台湾地区行政管理机构在对该条例草案的立法说明中指出："所谓集团性、常习性、胁迫性或暴力性，乃是指犯罪组织表现于外的组织性质。这四大特性，不需要同时具备，有时候或者显露其中之一其意义在于表明犯罪组织所具有的'以众暴寡'、'不务正业'、'施加胁迫'或'加诸暴力'等特性。"参见《组织犯罪防制条例立法资料汇编》，台湾地区法务机构编印1998年版，第16页。但是，这种说明是有问题的。因为这四大特性并非同一性质，如果可以任择其一，就不能认为是四大特性。事实上，台湾地区学者对犯罪组织是否必须同时具备这四大特性，有三种不同的理解：（1）应同时具备，否则，尚难构成该条例所称的犯罪组织；（2）无须同时具备，基本上具备其中任何一项，即可构成犯罪组织；（3）应具备其中的"集团性、常习性及胁迫性"3项，或"集团性、常习性及暴力性"3项，才构成犯罪组织。参见何秉松：《中国有组织犯罪研究（第一卷）：中国大陆黑社会（性质）犯罪研究》，群众出版社2009年版，第199页。此外，这一定义虽比台湾地区"刑法"及"检肃流氓条例"规定得周延明确，但是，将犯罪组织界定为具有胁迫性或暴力性，明显是针对不良帮派组织，而对于不具有胁迫性或暴力性的智慧型犯罪组织却未包含在内，不无缺憾。许福生：《台湾地区组织犯罪防制策略之研究》（2000年3月），第8页。

④ 参见苏南桓：《组织犯罪防制条例之实用权益》，台北，永然文化出版公司1997年版，第131页。

罪组织及其成员实施的犯罪。这一类犯罪非常广泛，包括刑法分则条文以及其他特别刑法、附属刑法规定的任何一种犯罪行为。①

有观点指出，“组织犯罪防制条例”的定义虽然比“刑法”及“检肃流氓条例”的规定更加周延，然而，其将犯罪组织的要件限于具有胁迫性或暴力性，明显是针对不良帮派组织。对于非暴力或胁迫性的智能型组织犯罪则未涵盖在内，成为实务界和理论界诟病的焦点。因此，台湾地区分别于2016年7月、2017年4月以及2018年1月连续三次对该条例进行修订，并将原有的第2条修改为：“犯罪组织系指三人以上，以实施强暴、胁迫、诈术、恐吓为手段或最重本刑逾五年有期徒刑之刑之罪，所组成具有持续性或牟利性之有结构性组织。”将有组织犯罪的范围进行了扩张定义，不再限于暴力犯罪的手段特征，同时，放宽了集团性与长期性的条件，以便更加有力地打击有组织犯罪。②

7.“毒品危害防制条例”③

“毒品危害防制条例”于1997年10月30日三读通过，于1998年5月20日颁布施行，使拒毒、戒毒之缉毒政策进入法制化新阶段。“毒品危害防制条例”内容十分广泛，对毒品（或其原植物）的种植、制造、贩卖、转让、持有、施用，引诱他人施用以及戒毒等都作了详细具体的规定。其中既有实体性的规定，也有程序性的规定。大致可以分为两部分：一部分是关于各种毒品犯罪及其处罚的规定；另一部分是关于销毁毒品或器具的规定，关于没收毒品犯罪的赃物或工具的规定，关于对施用毒品者的观察、勒戒或强制戒治的规定，关于未发觉犯罪者之请求治疗的规定。④

8.“枪炮弹药刀械管制条例”⑤

“枪炮弹药刀械管制条例”1997年11月24日修订，为加强枪炮、弹药的管制，确保社会治安，条例中增加了枪炮、弹药的种类、转让、出租、出借枪炮、弹药的犯罪类型及罚金刑，本条例规定的各罪均可酌予提高刑度，此外，为对枪炮犯罪人施以

---

① 参见何秉松：《中国有组织犯罪研究（第二卷）：台港澳黑社会犯罪研究》，群众出版社2010年版，第155－158页。

② 参见王桦：《海峡两岸打击有组织犯罪比较研究》，载《人民检察》2018年第16期。

③ “毒品危害防制条例”也在不断修改完善，最新修正于2022年。

④ 参见何秉松：《中国有组织犯罪研究（第二卷）：台港澳黑社会犯罪研究》，群众出版社2010年版，第269页。

⑤ “枪炮弹药刀械管制条例”最新修正于2020年。

矫治措施,增加了强制工作规定。[①]

9.“通讯保障及监察法”[②]

在组织犯罪侦查活动中,监听是最重要侦查方法,可用来确定嫌疑对象的行踪,掌握犯罪组织的活动情形,了解组织犯罪整体状况,因而,常被实务界使用。1999年7月14日正式公布实施“通讯保障及监察法”,通讯监察正式迈入法制的规范,以保障民众秘密通讯自由不受非法侵害,并确保社会安全,维持社会秩序。

10.“证人保护法”[③]

为了有效对抗有组织犯罪,往往需要获得证人的充分合作。但要求证人毫无顾忌地陈述其所知,必须建立证人及其家属安全的制度。为此,台湾地区立法机构于2000年1月14日三读通过“证人保护法”,同年2月9日颁布实施。“证人保护法”的重要原则和主要内容包括以下几个方面:(1)“证人保护法”的保护对象(“刑事案件及检肃流氓案件之证人”);(2)核发证人保护书,采取必要的保护措施;(3)对证人的保护措施。[④]

(三)刑事立法的完善走向

随着对抗有组织犯罪的立法逐渐完善,打击有组织犯罪的手段功能得以强化,有学者提出,法条修正工作刻不容缓。

1.关于特别刑法

特别刑法如“组织犯罪防制条例”、“洗钱防制法”及“枪炮弹药刀械管制条例”等规定必要的并科罚金宜调整为任意的并科罚金。

2.关于“检肃流氓条例”

宜针对台湾地区有组织犯罪的现状,仿照日本《暴力团对策法》第9条规定,明定应禁止的暴力行为、制定犯罪组织反社会行为(如不当要求信用交易的行为、

---

① 台湾地区司法机构于1998年12月18日公布的“释字第471号”解释,认为“枪炮弹药刀械管制条例”第19条第1项,不问对行为人有无预防矫治其社会危险性的必要,一律宣付强制工作3年的规定,不合“宪法”第23条所定的比例原则,应自本解释公布之日起不予适用,而依个案情节宣告保安处分。

② “通讯保障及监察法”最新修正于2018年。

③ “证人保护法”最新修正于2018年。

④ 何秉松:《中国有组织犯罪研究(第二卷):台港澳黑社会犯罪研究》,群众出版社2010年版,第271-273页。

不当要求返还债务的行为)的构成要件以及具有类似追征性质的秩序罚等。

3. 关于“洗钱防制法”

“洗钱防制法”第3条重大犯罪的罪名不宜以法定刑为唯一标准,应兼采该犯罪易产生犯罪所得及运用洗钱行为之必要性等为基准,并增订违反“组织犯罪防制条例”者为洗钱防制法上的重大犯罪,且只要在他国违反有关洗钱法律的重大犯罪行为与本“法”所列重大犯罪行为相当时,即得以适用本“法”洗钱罪的规定;依没收规定,对混合财产等可视情况适用部分没收或追征,还应有制定保障善意第三者参与诉讼的权利或相关补偿规定的必要;检举洗钱行为的客体不应只是150万元以上的现金收付或换钞交易(含等值外币),更应包括直接以汇票(支票)存提款或由账户内直接转账等非现金交易;两罚规定应扩大到金融机关指派的专门负责协调洗钱事项的执行人;对“法务部”或“财政部”对配合洗钱防治卓有成效的金融机构给予一定的奖励金(补助金)或行政上的协助措施(一时资金的援助或新业务审查许可等),予以明文规定。

4. 关于“组织犯罪防制条例”

2018年“组织犯罪防制条例”的修正解决了此前打击范围过窄的问题,即不仅将角头型及组合型帮派纳入规制范围,且适应了有组织犯罪的新变化,同时,特别列明“诈术”“恐吓”的行为手段,将最高刑期未逾5年有期徒刑的“刑法”第339条“普通诈欺罪”、第346条“恐吓取财罪”纳入可成立组织犯罪范围①,以应对此二类犯罪猖獗而“刑法”规制不足的现状。但显然造成了对犯罪组织过度泛化的处理,不仅模糊了有组织犯罪(涉黑恶犯罪)的特殊本质与危害性,不利于有针对性地打击与治理,而且有将非从事犯罪行为之组织加以罗列的可能,导致构成要件的明确性严重不足。②

总体来看,台湾地区“刑法”与其他多项专门性法律存在重复规定现象,即使在“组织犯罪防制条例”修改后依然没有改善。这直接造成前述关于组织犯罪及犯罪组织诸多不同表述的共存与混用,不同法律文件、政策规定之间的契合度不足。例如,“警政署”相关规定与“组织犯罪防制条例”之间,关于“有组织犯罪”的概念使用不一,且考核标准与起诉标准不一等。上述两方面不足造成台湾地区依

---

① 许恒达:《国际法规范与刑事立法:简评近期刑事法修订动向》,载《台大法学论丛》第46卷特刊。
② 参见董邦俊、张扬:《海峡两岸有组织犯罪之应对研究》,载《犯罪研究》2021年第2期。

据“组织犯罪防制条例”移送的案件之起诉率与定罪率较低。警方移送案件无法获得“地检署”的起诉，而获得“地检署”起诉的案件又无法获得法院的判决，存在严重的“漏斗效应”。[①]

（四）刑事立法的协同方向

我国台湾地区学者认为，仅依靠刑事立法的制定尚不足以有效治理组织犯罪，还需要强调与其他举措的协同。

1. 关于“扫除黑金行动方案”

“扫除黑金行动方案”希求凭借“扫黑”、“肃贪”与“查贿”三管齐下，解决台湾地区的黑金问题。“扫除黑金行动方案”的具体内容包括以下三个部分：(1)健全扫除黑金法制。具体措施包括制定“政治献金管理条例”“游说法”“公职人员利益冲突回避法”“研修公职人员选举罢免法”“贪污治罪条例”“公务员服务法”“信托法”“洗钱防制法”“刑法”等杜绝贿选、防贪肃贪及追诉犯罪的法案，并配合台湾“法务部”廉政署的设置，制定“法务部”廉政署组织条例。此外，规划建立犯罪资金查缉系统，以期迅速有效追查资金流向，掌握犯罪追缉时效。(2)建立行动编组、强化侦查作为。具体措施包括成立查缉黑金行动中心、发挥统合优势及严密控制黑金犯罪案件。(3)强力采取预防黑金措施，发起全民反黑金运动。具体措施包括政府采取预防黑金行动、宣导“证人保护法”相关规定、策动涉案的公务员或黑道组织成员“窝里反”及结合民间力量。

2. 政府全体机关共同协力强化取缔[②]

有效对抗组织犯罪，不仅是警察、法务、海关及财税等广义侦查取缔机关的职责，还是全体政府的责任。台湾地区民进党政府为了展现其扫除黑金的作为，除协调相关单位完成相关扫除黑金工作外，于 2000 年 7 月 1 日在台湾地区“高等法院”检察署设立“查缉黑金行动中心”，并于同年 7 月 7 日在该行动中心之下设台北、台中、台南、高雄四个特别侦查组，以执行扫除黑金的行动任务。“查缉黑金行动中心”为办案单位兼督导单位，由台湾地区“高等法院”检察署“检察长”兼任主任，联

---

① 参见董邦俊、张扬：《海峡两岸有组织犯罪之应对研究》，载《犯罪研究》2021 年第 2 期。

② 参见许春金等：《台湾地区组织犯罪影响政、经体系运作之实证调查研究——如何解决黑金政治》，1997 年版，第 163 页；马英九：《扫黑与除暴工作的再出发》，台湾法务机构 1996 年 5 月印行，第 22 页。

合一、二审检察署的检察官、调查员、警察等有关人员共同组成任务编组,合署办公,并展开主动搜查、实时行动、团体办案等活动,以锁定特殊犯罪组织及其重要成员,达到检肃目的。

为了有效对抗有组织犯罪,避免有组织罪犯罪的扩大,对组织犯罪者进行适当的处遇,瓦解犯罪组织,才能实现一般预防与特别预防效果,达到维持社会安宁秩序的目的。因此,执法机关应严加取缔,在刑事政策上对于防治组织犯罪具有积极意义。具体措施包括:

(1)成立联合组织犯罪打击任务小组。为达此目的,由检察、警察、海关、税务及建管等相关政府单位,于县市成立"联合组织犯罪打击任务小组",锁定特殊组织犯罪活动及重要成员,进行长期侦查及搜证,以达检肃目的。这种特别小组具有两个特点:成员具备各种不同训练背景,充分掌握搜证所需相关专业知识;自由选择重要调查目标,主动积极打击组织犯罪活动,检肃重大组织犯罪成员。

(2)严加取缔钱、人、物的组合。组织犯罪存在的基础,主要为钱、人、物三者的组合,因而,执法人员针对其活动内容严加取缔,以断绝其资金、成员及武器毒品来源,阻止犯罪组织扩大,进而杜绝其存在。其抗制对策是依据组织犯罪之不同发展阶段,而采取的手段:①长期进行有计划的列管及掌握组织犯罪动向,持续执行取缔工作,并避免执法人员与组织犯罪相互勾结。②检举组织犯罪的领导者或组织者,他们控制着犯罪组织的所有活动及资金运用,因而,若能掌控"大哥"级人物,对于抗制组织犯罪将有很大成效。③长期而持续隔离组织犯罪成员,使其无重建的机会,组织将因缺乏成员,而终告瓦解。④组织犯罪存在最大支撑力即为金钱,因而,封锁控制其资金来源即为抗制组织犯罪最重要的工作。而金钱来源在于其所从事的经济活动,包括合法及非法行业,或以合法掩护非法行业,这些行业经济来源是组织犯罪赖以生存、发展的命脉。因此,预防组织犯罪产生与发展,必须针对组织犯罪最常从事的行业加强监督与临检,也可称为处理组织犯罪问题的"预警式侦查"作为。⑤加强检肃非法枪械,以断绝其武力支撑力。为此,必须加强情报搜集,掌控组织犯罪成员拥有枪械的情形,"以人追枪、以枪追人",定期进行督查。

3. 从重量刑及严正矫治[①]

依据调查发现,有92.8%的有组织犯罪受刑人表示,当他们企图再犯罪时,但凡想到监狱的生活而放弃再犯罪,仅有7.2%的组织犯罪受刑人,不惧怕监狱的威吓效果;此外也有96.4%的有组织犯罪受刑人表示,想到监狱的生活而不想再加入帮派组织,仅有3.6%的有组织犯罪受刑人,不惧怕监狱的威吓效果。从而可知,倘若对组织犯罪者量刑太轻、刑期过短,会降低受刑人改过自新的意愿,只求早日出狱,回归组织,因其经过狱中之洗礼使其地位提升,再犯风险加大。因此,基于刑事政策的考虑,在刑罚裁量上,应从重处罚。

此外,药物滥用受刑人大多与有组织犯罪有关,为了避免若干年后服刑犯人互相串联,扩大犯罪势力,我国台湾地区法务机构有针对性地制定《加强监所帮派份子管教应行注意事项》,有针对性的教化矫治有组织犯罪受刑人,防止其在矫治机构内滋生力量。

4. 谋求全民共识[②]

为了有效防治组织犯罪,台湾地区推行软性对策。例如,由组织犯罪者与受害者的家属一起"向组织犯罪者说不",开展"三不运动"。[③] 即不畏惧组织犯罪、不利用组织犯罪及不协助组织犯罪。谋求全民共识作为对抗组织犯罪的利器,并使全体选民不选择与黑道挂钩之候选人,以保持社会与政治之清流。

"组织犯罪防制条例"注重对帮派组织犯罪之取缔、处罚,仅有抗制而疏忽预防,因此积极积极组织犯罪预防至关重要,在警察机关监督下开展以下活动:(1)举办宣传活动以提高民众预防不良帮派不当行为;(2)开展排除帮派对青少年不良影响的活动;(3)为企业提供应对帮派要挟的培训;(4)协助有意脱离帮派者;(5)慰问及救济受帮派侵害的被害人,协助其进行民事诉讼;(6)受理居民对帮派不当行为的咨询,给予其建议并为其妥善解决问题;(7)通过媒体或其他方式,教育民众不与帮派接触、合作,以孤立、压缩其生存空间,削弱其生存能力;(8)实证

---

① 郑善印、蔡田木、曹光文:《台湾地区组织犯罪受刑人矫治处遇之实证研究》,载台湾《警察大学学报》1999年第35期。

② 许福生:《台湾地区组织犯罪防制策略之研究》(2000年3月),第11-12页;许春金等:《台湾地区组织犯罪影响政、经体系运作之实证调查研究——如何解决黑金政治》,1997年版,第162页。

③ 即不畏惧组织犯罪、不利用组织犯罪及不协助组织犯罪,[日]加雄久雄:《组织犯罪及研究》,成文堂1993年版,第53页。转引自许福生:《台湾地区组织犯罪防制策略之研究》(2000年3月),第11-12页。

调研不良帮派对少年健康发展的影响以及帮派对民众生活的影响。

5. 逐渐缩减组织犯罪赖以生存的市场

对于组织犯罪成员的起诉、定罪,并不能使非法的地下经济活动消失,也不能缩减组织犯罪赖以生存的市场,而欲缩减这种市场,力求从以下方面着手:

(1)在经济生活方面,力求消除组织犯罪成员赖以生存的经济基础,针对组织犯罪所经常从事的非法行业予以管控;同时,为了防止其对合法行业的渗透,从提升产品竞争力着手,降低组织犯罪成员进入此经济体系的可能性。由于台湾地区地狭人稠,自然资源有限,从经济发展的角度来看,发展高科技产业及精密工业是合理的经济政策;从抗制组织犯罪的面向观察,提升产业层次亦不失为一项重要的抗制对策。因为组织犯罪成员容易进入的行业,普遍具有科技含量低、员工技术性低,因此,淘汰低技术性、低经济价值的产业,转而发展高科技产业与精密工业,如信息业、电子工程、材料科学、自动控制、生物工程、精致农业等,不仅可壮大经济实力,增强竞争力,还有助于降低组织犯罪成员渗入合法经济体系的可能性。①

(2)在政治生活方面,力求促进地方政治、经济的运作与发展,积极进行城乡合并、县市合并,实现区域与都市均衡发展,并提高地方公务员待遇,促使人才回乡,让地方政经社会正常发展。尊重民意,推荐优秀人才参与政治生活以遏止组织犯罪成员介入政治。②

(3)在减少组织犯罪成员方面,力求建构完善的非正式社会控制机制,避免青少年沦入组织犯罪。大部分的组织犯罪成员都是因家庭社会化功能不强、未接受完整的学校教育、缺乏一技之长及好勇斗狠而步入歧途。因此,加强对青少年的教育与辅导并强化家庭凝聚力以降低青少年行为偏差,实为遏止组织犯罪滋生的重要途径。③

---

① 许春金等:《台湾地区组织犯罪影响政、经体系运作之实证调查研究——如何解决黑金政治》,1997年版,第170页。

② 赵永茂:《台湾黑道的政治社会面分析》,台湾科学委员会论文集《犯罪问题的因应:社会与科技层面之探讨》,1997年5月27日,第124页。

③ 许春金等:《台湾地区组织犯罪影响政、经体系运作之实证调查研究——如何解决黑金政治》,1997年版,第165页。

第四节　打击有组织犯罪区际协作[1]

由于我国实行“一国两制”，因此，区际协作成为打击有组织犯罪的重要问题。对此有学者提出，由于“三法系四法域”并存，内地(大陆)与港、澳、台不同法域存在明显的区际法律冲突，尤其是广东地区，地理位置毗邻港、澳，跨境有组织犯罪问题呈现出极端的复杂性，加强粤港澳三地区际侦查合作是遏制该区域跨境有组织犯罪的有效对策。[2] 随着黑社会组织犯罪活动的不断发展，加强港澳台地区间的合作，联手打击黑社会组织犯罪势在必行。[3]

一、区际协作的发展

区际刑事司法协作，是指一个国家内部不同法域的司法机关在刑事司法领域相互提供协作、帮助或便利。区际司法协作是一个国家的内部事务，维护国家领土和主权的完整性，是开展区际刑事司法协助最基本的前提。同时，区际司法协作的产生有赖于一个国家内部所形成的不同法域。

在香港、澳门回归之前，中国内地不存在区际司法协作，因为内地实行统一的立法和司法制度，故无不同之法域。香港、澳门回归祖国后，大一统的法域呈现出多元化的局面。例如，澳门特别行政区经全国人大授权，依照基本法的规定实行高度自治，享有行政管理权、独立的立法权、司法权和终审权。在行政管理方面，澳门保安司与公安部无隶属关系；在立法方面，澳门特别行政区立法机关有权就本地区事务包括金融、货币、海关及税务等本应由中央统一管理的事务，自行制定与基本法不相抵触的法律；在司法方面，澳门有自己的终审法院。香港、澳门回归以后，《香港特别行政区基本法》第95条和《澳门特别行政区基本法》第94条分别规定：“香港特别行政区可与全国其他地区的司法机关通过协商依法进行司法方面的联

---

① 本节相关内容参见莫洪宪主编：《澳门有组织犯罪研究》，武汉大学出版社2005年版，第217－244页。

② 参见钱伟：《论粤港澳跨境有组织犯罪区际侦查合作模式及原则》，载《中国人民公安大学学报》2007年第2期。

③ 参见张丽霞、赵红星：《新形势下有组织犯罪的特点及其对策》，载《河北法学》2005年第10期。

系和互助提供协助。”“在中央人民政府协助和授权下，澳门特别行政区可与外国就司法互助关系作出适当安排。”但是，如何具体开展具体区际司法协作仍有待进一步探索和实践。就这一问题，内地（大陆）与港澳台地区分别进行了具体的实践：

第一，与香港的区际协作。1988 年至 1990 年，广东省人民检察院与香港廉政公署先后签署了《个案协查计划》和《会晤纪要》，旨在协助和联手打击跨境犯罪。① 在“内港合作”和“粤港合作框架”下，深圳海关与香港海关逐步建立并完善了案件通报、走私线索联合经营等多形式的双向情报交换机制，并通过签订《打击毒品走私合作备忘录》建立起缉毒情报、案件信息及时通报制度。②

第二，与澳门的区际协作。粤澳警方在打击黑社会犯罪方面的合作是卓有成效的。如中国内地的警方在澳门附近的珠海等地多次开展了针对澳门黑社会势力的跨境犯罪活动以及偷渡等活动的“严打”行动，从外部为澳门改善治安创造了条件。中国内地对澳门打击黑势力措施也给予有力的支持和配合，粤澳两地具体商讨联手打击犯罪活动，不断取得辉煌战果。面对新的挑战，粤港澳三地加强联合打击跨境犯罪活动的力度，三地警方定期接触，及时进行情报交流，打击迅速有力，重创港澳台黑社会组织日益加剧的渗透和跨境犯罪。

根据“一国两制”的方针，中国内地公安机关与澳门警方经充分协商，决定建立相互通报机制。双方共同签署了《内地公安机关与澳门特别行政区政府保安司关于建立相互通报机制的安排》。双方一致认为，建立相互通报机制，对进一步促进内地公安机关与澳门警方之间的良好合作，打击黑社会，保护当事人的合法权益，具有重要的意义。“通报机制”于 2000 年 9 月 1 日正式生效。根据该文件，内地公安机关与澳门警方在互相尊重、互相支持及互不干预对方执法活动的原则下，就对方居民被采取刑事强制措施和对方居民在本方区域内非正常死亡情况建立相互通报机制。这种机制属于一种行政安排，必须在尊重双方有关法律的基础上进行。在任何情况下，均不影响双方依照各自法律采取刑事强制措施和保障当事人及其家属享有的权利。内地方面，由中央人民政府驻澳联络办公室警务合作联络

---

①　参见张秋波：《打击跨境有组织犯罪区际警务合作制度研究》，载《山东警察学院学报》2015 年第 3 期。

②　参见张秋波：《打击跨境有组织犯罪区际警务合作制度研究》，载《山东警察学院学报》2015 年第 3 期。

官办公室负责向澳门特区政府保安司司长办公室通报；内地海关侦查走私犯罪公安机构涉及的案件，由公安部指定海关总署走私犯罪侦查局直接向澳门特别行政区政府保安司司长办公室通报。澳门方面，由澳门特别行政区政府保安司司长办公室负责向中央政府驻澳门特别行政区联络办警务合作联络官办公室通报。

在联手打击黑社会和跨境犯罪的同时，中国内地与澳门特别行政区警方的合作领域不断扩展。在情报交流方面，粤澳警方建立起高级联络官会晤制度，分布于刑侦、出入境、消防等多个部门，两地警方还开通了情报热线；在技术方面，根据澳门的实际需要，广东省警方向澳门提供了现场鉴定等方面的技术援助。

第三，与台湾地区的区际协作。1990 年 9 月 11—12 日，海峡两岸红十字会组织的代表签订了关于非法入境者、刑事嫌疑犯或刑事犯之遣返的协议，即《海峡两岸红十字会组织有关海上遣返协议》。该协议，是两岸刑事犯罪遣返的重要法律依据，此后双方红十字会组织一直保持着联系，实施海峡两岸私渡人员和刑事嫌疑犯或刑事犯的海上双向遣返。[1]

但是，由于该协议规范的警务合作内容不足，仅限于遣返、传递情资与案件证据调查，并无联合办案协议或打击犯罪的互助协定，这显然无法应对猖獗的跨境有组织犯罪。鉴于此，为保障海峡两岸人民权益，海峡两岸关系协会与台湾海峡交流基金会经平等协商于 2009 年 4 月 26 日在南京签署了《海峡两岸共同打击犯罪及司法互助协议》。[2]

《海峡两岸共同打击犯罪及司法互助协议》构建了两岸刑事合作的基本框架，其规定相对粗疏，主要是原则性的规定。协议共 24 条，分 5 章。(1)总则。总则规定了合作事项的范围、业务交流和联系主体。(2)共同打击犯罪。共同打击犯罪部分规定了合作范围、协助侦查、人员遣返。(3)司法互助。规定了送达文书、调查取证、罪赃移交、裁判认可、罪犯接返(移管)、人道探视，涵盖了刑事和民事司法互助事项。(4)刑事合作的基本程序。协议第四章规定了双方刑事合作的基本程序，对提出协助请求、执行请求、不予协助根据、双方的保密义务、协助提供资料的用途限制、证明的互相免除、文书格式以及协助费用事宜作出规定。(5)附则。附

---

① 参见何秉松：《中国有组织犯罪研究(第二卷)：台港澳黑社会犯罪研究》，群众出版社 2010 年版，第 290 页。

② 参见张秋波：《打击跨境有组织犯罪区际警务合作制度研究》，载《山东警察学院学报》2015 年第 3 期。

则规定双方应遵守协议。协议变更,应经双方协商同意,并以书面形式确认。因适用本协议所生争议,双方应尽速协商解决。本协议如有未尽事宜,双方得以适当方式另行商定。本协议自签署之日起(协议于2009年4月26日签署)各自完成相关准备后生效,最迟不超过60日生效。[①] 以该协议为基础,两岸警方建立了业务合作基础框架,共同打击跨境犯罪,并取得了显著成效。

此外,港澳台之间关于区际协作的探索也对打击有组织犯罪具有重要意义。例如,2005年5月,澳门与香港签订了《澳门特别行政区政府与香港特别行政区政府关于移交被判刑人的安排》。

二、区际协作的不足

虽然我国在打击有组织犯罪区际协作方面取得了积极的进展,但是很多方面尚不够充分:

第一,诉讼制度差异客观上影响了协作效果。内地(大陆)与港澳台地区的刑事法律对有组织犯罪的界定有一定差异。台湾地区的"组织犯罪防制条例"并没有对犯罪组织所为之罪作出限制性规定,只强调了犯罪组织的目的性、稳固性和暴力性特征;澳门1997年颁布的《有组织犯罪法》将有组织犯罪界定为黑社会组织犯罪,并规定了"杀人及侵犯他人身体完整性,剥夺他人行动自由、绑架及国际性贩卖人口"等21种具体犯罪行为;香港的《有组织及严重罪行条例》,将有组织犯罪界定为与三合会类似的黑社会组织活动相关、由2人或2人以上有相当程度的策划与组织、实施多种特定种类的犯罪,并用列举法规定了谋杀、绑架等具体犯罪行为;与之不同,我国《刑法》仅规定了"黑社会性质组织犯罪",未涉及"黑社会犯罪",在规制对象上存在差异。上述法域对于有组织犯罪界定的不同也导致了司法认定的差异,可能进而产生管辖真空。

不仅如此,在刑事诉讼制度上内地(大陆)与港澳台地区也存在差异。例如,关于证人作证的要求,《刑事诉讼法》第62条第1款规定:"凡是知道案件情况的人,都有作证的义务。"港澳台三地在各自的立法中都明确规定了在特定条件下,证人享有拒绝作证的权利。例如,香港《证据条例》第6条、第7条、第8条规定,刑事

---

① 参见何秉松:《中国有组织犯罪研究(第二卷):台港澳黑社会犯罪研究》,群众出版社2010年版,第290-301页。

诉讼中当事人的配偶不得作为合法证人,不得强使其出庭作证(不管对其配偶有利或不利)。由此可能导致在内地(大陆)必须作证的证人,在港澳台地区则因享有拒证权而拒绝提供关键证据,而影响案件的侦破。[①] 因此,应充分注意诉讼制度差异不仅体现在实体层面,也体现在程序层面。

第二,缺少系统的合作机制。虽然两岸就区际协作进行了多方探索,但是合作的系统性、体系性仍不够充分。如有学者分类归纳为:一是两岸司法合作平台不对应导致共同打击效率低下。因两岸刑事司法体系及侦查主体存在较大差异,容易导致对接机关在权责上产生重叠现象,有待整合与沟通。二是区际司法合作协议缺失导致共同打击存在漏洞。伴随跨境犯罪的组织化与犯罪手段的科技化,不法分子逐渐在第三国(地)发展犯罪组织或是犯罪后逃往第三国(地)藏匿,增加两岸合作侦查、预防及嫌犯遣返上的困难。三是两岸警方"碎片化"合作导致共同打击成效不彰。两岸在共同打击犯罪的运作联系上,基本停留于战术层面的零星合作,而忽略合作的整体性规划。[②] 上述概括相当程度上描述了我国不同法域之间司法协作机制上的问题。

第三,协作的深度、广度不足。在具体层面,我国不同法域区际协作中也存在诸多不足。如有学者提出,由于区际刑事司法协议的缺位,各方还未将由于司法制度的差异所产生的一些难以解决的问题囊括其中。例如,情报资料如何转化成符合各方司法标准的证据问题;如何解决"拒证规则"问题;内地(大陆)的通缉令在其他三方的效力问题;涉及对方的法律文书如何送达的问题;等等。[③] 本书认为,两岸司法互助缺乏实务规范导致刑事诉讼程序举步维艰。一是调查取证困难,被害人信息不全、不准确,查证难度大。二是追赃困难,有组织犯罪的银行账户数量多、变动频繁,专业化分工程度高,大部分赃款通过地下钱庄流转,经过跨境洗白包装成为合法经营所得,隐蔽性强,难以追踪。三是赃款返还困难。[④] 实践中,不仅诉讼程序与证据层面,我国不同法域之间信息协作以及其他协助方面也存在不足。

① 参见张秋波:《打击跨境有组织犯罪区际警务合作制度研究》,载《山东警察学院学报》2015 年第 3 期。

② 参见王桦:《海峡两岸打击有组织犯罪比较研究》,载《人民检察》2018 年第 16 期。

③ 参见张秋波:《打击跨境有组织犯罪区际警务合作制度研究》,载《山东警察学院学报》2015 年第 3 期。

④ 参见王桦:《海峡两岸打击有组织犯罪比较研究》,载《人民检察》2018 年第 16 期。

三、区际协作的完善

针对以上不足，应进行科学的顶层设计，积极推动两岸四地打击有组织犯罪区际协作的完善。

（一）确立打击有组织犯罪区际协作的基本原则

由于两岸四地法律传统、立法和司法结构存在差异，因此，需要确立若干基本原则，以指导和协调区际协作的开展。本书认为，应遵循维护国家主权的原则、平等协商原则、互不干涉的原则、规范化原则。

第一，维护国家主权的原则，是指必须坚持在一个国家的前提下，进行司法合作。"一国两制"中"一国"是前提，开展打击有组织犯罪区际协作与国际协作不同，必须在"一国"框架下开展。实践中应注意以国家整体利益为重，对刑事司法协助领域中的某些惯例要具体分析区别对待，不得适用危害国家主权的惯例。即便是对于我国内地（大陆）和港澳台地区都生效的国际公约，只能作为我国内地（大陆）和港澳台地区与其他国家进行刑事司法协助的依据，而不能作为两岸四地之间进行司法协助的依据。

第二，平等协商的原则，是指根据相关立法（如《香港特别行政区基本法》和《澳门特别行政区基本法》），港澳台地区可与全国其他地区的司法机关通过协商依法进行司法方面的联系，并在平等的基础上相互提供协助。其具体含义为：(1)两岸四地属于不同的法域，而且各自法域之间不存在隶属关系。在刑事司法领域，某一法域司法机关不得擅自进入另一法域调查取证、抓捕人犯，法院的判决也不能在另一法域生效。当涉及两法域的司法事务时，需要协商解决。(2)对于司法权而言，内地（大陆）、澳门特别行政区、香港特别行政区、台湾地区都是独立的，互相之间不存在隶属关系，也不存在指导与被指导的关系，在开展刑事司法协助时其地位是平等的。

对此有学者指出，两岸四地的警务合作属于主权国家不同法域间的警务协助，在合作程序上应尽量避免国际警务合作设定的繁杂程序，应以便于合作为原则，减少不必要的程序限定。比如，提出合作请求应提交哪些文件和资料；审查合作请求，应重点审查哪些内容等，皆需要建立有效的警务合作运行机制来规范区际警务合作程序。[①] 总体来看,应在基于协商的基础上充分简化步骤,推动合作。

第三,互不干涉原则,是指各法域在考虑他法域的刑事司法请求时,要尊重对方的法律制度,不因对方法律制度与自己不同而拒绝刑事司法协助。这就要涉及“公共秩序保留原则”的问题。对此有学者提出,因为毕竟合作各方在法律观念上存在差别,各方对同一问题的规定和认识往往存在分歧,而这种分歧不可能也不应该强求达到统一。允许以公共秩序为理由对一些分歧严重的问题作出保留是必要的、合理的,也是各方之间顺利开展侦查合作的前提和条件。当然,还要把握适当性准则,防止滥用,以期最大限度地实现合作。[②]

本书认为,在区际协作过程中应严格限制“公共秩序保留原则”。例如,内地(大陆)由于传统的因素、普通民众善恶观及公民的心理因素等方面的影响,仍然保留了死刑和无期徒刑;而澳门特别行政区废除了死刑和无期徒刑。若内地居民杀人后逃往澳门特别行政区,澳门特别行政区以本法域废除死刑和无期徒刑为由,拒绝移交嫌疑犯;或者澳门特别行政区与内地若在已决犯的移交方面进行协助,内地要求澳门特别行政区法域承认并在自己的法域中执行无期徒刑。在此两种情况下,法律冲突在所难免,区际司法合作亦成为“空谈”。两法域面对诸如死刑、无期徒刑的法律冲突时,双方应当彼此尊重,互不干涉,互相理解,从而防止在两地区际司法合作过程中出现相互拒绝协助的现象。

第四,规范性原则,是指两岸四地开展区际协作时,要遵循一定的规则,使两地区际司法合作规范化、制度化,做到有章可循,有法可依,有据可查。区际协作仅靠双方的默契无法进行长久之合作,只有规范化、制度化方能改变双方合作的随意性,各法域的实际部门才知道如何做,才可以不受外界的影响和干预。例如,就其中规范性要求最强的区际刑事司法合作,其规范的内容可包括开展的主体、内容、程序、时间、方式等,从而有效地保障区际刑事司法合作的及时性、有效性,排斥随意性、冗长性。

(二)构建统一、协调的协作机制

目前虽然两岸四地之间签订了若干区际协助协议,但是效力、层级等都存在较

---

① 参见张秋波:《打击跨境有组织犯罪区际警务合作制度研究》,载《山东警察学院学报》2015 年第 3 期。

② 参见钱伟:《论粤港澳跨境有组织犯罪区际侦查合作模式及原则》,载《中国人民公安大学学报》2007 年第 2 期。

大的局限性。对此,有学者建议针对跨境有组织犯罪签订统一区域法律协议以消除法律冲突。其具体提出,在充分尊重各法域实际情况的前提下,在平等协商的基础上,四法域专门针对打击跨境有组织犯罪签订区际法律协议。在协议中,可以趋同界定跨境有组织犯罪,可以趋同规定案件的刑事管辖原则、取证规则、通缉令在各法域间的效力等。同时还建议,签订区际法律协议的法域代表,应通过立法确认或者法律授权,使之具有法域代表资格,有权代表本法域与他法域签订法律协议,以保证法律协议的效力地位。① 另有学者提出围绕打击有组织犯罪的具体领域签订协议,如认为粤港澳地区还可以通过协商或签订协议,协助他方对在己方领域内的有组织犯罪的财产采取保全等临时措施以及没收措施。②

本书认为,区际司法合作的规范化、制度化有利于消除分歧,提高工作效率,对于打击有组织犯罪,必将提供便利,使港澳台地区的有组织犯罪人员不因逃到内地(大陆)而逍遥法外;也不因内地(大陆)有组织犯罪人员逃到港澳台地区而成为“漏网之鱼”。签订专门的协作协议对于推动两岸四地协同打击有组织犯罪具有重要的意义。特别是其中的司法领域,签订协议的重要性更为明显。经协商后签订的区际司法协议,其内容应包括关于案件的调查取证、刑事案件的管辖、逃犯的移交、相互承认和执行刑事判决等具体事务。

此外,还有学者提出大陆和台湾地区协作建立“一个平台”的主张。其认为,基于功能性主权观念下诞生的新型刑事司法互助组织有:成立于 1923 年的“国际刑警组织”、1995 年成立的致力于反洗钱的“艾格蒙联盟”、2003 年成立的打击金融犯罪与知识产权犯罪的“虚拟全球任务小组”以及 2009 年成立的主要针对网络犯罪的“全球检察官网络犯罪网络”。这些组织的共同特点体现在以下方面:一是打击的犯罪类型皆为跨境间犯罪,二是运作模式都是利用网络途径进行跨国跨地区间的情报交换与共同打击犯罪,三是将以“正式法律文件”为主的传统司法互助模式转为部分以“机构”为主的模式。以此为借鉴,两岸可以参照新型司法互助组织的互助模式,在双方检警机关之间成立专门打击跨境有组织犯罪互助小组,建立一个跨境整合平台,成立正式联系窗口,发挥第一手犯罪现况通报、协助调查、联合

---

① 参见张秋波:《打击跨境有组织犯罪区际警务合作制度研究》,载《山东警察学院学报》2015 年第 3 期。

② 参见黄立、徐检波:《粤港澳合作打击有组织犯罪的新路径——以经济领域的防控策略为视角》,载《广州大学学报(社会科学版)》2009 年第 6 期。

侦办的功能。①

本书认为，这一构想虽然出发点是好的，但是可操作性值得商榷。两岸之间的协助是区际协助并非国际协助，而其所述刑事司法互助组织通常适用于国家之间，应注意适用场景的区别。因此，如果未来时机成熟，可考虑基于专门协议设立两岸四地区际协助的专门机构，以协调各方的行动。就此有观点提出，目前大陆与台湾地区分别设有反有组织犯罪内设机构，如公安部刑事侦查局有组织犯罪侦查处，台湾地区“警政署刑事警察局反黑科”等，但尚不足以应对治理需要，而应当建立专门的打击与预防有组织犯罪专门机构体系。在此基础上，畅通专门机构之间的直接对接渠道。可参照目前海峡两岸共同打击犯罪联系窗口机制模式，进行三层级建构，畅通针对有组织犯罪的专门管制渠道。② 这一思路可资借鉴。

（三）全面深化区际协作的领域

关于打击有组织犯罪区际协作，不少学者进行了探讨，并就以下角度提出了建议，主要包括：第一，建立统一稳定的情报信息交流合作机制。其认为，情报的交流与协作是打击跨境有组织犯罪警务合作的主要内容之一。两岸四地警方应当充分利用日益发达的计算机网络技术，遵照区际警务合作的相关协议和运作机制中的程序规定，各自组建本区域内的跨境犯罪情报信息网络中心，及时有效地搜集跨境犯罪情报信息，将跨境犯罪情报信息进行系统分析与整理，确保区际间能随时无障碍地进行跨境犯罪情报信息的传递与交换。③ 第二，完善合作侦办与同步行动制度。因跨境犯罪组织分工细密，对于案情复杂、组织结构严密、犯罪据点分散的跨境犯罪集团，双方不能满足于一地一域破案收网的战果，应将联手瓦解或全歼犯罪集团作为破案终极目标。为此，双方应尽早启动联合侦查，在犯罪进行时侦控发现集团网络，而不是在案发后开展深挖延伸。同时，参与“打全程”的各方可既统一步调，又各有侧重，让跨境犯罪组织在寻觅据点、构建网络和通道等方面付出更大的代价。④ 第三，丰富合作取证方式。针对海峡两岸合作取证的现状，可进行以下

---

① 参见王桦：《海峡两岸打击有组织犯罪比较研究》，载《人民检察》2018 年第 16 期。

② 参见董邦俊、张扬：《海峡两岸有组织犯罪之应对研究》，载《犯罪研究》2021 年第 2 期。

③ 参见张秋波：《打击跨境有组织犯罪区际警务合作制度研究》，载《山东警察学院学报》2015 年第 3 期。

④ 参见王桦：《海峡两岸打击有组织犯罪比较研究》，载《人民检察》2018 年第 16 期。

方面的努力与突破：一是结合当前科技与网络技术发展，可采用远程视频取证方式，弥补委托取证的不足。二是构建常态性联合侦查机制，可在海峡两岸有组织犯罪专门工作机构一级联系窗口统筹下，构建联合侦查制度，将个案的协调与经验逐渐上升至制度化阶段。[①] 第四，构建公、私协力的两岸有组织犯罪治理制度。一方面，无论是理论界还是实务部门，都有必要开展两岸有组织犯罪的比较研究，在了解差异的基础上寻找原因，进而得出一条求同存异的解决路径。另一方面，两岸应当针对协议履行过程中出现的争议内容，如委托取证程序、人赃移交、刑事判决承认与执行、同类罪名的定罪量刑平衡以及审判需要的证人、被害人出庭等问题，通过深层次与多方位的交流、参访、磋商以及谈判等方式进一步取得共识，并形成具有执行力的规范性文件，以利于双方实务部门操作执行。[②]

此外，还有学者进一步提出高度协同的分析机制构想。如提出建立打击跨境有组织犯罪威胁评估机制。其认为，"两岸四地"应建立打击跨境有组织犯罪威胁评估机制。有效打击、遏制和预防跨境有组织犯罪，除了着力于有组织犯罪立法专门化，完善刑罚体系，建立案件协查平台，做好社会治安综合治理，优化社会政策等方面工作外，也应努力以数据和情报分析为基石，对"两岸四地"跨境犯罪组织进行持续化、一体化威胁评估，形成情报会商机制，从区域整体上综合研判有组织犯罪情报线索资料，从而揭示有组织犯罪活动的规律和特征，确定重点打击犯罪组织，并制定出战略和战术层面的有组织犯罪的预防措施和行动方案。[③]

本书认为，无论信息交互、侦办协同、取证合作还是公私协作，都是应当采取的打击有组织犯罪区际协作方式。由于法域差异，不存在统一的协作机制，因此，需要充分挖掘各个领域的合作潜力，充分助力实践。既包括司法层面也包括信息层面，既包括案件办理也包括后续执行，既包括程序维度也包括证据维度，既包括相关机构也包括私人实体。但是，也需要考虑打击有组织犯罪的现实需要和实践的合作程度，因此，在相关条件不成熟、实践不充分的情况下应对建立跨境有组织犯罪威胁评估机制持谨慎态度。

此外，目前学界多关注的是打击有组织犯罪程序法层面的协作，对于实体法层

---

① 参见董邦俊、张扬：《海峡两岸有组织犯罪之应对研究》，载《犯罪研究》2021 年第 2 期。

② 参见王桦：《海峡两岸打击有组织犯罪比较研究》，载《人民检察》2018 年第 16 期。

③ 参见陈亮、刘平：《"两岸四地"跨境有组织犯罪威胁评估模型构建研究》，载《中国人民公安大学学报（社会科学版）》2014 年第 1 期。

面的关注不足。本书认为,从刑事实体法的层面而言,也应注意两岸四地的协同。以同为大陆法系的内地和澳门特别行政区为例,就有组织犯罪本身进行比较,我国《刑法》的法定刑比澳门特别行政区之有关规定轻;①就与犯罪组织的犯罪诸如毒品、拐卖人口、绑架而言,我国《刑法》之刑事责任更重。因此,也应注意法律适用的协同。

第一,关于黑社会案件管辖问题。应注重防止澳门特别行政区黑社会分子在内地犯罪后逃到澳门特别行政区,内地黑社会性质组织的犯罪分子在澳门特别行政区犯罪后逃到内地,以此来规避法律。对于有组织犯罪的案件应以属地原则为标准,即凡是在澳门特别行政区实施黑社会犯罪者,无论是内地人,还是澳门人,一律都适用澳门特别行政区法律;凡是在内地实施有组织犯罪者,无论是内地人,还是澳门人,一律都适用内地法律。

第二,关于跨区域的共犯问题。这种情况是指澳门特别行政区居民与内地居民相互勾结,进行跨两地的犯罪活动,如共同走私、共同贩毒、共同实行绑架勒赎、共同贩卖人口等。此种情况下,以共同犯罪的主要犯罪地为标准。若难以判断时,按照主犯身份来确定。我国《刑法》把共同犯罪人分为主犯、从犯、胁从犯和教唆犯,前三种是以行为人在共同犯罪中的地位和作用来划分,教唆犯则以行为人在共同犯罪中的分工的标准而划分的。澳门特别行政区刑法把共同犯罪人分为正犯和从犯两种。《澳门特别行政区刑法典》第25条规定:“亲身或透过他人实行事实者,又或与某人或某些人透过协议直接参与或者共同直接参与事实之实行者,均以正犯处罚之;故意使他人产生作出事实之决意者,只要该事实已经实行或者开始实行,亦以正犯处罚之。”可见,其正犯包括组织犯、实行犯、教唆犯。《澳门特别行政区刑法典》第26条第1款又规定:“对他人故意作出之事实,故意以任何方式提供物质上或精神上之帮助者,以从犯处罚之。”其所说的从犯其实为帮助犯。

第三,移交有组织犯罪分子不应受无期徒刑或死刑的影响。死刑存废问题作为一种刑事政策,是由两法域根据自身情况而做出的选择,其本身无可厚非。谁也不能不顾对方的特殊情况而把自己的观点和制度强加给对方。如果一法域因为自己废除了死刑和无期徒刑而利用移交逃犯的决定权,来强迫他法域在行使刑事管

① 有学者提出,与我国港澳台地区及我国周边国家相比,我国刑法对有组织犯罪的法定刑偏低。参见于改之:《我国关于有组织犯罪的立法与司法完善》,载《法学论坛》2004年第5期。

辖权时也必须放弃死刑和无期徒刑，那无疑是在向犯罪分子昭示："尽管在内地犯下滔天之罪行，只要作案之后立即逃往澳门便可保性命，而且还不会被终身监禁。"如此一来，澳门特别行政区势必成为内地犯罪分子的"保护港"，而且，这显然也违反了相互尊重，互不干涉的原则，不符合"一国两制"的精神。

第四，行为与结果发生在异地之管辖问题。对于此类情况，本书认为不宜采用行为地说，结果地说和行为地或结果地择一说，而应该采取实际控制，先理为优的原则，哪方先抓住犯罪分子，就应当由哪方来管辖，而对方就应该给予积极的配合。

第七章　外国有组织犯罪的发展与刑事立法

第一节　域外有组织犯罪的发展

域外有组织犯罪经历了一个不断变化发展的过程。日本、意大利、德国、法国、英国、美国、俄罗斯等国的有组织犯罪既有一些共同之处,又具有自身的特点。

一、日本有组织犯罪的发展[①]

日本构成发达的组织形态的暴力团出现较晚,但各暴力团的发展却甚为迅速。如山口组历经六代头目的经营后,已是日本头号暴力团,正式成员超过2万人[②]。此外,日本暴力团并未遭受足以导致其灭亡的打击,即使是在"二战"结束后的美军统治期间,暴力团仍合法地存续并逐渐扩展势力范围与经营领域。直至今日,日本法仍认可暴力团的合法存在,仅对其成员的犯罪行为进行追究,即对暴力团仅打击其犯罪行为而不打击其组织本身。

---

① 相关内容参见莫洪宪、张小宁:《中日有组织犯罪现状比较研究》,载《刑法论丛》2009年第2期;莫洪宪、张小宁:《中日犯罪组织比较分析——中国黑社会性质组织VS日本暴力团》,载《法学杂志》2011年第5期。

② 日本暴力团的构成人员一般分为"正式成员"与"准成员"两个层次,正式成员较为稳定,而准成员的流动性较强难以统计。因此,如无特别说明,下文中的"成员"仅是指"正式成员"。

有学者提出，除了政治原因、经济原因，有组织犯罪之所以在东亚地区得以“繁荣”的重要原因在于该地区所特有的结社文化。在儒家文化圈的范围内，家族不仅是繁衍单元，还被赋予了政治、经济、文化、宗教、教育乃至社交等多重功能，因此，以拟制家族为基础建立起来的组织便具有了强烈的伦理本位色彩，而这种以伦理本位为指向的社会结构又使其中的共同体的维系依赖于自身认可的共同道德观，进一步推演，正如韦伯所言，由此产生的氏族共同体便承担着超越或对抗国家法的重要的秩序维持机能。①

理解日本的暴力团还需注意以下几点：第一，不同于其他国家的是，日本是认可暴力团的合法性的。社会主流观点认为对于暴力团应打击其犯罪行为而非其组织本身，对于这种将犯罪行为与犯罪组织区别对待的做法，日本学者提出的理由是：日本宪法保护公民的结社自由以及日本文化中讲求团结合作的传统，使“暴力团”的存在既有法律的支持，也有民意的基础。组织“暴力团”在日本传统上即被视为宪法上公民结社自由的当然内容，取缔“暴力团”实际上也就是侵犯人权。②此外，主流观点认为很难根据暴力与否判断一个组织能否存在，因为在某种意义上国家才是最大的“暴力”组织，如果一概地禁止暴力组织的存在，那是否应该首先瓦解最大的“暴力团”——国家，因此，日本法才对暴力团与其行为作出了区别对待。第二，各组织内部也有金字塔式的明确分工，基本采用“組長”“舎弟”“若頭”“若衆”的分层制，就成员关系上来看，主要可分为拟制亲子关系与拟制兄弟关系，两类关系的内容及实际效果不同，拟制亲子关系体现为命令——服从关系，其维系依赖于拟制父亲的权威，功能在于达成集团的目的并维系集团的存续，拟制兄弟关系体现为互助合作关系，其维系依托于礼仪、结缘。③ 这种纵横交错的关系结构使组织成员间结成了紧密的关系网络，在加强组织控制力的同时，提高成员间的协作力。日本的暴力团正是凭借这种严密的组织结构才得以不断地兼并中小组织发展壮大。第三，日本国内的有组织犯罪的主体有本国的暴力团与外国在日犯罪组织两种，而外国在日犯罪组织因组织严密程度与跨境犯罪能力的不同又可分为一般的犯罪组织与国际犯罪集团（如黑手党）。虽然主体形态千差万别，但在日本国

---

① 转引自季卫东：《超近代的法——中国法秩序的深层构造》，密涅瓦书房 1999 年版，第 4 页。

② 参见周长军、祝圣武、路诚：《有组织犯罪的国际化及其应对——有组织犯罪集团和有组织犯罪国际研讨会综述》，载《山东警察学院学报》2007 年第 6 期。

③ 参见［日］星野周弘：《暴力団における擬制血縁関係》，载《警察学論集》26（10）。

内,有组织犯罪主要是以暴力团为主轴实施的,外国在日犯罪组织的主要功能在于为暴力团提供辅助或联合实行。但也有日本学者提出,比传统的暴力团犯罪更为严重的是从中国、韩国、巴西、伊朗等国来的外国人犯罪集团的组织犯罪问题。①

日本的暴力团等犯罪组织主要从事以下犯罪:第一,毒品犯罪。日本暴力团在毒品犯罪中的主要作用是建立销售点并进行销售,而走私等则主要由海外贩毒组织实施。第二,枪械犯罪。由于日本政府一直对枪械实施严格的管制,因此,在日本使用枪械实施犯罪的案件数量不多,而一旦发生类似案件时,造成的影响也更为恶劣。第三,偷渡犯罪。大规模的偷渡多是与"蛇头"联合实施的,"蛇头"负责偷渡工作,如招募偷渡者、制订计划、收取费用、准备船只、选择登陆口岸等,暴力团则负责接收偷渡者、提供临时场所、进行监视等。第四,抢劫、盗窃犯罪。暴力团经常与外国人犯罪组织联合实施抢劫、盗窃,暴力团成员一般起主犯作用,其利用广泛的情报网收集易下手的对象信息(如保管大量现金但人员较少的住宅或事务所、运送巨款但警备松懈的运钞车),准备工具,制订计划,而后指挥外国人实行。第五,卖淫嫖娼犯罪。由外国犯罪组织与日本暴力团合作实施,外国犯罪组织在本国宣称去日本从事色情业可以发财以招募志愿者,并为其办理短期观光等签证,抵达日本后,暴力团控制志愿者从事色情业,在签证期届满时再由外国犯罪组织将其带回本国。

自《暴力团对策法》实施以来,为逃避法律规制,日本暴力团的活动形式也发生了相应的改变,主要表现为如下特征:(1)不透明化。第一,组织的不透明化。在实际中,日本暴力团的组成主体一般可分为构成人员与准构成人员两层,构成人员是指较为稳固地组成暴力团的成员,准构成人员是指虽不属于构成人员,但与暴力团存在密切联系,以其威慑力为背景实施暴力不法行为,或者为其提供资金或武器的人员,即帮助或参与该组织的维持与运营的人员。② 组织的不透明化同时体现在上述两层次的人员构成中。第二,活动的不透明化。与组织实态的渐趋隐性化相适应,暴力团获取资金的活动由以往的纯暴力化向利用企业的事业活动、政治团体的政治活动、与人权或环境问题相关的社会活动的隐秘方式转变。(2)资金获得活动的多样化。受《暴力团对策法》与民众呼唤排斥暴力活动的制约,以威力

① 参见长井园:《有组织犯罪:日本文化的产物》,载《中国刑事法杂志》2004 年第 5 期。

② 参见日本警察厅编:《警察白書》,株式会社ぎょうせい2003 年版,第 32 页。

方式为要挟而获得资金的犯罪现象呈稳定或略趋减少之势，但却仍然是暴力团获取资金的重要方式。与此同时，暴力团又将目光转向了金融业、产业废弃物处理业、建筑业等企业活动，同时，也利用向地方自治体提出不当请求、回收债权以及滥用融资制度等方式获取资金。与传统方式相比，新方式因貌似合法而在获取资金方面占有了越来越重要的比重。第一，利用企业活动获取资金。包括发放高利贷、涉足产业废弃物处理业与建筑业。第二，通过对行政对象实施暴力以获取资金。暴力团不仅威胁工厂、企业，而且还向某些行政机关提出不当要求。第三，介入回收债权活动以获取资金。主要方式有利用欺诈破产进行破产整理，非法占有拍卖物品而后设定虚假的租赁权、抵押权以妨害拍卖的正常进行，将非法占有的不动产等低价转卖或者索取撤回金。第四，滥用公共融资制度以获取资金。在经济低迷时期，滥用扶持中小企业的资助金等制度，伪造文件骗取资金。(3)寡占化。暴力团的寡占化趋势发展迅猛，构成人员与准构成人员在全部暴力团成员中所占的比重迅速向几大暴力团集中。[①] (4)国际化。暴力团与在日的外国人犯罪组织联合实施贩毒、走私，或者在国外设立据点与国际犯罪组织合作已成为暴力团犯罪活动的趋势之一。针对日本暴力团的以上变化，有学者提出其正处于“转型时期”，“它将改变整个日本有组织犯罪的面貌”。[②]

二、意大利有组织犯罪的发展

意大利的黑社会犯罪组织在世界至少四十余个国家和地区活动，不仅在美洲、土耳其、泰国、越南等地十分活跃，甚至在欧洲一些国家还设有大量的联络站。[③] 意大利的有组织犯罪都是传统型的，它们与官员进行了大量有实质意义的交易，直至今日仍然如此。意大利本地的犯罪组织和非本地犯罪组织之间的关系的新趋势也值得关注。可以推测，在意大利的一些地区，由于本地的犯罪组织目前已经参与生产、经营和金融活动，“外国”犯罪组织独立于意大利本地的犯罪组织。其他的犯罪组织可能已经完成了“承继”阶段，基于此，外国犯罪组织占据了本地犯罪组

① 最大的三个组织是——住吉会、山口组、稻川会，包括了其中近2/3的犯罪集团。参见李芳晓：《国外有组织犯罪的现状与防范对策》，载《国外社会科学》2009年第4期。

② 参见陈世伟：《新世纪以来欧美有组织犯罪理论研究的新近发展与启示》，载《江西警察学院学报》2016年第6期。

③ 参见李芳晓：《国外有组织犯罪的现状与防范对策》，载《国外社会科学》2009年第4期。

织转型后留下的活动空间。[①] 综上,意大利的有组织犯罪的国内属性依然存在,但是,国际因素也不断增加。

有学者指出,意大利黑手党组织、其他地方的“黑手党类型的组织”与其他形式的有组织犯罪相区分,具有以下特征:(1)组织的长久性,即其并非短时间存在。(2)组织和文化的复杂性。黑手党成员的地位和兄弟契约似乎非常老套,却可以有效地保障非法团伙和成员服从头目。它们同样有助于培养成员之间的信任,促成合作,以此实现各自目标。(3)他们在自己的势力范围内存在政治影响,至少已经被当地居民和政府部分认同。黑手党权力的有效性和合法性程度甚至高于政府。在一些地区,黑手党组织成功地管理了普通民众,解决纠纷,追回赃物以及行使财产权利。甚至政府机构虽然在表面上谴责黑手党的暴力,时不时地镇压黑手党,但政府经常接受黑手党权力的存在。(4)他们随之拥有控制合法市场的能力。不过,当黑手党转移至意大利北部或海外时,它们很少寻求获得政治影响,仅仅是参与营利的合法或非法活动。[②] 比如,意大利有组织的环境防治即有自身独特之处。[③] 由此可以看出,虽然意大利的有组织犯罪具有同类犯罪的一般特征,但是也具有自身的特点,特别是一定程度上具有政治上、经济上的正当地位,与其他国家的有组织犯罪区别较为明显。

三、德国有组织犯罪的发展

一般认为,德语中“有组织犯罪”(Organisierte Kriminalität)一词自 20 世纪 60 年代以来就已经确立,其主要推动力来自美国。当时公众对“有组织犯罪”的认知即为意大利族裔的美国黑手党。[④] 20 世纪 70 年代以前,对德国是否存在有组织犯罪有不同的看法,但自 20 世纪 90 年代以来,德国存在有组织犯罪已成为不争的事实。由于社会制度的变革,人们在意识形态、观念上存在一系列冲突,加剧了社会

---

① 参见[英]文森佐·鲁杰罗:《论欧洲跨国有组织犯罪》,陈波译,载《社会科学家》2014 年第 10 期。

② 参见[比]莱蒂齐亚·保利:《意大利有组织犯罪:黑手党、克莫拉和恩特兰盖塔》,陈波译,载《河南警察学院学报》2016 年第 6 期。

③ See Aunshul Rege & Anita Lavorgna, *Organization, Operations, and Success of Environmental Organized Crime in Italy and India: A Comparative Analysis*, European Journal of Criminology, Vol. 14:2, p. 174(2017).

④ Von Lampe, Klaus, and Susanne Knickmeier, *Organisierte Kriminalität: Die aktuelle Forschung in Deutschland*, FU Berlin, 2018, S. 7.

矛盾,犯罪率明显上升,有组织犯罪愈演愈烈。①

近年来,德国的有组织犯罪也出现了一些新变化。在 2020 年报告年度,警方对有组织犯罪团体进行了 594 次调查,其中大多数(70.7%)由多达 10 名嫌疑人组成,在 11—50 名嫌疑人中几乎占 1/3(27.3%),最多的包括 158 人。不仅如此,德国有组织犯罪犯罪者的犯罪所得资产增加了 58%,达到 10.2 亿欧元;犯罪分子的行为造成的经济损失也有所增加,即增加了 4%,达到 8.37 亿欧元;在大约 41% 的案件中,发现了掩盖犯罪资产来源的洗钱活动;七成以上有组织犯罪集团在国际上运作。②

四、法国有组织犯罪的发展

有法国学者在描述有组织犯罪的发展时区分“黑帮”与“黑社会”:第一,黑帮。黑帮中的破坏者熟练、有经验、有决心,并且,可以聚集大量钱财以实施一些耸人听闻的行动。黑帮主要在大城市中,其特征是从事多种犯罪活动并涉及一切有可能带来可观收入的领域:持械抢劫银行或运钞车、国际毒品贩运、组织卖淫、敲诈勒索、制造假币、武器贩运、组织偷渡、制假贩假、非法聚赌等。这些作恶者虽然十分危险且富有经验,但警察部门对其也非常了解并在一定程度上可以预测其行动。第二,黑社会。黑社会是指团伙性质的犯罪组织,其成员来自某个比较有限而封闭的地理区域,对来自该区域以外的人不予接纳。最初,该术语指最著名的犯罪组织——西西里黑手党。后来扩展到其他以同样规则运行的犯罪组织。尽管这些组织招收的成员来自较为有限的地理区域,可他们的活动却遍及全球。他们要么打算在法国发展犯罪活动,要么至少也是想在法国投资一部分他们的犯罪产品。③但是,“黑帮”与“黑社会”的划分更多具有刑法学与犯罪学意义,在防治层面依然进行统一考量。

另有法国学者指出,从概念上来说,包括三种犯罪组织——传统本地犯罪组织、边缘化犯罪组织和移民犯罪网络。研究表明,法国主要的有组织犯罪是毒品犯

---

① 参见李芳晓:《国外有组织犯罪的概念与特征》,载《国外社会科学》2007 年第 1 期。

② BKA, *Bundeslagebild Organisierte Kriminalität* 2020, https://www.ihk.de/schleswig-holstein/standortpolitik/sicherheit/bundeslagebild-organisierte-kriminalitaet-4963294.

③ 参见[法]让-马克·埃尔博:《法国反恐怖主义和反有组织犯罪的斗争》,王鲲译,载《国家检察官学院学报》2009 年第 6 期。

罪、人口贩运、假冒商品、敲诈和非法赌博。由于社会安全有所提升，持械抢劫减少，这也使犯罪组织进入贩毒活动，但其收入主要来自娱乐和建筑产业。前些年，法国成为走私香烟和假冒香烟的目的国和中转国。① 可以看出，依据犯罪组织地域、主体划分有组织犯罪也是另一种思路。

五、英国有组织犯罪的发展

根据英国《严重及有组织犯罪战略评估报告(2020)》②(National Strategic Assessment of Serious and Organised Crime 2020)，“严重及有组织犯罪”在英国《严重及有组织犯罪战略(2018)》中被定义为个人计划、协调和实施严重犯罪，无论是个人、集体或作为跨国网络的一部分。该术语涵盖的严重罪行的主要类别是：儿童性虐待犯罪；现代奴隶和人口贩运犯罪；有组织的移民犯罪；非法毒品犯罪；非法枪支犯罪；有组织的贪利犯罪；网络犯罪；欺诈罪；洗钱；贿赂、腐败和逃避制裁。许多严重及有组织犯罪持续参与多种犯罪类型，即使是那些专门从事某一犯罪领域的人——比如贩毒——也很可能犯下更广泛的罪行来支持他们的核心犯罪，如严重的暴力、恐吓和洗钱。这表明不能孤立地考虑威胁，应考虑技术的使用、边境脆弱性、英国的腐败、资金流动等促成因素。③ 与任何其他国家安全威胁相比，严重的有组织犯罪对英国公民的影响仍然更大。它影响全国各地，对个人和社区、企业、公共服务和国家基础设施的日常生活产生长期和腐蚀性的影响。严重的有组织犯罪对英国造成的社会和经济成本的最新估计约为 370 亿英镑。然而，这被认为是对真实成本的严重低估，因为该计算使用了 2015 年、2016 年的基线，并且，不包括洗钱、针对个人的欺诈或贿赂和腐败等威胁。

---

① 参见[英]文森佐·鲁杰罗：《论欧洲跨国有组织犯罪》，陈波译，载《社会科学家》2014 年第 10 期。

② 英国《严重及有组织犯罪战略评估报告》于每年 5 月至 6 月由英国国家犯罪调查局发布。评估报告所提供的分析与评估得到了英国执法部门以及来自公众、私人和第三方重要合作部门的共同认可。它的主要目标可以通过 2013 年 10 月出台的英国《严重及有组织犯罪战略》(Serious and Orga - nized Crime Strategy)中的“4PS”战略框架来描述。“4PS”分别代表 Pursue，Prevent，Protect 和 Prepare 的英文首字母。Pursue 指打击严重及有组织犯罪的目标追求。参见林冬梅：《〈2015 年度英国严重及有组织犯罪战略评估报告〉评析》，载《人民检察》2016 年第 9 期。

③ The National Crime Agency(NCA), *National Strategic Assessment of Serious and Organised Crime 2020*, https://www.nationalcrimeagency.gov.uk/who-we-are/publications/437-national-strategic-assessment-of-serious-and-organised-crime-2020/file.

英国的有组织犯罪也有其自身的情况。20 世纪 80 年代,英国的非法市场有所扩展,使执法者和研究者开始尝试解决这一问题。由于主要是在非法市场中活动,犯罪组织之间经历了持续不断的竞争,结果导致他们实施的是常规和传统的犯罪行为。有些犯罪组织可能成功地表现出勤奋可靠的市场操纵者形象,而其他犯罪组织可能靠使用暴力来树立形象。激烈的竞争使犯罪组织委身于下层社会,很少有机会能够与官员结盟。① 再如,英国的枪支管制非常严格,因此,可以部分解释有组织犯罪相关的凶杀率低的原因。② 在广泛有效的警务背景下,有学者发现有组织犯罪群体往往由具有相同种族和国籍的人组成,具有相同的年龄和性别,并一起实施暴力行为。③

六、美国有组织犯罪的发展

在美国,有组织犯罪概念的确立和其种族问题密切相关。美国人不承认有组织犯罪有本土特征。虽然"有组织犯罪"概念最初并不包含种族内涵,但有关种族、移民和"差异性"的观念现已成为有组织犯罪的核心,在媒体和公众的感知中,这一现象的最佳典型是被认为控制了美国非法市场的意大利黑手党以及其他迁徙而来的犯罪组织。这些以美国为基础的理论中比较显著的是"外国人阴谋论"和"族裔承继论"这两种理论。外国人阴谋论(Alien Conspiracy)④将黑手党等有组织犯罪称为"以美国人生活核心内容为目标的道德阴谋的一种表述";族裔承继论认为,少数种族群体发现传统社会快速阶层化的路径已被阻塞时,"非常规的社会流动阶梯"为种族群体提供了向上层社会流动的有效替代途径。⑤ 在族裔的视角下,不仅黑人有组织犯罪(Black Organized Crime)⑥被探讨,华人在北美有组织犯罪也被称为"tongs",学者关注老唐人街的组织和新成立的犯罪联盟之间的联系,认为

---

① 参见[英]文森佐·鲁杰罗:《论欧洲跨国有组织犯罪》,陈波译,载《社会科学家》2014 年第 10 期。

② See Matt Hopkins, Nick Tilley & Kate Gibson, *Homicide and Organized Crime in England*, Homicide Studies, Vol. 17:3, p. 310(2013).

③ See Paolo Campana, Federico Varese, *The Determinants of Group Membership in Organized Crime in the UK: A Network Study*, Global Crime, Vol. 23:1, p. 12(2022).

④ See Margaret E. Beare, ed., *Transnational organized crime*, Routledge, 2016, p. 67 - 104.

⑤ 参见[英]迪克·霍布斯、[英]乔治斯·A. 安东诺普洛斯:《"外国人阴谋论"与有组织犯罪》,陈波、邬琤译,载《青少年犯罪问题》2014 年第 1 期。

⑥ See Howard Abadinsky, *Organized crime*, 10th Edition, Cengage Learning, 2012, p. 169 - 188.

其随着时间而变化。[1]

美国的有组织犯罪观念历经了从狭义[2]到广义的转变。美国传统的有组织犯罪不是移植西西里黑手党的结果,而是与美国社会的社会状况直接相关。[3] 20世纪50年代至70年代,美国官方及主流社会关于有组织犯罪的狭义认识与当时媒体宣传,以及历史认知当中十分盛行的种族偏见思想有着千丝万缕的重要联系。20世纪80年代以后美国逐渐确立广义的有组织犯罪观念,认识到了有组织犯罪样态的变化性与多样性。[4] 从最初的意大利黑手党集团在美国的延伸,到从事多种非法活动的高度组织化和纪律化的犯罪集团,再到"有组织犯罪统一体"(Organized Crime Continuum)概念的提出,历经半个世纪的演变,狭义的有组织犯罪概念被抛弃,广义的有组织犯罪概念最终得以确立。[5] 在这一概念之下,有组织犯罪作为一个统一的犯罪形态被细分为三个不同的层次:第一层次为成熟的有组织犯罪,如黑手党型犯罪集团犯罪;第二层次为欠缺某些典型特征的半成熟有组织犯罪;第三层次即街头团伙和其他处于较低发展阶段的有组织犯罪。[6] 对此有学者指出,美国有组织犯罪观念的变迁表明,惩治有组织犯罪的法治建设在观念和进路上都有别于传统的刑事法治,因此,需要付出不懈的努力。[7]

在许多方面,有组织犯罪是美国最险恶的犯罪。[8] 如有组织犯罪对美墨边境执法人员谋杀都有影响。[9] 有组织犯罪也影响了政府形象,有观点甚至认为芝加

---

① See Stefano Caneppele & Francesco Calderoni, eds., *Organized Crime, Corruption and Crime Prevention: Essays in Honor of Ernesto U., Savona*, Springer, 2014, p. 281.

② 美国关于有组织犯罪的狭义观念不但曾经长期主导着美国的主流社会,而且这种狭义观念及其残留痕迹至今影响了世界上许多国家以及国际或地区组织关于有组织犯罪的观念认识。参见赵赤:《美国有组织犯罪基础观念的考证、反思与启示》,载《法学评论》2013年第4期。

③ See Robert M. Lombardo, *Organized Crime in Chicago: Beyond the Mafia*, University of Illinois Press, 2012, p. 195.

④ 参见赵赤:《美国有组织犯罪基础观念的考证、反思与启示》,载《法学评论》2013年第4期。

⑤ 参见赵赤:《美国有组织犯罪的概念演变及借鉴启示》,载《法学杂志》2011年第5期。

⑥ 参见赵赤:《美国有组织犯罪基础观念的考证、反思与启示》,载《法学评论》2013年第4期。

⑦ 参见张远煌:《美国惩治有组织犯罪的法治实践及其对我国的借鉴与启示》,载《山东警察学院学报》2011年第1期。

⑧ See Donald R. Cressey & James Finckenauer, *Theft of the Nation: The Structure and Operations of Organized Crime in America*, Routledge, 2017, p. 7.

⑨ See Sara Schatz, *Impact of Organized Crime on Murder of Law Enforcement Personnel at the U. S. – Mexican Border*, Springer, 2014, p. 95.

哥有组织犯罪的状况不是移植的西西里黑手党，而是（缘于）政府的失败。[①] 就美国有组织犯罪的基本特点，有学者概括为：(1)目的性。组织的存在目的是持续的、多元化的利益。这种利益不是一次性的，不是临时起意而谋取，而是反复地利用犯罪组织获得的。(2)组织性。有组织犯罪中存在严格的等级制度。(3)腐蚀性。有组织犯罪组织要长期生存，就必须寻求政治保护。(4)手段的暴力性。暴力或暴力威胁，一方面是对外的犯罪手段，另一方面是维持组织内部运转的办法。[②] 但是应该明确，前述概括更适用于早期的美国有组织犯罪，近年来其也发生了一些新的变化，比如行为的符合性，例如，犯罪组织不仅实施非法赌博业务，而且可以通过欺骗威胁客户，骗取政府税收，并资助其他犯罪活动。[③]

根据组织结构样态，美国学术界和实务界一般倾向于把有组织犯罪划分以下三个主要类型。第一，科层式有组织犯罪。所谓科层式有组织犯罪，是指其组织结构中权力自下而上集中，核心层、管理层与实施层自上而下分层，以严明的纪律为保障的有组织犯罪类型。这是美国传统有组织犯罪的基本类型，以黑手党犯罪组织为典型代表。因其组织结构以首脑为核心，故又称为权力型有组织犯罪。第二，企业型有组织犯罪。所谓企业型有组织犯罪，是指犯罪以公司、企业等“商务业务实体”形式进行有组织犯罪活动。企业型有组织犯罪包括具有合法企业形式的有组织犯罪和准商业组织有组织犯罪两种类型。企业型犯罪组织与传统科层式犯罪组织的本质区别在于前者内部组织关系的实质是一种经济关系，而后者是一种以权力为本位的组织关系。第三，网络型有组织犯罪。所谓网络型有组织犯罪，是指由犯罪功能性个人、组织、企业之间通过互补性合作方式为实现共同犯罪目标而协同一致行动的有组织犯罪模式。与企业型有组织犯罪相比，网络型有组织犯罪一般是指一种“任务型”(task - oriented)有组织犯罪，即相关个体或组织为了共同实施一种或多种犯罪任务而相互结合在一起所从事的有组织犯罪。这类有组织犯罪包括两种类型：一是网络式结构组织；二是网络式结构联盟。在（网络型）组织模式下，犯罪组织之间不再是竞争性的排他关系。基于完成特定的犯罪项目，不同的

---

① Robert M. Lombardo, *Fighting Organized Crime: A History of Law Enforcement Efforts in Chicago*, Journal of Contemporary Criminal Justice, Vol. 29:2, p. 313(2013).

② 参见梁利波：《有组织犯罪立法的国际谱系》，载《刑法论丛》2014 年第 3 期。

③ Jay S. Albanese, *Illegal Gambling Businesses & Organized Crime: an Analysis of Federal Convictions*, Trends in Organized Crime, Vol. 21:3, p. 263(2018).

犯罪组织之间常常可以临时形成一个超组织的网络协作关系。① 在这三种有组织犯罪类型中,科层式有组织犯罪是最为传统的类型,企业型有组织犯罪也日渐普遍,网络型有组织犯罪正成为新的发展方向。

互联网时代也对美国的有组织犯罪产生影响,社交网络成为帮会新平台。有报告指出,随着帮会成员的年轻化,更多的帮会成员开始通过网络的方式与其他成员进行联系,谋划犯罪活动。甚至一些社交网络成了一些帮会招新、活动的平台。② 由此,如何防控互联网领域的有组织犯罪正日益成为美国新的时代命题。

七、俄罗斯有组织犯罪的发展

俄罗斯学者一般认为有组织犯罪通常具有如下的特征:稳定性、长期性、计划性、隐秘性,存在组织管理和保障机构,存在领导的等级机制,有组织犯罪的参加者之间存在分工,严格的组织纪律等。③ 但大多数学者对有组织犯罪的定义各持一端,因此,他们对有组织犯罪特征的描述也不尽相同。例如,古罗夫(А. И. Гуров)将有组织犯罪界定为社会不法现象,他指出,对于犯罪团伙和犯罪集团而言,有组织犯罪活动实质上是一种附条件的生意(行业),其存在的基础便是实施犯罪。有组织犯罪活动之所以能够长盛不衰,其中最重要的一个因素便是它善于借助腐败分子的庇护而成功逃避社会监管。④ 阿格里金(В. В. Агильдин)认为有组织犯罪具有四个特征:(1)善于自我保护;(2)犯罪组织(团伙)或者几个类似组织之间具有很强的(秘密)凝聚力;(3)从非法经营活动或者合法经营活动中攫取利润,但此过程中伴有违法犯罪因素;(4)使用暴力或者以使用暴力相威胁的手段控制市场的相应领域。⑤ 赫利斯求克(А. А. Христ юк)认为有组织犯罪是为攫取高额收入并使这些犯罪收入合法化的犯罪活动(某些情况下也表现为非犯罪活动),是具有

---

① 参见罗明海:《美国有组织犯罪概念的历史、类型及启示》,载《青少年犯罪问题》2013 年第 4 期。

② 参见刘洋、姚春富:《美国青少年有组织犯罪社会防控机制研究》,载《云南警官学院学报》2014 年第 6 期;王俊平:《刑法视野下的犯罪集团研究》,中国人民公安大学出版社 2009 年版,第 7 页。

③ Организованная преступность Дальнего Востока общие ирегиональные черты. Владивосток, 1998. С. 14 – 15; ВанюшкинС. В. Изменения организованной преступности идеятельность по борьбе с ней//Организованная преступность, миграция, политика/подред. А. И. Долговой. М. 2002. С. 46идр.

④ Гуров А. И. Организованная преступность — не миф, а реальность. М., 1990. С. 19.

⑤ Агильдин В. В. Организованная преступность: понятие, признаки, вопросы, требующие разрешения // Криминологический журнал Байкальского государственного университета экономики и права. Иркутск. 2013., № 3. С. 50 – 55.

严格等级制度的犯罪组织，这些犯罪组织利用腐败关系达成自己的预期目的，并且，通过自身机制的运作消解任何形式的社会监管，从而具有最高程度的潜隐性。① 尽管学者们众说纷纭，但对有组织犯罪的以下三个特征是不存在争议的：(1)组织特征。组织特征是俄罗斯有组织犯罪的基本特征或基本要素之一，有组织犯罪是犯罪主体为系统地实施犯罪而结成的联合体，在这个联合体中，有一定的组织结构等级，不同位阶的参加者具有从属关系。(2)行为特征。无行为即无犯罪，而有组织犯罪行为的目的是获取最大非法利润，积累资本，滚动发展。这种非法利润的获得是以国家和社会利益的严重损失为代价的，是对国家和社会福利和机会的掠夺。(3)"保护伞"特征。俄罗斯学者普遍将"保护伞"特征视为有组织犯罪的重要特征之一。

俄罗斯学者认为，有组织犯罪最主要特征是它的组织性，并按有组织犯罪活动的组织性程度由低到高将其划分为三个层级。第一层级(最低层次)具备这样一些特征：犯罪实施的主体是组织稳定的犯罪团伙(прест упные группы)；这些团伙的行为带有故意属性；没有复杂的建构和严密的等级；尚不具备组织者与实行犯之间的角色分工。第二层级为中级、过渡期。第三层级的有组织犯罪与前两级相比具有质的差别，主要体现为犯罪圈的联合以及犯罪组织头目之间的联手。② 可以看出，俄罗斯有组织犯罪的层级既与其他国家具有一定的共同之处，又有自身的特点。

有组织犯罪对俄罗斯造成了严重的危害。如有学者指出，俄罗斯的有组织犯罪对政治和经济机构的完整性以及社会规范构成长期威胁。③ 而且，俄罗斯的有组织犯罪并非一成不变，近年来，(俄罗斯)与商业和政治有着密切联系的(有组织犯罪)新罪犯正在取代他们传统的领导地位。④ 就当代俄罗斯有组织犯罪的发展趋势，有学者指出：(1)俄罗斯有组织犯罪发展的主要趋向为经济领域(而西方国家的有组织犯罪主要集中在毒品犯罪、倒卖武器以及非法移民等领域)；(2)经济

---

① Христюк А. А. Понятие и признаки организованной преступности. Организованная преступная деятельность. // Вестник Томского государственного университета. 2010. № 335. С. 109 – 112.

② 参见庞冬梅：《俄罗斯有组织犯罪的企业化路径及对策研究》，载《法治论丛》2018 年第 5 期。

③ See Phil Williams, ed., *Russian Organized Crime: The New Threat?*, Routledge, 2014, p. 25.

④ See Dina Siegel & Henk van de Bunt, eds., *Traditional Organized Crime in the Modern World: Responses to Socioeconomic Change*, Springer, 2012, p. 43.

犯罪化进程与当局政权机构的犯罪化进程存在密切联系;(3)俄罗斯有组织犯罪不仅与境外有组织犯罪相互勾结,而且与其他国家的合法经济主体之间也存在某些联系;(4)俄罗斯犯罪集团的物质基础不断加强,其成员的职业化程度越来越高;(5)俄罗斯部分实力强大的犯罪集团逐渐向俄合法经济领域渗透,出现了有组织犯罪合法化趋势。① 不仅如此,俄罗斯有组织犯罪的跨国性也较为明显,其活动范围包括东欧诸国、德国,在法国也发现了他们的洗钱活动。②

关于俄罗斯的有组织犯罪,还应特别注意三个方面:

第一,有组织犯罪对政权的渗透。虽然俄罗斯的有组织犯罪包括了传统的帮派和专业化的犯罪行为,但是不能脱离腐败的政治经济制度所起到的作用来理解。抛开具体的贿赂和回扣不讲,政治组织与黑社会之间的联系是如此的牢固,以至于若将政治组织排除,则无法考察黑社会组织。③ 俄罗斯有组织犯罪渗透政权领域的主要目的是想利用权力合法进入国家经济与财政领域,以合法的身份亮相于国际舞台,同时,也为其所从事的有组织犯罪活动保驾护航,以有效规避来自俄罗斯官方机构的刑事追诉。④ 其通过获取俄罗斯各类政权的半公开化的特殊保护,以保证有组织犯罪的持久性。⑤ 应该说俄罗斯有组织犯罪对于政权的渗透已经到了一定程度,这也成为西方学者指责俄罗斯"放任"有组织犯罪及其关联犯罪的理由之一。如认为,由于政治因素和腐败削弱了俄罗斯个人和机构打击洗钱的活力,俄罗斯的反洗钱努力似乎仍然无效。⑥

第二,有组织犯罪与影子经济的关联。苏联时期的影子经济并不发达,而之后在俄罗斯联邦所进行的市场化改革却给影子经济的滋生与蔓延提供了适合的环境。俄罗斯学者指出"犯罪—腐败"威胁主要体现为伴有腐败因素的"有组织经济犯罪"(организованная экономическая преступность),此类犯罪的特征主要体现

---

① 参见于文沛:《俄罗斯有组织犯罪及其合法化路径论析》,载《俄罗斯东欧中亚研究》2013 年第 4 期。

② 参见李芳晓:《国外有组织犯罪的现状与防范对策》,载《国外社会科学》2009 年第 4 期。

③ 参见[英]文森佐·鲁杰罗:《论欧洲跨国有组织犯罪》,陈波译,载《社会科学家》2014 年第 10 期。

④ 参见于文沛:《俄罗斯有组织犯罪及其合法化路径论析》,载《俄罗斯东欧中亚研究》2013 年第 4 期。

⑤ 参见张杰:《俄罗斯社会转型对有组织犯罪发展的影响》,载《中国人民公安大学学报(社会科学版)》2005 年第 2 期。

⑥ Chaim Shinar, *Organized Crime in Russia*, European Review, Vol. 24:4, p. 639(2016).

为以下几个方面：犯罪组织拥有强大的物质基础—影子经济；“影子预算”中的财物与其他支出一起通常用于“供养”官员和贿买当局，此外，还有一部分投入执法部门，用以牵制执法部门的活动；拥有稳定的犯罪组织体，这些犯罪组织共同追逐的唯一目的即是增加犯罪收入，并且利用这些犯罪所得对政权当局施加影响。因此，这些犯罪组织经常会在那些守法经营的经济主体面前炫耀自己的“优势”。有俄罗斯学者将此类犯罪组织体称为“经济—犯罪系统”（экономическо－криминальная система）。[①] 可以说，影子经济在俄罗斯当代经济发展中起着举足轻重的作用。犯罪组织成员通过建立最新型的违法犯罪模式（影子经济）攫取超额利润。[②] 犯罪组织在经济领域从事的犯罪活动严重损害了俄罗斯的经济安全。俄罗斯犯罪团伙和组织在经济领域实施的有组织犯罪扰乱了经济秩序，损害了俄罗斯的经济安全，也对俄罗斯的国家安全造成了威胁。[③] 因此，影子经济不仅为有组织犯罪提供了生存和发展的基础，而且对俄罗斯经济社会造成了深远的危害。

第三，有组织犯罪和少数族裔。俄罗斯的不少犯罪组织主要由某一民族构成。有组织犯罪以某一民族构成为特征的方向发展的这一态势，在国内的相关研究中被称作俄罗斯有组织犯罪的“族裔化”。[④] 因此，地缘、血缘等连接对于俄罗斯有组织犯罪同样重要。

第二节　域外有组织犯罪的刑事立法

反有组织犯罪是各国都需要面对的重大命题。相关实践有代表性的除了社会背景与我国近似的日本外，还有意大利、德国、法国、英国、俄罗斯等欧洲国家，以及美国。不少域外有组织犯罪更为成熟、更加猖獗，其立法也相对成熟，尽管在国情、司法环境等诸多方面存在不同，但仍有一定的借鉴意义。比如，在各国反黑社会组

① Шегабудинов Р. Ш. Организованная экономическая пресупность, сопряженная с коррупцией, －－－источник криминально－коррупционной угрозы // Вестник Московского университета МВД России. С. 134.

② 参见庞冬梅：《俄罗斯有组织犯罪的企业化路径及对策研究》，载《法治论丛》2018 年第 5 期。

③ 参见李昕韡：《俄罗斯有组织犯罪形势及打击机制》，载《现代世界警察》2020 年第 7 期。

④ 参见龙长海：《俄罗斯有组织犯罪的族裔化发展态势及原因》，载《中国刑事法杂志》2014 年第 1 期。

织或黑手党的刑事立法中,一方面,注重运用刑罚手段重点打击黑社会组织的首领,其目的在于避免仅对一般罪犯提起诉讼,而放纵了幕后操纵者;另一方面,注重刑事制裁措施的多样化,除对有组织犯罪依法定罪判处监禁、罚金刑外,通常还采取旨在威慑有组织犯罪的其他措施,例如,冻结、扣押和没收有组织犯罪的资产,作为"有效控制有组织犯罪的战略武器。遏制有组织犯罪活动的经济手段,消除这类黑社会行为的经济收益的途径"①。不仅如此,研究域外关于有组织犯罪的立法和司法,也是今后加强国际合作、司法协助的必由之路。②

一、日本有组织犯罪的刑事立法③

日本处置暴力团的主要方法是:(1)发动民众力量清除暴力团,如在全国范围内发起的"驱逐暴力团运动";(2)根据《暴力团对策法》确定暴力组织名单,打击其犯罪活动,对其进行约束,并在必要时解散其组织。仅 2007 年一年间日本警方便解散了 191 个暴力团组织,成员人数多达 1400 人。④ 对暴力组织的确定并非永久性的,日本警察厅会根据各暴力团情势的变化,每隔数年列举一次符合条件的组织名单。截至 2020 年,被日本警方指定的暴力团为 24 个⑤,但这并非暴力团的全部数目,而仅仅是所有暴力团中的人数较多、势力范围较广、危害较为严重而需要加强监管的部分组织。⑥ 在此过程中,《暴力团对策法》以及相关刑事立法具有关键的作用。

---

① 冻结、扣押和没收财产的范围包括一切与非法活动有关的资产,即作为有组织犯罪活动收益的任何财产和借助这类收益所获得的任何资产;以任何方式或在任何程度上被有组织犯罪用于或企图用于进行犯罪活动的任何资产。例如,意大利刑法规定了两种没收措施,一种属预防性措施,根据法律规定,法院有权扣押与本人生活收入明显不符的资产。在这种情况下,当事人必须讲清资产性质和来源,如果能够解释和证实其所获资产的合法来源,资产仍归其享有,否则法院可处以没收、扣押以及对怀疑是非法性质的财产管理的临时冻结。另一种属惩戒性措施,即确认资产属犯罪收益或备用于犯罪活动的财产,处以没收。

② 参见莫洪宪:《我国有组织犯罪的特征及其对策》,载《河南财经政法大学学报》2012 年第 6 期。

③ 相关内容参见莫洪宪:《日本惩治有组织犯罪的最新法律对策》,载《国外社会科学》2001 年第 3 期。

④ 日本警察厅编:《警察白書特集:変革を続ける刑事警察》,株式会社ぎょうせい2007 年版,第 107 页。

⑤ 法務総合研究所:《犯罪白書(令和 3 年版):詐欺事犯者の実態と処遇》,https://hakusyo1.moj.go.jp/jp/68/nfm/mokuji.html。

⑥ 如根据《暴力团对策法》第 3 条的规定,当某暴力团助长其成员实施集团性或常习性的暴力不法行为的危险较大时,则都道府县的公安委员会可对其进行指定,换言之,暴力团会分为指定暴力团与未指定暴力团两种。

(一)《暴力团对策法》

日本第一部有组织犯罪专门立法为《暴力团对策法》。1991 年《暴力团对策法》的主要目的是规范“暴力团”的活动,然而,由于日本黑社会并非法律意义上的法人,在执行的时候需要从法律上对它加以定义。根据《暴力团对策法》第 2 条的规定,暴力团是指“有助长其团体的构成人员(包括该团体的构成人员)实施集团性或常习性的暴力不法行为等的危险的团体”。因此,组成暴力团的基本要素是组成主体,即实施集团性或常习性的暴力不法行为的构成人员。但是,日本有数百个流氓团伙,其规模和特点各不相同。一些团伙通过合法手段生产经营,另一些则是进行毒品贩卖等行为的真正的犯罪团伙。《暴力团对策法》采纳的区分方法是“指定法”,即由都道府县公安委员会根据法律规定的标准,指定一定数量的危险流氓组织,依据法律词句将其定义为“倾向于唆使其成员有组织地、反复地从事犯罪活动的团体”。这些被指名的“暴力团”名单将在公报上正式公布。根据这个名单,其成员将不得从事某些反社会行为。《暴力团对策法》规定了诸多打击暴力团的详细举措,在当时起到了应有的作用,但是,在日本黑社会组织更巧妙地将反社会行为掩饰成正当经营的时候,就显得无能为力。① 因此,《暴力团对策法》如何与时俱进成为问题。

此后,日本多次对《暴力团对策法》进行修改完善。② 如 2008 年修改时,规定黑社会组织不可向正在服刑的黑社会成员及其家人提供物质奖励,以从根本上斩断黑社会组织的忠诚维系。2012 年修改时,规定如有企业或企业干部家庭因拒绝与黑社会团体联络勾结而遭受袭击,即便在案件调查取证过程中难以确定袭击的具体实施者,同样可以以黑社会团体涉嫌此类袭击而将其指定为“特定危险指定黑社会”,而黑社会所属的成员若对受害的企业等提出任何不当要求,则警方可以立刻对其实施逮捕。

(二)《有组织犯罪处罚法》

1.《有组织犯罪处罚法》概述

1999 年日本国会公布实施了《有组织犯罪处罚法》(1999 年法律第 136 号)。

---

① 参见梁利波:《有组织犯罪立法的国际谱系》,载《刑法论丛》2014 年第 3 期。

② 日本《暴力団員による不当な行為の防止等に関する法律》,https://elaws. e – gov. go. jp/document? lawid = 403AC0000000077。

该法由总则(76 个条文)、附则(11 个条文)及附表(59 个条文)组成。该法第 1 条明确指出:"本法鉴于有组织犯罪严重危害社会稳定和安宁,犯罪收益助长了有组织犯罪,有组织犯罪干涉事业活动,对重大的经济活动产生了极其恶劣的影响,特规定对有组织的杀人犯罪从重处罚;对隐匿、收受及利用犯罪收益支配法人事业经营进行处罚,没收及追缴犯罪收益以及可疑交易报告等。"该法对有组织犯罪从重处罚的刑事政策体现在以下几个方面。

(1)对有组织犯罪的明确界定

该法第 3 条明文规定,对有组织犯罪从重处罚的依据是,以团体、组织的形式实施的犯罪往往具有活动的计划性、作案的连续性、易得逞的可能性、后果的严重性,其性质极其恶劣,行为的违法性、危害性明显增大。为了有效遏制有组织犯罪,必须加重处罚,以加大打击力度。所谓"团体",是指"具有共同目的的多人的持续的结合体,为了实现某一犯罪目的或犯罪意图反复地实施该行为的全部或一部分";所谓"组织",是指"所有成员作为一个整体,基于组织命令,按照预先确定的任务分担而行动的结合体"(第 2 条)。当某个人的杀人行为是为了获取、维持、扩大团体的不正当利益,其行为是基于团体在一定区域内的威力或支配力,其行为视为"团体活动",即"基于团体的意图决定的行为,其效果或利益归属于该团体"。该法明确规定有组织的故意杀人是在组织的名义下实施的,却未涉及对于组织者、团体的代表者及意图决定者的处罚原则。有些学者认为,如果组织者杀人"意图"明确,可运用"共谋共犯"的理论,只要能认定组织意图决定过程中具有"共谋",就可以对其头目以共同主犯从重处罚。[①] 因为该法的立法宗旨在于有效地遏制基于一定目的而实施的有组织犯罪。因此,既要处罚实施者,更要严厉打击幕后操纵者,以达到彻底瓦解犯罪组织本身存在的刑事政策效果。

(2)提高有组织犯罪的法定刑

第一,对窝藏与有组织犯罪相关联的犯罪提高了法定刑。在有组织犯罪中,其组织成员窝藏罪犯、毁灭证据或威胁证人等犯罪行为时有发生,这些行为往往成为诱发新的有组织犯罪的原因。鉴于日本刑法对这类犯罪的法定刑难以充分反映其行为的违法性,《有组织犯罪处罚法》对此作了相应调整。该法第 7 条第 1 款规定:

---

① [日]渡边一弘:《有组织犯罪对策相关三法的制定及今后的展望》,载日本《现代刑事法》1999 年第 12 期。

“对应判处拘役以上之罪而作为团体活动的行为，行为人有组织地为其实施了下列行为之一的，处3年以下监禁或20万日元以下罚金：一是窝藏隐匿罪犯的；二是毁灭、伪造与该罪相关的他人刑事案件证据或使用伪造的证据的；三是搜查或审问与自己或他人所犯的刑事案件有关的人或其亲属；四是就该案件无正当理由强迫要求见面或谈话的。”而实施了前款规定的四种行为之一者则成为处罚的对象。其中对窝藏、隐匿罪犯、故意让组织者逃避罪责的人提高法定刑，这是符合该法的立法宗旨的，即彻底地瓦解犯罪组织，有效地遏制有组织犯罪。

第二，对有组织的杀人预备犯罪提高法定刑，并增加以营利为目的的组织绑架、诱拐预备罪。学者们认为：对于以有组织犯罪为目的的杀人未遂的罪犯，如果按照日本刑法故意杀人罪的预备犯的法定刑来处置，显然太轻。此外，以营利为目的组织绑架、诱拐犯罪的预备犯，由于其行为是有组织实施的，具有极大的人身危害，因此，有必要对有组织地实施此类犯罪的预备犯的法定刑重新设置。因为在有组织犯罪中，即使是预备行为也是基于组织者的意图决定而实施的，往往比个人的预备行为的社会危害性严重得多。

(3)惩治洗钱犯罪

洗钱是一种将违法所得资产加以隐蔽掩饰，通过中介机构使之变为合法财产的特殊犯罪形式。在日本，对犯罪收益的洗钱已成为有利可图的复杂行业，并且是有组织犯罪必不可少的组成要素。因此，从严规制犯罪收益，断绝其非法活动的资金来源，消除其利用黑钱的可能性，铲除其生存的生命线，是有效控制有组织犯罪的对策之一。《有组织犯罪处罚法》中规定了对洗钱犯罪从严处罚的原则；增补规定了对犯罪收益的没收、追缴及其保全制度，没收、追缴、裁判的执行和保全程序以及国际协助程序，可疑交易报告制度等。对洗钱犯罪从严规制的刑事政策体现在以下几个方面：

第一，扩大了洗钱对象范围。日本1992年颁布的《麻醉药特别法》首次界定和禁止洗钱活动，即洗钱行为的犯罪最初来源于毒品犯罪的黑钱运转。关于犯罪收益的界定，该法第9条第1款作了明文规定。《有组织犯罪处罚法》第10条、第11条将《麻醉药特别法》中第9条(隐匿不法收益)、第10条(收受不法收益)规定中的“不法”改为“犯罪”。《麻醉药特别法》第2条第3款规定，所谓“不法收益”，是指由毒品犯罪人通过犯罪行为获取的财产或作为该犯罪行为的报酬所取得的财产等。《有组织犯罪处罚法》第2条第2款则规定“犯罪收益”，是指以获取非法利益为目的，实施了附表中所列举的重大犯罪所产生并获取的财产或作为报酬而获得的财产，为实施犯罪提供的资金或向外国公务员提供的财产利益。同时，犯罪收益还包括犯罪收益的来源财产或犯罪收益财产或非犯罪收益相混合的财产。所谓财产，是指按一般的社会观念认可具有经济价值的一般利益，不限于动产、不动产等有形物，包括金钱债权和无形的财产权等。当交易牵涉特定重大犯罪行为的收益时，其交易属于犯罪行为。该法列出一张构成特定重大犯罪的洗钱犯罪行为表。

第二，将利用犯罪收益的行为作为洗钱罪处罚。日本学者认为：掩盖犯罪所得黑钱，将其换上合法的外衣，这是严格意义上的洗钱；经过清洗的钱重新投入合法或基本合法的经济活动之中，即“再投资”，同样是洗钱的一种方式。无论是将清洗过的钱进行投资，还是将未经过清洗的黑钱直接进行投资，“再投资”从本质上说都是掩饰隐瞒黑钱的犯罪性质和来源。日本立法者为了加强对有组织犯罪的打击，规定不仅对洗钱行为进行惩罚，还制裁对非法资金的再度利用。由于黑钱投资于公益事业活动，必然干扰和影响市场自由，对合法经济活动造成恶劣影响，因此，法律规范对这种再使用行为予以否定性评价。《有组织犯罪处罚法》第9—12条及第17条明确规定，对利用犯罪收益、以支配法人的事业经营为目的的变更职员的行为、伪装或隐匿犯罪收益、收受犯罪收益行为作为洗钱罪来处罚。

以犯罪收益支配法人事业罪的成立，必须以运用不法收益为前提，这是该罪与合法的经济活动相区别的标志。该罪的特征表现为：客观方面实施了买入股份或进行投资的行为，主观上具有对法人事业进行支配的目的。此外，运用不法收益是本罪成立的不可缺少的条件，即必须是用不法收益取得的股东权限或基于该权限的影响力而使职员的变更行为成为可能，或者行使该债权，或者不行使该债权，以此为前提实施职员变更行为。因此，本罪的设立不会限制通常的合法经济活动，处罚这种行为正是为了有效保护正当的股东权利，而不是对股东权的非法干涉，更不是对法人事业活动本身的干预。

第三，可疑交易报告制度的重申。当金融机构怀疑在一定业务中收受的财产是犯罪收益，或者怀疑业务交易的对方实施了隐匿非法收益的犯罪行为时，金融机构有义务将可疑交易的情报向金融监督厅报告并进行整理和分析；如果可疑交易报告有利于检察官调查隐匿的犯罪收益，应向检察官提交情报(《有组织犯罪处罚法》第56条第1款)。有人提出“可疑交易报告”制度是否会招致国民对金融机构的不信任，导致经济停滞。对此，立法者认为，该制度设立的目的是利用金融机构的情报去调查洗钱罪,防止罪犯利用金融机构进行洗钱活动,以免造成国民对金融系统丧失信任。因此,这种制度"不会将与犯罪无关的一般市民的金融交易作为报告对象。从《麻醉药特别法》规定的可疑交易报告制度的适用来看,没有导致国民对金融机构利用的减少"。[①]《有组织犯罪处罚法》还明确规定,可疑交易报告情报应呈送金融监督局集中整理和分析。日本金融监督厅已为各金融机构提供了判断可疑交易注意事项的业务指南,意在督促金融机构切实履行报告义务。

第四,犯罪收益的没收、追缴、保全制度。该制度是定罪前的预防性措施。在打击洗钱犯罪方面,与其他犯罪不同的是,不在于抓获罪犯"本身",而是要抓获作为犯罪结果的财产。因此,没收、追缴犯罪收益是控制洗钱的重要措施。《有组织犯罪处罚法》第13—21条规定了犯罪收益的没收和追缴。根据日本刑法规定,没收财产的对象只限于有形物,不包括无形物的追缴;而《有组织犯罪处罚法》将没收对象扩大至动产、不动产及金钱债权,即使犯罪收益是物和金钱债权以外的东西也有可能追缴。此外,对于没收、追缴犯罪收益的财产和混合财产,也设置了与《麻醉药特别法》相同的规定。

为了完善惩治洗钱犯罪的规则,立法者认为国际司法合作非常重要。因为传统的司法合作的主要目的,是对特定犯罪的证据委托被请求国代为收集,以使请求国对特定的嫌疑人提起诉讼。随着打击有组织犯罪的发展,一种新的司法合作的形式已出现,即冻结非法所得资产,以保证对行为人定罪判刑后的最终执行,尤其是对其犯罪资产的没收。对于犯罪收益(特别是跨国有组织犯罪持续时间长),有必要在诉讼程序一开始就对其予以冻结。《有组织犯罪处罚法》第59—74条规定了没收、追缴的裁判执行及保全的国际合作程序。在涉外刑事案件中,若该国请求协助执行判决、没收、追缴或者没收、追缴的财产保全,除该法另有规定的事由之外,应该请求协助。

对此国内学者认为,《有组织犯罪处罚法》规定了对洗钱犯罪必须从严处罚,同时,也规定了对犯罪收益的没收、追缴及其保全制度以及可疑交易报告制度等。可以说,从严规制洗钱犯罪,消除有组织犯罪将黑钱投资于合法经济领域的可能

---

① [日]椎桥隆幸:《有组织犯罪对策相关三法的制定及今后的展望》,载日本《现代刑事法》1999年第12期。

性，是有效控制有组织犯罪企业化的对策之一。[①]

2.《有组织犯罪处罚法》的发展

2017 年，日本也根据有组织犯罪的变化发展对该法进行修改完善。[②] 这次修改与《联合国打击跨国有组织犯罪公约》有直接关系。为担保《联合国打击跨国有组织犯罪公约》义务的履行，日本政府曾于 2003 年、2004 年、2005 年提出修改《有组织犯罪处罚法》，但是，除内容备受质疑，三度都因众议院的解散而成为废案。直至 2017 年《有组织犯罪处罚法》修改并施行，日本才正式成为该公约第 188 个缔约国。本次修改的内容主要包括以下四个部分：第一，新增第 6 条之二共谋罪的处罚条文；第二，新增第 7 条之二收买证人罪的处罚条文；第三，修改第 2 条，将"犯罪收益"前提犯罪的范围予以扩大；第四，调整第 12 条国外犯处罚的相关规定。[③]

其中，最为重要的无疑是关于共谋罪的规定。《有组织犯罪处罚法》第 6 条之二所规定的共谋犯罪不仅要求存在共谋行为，还要求具备相应的预备行为，即不仅要求"二人以上为了完成该当行为而进行策划"，还要求"由参加策划的任何一人按照该计划实施资金或物品的筹备，相关场所的事先查看，以及其他所计划的旨在实行犯罪的预备行为"。[④]

---

① 参见龚义年：《域外有组织犯罪企业化防控模式及其对我国的启示》，载《行政与法》2018 年第 4 期。

② 日本《組織的な犯罪の処罰及び犯罪収益の規制等に関する法律》，https://elaws.e-gov.go.jp/document? lawid=411AC0000000136。

③ 参见林尚儒：《有组织犯罪处罚法的最近修正及其评析——以共谋罪为中心》，载于宪会主编：《日本法研究》（第 4 卷），中国政法大学出版社 2018 年版，第 159 页。

④ 第 6 条之二：（1）在恐怖主义集团及其他有组织的犯罪集团（团体中，指作为其结合关系之基础的共同目的为实施附表三中所列之罪者。下一款中亦同。）欲通过团体活动，实施构成下列各项规定之罪的情况下，当 2 人以上为了完成该当行为而进行策划，并由参加策划的任何一人按照该计划实施资金或物品的筹备，相关场所的事先查看，以及其他所计划的旨在实行犯罪的准备行为时，处该当各项所规定之刑。但是，着手实行之前自首者，减轻或免除其刑。①附表四所列之罪中，对于规定有死刑、无期或上限为 10 年以上惩役或禁锢刑的犯罪，处 5 年以下惩役或禁锢；②附表四所列之罪中，对于规定有上限为 4 年以上 10 年以下惩役或禁锢刑的犯罪，处 2 年以下惩役或禁锢。

（2）当 2 人以上为了完成以使恐怖主义集团及其他有组织的犯罪集团获得不正当权益，或者维持或扩大恐怖主义集团及其他有组织的犯罪集团的不正当权益为目的的前款各项规定之罪而进行策划，并由参加策划的任何一人按照该计划实施资金或物品的筹备，相关场所的事先查看，以及其他所计划的旨在实行犯罪的准备行为时，亦同。

（3）附表四所列之罪中，与若无告诉则无法提起公诉的犯罪相关的前两款之罪，在没有告诉时不能提起公诉。

（4）在根据与牵涉第一款及第二款之罪的案件相关的刑事诉讼法（昭和 23 年法律第 131 号）第 198 条第 1 款进行调查及其他搜查时，应当充分注意保障程序之适正。

（三）《通讯监听法》

1.《通讯监听法》的创制

为了有效控制有组织犯罪，立法者主张采取一系列彼此间相互联系的规范手段，既积极发挥实体刑法规范的作用，又注重借助刑事诉讼程序的功能。在这种立法思想指导下，《通讯监听法》的创制作为惩治有组织犯罪的系列刑事对策出台。1999年日本国会公布实施了《通讯监听法》（1999年法律第137号）。该法由5章和附则组成。由于通讯监听涉及公民通讯自由、通讯秘密及个人隐私等宪法权利，这一敏感问题在立法中引起激烈争议。有的学者基于人权保护的观点，从根本上反对这种立法主张，但大多数学者则认为有效打击有组织犯罪必须采取特殊的侦查手段。秘密侦查作为刑事侦查的重要组成部分，其目的不在于情报的收集，而是以这些情报作为证据将罪犯送上法庭。[①] 因此，该法适用的合法性取决于法律明确规定的一系列前提条件，其中，包括司法官的事前准许、通讯监听的限制条件，防止滥用通讯监听侵犯人权。该法作为控制有组织犯罪的刑事政策具体体现在如下方面：（1）通讯监听对象的限定。该法明确通讯监听适用的对象仅限于特定的有组织犯罪。（2）通讯监听令状的请求和签发。为了确保通讯监听的公正实施，法律明文规定了监听令状的请求和签发权限。（3）见证人制度。通讯营业者接受通讯当事人的委托而提供通讯服务，担负着保护通讯当事人权利的义务。因此，将通讯营业者作为监听的见证人，有利于监听的公正实施。（4）利用职务之便侵犯通讯秘密的处罚原则。立法者提出，《通讯监听法》的创制是为了侦查有组织的重大刑事犯罪而采取的强制措施，该法的适用有严格的条件和严谨的程序。既然赋予了侦查机关特殊的权限，对于违反监听的程序规定，侵犯他人通讯秘密的“窃听”行为必须从严惩处，以确保通讯监听的公正执行。

2.《通讯监听法》的修改

日本《通讯监听法》实施后，监听仅限于极难通过其他方法锁定犯人或了解犯罪行为的情况，并且需要法官的监听令状。即便如此，《通讯监听法》由于涉及个

---

① ［日］酒卷匡：《关于有组织犯罪对策刑事程序立法》，载日本《现代刑事法》1999年第11期。

人通信秘密等权利，在实施之后面临合宪性的考量问题。① 但是，面临各类犯罪的发展特别是有组织犯罪的发展，既有监听手段的不足之处日益突出，因此，日本于2016年对《通讯监听法》进行了修改。② 其对《通讯监听法》的修订主要体现在两个方面：一是扩大了通信监听手段的适用范围。修订后的法律增加了可以采用通信监听手段的犯罪类型，即伤害罪、逮捕和监禁罪、略取和诱拐罪、盗窃罪、抢劫罪、欺诈罪、敲诈勒索罪、儿童色情制品相关犯罪等。二是引入了应用加密技术的全新监听模式。修订后的法律引入了应用加密技术的全新监听模式：在侦查机构内部使用特定计算机开展通信监听工作，不需要电信运营商派遣工作人员，也不需要对监听内容进行封印；将通信内容加密后进行存储，以便在后续工作中重新调取通信监听内容。③

（四）刑事诉讼法的修改

要有效地惩治有组织犯罪，必须得到证人的充分合作，尤其是有组织犯罪的知情者，他们有可能提供有价值的证据。但是，这些人往往由于多种顾忌，而不敢在检控或审判过程中自由陈述，有的陈述大打折扣，或弄虚作假，或佯装一无所知，或故作记忆模糊，或干脆拒绝陈述。如果是被害人，出庭作证的可能性更小。因此，加强对证人及家属的法律保护是有效惩治有组织犯罪的对策之一。鉴于证人在诉讼中的重要作用，日本《刑事诉讼法》十分重视对证人权利的保障，明确规定：证人有依法作证的权利；证人的人身和人格权利不受侵犯；证人享有财产补偿权、拒证权以及上诉救济权等。

学者们认为，虽然日本《刑事诉讼法》关于证人保护的规定较为完备，但在司法实践中证人权利保障仍然十分薄弱。证人保护的立法对策注重于事后补偿性及惩罚性的措施，缺乏对证人特殊的预防性保护。实际上，对证人的预防性保护远比单纯的事后保护制度更具可信度而能吸引证人出庭作证，证人预防性保护制度的设立对预防和减少作证风险具有重大意义。要改变证人拒绝作证的现状，根本出

---

① ［日］川出敏裕：《通信傍受法の改正について》，载《東京大学法科大学院ローレビュー》2015年第11期。

② 日本《犯罪捜査のための通信傍受に関する法律》，https://elaws.e-gov.go.jp/document?lawid=411AC0000000137。

③ 参见欣如：《日本当前及将来通信监听模式》，载《现代世界警察》2018年第9期。

路在于尽快完善证人权利保障制度。尤其是增强证人权利的法律意识，从法治国家权利保障的高度认识证人权利。将证人作为独立的权利主体而予以充分尊重和保护，建立一种旨在彻底解决困扰证人权利的特殊保护法。为此，1999 年日本《刑事诉讼法》的修改进一步完善了证人预防性保护制度。

需要明确的是，此后日本《刑事诉讼法》也处在不断的修改完善过程中。例如，2016 年的修改就涉及两个方面 9 项内容：一是摆脱过分依赖讯问制度的传统做法，着力改进和加强证据收集方法和程序的正当化、多样化。具体包括：讯问录音录像制度的导入，合意制度与刑事免责制度的引进，通讯监听的合理化、效率化改革，保释的自由裁量判断考虑情状的明确化，刑事辩护人援助制度的充实化 5 项内容。二是着力摆脱过度依赖犯罪嫌疑人、被告人等的书面供述笔录，推进公开审理的充实化。具体涉及证据开示制度的扩充，犯罪被害人、证人等保护措施，提高证人拒不出庭作证、隐匿、毁灭证据等犯罪的法定刑，自认案件的迅速、简易审理措施 4 项内容。① 这些规则的变化也会对打击有组织犯罪产生重要影响。

总体来看，日本立法者本着立足国情探索有组织犯罪立法，即"不是创制完美无缺的法律，而是创制新的法律，通过实施加以验证，修改完善"；②同时，借鉴美国立法模式，将惩治有组织犯罪的实体法、程序法以及证人保护制度融为一体，③加大了打击有组织犯罪的力度。此外，也应体系化地理解日本的有组织犯罪刑事立法，诸如 1999 年《滥杀无辜团体规制法》、2007 年《预防犯罪活动获利转移法》等法律也和打击有组织犯罪密切相关。例如，《预防犯罪活动获利转移法》强化了打击的机制：增加了对某些类别的商户强制确认客户身份和交易的要求（过去只有金融行业必须这样做）。同时，这个法律还将金融厅金融情报组的权力（收集、分析可疑交易信息）转移给了国家公安委员会和警察厅。④

二、意大利有组织犯罪的刑事立法

面对日益猖獗的有组织犯罪，意大利通过各种方式强化相关立法，进行有效打

---

① 参见闻志强：《日本〈刑事诉讼法〉2016 年修改动态》，载《国家检察官学院学报》2016 年第 6 期。

② ［日］田口守一：《有组织犯罪对策相关三法的制定及今后的展望》，载日本《现代刑事法》1999 年第 12 期。

③ ［日］渥美东洋：《有组织犯罪对策的基本观点》，载日本《现代刑事法》1999 年第 11 期。

④ 参见［日］白取祐司：《日本近期预防有组织犯罪立法及其问题》，王鲲译，载《国家检察官学院学报》2009 年第 6 期。

击。1956年意大利颁布了《反黑手党法》《对人的预防处分法》,1982年施行了《黑手党犯罪斗争紧急措施法》。1991年又颁布了著名的《黑手党悔过法》,该法规定:脱离黑手党的悔过者及其家属可享受“终身”由国家供养的待遇,而且,不管犯过什么罪都可以立即释放。除在刑法典中设置了防范一般黑社会及黑手党之规定外,另外在1992年公布了“特别法令”以彻底查缉黑手党。[①] 之后,意大利也在修订和制定刑法、刑事诉讼法和相关立法,以构建全面的打击有组织犯罪立法体系。

第一,刑法规定。[②] 意大利《刑法典》第416条犯罪集团、第416条之二黑手党型集团包括外国人(组成的黑手党集团)、第416条之三黑手党的政治选举交易、第418条帮助集团成员均系有组织犯罪相关条款。特别值得关注的是第416条之二黑手党型集团包括外国人(组成的黑手党集团),该条在第416条犯罪集团的基础上专门界定了黑手党型集团:“黑手党型集团是指当参加集团的人利用集团关系的恐吓力量以及因实施犯罪而产生的从属和互相保密的条件,以便直接或间接对经济活动、许可、批准、承包和公共服务的经营或控制,使自己或其他人取得不正当利益或好处,阻止或妨碍自由行使表决权,或者在选举中为自己或其他人争取选票,或者是为了在选举期间阻止或阻碍行使投票的自由,或在选举磋商期间为自己或他人谋取投票。”另值得关注的是该条“包括外国人组成的集团,只要它们利用集团关系的恐吓力量以追求黑手党型集团之目的”。

基于第416条之二的规定,有学者归纳了黑手党型犯罪集团的特征:(1)目的性。黑手党型犯罪集团的目的包括经济的和政治的。(2)控制性。具有由集团关系而产生的恐吓力量。(3)暴力性。这是行为方面的要求,构成黑手党型集团,需要参加黑手党型集团的人利用集团关系的恐吓力量以及因实施犯罪而产生的从属和互隐条件,亦即暴力或以暴力相威胁,以便进行相关活动。(4)组织性。作为一种具有党派性质的犯罪集团,其成员之间的从属关系是必备的。(5)政治腐蚀性。在我国称之为“保护伞”特征。(6)对于成员人数有明确规定。黑手党成员人数分为3—10人和10人以上两档。[③]

此外,第416条之三黑手党的政治选举交易也颇具有国别特色,该条规定:“任

---

① 参见李芳晓:《国外有组织犯罪的现状与防范对策》,载《国外社会科学》2009年第4期。

② Codice penale Edizione Agosto 2017 – aggiornata alla riforma penale (legge numero 103/2017), http://www.procuragenerale.trento.it/attachments/article/31/cp.pdf.

③ 参见梁利波:《有组织犯罪立法的国际谱系》,载《刑法论丛》2014年第3期。

何人接受通过第416条之二规定的方式获得投票的承诺以换取钱款或者其他好处的,处4年至10年有期徒刑。同等刑罚也适用于以第1款规定的方式做出投票承诺的人。”专门对有组织犯罪染指政治规定罪名,也是意大利《刑法典》的独特做法。

第二,刑事诉讼法规定。2011年修订的意大利《刑事诉讼法典》有多个条文和打击有组织犯罪相关,除了第51条第3款之二规定地区检察官对黑手党罪行的管辖权、第371条之二规定反黑手党国家检察官的权限等专门条款外,第118条之二规定设在上诉法院的检察长的协调职责也与打击有组织犯罪有关。[①]

不仅如此,意大利也探索了针对有组织犯罪构建专门的证人保护规范。意大利制定了证人保护法案,构建专门的证人保护系统,对有组织犯罪的证人提供有力的保护。其具体工作流程为:首先由国家司法机关提出证人保护之申请,然后由证人保护中央委员会(国家内政部副部长担任该委员会主席,2名法官担任该委员会成员)对证人保护之申请予以审查,最后交由证人保护中心具体负责实施保护。这个证人保护中心设立在中央内政部刑警总局,在全国范围内共设立19个分支机构,负责向被保护的证人提供虚假身份证明、具体住处、日常经济来源,并且帮助证人融入社会等。通常情况下,每隔两年证人保护中心就要对被保护的证人情况进行审查,然后作出是否需要继续保护的决定。一般来说,如果证人所作证的案件诉讼没有结束,就不会停止对证人的保护。[②] 意大利的证人保护也延展至“污点证人”,正是执法机关将一些黑手党前成员转变为污点证人以后,许多更高级别的侦查成为可能。[③]

第三,《反黑手党及预防措施法》。该法系意大利专门的反有组织犯罪立法,于2017年11月20日起生效。该法共四编,第一编“预防措施”包括个人预防措施(含警察适用的个人预防措施、司法机关适用的个人预防措施),财产措施(含适用程序、起诉、没收财产的撤销、刑事程序之间的关系、除没收之外的财产预防措施、诉讼中的优先权),查封或没收资产的控制、管理和处置(含查封或没收资产的控

① Codice di Procedura Penale – Edizione gennaio 2020, http://zyxy.zuel.edu.cn/_upload/article/files/85/b5/b5752ab94a4c99f96c0fd04309fc/8c8798ac-b651-4d26-b7ce-7bcbfd4225a6.pdf.

② 参见龚义年:《域外有组织犯罪企业化防控模式及其对我国的启示》,载《行政与法》2018年第4期。

③ 参见[比]莱蒂齐亚·保利:《意大利有组织犯罪:黑手党、克莫拉和恩特兰盖塔》,陈波译,载《河南警察学院学报》2016年第6期。

制、管理、处置和税收),保护第三方或关系人的共同程序(含一般性规定、第三方权利的认可、共同程序中的关系人),效力,制裁措施和最终条款(含预防措施的效力、权利的恢复、制裁措施、最终条款)。第二编“关于反黑手党法律法规的新规定”包括一般性规定、关于反黑手党的法规、反黑手党的通讯、反黑手党的信息、反黑手党的国家统一信息数据库、依照2000年8月18日第267号法令第143条关于解散地方机构的规定。第三编“打击有组织犯罪的信息和调查活动与国家机构对有组织犯罪中查封和没收资产的管理和处置”包括反有组织犯罪的信息和调查活动(含地区反黑手党局和国家反黑手党局、反有组织犯罪国家局和反黑手党调查局)、国家机构对有组织犯罪中查封和没收资产的管理和处置。第四编“对‘刑法’、‘刑事诉讼法’和刑事法规的修改、废除以及相关条款的协调”。

三、德国有组织犯罪的刑事立法

德国联邦议院1992年7月15日通过了《关于打击非法毒品交易和其他形式的有组织犯罪法》(Gesetz zur Bekämpfung des illegalen Rauschgifthandels und anderer Erscheinungsformen der Organisierten Kriminalität, OrgKG),1993年10月25日通过了《严重犯罪所得利润追查法》,1994年10月28日通过了《刑法、刑事诉讼法和其他法律修改法》,1998年5月4日通过了《完善打击有组织犯罪法》。这四部法律都包含打击有组织犯罪的内容,但是,只有洗钱法是一部单行法,其他三部法律都是以“包裹立法”方式对刑法、刑事诉讼法及其他法律进行“一揽子”修改,其内容皆已纳入为其所修改的刑法典和刑事诉讼法等法律的相应条文之中。德国没有制定统一的反有组织犯罪法,只是在刑法、刑事诉讼法及一些单行法规中,对打击有组织犯罪作出特别规定。[①] 其中,最为主要的是刑法和刑事诉讼法,以下分别予以阐释:

第一,刑法规定。除了德国《刑法典》第129条界定了有组织犯罪的概念外,第244条a(严重的结伙盗窃)、第260条(职业性窝赃,团伙窝赃)、第260条a(职业性团伙窝赃)、第261条(洗钱)等条文也适用于有组织犯罪。德国《刑法典》关于有组织犯罪的立法与欧盟相关立法具有密切关系,如第129条第1款(2)的规定即是落实欧盟相关立法:“组织是指由两人以上组成的、为追求某种优先的共同利

① 参见梁利波:《有组织犯罪立法的国际谱系》,载《刑法论丛》2014年第3期。

益、长期存在且以确定的人员分工、延续的成员组成和鲜明的结构形式独立组织的集合。”[①]

对于德国《刑法典》中规定的有组织犯罪，有学者提出可分别从组织、能力和功能三方面来进行认定：(1)组织特征。有组织犯罪的行为人通常由多人形成等级式或集中控制式的持久且相对稳定的组织，组织内部按照目标或任务进行分工，成员可被替换，组织具有“帮规”和“入帮仪式”。(2)能力特征。类似于我国黑社会性质犯罪的行为特征，犯罪组织往往并不局限于某一种犯罪行为，他们使用现代化的技术和通信手段，甚至有自己的设备基础设施和运输能力，可以跨越地区乃至国境进行行动；他们有一整套保持成员“忠诚”或对其进行威慑、对抗和规避司法机关追究以及腐蚀公职人员的“措施”；他们通过“洗钱”掩饰其犯罪所得来源，并通过合法的经济行为来使其犯罪所得进行增值，甚至能够对一定范围内的经济和政治活动产生影响。(3)功能性特征。有组织犯罪制造和满足犯罪领域中对特定物资和服务的需求，并通过违反国家的禁止性规定而实现对非法需求的控制。[②] 其中，关于“组织特征”的概括并无不妥，但是，关于“能力特征”与“功能性特征”则一定程度上未体现有组织犯罪的特性，或许称之为手段特征与社会特征更为妥当。

第二，刑事诉讼法规定。德国《刑事诉讼法典》中的一些特殊侦查制度对于打击有组织犯罪具有重要意义。例如，秘密检举人、线人、卧底者以及卧底警察四类秘密证人，为向警方提供有组织犯罪相关信息情报之人。秘密证人对抗有组织犯罪的作用，主要体现于侦查阶段协助侦查机关对有组织犯罪调查取证，侦查实务中后三类秘密证人的作用尤为突出。[③]

此外，为了保护有组织犯罪的证人，德国出台了《证人保护法》，就证人保护所应遵循的原则、所应履行的程序以及采取的措施作出了明确的规定。国家成立证人保护中心，分布在联邦刑事调查总局(具体设置在刑事中心局)以及各个州的警察局，并且配有保护证人的专职警官。证人保护的对象主要包括证人本人、证人的亲属以及与证人关系密切的其他人，具体保护范围由证人保护中心来审查确定。

① 《〈刑法典〉的修改与执行2018年10月24日欧盟理事会〈打击有组织犯罪的框架决定〉(2008/841/JI)法》。

② 参见梁利波：《有组织犯罪立法的国际谱系》，载《刑法论丛》2014年第3期。

③ 参见刘莹：《论对抗有组织犯罪之秘密证人保护——以德国法为视角》，载《求索》2011年第4期。

证人保护的具体措施主要包括:对证人的个人信息进行变更,对证人的居住地点进行变更,对特别重要的证人可将其送到国外,等等。此外,证人保护中心还对证人进行培训并提供社工陪护,以便证人尽快融入社会。[①] 可以看出,德国对于有组织犯罪证人的保护具有全面性,不仅强调诉讼时的保护,而且强调诉讼后的保护。

四、法国有组织犯罪的刑事立法

法国有组织犯罪的刑事立法主要围绕刑法和刑事诉讼法展开:

第一,刑法规定。法国《刑法典》[②]没有明确规定有组织犯罪的概念,但有不少条文涉及有组织犯罪,如第 132 –71 条及第 450 –1 条至第 450 –4 条,前者对作为加重情节的组织帮[③]进行了界定,后者规定了参加犯罪团伙罪。根据法国《刑法典》第 132 –71 条之规定:“法律上的组织帮是指为准备实行一项或多项犯罪,并因实行了一项或多项具体行为而表明此种准备的任何已形成的团伙或为此而达成的协议。”法国《刑法典》第 450 –1 条规定的参加犯罪团伙罪也需要具备构成组织帮的要件,不过此罪主要是用以惩罚那些仅仅参加犯罪团伙而尚未实际实施其他危害行为的犯罪,实际上是将其作为一种预备行为惩罚,是法律上惩罚预备行为的特例。基层法官更倾向于采纳这样一些表征以界定组织帮:关系网、准备行为、结构性组织。关系网是指多人为实施犯罪而建立的关系网络。准备行为是指能表现所建立协议或成立的组织的行为,同时,准备阶段的行为还强调预谋犯罪特征。结构性组织标准表明了上述两个标准的结合,即在关系网中实施具体行为。[④] 特别值得注意的是,2012 年法国《刑法典》增设了第 450 –5 条,明确对于实施法国《刑法

---

① 参见龚义年:《域外有组织犯罪企业化防控模式及其对我国的启示》,载《行政与法》2018 年第 4 期。

② Code penal, https://codes. droit. org/PDF/Code pénal. pdf.

③ 关于组织帮,法国《刑法典》分则(诈骗、腐蚀未成年人、故意杀人、酷刑或野蛮行为、绑架和非法拘禁、劫持交通工具、组织介绍卖淫、克隆人、优生实验、以对人有危险的方法毁坏财物、走私毒品等)、附属刑法(税法典、环境法典等)有众多犯罪以此为加重情节。《刑事诉讼法典》多处提及组织帮适用特别程序,但有组织犯罪与组织帮不完全对应。

④ 参见梁利波:《有组织犯罪立法的国际谱系》,载《刑法论丛》2014 年第 3 期;张亚平:《法国惩治有组织犯罪的立法动向》,载《云南大学学报(法学版)》2012 年第 4 期。

典》第 450 - 1 条的自然人和法人[①],可以对其财产予以没收或处置。[②] 可以看出,法国《刑法典》除了同样对于有组织犯罪的主体、行为等方面进行规定外,还将处罚前置化,延伸至预备行为。

此外,法国《刑法典》本身未界定有组织犯罪,但是,根据相关法律之规定及各犯罪本身的性质,一般从广义上理解有组织犯罪:第一,恐怖犯罪。第二,本质上是"有组织"的犯罪。这是一类犯罪,即那些被认为只能由特定组织才能构成的犯罪。这首先包括恐怖犯罪,此外,还包括刑法典特别规定的毒品交易罪。同时,还有一些加重情节的轻罪,如贩卖人口罪、淫媒罪、敲诈勒索罪、伪造货币方面的犯罪、洗钱罪、窝藏罪等。立法者一般认为这些犯罪常常由具有一定结构性的组织才能实施,危害性也更大,因此,对这样的犯罪,打击须更加严厉,也需要适用特别的诉讼程序。[③] 基于此,法国将"有组织犯罪"的概念作广义理解,将其延伸至恐怖(主义)犯罪,也是颇具特色的规定模式。

第二,刑事诉讼法规定。除实体法上的规制外,法国立法中惩治有组织犯罪增加的另一个措施是在诉讼中适用特别的诉讼程序规则。[④] 法国 2004 年《贝尔本二号法律》(LOI n° 2004 - 204 du 9 mars 2004 portant adaptation de la justice aux évolutions de la criminalité),即增设了系统化的刑事程序规则:(1)规范并加强卧底侦查在有组织犯罪案件中的适用。这一修改表明了立法者将在今后有组织犯罪案件中加强适用这一侦查手段的立法意图。(2)增设在特定地点或车辆的录音与拍照,即增设了一种新的侦查手段——在特定地点或车辆的录音与拍照。(3)加强非常规搜查的适用,即从两个方面加强了有组织犯罪案件中非常规搜查的适用:法定时间以外的搜查(夜间搜查)和不在场搜查(利害关系人不在场的搜查)。(4)扩大电话窃听的适用范围,即扩大了在有组织犯罪案件中电话窃听的适用范围,规定了在现行犯侦查程序及预先侦查程序中适用此一侦查手段的可能性。

---

① 1994 年 3 月生效的法国《刑法典》接受了法人犯罪的概念,规定了对法人犯罪的双重处罚原则,同时,对一般犯罪确认了区别犯罪对象量刑的原则。参见莫洪宪、张颖纬:《欧洲刑法发展的"特洛伊木马"》,载《法学评论》2001 年第 5 期。

② 第 450 - 5 条:对犯第 450 - 1 条第 2 款、第 321 - 6 - 1 条之罪的自然人及法人,亦处没收之附加刑。予以没收之物,是除善意所有人之权利外,其有自由处分权的财产之全部或一部,无论其性质为何,是动产或不动产,是可分割或共有。

③ 参见张亚平:《法国惩治有组织犯罪的立法动向》,载《云南大学学报(法学版)》2012 年第 4 期。

④ 参见董兴佩、赵路:《法国有组织犯罪刑事责任立法解析》,载《中国刑事法杂志》2009 年第 12 期。

(5)加强跨区域监视。司法警官有一项或数项合理理由证明实施犯罪嫌疑人实施了《刑事诉讼法典》第706－73条或第706－74条所规定之犯罪的，则可决定进行跨区域监视，监视对象既包括犯罪嫌疑人，也包括用于实行这些犯罪的物品、财产或所得。(6)拘留制度改革。具体包括拘留期限和拘留期间犯罪嫌疑人与律师的会见制度。[①] 通过修改完善，法国逐步确立了具有自身特点的有组织犯罪的刑事程序专门制度。

在条文层面，法国《刑事诉讼法典》(2017年修正)第四卷特别程序第二十五编“适用于有组织犯罪的程序”专门规定了有组织犯罪的刑事程序问题。根据第706－73条、第706－73－1条，不仅法国《刑法典》第221－4条第8项之组织帮所犯凶杀罪，第222－4条之组织帮所犯酷刑及野蛮行为，第224－5－2条之组织帮所犯绑架、非法拘禁重罪及轻罪，第311－9条之组织帮所犯盗窃罪，第322－8条之组织帮所犯毁坏财物重罪，法国《刑法典》第224－6－1条之组织帮所犯劫持航空器、船舶或其他交通工具重罪，法国《刑法典》第313－2条最后一款之组织帮所犯诈骗罪，第323－4－1条之组织帮所犯侵犯国家自动处理个人数据系统，第434－30条第2款之组织帮所犯越狱罪等明确提及“组织帮”的犯罪，其他相关罪名也适用特殊程序；此外，组织帮所犯其他法典中规定的犯罪也适用特殊程序，如采矿法典的非法采矿及处置物轻罪，环境法典的危害自然遗产轻罪、与废物有关的轻罪，农村和海洋渔业法典的植物保护产品贩运轻罪，国土安全法典的参与管理赌场之轻罪，进口、制造、持有、向他人提供、安装、经营赌博机之轻罪等。就适用范围，法国《刑事诉讼法典》第706－74条还作出兜底规定：“一、组织帮所犯本法第706－73条、第706－73－1条所列以外一切重罪、轻罪；二、本法第706－73条第15项、第706－73－1条第4项所列以外一切坏人团伙轻罪。”特别程序具体包括两章，第一章为“专门法院之管辖权”；第二章为“程序”，包括第一节监控，第二节渗透，第二节之一化名侦查，第三节拘留，第四节搜查，第五节截取通过电子通信方式传输的通信、收集技术连接数据，第六节对一些场所、车辆安装音响系统、图像固定，第六节之一捕获计算机数据，第七节保全处分，第八节某些犯罪的特别规定。

不仅如此，法国《刑事诉讼法典》还系统规定了有组织犯罪的大数据侦查。包

---

① 参见施鹏鹏：《正当程序视野下的反有组织犯罪：法国的经验与教训——以“贝尔本二号法律”为中心》，载《中国刑事法杂志》2011年第11期。

括两个方面:(1)截取通过电子通信方式传输的通信、收集技术连接数据,以及私密谈话内容与图像。该法第706－95条规定,对第706－73条、第706－73－1条(这两条均为适用于有组织犯罪的专门程序)所列犯罪之预侦查必要时,大审法院自由与羁押法官得应共和国检察官要求,授权依第100条、第100－1条、第100－3条及第100－7条截取、记录、转录通过电子通信方式传输的通信。期限为最长一个月,得以相同方式延长一个月。第706－96条规定,对第706－73条、第706－73－1条所列犯罪之侦查必要时,自由与羁押法官得应共和国检察官要求,授权司法警官或司法警察不经当事人同意,在私密或公共场所、车辆设立技术装置,以捕获、固定、传输、记录一人或数人私密谈话,或者一人或数人在私密处的图像。(2)获取计算机数据。第706－102－1条规定,对第706－73条、第706－73－1条所列犯罪之侦查必要时,大审法院自由与羁押法官得应共和国检察官要求,以说明理由的裁定授权经共和国检察官要求的司法警官、司法警察,在未取得当事人同意情况下,进入任何地方设立技术设备,以获取信息数据并加以记录、保存、传输,例如,存储于计算机信息系统的数据、显示于自动数据处理系统用户的屏幕上的数据或者通过输入字符、通过视听设备收发输入的任何信息。

五、英国有组织犯罪的刑事立法

自20世纪90年代至今,英国的惩治有组织犯罪政策立法经历了前后两个显著不同的阶段,即前一时期的保守无为阶段以及后一时期的迅速发展阶段。20世纪90年代至21世纪之交,由于政府在有组织犯罪问题上的认识保守,这一时期英国的惩治有组织犯罪政策立法处于犹豫不决的无为状况,其典型例子就是20世纪90年代英国关于是否引入"犯罪组织"这一概念的立法争论。进入21世纪之后,英国政府最终认识到了有组织犯罪对社会所造成的严重危害,这一观念的提升直接导致了此后英国"反黑"立法的快速发展。其中代表性的政策和立法是《2002年犯罪收益法》(Proceeds of Crime Act 2002)与《2005年严重有组织犯罪及警察法》(Serious Organised Crime and Police Act 2005)。《2005年严重有组织犯罪及警察法》于2005年4月7日得到皇室批准后生效。该部法律就有组织犯罪的特殊调查权限、罪犯合作、证人保护、犯罪收益的处置以及公共秩序的维护等问题进行了相当系统、全面的规定,是英国"反黑"立法的集大成者。[①] 可以看出,英国有组织犯罪刑事立法也是围绕专门立法和关联立法展开的。不仅如此,英国对于有组织犯罪的传统看法也对刑事立法有着深远影响。对此有学者指出,在英格兰和威尔士,有组织犯罪被视为一系列严重犯罪,而不是像在美国那样被视为集团犯罪,在法律能够推动任何改变之前,这种社会和制度观念应该首先改变。[②]

针对此后有组织犯罪的变化发展,英国也在完善和更新相关刑事立法,但是,仍然采取严重犯罪和有组织犯罪结合治理的路径。最终《严重犯罪法案(2015)》(Serious Crime Act 2015)[③]第 3 部分(情节严重、有组织的涉黑犯罪、有组织犯罪团体)确立了新形势下打击有组织犯罪的刑事规则。在具体规则设置上,该法案采取了两种形式:

第一种形式为设立新的规则。如该法案第 45 条(参与有组织犯罪团体活动的罪行)即规定了构成犯罪的具体情形,以及"犯罪活动"和"有组织犯罪团体"的界定,以及适用的范围。

第二种形式为修改既有立法规则。例如,该法案第 47 条(重罪预防令:"重罪"的含义)即修改了《2007 年重罪法案》(Serious Crime Act 2007)关于毒品走私犯罪、涉枪犯罪、计算机滥用犯罪、武器走私犯罪等相关立法条款;在程序法层面,第 48 条修改了《2007 年重罪法案》第 21 条(刑事法院更改违规命令的权力),第 49 条"被指控的情况下下达命令"在《2007 年重罪法案》第 22D 条之后增设了第 22E 条"下达推迟刑事诉讼判决的命令"。再如,该法案第 51 条在《2009 年警务和犯罪法》第 4 部分(强制令:涉黑暴力)中将第 34 条修改为"防止涉黑暴力和毒品交易活动的强制令"。该法案也存在一个条文修改多个立法的情形,其第 50 条"重罪预防令和财务报告等"不仅删除了《2005 年严重有组织犯罪及警务法》(财务报告令)第 2 部分第 3 章中的第 76 条至第 78 条,而且在《2007 年重罪法案》第 1 部分(重罪预防令)第 5 条之后增加了第 5A 条"信息验证和披露"。

六、美国有组织犯罪的刑事立法

面对有组织犯罪的发展,美国也出台一系列的立法予以回应。虽然早先美国

① 参见赵赤:《英国惩治有组织犯罪立法考探》,载《人民论坛》2013 年第 14 期。

② Anna Sergi, Organised Crime in English Criminal Law: Lessons from the United States on Conspiracy and Criminal Enterprise, *Journal of Money Laundering Control*, 2015, Vol. 18(2), p. 198.

③ Serious Crime Act 2015, https://www.legislation.gov.uk/ukpga/2015/9/contents/enacted.

并非直接针对有组织犯罪进行立法，但是，其陆续出台的相关法律确实在打击有组织犯罪方面发挥了重要作用。美国先后颁布了《反讹诈法》（1946 年）、《控制吸毒法》（1956 年）、《控制街头犯罪和保障公共安全法》（1968 年）等。1970 年美国建立了反有组织犯罪国家联合会，通过了《有组织犯罪控制法》（Organized Crime Control Act of 1970）共 9 篇，其中《反犯罪组织侵蚀合法组织法》（Racketeer Influenced and Corrupt Organizations Act，RICO）是公认的美国抵制有组织犯罪最有效的法律。1978 年颁布《反有组织讹诈和贿赂法》，即打击讹诈形式的犯罪活动。该法包括联邦法律和各州法律所禁止的所有严重犯罪形式。此外，涉及与有组织犯罪作斗争的法律还有《全面控制犯罪法》（1984 年）、《控制洗钱法》（1986 年）、《禁止滥用毒品和控制毒品犯罪法》（1987 年）、《反暴力犯罪法》（1994 年）、《非法交易和暴力犯罪被害人保护法》（2000 年）、《爱国者法》（2001 年）、《欺诈执行与修复法》（2009 年）等。

这些立法中最为重要的立法为 RICO。RICO 共 8 个条款，规定了 2 万美元罚金、20 年监禁刑（甚至终身监禁）、没收财产及民事制裁配套措施。[①] 为了避免立法违宪的风险，RICO 没有直接禁止犯罪集团组织体的存在本身，而是在第 1962 条列举了犯罪集团经常实施的典型犯罪行为。从所列举行为之内容上看，立法者的目的在于剥夺有组织犯罪的利益，遏制其向合法的企业渗透。[②] RICO 没有处罚有组织犯罪的规定，而是直接规定了有组织犯罪的常见犯罪类型。包括谋杀、绑架、赌博、纵火、贿赂、勒索、毒品交易、伪造货币、妨害电讯、妨碍审判、妨害法律的实施、破产诈骗、安全交易诈骗、跨州销赃等多种具体罪名。

该法主要内容：（1）禁止非法资金投入合法企业；（2）禁止以该法所禁止的行为（勒索与欺诈行为，包括谋杀、绑架、纵火、抢劫、诈骗、行贿、勒索、毒品交易，以及州和联邦法律禁止的金融活动、影响工会活动、证券欺诈活动等）获取收益和控制合法企业；（3）禁止以该法所禁止的行为管理或参与企业的事务；（4）禁止合谋实施上述（1）（2）（3）所禁止的行为。违反该法构成犯罪的要件是：首先，存在一个组织。其次，该组织所从事的经营活动影响了商业贸易。再次，被告实施了两种以上该法所禁止的行为；且符合该法规定的犯罪行为模式，即在 10 年内实施两种以上

---

① See 18 U. S. Code Chapter 96, Racketeer Influenced and Corrupt Organizations.

② 参见王俊平：《刑法视野下的犯罪集团研究》，中国人民公安大学出版社 2009 年版，第 7 页。

同种或异种犯罪行为，其中，一行为发生在RICO生效后，后一行为必须发生在前一行为后的10年之内。最后，被告在该组织中投资或维持某种利益或参与其事务。被告所实施的行为与该组织之间存在联系。该法还规定了经济保安措施，以及其他有关证据、调查等诉讼程序上的规定。① 该法规定的刑事制裁措施极为严厉，成为沉重打击有组织犯罪的有力武器。

此后，美国国会于1987年、1988年、1989年及1990年对RICO的适用及修订进行了听证、报告。为了确保RICO对国际案件强有力地控诉，司法部建议明确RICO的域外适用情形，即犯罪集团部分在美国，或在犯罪集团实施的犯罪行为地为美国，或控诉的罪行具有域外适用性。另有建议扩大RICO上游犯罪，使其涵括比较普遍的跨国犯罪或跨国有组织犯罪。② 在美国所有的有组织犯罪立法中，RICO被认为是最令有组织犯罪感到头疼的一部，可见其对有组织犯罪的打击的有效性。③ 也有学者指出，RICO规定的刑事制裁更为严厉，成为打击企业化的有组织犯罪的利器，在打击企业化的有组织犯罪中起到了极为重要的作用。④ RICO近年来依然发挥着重要的作用，2018年美国量刑委员会办公室发布了RICO指南，以指导如何依据RICO定罪量刑。⑤ 但是，RICO适用有扩大化的趋势，甚至介入了商业领域。⑥

此外，程序法层面的一些制度也对于打击有组织犯罪具有重要作用。如美国在打击黑社会犯罪的过程中，有许多案件就很好地利用了“线人”提供的破案线索，沉重地打击了有组织犯罪活动。⑦

---

① 参见李芳晓：《国外有组织犯罪的现状与防范对策》，载《国外社会科学》2009年第4期。

② 参见陆凌：《美国应对有组织犯罪之新近法治实践》，载《广西大学学报（哲学社会科学版）》2016年第5期。

③ 参见赵颖：《当代中国黑社会性质组织犯罪分析》，辽宁人民出版社2009年版，第167页。

④ 参见龚义年：《域外有组织犯罪企业化防控模式及其对我国的启示》，载《行政与法》2018年第4期。

⑤ USSC, https://www.ussc.gov/sites/default/files/pdf/training/primers/2018_Primer_RICO.pdf.

⑥ 在这份联邦起诉书中，美国司法部指控华为及其关联公司在过去数十年时间里，曾试图从6家美国公司窃取商业机密来发展自己的业务，被盗信息包括源代码、无线技术手册等。在起诉书中，华为被控共谋窃取六家美国技术公司的商业机密，并违反了RICO。参见南方前沿：《华为公司就美国司法机关增加的欺诈指控提出无罪申辩》，https://baijiahao.baidu.com/s?id=1660314884303505536&wfr=spider&for=pc。

⑦ 参见冯殿美、曲振涛：《有组织犯罪的成因及其对策分析》，载《法学论坛》2003年第3期。

七、俄罗斯有组织犯罪的刑事立法

俄罗斯有组织犯罪的刑事立法主要包括《刑法典》、《刑事诉讼法典》和《反有组织犯罪法(草案)》的规定。

第一,刑法典规定。[①] 例如,俄罗斯联邦现行《刑法典》不仅在总则第35条第3款、第4款分别规定了犯罪团伙[②]和犯罪集团的概念,而且在分则第210条详细规定了有组织犯罪的具体刑事责任,并且增设了第210条之一。根据法律规定,为了实施某种或数种犯罪,由固定成员事前纠合的是有组织团伙;为了实施严重犯罪或者特别严重的犯罪而组建犯罪集团(组织),或者为达此目的组建犯罪团伙联盟是有组织犯罪集团。从立法规定中可看出,犯罪团伙概念是犯罪集团(犯罪组织)概念的基础,后者是前者的上位概念。[③]

从犯罪集团(犯罪组织)的界定可看出,它是在组织团伙基础上的发展的。首先,组建犯罪集团(犯罪组织)的目的是实施严重犯罪或者特别严重的犯罪,这是有组织犯罪集团与有组织犯罪团伙的区别所在。根据俄罗斯联邦《刑法典》第15条第4款、第5款规定:"严重犯罪是指故意或者过失实施依法应判处10年以上15年以下剥夺自由的刑罚之罪。""特别严重的犯罪是指故意实施依法应判处15年以上或更重的刑罚之罪。"其次,犯罪集团(犯罪组织)是2个或2个以上有组织团

---

① УГОЛОВНЫЙ КОДЕКС РОССИЙСКОЙ ФЕДЕРАЦИИ, https://rulaws.ru/uk/.

② 1995年4月25日俄罗斯联邦最高法院全体会议决议《关于侵犯财产罪的责任法律适用的若干问题》中对犯罪团伙予以界定:"有组织团伙指二人或二人以上的固定成员为了实施某种或数种犯罪而故意纠合。"这种团伙通常具有稳定性和纠合性的特征。所谓稳定性,指团伙内有组织者或首领,负责组建团伙,挑选共同实行犯,分工、制定纪律,并保障团伙成员有目的、有计划地协调活动。有组织团伙的共同实行犯罪人是直接实行犯,即行为人全部或者部分实施了犯罪构成的客观方面的要件行为。团伙成员与团伙始终保持着稳定联系,这种稳定联系的作用在于为实施共同犯罪创造条件。尽管稳定性特征包含着纠合性,但立法者仍将纠合性作为有组织团伙的独立特征。因为纠合性体现在"连环保""保密""小金库"和专业技术手段上。"连环保"表现在将团伙成员个人实施的某种犯罪行为事先列入共同犯罪之中,被判刑的团伙成员将在一处服刑,以暴力、威胁维持团伙纪律。"保密"表现在按事先约定的名称、暗号、行话、密码而行动。"小金库"是指通过违法犯罪途径获取的,由团伙支配的资金和物资。专业技术是指各种监听或反监听的设施、保护、通讯、交通设施。参见[俄]Л.卡乌赫曼、[俄]С.马克西莫夫:《有组织犯罪集团的责任》,载《法制》1997年第2期。

③ 也有学者从广义就俄罗斯关于有组织犯罪的刑事立法规定进行分析,认为包括:第一,组织犯罪集团(犯罪组织)罪(俄罗斯联邦《刑法典》第210条)。第二,组织极端主义集团罪(俄罗斯联邦《刑法典》第282条之一)。第三,组织或参加非法武装组织罪(俄罗斯联邦《刑法典》第208条)。第四,武装匪帮罪(《刑法典》第209条)。参见庞冬梅:《全球化时代俄罗斯有组织犯罪及其法律对策研究》,载《俄罗斯中亚东欧研究》2011年第2期。

伙的联盟，犯罪以建立联盟为既遂。显然，有组织犯罪集团作为有组织犯罪的高级形态，其组织化程度更趋成熟，其社会危害性更加严重。对此有学者认为，俄罗斯现行的刑事法律当中并未定义有组织犯罪的概念，而是对犯罪要件、不同表现形式等作了相应的法律规定，说明俄罗斯立法与司法机构更为重视打击有组织犯罪法律法规的实操性，以及适应犯罪形势变化的灵活性。[①]

此后，面对日益严重的有组织犯罪，俄罗斯两次对于刑法典中有组织犯罪相关规定进行修改。(1)2009 年俄罗斯修改了《刑法典》和《刑事诉讼法典》(Статья в редакции Федерального закона от 03.11.2009 № 245 – ФЗ)，分别针对第 210 条第 1 款、第 2 款、第 3 款增加限制自由的刑罚。[②] (2)2019 年俄罗斯再次修改了《刑法典》和《刑事诉讼法典》(Федеральный закон от 1 апреля 2019 г. N 46 – ФЗ "О внесении изменений в Уголовный кодекс Российской Федерации и Уголовно – процессуальный кодекс Российской Федерации в части противодействия организованной преступности")，全面修改了第 210 条，不仅全面修改了第 1 款、第 2 款、第 3 款、第 4 款及说明，而且增设了第 210 条之一。其中，特别值得关注的是全面增加有组织犯罪的处罚力度，如将第 1 款的处罚由"处 7 年以上 15 年以下的剥夺自由，并处或不并处数额为 100 万卢布以下或被判刑人 5 年以下的工资或其他收入的罚金"，修改为"处 10 年以上 20 年以下的剥夺自由，并处或不并处数额为 500 万卢布以下或被判刑人 5 年以下的工资或其他收入的罚金，并限制自由 1 至 2 年"。[③]

第二，刑事诉讼法典规定。有组织犯罪刑事诉讼法自然也应适用刑事诉讼法典的规定。除此之外，特别值得关注的是审前合作协议制度。2009 年 6 月 29 日出台的第 141 号联邦法律对俄罗斯联邦《刑法典》和《刑事诉讼法典》进行了修订，修订中的一项重要内容便是规定了"审前合作协议制度"(институт досудебного соглашения о сотрудничестве)。此项制度规定在俄罗斯《刑法典》第 62 条第 2 款和俄罗斯《刑事诉讼法典》第 40.1 章。审前合作协议制度是指在法定程序框架

---

① 参见李昕韡：《俄罗斯有组织犯罪形势及打击机制》，载《现代世界警察》2020 年第 7 期。

② Статья в редакции Федерального закона от 03.11.2009 № 245 – ФЗ, https://base.garant.ru/12170605/.

③ Федеральный закон от 1 апреля 2019 г. N 46 – ФЗ "О внесении изменений в Уголовный кодекс Российской Федерации и Уголовно – процессуальный кодекс Российской Федерации в части противодействия организованной преступности", https://base.garant.ru/72210300/.

内，执法机关以减轻刑罚处罚和提供相应国家保护措施为条件，吸引犯罪嫌疑人（被告人）参与犯罪的揭露和侦查，其适用的目的主要是提高与有组织犯罪和腐败犯罪作斗争的有效性。审前合作协议制度在俄罗斯司法实务中的操作流程一般体现为：受保护方（犯罪嫌疑人、被告人）提供信息并协助检方侦破犯罪，检方则根据俄罗斯联邦《刑事诉讼法典》第 317.5 条的规定，对其适用特别庭审程序和承诺减轻刑罚的条件。①

第三，《反有组织犯罪法（草案）》。该草案虽然未最终通过，但是，其规定具有系统性、探索性，应予关注。其章节内容如下：第一章“总则”，包括第 1 条本联邦法律的目的，第 2 条本联邦法律使用的基本概念（包括有组织团伙、匪帮、各种犯罪组织、犯罪集团等有组织犯罪团体、犯罪活动、有组织罪犯、犯罪所得、反有组织犯罪措施体系等），第 3 条本联邦法律的效力程序和适用范围，第 4 条反有组织犯罪的基本原则，第 5 条反有组织犯罪的法制保障和安全保障。第二章“反有组织犯罪的主体和组织”，包括第 6 条反有组织犯罪的主体，第 7 条反有组织犯罪的专门机构，第 8 条内务机关、联邦安全机关、缉毒部门、联邦刑罚执行部门所属专门机构的职权，第 9 条检察机关在反有组织犯罪方面的职权，第 10 条专审法官，第 11 条关于有组织犯罪及反有组织犯罪数据的联邦统计，第 12 条反组织犯罪专门机构的信息分析保障，第 13 条前科相关信息，第 14 条反有组织犯罪专门机构的财政与物质技术保障，第 15 条人才培训，第 16 条有关国家秘密、商业秘密或者其他涉密事项信息的获取，第 17 条实行紧急状态，第 18 条国际合作。第三章“特别预警措施”，包括第 19 条特别预警措施、第 20 条特别预警措施的适用依据、第 21 条提供社会救助和法律援助、第 22 条官方警告、第 23 条未报到或未遵守官方警告规定的后果、第 24 条法院规定的义务、第 25 条反有组织犯罪专门机构参与法院规定义务的履行。第四章“反有组织犯罪业务侦查活动的开展”，包括第 26 条侦查活动的特点，第 27 条建立和利用企业、机构、组织和部门，第 28 条利用侦查陷阱，第 29 条有组织犯罪成员的刺探，第 30 条有关侦查活动结果信息呈交的特殊性。第五章“赔偿损失和消除有组织犯罪活动的其他后果”，包括第 31 条通过对因有组织犯罪活动而产生的国家或地方政府机构的交易和规章进行废止和宣告无效的路径来保护

---

① 参见庞冬梅：《俄罗斯有组织犯罪的企业化路径及对策研究》，载《上海政法学院学报（法治论丛）》2018 年第 5 期。

公民权利、第32条赔偿因有组织犯罪集团及其成员的犯罪活动而造成的损失、第33条及时受理因有组织犯罪集团及其成员的犯罪活动而造成损失的赔偿事宜和公民权利保障事宜而提起的民间诉讼、第34条有组织犯罪团体成员的连带责任、第35条没收财产和查封财产、第36条罚没非法收入。第六章“附则”,包括第37条本联邦法律的生效、第38条过渡规定。

第三节 外国有组织犯罪刑事立法的脉络梳理

各国有组织犯罪的发展各不相同,各国应对有组织犯罪的刑事立法也不尽相同。这些国家的立法上没有统一,基本上是分散的立法模式,原因大致是对于有组织犯罪的专门立法涉及对象范围较大,内容包括多个部门法的立法,难以实现专项的单一立法。① 有学者则指出这些立法的内容十分广泛,主要是:(1)对有组织犯罪规定严厉或比较严厉的法定刑,并认为只要有组织、领导、参加犯罪组织的行为即构成犯罪。(2)对通信、邮件、电信电话的秘密加以控制。(3)对有组织犯罪的下游犯罪——洗钱,采取必要的措施。(4)对举报人的奖励和保护。(5)对证人的保护。(6)其他措施。②

也有学者试着进行归纳,认为综观各国有组织犯罪立法,其立法模式主要有以下三种:(1)采取特别刑法或相关法规与刑法典相结合的模式。采取这种立法模式的国家主要有日本、美国等。这些国家的工业革命完成较早,其有组织犯罪的形成和发展要比其他国家和地区早,有组织犯罪的组织化程度较高。(2)在刑法典中对有组织犯罪作出专门规定,如俄罗斯、泰国、奥地利、瑞士等国。在这些国家中,有组织犯罪虽然已发展到一定程度,社会危害性日趋严重,但其组织化程度尚不能与上述工业革命完成较早的国家同日而语。(3)依照刑法关于共同犯罪的一般规定处理该问题。采取这种立法模式的国家中有组织犯罪起步较晚,尚未形成典型的黑社会组织。这些国家的刑法典对有组织犯罪并未规定独立的罪名,仅按照共同犯罪的一般规定来处理。③ 但是,上述归纳仅是站在刑事实体法的立场进

---

① 参见王燕飞:《〈反有组织犯罪法(草案)〉的理论检视》,载《河北法学》2021年第11期。

② 参见马克昌:《有组织犯罪——全球关注的问题》,载《法学论坛》2004年第5期。

③ 参见李芳晓:《国外有组织犯罪的现状与防范对策》,载《国外社会科学》2009年第4期。

行分类，实际上各国刑事诉讼法、专门立法中也有很多相关立法规定。

本书认为，应全面、系统地梳理各国有组织犯罪刑事立法。总体来看，各国有组织犯罪刑事立法大体分为三类，即刑事实体立法、刑事程序立法和有组织犯罪专门立法。

一、刑事实体立法

有学者认为，黑社会组织犯罪刑事实体立法上的特点包括：(1)从犯罪构成来看，各国都将黑社会组织罪的主体规定为一般主体。在犯罪形式上表现为必要共犯，其人数的确定性与否或人数多少因国而异。(2)普遍规定只要组织或者加入黑社会犯罪组织即构成犯罪，而不要求有具体的其他犯罪行为。如果行为人再实施其他具体犯罪，则仍要以该具体罪名起诉，然后与组织或者参加黑社会犯罪组织罪实行数罪并罚。(3)对黑社会犯罪从严处罚。黑社会犯罪无论在犯罪活动的规模，还是犯罪的社会危害性程度上都较普通刑事犯罪要严重得多，因此，多数国家和地区的法律均对黑社会犯罪规定了较普通犯罪更为严厉的刑罚。(4)对黑社会犯罪广泛适用财产刑。黑社会犯罪之所以能够不断发展、蔓延，与其具有较强的经济实力不无关系。仅仅规定较重的自由刑，并不足以从根本上给黑社会犯罪以致命的打击，要想彻底摧毁黑社会犯罪，必须从削弱和剥夺其经济基础着手。因此，很多国家和地区的刑法在对黑社会犯罪规定较重的自由刑的同时，还规定了数额较大的财产刑。(5)附加刑或者保安处分的适用。为了适应严厉打击黑社会犯罪的需要，有的国家和地区的刑法对黑社会犯罪规定了如剥夺政治权利、禁止担任公职、禁止从事一定的职业等附加刑或者保安处分。[①] 以上分析具有启发意义，但是，一方面，其仅是针对黑社会组织犯罪展开，不包括其他有组织犯罪；另一方面，其科学性有待商榷，例如，未涉及有组织犯罪的主观方面，类型划分也有待优化。

本书认为，综观各国反黑社会组织的立法内容，可将其特点概括如下：(1)主体为一般主体。在犯罪形式上表现为必要共犯，其人数的确定性与否或人数多少因国而异。有的国家刑法对黑社会组织的人数是确定的，如奥地利《刑法》规定 2 人以上；意大利《刑法》规定 3 人以上；泰国《刑法》[②]规定 5 人以上。有的则是不确

---

① 参见于天敏等：《黑社会性质组织犯罪理论与实务问题研究》，中国检察出版社 2010 年版，第 33－35 页。

② 一些非典型国家的有组织犯罪立法不再单独进行分析，但在相关行文中有所涉及。

定的,如德国、法国、韩国等国刑法没有人数规定。(2)主观方面表现为目的犯。其目的内容,有的国家刑法规定具体,例如,奥地利《刑法》第278条规定,为了实施谋杀、强盗、恐吓等法定犯罪行为……其具体罪名揭示了黑社会组织罪的目的内容。法国《刑法典》强调黑社会组织罪以侵害身体、财产方面的重罪为目的。有的国家刑法对犯罪组织的目的内容规定较抽象,例如,俄罗斯联邦《刑法典》第210条组织犯罪集团(犯罪组织)罪规定的是为了实施严重犯罪或者特别严重的犯罪。意大利刑法的规定更抽象,"为了实施数种犯罪而结成的组织"。(3)客观方面表现为"行为犯",只要有协议行为即可。有的国家刑法把"组织"、"领导"和"参加"行为规定在同一法条内,例如德国、意大利等;有的国家刑法则分条、款规定,例如泰国刑法不仅将黑社会组织罪规定为"阴谋犯",即只要有组建黑社会组织的"阴谋"就构成此罪,至于"协议行为"是否着手在所不问,而且将唆使、帮助行为也作为该罪的客观行为表现。(4)刑事制裁方面特别强调:①重点打击那些直接实施具体犯罪的组织者和首领。例如,法国《刑法典》第431条规定,参加武装性集团的处3年监禁并处30万法郎罚金;组织武装性集团的,处5年监禁并处50万法郎罚金。再如,德国《刑法典》第129条第4款规定,首谋、幕后指挥者、或其他情节严重者,处6个月以上5年以下剥夺自由。②特殊加重刑事责任的事由规定。例如,俄罗斯联邦《刑法典》第210条第3款规定,国家公职人员利用自己的职权实施组织、领导或者参加犯罪集团(犯罪组织)即可判处15年以上20年以下剥夺自由,并处以500万卢布以下的罚金,或其他处罚。再如,意大利刑法曾增加加重情节的规定,涉及两条法律规范。一条规定,该罪的"目的是进行恐怖活动和颠覆宪法秩序"(1980年),加重处罚;另一条规定,该罪的进行是"为使黑手党集团活动更便利"(1991年),加重处罚。这两条规范都属于犯罪的主观方面,其作用不仅在于加重处罚,而且使特别条例从整体上适用于所有指定目的的犯罪[①]。③特殊减轻或免刑的事由规定。例如,意大利引入和逐渐扩大了一种新的与有组织犯罪进行斗争的手段,即法律规定了对司法机关的合作者——悔过者的"奖赏"制度,并作为反有组织犯罪的基本战略方针。根据法律规定,所谓"悔过",指脱离犯罪组织,消除犯罪后果,以及向当局声明在侦查中进行合作,向当局检举集团中实施犯罪的其

① [意]弗朗塞斯科·巴拉佐:《意大利关于有组织犯罪的立法》,朱力宇译,载《青少年犯罪研究》1997年第5-6期。

他同谋者。“悔过”所能得到的“奖赏”程度，取决于悔过者所犯之罪的性质，既可能减轻刑事责任，也可能免除刑事责任；既可能在定罪判刑时得到优待，如缓刑；也可能在刑罚执行期间得到优待，如假释。法律规范对非法拘禁罪、毒品交易的集团犯罪、恐怖活动犯罪、黑手党犯罪分别规定了“悔过”情节，扩大了有关奖赏规定的适用范围。实践证明，奖赏“悔过者”的刑事政策“在侦查期间对于打击最为恐怖的有组织犯罪是极为有用的”，“悔过者或更确切地说司法机关的合作者，在与通常的有组织犯罪，特别是与黑手党犯罪的斗争中，毫无疑问是绝对有用的。”①

在联合国1994年反有组织犯罪大会预备咨询文件中，联合国曾主张向世界各国推广美国、意大利反有组织犯罪的刑事立法经验。文件指出，法律保护机关、检察院、法官可以对具体参与某种犯罪组织活动采取强制措施，借鉴美国《反有组织讹诈和贿赂法》。意大利《刑法典》第416条适用的积极效应说明，这些法律具有向各国推广的价值。许多国家接受了联合国建议，并强调“在实体法中加强与跨国有组织犯罪作斗争的措施规定，尤其是：(1)对参与犯罪组织的刑事制裁措施；(2)对参与勾结或类似不具体实施犯罪人的刑事制裁措施；(3)禁止洗钱，瓦解犯罪组织的经济实力和没收财产以及遏制掩盖非法收入的措施”。

本书认为，就刑事实体法层面，我国能够进行借鉴的方面有限。有学者提出，可以参考美国反有组织犯罪实践，提升立法观念，确立广义的有组织犯罪概念，确保刑事触角得以向前延伸至有组织犯罪集团的形成期。② 同时，在系统总结现有司法实践经验基础上，尽快出台《刑法》第294条的修正案，用“有组织犯罪集团”取代现行的“黑社会性质组织”，并对罪状和罪刑结构进行相应调整和完善。③ 以上思路虽不乏启发意义，但是，论述的基点有待商榷。其他国家有组织犯罪立法主要围绕黑社会组织犯罪展开，据此规定其概念、组织形式、人员、行为以及相应的刑事责任和各种特殊刑事处遇；与之不同，我国的有组织犯罪主要面向黑社会性质组织犯罪、恶势力犯罪，在对象体系、实际情况上存在实质差异。因此，在一些行为类型上不宜盲目对外国实践予以移植。例如，意大利《刑法典》第416条之三“黑手

---

① [意]弗朗塞斯科·巴拉佐：《意大利关于有组织犯罪的立法》，朱力宇译，载《青少年犯罪研究》1997年第5-6期。

② 参见张远煌：《美国惩治有组织犯罪的法治实践及其对我国的借鉴与启示》，载《山东警察学院学报》2011年第1期。

③ 参见赵赤：《美国有组织犯罪的概念演变及借鉴启示》，载《法学杂志》2011年第5期。

党的政治选举交易”规定,“任何人都接受通过第416条之二规定的方式获得投票的承诺以换取钱款或者其他好处的,处4年至10年有期徒刑。同等刑罚也适用于以第1款规定的方式做出投票承诺的人”,这一规定是基于意大利黑手党实质参与国家政治的情况所作的规定,在其他国家并无普适推广的价值。

二、刑事程序立法

各国为了保障有效地打击有组织犯罪,不断修改、完善刑事程序法,赋予警方、检察院、法院在其职权范围内的特殊权力和行使权力的特殊程序。例如,美国、英国、西班牙、法国、意大利、哥伦比亚等国采用了一系列行之有效的措施。例如:(1)犯罪组织的成员在该组织被侦破和摧毁中提供有效并经证实的合作者,可予完全赦罪或部分减刑。在调查此类活动中,这是最成功的策略之一。(2)确凿有效的情报予以报酬的制度。在调查中争取社会合作。(3)保护关键性证人,在诉讼之前为其身份保密。目的是使有组织犯罪的恐吓手法落空。(4)保护调查人员和法官。(5)秘密调查,对某些出于调查目的而进行的犯罪行为暂时容忍,如有监控的卧底。从全面分析的调查原则出发,最终了解犯罪组织的所有联系网络,打破了具体案例中的习惯性反应。(6)建立在国内外的“特别行动小组”以对付有组织的犯罪。这些小组由侦查部门和警察组成,有专业化纲领,接受特别监督,并配备专业化的情报、信息和统计中心。(7)严密看守关押最危险的犯罪组织成员的场所。限制被关押犯罪组织的首领人与在外面的执行人员之间的联系是瓦解犯罪组织的基本措施。(8)犯罪组织的核心成员被捕后延长扣留期,由司法当局批准并监督其隔离措施。等等。

有学者认为,黑社会组织犯罪刑事程序立法上的特点包括:(1)采用双管制。一些国家和地区除运用常规的刑事诉讼程序外,还运用非常规措施。如在证据的取得上,普遍放宽了证据规则,允许使用特殊的侦查手段。(2)加强对证人的保护。证人证言对于反黑侦查工作的深入开展,以及黑社会犯罪的定罪处罚都有着非常重要的作用。也正是这个原因,黑社会组织对证人是非常仇恨的,往往采用利诱或暴力手段阻止证人提供证言。为鼓励证人出庭作证,指证黑社会犯罪,各国纷纷制订证人保护计划，建立证人豁免权制度。[①] 以上观点仅侧重于黑社会组织犯罪，并聚焦于证据、证人层面，尚不够全面、体系。本书认为，综观各国有组织犯罪刑事程序立法，应重点关注以下三个方面。

（一）针对被告人的特殊程序事项

具体包括：（1）斟酌决定权。许多国家的刑事诉讼程序责成警方、检察院、法院在有任何迹象表明发生了犯罪的情况下，有酌情决定在其职权范围内进行调查权和某些斟酌决定权，执法机构选择不调查某项罪行或不提出某项起诉。例如，牙买加法律规定，执法机关可斟酌决定对轻微犯罪人免予起诉，以便揭发有组织犯罪的首领。依据牙买加《宪法》规定，国家检察官是独立的公诉人，不从属于任何指令，有权在任何时间决定起诉、移交或终止案件。斟酌决定权有利于侦查人员利用一般参与者破获有组织犯罪。（2）限制被告自由。在掌握一定证据的情况下，法律允许在定罪前限制被告的自由，其主要形式是审判前的拘留。该措施的适用是鉴于有关犯罪的严重性和起诉后被告人可能被判刑，以及诸如被告可能逃避惩罚或已经设法潜逃，有可能隐匿罪证；或有可能再次作案而构成对社会的严重威胁。例如，意大利《刑事诉讼法典》规定了一系列临时性的措施，包括从禁止性措施到部分限制人身自由的措施，以及预防性拘留。适用不同措施选择的原则是，拘留只能在极为紧急的情况下适用，即只有在所有的措施都被证明不合适时。“不过，对于一个与有组织犯罪相联系的庞大犯罪组织，该原则是完全不适用的。对于这些重大的犯罪，适用监禁的预防性拘留。”[②]意大利还规定了一种建立在新的不同前提基础上的限制人身自由的措施，即对被怀疑是即将进行严重黑手党犯罪的主体适用1年以下的拘留。适用这一措施的权限暂时属于反黑手党国家检察官，（该法律是暂时的，最终的决定只能由法院采取）。（3）保释制度的慎用。许多国家刑事诉讼法规定了保释制度，对被指控犯有某罪行的被告人可在交纳一定数量的金钱之后获释。但这一制度如果适用于拥有经济实力的有组织犯罪则并非权宜之计，相反，他们会利用保释之机串供、逼迫证人、毁灭证据，因此必须结合被告人的前科

---

① 参见于天敏等：《黑社会性质组织犯罪理论与实务问题研究》，中国检察出版社2010年版，第35页。

② ［意］弗朗塞斯科·巴拉佐：《意大利关于有组织犯罪的立法》，朱力宇译，载《青少年犯罪研究》1997年第5－6期。

和被指控罪行的严重性，谨慎适用保释制度，尤其是对有组织犯罪分子适用应有严格的法律限制条件。域外国家的这些探索具有一定的参考意义。

（二）特殊的证据搜集手段

利用电子监控、控制下交付等秘密侦查手段搜集证据，是有效打击有组织犯罪的措施之一。然而，利用这种有效手段的复杂性在于，个人隐私权不可侵犯与司法机关跟踪侦查的假想犯罪人的法权之间的冲突，这一矛盾直接影响国家的立法内容。有的国家法律规定，禁止使用窃听器之类的电子装置，因为这是在尚未获得充分犯罪证据之前便侵犯某人隐私和人权，伤害他人人格尊严，妨碍个人自由，与保障人权的宪法思想相抵触。然而，有组织犯罪的现状和发展趋势表明，有组织犯罪不仅拥有现代化的装备和反侦查能力，而且已形成有效的自我防卫体系，利用秘密侦查手段搜集证据是打击有组织犯罪的客观需要。墨西哥学者提出，鉴于这一犯罪现象的特点，对付它的斗争手段也应有特殊性，要求实行宪法所保障的一般公民权利时考虑某些由联邦司法当局严格控制的例外，因为受条件的限制，实际上还不可能马上摧毁犯罪组织；调查具体罪行，特别是涉及责任人时，只能得到不完全的结果，而只有摧毁它的权力的两大基础——组织和经济手段时，才能取得完全的结果。

因此，有必要考虑截取一些参加有组织犯罪的可疑分子的私人通讯，用电子手段调查他们的隐私。当然，这事先要经法官批准，证明调查所依据的迹象有合理的支持，以避免滥用此类调查手段，而且，必须使通过这种途径取得的证据具备诉讼效力。至于调查行动，应该授权调查当局在紧急情况时下令进行，要明确的是只有事后经司法当局批准，搜查所得的证据才能生效，正如目前在同样前提下拘捕的情况。将嫌疑责任人隔离拘留较长的期限，目的是在合理的期限内不准被拘留人和组织中的其他成员取得联系，便于捕获其他成员。这类情况可规定一个很短的拘留期，经司法当局批准后可以陆续延长，直到比如说 10 天的最长期限。司法干预的作用是核实被控告人有没有受到刑讯逼供或人格侮辱，并且，评估拘留措施是否必要。

许多国家的司法实践经验也表明通过特殊手段搜集证据对于打击有组织犯罪十分重要。例如，德国成立了有组织犯罪调查局。在该调查局中专门设立一个部门，具体负责有组织犯罪的卧底工作和线人工作，对于派出卧底的警察，需要在全国范围内进行轮换调用。采取卧底侦查手段,需要遵循一定的程序:其一,必须经过检察官同意,才可以派遣卧底侦查。如果延迟就会产生危险但又不能及时获得检察官的批准时,警察部门可以自行先派遣卧底警察,之后再向检察官提请批准,即警察部门在紧急情况下享有"先斩后奏"之权力。其二,倘若是向特定的被指控人进行卧底,必须经过法官的允许方可执行。其三,对于同意派遣卧底警察的决定必须以书面形式作出,并附有派遣卧底警察的具体期限。但只要派遣卧底警察的前提条件没有消失,就应当允许延长派遣的期限。① 再如,意大利法律规定,对严重犯罪,经检察官提出请求,法官批准,可在预审阶段采取窃听电话的措施。在紧急情况下,检察官可作出组织截获电话通话的决定,并说明采取这一措施的充足理由。但检察官必须在进入预审阶段 24 小时以内向法院提出书面请求;法官应在 48 小时内作出批准或拒绝请求的决定②。此外,为了获得更多的侦查材料,意大利法律明确规定了某些利用犯罪人和迟延逮捕证或扣押证的讯问技术。鉴于这类活动极为敏感,它们的合法性取决于一系列法定的条件,其中,包括司法官的事前准许。这些讯问技术是专门为某类明确列举的犯罪规定的,包括敲诈罪、以敲诈为目的的非法关押罪、军火和麻醉品非法交易罪、洗钱罪③。又如,美国为了防止侦查机关滥用秘密侦查手段,法律规定了适用的程序和条件,如果侦查机关未经法院准许窃听可疑人与他人的通话,构成犯罪,获取的情报资料法院不受理,不能作为证据。而且,美国近年来在反有组织犯罪斗争中采取秘密调查的策略,广泛运用暗中渗透的方法,矛头指向有组织犯罪新的目标和新的犯罪活动,执法人员打入犯罪内部,不论是典型的黑社会犯罪,还是正在组建的犯罪组织,都有执法特工渗透,收集证据,将罪犯绳之以法。日本等其他国家也大都在刑事程序法中赋予司法人员广泛的侦查手段和权力。对此,有学者提出我国应当制定有关电子监听的比较规范、公开的规定,明确赋予公安机关对特别案件的监听、窃听权,使电子监听、秘密拍摄成为公安机关的有力武器。④

---

① 参见龚义年:《域外有组织犯罪企业化防控模式及其对我国的启示》,载《行政与法》2018 年第 4 期。

② Основы борьбы с организованной престуностью / Под ред. В. С. Овчинского, В. Е. Эминова, Н. П. Яблокова. М., 1996. С. 79.

③ [意]弗朗塞斯科·巴拉佐:《意大利关于有组织犯罪的立法》,朱力宇译,载《青少年犯罪研究》1997 年第 5 - 6 期。

④ 参见于改之:《我国关于有组织犯罪的立法与司法完善》,载《法学论坛》2004 年第 5 期。

本书认为,有效地开展反有组织犯罪的斗争是建设法治国家、尊重人权的必要先决条件,因此,不能简单地将针对其实施的特殊侦查手段视为对个人权利的侵犯。而且,在技术层面刑侦方法的改进反映了犯罪形式的显著变化和有利于执法特工运用渗透、诱惑的方法的法律环境,暗中渗透调查的方法的推广运用也反映了技术的发展。例如,安装微型传声器和摄像机不容易,进行反有组织犯罪案件的调查是很困难的,现在通过执法特工的渗透,能够获取强有力的证据。因此,无论从必要性还是可行性角度,均应正视特殊侦查手段对于打击有组织犯罪的重要意义。

(三)证人的特殊规定

关于这一问题,域外国家在两个方面进行了系统探索。

1. 证人作证的义务及法律保护

在涉及有组织犯罪的案件诉讼中,证词十分重要,详细分析和使用这类证词有利于揭露、分化、瓦解有组织犯罪。许多国家法律规定,证人有如实作证的义务。无正当理由,拒绝履行义务者,依法追究其刑事责任。有组织犯罪,特别是"严守秘密"占统治地位的黑手党组织,在很大程度上依靠诱迫证人保持沉默,否则即对其"杀人灭口",使司法机关取证困难。因此,在打击有组织犯罪的斗争中为证人提供保护至关重要。

各国刑事司法制度密切注意,旨在确保证人安全的各项立法规定和措施:允许重新安置证人、改变其身份,并在证人受到被告和被告的同伙威胁时向证人提供人身保护,并作出妥善安排;为证人提供各种证件,以便他们(及其家人)能够有新的身份;为之提供临时住房,并将其家具和其他个人财物运到新的住所;提供基本生活费;协助证人就业,并提供其他各种必要的服务,以便帮助证人过上正常生活。此外,还为在押的证人提供隔离安全单间。

例如,德国法律规定,证人无任何法律理由拒绝作证,法院可依法定为藐视法庭罪判处罚金。意大利法律规定,证人应依据法院传唤到庭,在诉讼活动中履行法官命令,回答问题。如果证人多次传唤无故不到庭,法官可下令强制拘留证人。美国法律规定,不能强制任何人违心作证,但为了维护司法利益,必要的情况下,联邦公诉人经联邦法官同意,可强迫证人作证。未经法官准许强迫他人作证,未获得证据或假证,判处36个月以下监禁。在美国,自1970年保护证人在打击有组织犯罪斗争中发挥了重要作用。美国1982年通过的《被害人和证人保护法》(Victim and

Witness Protection Act of 1982),该法和联邦证人保护计划的实施,使黑社会(性质)组织难以用恐吓、报复手段来对付证人,收效极为显著。证人保护制度应当包括三个方面的内容:(1)身份保密。在审判中证人可以不提供自己的住所、身份、职业甚至姓名;必要时还可以改变声音、形象,不必以真面目和被告对质;侦查人员和检察人员必须为其身份保密。载有证人真实身份的档案文件也必须妥善保管,不得泄露。(2)人身安全保护。这可能是最难完成的任务。它所耗费的不仅是金钱,还有大量的警力。(3)生活安置。在作证后,必须给有些证人提供新的身份,对其在经济上予以资助,他才能逃脱报复,重新生活,这样才敢于作证。① 意大利1991年第82号法律规定了对合作者一系列的保护措施,"直至合作者从监禁地点出来和完全打破常规对其适用替代狱中服刑的措施。保护措施还规定可以使用掩护性身份证,甚至是身份的最终改变。同样的保护帮助措施也可以扩及于合作者的近亲属"②,并通过内政部公共安全局和反黑手党国家检察总局(Procaratore Nazionale Antimafia)的特殊保护服务中心予以实现。实践证明,证人保护制度使有组织犯罪无法接近证人;判决后不知证人去向,防止其报复。国家司法机关给予证人的实质性帮助和保护使证人消除顾虑,愿意合作,出庭作证,有利于揭露、取缔有组织犯罪。

对此,有观点提出,我国《刑事诉讼法》中虽然规定了公、检、法机关负有保护证人的义务,但缺乏可操作性,导致实践中打击报复证人及其近亲属的案件屡有发生,使证人不愿、不敢作证。我们可以借鉴外国的立法成果和经验,建立起证人保护机制,通过立法确定被保护证人的条件、范围,保护机构、具体措施等,这对于打击有组织犯罪具有重要意义。③ 本书认为,我国可制定专门保护有组织犯罪案件证人的特别制度。如对证人的人身、家庭等进行专人保护、证人可以不出庭作证、可以不使用真实姓名,而只用代号的形式提供证言等。④

2. 污点证人的专门规定

证人在提供证据证实黑社会性质犯罪方面起着至关重要的作用。"污点证

① 参见于改之:《我国关于有组织犯罪的立法与司法完善》,载《法学论坛》2004年第5期。

② [意]弗朗塞斯科·巴拉佐:《意大利关于有组织犯罪的立法》,朱力宇译,载《青少年犯罪研究》1997年第5-6期。

③ 参见许靖、杨丽、邢菲菲:《对有组织犯罪查处中的疑难问题研究》,载《政治与法律》2010年第5期。

④ 参见于改之:《我国关于有组织犯罪的立法与司法完善》,载《法学论坛》2004年第5期。

人”基于获得法律的宽宥而指证,“卧底证人”基于自己肩负的职责而作证;普通证人则基于社会的正义勇敢地揭露犯罪事实。前两种人指证黑社会性质犯罪分子能立竿见影地获得实效;“污点证人”获取了减轻处罚或免除处罚或以非自由刑代替自由刑的实惠;“卧底证人”则要获取国家的嘉奖。

对此有学者指出,制定关于污点证人的特别规定是惩治有组织犯罪中分化瓦解犯罪组织的核心部分,也是国际社会反有组织犯罪立法的基本经验之一。① 如美国“证人保护方案”的实施,使黑帮分子难以用恐吓、报复手段来吓阻证人,收效极为显著,已有不少国家效仿。② 据此有观点认为,在我国目前司法资源有限现实下,建立污点证人制度是可取的。特别是对单纯参加,没有实施其他犯罪活动的或者被胁迫参加黑社会性质组织的,完全可适用此制度。它可以最大限度地分化黑社会性质组织,以最小的代价,达到惩办黑社会性质组织犯罪的目的。③ 因而,可以借鉴域外国家和地区的做法,建立“污点证人”司法豁免制度,尽可能使受害人、知情人、有组织犯罪组织的内部成员敢于为司法机关作证,不至于因揭露犯罪而遭受人身、财产损害。④

有学者进而给出具体的制度设计:一是鉴于污点证人的高危险性,应采取各种行之有效的预防性保护措施,可由公安机关为其提供贴身保护,减少其受到打击报复、遭受人身伤害的可能性。污点证人的真实姓名、身份、住址、工作单位等个人信息,确有必要保密的,可以不在庭审中公开,也可以作适当技术处理后再入卷宗。在法庭作证过程中,可不直接出庭,采用视频作证系统,并对污点证人的图像和声音进行技术处理。国家在条件允许的情况下,为证人在作证后改换姓名、身份、帮助迁居、合理安置。二是除了对污点证人本人的保护之外,还应加大对污点证人近亲属或密切关系人的保护力度,并对打击报复污点证人及其近亲属的违法犯罪行为依法予以严惩。⑤ 其建议在具体操作层面也不无可取之处。

---

① 参见赵赤:《中外惩治有组织犯罪比较研究》,中国政法大学出版社 2017 年版,第 403 页。

② 参见卢建平:《中国有组织犯罪相关概念特征的重新审视》,载《国家检察官学院学报》2009 年第 6 期。

③ 参见于天敏等:《黑社会性质组织犯罪理论与实务问题研究》,中国检察出版社 2010 年版,第 303 页。

④ 参见蔡军:《我国惩治有组织犯罪的实践困境与立法对策》,载《华东政法大学学报》2013 年第 4 期。

⑤ 参见宋洋:《有组织犯罪案件中污点证人豁免制度的引入》,载《国家检察官学院学报》2011 年第 2 期。

本书认为，域外国家关于污点证人的专门规定确实有其可取之处，但是，必须基于我国的实践进行本土化的探索，而不能进行简单的形式移植。此前也有学者提出，污点证人制度遇到的最大责难是会产生对罪犯的放纵，从而与我国传统的“有罪必罚”的观念相冲突。污点证人制度是在权衡利弊之后对“有罪必罚”原则的一种必要取舍抉择，是两害择轻的做法。[①] 不仅如此，还需要充分考虑我国刑事追诉机制与域外国家的区别，比如，像英美等国家很多刑事实体问题也是通过刑事程序法予以实现，而在我国语境要回归刑事实体制度。因此，在处理有组织犯罪“被转化者”的刑事处遇问题上，除了需要在刑事程序法上进行制度设计外，还需要进行刑事实体法层面的考量。

三、有组织犯罪专门立法

不少国家于刑事实体立法、刑事程序立法之外，探索制定专门的反有组织犯罪立法，其典型代表为意大利的《反黑手党及预防措施法》、日本的《有组织犯罪处罚法》、俄罗斯的《反有组织犯罪法（草案）》等。在有组织犯罪专门立法中，各国多注重构建体系化的有组织犯罪治理机制。除了配合作出概念界定、定罪量刑等规定外，特别就以下方面内容加以规定。

（一）治理机构的专门化[②]

各国探索在既有犯罪打击部门之中设立专门机构，以更好地实现对于有组织犯罪的治理。如俄罗斯《反有组织犯罪法（草案）》第7条关于反有组织犯罪的专门机构规定：“1. 检察部门、内务部门、联邦安全部门、缉毒部门以及联邦刑罚执行部门，根据本联邦法律规定设立反有组织犯罪专门机构。2. 反有组织犯罪专门机构在本条第1款所规定的每个单位内部，组建联邦所属的统一集中机制体系。3. 反有组织犯罪专门机构的领导，由建立和运行此专门机构所属单位特别授权的副手担任。4. 反有组织犯罪专门机构内设快速反应特别支队，以确保俄罗斯联邦

---

① 参见贾宇：《有组织犯罪之对策研究》，载《法律科学（西北政法学院学报）》2003年第5期。

② 很多国家和地区还针对有组织犯罪的复杂性、隐蔽性、反社会性建立专门的反有组织犯罪机构。如美国白宫设立的“反有组织犯罪调查委员会”；意大利成立的“反黑手党调查局”；日本从中央到地方警察机关设立的“暴力团对策部”以专门对抗有组织犯罪；英国除警察部门负有该项职责外，还通过法律赋予秘密保安局打击有组织犯罪的特殊权力；英国政府适应社会现实的变化，及时调整刑事司法对策，积极推进刑事司法现代化的进程，其方向之一即为严厉打击反社会行为、毒品和暴力犯罪。

立法所规定的、专门机构应承担任务的完成。5. 根据联邦法律，在一般制度、严格制度和特殊制度改造营以及教养营，专门为因参与有组织犯罪团体和实施有组织犯罪而被判处剥夺自由刑的犯罪分子设立特殊服刑区。特殊服刑区内的法律制度由《俄罗斯联邦刑事执行法》予以规定。6. 本法规定的各执法部门设立的反有组织犯罪专门机构的改组或解散只能根据俄罗斯联邦的联邦法律进行。”

（二）法律程序的规范化

各国也在推动反有组织犯罪程序的规范化，以推动长效治理的实现，其典型代表为俄罗斯《反有组织犯罪法（草案）》的若干探索性规定。

第一，官方警告的程序规定。俄罗斯《反有组织犯罪法（草案）》第 22 条第 1 款规定：“官方警告——是由反有组织犯罪专门机构公职人员针对个人提出的，要求其必须遵守俄罗斯联邦宪法和法律、不限制他人权利和自由、不实施违法行为的书面要求，并附有对其违反法律可能产生法律后果的说明。”第 2 款规定了被宣布官方警告者的义务和权利：“（1）应当遵守规定；（2）应当按照执行警告监督任务的公职人员发送的通知前来报到；（3）如果违反官方预防的规定，则必须提交书面说明，阐明违反规定的原因；（4）针对公职人员的不当行为，有权向其上一级公职人员、检察院或者法院提起告诉。”

第二，法院规定义务的程序规定。俄罗斯《反有组织犯罪法（草案）》第 24 条明确，法院规定当事人应当承担以下一项或几项义务：“（1）不能与具体指定人员之间保持直接联系，或者通过他人、借助于技术手段或其他手段进行联系；（2）未经执行预防监督的公职人员同意，不得变更惯常居住地；（3）在规定的时间内，必须留在居住地；（4）依靠合法收入来源保障自己日常生活；（5）不去指定的地方；（6）接受司法医学、司法精神病学检查以及专家规定的治疗；（7）自然人、法人和其他组织的领导及其管理机构人员，应当在 3 年内每年向其居住地所属税务部门提交有关其个人及家族成员的收入、财产和债务的扩展申报单。”

第三，财产罚没的程序规定。日本 2017 年《有组织犯罪处罚法》修正时将第 22 条第 1 款修改为：“对于与第 2 条第 2 款第 1 项甲或乙或该款第 2 项丁所列之罪，或者第 10 条第 3 款或第 11 条之罪相关的被告案件，根据该法或其他法令之规定，法院在认为有相当的理由且有必要没收财产时，可基于检察官的请求或依照职权，签发保全命令；对于该没收对象财产，可根据该节的规定，禁止对其进行处分。”

俄罗斯《反有组织犯罪法(草案)》第35条规定了没收财产和查封财产,即反有组织犯罪专门机构、法院、法警应采取立法规定的一切措施,以保障相关财产的没收。继而在第36条规定了罚没非法收入的程序:"1. 有组织犯罪团体及其犯罪活动的参加者及其家庭成员,应当向本联邦法律第7条规定的部门呈交那些根据《俄罗斯联邦税法》应当申报而没有申报的收入和财产的合法来源。2. 如果自然人或法人未能在一个月内向税务部门提交此类收入合法来源的证明材料,则法院将此类财产或财产价值收归俄罗斯联邦收入。3. 法院应当根据检察官或本联邦法律第7条所规定的其他部门提出的要求审理此类案件。"

(三)反有组织犯罪的协作化

各国也在推动相关参与主体的协作化,形成部门与部门、部门与社会共同配合的治理模式,以应对有组织犯罪的变化发展。

第一,部门与部门的协作化。俄罗斯《反有组织犯罪法(草案)》第12条第4款规定:"检察部门、内务部门、联邦安全部门、缉毒部门、联邦刑罚执行机构及其反有组织犯罪专门部门的主管领导,根据联邦法律和俄罗斯联邦所签署国际条约的规定,保障其所属信息部门与其他相应专门机构的信息部门之间、国家权力部门以及他国相应执法机构之间的互动协作。"

第二,部门与社会的协作化。俄罗斯《反有组织犯罪法(草案)》第27条规定了建立和利用企业、机构、组织和部门:"以执行任务为目的,本法和《业务侦查活动法》规定的相关企业、机构、组织和部门的建立和使用,须根据《业务侦查活动法》第15条第1款第5项的规定进行。相关企业、机构、组织和部门须根据本联邦法律第8条规定的反有组织犯罪专门机构主管领导的决定进行组建,并且,由对反有组织犯罪专门机构的执法情况进行监督的检察部门批准。本条第1款所规定的企业、机构、组织和部门,应当在俄罗斯联邦立法所确定的一般根据基础上进行组建、运行、重组和终止活动。"

(四)治理措施的大数据化

各国基于法律规定,分别探索了各类措施的大数据化,以更好地打击有组织犯罪。

第一,有组织犯罪侦查的大数据化。如英国《严重犯罪法案》第5A条规定了信息验证和披露，适用于为了回应重罪预防令所规定的信息要求而需要向执法人员提供信息时，其第 3 款为："任何其他人可向以下人士披露信息：(a)执法人员，或；(b)执法人员根据第(2)款披露信息之人，以便有助于第(2)(a)款(检查信息的准确性，或)及(b)款(发现真实情况)所述的任何一项事项。"

第二，有组织犯罪数据库建设。俄罗斯《反有组织犯罪法(草案)》第 11 条规定了有组织犯罪及反有组织犯罪数据的联邦统计，有组织犯罪和反有组织犯罪的登记和数据统计，通过统一的跨部门有组织犯罪联邦数据库完成。应当记入统计信息的有："(1)有组织团体有其结构、组成、活动时间、地点，犯罪活动(包括恐怖主义活动、极端主义活动或其他活动)特点；(2)有组织犯罪团体及其参加者所实施的犯罪事实；(3)有组织团体的组织者、领导者和其他参加者；(4)有组织犯罪团体的联络机制和特征；(5)被害人，其中包括已死亡被害人和受到各种严重损害程度的被害人；(6)有组织犯罪活动造成的损失额、其他损害；(7)有组织犯罪分子的刑事责任和刑罚；(8)针对有组织犯罪团体及其活动、有组织犯罪团体参加人员及其实施犯罪所采取的执法措施以及预防措施；(9)有组织犯罪所造成损失的赔偿以及其他消除有组织犯罪活动后果的信息。"

该草案第 12 条第 1 款还明确规定："为了收集和保存有组织犯罪及其相关的腐败、恐怖主义和极端主义方面的信息，检察部门、内务部门、联邦安全部门、缉毒部门、联邦刑罚执行机构所属的反有组织犯罪专门机构内设立信息部和部门数据库。"

第三，有组织犯罪的大数据统计分析。俄罗斯《反有组织犯罪法(草案)》第 12 条关于反有组织犯罪专门机构的信息分析保障的条款中，第 5 款规定："反有组织犯罪各主体与科研机构和中心合作，在其职权范围内对有组织犯罪现状、趋势、其运行的原因和条件、所使用的技术方式进行系统分析，制定打击有组织犯罪的方针和措施，并且每年向俄罗斯联邦安全委员会报送结论和建议。"

对于各国有组织犯罪专门立法的规定，有学者提出可以借鉴。例如，有观点认为，俄罗斯《反有组织犯罪法(草案)》迟迟未能正式出台，在一定程度上影响了打击有组织犯罪的司法实践。不过，在新修订的《反有组织犯罪法(草案)》中应用了最新的犯罪学研究成果，并借鉴了美国等国家打击有组织犯罪专门法的内容。①

---

① 参见李昕韡：《俄罗斯有组织犯罪形势及打击机制》，载《现代世界警察》2020 年第 7 期。

可以借鉴国外立法经验,必要的时候制定专门的反黑特别法律,赋予警方、检察院、法院在其职权范围内的特殊权力并设定特殊程序。[①] 也有观点围绕各国有组织犯罪专门立法的具体规定提出借鉴建议:一是在修改有组织犯罪有关的刑事程序时可以借鉴美国 RICO“复归”追诉规则,不仅在法治轨道解决实践中具有涉黑背景企业家的“原罪”问题,而且对非法资金在经济活动之中的“再投资”行为给予惩治。二是借鉴 RICO 优先打击有组织犯罪领导人的“擒贼先擒王”执法策略,基于组织行为实行化理论,实现有组织犯罪的“组织罪”。[②]

本书认为,在我国制定有组织犯罪专门立法的过程中可以借鉴各国最新法治成果,但一定要立足我国有组织犯罪发展和治理的实际情况。例如,根据《暴力团对策法》《有组织犯罪处罚法》等立法,日本允许暴力团依法存在。暴力团的合法化,一方面是政府暴力后盾弱化后,有组织犯罪滋生的环境比较宽松;另一方面暴力团是社会组织分享社会治理权力,以维持社会运转的现实需要。无论如何,暴力团的合法化都源于日本的特殊国情和国民性格,不值得我们立法进行仿效。[③] 而在我国和很多其他国家,犯罪组织本身就不合法,组织、领导、参加黑社会性质组织的都要追究责任。反有组织犯罪,各国都应当根据本国的实际情况,采用符合本国国情的斗争策略和法律制度,不宜照抄照搬。[④] 因此,我国有组织犯罪的依法治理必然需要立足该类犯罪发展的实际以及我国立法、司法的实践,有选择、有甄别地借鉴域外成果,从而推动该类犯罪的有效预防和治理。

---

① 参见许靖、杨丽、邢菲菲:《对有组织犯罪查处中的疑难问题研究》,载《政治与法律》2010 年第 5 期。

② 参见罗明海:《美国有组织犯罪概念的历史、类型及启示》,载《青少年犯罪问题》2013 年第 4 期。

③ 参见梁利波:《有组织犯罪立法的国际谱系》,载《刑法论丛》2014 年第 3 期。

④ 参见马曼:《日本反有组织犯罪立法及其启示》,载《检察日报》2020 年 9 月 1 日,第 3 版。

第八章　打击有组织犯罪的国际合作

第一节　有组织犯罪的跨国发展趋势

一、有组织犯罪跨国发展的背景

关于“全球化”一词的起源，人们认识不一。正如美国学者乔治·洛奇所说：“全球化的概念是如此广泛、深奥、模糊而神秘，以致于学术界人士往往会通过现有的经济学、政治学或社会学等专业来分别探讨它所涵盖的内容。”①

全球化是一个以经济全球化为核心的概念，通常指20世纪80年代以来以先进科学技术为支撑，各国、各民族、各地区在政治、文化、科技、军事、安全、意识形态、生活方式、价值观念等多层次、多领域的相互联系、影响、制约。“全球化的概念是从经济开始的。因为全球化要讨论经济的需要，达到一种经济互通有无、减少消耗、增加效益的状态，让每个国家都能够参与，形成像WTO这样的组织。”②经济全球化突破了传统文化局限于民族和国家的狭隘视野，使人们在发展本民族、本国文化的同时，越来越注意民族之间关系以及本国利益与他国利益的协调。各国都意识到，闭关自守只能更加远离世界文明；要

---

① ［美］乔治·洛奇：《全球化的管理——相互依存时代的全球化趋势》，胡延泓译，上海译文出版社1998年版，第1页。

② ［美］成中英：《全球化中的东西方文化差异与交融》，载《中国海洋大学学报（社会科学版）》2004年第6期。

获得发展,必须同其他国家开展交流,充分吸收他国的长处,融合一切有利于本国发展的因素。①

全球化显然对跨国和经济法的监管以及通过跨国刑法处理跨国犯罪的必要性提出了挑战。② 经济全球化带来的是政治、文化等的全球化,也必然造成有组织犯罪的全球化,导致跨国有组织犯罪大量滋生。由于跨国公司的发展,世界经济不再是各国国民经济的组合,而是越来越成为跨国企业的组合。伴随现代人类社会国际化的进程,出现了跨国有组织犯罪。因此,司法国际化成为非常突出的现实问题。俄罗斯学者注意到,有组织犯罪加强了与国际犯罪组织之间的联系,他们不限于在国外成立分支机构,且与"定居"在那里的国际犯罪辛迪加争夺领地和销售市场,试图将他们排挤出去。俄罗斯有组织犯罪已经具备了这种能力,他们有智力潜能,有在任何社会条件下存活下去的能力,有非传统的犯罪思维,有大量的人力资源,也有用于黑色服务和黑市的原料储备。③ 犯罪组织以类似于公司企业的结构从事犯罪活动,利用专业人才协助谋取和隐藏利润,并做出不断调整,使自己适应市场变化,迎合公众对商品和市场的需求。跨国有组织犯罪像跨国公司一样行动,使犯罪活动突破国家界限在很多情况下具有全球性质。④ 它们不再局限于传统的收取"保护费",或进行抢劫、敲诈勒索等暴力犯罪,而是转向从事赚钱更多、更快捷的大规模走私、贩毒等犯罪行为,然后通过洗钱的方式,将非法收入转变为合法资金,投入合法经营的企业中。对此有学者总结认为,随着经济全球化、全球信息化和世界多极化进程的不断加深,国际范围内的跨国有组织犯罪出现了多样化的趋势,各种类型的跨国有组织犯罪已成为国际社会所面临的最严峻挑战,并将其主要类型归纳为以下十五种犯罪:跨国洗钱犯罪、跨国贿赂犯罪、妨害司法犯罪、跨国贩运人口罪、偷运移民罪、非法跨国贩运武器罪、跨国恐怖活动犯罪、跨国贩毒罪、跨国计算机犯罪、劫持飞机犯罪、跨国盗运艺术、文化遗产罪、海盗罪、制贩假币犯

---

① 参见张骥、赵斌:《经济全球化与文化交融》,载《外交学院学报》2002 年第 3 期。

② See Maria O'Neill, *International Business Encounters Organized Crime: The Case of Trafficking in Human Beings*, German Law Journal, Vol. 19:5, p. 1145(2018).

③ Криминология: Учебник / Под ред. Н. Ф. Кузнецовой, В. В. Лунеева. 2-е изд., перераб. и доп. М., 2005. С. 404.

④ 参见张宗亮:《全球化境域下跨国有组织犯罪的发展态势》,载《中国人民公安大学学报》2004 年第 5 期。

罪、跨国盗运机动车辆犯罪、跨国非法买卖人体器官犯罪。[①] 虽然各国为对付严重威胁社会的有组织犯罪采取了积极的措施,但并没有遏制住这种现象的发展,有组织犯罪的活动更加猖獗。

正是由于有组织犯罪的跨国发展态势,1990 年,第八届联合国预防犯罪和罪犯待遇大会在哈瓦那召开,会议提出了联合国控制有组织犯罪国际合作的战略原则,并通过了《预防和控制有组织犯罪原则》。1993 年,联合国预防犯罪和刑事司法委员会在一份报告中指出,跨国有组织犯罪是 21 世纪人类所面临的最严峻挑战,各国必须针对跨国有组织犯罪采取措施,加强国际合作,建立控制跨国有组织犯罪的国际合作机制。2000 年 11 月 15 日,在第 55 届联合国大会上,通过了《联合国打击跨国有组织犯罪公约》。这些预防和惩治有组织犯罪的国际文件出台,为各国打击、防治跨国有组织犯罪,提供了法律依据。

二、有组织犯罪跨国发展的特征

根据《预防和控制有组织犯罪原则》《那不勒斯政治宣言和打击有组织犯罪跨国全球行动计划》《联合国打击跨国有组织犯罪公约》等国际文件的规定,跨国有组织犯罪通常呈现以下特征:

第一,跨国性。[②] 是指犯罪涉及两个以上国家,并触犯了其刑事法律。根据《联合国打击跨国有组织犯罪公约》第 3 条第 2 款规定,有下列情形之一,属于跨国犯罪:一是在一个以上国家实施犯罪;二是虽然在一国实施,但其准备、筹划、指挥或控制的实质性部分发生在另一国的犯罪;三是犯罪在一国实施,但涉及在一个以上国家从事犯罪活动的有组织犯罪集团;四是犯罪在一国实施,但对另一国有重大影响。

第二,组织性。所谓组织性,是指由一定数量的人,结成一个相对固定的团伙,并为一定的目的而有预谋、有计划地实施一定的行为。根据《联合国打击跨国有组织犯罪公约》的规定,为从事犯罪活动而拉帮结派形成的有组织者、有领导或参加

---

① 参见狄世深:《跨国有组织犯罪的主要类型》,载《犯罪研究》2003 年第 4 期。

② 有学者指出,从世界各国跨国有组织犯罪集团的情况分析,基本上可以分为两种类型:第一种类型是,实施跨国犯罪的有组织犯罪集团。这是指其组织机构只设在一个国家,并以该国家为基地实行跨国犯罪的有组织犯罪集团。第二种类型是,其组织跨越一个以上国家的有组织犯罪集团。这是指大本营设在一个国家,而且在其他国家设有分支机构的有组织犯罪集团。参见何秉松:《中国有组织犯罪研究(第一卷):中国大陆黑社会(性质)犯罪研究》,群众出版社 2009 年版,第 261 页。

者的3人以上的犯罪组织，在一定时间内存续着组织化等级制，并有一定的上通下达的系统和相关的内部成员必须遵守的规则。由于犯罪涉及两个以上国家的利益，跨国有组织犯罪从犯罪预谋、人员分工到实施具体犯罪，往往表现出国际分工趋势，其组织的严密性与犯罪的计划性，较之一般的国内有组织犯罪，更为高级，社会危害性也更大。

第三，渗透性。跨国有组织犯罪涉及两个以上不同国家，由于各国具体情况的差异以及针对犯罪采取的措施的差别，要想在不同国家顺利实施犯罪，必须采取特殊的渠道渗透到不同的国家。从实践来看，跨国犯罪往往与政界、商界等相勾结，通过组建合法的经济组织，贿赂一国的国家工作人员，使犯罪组织具有形式上的“合法性”，从而涉足不同领域。

第四，犯罪智能化。跨国有组织犯罪与一般的有组织犯罪一样，其主要犯罪目的是获取高额的经济利益。犯罪分子要想顺利打入各国市场，必不可少地需要借助现代科学技术手段，通过先进的器械、设备并以高超的手段实施犯罪。跨国有组织犯罪集团一般具有雄厚的经济实力，其购买并使用各种先进的交通、通讯工具和武器装备。同时，他们还特别注意高端人才的物色与培养，不断提高其犯罪水平。

三、有组织犯罪跨国发展的趋势

20世纪90年代以来，世界形势向多极化的方向发展，和平与发展成为人类社会的主旋律，经济全球化使世界各国相互依存、共同发展的关系日趋密切，交通和通讯技术的高度发达使世界日益成为“地球村”。与此同时，经济全球化与交通通讯的发达也为跨国有组织犯罪的发展提供了相当的便利。随着人类社会进入21世纪后，经济的持续发展、科技的不断进步，跨国有组织犯罪呈现出新的特点和趋势：

第一，犯罪主体的跨国流动性日趋自由化。全球经济一体化的发展，使生产要素、人才、资本在世界范围内自由流动和优化配置，使各种违法犯罪隐藏在正常的国际交往与社会流动之中成为可能。各种犯罪组织利用便利的交通设施与相对开放的进出境政策，不断跨国、跨地区作案，并利用各国法律制度的不同从一国逃往另一国，以逃避法律制裁。

第二，犯罪行为的国际性分工更加细密化。信息技术的高速发展和全球经济的紧密联系，为有组织犯罪的跨国分工提供了条件。各国针对跨国有组织犯罪的严密防范，为其带来巨大挑战，也使跨国有组织犯罪分工更加严密。“犯罪的整个运转过程就如同跨国公司的商务活动那样，从犯罪的策划、准备到实施犯罪、逃避打击，都要经过极其周密的安排，有极强的组织性与纪律性。”①

第三，犯罪收益的跨国转移手段更加复杂和现代化。任何一个有组织犯罪集团从事犯罪都是为了获取巨额的非法收益，因此，清洗获取的非法收益并使之合法化必然是有组织犯罪集团的活动之一。有组织犯罪集团千方百计地利用现代的国际金融手段跨国转移资金，掩饰其非法来源。

第四，作案手段更加智能化。国际互联网使犯罪分子可以通过远程方式控制各种非法运输及交易，现代化交通工具的出现使地域障碍对人的局限性大大缩小。有组织犯罪集团凭借其雄厚的财力，利用尖端的通讯技术、发达的交通设备和先进的武器装备进行跨国犯罪，对抗侦破，逃避监管。特别是，信息技术的发展也对有组织犯罪的跨国化产生了重要影响，尤其是提高了犯罪组织在不利环境中的灵活性与适应性。例如，广泛应用于航空器上的信息拦截器使贩毒组织的情报人员非常轻易地发现雷达以逃避监控。②

从当代有组织犯罪的发展趋势来看，呈现出跨国联盟、犯罪漂移的国际化特点。1991 年 11 月在巴黎召开的“制定有效的联合国预防犯罪和刑事司法方案部长级会议”讨论了国际范围的犯罪形势，尤其是探讨了跨国有组织犯罪对国际社会秩序的破坏和危害。所谓“跨国”表示人、财、物以及信息的跨国界的源流。跨国犯罪组织，即指组织机构设在本国，而其活动范围涉及本国、邻国或若干个国家，并占领获利市场的集团。跨国犯罪组织已成为世界经济活动的重要参与者，其竭力参与国际法所禁止的交易，包括贩卖非法商品提供非法服务，以攫取巨额利润。即便有组织犯罪袭击一个弱小或失败的国家，其后果和对整个世界的影响可能是破坏性的。③

第一，暴利驱动使有组织犯罪跨国转移具有长期性。在国际社会中，各国因资源条件、历史发展、文化特点、社会体制等原因导致的国别差异，使有组织犯罪的跨

---

① 卢建平主编：《有组织犯罪比较研究》，法律出版社 2004 年版，第 122 页。

② 参见刘庆飞：《论经济全球化对有组织犯罪的双重影响——国际视野范围内的考察》，载《犯罪研究》2007 年第 2 期。

③ See Emilio C. Viano, *Unholy Alliances and Their Threat: The Convergence of Terrorism, Organized Crime and Corruption*, International Annals of Criminology, Vol. 58:1, p. 103(2020).

国联盟行动能够获取暴利。跨国有组织犯罪为了追逐暴利不择手段,疯狂实施国家欺诈、国际走私、跨国盗窃、贩卖人口、非法移民、贩卖毒品、军火等,所获取的利润大大超过国际正常贸易所获取的利润。由于各国法律规定的不一致,各国政府、司法机关的工作效率差异,跨国有组织犯罪不仅可以利用关税政策、管理条例的漏洞获取巨额利润,而且可以把被追捕、惩罚的风险减到最低限度。有的国家为了政治目的和经济利益,甚至纵容跨国有组织犯罪,致使可供跨国犯罪组织追逐利益的市场进一步发展。因此,未受强大限制,甚至仍在扩大的跨国犯罪利益市场不断刺激有组织跨国犯罪活动。

第二,越来越多的新兴科技将被用于跨国有组织犯罪。科学技术的日新月异已构成当今社会的一大特色。现代科学技术的发展,为合法的贸易提供了新的动力,但也为犯罪集团所利用。跨国有组织犯罪团伙,利用交通运输的高速化、通讯手段的现代化、银行系统的电子化,从事犯罪活动。跨国有组织犯罪擅长运用现代手段对科技相对不发达、犯罪对策能力相对薄弱的国家实施跨国犯罪,给这些国家带来的损害甚至是灾难性的。其利用发展中国家初涉国际经济领域,对国际贸易和结算缺乏辨别力而实施犯罪。国际上利用科技手段进行有组织跨国犯罪主要体现在伪造货币犯罪、利用计算机犯罪及洗钱犯罪等方面。

第三,国际人口流动的便捷为有组织犯罪走向跨国提供更多契机。在当今世界的任何国家中,几乎都存在某种形式的有组织犯罪活动。一些国家不稳定,政治机构、立法机构解体,民族冲突、宗教冲突加剧,迁居国外的人口在异乡形成分散的民族网络。尽管迁移人口中大多是守法公民,但迁移在某种程度上易形成广泛的非法商品网络结构。某一民族集中区域很可能成为跨国犯罪组织不断扩充实力的来源。犯罪组织往往利用民族群体的民族爱国情绪为其犯罪目的服务。

应当指出的是,随着国际人口的迁移,出现了被害人的国际化和犯罪目标的国际化。根据犯罪学理论,犯罪的发生、变化与被害人现象紧密相关,当今被害人现象的国际化,促进了跨国有组织犯罪的发展。所谓被害人现象国际化,是指被跨国有组织犯罪所选择的侵害对象的流动性增大,被害人广泛的国际流动使不少有组织犯罪活动选择时机跨国行动。尤其是在欧洲国与国之间的流动便利,国际航海、航空运输便捷,有组织犯罪在选择犯罪目标时已不限于本地区、本国,而把犯罪活动直接指向他国,使被害人及被害物均出现国际化倾向。

第四,各国法律制度的差异为跨国有组织犯罪提供了空间。有组织犯罪越来越广泛参与跨国非法活动，这不仅与市场行情变化有关，而且往往与各国刑事立法、司法、执法的不均衡现象密切相关。由于各国的文化背景、历史传统、政治体制、社会制度、价值观念、道德风俗等因素的影响，法律制度之间的差异极大。例如，对于某种行为，有的国家因诸多因素的影响可能规定为犯罪；而在有的国家只认为是一种普通的民事债权或其他的一般违法行为；在另外一个国家可能被认为是合法行为，法律予以默许或支持。跨国犯罪组织往往利用这种法律的国别差异而在不同的国家实施不同的行为，或是把某一活动分解在几个国家完成，从而避免受到法律的制裁。对某些行为，即便各国法律均规定为犯罪，但由于罪名的差异，法定刑的悬殊，跨国犯罪组织将各国法律之差异形成的法律漏洞组合成有效规避刑事处罚的空间，最大限度地逃避法律制裁。

有组织犯罪通常利用各国司法、执法中的薄弱环节进行跨国转移。一方面，由于各国司法对策体系主要是根据本国的社会状况制定，因此，对跨国有组织犯罪活动的打击缺乏针对性。尤其是一些后续开放的发展中国家，根据其相对封闭的社会机制所建立起来的体系在开放以后根本无法适应形势的需要，客观上造成司法打击不力。另一方面，先进的科学技术为犯罪组织所利用，他们凭借资金、工具、技术优势足可抗衡一国的司法机关。在有的国家，经费短缺、警力不足，司法机关工作人员素质不高、装备落后，难以防范跨国有组织犯罪活动，更不用说有效地开展侦查和审理工作。此外，由于跨国有组织犯罪活动背景复杂，涉及面广，所跨区域大，作案技术先进，即使一个国家要严厉打击跨国有组织犯罪，也因司法主权范围限制，办案成本极高，取证、追捕、起诉、审判等均存在一定困难而难以有效打击，从而不得不"降格"处理，诉讼成本高而诉讼效益低下，使得司法手段面临跨国有组织犯罪难以奏效。

日本学者也指出，为了打击日本的有组织犯罪，必须要加强国际合作。因为：第一，作为暴力团资金来源的毒品都是通过走私进口而进入日本，作为暴力团武器的枪支也是在东南亚制造后走私进入日本。为了切断从外国到日本的毒品、枪支走私，需要相关信息协助调查。第二，洗钱活动通常跨国进行，各国调查人员需要相互合作。还要补充的是，根据警方的调查，外国犯罪组织已经明显进入日本。为了各国能够捍卫自己的和平与安全，要更积极地促进国际合作，共同打击跨国犯罪组织。①

综上所述,从有组织犯罪活动的演变趋势可看出,跨国联盟活动是犯罪组织在国际上重新进行合理化调整的进程,这一进程效仿的是市场经济中合法商业活动的模式。因此,有组织犯罪的跨国活动形式表明其组织结构、活动方式更趋复杂化,其更加注重战略结盟。各国有组织犯罪集团虽各具特点,但其活动均能轻易跨越国界,给本国司法机关,乃至国际层面的侦破活动造成很大障碍。因为跨国犯罪集团俨如一个大公司,为了确保获得最佳效益,最大限度地减少风险,扩大利润,他们建立了流动性网络和相互配合的功能机制,这种机制无疑有利于跨国犯罪活动的有效性、规模性,并具灵活性;其注重战略结盟,这种结盟目的不在于形成与地方犯罪组织竞争的势力,实质上是规避法律、分散风险、垄断市场、获取暴利的手段。由此可见,跨国有组织犯罪集团的战略联盟不仅为他们带来了相当可观的经济收益,而且增添了对抗司法机关的补充手段。

第二节　打击有组织犯罪国际合作的基础问题

一、国际合作的基本原则

有组织犯罪的跨国性质决定了必须考虑国家采取不同政策的情况。② 为了使反有组织犯罪国际合作能够得以顺利发展,国际社会确立了若干基本原则。

(一)互相尊重国家主权的原则

互相尊重国家主权既是国际法的一般原则,也是国家间进行国际司法合作必须遵守的一项基本原则。这在许多有关国际刑事合作的条约和协定中都明确地体现出来。

作为基本原则,互相尊重国家主权体现在国际刑事合作的一系列具体原则与

---

① 参见[日]白取祐司:《日本近期预防有组织犯罪立法及其问题》,王鲲译,载《国家检察官学院学报》2009 年第 6 期。

② See Anna Sergi, *Divergent Mind - Sets*, *Convergent Policies*: *Policing Models Against Organized Crime in Italy and in England Within International Frameworks*, European Journal of Criminology, Vol. 12:6, p. 677(2015).

规则中。一般认为,国际刑事司法协助中的“双罚性原则”就是互相尊重主权原则的具体体现。所谓“双罚性原则”又称“双重犯罪原则”,是指要求提供司法协助所涉及的,应当是请求国和被请求国双方都认为是犯罪并加以处罚的行为,否则,被请求国可以拒绝提供协助。

但是,必须明确的是,“双罚性原则”仅仅只是互相尊重主权的一种表现形式,主权原则还可以通过另外的形式表现出来。实际上,在国际刑事司法协助中,“双罚性原则”并不是绝对地不折不扣地被遵守,一些国家在这个问题上已经逐渐放宽限制。但是,上述让渡仍然是以国家主权为基础的,同样是相互尊重国家主权的体现,而不是无视国家主权的产物。因此,不能将“双罚性原则”与相互尊重主权原则等量齐观。总之,在反有组织犯罪领域进行国际司法合作,无论是否严格遵守“双罚性原则”,都必须以不损害有关国家主权为前提。

(二)平等互利原则

这里所说的平等,首先指的是国家主权上的一律平等,各国不论大小、强弱、贫富,在反有组织犯罪的国际司法合作中,都具有平等的地位和国际人格,即这种合作不能被看成一国对另一国的恩赐,任何国家也不得将自己的意志强加给他国。其次,平等也是指各国在国际司法合作中应当平等地享受权利和承担义务,任何国家不得要求单方面的特权,也不能只是单方面地承担义务。这里的互利,是指各国在进行国际司法合作中,应当尊重别国的利益,有利于各自法律制度的实施,不得损害他国的主权、安全、法律原则和公共秩序。

在国际社会普遍反对霸权主义和强权政治的历史条件下,过去强加给一些弱小国家的不平等的所谓“互助”条约与协定被一一废除,平等互利原则作为处理国家间关系的一个基本准则在国际司法合作中得到了充分的肯定和体现。例如,我国与许多国家签署的刑事司法协助的协定中就明确宣布,在尊重国家主权、独立、平等和互惠的基础上加强与各国在司法领域的友好合作关系。从国际刑事合作的实践来看,各国间在平等互利基础上通过外交途径进行合作的事例更是比比皆是。这一切都表明,平等互利已成为国际司法合作的一项基本原则。因此,在反有组织犯罪的国际合作中必须严格遵循这一原则。

(三)或起诉或引渡原则

或起诉或引渡本系实施国际刑法的一项重要原则,其含义是指被请求国在不将犯有国际罪行的罪犯引渡给请求国时,应在本国对其提起刑事诉讼。鉴于目前条件下对国际犯罪的追诉一般都只能由某一国的刑事司法系统来进行,而有关惩治国际犯罪的国际公约中关于普遍管辖权的规定,又使这种追诉可以不受犯罪地、犯罪人国籍或犯罪所损害的利益的限制。因此,或起诉或引渡就成为通过国际合作实施国际刑法的一项基本原则。

在涉及有组织犯罪等国内犯罪的国际司法合作中,或起诉或引渡原则的适用似乎受到限制。这主要是指一些拒绝将本国国民引渡给他国的国家,又往往由于管辖权的局限而不能对发生在别国的犯罪提起诉讼。但是,随着国际司法合作的发展,这一问题已经可以通过刑事诉令程序,由请求国将本来属于它管辖的案件转交给被请求国追诉的形式来解决,从而扫清了该原则在适用于涉及国内犯罪的国际司法合作道路上的障碍。因此,或起诉或引渡是反有组织犯罪国际司法合作中必须遵守的一项基本原则。

二、反有组织犯罪国际合作的机制

(一)建立协调、配套的组织机构

1991 年 10 月,在俄罗斯苏兹达尔举行的反有组织犯罪问题国际研讨会文件中特别强调,建立协调、配套的组织机构对于打击有组织犯罪的行动是否能够奏效至关重要,并建议各国:(1)只要资金许可,适宜设立一个或若干反有组织犯罪的机构,特别是反腐败、洗钱和贩毒等领域的有组织犯罪的专门组织机构。但要注意,对某一领域的调查享有专属司法管辖权,也是容易形成腐败的因素,必须制定适当的防范措施,以保证任何司法机关的活动都纳入严格、统一的管理。(2)在每一个执法机构内,建立严格集中的高层管理系统,以研究在侦查有组织犯罪案件过程中的所有环节,并保证侦查合法及尊重人权。高层管理系统应保证打击有组织犯罪所需的财政、后勤和士气的支持。(3)选拔侦查人员,尤其是选拔负责侦查的人员,应该注重其能力、经验、道德品质和献身精神。重视警察、检察官和法官的在职培训。(4)侦查、起诉和司法等职能之间的关系在不同法律制度中有显著的差别。为了有效地打击有组织犯罪活动,必须和谐地协调三种职能,对有组织犯罪的侦查可能涉及不同司法管辖权的执法机构,要注意中央机构与地方机构之间的密切协调;情报部门与行动部门之间的有效联络。各部门和机构之间的紧密协调关系是有效打击有组织犯罪的组织保障。①

目前,世界各国,尤其是有组织犯罪现象严重泛滥的国家,积极响应国际社会组织的倡议,建立协调、配套的组织机构,进行打击有组织犯罪的专项斗争。同时也应看到,虽然合作打击有组织犯罪的国际框架已经建立,但仍缺乏普遍接受和全面实施,②因此,尚需作出进一步的努力。

(二)建立搜集、处理、交流犯罪情报的网络

有学者提出,在国际范围内,基于反对有组织犯罪的计划,应集中设立一个强化的专业性机构,经常细致地搜集旨在摧毁犯罪组织的情报,而不是集中力量对那些组织所犯的每一项罪行进行具体调查。建立控制有组织犯罪的情报网络是从战略和战术上有效打击有组织犯罪的保障。有的国家立法授权控制收集和处理犯罪情报的手段,保障执法部门采用的技术设施和手段不亚于有组织犯罪集团所使用的,从而为建立严密的情报网奠定了基础。情报的收集和分析不仅包括涉嫌参与有组织犯罪活动的个人和组织的信息,而且包括表面上看来与有组织犯罪并无直接关系的信息,有助于警方获取逮捕嫌疑犯和证实有罪的证据。通常,训练有素的人员所作的情报分析,可大幅提高运用情报执法的有效性。该计划利用了复杂调查的技能和知识,并采用了诸如电子监视监听、秘密行动、机密情报、犯罪组织成员提供合作和复杂技术装备之类的尖端技术。

在信息网络时代,许多国家充分利用计算机储存有关涉嫌参加有组织犯罪活动的个人和组织以及已经发生或正在策划之中的罪行资料。如果不同的执法机构同时都在着手收集有关有组织犯罪的信息,那么应注重相互之间的合作与交换信息,例如,地方和国家(或联邦)之间以及不同地区之间的执法部门的信息交换。为此,执法部门应特别重视计算机系统的兼容性,以及手工系统与计算机化系统的可转换性。有的国家建立了集中的数据库,或中央资料库,以便各地区及国际信息交流和共用。他们采取多种措施,设法获得尽可能全面的情报。其采取的秘密方式有:借助密探和举报,配合使用窃听、闭路电视系统、病毒木马的监测,夜视设备

---

① Основы борьбы с организованной престуностью / Под ред. В. С. Овчинского, В. Е. Эминова, Н. П. Яблокова. М., 1996. С. 89.

② See Pierre Hauck & Sven Peterke, *Organized Crime and Gang Violence in National and International Law*, International Review of the Red Cross, Vol. 92:878, p. 436(2010).

等以及对正在进行的有组织犯罪活动的录像和录音等作技术监测，或利用在押犯人获取情报等。通过公开渠道获取信息的有，如利用金融和税收机构，因为这些部门的职责往往与打击有组织犯罪集团的非法收益相关；确定助长有组织犯罪活动发展的各种因素和条件，如收集有组织犯罪对合法商业和政界的渗透的情报，揭露有组织犯罪集团控制的企业和贿赂的政府官员；规定信息的集中收集、储存和分析，以及这类信息的战略用途。① 特别是借助信息科技，各国法律实务机关可以将已经发生的跨国网络犯罪的行为人与被害人以及具体犯罪活动，通过互联网和计算机技术建构全方位的信息库，发现和总结犯罪规律，从而建构完善的跨国网络有组织犯罪防治体系，并且，通过资讯情报交流活动进行共享。②

联合国组织在不同的会议上一再重申有必要为执法机构提供精良的装备，提高办案效率而不侵犯人权，确立了运用电信和电子为基础的监视监听“跟踪非法活动产生的收益”的新方法。

联合国组织也强调有必要在国家间交流情报，修订陈旧法律，以便在合法金融市场和非法获得的资本市场之间建立更坚固的壁垒，诸如签订适用于国外融资和牵涉到国际计算机调拨资金的操作和使用协定。

三、反有组织犯罪国际合作的形式与实践

跨国性有组织犯罪是国际社会在走向21世纪之际所面临的最严峻挑战，其斗争的长期性、艰巨性、复杂性、广泛性决定了只靠一国的努力难以奏效。国家立法在有组织犯罪立法的几个要点上形成对比，部分原因在于不同的法律传统。③ 通过国际合作控制有组织犯罪已刻不容缓，“这种合作的形式和渠道应该是多种多样的，除了联合国有关机构和多国政府的合作外，还应当鼓励和促进多边和双边的

---

① 例如，美国联邦调查局的情况就是这样，它在反对有组织犯罪和毒品的计划中，把调查手段集中于以犯罪组织为基础、以情报为线索的分析研究。调查范围包括牵涉洗钱和流通的一系列活动，非法活动所得的财产和盈利等。

② 参见栗向霞：《论有组织犯罪的信息化和网络犯罪的有组织化》，载《河南社会科学》2016年第11期。

③ See Francesco Calderoni, *Organized Crime Legislation in the European Union: Harmonization and Approximation of Criminal Law, National Legislations and the EU Framework Decision on the Fight Against Organized Crime*, Springer, 2010, p. 172.

合作,特别是同一区域内各国的合作"①。当今建立各种形式的刑事司法合作已成为刻不容缓的任务,然而存在抑制合作的两大障碍:一是各国刑事司法制度存在差异,他们在反有组织犯罪的立场和态度以及立法措施等方面有差别;二是狭隘的民族利益与司法合作之间的冲突。有的国家司法机关不愿交换信息,或者不愿参与他国同行的共同行动,担心信息泄露,降低司法活动的成效,威胁参与司法活动人员的生命,国家主权利益受损等,因此,对国际合作不感兴趣。但通过国际社会对有组织犯罪的多年研究、实践,双边多边及区域合作已成功地运作起来,且成效显著,例如,打击跨国贩毒,取缔金融"避难所"等。其突出特点是,基于主权平等的真正意义上的合作,合作的形式不一致使受援国处于被动和不利的地位。相反,由于国际合作是所有国家的共同责任,所以,遏制跨国犯罪的不断升级的国际合作建立在真正的伙伴关系基础上,无论是双边合作还是多边合作都在法律协议的范围内进行。这种建立在普遍价值观念基础上的国际合作能够实现下列宗旨:揭露和打击跨国有组织犯罪活动,有利于收集诉讼必需的证据,迅速拘捕犯罪人并剥夺其自由;取缔跨国有组织犯罪集团,通过引渡追究犯罪人的刑事责任,消除"安全避风港";执行没收财产,剥夺跨国犯罪组织的非法收益,杜绝非法收入投入合法经营或腐蚀、贿赂政府官员;摧毁犯罪组织。

(一)反有组织犯罪的双边合作

反有组织犯罪的国际合作形式是与其斗争需要相适应的。双边合作的优越性在于策略灵活,具有高度的互惠性和成效性。合作双方共同履行协议责任,各自对自己的合作伙伴承担协议义务。双边合作注重人员交流和信息交换:(1)人员交流。包括预防犯罪和刑事司法人员如各级警方官员的交流,促使他们对各类跨国有组织犯罪活动的刑事侦查进行比较研究,有助于增进相互了解与信任,通过同行的接触、共事形成国际合作的司法群体。在人员交流中注重吸收专家,因为他们善于根据民族或文化的特点和司法实践经验提出解决问题的新途径。(2)信息交换。信息保障是反跨国有组织犯罪的重要因素之一,各国建立的反有组织犯罪情报中心是实现信息交换的桥梁,在双边合作中发挥了重要作用。包括:有组织犯罪

---

① Основы борьбы с организованной престуностью / Под ред. В. С. Овчинского, В. Е. Эминова, Н. П. Яблокова. М., 1996. С. 93.

集团结构的卷宗;首领人物的罪证搜集;犯罪组织渗透到合法商业的活动范围;犯罪组织内部不同层次人员之间相互关系的特点;犯罪组织之间的战略联盟等。各国对本国犯罪组织活动的高质量分析提高了信息交换的价值。此外,通过签署相互援助的协议,成功排除了法律障碍,交换情报,包括他国权力机关搜集的重要情报,普遍遵守秘密侦查规则;共同研究案件,利用电子监控监控可疑资金的转移,追踪资金的流向等。

双边合作的成就往往引起跨国有组织犯罪的对抗,例如,哥伦比亚卡特尔竭力破坏哥伦比亚与美国的双边合作。双边合作必须有充足的人力、财力和资源作保障,这对于某些资源匮乏的小国来说是异常困难的。因此,在继续加强双边合作的同时,必须以多边、区域合作予以补充,形成防范跨国有组织犯罪的严密网络。

(二)反有组织犯罪的多边及区域合作

双边采取一致行动对付跨国有组织犯罪的合作形式固然有效,但遇到涉及两个以上国家的复杂犯罪,双边合作的灵活性便受到限制。虽然双边合作可为预防和调查某些类型的跨国有组织犯罪提供条件,却不能全面地解决在国际上打击严重有组织犯罪方面的合作事宜,因此,必须通过多边及区域合作的方式应对有组织犯罪的各种挑战。尤其是近年来,发展经济和加强经贸合作已成为地区交往的主旋律,随着一些冲突热点的相继“降温”,地区环境,周边环境明显改善;国与国之间关系的调整,出现了相互制衡和相对稳定的态势,这一切都为开展多边及区域的司法合作创造了条件。随着双边、多边区域、官方、半官方的多形式、多层次合作的出现,各种新思路、新设想也层出不穷。然而,其核心问题是如何在新形势下以互利为基础,实现多种形式的国际合作,遏制跨国有组织犯罪。传统意义上的因利而合的国际联盟,大国对小国的庇护,弱国对强国的屈从合作关系已不再适用。一国的安全稳定与他国的利益息息相关,维护全球共同利益免遭跨国有组织犯罪的侵犯,已越来越得到广泛的认同。在此基础上发展起来的多边、区域合作是一个被广泛接受的观念。区域合作并非意味着取代国内立法或全球整体性合作,而是认为这种合作方式适合于在同一地区的若干国家,因遇到一些共同的犯罪问题,进而需要采取协调一致的合作措施。

即便在联合国主导全球性打击有组织犯罪国际合作的背景下,一些区域的多边合作同样必要。集体安全框架并非完美无缺,在缺乏中央权威的社会中动员积极行动必然会受到限制，联合国警察是否能够支配充足的人力和财政资源取决于会员国的投入，联合国维和人员中也并非没有不法之徒，联合国警察致力于恢复当地警察维持法律与秩序的能力，但是这并非短期可以实现的目标。[①] 有观点提出，联合国应扮演“温和的文明人的角色”(the role of the gentle civilizer)。[②] 即便是联合国毒品和犯罪问题办公室主导的打击跨国有组织犯罪的相关举措也面临各方意见不一的问题，因此，往往只能给出“客观和非政治性的理解”。[③] 因此，区域性的多边合作仍然对于打击跨国有组织犯罪具有重要意义。

此外，其他国际组织所主导的多边合作也对于打击网络犯罪国际合作具有重要意义。例如，国际货币基金组织和世界银行等国际组织确立了良好治理的规范愿景，并随后在传播公共行政理念方面发挥了关键作用，[④]这对于推动治理政治腐败和有组织犯罪具有重要意义。

还应注意到，有西方学者对特定区域打击有组织犯罪的合作实践持有偏见。如认为，国际法相关分支(打击有组织犯罪)的预期效果或影响尚未在亚太地区充分实现。[⑤] 为了在整个地区更有效地预防和打击有组织犯罪并填补现有漏洞，亚太地区所有司法管辖区必须齐心协力，各国应尽可能努力创造更平衡、更一致的方法。[⑥] 由此可见，在推进区域合作中，增强不同区域的理解与交流同样重要。

(三)区域合作的典型实践

欧洲围绕打击有组织犯罪区域合作进行了系统的实践。欧洲国家的有组织犯罪虽然具有跨国有组织犯罪的一般特征，但也有其特殊之处。欧洲委员会对有组

---

① 参见王晨宇、齐大伟：《跨国有组织犯罪与失败国家：挑战与应对》，载《福建警察学院学报》2015年第3期。

② See Frank G. Madsen, *United Nations vs Transnational Organized Crime: a Glimpse of the Future?*, Journal of Financial Crime, 2019, Vol. 26(2), p. 597 - 606.

③ See Greg Borgstede, *Cultural Property, the Palermo Convention, and Transnational Organized Crime*, International Journal of Cultural Property, Vol. 21:3, p. 288(2014).

④ See Elizangela Valarini, Markus Pohlmann & Subrata Mitra, eds., *Political Corruption and Organizational Crime: The Grey Fringes of Democracy and the Private Economy*, Springer, 2021, p. 146.

⑤ See Tom OBOKATA, *The Value of International Law in Combating Transnational Organized Crime in the Asia - Pacific*, Asian Journal of International Law, Vol. 7:1, p. 60(2017).

⑥ See Andreas SCHLOENHARDT, *Fighting Organized Crime in the Asia Pacific Region: New Weapons, Lost Wars*, Asian Journal of International Law, Vol. 2:1, p. 166 - 167(2012).

织犯罪组织作了这样的定义:在一定时期内存续的,通过恐吓、威胁、贿赂等手段从事严重犯罪活动,直接或间接获取金钱或其他物质利益的2—3人以上有结构划分的群体。[①] 欧洲国家曾经在很长一段时间忽视了自己国家的有组织犯罪问题,然而,后来也纷纷采取广义的有组织犯罪概念。[②]

就欧洲有组织犯罪的运行方式,有学者作出以下概括:(1)运用恐吓威胁。他们使用暴力来对付受害者、组织内部成员、其他组织成员或是他们在体制内的阻碍者。(2)运用影响力和腐败手段。通过贿赂等腐败手段获取一定的影响力,对政府部门、政治人物、刑事司法系统、媒体和私营企业代表等施加压力。(3)从走私到洗钱。有组织犯罪通常是多种违法犯罪行为的结合,这些活动一般通过秘密方式进行,有时还会有法律、金融等方面的专家帮他们解决遇到的困难复杂问题。(4)跨国经营。有时有组织犯罪组织会在更广阔的国际平台上相互合作。[③] 此外,在一些国家需要面对的是专业化的有组织犯罪网络。[④] 欧洲国家中有组织犯罪伺机向合法行业渗透的现象也值得关注。[⑤] 可以看出,欧洲有组织犯罪新发展也使仅依靠各国自身越发难以实现有效打击。

此外,欧洲的网络有组织犯罪也值得关注。《网络有组织犯罪威胁评估》是欧洲网络犯罪中心的战略分析报告,报告指出:网络犯罪分子无须到现场或目标国家,就能以最小的代价和风险对全球范围的受害人实施网络犯罪或攻击;网络犯罪的跨国界刑事调查受制于网络犯罪的无国界活动;欧盟现有的法律框架制约着司法部门获取涉及网络犯罪的有效信息;经济萎缩的现状也使欧盟司法部门获取情报的能力受到限制。在欧盟国家,网络犯罪的范围、复杂程度、网络攻击的数量与类型、受害人数量与经济损失都在巨量增长。[⑥] 由此可见,在网络时代欧洲的有组织犯罪也出现了一些新情况,需要各国协力应对。

欧洲具体从立法和司法两个层面采取对策,加强实践。

---

① 参见戴铭:《欧盟境内的有组织犯罪与联合打击》,载《现代世界警察》2020年第7期。

② 参见赵赤:《中外惩治有组织犯罪比较研究》,中国政法大学出版社2017年版,第126页。

③ 参见戴铭:《欧盟境内的有组织犯罪与联合打击》,载《现代世界警察》2020年第7期。

④ 参见[英]文森佐·鲁杰罗:《论欧洲跨国有组织犯罪》,陈波译,载《社会科学家》2014年第10期。

⑤ 参见龚义年:《域外有组织犯罪企业化防控模式及其对我国的启示》,载《行政与法》2018年第4期。

⑥ 参见王云才:《网络有组织犯罪威胁评估——欧洲网络犯罪中心报告解读与启示》,载《中国人民公安大学学报(社会科学版)》2015年第1期。

1. 立法实践

欧洲打击有组织犯罪区域立法实践主要围绕欧洲层面的跨国立法展开，主要包括以下两部立法：

第一，《欧洲委员会[①]打击有组织犯罪的框架决议》(Council Framework Decision 2008/841/JHA of 24 October 2008 on the fight against organised crime)[②]。该决议推动欧洲各国更新立法，加强协作打击有组织犯罪具有重要意义。但也有学者指出，《欧洲委员会打击有组织犯罪的框架决议》提供了将参加犯罪组织认定为犯罪行为的细致框架。然而，就其法律确定性及其范围，以及所能达到的协调程度而言，该决议都有待提高。其尝试去调和两个看似不同的对象，即引入一个关于参加犯罪组织的具体犯罪，用以区别国内刑事司法制度中的其他联合犯罪或成团体犯罪；与此同时，鉴于有观点认为犯罪组织并非总在等级结构下运作，而是也可能在网状结构下运作，所以，在定义有组织犯罪时不必过于僵化和精密。这样，对于此类规定的实施和理解就留给了国家立法者和法官以巨大的自由裁量权和极其有限的指导意义。此外，对实现一致性的更明显的挑战是“框架决议”对定罪的双重标准的维持：成员国可以选择定参加犯罪组织罪也可以选择定共谋罪。[③] 由此可见，鉴于有组织犯罪的复杂性，区域立法如果未能把握好关键的尺度，可能走入“进退失据”的境况。

第二，《欧洲委员会关于洗钱、搜查、缉获和没收犯罪收益的公约》(Convention on Laundering, Search, Seizure and Confiscation of the Proceeds from Crime)[④]。欧洲委员会早在 1977 年就开始对洗钱问题进行系统研究，是最早对洗钱问题表示关注的国际组织。为了加强反洗钱的国际合作，欧洲委员会于 1990 年制定了《关于洗钱、搜查、缉获和没收犯罪收益的公约》。该公约于 1990 年 11 月 8 日开放供签署，1993 年 9 月 1 日生效。公约要求：(1)缔约国应采取没收措施，即没收犯罪工

---

① 欧洲委员会建于 1949 年，建立之初，其成员国主要是西欧国家。冷战结束后，其成员国扩及中欧和东欧。该委员会的宗旨是促进欧洲统一，加速社会和经济发展及人权保障。

② COE, *Council Framework Decision 2008/841/JHA of 24 October 2008 on the fight against organised crime*, https://eur - lex. europa. eu/legal - content/EN/TXT/? uri = CELEX%3A32008F0841.

③ Valsamis Mitsilegas:《打击有组织犯罪的框架决议——欧盟如何加强在该领域的立法工作》，陈于思、刘丹昊译，载《刑法论丛》2014 年第 3 期。

④ https://rm. coe. int/168007bd23Convention on Laundering, Search, Seizure and Confiscation of the Proceeds from Crime.

具以及收益或相当于该收益的财产;侦查措施和预备措施,即验证、调查按照第2条第1款可以没收的财产以及预防该财产的交易、转让或处置;侦查权力和特殊手段,即法院和其他主管机关依照第2条第3款规定下令扣押银行、财务或商业案卷的措施,任一缔约国不得以保守银行秘密为由拒绝行动。公约以"特殊侦查手段"保障"特殊侦查权"的实现,规定各缔约国可采取有助于验证、追查收益和收集证据使用特殊侦查手段的立法措施和其他必要措施;法律请求,即使未采取该公约第2条、第3条规定措施的人能够维护自己的权利提出法律请求。(2)要求各缔约国采取立法和其他必要措施将洗钱犯罪化,并列举了洗钱罪的种种客观行为表现。(3)国际合作,首先,要求各缔约国在遵守国际合作原则的基础上,承担侦查协助、预备措施和没收的义务。其中,侦查协助规定颇具特色,要求各缔约国根据请求,在验证、追查工具、收益以及其他应没收的物资价值方面相互提供各种协助,包括对上述物资的存放的可靠地点、位置提供信息或对有价值的证据提供协助。为了实现国际合作的高效率,公约创立了不必预先请求协助的规定,即在不损害缔约国自身侦查和诉讼利益,并能协助接受国进行侦查或诉讼,或能表达依该章规定的缔约国的请求,并能协助接受国进行侦查或诉讼,或能在表达依该章规定的缔约国的请求的情况下,可不必事先请求对另一缔约国提供有关工具和收益的信息。其次,从维护成员国自身权利和利益出发,规定合作的拒绝和延迟,从而使国际合作建立在更加牢固的基础上。再次,规定第三方权利的通知和保护。公约力求在禁止犯罪与保障人权之间的适当平衡基础上推进国际合作,对第三方的权利给予足够重视,专门在第三章第六节作了规定,通过在国际范围所采取的措施补充和促进第三方权利的保护。最后,关于程序和其他一般规则的规定,对于保证公约所确立的反洗钱的国际合作体制的有效运行具有十分重要的意义。

2. 司法及其他实践

欧洲层面也围绕打击有组织犯罪进行了广泛的司法及其他实践。欧盟刑事司法合作的内部功能和组织运行,是打击其境内有组织犯罪的重要方面,司法、警方和海关在刑事事项上的合作是实现这一目标的最佳途径。早在1991年的《马斯特里赫特条约》(欧洲联盟条约)签订前很多年,欧盟国家就开始在刑法方面有相互合作。其具体框架为:(1)成员国通过及时有效的、包括刑事制裁在内的法律制裁,履行欧洲法律义务,产生间接的相互影响。(2)设立欧洲刑警组织、欧洲检察官组织、欧洲刑警学院、欧洲边境和海岸警卫局等专门机构,加强国家间培训交流,促进信息和工作经验共享。(3)建立刑事实体法和程序法的欧盟最低标准,努力实现国家间刑法规则的协调一致。(4)相互承认原则的应用。[①] 不仅如此,欧洲还注重有组织犯罪的研究,构建了有组织犯罪研究网络(the EU - funded Research Network on Organized Crime),为打击有组织犯罪提供智力支持。[②] 总体来看,欧洲打击有组织犯罪的实践具有多主体、多领域、多维度的特点。

四、反有组织犯罪国际合作的依据

日益猖獗的跨国有组织犯罪已引起国际社会的特别关注,联合国为此召开了一系列国际会议,并形成文件,签署公约,提出建议,为反有组织犯罪的国际合作提供了法律、政策依据。

(一)国际会议及文件

联合国反有组织犯罪国际合作的战略原则,形成于1990年8—9月在古巴哈瓦那召开的第八届联合国预防犯罪和处遇大会。会中提出的《关于从发展角度进行预防犯罪和刑事司法国际合作的建议》深刻地分析了有组织犯罪国际化的严重危害性,并呼吁采取行动,严厉打击此类犯罪。大会通过的《预防和控制有组织犯罪准则》等文件,要求各国制定预防战略,完善刑事立法,提高刑事司法体系的效能,并加强国际合作。文件还指出,有组织犯罪的跨国性要求必须加强会员国之间的信息交流、技术合作;联合国各区域间和区域犯罪与司法研究、有关政府间和非政府组织必须对跨国有组织犯罪予以高度重视,联合国有关机构和会员国要共同支持国家、区域、国际预防和控制有组织犯罪的各项方案。

1991年5月27日至31日,在捷克斯洛伐克的斯莫伦尼斯举行了"关于对付跨国犯罪的战略的特别专家组会议",会上就反跨国有组织犯罪形成"建议",主要内容有:针对有组织犯罪、恐怖活动和其他跨国犯罪日益猖獗,建议各国政府缔结双边和多边协定,以发挥或提高引渡程序和刑事案件互助的效能。将联合国示范条约和区域或国际一级缔结的其他条约、协定作为基础,建立适当的协调机制。国家

---

① 参见戴铭:《欧盟境内的有组织犯罪与联合打击》,载《现代世界警察》2020年第7期。

② See Julia Weber & Edwin W. Kruisbergen, *Criminal Markets: the Dark Web, Money Laundering and Counterstrategies - An Overview of the 10th Research Conference on Organized Crime*, Trends in Organized Crime, Vol. 22:3, p. 346 - 356(2019).

和国际旨在制定更有效的应对跨国犯罪的战略重点应放在:协调统一立法,避免发生跨国犯罪重犯逃脱司法制裁的司法管辖范围的冲突;通过引渡、互助、外国判决,移交罪犯程序;重新评价传统的国际合作原则,如相互关系、双重犯罪、特定罪行、政治罪例外条款、国民不引渡和领土权等;减少刑事司法国家概念的分歧,包括实体法和诉讼法方面的分歧;分享执法情报(资料),加强国家间执法合作方面的联合行为;发展有效的金融机制,以追查非法活动的收益;在国家立法中列入国际和跨国犯罪,以便清除窝藏处所,研究各种预防、侦察和起诉政府官员滥用权力和其他各种腐败行为的方式;开发同各种现有国际和区域网络的联机装置,如同国际刑警组织和其他国际机构的联系等。

1991 年 10 月 21 日至 25 日,在俄罗斯联邦苏兹达尔举行了有组织犯罪问题国际研讨会,会上着重探讨了国际社会打击有组织犯罪所应采取的切实措施,并提出一系列重要建议。会议所形成的文件被联合国预防犯罪和刑事司法委员会第一届会议关于"有组织犯罪"的决议案列为附件之一,以供联合国会员国政府参考。反有组织犯罪的国际合作原则,在这次会上得到进一步发展。

1991 年 11 月在巴黎召开了"制定有效的联合国预防犯罪和刑事司法方案部长级会议",该会重点研究了跨国有组织犯罪对国际社会秩序的破坏和危害,再次强调加强国际合作的重要性和必要性,并将其纳入联合国预防犯罪和刑事司法方案的重要内容。这次世界部长级会议将联合国在预防犯罪和刑事司法领域的活动推向一个新的阶段,对于国际合作打击跨国有组织犯罪产生了深远影响。

1992 年联合国预防犯罪和刑事司法委员会成立。该委员会于同年 4 月 21 日至 30 日在维也纳召开了第一届会议,会议强调指出,该委员会的任务之一是建立对付有组织犯罪问题的有效合作体制和提供国家间对付跨国犯罪的新形式,特别是对付非法贩毒的国际联合犯罪组织;针对有组织犯罪在组织上和技术上的特点,采取有力行动,建立国际标准和资料库借以协调各国打击有组织犯罪活动;将打击跨国有组织犯罪的国际合作作为重要领域,优先列入委员会的事项中。会议通过了经修订的关于有组织犯罪的决议草案。

1993 年 4 月 13 日至 23 日,联合国预防犯罪和刑事司法委员会第二届会议在维也纳召开,联合国秘书长向大会提交的报告《有组织犯罪活动对整个社会的影响》和《控制犯罪收益》中,就有组织犯罪国际化的现状和趋势作了描述,强调国际合作是联合国反有组织犯罪执法行动不可缺少的补充。此次会议通过的决议和议案中,涉及打击有组织犯罪和跨国犯罪的主要文件有《委员会报告》《有组织跨国犯罪问题世界部长级会议草案》《管制犯罪收益决议草案》。上述文件均强调,加强国际合作,采取有效一致的行动预防和控制跨国有组织犯罪活动,是推进社会健康发展的必要举措。

(二)国际公约及建议

上述国际会议及会议文件在总结各国反有组织犯罪的经验基础上,将国际合作的战略重点选定在控制犯罪收益、打击洗钱方面。自20世纪80年代以来,国际社会积极探索各国间实质性协调与合作的途径,缔结反洗钱国际条约和公约,以形成强大的国际合力,为有效遏制有组织犯罪奠定了法律基础。其中,最为关键的无疑为《联合国打击跨国有组织犯罪公约》①,此外其他相关国际公约、声明及建议也具有重要作用。

1.《联合国反对非法交易麻醉药品和治疗精神病药物公约》

该公约于1988年12月19日在维也纳通过,是国际社会第一个针对跨国毒品交易和跨国洗钱的法律控制的国际公约。该公约最具有意义的内容是:(1)对毒品洗钱犯罪的性质以及构成作了明确规定,明知财产是麻醉品收益,为了隐瞒或掩饰该财产的非法来源,或为了协助任何犯罪人逃避其行为的法律后果而转移其财产;明知财产是麻醉品收益,隐瞒或掩饰该财产的真实性质、来源所在地,处置、转移相关的权利或所有权;在收取财产时明知财产是麻醉品收益而获取、占有或运用该财产。公约将非法收益仅限定为"通过麻醉品的非法贩运取得的任何财产"。显然,明确统一的犯罪定义是国际合作的基础。(2)赋予缔约国一项条约义务,即要求通过本国立法将洗钱犯罪化。因为协调相关的本国立法措施是进行有效的国际合作的前提。(3)强调国际合作的重要性。根据该公约规定,缔约国应谋求缔结双边或多边条约或协定,以增强根据本公约进行国际合作的有效性,并就贩毒、洗钱案件的犯罪分子的引渡问题,确定追查、冻结和没收麻醉品收益以及国际联合调查制定了若干原则性规定,例如,"控制下交付"特殊侦查手段的运用,是指允许已被察觉的交付非法麻醉品在秘密的监视下,继续运送到由贩运者所确定的最终目的地。根据该公约第11条的规定,在不违背国内法律制度的基本原则情况下,

---

① 该公约对于打击有组织犯罪国际合作具有至关重要的作用,因此在下一节予以详细分析。

缔约国应在可能的范围内采取必要措施,依据相互达成的协议或签约在国家一级的适当控制下交付,以便查明有关的犯罪人,并对之采取法律措施。(4)首次在国际公约中确立“不得以保守银行秘密为由”拒绝履行公约所规定的义务的原则。由于银行保密法在实践中容易被洗钱者利用,客观上成了犯罪人隐匿贩毒收益的“保护伞”。这项创造性的规定推动了缔约国国家银行保密法的改革,是打击跨国洗钱行之有效的措施,是切实加强国际合作的重大突破。

2.《关于防止犯罪分子利用银行系统洗钱的原则声明》

巴塞尔银行条例与监管实践委员会(以下简称巴塞尔委员会[①])于1988年12月对金融机构提出四项建议:(1)验明客户身份,确立“知道自己的顾客”(Know Your Customer)的规则,作为抵制洗钱的一项有效国策。银行对所有申请服务的客户,应作合理努力以确定其真实身份,包括制定客户取得身份证明的有效程序的明确规定,即对于不能提供身份证明的客户,不与之发生重大业务交易。(2)遵守法律。银行管理人员应确保在执行业务时遵循高尚的道德标准,并遵守有关金融交易的法律与法规。对具有充分理由怀疑与洗钱有关的交易,银行应拒绝提供服务。(3)与执法机关合作。银行应在当地保密法规许可的范围内与本国执法机关全面合作;不给违法者提供支持与协助;银行一旦知悉,可由其推断存款交易本身即具有犯罪目的事实,应采取适当措施,如拒绝协助,与客户断绝往来,关闭或冻结账户。(4)职员培训。各银行应将防范洗钱的措施告知所有职员,并加强有关方面的职业培训。尽管巴塞尔委员会的原则声明按照国际法缺乏任何直接的约束力,但在推动成员国的合作方面却具有极大的实用价值。声明所包含的一系列基本原则已被许多国家作为反洗钱纲要的中心内容,甚至非巴塞尔委员会成员国也作出了积极的反应,将其纳入金融行业自律的范畴。有的国家金融监管局对其管辖的金融机构发布强制性的行政指令,要求严格遵守巴塞尔委员会的原则。有的国家根据巴塞尔委员会的原则,制定和颁布正式的法令。

3.《关于洗钱问题的建议》

1989年7月,七国集团首脑于巴黎举行经济会议,决定成立金融行动工作队。

---

①　巴塞尔委员会建于1974年年底,其成员国包括美、英、德、日、意、荷兰、加、瑞典、卢森堡、瑞士十国。办公机构设在瑞士巴塞尔国际清算银行总部。该委员会的工作宗旨是促进银行监管领域的国际协调与合作。

设在巴黎的经济合作发展组织的工作成员国都已加入这一组织，支持它的40项章程，允许在打击洗钱犯罪中加强多边协作。于1990年2月6日提出关于洗钱问题的40条建议，其主要内容包括：(1)呼吁各国全面执行维也纳公约，尽早完成公约的批准程序；进一步加强洗钱案件的侦查、诉讼以及引渡的多边合作与相互司法协助。(2)建议缔约国积极采取立法措施，将洗钱犯罪化，并追究除雇员以外的法人本身的刑事责任。根据反洗钱斗争的需要，在“建议”第5条把洗钱对象界定为“毒品收益以及其他严重犯罪收益”，避免了只禁止洗毒品收益，而放纵洗其他严重犯罪收益，造成双重标准的可能性，“这种双重标准尤其在刑法中，既不利于维护法律规则，也不利于国际合作”①。(3)为本国司法机关扣押和没收被清洗的犯罪收益或与之价值相当的其他财产提供法律依据。(4)加强金融系统在反洗钱斗争中的作用。如对客户身份及证件的验证、金融机构业务记录的保存和利用、金融交易报告、金融机构内部反洗钱的计划；边境货币贩运控制；监管当局对金融机构的监督与指导；国际资金流动的监测；各国之间的可疑交易情报交流；没收、相互协助及引渡合作的基础与途径。“建议”内容丰富，切实可行，可操作性强，得到国际社会的广泛支持，许多国家纷纷响应，积极加盟。金融行动小组联合了法律院校、地区组织和世界一流金融中心等单位②开展国际合作，促使更多的国家加入反洗钱阵营，排除国家间的司法障碍，有利于总结、交流和推广各国的反洗钱手段和经验。多边区域合作的内容主要有：(1)协助引渡，这是剥夺犯罪人“避风港”的重要手段；(2)司法协助，这是搜集证据、罪证的有力措施。司法援助的协议成为多边或区域合作的重要手段，合作的形式也随之现代化和多样化。联合国专家认为，双边、多边及区域国际合作的最终目的在于：跨国有组织犯罪无论在何地活动，无论与哪一国进行交易，通过刑事司法合作都能加强打击力度，防止跨国有组织犯罪向合法企业渗透；维护各国政府、刑事司法的利益，抵制跨国有组织犯罪的暴力、腐蚀与贿赂；控制与取缔跨国犯罪组织，有力地打击其犯罪活动。

---

① ［俄］E. A. 阿伯拉莫夫：《“脏”款与法律》，莫斯科英夫拉－M出版社1994年版，第18页。
② ［俄］E. A. 阿伯拉莫夫：《“脏”款与法律》，莫斯科英夫拉－M出版社1994年版，第18页。

第三节 《联合国打击跨国有组织犯罪公约》的理念与借鉴[①]

《联合国打击跨国有组织犯罪公约》在打击有组织犯罪国际合作中的重要性毋庸置疑,联合国层面的打击有组织犯罪举措也多围绕该公约开展,如《加强会员国预防和打击有组织和严重犯罪能力全球方案》(The Global Programme for Strengthening Capacities of Member States to Prevent and Combat Transnational Organized and Serious Crime,GPTOC)即强调会员国提供技术援助,以有效执行《联合国打击跨国有组织犯罪公约》,以处理不同形式的有组织犯罪和严重犯罪。[②]特别值得关注的是还出台了专门的审议机制,即2020年由缔约方会议通过的《联合国打击跨国有组织犯罪公约及其各项议定书实施情况审议机制运作程序和规则》。[③] 该审议机制是一个同行审查进程,将支持公约及其议定书缔约国有效执行这些文书,并帮助缔约国确定和证实技术援助的具体需要,并促进国际合作。对于审议机制的建立,有学者评价称,该机制的建立无疑是缔约方大会的一项值得注意的成就,尽管审议机制在许多方面并不理想。[④]

在《联合国打击跨国有组织犯罪公约》实施进程日益走向深化的背景下,如何系统理解、适用该公约,则显得更为重要。

一、《联合国打击跨国有组织犯罪公约》的刑事司法理念

司法理念是指导司法制度设计和司法实际运作的理论基础和主导的价值观,

① 相关内容参见莫洪宪、周娅:《〈巴勒莫公约〉之若干刑事政策解读》,载《犯罪研究》2003年第6期;莫洪宪:《全球化视角下控制跨国有组织犯罪的对策》,载《法学论坛》2004年第5期;莫洪宪、胡隽:《论〈联合国打击跨国有组织犯罪公约〉与我国刑事司法理念之转变》,载《犯罪研究》2004年第5期。

② UNDOC, *The Global Programme for Strengthening Capacities of Member States to Prevent and Combat Transnational Organized and Serious Crime*, https://www.unodc.org/unodc/en/organized－crime/GPTOC/international－cooperation－networks.html.

③ UNDOC,《联合国打击跨国有组织犯罪公约及其各项议定书实施情况审议机制运作程序和规则》,https://www.unodc.org/documents/organized－crime/reviewmechanism/Procedures_and_Rules_－_Chinese.pdf。

④ See Cecily Rose, *The Creation of a Review Mechanism for the UN Convention Against Transnational Organized Crime and Its Protocols*, American Journal of International Law, 2020, Vol. 114(1), p. 67.

也是基于不同的价值观(意识形态或文化传统)对司法的功能、性质和应然模式的系统思考。司法理念是司法的重要组成部分,是体现在司法体制、司法组织、司法程序中,并直接作用于司法人员,形成"行动中的法"即司法实践中的重要因素。①同时,司法理念作为一种实践理性,既能够为制度的革新提供理论支持,又可以避免改革的盲目性、急功近利、反复无常和资源浪费。而且,只有转变司法理念,才能真正树立起法律的权威。

综观整个《联合国打击跨国有组织犯罪公约》,严厉惩治跨国有组织犯罪无疑是其基本精神。无论是对犯罪集团组织结构的宽松界定,还是对严重犯罪起刑点的划界,都明显体现了这种思想政策。

不仅如此,《联合国打击跨国有组织犯罪公约》通过一系列刑事司法原则以及相关实体法和程序法的规定,体现了全新的司法理念。《联合国打击跨国有组织犯罪公约》不仅强调控制犯罪与保障人权双重价值追求的统一,而且针对跨国有组织犯罪的现实,提出扩展国际社会打击跨国有组织犯罪的合作领域,即不再限于某个特定的罪名,而是适用于所有跨国且涉及有组织犯罪集团的严重犯罪、洗钱犯罪、腐败犯罪、妨碍司法犯罪、参加有组织犯罪集团的犯罪等;②基于法人参与跨国有组织犯罪的事实上的多发性和危害的严重性,首次规定了法人的刑事责任,开创了在国际公约中承认法人刑事责任的先河;用定义的方式对"有组织犯罪集团""严重犯罪""有组织结构的集团"等概念做出了明确的限制;确认并发展了许多新的制度:时效延长制度、引渡程序简化原则、司法协助的主动提供、双重犯罪原则的突破、特殊侦查手段的采用等。《联合国打击跨国有组织犯罪公约》自始至终贯穿社会防卫的刑事政策思想,不仅规定了刑罚手段,还规定了大量非刑罚措施以惩治跨国有组织犯罪。

(一)控制犯罪

为了有效地控制犯罪,《联合国打击跨国有组织犯罪公约》在继承已有的控制跨国有组织犯罪国际规则的基础上,创造性地改进和扩大了控制跨国有组织犯罪的国际合作机制,从传统的程序法方面的国际合作扩大到实体法方面的国际合作,

---

① 参见范愉:《现代司法理念的建构》,载《检察日报》2001年7月17日。

② 《联合国打击跨国有组织犯罪公约》第3条第1款。

构筑了较为严密的刑事法网，以便更有效地预防和打击跨国有组织犯罪。具体而言，《联合国打击跨国有组织犯罪公约》在控制犯罪方面主要采取了以下举措：

第一，从打击对象上看，《联合国打击跨国有组织犯罪公约》首先明确规定了应予以预防、禁止和惩处的跨国有组织犯罪，以及构成跨国有组织犯罪的几类犯罪行为。

根据公约的规定，跨国有组织犯罪的范围由三个因素界定：(1)犯罪具有跨国性，即"在一个以上国家实施"，或"虽在一国实施，但其准备、筹划、指挥或控制的实质部分发生在另一国"，或"在一国实施，但涉及在一个以上国家从事犯罪活动的有组织犯罪集团"，或"犯罪在一国实施，但对于另一国有重大影响"。(2)涉及"有组织犯罪集团"，这种集团"由 3 人或多人所组成的、在一定时期内存在的、以金钱或其他物质利益为目的而一致的行动"，在组织结构方面仅要求"并非为了立即实施一项犯罪而随意组成的集团"，但不必要求"确定成员职责，也不必要求成员的连续性或完善的组织机构"。(3)属于各国国内法中的"严重犯罪"或公约确定的四类具体犯罪。"严重犯罪"指"可受到最高刑至少 4 年的剥夺自由或更严厉处罚的犯罪"，公约确立的四类犯罪指"参加有组织犯罪集团、洗钱、腐败和妨害司法"。[①] 同时，公约还在第 5 条、第 6 条、第 8 条、第 23 条中，详细规定了构成这四类具体犯罪的故意行为。此外，《联合国打击跨国有组织犯罪公约》的几个附件还涉及移民偷渡、贩运人口和武器走私等有组织犯罪行为。由此可见，《联合国打击跨国有组织犯罪公约》为各缔约国界定跨国有组织犯罪提供了一套行之有效的标准，而且，在打击对象的界定上范围更宽、标准更严。例如，《联合国打击跨国有组织犯罪公约》将"腐败"罪行定义为"接受不应有的好处"，突破了"财物"的范围；将洗钱犯罪的对象不仅仅局限于某几类犯罪的经济收益，而是界定为所有犯罪的经济收益等。又如，《联合国打击跨国有组织犯罪公约》针对各缔约国对法人能否成为犯罪主体的不同规定，在第 10 条中专门规定了"法人责任"，以减少和消除各国国内法的冲突。根据公约规定，各缔约国均应采取符合其法律原则的必要措施，确立法人参与和实施公约所规定的犯罪时应承担的责任。在不违反缔约国法律原则的情况下，法人责任可包括刑事、民事或行政责任。法人责任不应影响实施犯罪

① 参见邵沙平、丁明方：《控制跨国犯罪与现代国际法的发展——2000 年〈联合国打击跨国有组织犯罪公约〉评述》，载《法学评论》2002 年第 1 期。

的自然人的刑事责任。公约强调指出,各缔约国均应特别确保使参与和实施犯罪的法人受到有效、适度和劝阻性的刑事或非刑事制裁,包括金钱制裁。

第二,从打击力度上看,《联合国打击跨国有组织犯罪公约》一方面在规定罪刑相当原则的基础上,特别强调要考虑到震慑跨国有组织犯罪的必要性;另一方面还要求各缔约国针对跨国有组织犯罪规定较长的追诉时效期限。

《联合国打击跨国有组织犯罪公约》之所以在规定罪刑相当的同时,又特别强调"为因本公约所涵盖的犯罪起诉某人而行使本国法律规定的法律裁量权时,各缔约国均应努力确保针对这些犯罪的执法措施取得最大成效,并适当考虑到震慑此种犯罪的必要性",显示了《联合国打击跨国有组织犯罪公约》在控制跨国有组织犯罪方面的决心和力度。也就是说,在不违反联合国国际司法准则的前提下,各缔约国必须采取有效的刑罚措施,充分发挥刑罚的威慑功能,抑制行为人再次犯罪的意念,达到特殊预防的效果,也对其他人起到一般预防的作用。同时,公约第11条第5款规定:"各缔约国均应在适当情况下,在其本国法律中对于本公约所涵盖的任何犯罪规定一个较长的追诉时效期限,并在被指控犯罪的人逃避司法处置时规定更长的期限。"一般而言,在以往的国际刑法规范中多数并未涉及追诉时效制度,这在早期的国际公约或者条约中更是如此。但是,伴随着国际犯罪危害性的日益严重和犯罪类型的增加,这一情况已经得到改变。因此,跨国有组织犯罪作为当今威胁各国社会安全、经济发展和人民生活的一种严重犯罪,理应对其规定一个较长的追诉期限,以区别于普通刑事犯罪,才符合世界人民要求严厉打击跨国有组织犯罪的强烈诉求,才能够体现对跨国有组织犯罪的严厉惩罚。

第三,从打击措施上看,《联合国打击跨国有组织犯罪公约》不仅通过强制性刑事管辖权和任择性刑事管辖权的规定,以期对跨国有组织犯罪进行有效控制,而且突破了仅仅通过刑法措施控制跨国犯罪的传统模式,能够综合运用刑事、金融、行政等多种措施控制跨国有组织犯罪,将控制跨国犯罪的国际合作从单一的国际刑事合作发展为刑事、行政、金融多重合作机制,形成控制跨国犯罪的国际合作的综合性法律机制。

《联合国打击跨国有组织犯罪公约》确认并发展了许多新的措施和制度,这为如何控制跨国有组织犯罪的滋生和蔓延指明了方向。《联合国打击跨国有组织犯罪公约》明确规定缔约国应采取"打击洗钱""反腐败""加强与执法当局合作"等综合性措施预防、禁止和惩治跨国有组织犯罪;同时,对没收制度、扣押制度、被判刑人移交、刑事诉讼转移、联合调查、特殊侦查技术、执法合作等程序性规则也进行了极其详细的描述。

总之,《联合国打击跨国有组织犯罪公约》所构建的控制跨国有组织犯罪的国际法律机制突破了传统国际合作和国际法的范围,开辟了国际合作和国际法的新领域,构建了国际合作和国际法的新制度。《联合国打击跨国有组织犯罪公约》之所以在开放的第一天就得到了超过120个国家的签署,进而创造联合国历史上绝无仅有的新纪录,就是因为这部公约反映出世界各国政府对打击跨国有组织犯罪的严重关切,获得了世界各国的普遍欢迎,可谓应运而生。《联合国打击跨国有组织犯罪公约》为世界各国在反跨国犯罪特别是跨国有组织犯罪方面奠定了坚实的法律合作基础。各个缔约国今后可以充分援引该公约,寻求国际司法和执法合作,以便于同跨国有组织犯罪作斗争。同时,《联合国打击跨国有组织犯罪公约》为了深入持久地贯彻其控制犯罪的司法理念,着眼于多样性和开放性,因而,公约的许多规定都留有充分的发展空间。特别是其所设立的"公约缔约方会议"以定期审查公约的执行情况并为改进公约提出建议为己任,以提高缔约国打击跨国有组织犯罪的能力,并促进和审查公约的实施。

《联合国打击跨国有组织犯罪公约》的刑事政策理念对世界各国及地区产生了极大影响。许多国家和地区纷纷制定了打击和预防有组织犯罪的专门法律,如日本、美国以及我国香港特别行政区和澳门特别行政区的立法,均受到该公约的影响。

(二)保障人权

《联合国打击跨国有组织犯罪公约》不仅规定了一系列的刑事司法原则,而且规定了相应的程序规则,充分体现了保障人权的价值追求,闪耀着人文主义关怀的光辉。从人权的保障机制来看,《联合国打击跨国有组织犯罪公约》确立的刑事司法原则和程序规则构筑了一个对刑事被告人、被害人以及证人的人权进行全方位保护的系统。

第一,就刑事被告人而言,《联合国打击跨国有组织犯罪公约》所规定的罪刑相当原则,不仅反映了国际社会控制跨国有组织犯罪的需要,而且体现了人权保障的功能。罪刑相当的原则可以有效地把国家刑罚权限制在必要的范围内,从而避免一切过于严厉的,特别是残酷的刑罚,以实现刑罚的公正,保护公民不受专横的、无度的刑罚权的侵害。同时,必须强调的是,罪刑相当原则作为一项联合国的刑事司法准则,还蕴含着刑罚个别化的要求。《联合国打击跨国有组织犯罪公约》特别规定,“各缔约国均应努力确保针对这些犯罪的执法措施取得最大成效,并适当考虑到震慑此种犯罪的必要性”。这就意味着在判处刑事被告人刑罚和采取执行措施时,必须充分考虑到被告人的不同情况,有的放矢,有针对性地采取相应的措施。只有从特殊预防的需要出发,根据刑罚个别化原则,为具体案件的裁量确定最为恰当的刑罚才能取得《联合国打击跨国有组织犯罪公约》要求达到的“最大成效”,也才足以保护被告人的基本人权。

《联合国打击跨国有组织犯罪公约》首先强调的就是对被告人权利的关怀。第11条要求在起诉、判决和制裁的全过程中,各缔约国应在“适当考虑到被告方权利的情况下”采取适当的措施,如引渡措施。一般所谓引渡,是指一国应他国请求,将当时在其境内而被该外国指控犯有某种罪行或已被判刑的人移交给该外国以便起诉或执行刑罚的活动。[①] 引渡的目的是使某一当事国有效地行使刑事管辖权,从而更好地打击有组织犯罪。但引渡措施本身可能会招致对被告人的某种不利。不同的国家有着不同的处遇措施,在某种情况下会使人产生歧视待遇的理解,对法律的公正性有所误读。所以,公约特别强调:任何人在引渡后就其犯罪进行诉讼时,都“应确保其在诉讼的所有阶段受到公平待遇,包括享有其所在国本国法律所提供的一切权利和保障”。而且,如果被请求的缔约国有充分理由认为对方提出引渡请求是为了以该涉案人的性别、种族、宗教、国籍、族裔或政治观点为由而对其进行起诉或处罚,或者按引渡请求将使该人的地位因上述的某一原因而受到损害,则被请求国可以拒绝对方的引渡请求。即使是对羁押或服刑的罪犯,《联合国打击跨国有组织犯罪公约》也十分尊重其自由意志。在一缔约国境内服刑或羁押的人只有在其知情并自由表示同意以后,才能移送到另一缔约国进行辨认、作证或提供其他协助;协助事项完毕后,移送前往的缔约国应将该人交还移送国,而且,在移送国的羁押期间应折抵执行的刑期。同时,(除非移送的缔约国同意)该人在此前的作为、不作为或定罪都不得在所前往的国家境内受到起诉、羁押、处罚或对其人身自由实行任何其他限制。类似这种重视被告人权利的条款,《联合国打击跨国有组织犯罪公约》中还有许多。主要是表达了一种刑事政策理念:尊重被告人的人权,把

---

① 参见张智辉:《国际刑法通论》,中国政法大学出版社2009年版,第325－326页。

被告人作为当事人而平等看待，给予其合法的应有的权利。尤其是在没有审判并最终定罪前，必须公正地对待当事人，而不得先入为主地认为犯罪嫌疑人有罪，第18条第5款就反映了这种思想。其规定，接收另一缔约国所提供的与刑事事项有关的资料者，也可以在其诉讼中披露可证明被控告人无罪或罪轻的资料。

此外，《联合国打击跨国有组织犯罪公约》还要求各缔约国应确保被告人“在诉讼的所有阶段受到公平待遇，包括享有其所在国本国法律所提供的一切权利和保障”。这一平等原则的贯彻，也是为了有效保障被告人的人权，保障被告方与控诉方在诉讼过程中拥有平等的地位，形成合理的诉讼结构，进而形成对国家权力的监督和制约。应当注意的是，《联合国打击跨国有组织犯罪公约》规定的平等原则与刑罚个别化的要求并不矛盾，相反，只有贯彻刑罚个别化的要求，才有利于平等原则的实现。因为平等并不否定差异，而不考虑差异的平等——绝对的平等才会导致真正的不平等。坚持平等原则是为了实现司法正义，而正义就意味着相同的情况予以相同的对待，不同的情况予以不同的对待，以达到实质上的平等。

第二，就被害人而言，《联合国打击跨国有组织犯罪公约》规定了被害人权益保护原则，并且从三个层面对被害人的权益保障问题作出了规定，即要确保被害人享有获得公平、公正的待遇权，享有获得赔偿权，享有获得补偿权。

值得注意的是，《联合国打击跨国有组织犯罪公约》特别强调被害人权益的保障，不仅为各缔约国逐步完善刑事司法、切实保障被害人的合法权益和正当要求指明了方向，而且体现了有效控制犯罪、推进刑事诉讼顺利进行、确保刑事司法公正的需要，可以说，在保障人权的同时又强化了国家控制犯罪的能力。一般在刑事诉讼中，是由国家作为控诉方而对被告人的犯罪行为进行指证；而被害人的权利，尤其是私权利往往被忽视。《联合国打击跨国有组织犯罪公约》则不然，其非常重视既存的合法的财产所有权以及被害人的求偿权。比如，存在没收的国际合作请求时，要优先考虑将没收的犯罪所得或财产交还给请求缔约国，以便其对犯罪被害人进行赔偿，或者将这类犯罪所得归还给合法所有人。事实上，不仅是有关没收的事项；《联合国打击跨国有组织犯罪公约》中最明显表达这一理念的，是第25条——“帮助和保护被害人”。该条宗旨在于保护犯罪被害人的人身安全（尤其是在被害人受到报复威胁或恐吓的时候）和求偿权。更重要的是，《联合国打击跨国有组织犯罪公约》在强调被害人的权利的同时，还充分重视了被告人的权利——在对犯罪的人提起的刑事诉讼的适当阶段，以不损害被告人权利的方式使被害人的意见和关切得到表达和考虑(第25条第3款)。

一方面,被害人由于遭受到犯罪行为的直接侵害,与案件的处理结果有切身利害关系,因而,有着不同于国家和社会的独立利益和要求。尤其在利益主体多元化的市场经济条件下,这种诉讼利益和要求尤为突出和强烈。各国宪法和法律对公民规定了广泛的权利及其保障措施,一旦公民的合法权益受到侵犯,他渴望并有权获得国家法律的保护。因此,《联合国打击跨国有组织犯罪公约》规定各缔约国"均应在其力所能及的范围内采取适当的措施,以便向本公约所涵盖的犯罪的被害人提供帮助和保护","均应制定适当的程序,使本公约所涵盖的犯罪的被害人有机会获得赔偿和补偿"。同时,被害人具有的刑事诉讼权利及其保障与国家刑事诉讼立法的完善程度息息相关,保障被害人的人权与完善刑事诉讼立法是互为要求、互相促进的。刑事诉讼立法的完善能够为被害人的人权保障提供有力的武器与依据,而加强被害人人权的保障,逐步提高被害人人权保障的层次,则对进一步完善刑事诉讼立法提出了更高的要求。

另一方面,由于犯罪被害人是刑事司法制度的"守门人",因此,被害人报警的意愿决定着犯罪案数的规模,进而在很大程度上决定着社会对犯罪的控制水平。而且,被害人遭受犯罪行为的直接侵害,对犯罪全过程有比较清楚的了解,忽视、疏远刑事被害人不利于查明实情、打击犯罪,也不利于刑事诉讼的顺利进行。此外,由于在现代刑事司法制度和刑事司法理论中,常常以被告人为本位,被害人则成为被刑事司法遗忘的人,使司法公正在被告人与被害人之间无法得到有效的平衡。但实际上,要真正实现司法正义,就必须维系被告人与被害人之间的适当平衡,正如《联合国打击跨国有组织犯罪公约》要求"各缔约国均应在符合其本国法律的情况下,在对犯罪的人提起的刑事诉讼的适当阶段,以不损害被告人权利的方式使被害人的意见和关切得到表达和考虑"之规定。因而,必须加强对被害人权利的保护,确认被害人在刑事诉讼中的法律地位,维护其失衡的权利,并在刑事司法实践中确保这些权利的实现,最终促进刑事司法的公正,促使法治的实现。

从该条也可以看出,《联合国打击跨国有组织犯罪公约》深刻涵盖着重视当事人人权的政策理念。在具体的司法实践中,这较有利于扭转被害人的权利尤其是求偿权不受重视的现实;但相较之下,在整个诉讼过程中处于更弱势地位是犯罪被告人,其权利更应得到保护。所以,《联合国打击跨国有组织犯罪公约》规定考虑被害人的意见和关注问题时必须不损害被告人的权利。

第三,就证人而言,《联合国打击跨国有组织犯罪公约》专门规定了保护证人原则和相关具体措施,从保护范围、保护对象和保护方法三个方面对证人保护制度予以详细规定。其中,不仅有对于一般证人的保护措施,而且有对于愿意与执法当局合作的"污点证人"的保护措施;不仅规定了对证人本人的保护措施,而且规定要"酌情为其亲属及其他与其关系密切者提供有效的保护",可见,其保护措施相当之完备。

这种完备的证人保护制度的设立,也包含着丰富的价值意蕴。首先,证人作为除当事人以外的了解案件情况并向司法机关作证的人,能否为其如实作证提供法律保障,与国家、社会利益关系极大。只有提供充分有效的证人保护,才能使刑事司法中的人权保障更加完善科学。其次,设立并完善证人保护制度,提高证人出庭作证的自愿性、积极性,使证人证言得到当庭询问、质证,保证证人证言的可靠性和作为可定案证据的准确性,对于保障刑事诉讼的正常运行和司法权的正常行使及审判的公正性等至关重要,充分体现了其秩序价值之所在。最后,证人保护原则还具有证据保全价值。由于证人具有不可替代性,而证人证言受证人心理、情绪、知识结构、想象力的作用和某种暗示或干扰的影响极大,因此,一旦事后遇到其他变故,如威胁等外界人为因素的不良影响时,不但可能会影响证人以前的记忆,而且使其不能或不敢出庭作证。这样就同丧失其他证据材料一样造成证据不全,对案件的处理结果产生不可估量的严重影响。如果事前能够对证人采取及时必要的有效保护措施,就可以避免上述情况,使证人保护制度具有证据保全价值。

作为对犯罪作证的证人,其本人及其亲属的人身安全将有很大危险。所以,《联合国打击跨国有组织犯罪公约》特别强调:各缔约国应在力所能及的范围内采取适当的措施,为证人(并酌情为其亲属及其他与之关系密切者)提供有效保护,使其免遭可能的报复或恐吓。值得注意的是,与关注被害人的意见的前提一样,实施保护证人的措施,也要"在不影响被告人权利包括正当程序权的情况下"进行。这一规定也表达了《联合国打击跨国有组织犯罪公约》对证人人身安全的特别关注,以及对被告人权利的特殊关怀。

最后应该提及的是,在没收和扣押事宜中,《联合国打击跨国有组织犯罪公约》还提到了善意第三人。善意第三人是与案件标的有牵连关系,但又不知道也不可能知道犯罪行为者。《联合国打击跨国有组织犯罪公约》对第三人权利的重视主要是体现在对其财产权的保护上,即对没收事宜进行解释时,不得做损害善意第三人权利的解释。

综上所述,《联合国打击跨国有组织犯罪公约》通过一系列刑事司法原则以及相关实体法和程序法的规定,既表明了打击跨国有组织犯罪的严正立场,又表达了对人之为人的应有权利的深切关注,从根本上说,体现了保障人权与控制犯罪双重价值追求的统一。正如拉德布鲁赫所言,“现在刑法不只反对犯罪人,也保护犯罪人,它的目的不仅在于设立国家刑罚权力,同时也要限制这一权力,它不只是可罚性的源由,也是它的界限,因此表现出悖论性:刑法不仅要面对犯罪人保护国家,也要面对国家保护犯罪人,不单面对犯罪人,也要面对检察官保护市民,成为公民反对司法专横和错误的大宪章”①。基于此,《联合国打击跨国有组织犯罪公约》作为一项国际刑法公约,在强调控制犯罪、强化其社会保护功能的同时,也理应成为保护所有公民的大宪章,既要关注刑事被告人的人权,还要关注被害人与其他诉讼参与人的人权。同样地,就任何一国法律而言,如果将社会保护功能纯粹地绝对化,奉行国家本位主义,而置人权保障于不顾,那么其本身的正当性与合理性也将成为无源之水、无本之木。由此可见,控制犯罪与保障人权两大司法理念作为《联合国打击跨国有组织犯罪公约》之思想精髓,必将对各缔约国的国内立法与司法实践产生积极深远的影响。

(三)鼓励犯罪人合作

对有组织犯罪,不仅可以在外部严厉打击,还可以从犯罪组织内部进行分化瓦解。这也是一项有效的斗争策略。虽然在一定的社会因素与历史文化背景的影响下,众多人员组成了一个整体性的犯罪组织,但组织中的成员毕竟是不同的个体,总是有着某种差异性。组织结构的严密程度和联系的紧密程度也直接影响着整体的凝聚力。

所以,《联合国打击跨国有组织犯罪公约》第26条提出要鼓励曾参与有组织犯罪集团的个人与执法当局合作。这些人员来自集团内部,很多都亲身参与有组织犯罪集团的各项活动,了解犯罪组织的具体情况,其所提供的信息对破获有组织犯罪会有极大的帮助。尤其是有关犯罪集团的性质、组成情况、所在地、与其他组织的联系,还有已经实施和可能实施的犯罪,都是对打击有组织犯罪至关重要的信

---

① [德]拉德布鲁赫:《法学导论》,米健、朱林译,中国大百科全书出版社1997年版,第96页。

息。而且，不仅是在侦查阶段，在整个起诉过程，也鼓励被指控者提供实质性配合，即帮助指控犯罪集团的其他成员，尤其是领导层成员，以从最大限度上消灭整个犯罪组织。相应地，对这类人员，官方首先必须提供人身保护。其实前文所提到的对证人的保护就涉及了这一问题。集团成员虽然从犯罪组织中被瓦解出来，但他们还是与犯罪组织深有瓜葛，在掌握着组织核心机密的情况下，必然成为犯罪组织追杀的对象，有可能遭到最凶狠的报复。所以，人身安全的保证显得尤为重要——不仅是投诚者本人，还有其亲属以及与之有着密切关系的其他人。在保证了与当局合作的组织成员的人身安全后，《联合国打击跨国有组织犯罪公约》还给予其相当大的处遇从宽政策：对于在犯罪的侦查和起诉中提供了实质性配合者，鼓励缔约国对其免予起诉；对在侦查和起诉过程中提供了实质性配合而又被指控者，则建议各缔约国对其减轻处罚。与执法当局的合作，无疑最能体现该组织成员的社会危害性和人身危险性降低。免予起诉或者减轻处罚，既是与该事实相吻合的处遇手段，也是有效吸引并分化瓦解犯罪组织，以从根本上将其消灭的有效手段。可以说，鼓励犯罪人与执法当局合作的措施，有着深刻的刑事政策意义。

（四）协助与合作

作为司法实践主体，各缔约国均享有独立的刑事案件管辖权并有自己特定国家法律；在共同履行《联合国打击跨国有组织犯罪公约》的过程中，很可能会产生法律冲突，也会需要他国的帮助。相互之间如何消除矛盾、互相协作，如何最大限度地发挥惩治与防范有组织犯罪的作用，都是要周详考虑的问题。

首先是管辖权。在一般的国际法准则之下，《联合国打击跨国有组织犯罪公约》承认缔约国依本国法律而确立的任何刑事管辖权。在他国的主权范围内行使公权力，应以不妨碍他国主权为底线。《联合国打击跨国有组织犯罪公约》中的很多规定，都体现了对被请求国主权的尊重。首先，请求司法协助，本身就是对对方的尊重。而被请求国可以拒绝这一请求而自行处理案件，这是其主权的另一种体现，即《联合国打击跨国有组织犯罪公约》第 15 条第 4 款所规定的，各缔约国还可以采取必要措施，在被指控人在其领域内而不引渡该人时确立其对该公约所涵盖的犯罪的管辖权。缔约国的拒绝行动可以有多种理由：以并非双重犯罪为由拒绝提供司法协助；认为执行请求可能损害其主权、安全、公共秩序或其他基本利益；被请求国当局依自身管辖权对任何类似犯罪进行侦查、起诉或审判程序时，其本国法律将会禁止其对此类犯罪采取被请求的行动;同意请求事项将违反被请求国关于司法协助的法律制度。即使不是拒绝执行,也可"以司法协助妨碍正在进行的侦查、起诉或审判为由而暂缓进行"。总之,司法协助是在被请求国的主权与利益前提下进行的。即使是执行所请求的事项,也应根据被请求国的法律执行;只有在不违反这些法律的情况下,才可能遵循请求书中列出的执行程序。对于被请求国提供的资料或证据,未经被请求缔约国事先同意,请求缔约国不得转交或用于请求书所述以外的侦查、起诉或审判程序。而当有两个或两个以上的国家都在对同一行为进行侦查、起诉或审判程序时,《联合国打击跨国有组织犯罪公约》要求"这些国家的主管当局酌情相互磋商,以便协调行动"。

尽管《联合国打击跨国有组织犯罪公约》把被请求国的利益放在了一个较高的位置,但其基本精神还是要求各缔约国之间能够相互协助合作。第 18 条详细规定了司法协助的相关内容。其中,总的要求是在对犯罪进行侦查、起诉和审判程序中,各国"相互提供最大限度的司法协助";而且,被请求国应尽快地执行司法协助请求,并尽可能地遵循请求书中说明了理由的最后期限。要求被请求国合理地遵循请求,也是对缔约他方的尊重,要求请求方对自己提出的最后期限进行合理解释,是把整个司法过程放在理性选择的过程中,是良好协作的前提。被请求国还需就自己的处理进展向请求方进行答复,这同样是相互尊重的表现,是继续这种国际合作的基础。即使是出于某些原因,被请求国准备拒绝某项请求或准备暂缓执行请求事项,《联合国打击跨国有组织犯罪公约》也要求双方进行协商,以考虑是否在请求国认为必要的条件下给予协助。毕竟作为都是主权国家的当事双方,有各自的利益与立场,《联合国打击跨国有组织犯罪公约》所能做到的就是提出一个原则性的标准,促进各方的关系和谐与改善。

《联合国打击跨国有组织犯罪公约》也关注具体的协助事项如涉及其中所指的严重犯罪或特别规定的几种犯罪时,即使请求协助的事项是有关犯罪的被害人、证人、犯罪所得、工具或证据,也要对等地相互予以协助。作为被协助方,请求国在这个过程中要考虑对方的有关法律、条约、协定和安排。此外,各缔约国应当积极地参与这项行动,而不是被动地等待对方的协助请求,如果其中一方的主管当局认为"与刑事事项有关的资料可能有助于另一国主管当局进行或顺利完成调查和刑事诉讼程序,或可促成其根据本公约提出要求",那么该当局可以"无须事先请求而向另一国主管当局提供这类资料"。当然,这种协助有一定的前提条件,即不能影响提供资料一方本身所进行的调查和刑事诉讼程序；而接收资料方更要遵守对资料的保密要求（即使是暂时保密的要求），或者对资料使用的限制——这既是其权利也是其义务。其中，最为详细的具体事项，当数第16条关于引渡的规定。引渡是国家间在制裁国内犯罪中进行刑事合作的一种形式，也是现代国际社会在制裁危害各国共同利益的国际犯罪中普遍使用的一种合作形式。引渡条约的存在则是其基础，而没有订有引渡条约的缔约国之间，也可以本公约为引渡的罪。而"或引渡或起诉原则"则要求被指控人所在的缔约国如果仅以罪犯系本国国民为由而拒绝将之引渡，则有义务在要求引渡的缔约国提出请求时，将该案提交给其主管当局以便起诉，而不得以任何方式延误。而且，要以本国的一贯方式进行诉讼程序。更强调缔约国之间要相互合作——特别是在程序上和证据方面的合作——以确保这类起诉的效果。这些规定一方面表明了在国际合作中互相尊重、相互协调与合作的立场；另一方面也表达了严厉打击犯罪，不放纵任何嫌疑人的本位思想。

《联合国打击跨国有组织犯罪公约》第27条规定的是"执法合作"的事项。当双方处于合作地位时，地位则更为平等（不同于"司法协助"有一方请求另一方之义），所做的一切都以"加强打击本公约所涵盖的犯罪的执法行动的有效性"为根本宗旨。这里的执法主要包括官方机构之间加强联系和交流、交换各方面情报、对有关犯罪事项进行调查。《联合国打击跨国有组织犯罪公约》还建议，各缔约国之间以该公约为基础而订立关于直接合作的双边或多边协定。

（五）注重公权力政策

相对于"私权"，社会尚有"公权力"的存在。公权力凸显的是对公共福祉的维护，是一种国家的、社会的公共利益理论。法律上社会公益理论在本质上乃是法律根据社会生活的要求所做出的一种"权衡"，也是情势选择的最后依据。尽管从某种意义上来说，这并不是基于刑法理性的逻辑选择。公权力行使维持了既存的社会秩序，保证了整个社会沿着良性的轨道运行。由于强调公共问题，以社会利益为本位，则逐渐出现了社会化的权利思想。

《联合国打击跨国有组织犯罪公约》即注重平衡公权力和私权利。该公约十分重视被告人的基本权利，这是毋庸置疑的。前文已然充分论证，该公约的基调是严厉打击跨国有组织犯罪活动。如果说这是一种公权力本位思想，似乎又和注重当事人的人权保护的刑事政策有所矛盾。其实不然。《联合国打击跨国有组织犯罪公约》所强调的保护被告人的人权，是某些基本的、在侦查以及起诉的整个司法过程中都必须尊重的权利。比如，在被引渡后进行的诉讼中应受到公平对待；对自己被移送他国以进行司法协助时有知情权等。我们说《联合国打击跨国有组织犯罪公约》的基本思想是严厉打击有组织犯罪，但并不能因此而抹杀犯罪被告人的一切正当权利，尤其是最基本的人身权利和财产权利。换句话说，任何权利（或权力）的行使，都有其范围和底线，国家公权力亦然。

所以，仍有必要独立提出《联合国打击跨国有组织犯罪公约》所涵盖的公权力政策。最典型者是某些特殊侦查手段。如电子或其他形式的监视和特工行动。电子监听和电子监视都会不可避免地侵犯涉案人的隐私。隐私权无疑是一项重要的公民私权利，但在这里显然已经让位于“有效打击有组织犯罪”这一基本目标。《联合国打击跨国有组织犯罪公约》的制定者在规定这一内容时，必然已将隐私权与保护社会公共安全进行了权衡比较与价值分析。在两害相较取其轻的情况下，有组织犯罪所造成的危害显然更甚于在犯罪侦查过程中由于监视等特殊侦查手段的采用而被侵犯的公民隐私权。此外，还有《联合国打击跨国有组织犯罪公约》第18条第8款规定：缔约国不得以银行保密为由拒绝提供司法协助。这一点对洗钱犯罪的侦破，起着尤为重要的作用。黑色经济是有组织犯罪的生存基础，而洗钱则是其顺利掌握这些资金的有效手段。但由于洗钱犯罪的专业性与隐蔽性，侦查起来有一定的难度。而金融机构的信息提供则对案件的破获至关重要。但是，在西方国家的司法实践中，有不少银行会以为客户保密为由拒绝就此类案件向警方提供相关信息。对客户的相关资料进行保密，也是一种对公民隐私权的尊重。但该条款中，《联合国打击跨国有组织犯罪公约》也把该项权利的位次置于社会公共利益之下。

（六）注重犯罪预防

犯罪预防也是《联合国打击跨国有组织犯罪公约》最为关注的问题之一。最明显的表现，是在《联合国打击跨国有组织犯罪公约》中出现了专门有关“预防”的条款。犯罪预防是典型的刑事政策。这里的“预防”一词，须作广义的理解，即包括对整体犯罪水平进行估测、动员社会力量预防犯罪、对犯罪人进行矫正使之能够复归社会等各种宏观和微观方面的措施。

就宏观方面而言，首先必须清楚了解整个社会的犯罪情况，以及国内现有各种旨在预防跨国有组织犯罪的国家项目。了解的目的在于对其进行评估。不仅要注重对这些项目的开发和评估;类似地,还要对本国的打击有组织犯罪的政策和实际措施进行监测,并对这些政策和措施的有效性和效果进行评估。同时,还要利用国家宏观调控的立法与行政措施。这种措施主要是在经济领域,包括官方和有关私人实体的合作、制定各种职业的行为准则、防止有组织集团对公共商业活动的不正当利用等。这些措施的有效运用,可以减少有组织犯罪集团利用犯罪所得参与合法市场的机会,从而从根本上摒除其洗钱犯罪的机会。还应该注意的是,可能为有组织犯罪集团所不正当利用的,不仅是商业活动,更有现行法律和法规本身所存在的漏洞。一部良好的法律的确会具有一定的前瞻性;但随着时代的发展和社会生活的变化,其终将不可避免地落后于时代。所以,《联合国打击跨国有组织犯罪公约》同时强调要求各缔约国努力定期评价现有有关法律文书和行政管理办法,以找出其中易被有组织犯罪集团不当利用之处。

有组织犯罪本身涉及很多"分析性专门知识",故在分析各国领域内的犯罪时,科学技术和学术研究的成果有着相当大的参考价值。因此,《联合国打击跨国有组织犯罪公约》要求缔约国在这一前提下,分析其国内的有组织犯罪趋势、活动环境以及所涉及的专业团体和技术。同时,《联合国打击跨国有组织犯罪公约》不仅重视科学技术应用于各种具体管理措施,更注重对执法人员的培训。时代的发展与技术的逐渐更新,必然要求对处于这一战线的执法人员不断进行专业技术上的培训。比如,有关侦查和控制犯罪的方法,电子监控及特工行动等现代化的执法设备与技术、保护被害人和证人的方法等,都需要不断地培训提高。最后,《联合国打击跨国有组织犯罪公约》还强调这种专门领域知识的研究和培训方案还需要在缔约国之间协助进行——这里又一次涉及国际公约中一向最为重视的国际协作问题。广义的犯罪预防欲取得成效,则先要提高整个社会的发展水平。所以,《联合国打击跨国有组织犯罪公约》将"经济发展和技术援助"作为执行该公约的一般原则性手段。这要求缔约国之间以及与国际组织、区域组织之间相互协调。尤其是加强与发展中国家的合作,加强财政和物质援助、技术援助,而且,尽量地提供更多的培训方案和现代化设备。

最后还有一项重要的宏观犯罪预防措施,即社会动员——发动全社会的力量以推动打击和预防有组织犯罪活动。预防犯罪的长期目标是扫除滋生有组织犯罪的社会土壤,形成全社会共同防控有组织犯罪的力量。加强社会的基础工作和基础建设是实现长远目标的根本保证。这首先就要积极借助舆论的宣传和教育作用,“提高公众对跨国有组织犯罪的存在、原因和严重性及其所构成的威胁的认识”。尤其是利用大众传播媒介,传播促进公众参与预防和打击这类犯罪的措施。公众参与意识的增强,比如,通过拨打统一的举报电话,与情报信息人员接触提供相关资料,将有利于官方建立更为健全的犯罪信息、资料中心。犯罪信息网络系统将收集到的有组织犯罪情报资料汇总,再按照侦控需要加以归类,无疑是惩治和预防有组织犯罪的有力武器。我们可以预见,在行政管理部门的警力和社会群众队伍的相互配合下,能更好地做到及时发现、及时控制、及时把有关涉案人员缉捕归案,从而将犯罪组织的发展控制在最低限度内。

当然,犯罪预防不应仅仅着眼于宏观方面,微观上的策略也很重要。这里所指的微观视角,主要是关于对犯罪人个人以及社会成员个体采取何种态度的问题。《联合国打击跨国有组织犯罪公约》首先提出犯罪人复归社会的思想,即“努力促进被判犯有本公约所涵盖的犯罪的人重新融入社会”。复归社会,是最根本的特殊预防,是教育刑思想及刑事政策的体现。本书承认,刑罚本身是一种恶害,是通过惩罚的暴力与强制特性,而对犯罪行为的一种法律评价。但对刑罚的理解,不应该仅仅停留在这个层面上;它还有着更为深刻的预防犯罪与防卫社会的目的。尤其是“二战”后,世界刑事政策的潮流正是以这种“社会复归”思想为甚,着重考虑的是将来的社会如何接受这些被判刑者。相应地,有学者提出社会治疗模式。即将犯罪人视为社会肌体的病患,而监禁刑等处遇措施实质也在于对其进行矫正,使之尽快痊愈而复归健康的社会。《联合国打击跨国有组织犯罪公约》的相关内容明显是在这一政策思想的指引下而订立的。

预防犯罪除了特殊预防之外,尚存在一般预防政策。正如古典刑事学派的重要代表人物贝卡利亚所说的,刑罚的目的仅仅在于阻止罪犯再重新侵害公民,并规诫其他人不要重蹈覆辙。后者就是一般预防的问题。简言之,就是防止更多的一般社会公众去犯罪。《联合国打击跨国有组织犯罪公约》在预防的具体措施中,也有这方面的详细举例:“例如改善环境,以使处于社会边缘地位的群体不易受跨国有组织犯罪行动的影响。”社会公众中的边缘群体,是最容易变成犯罪人的一个群体。他们往往以一定的帮派或其他组织形式出现,一定的社会亚文化将之联系在一起。他们没有正常的与社会交流并为社会认可的渠道;在这样一种微观社会环境下,将有一种内在的影响力,促成违法行为乃至犯罪的发生。关怀这部分社会边缘人,是进行犯罪一般预防的重要环节。

二、《联合国打击跨国有组织犯罪公约》与我国有组织犯罪治理

(一)刑事司法理念的转变

有组织犯罪的跨国发展也是我国需要面对的重要命题。在经济全球化的背景下,我国经济的持续高速发展、庞大的市场容量与市场经济管理秩序的相对滞后,也吸引着境外黑社会组织向我国渗透活动的日益加剧。美国、日本、东南亚等地的黑恶势力在我国都有所渗透。而在我国不时发生的从组织海外非法移民到组织跨境卖淫偷渡,以及境内外相互勾结运输、贩卖毒品,实施网络诈骗以及跨境暴力催讨赌债、雇凶杀人等犯罪活动,都是有组织犯罪区域化、国际化的具体表现。[①] 国外学者也指出,当政府的权力在下放与经济市场化进行之时,由于犯罪组织横向的联系,犯罪组织在边界地区(国内和国际上的)渗透性很强。底层结构(包括地理和人口上的,这两个范围包含了基层与下层阶级)已经扩大,为犯罪组织提供了更大的空间。[②]

《联合国打击跨国有组织犯罪公约》是适应国际社会控制跨国有组织犯罪需要的产物,是国际社会以全球化手段对付全球化挑战所取得的重大成就。参加《联合国打击跨国有组织犯罪公约》高级别政治签署会议的中国代表团原团长、外交部原副部长王光亚在签署大会上强调,"公约能否在打击跨国有组织犯罪方面真正发挥作用,关键在于公约各项规定能否得到切实履行"。因此,公约在各国的实施具有十分重要的意义。《联合国打击跨国有组织犯罪公约》在我国的实施,从宏观的角度讲,是一个国际法与国内法关系的问题,从微观的角度讲,则是一个涉及国际条约在我国的具体实施方式及其在国内法中的效力层次的问题。

为了与《联合国打击跨国有组织犯罪公约》的所有缔约国携手并进,控制跨国有组织犯罪,我们面临刑事司法理念的转变和国内法的调整。

第一,该公约所提出的控制犯罪和保障人权的刑事政策理念反映了现代刑事司法的共同追求。然而,控制犯罪与保障人权这两大价值目标的相互冲突已经成

---

① 参见张远煌:《中国有组织犯罪的发展现状及立法完善对策》,载《法治研究》2012 年第 2 期。

② 参见[美]夏明:《中国有组织犯罪的组织形态——以国家、市场与网络为视角》,邬琤、郑彬彬译,载《犯罪研究》2013 年第 4 期。

为刑事司法现代化过程中的一大难题。一方面,刑事司法本身就是源于控制犯罪的需要,控制犯罪是社会得以有序存在的必要手段,符合全社会的共同利益。因此,刑事司法不能忘却自己的使命,必须竭尽全力去实现犯罪控制目标。但是,另一方面,刑事司法在实现犯罪控制的过程中又不能不涉及某些社会成员的个人权利,即为了实现控制犯罪的目标,司法机关必须以法律的名义对个人的权利进行干预、限制。实际上,在这里涉及个人权利与国家权力的冲突与协调这一深层矛盾。我们必须寻求个人权利与国家权力之间的平衡,而这种平衡又是一个动态发展的过程,它必然随着社会实际情况的变化而不断变化。

面对控制犯罪与保障人权两者之间的现实冲突,世界各国都在努力缩小冲突、争取二者和谐的同时,不得不有所选择,将其中的一个价值放在更为重要的位置上。由于不同国家的政治体制、经济结构、文化传统、意识形态等各不相同,决定了世界各国对刑事司法现代化价值目标的不同选择。同时,一个国家的社会现实状况,如经济发展水平、国民的政治文化素质、社会矛盾和社会冲突状况等,也会对刑事司法的价值取向和价值目标的选择起到决定性的影响作用。因此,究竟把控制犯罪还是把保障人权放在现代刑事司法的首要目标位置,在不同的国家会有不同的选择,而且,即使在同一国家也会因现实情况的不同而作出不同的取舍。各国不会枉顾现实,一味强调保障人权而容忍犯罪,尤其是有组织犯罪对社会的肆意破坏,也不会有在人权意识普遍高涨的时代,一味片面强调对社会安全和稳定的维护而对个人权利漠不关心,采取虚无主义的态度。

综观世界各国,近年来都不同程度地进行着或者酝酿着刑事司法改革,例如,英国在其长期的历史发展中,形成了以对抗制、陪审团和系列证据规则为基本内容的普通法系司法制度,这种司法制度注重技术性的程序规则和保护被追诉者的权利,不利于发现案件真实,因此,在其刑事司法改革的过程中特别强调控制犯罪。而俄罗斯联邦原刑事诉讼法典是以漠视被告人的权利保护为代价来强化控制犯罪的能力的,因此,俄罗斯刑事诉讼法典删除了“查明犯罪事件和犯罪人”的规定,避免片面强调控制犯罪的倾向,注重刑事被告人与刑事被害人权利的同等保护。同样,法国在刑事司法改革的过程中,也一改职权主义的倾向,朝着保障人权、实现民主的方向发展。

随着我国现代化进程的加速,社会的迅猛发展,流动人口的增加,维护社会稳定,打击跨国、跨境有组织犯罪是当务之急。自 20 世纪 80 年代以来,我国一直奉行“严打”的刑事政策，取得了一定的效果，但并未能从根本上解决社会治安问题，尤其是刑事司法过程中的人权保障问题没有得到足够的重视，相应的人权保障的制度性措施仍然缺位。而一项具体制度的缺位往往是因为缺乏支撑该制度运行的观念基础和配套规则。随着“打黑除恶”，特别是“扫黑除恶”的开展，有组织犯罪治理进入新时期，亟须构建与之适应的人权保障制度。而要建立一项制度，除了在技术细节上的精雕细琢以外，还必须着力营造该制度运行所需的宏观制度空间和观念基石。① 因此，必须首先转变刑事司法理念，将人权保障目标放到更加突出的位置上。

第二，我国对《联合国打击跨国有组织犯罪公约》的履行不仅表现为刑事司法理念的转变，更有赖于具体刑事司法制度的革新和刑事立法内容的调整。《联合国打击跨国有组织犯罪公约》第 34 条第 1 款规定：“各缔约国均应根据其本国法律制度基本原则采取必要的措施，包括立法和行政措施，以切实履行其根据本公约所承担的义务。”该款规定表明，对于各缔约国而言，通过采取一定的国内措施来保障条约得以履行，已经不再仅仅是“条约必须信守”这一原则之要求，而是作为明文写进条约要求各缔约国必须承担的条约义务。《联合国打击跨国有组织犯罪公约》第 34 条第 2 款规定：“各缔约国均应在本国法律中将根据本公约第 5 条、第 6 条、第 8 条和第 23 条确立的犯罪规定为犯罪，而不论其是否如本公约第 3 条第 1 款所述具有跨国性或是涉及有组织犯罪集团，但本公约第 5 条要求涉及有组织犯罪集团的情况除外。”该款规定体现了《联合国打击跨国有组织犯罪公约》对各缔约国施以的执行条约的具体义务，这种义务是强制性而不是任意性的。《联合国打击跨国有组织犯罪公约》第 34 条第 3 款规定：“为预防和打击跨国有组织犯罪，各缔约国均可采取比本公约的规定更为严格或严厉的措施。”该款规定表明，《联合国打击跨国有组织犯罪公约》除了强制性地规定各缔约国应采取必要措施以执行条约外，同时，也鼓励各缔约国采取更有利于执行条约的各种措施。我国宜采取转化实施为主、纳入实施为辅的方式，即主要通过制定配套的国内法或修改现有的国内立法，以实现与《联合国打击跨国有组织犯罪公约》的衔接，但对于公约、规定与国内立法比较接近，实施起来不至于危及我国的立法、司法主权的，则可以采取纳入实

---

① 参见谢佑平：《论公民人身自由权的宪法保障与司法保护——以刑事司法为中心》，载《上海交通大学学报（哲学社会科学版）》2003 年第 4 期。

施方式。这种实施方式更加符合我国的国情,从而保证我国切实履行《联合国打击跨国有组织犯罪公约》义务。

(二)具体制度的借鉴

有学者提出相比于《联合国打击跨国有组织犯罪公约》,我国《刑法》未必存在滞后性。其认为,以我国《刑法》为参照,公约至少存在两个问题:第一,最高刑至少4年有期徒刑在我国《刑法》中是普遍现象,所以,本处的重罪在我国起刑点过低,这样会造成所有罪名都能够以有组织犯罪的面孔出现。第二,除了公约认为的重罪以外,构成有组织犯罪的另一个选择性条件是触犯该公约规定的其他带有经济目的的犯罪,但是,有组织犯罪向多数罪名转移和渗透是趋势,可能导致"削足适履"。因此,不应该全盘照搬公约规定,而是要考虑国内国际两方面的因素,扩大我国有组织犯罪立法的兼容性。① 本书认为,具体法律制度的不同并不影响我国借鉴《联合国打击跨国有组织犯罪公约》。《刑法》本身系针对各类犯罪制定的国内立法,该公约系针对有组织犯罪制定的专门国际立法,无法苛求二者完全一致,完全可以秉持"择善而从"的态度,充分吸收该公约的合理之处。

总体来看,借鉴《联合国打击跨国有组织犯罪公约》的相关规定与经验具有重要的意义。一方面,我国已于2003年批准了该公约,有义务将相关条款转化为立法、执法、司法实践;另一方面,该公约的很多规定具有创新性,很多系首次规定,我国推动有组织犯罪的治理实践也需借鉴其经验。具体层面,相关研究主要围绕以下几个方面展开。

1.有组织犯罪的概念

有学者注意到《联合国打击跨国有组织犯罪公约》和我国《刑法》关于有组织犯罪概念的区别,并形成了两种观点。第一种观点认为,该公约比我国《刑法》规定的有组织犯罪概念更广。如有学者提出,我国关于有组织犯罪的犯罪化范围与《联合国打击跨国有组织犯罪公约》的规定要求有一定差距,《刑法》只规定了关于有组织犯罪3个具体罪名,即组织、领导和参加黑社会性质罪,入境发展黑社会组织罪以及包庇、纵容黑社会性质组织罪。该公约第5条规定各缔约国应当予以犯罪化的有组织犯罪行为有三种类型:一是组织、指挥、协助、教唆、便利或者参谋实

① 参见梁利波:《有组织犯罪立法的国际谱系》,载《刑法论丛》2014年第3期。

施涉及有组织犯罪集团的严重犯罪行为;二是为直接或间接获得金钱或其他物质利益而与一人或多人约定实施严重犯罪的行为;三是明知有组织犯罪集团的目标和一般犯罪活动或其实施有关犯罪的意图而参与有组织犯罪集团的犯罪活动的,或者明知其本人的参与将有助于实施上述犯罪目标的该有组织犯罪集团的其他活动的行为。[①] 作为《联合国打击跨国有组织犯罪公约》的参加国,我国应根据该公约在《刑法》中明确规定"有组织犯罪"这一概念,并将黑社会性质组织犯罪统摄于有组织犯罪之下,完善有组织犯罪的刑法规范。[②] 第二种观点认为,我国《刑法》比该公约规定的有组织犯罪概念更广。如有学者提出,《联合国打击跨国有组织犯罪公约》在界定有组织犯罪概念时表述为"'有组织犯罪集团'系指由三人所组成的、为实施一项或多项严重犯罪或根据本公约确立的犯罪以直接或间接获取金钱或其它物质利益而一致行动的有组织结构的集团"。该定义强调"直接或间接获取金钱或其它物质利益"为有组织犯罪最本质的特征,其他目的性的犯罪组织实施的犯罪行为不属于有组织犯罪。《刑法》中的有组织犯罪通常指黑社会性质组织犯罪,邪教组织犯罪,恐怖组织犯罪,毒品组织犯罪,反动会、道、门犯罪等犯罪行为,其范围更广。[③] 相较而言,第一种观点更符合实际情况,第二种观点所提及的很多具有"组织"形式的犯罪并不具有真正的犯罪组织结构。但是第一种观点的理由有待商榷,其仅是从有组织犯罪的类型进行分析,仍应回归该类犯罪的定义本身。

《联合国打击跨国有组织犯罪公约》第 2 条对有组织犯罪集团的定义较为宽泛,其中的"三人或多人组成""在一定时期内存在""为了实施一项或多项严重犯罪""一致行动的有组织结构的集团"等要素都是对广义上的犯罪组织的概括,而且,该条还特别指出了所谓"有组织结构的集团"是指"不必要求确定成员职责,也不必要求成员的连续性或完善的组织结构",显然是不要求组织结构必须达到较高的成熟度。[④] 因此,相比于只规定黑社会性质组织犯罪的《刑法》,《联合国打击跨国有组织犯罪公约》的有组织犯罪概念显然更广。但与此同时,也不能简单地认

---

① 参见赵赤:《中外惩治有组织犯罪比较研究》,中国政法大学出版社 2017 年版,第 296 页。

② 参见蔡军:《我国惩治有组织犯罪的实践困境与立法对策》,载《华东政法大学学报》2013 年第 4 期。

③ 参见朱俊强:《论有组织犯罪的刑法配置结构——以国际刑法、区域刑法、国家刑法一体化为视角》,载《暨南学报(哲学社会科学版)》2006 年第 3 期。

④ 参见莫洪宪:《中国の組織犯罪》,载[日]《警察政策研究》第 4 号警察大学校警察政策研究センター,第 10 - 11 页。

为《刑法》中就应纳入“有组织犯罪集团”的概念，实践中我国通过黑社会性质组织犯罪、集团犯罪共同实现对于该类组织的打击。因此，即便考虑借鉴《联合国打击跨国有组织犯罪公约》的基础概念，是否值得因此更改《刑法》罪刑结构尚需斟酌。

2. 上游犯罪范围

《联合国打击跨国有组织犯罪公约》第6条“洗钱行为的刑事定罪”、第7条“打击洗钱活动的措施”系统对有组织犯罪相关洗钱行为的处罚和打击作出规定。就早先《刑法》关于洗钱罪的规定，不少学者认为其行为范围不够周延，难以应对跨国有组织犯罪的洗钱行为。如认为，有组织犯罪集中通过“洗钱”而转移资金不仅对本国经济领域有深刻影响，而且对国际经济领域也具破坏性影响，如针对国际信贷和商业银行持续作案12年之久就是最好的佐证。[①] 国际性的有组织犯罪集团，一方面更加广泛地渗透到合法的经济活动中去，另一方面还将大量地利用地下非法经济作为其聚敛财富和扩展生存空间的手段。[②] 必须加大反洗钱力度，铲除跨国有组织犯罪的经济基础。[③] 基于此，《联合国打击跨国有组织犯罪公约》第6条规定如果缔约国本国法律基本原则要求，则可以规定该条第1款所列犯罪不适用于实施上游犯罪的人。[④] 我国《刑法》此前未规定“自洗钱”，不符合《联合国打击跨国有组织犯罪公约》的规定。[⑤]

但是如前所述，随着《刑法修正案(十一)》已将“自洗钱”行为入罪，这也表明我国不断完善打击有组织犯罪相关刑事立法，积极履行《联合国打击跨国有组织犯罪公约》的相关义务。

3. 专门程序规则

《联合国打击跨国有组织犯罪公约》在程序规则方面作出了不少创新性规定，也有不少学者提出对其予以借鉴，即为了满足与犯罪作斗争的需要，应该顺应国际

① Основы борьбы с организованной преступностью / Под ред. В. С. Овчинского, В. Е. Эминова, Н. П. Яблокова. М., 1996. С. 58 – 59.

② 参见王园：《论有组织犯罪的经济分析》，载《云南大学学报(法学版)》2010年第2期。

③ 参见李芳晓：《跨国有组织犯罪防治的国际合作对策》，载《国外社会科学》2011年第3期。

④ 参见何秉松：《中国有组织犯罪研究(第一卷)：中国大陆黑社会(性质)犯罪研究》，群众出版社2009年版，第430页。

⑤ 参见于改之：《我国关于有组织犯罪的立法与司法完善》，载《法学论坛》2004年第5期；许靖、杨丽、邢菲菲：《对有组织犯罪查处中的疑难问题研究》，载《政治与法律》2010年第5期。

立法趋势,在公约的基础上完善相应的国内立法。[①] 主要包括:第一,专门的秘密侦查制度。如有学者提出,从《联合国打击跨国有组织犯罪公约》的规定看,可对有组织犯罪实行联合调查和特殊侦查手段,即现代化执法设备和技术,包括电子监视、控制下交付、特工行动等。[②] 在构建这些制度的同时,设立严格的适用条件。[③] 第二,证人保护规则。如有学者提出,可借鉴《联合国打击跨国有组织犯罪公约》,在力所能及的范围内采取适当措施,为刑事诉讼中就该公约所涵盖的犯罪作证的证人及其亲属或其他与其关系密切的人提供有效的保护,使其免遭可能的报复或恐吓。上述措施可包括:制定向此种人提供人身保护的程序,规定可允许以确保证人人身安全的方式作证的证据规则。[④] 第三,被害人保护规则。如有学者提出,可借鉴《联合国打击跨国有组织犯罪公约》,帮助和保护被害人,并使有组织犯罪的被害人有机会得到赔偿和补偿,使被害人的意见和关切得到表达和考虑。[⑤] 第四,"污点证人"的保护规则。如有学者提出,《联合国打击跨国有组织犯罪公约》明确应当对"污点证人"给予同等对待,并且建议建立污点证人的刑事司法豁免制度。我国在打击有组织犯罪的过程中,应当考虑采取对于"污点证人"的重点保护措施,同时制定相应的"污点证人"刑事司法豁免制度,以获取司法机关无法证明的犯罪事实,从而分化瓦解犯罪人之间形成的角色阵营,体现宽严相济、区别对待的政策精神。[⑥]

本书认为,《联合国打击跨国有组织犯罪公约》的程序规则确实具有借鉴意义,但是,应结合我国立法体系、司法实践进行具体的考量。一方面,需要考虑专门程序规则在立法体系中的地位,即是否有必要在《刑事诉讼法》中加以专门规定,抑或通过专门立法进行系统规定。另一方面,有些制度如何完成本土转化,比如

---

① 参见李芳晓:《跨国有组织犯罪防治的国际合作对策》,载《国外社会科学》2011 年第 3 期。

② 参见于天敏等:《黑社会性质组织犯罪理论与实务问题研究》,中国检察出版社 2010 年版,第 296 页。

③ 参见蔡军:《我国惩治有组织犯罪的实践困境与立法对策》,载《华东政法大学学报》2013 年第 4 期。

④ 参见于天敏等:《黑社会性质组织犯罪理论与实务问题研究》,中国检察出版社 2010 年版,第 296 页。

⑤ 参见于改之:《我国关于有组织犯罪的立法与司法完善》,载《法学论坛》2004 年第 5 期。

⑥ 参见胡隽:《论我国打击有组织犯罪中证人保护制度的完善》,载《中国人民公安大学学报(社会科学版)》2011 年第 3 期。

“污点证人”保护规则如何在我国语境下进行理解，又如何进行妥当的制度设计。①

4. 刑事司法合作机制

刑事司法合作一般是指国家之间追诉国际犯罪过程中所进行的相互合作。由于国际犯罪总是包含一定的涉外因素，或者犯罪行为和结果发生在一个以上的国家，或者犯罪人与被害方不属于同一国家，或者犯罪地与犯罪人所在地不属于同一国度，因此，不论哪一个国家对之进行追诉，都需要取得其他有关国家的支持、帮助和协作，方能及时获取定罪和量刑所需的全部证据。了解案件的全部事实，有效地控制犯罪人，确保其能到庭受审，从而保障审判的顺利进行和判决的切实执行。离开了有关当事国的合作，任何一个国家的刑事司法系统都很难顺利地进行追诉国际犯罪的活动。在当下的国际环境下，任何国家的刑事司法机构都无权超越国家主权的管辖范围，在他国领土上自由地进行追诉犯罪活动。这种国度的界限，使每个国家在行使自己的刑事管辖权时，不得不寻求其他有关国家的协作与配合。因此，在国际社会为同国际犯罪作斗争而缔结的公约中，几乎都毫无例外地规定了各国在追诉国际犯罪时应当彼此合作，从而使国际刑事合作成为缔约国一项应尽的义务。

《联合国打击跨国有组织犯罪公约》对于刑事司法合作作出了系统规定，除了第 15 条“管辖权”、第 16 条“引渡”、第 17 条“被判刑人员的移交”、第 18 条“司法协助”、第 19 条“联合调查”、第 21 条“刑事诉讼的移交”、第 27 条“执法合作”等条款均就各国相关司法、执法机关如何协同打击有组织犯罪作出规定。此外，第 28 条“收集、交流和分析”、第 29 条“培训和技术援助”等条款也属广义的合作范畴。

就此，不少学者基于该公约的规定，就我国如何加强打击有组织犯罪刑事司法合作予以探讨，具体围绕两个层面展开：第一，国内层面。有学者提出，应加强国内侦查等机构的相互合作，这是因为有组织犯罪大多具备职业性的倾向，对这种犯罪的侦破工作比较困难，因此，应建立多种情报系统、建立反有组织犯罪联盟、建立全国数据处理中心等方法。② 另有学者提出，应就打击有组织犯罪建立健全专门的

① 关于专门程序规则的探讨详见本书第六章第二节、第十章第二节的内容。

② 参见付其运：《行政法治视角下有组织犯罪防治研究》，载《河北法学》2013 年第 9 期。

组织机构，并加强队伍建设，加强专业人员的培训；[①]同时，在该队伍中设立专门机构和人员进行境外司法协作，定期开展交流与对话。[②] 第二，国际层面。有学者提出，应加强与其他国家之间的司法协助，在引渡、调查取证、移转管辖、文书送达、财产扣押、判决裁定的承认与执行等方面达成合作，协调我国与其他国家法律、司法制度的差异与冲突，制定相关国际司法协助条款。[③] 也有学者提出，应加强交流反有组织犯罪经验与情报，密切关注国际有组织犯罪的新动向；[④]强化与国外、境外警察机构建立信息、人员交流渠道。[⑤] 还有学者提出，应建立专门的打击黑社会国际联络机构，进行国际区域间的联络协调和研究；[⑥]甚或努力实现在我国与其他地区和国家之间建立一套完整的防控、打击黑社会性质犯罪的刑事司法协作网络的目标。[⑦]

总体来看，借鉴和落实《联合国打击跨国有组织犯罪公约》关于刑事司法合作机制，既需要从国内层面着眼，也需要从国际层面着力，二者缺一不可。在相关实践过程中一方面需要注重机制的全面性，即既包括侦查、引渡、移管、审判、执行等诉讼层面的机制，也包括非诉讼层面的机制；另一方面也需要注重机制的协调性，即不仅应注重各项举措本身的实效，还应注意国内层面与国际层面的协调。

此外，现有研究仅关注我国内地（大陆）如何与其他国家和地区开展刑事司法合作，未涉及港澳台地区，存在疏漏。本书认为，也应区别考虑港澳台地区的情况，推动开展刑事司法合作，防止为有组织犯罪生存留下空间。

第一，港澳地区的刑事司法合作。由于港澳地区在这一领域具有一定的趋同性，澳门特别行政区的实践较为充分，因此，以澳门特别行政区为例进行分析。[⑧]

---

① 参见王楠高：《有组织犯罪的实践与思考》，载《甘肃政法学院学报》2001 年第 1 期。

② 参见于天敏等：《黑社会性质组织犯罪理论与实务问题研究》，中国检察出版社 2010 年版，第 245 页。

③ 参见蔡军：《我国惩治有组织犯罪的刑事司法问题及其机制调适——基于有组织犯罪企业化发展趋势的思考》，载《河南大学学报（社会科学版）》2021 年第 6 期。

④ 参见冯殿美、曲振涛：《有组织犯罪的成因及其对策分析》，载《法学论坛》2003 年第 3 期。

⑤ 参见贾宇：《有组织犯罪之对策研究》，载《法律科学（西北政法学院学报）》2003 年第 5 期。

⑥ 参见于天敏等：《黑社会性质组织犯罪理论与实务问题研究》，中国检察出版社 2010 年版，第 307 页。

⑦ 参见林黄鹂：《有组织犯罪的特征、认定及防控》，载《河南省政法管理干部学院学报》2004 年第 4 期。

⑧ 参见莫洪宪主编：《澳门有组织犯罪研究》，武汉大学出版社 2005 年版，第 231－243 页。

根据澳门特别行政区基本法的规定,1999 年后,澳门法域不仅可同内地法域进行区际刑事司法协助,而且也可通过中央的协助和授权,同其他国家进行国际刑事司法协助。为此,在澳门回归过渡期,中葡双方已就澳门与外国之间的刑事司法协助问题进行了磋商。比如,1997 年和 1998 年,中葡双方已就《澳门与外国移交逃犯协议(范本)》和《澳门与外国转移已决犯协议(范本)》进行了多轮磋商。此两个范本成为澳门特别行政区同其他国家签署这方面协议的蓝本。澳门特别行政区行政法务司原司长陈丽敏于 2000 年 1 月 17 日与葡萄牙司法部部长签署了《中华人民共和国澳门特别行政区与葡萄牙共和国司法及法律协助协定》。根据这份协定,澳门与葡萄牙今后将在包括刑事、民事司法文书的送达、刑事侦查及取证、协助缉捕及移交犯罪嫌疑人及调查取证等 14 个方面展开合作。经中国中央政府授权批准签订的这份协定还承诺,今后澳门与葡萄牙的司法协助范围可以扩展到其他领域。

此外,澳门还具备开展刑事司法合作的特殊条件。澳门国际刑警分署于 1989 年 10 月开始运作,回归前,隶属于葡萄牙里斯本国家中心局;回归后,根据基本法的有关规定,对中华人民共和国已参加而澳门也以某种形式参加的国际组织,中央人民政府将根据情况和澳门特别行政区的需要采取措施,使澳门特别行政区以适当形式继续保存在这些组织中的地位。根据中葡两国政府已达成的协议,1999 年 12 月 20 日,澳门国际刑警分署的法律地位已由葡萄牙里斯本国家中心局澳门支局更改为中国国家中心局澳门支局。

未来澳门反有组织犯罪国际刑事司法合作可围绕以下方面加以完善:一是完善地区出入境管理的制度法规,打击黑社会犯罪的国际“通道”。二是加强技术合作、信息交流。三是加强反黑经验交流,合作培训反黑专门人才。

第二,台湾地区的刑事司法合作。目前台湾地区虽制定“引渡法”及相关法令以作为引渡程序的依据,但由于现实环境的原因,正式引渡大多无法扩展,而大多以非正式渠道达到缉解罪犯目的。至于新型态的国际刑事司法互助,在台湾地区法治上尚无规定。

因此,为有效抗制组织犯罪,强化及充分了解国际刑事司法互助,则成为今后努力的方向。其重点可作如下考虑:(1)修正“引渡法”相关规定,纳入新型态的国际刑事司法互助,以适应将来缔结国际刑事司法互助条约的需要。(2)缔结刑事司法互助相关文件,如此可避免通过非正式渠道抗制国际犯罪,以确保执行效果。

(3)平时多与外国刑事司法界从事情报的交流,随时与外国刑事司法机关保持密切联系。(4)充实对相关国家法令及法制的研究,以利于国际刑事司法互助的进行。(5)组织犯罪之资金主要来源于从事毒品及武器走私,因而,充分掌握、监视、了解有关外国组织犯罪的活动状况,对于防止毒品及武器走私相当重要。①

① 参见莫洪宪、李成:《台湾地区组织犯罪的发展轨迹与防治对策》,载《厦门大学法律评论》2005年第1期。

第九章　网络时代的有组织犯罪

第一节　有组织犯罪的网络化与刑事对策[①]

随着网络社会的发展，网络犯罪行为已经超越单独犯、数人共犯的形态，不断向有组织犯罪的形式演变，网络黑恶势力犯罪[②]日益成为典型化的犯罪类型。网络黑恶势力犯罪兼具网络犯罪与黑恶势力犯罪的双重性质，使其具有独特的组织形式、行为方式，如何确立有针对性的刑事规制体系日益为司法实践所关注。2019 年 10 月，最高人民法院、最高人民检察院、公安部、司法部颁布了《关于办理利用信息网络实施黑恶势力犯罪刑事案件若干问题的意见》，旨在依法严厉惩处利用信息网络实施的黑恶势力犯罪。这客观说明网络黑恶势力犯罪极具特点和重要性，已经难以完全套用传统有组织犯罪治理机制，必须针对其特点进行深入分析，并确立专门的刑事对策。

一、有组织犯罪的网络化

"网络"对于有组织犯罪而言并非陌生概念。社会和中介

---

① 相关内容参见莫洪宪：《网络有组织犯罪结构的嬗变与刑法转向——基于网络黑恶势力犯罪的视角》，载《中国刑事法杂志》2020 年第 4 期。

② 由于涉及"有组织性"等分析，为避免行文冲突，本节使用"网络黑恶势力犯罪"的表述，指代网络有组织犯罪。

组织[1]是以产生支持网络的方式存在,某种意义上,"组织"就是一种犯罪网络。如有学者指出,有组织犯罪(尤其是跨国有组织犯罪)学者们越来越趋向一个共识,即一般来说,这些犯罪体系,与其说是"组织",其实更像是"网络"。[2] 在刑事司法领域所使用的"网络"(networks)一词通常是指犯罪组织。如恐怖袭击、毒品交易、走私、黑社会等犯罪行为在很大程度上是由多个相互联系的个体共同实施,此类犯罪在犯罪学中将其定义为有组织犯罪。犯罪人在实施犯罪过程中会形成自己拥有的企业,并进行商业化运作,其中不同的犯罪人或团伙分担不同的任务,这些相互关联的犯罪人构成了一个犯罪网络。[3] 实践中,毒品犯罪、恐怖主义犯罪的组织网络也越发庞大,市场的网络化更是对于毒品犯罪具有至关重要的意义。[4] 再如,跨国犯罪集团为了确保获得最佳效率和最大限度地减少风险,建立了流动性网络和相互配合的功能机制,这种机制无疑有利于跨国犯罪活动的有效性、规模性,使其俨然如同大型公司。[5] 此外,还有学者描述了有组织犯罪网络(之间)交叉的现象,其依照有组织犯罪结构形式的结合程度,划分为松散型有组织犯罪、紧密型有组织犯罪和网络型有组织犯罪。其中,网络型有组织犯罪是指由多个犯罪集团或者犯罪团伙相互交织在一起所从事的各种有组织的犯罪活动。[6] 国际组织层面也不吝基于网络的视角理解有组织犯罪,比如,1994 年跨国有组织犯罪问题世界部长级会议背景文件 E/CONF. 88/2——《跨国有组织犯罪造成的问题和危险》在涉及犯罪组织的规模、结构和内聚力的问题时指出:在看待犯罪集团的特性时,与其将其简单地划分为小组织和大组织或正规结构和非正规结构网络,不如将其理解为是从小到大、从不定型的网络组织到官僚结构的连续统一体。[7]

随着信息科技的发展,互联网全面介入社会生活。网络犯罪作为伴随网络的

---

① See Corinna Elsenbroich, David Anzola & Nigel Gilbert, eds., *Social Dimensions of Organised Crime: Modelling the Dynamics of Extortion Rackets*, Springer, 2016, p. 244.

② 参见[美]克劳斯·冯·兰佩:《跨国有组织犯罪研究的最新趋势》,林少伟译,载《犯罪研究》2013 年第 3 期。

③ 参见马方:《犯罪网络分析:社会网络分析在有组织犯罪研究中的应用》,载《西南政法大学学报》2012 年第 2 期。

④ 参见[英]麦克·马圭尔、[英]罗德·摩根、[英]罗伯特·赖纳:《牛津犯罪学指南》,刘仁文、李瑞生译,中国人民公安大学出版社 2012 年版,第 605－609 页。

⑤ 参见莫洪宪主编:《犯罪学概论》,中国检察出版社 1999 年版,第 98 页。

⑥ 参见康树华主编:《当代有组织犯罪与防治对策》,中国方正出版社 1998 年版,第 175 页。

⑦ 参见莫洪宪:《全球化视角下控制跨国有组织犯罪的对策》,载《法学论坛》2004 年第 5 期。

出现而产生的新型犯罪在不断进化和发展，网络犯罪也开始从单一的个体犯罪向有组织犯罪转变，特别是在互联网交互式发展的背景下，网络有组织犯罪迅速发展及其影响扩大。① 网络空间（犯罪组织）是对有组织犯罪组织的现有变体的补充，而不是替代。在实际组织层面，网络犯罪集团的管理和组织结构趋于复杂。② 不仅如此，犯罪服务行业与犯罪匿名化特征助推了网络有组织犯罪。③ 有组织的网络犯罪分子与许多其他在线犯罪团体一样，具有适应性，并寻求在利润最大化（犯罪收益）与运营风险最小化（包括逮捕和起诉）之间取得平衡。④

相关研究表明，网络有组织犯罪已经成为“全球范围”的犯罪形式。⑤ 网络相关的传统有组织犯罪的类型涉及网络毒品犯罪、网络色情、网络侵犯知识产权、网络贩卖假药、网络贩卖武器、网络恐怖主义、网络生产和贩卖假币、网络洗钱、网络处理偷盗物品和网络贩卖假发票（等）。⑥ 欧洲刑警组织（Europol）更是广泛描述了有组织犯罪向计算机犯罪和其他网络犯罪全面渗透的态势，在其发布的《网络有组织犯罪威胁评价（2021）》[Internet Organised Crime threat Assessment（2021）]中，DDoS 攻击、勒索软件、在线儿童性剥削、支付欺诈、暗网的刑事滥用等网络犯罪均为网络有组织犯罪的重要类型。⑦

有学者将网络有组织犯罪的新发展归纳为：（1）网络犯罪服务市场的规模化；（2）网络有组织犯罪工具之恶意软件的开发与传播；（3）社交网络的兴起助推网络社交犯罪；（4）网络入侵与数据犯罪。⑧ 国际组织层面也已充分注意到这一现实，《联合国打击跨国有组织犯罪公约》缔约方会议将网络犯罪、与身份有关的犯罪、

---

① 参见马微：《理念转向与规范调整：网络有组织犯罪之数据犯罪的刑法规制路径》，载《学术探索》2016 年第 11 期。

② See G. Stevenson Smith, *Management Models for International cybercrime*, Journal of Financial Crime, Vol. 22:1, p. 113(2015).

③ 参见王云才：《网络有组织犯罪威胁评估——欧洲网络犯罪中心报告解读与启示》，载《中国人民公安大学学报（社会科学版）》2015 年第 1 期。

④ See Roberto Musotto & David S. Wall, *More Amazon than Mafia: Analysing a DDoS Stresser Service as Organised Cybercrime*, Trends in Organized Crime, Vol. 25:2, p. 188(2022).

⑤ UNDOC, Digest Of Cyber Organized Crime, p. 2, https://www.unodc.org/documents/organized-crime/tools_and_publications/21-05344_eBook_rev.pdf.

⑥ 栗向霞：《论有组织犯罪的信息化和网络犯罪的有组织化》，载《河南社会科学》2016 年第 11 期。

⑦ Europol, Internet Organised Crime threat Assessment (2021), https://www.europol.europa.eu/cms/sites/default/files/documents/internet_organised_crime_threat_assessment_iocta_2021.pdf.

⑧ 参见马微：《理念转向与规范调整：网络有组织犯罪之数据犯罪的刑法规制路径》，载《学术探索》2016 年第 11 期。

文化财产贩运、环境犯罪、海盗行为、器官贩运和欺诈性药物确定为新的和正在出现的令人关切的犯罪。这些新的犯罪类型的出现需要执法部门作出反应,以相应地调整其努力和能力。

网络有组织犯罪已具备了独立的体系,根据有关统计,网络有组织犯罪分为两类:第一类通常集中于或针对数字领域,可以进一步分为"蜂拥式"(以网上为中心、分离结构)以及"中心式"(以离线为中心、关联结构);第二类则倾向在线上线下环境转换活动,是组合和延伸的混合犯罪,可能具有混淆和多重链接的结构。如图1所示。

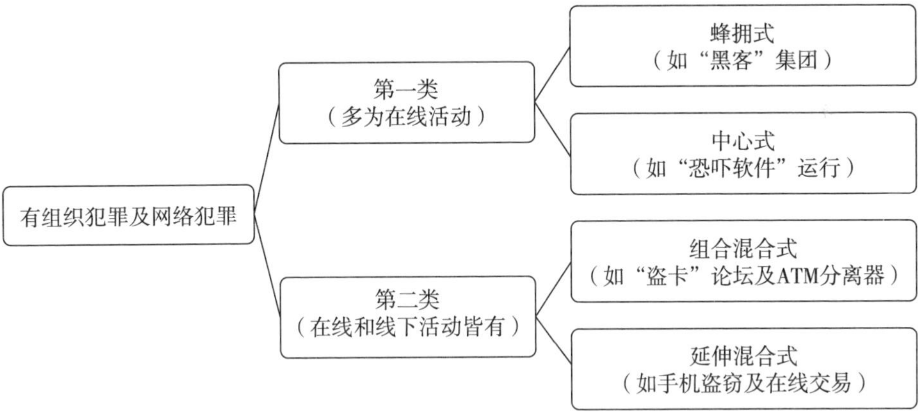

图1 网络有组织犯罪的架构①

网络有组织犯罪日益成为有组织犯罪的重要形式,严重危害了公共和个人法益。就我国而言,在目前已经纳入有组织犯罪重点打击类型的犯罪中,有两类网络有组织犯罪较为典型:第一,网络"水军"犯罪行为。网络"水军"犯罪行为具有不同于传统有组织犯罪的组织形式,出现了难以被评价为犯罪行为甚至违法行为的参与人,由此引发了网络有组织犯罪的评价难题。② 然而,一方面,网络有组织犯罪的组织性显而易见;另一方面,其参与成员又可能难以被评价为犯罪,该类犯罪

---

① UNDOC:《网络犯罪综合研究(草案)》,https://www. unodc. org/documents/organized – crime/cybercrime/Cybercrime_Study_Chinese. pdf,第53 – 54页。

② 比如,网络"水军"组织中,既有沿用传统的血缘、地缘联系建立的"家族式的网络删帖团伙",也有以雇佣形式建立的网络组织结构。对于这些网络"水军"而言,其显然参与到非法经营、诽谤等有组织的犯罪行为中,但是,其行为显然难以被评价为犯罪,甚至由于行为轻微难以被评价为违法(如果仅是按前述微薄报酬实施数次发帖行为)。

的整体评价与行为人的个体评价出现矛盾,导致了理论和实践中的难题——如果不按照有组织犯罪评价显然会有宽纵之嫌,如果按照有组织犯罪对于不少参与人又可能导致过重的处罚。第二,网络"套路贷"犯罪行为。在网络"套路贷"犯罪行为中,有组织犯罪的行为更是向诈骗罪等传统犯罪领域延伸。这些网络"套路贷"犯罪行为都是通过信息网络的方式实施有组织的行为,而非限于线下的联络和协作。

在韩国引起轩然大波的"N号房"案件①更是揭露了一种"无组织的有组织犯罪"形态。"N号房"的组织形式并不是由金字塔式层层传递的命令模式,而是一种分散式的"共享"模式,并无居中指挥领导的人员。② 即便是始作俑者与运营者之间的模式也更像是一种"连锁"的形式,而非团伙的形式。基于此,随着网络有组织犯罪的发展,其结构嬗变已经不仅仅具有限定意义,而是对于各种有组织犯罪产生了深远的影响,对其研究的意义和紧迫性日趋凸显,从而为理论和实践提供指引。

二、网络黑恶势力犯罪有组织性的二重维度

有学者将网络有组织犯罪界定为三个以上的个体在严密的犯罪组织架构体系下,基于经济性的利益攫取、特定的宗教目的或是政治性的利益为目的,以暴力、非暴力、诈骗或威吓等方式对一国的社会安全秩序或国际性的社会安全造成严重危害的犯罪行为。③ 上述概念在描述层面并无不当,但是,未突出网络有组织犯罪的"有组织性",也未指明其"有组织性"的特殊之处。网络有组织犯罪同时具备有组织犯罪和网络犯罪的双重特征。④ 因此,需要结合互联网的一些特质分析其有组织性。

网络黑恶势力犯罪有组织性的变化与网络社会的结构密不可分。根据中国互

---

① 该案中,"N号房"运营者们组建了"全国 Telegram Named 房"。犯罪者通过社交平台 Telegram 建立多个秘密聊天房间,将被威胁的女性(包括未成年人)作为性奴役的对象,并在房间内共享非法拍摄的性视频和照片。

② 运营人员仅是有组织性地谋划、共享逃避调查的方法和被检举时的注意事项等,如应对检举的具体行动要领,撰写为了应对警方调查需要了解"心理侧写",以及为会员们制作"安全守则指南"等。

③ 参见马微:《理念转向与规范调整:网络有组织犯罪之数据犯罪的刑法规制路径》,载《学术探索》2016年第11期。

④ 参见栗向霞:《论有组织犯罪的信息化和网络犯罪的有组织化》,载《河南社会科学》2016年第11期。

联网络信息中心（CNNIC）2022 年 2 月发布的第 49 次《中国互联网络发展状况统计报告》，截至 2021 年 12 月，我国网民规模达 10.32 亿，较 2020 年 12 月增长 4296 万，互联网普及率达 73.0%，较 2020 年 12 月提升 2.6 个百分点。[①] 在互联网普及率、网民数量飞速增长的背后，是互联网再构整个社会的历史进程。

随着社会网络化的深入发展，网络社会的崛起已经成为难以回避的现实命题。美国社会学家曼纽尔·卡斯特尔（Manuel Castells）的《网络社会的崛起》（*The Rise of the Network Society*）一书使"网络社会"成为一个世界性的概念。卡斯特尔认为，在这一特定社会形态中，权力的流动优越于流动的权力。网络中的在场或缺场以及每个网络与其他网络相互对应的动态关系，成为社会中具有控制和改变作用的关键资源。因此，这个社会我们可以恰当地称之为"网络社会"（network society），其特征是社会形态相比于社会行动（social action）具有优越性。[②]"网络社会"概念往往在两个层面上使用。一个层面是描述现实社会结构，即描述相互联系的社会状态，其经典表述是"network society"（网络化社会）；另一个层面是描述互联网领域的社会状态，其经典表述是"cyber society"（互联网社会）。[③] 卡斯特尔所使用的"网络社会"概念并未限于互联网社会，而是描述整体的社会网络形态。但其实网络化社会与互联网社会并非完全对立的概念，互联网社会的核心社会结构即是网络化，在社会意义上具有结构性的同源。

网络通过符号互动形成社会态势，通过社会化过程中人们的自我存在和社会性存在构成社会。网络社会具有以下特性：跨时空互动性、去中心化、信息共享、沟通中的过滤性、兼容性与张扬个性、记录（可再现）性、开放性和自由性。[④] 其中，跨时空互动性、去中心化、开放性和自由性均对网络黑恶势力犯罪产生了深远的影响。

（一）网络黑恶势力犯罪有组织性的部分消解

在网络社会的冲击下，网络黑恶势力犯罪日益具有网络犯罪的结构与样态，使

---

① 中国互联网络信息中心：第 49 次《中国互联网络发展状况统计报告》，http://www.cnnic.net.cn/hlwfzyj/hlwxzbg/hlwtjbg/202202/P020220407403488048001.pdf。

② See Manuel Castells, *The Rise of the Network Society*, Blackwell Publishing, 2010, p. 500.

③ 参见郑中玉、何明升：《"网络社会"的概念辨析》，载《社会学研究》2004 年第 1 期。

④ 参见郭玉锦、王欢编著：《网络社会学》，中国人民大学出版社 2017 年版，第 4－11 页。

得传统的黑恶势力犯罪的部分特征在网络黑恶势力犯罪中面临部分消解的状况。《刑法》第294条所规定的黑社会性质组织的组织特征、经济特征、行为特征和危害性特征中,在网络社会的再构下,其组织特征和行为特征均走向部分消解。

第一,组织特征的本体消解:黑恶势力犯罪组织的扁平化。传统观念中的有组织犯罪往往等级森严、上命下从,具有严格帮规和相当封建色彩的"金字塔型"或"科层结构型"结构。① 传统的有组织犯罪虽然具有"网络"的形式,但是,其关系不平等的过程和结构并没有太大的不同。② 这里的网络系指"犯罪网络",认为"犯罪网络"包括四种类型:(1)多极网络,即在一个多极网络之下,许多罪犯的中心点或节点可以共存。(2)"蜘蛛网",即在一个蜘蛛网式的结构下,一个霸主占据了这个网络的中心以及其他实力较小的参与者被允许在他们之间进行互动。(3)生产分配链,即通过形成一个链状结构,通过生产、供应和需求线,罪犯们被联系起来。这样一个链的基本动力是来自生产者(如药物)或市场供应者(如蛇头)。(4)轮毂-辐条结构,在轮毂辐条结构中,一个主要的犯罪企业家在左右方向上协调非法交易和众多的参与者,以及使他们相互远离对方。③ 可以看出,在以上有组织犯罪网络中,依然有"中心"的存在。

网络有组织犯罪则与去中心化的特质密切相关。去中心化作为互联网的一个典型特征,在网络公共领域范畴主要表现为两个方面:一个是行为主体的自我去中心化,另一个是原有社会建构的去中心化,从而提供了主体重构的条件和社会建构的新条件。④ 去中心化带来了社会组织结构的扁平化,即社会组织形式在纵向结构的减少甚至同一,或者即便原有的层级依然保持但是在层级之间形成了跨越式的若干垂直管道,从而形成了刚性的层级与柔性跨层级结构的混合。⑤

目前已有学者注意到网络犯罪中传统的犯罪组织形式正在消解。在犯罪参与体系中,由于网络社会的去中心性(扁平化),犯罪行为产生相应的变化,参与主体

---

① 参见赵军:《有组织犯罪中的胁迫研究——对一个"黑帮"成长历程的入圈考察》,载《河南大学学报(社会科学版)》2012年第3期。

② See Chris M. Smith, *Exogenous Shocks*, *the Criminal Elite*, *and Increasing Gender Inequality in Chicago Organized Crime*, American Sociological Review, Vol. 85:5, p. 920(2020).

③ 参见[美]夏明:《中国有组织犯罪的组织形态——以国家、市场与网络为视角》,邬琤、郑彬彬译,载《犯罪研究》2013年第4期。

④ 参见郭玉锦、王欢:《网络公共领域建构研究》,北京邮电大学出版社2015年版,第116页。

⑤ 参见何哲:《网络社会时代的挑战、适应与治理转型》,国家行政学院出版社2016年版,第127页。

的行为并非为了同一犯罪目的而分别加功，支配隶属关系消解，其是为了各自的目的而分工合作，不存在对于产业链存在整体支配地位的“正犯行为”，或者说各主体的行为均系正犯行为。[①] 也有学者用“犯罪协作”来概括网络犯罪中产业化的有组织化犯罪方式，即多个行为人基于产业化合作方式，而非共同犯罪的方式。[②] 基于此，网络犯罪的组织形式正由传统的金字塔式的阶层结构转向链式的扁平结构。在网络犯罪的有组织化过程中，有组织犯罪的组织结构也不可避免走向扁平化。对此有学者指出：“有组织犯罪从诞生之初到当下的网络有组织犯罪，经历了一个从有组织犯罪到跨国有组织犯罪，再到网络有组织犯罪和跨国网络有组织犯罪并行发展的演变历程。其组织结构也从具备严格等级制度的传统金字塔形和辐辏形，演变到网络空间里的网状形、聚合射线形和链条形的结构类型。”[③]

在此背景下，网络黑恶势力犯罪组织具有鲜明的扁平化特征。网络有组织犯罪（Organised Cyber – Crime）无法与传统的“黑手党式”（有组织犯罪）的指挥和控制类比。[④] 其基本特征表现为：组织体内只有少数核心人物始终保持相对稳定，核心成员之间无明显的层级关系，往往通过共同协商或合谋方式策划或指挥实施违法犯罪，而对实施层面的外围人员通常采用临时雇佣方式，使其变动不居，不与核心成员之间形成有机联系。[⑤] 实践中，网络有组织犯罪的组织结构在形式上松散化、分割化：组织层级逐渐去中心化，上下游层级之间的领导关系逐渐模糊；物理性的组织活动空间逐渐淡化甚至消失；组织成员缺乏稳定性，且彼此之间的联系大幅减少；犯罪所得为不同犯罪节点的犯罪人所分割。[⑥]

这种扁平化深刻地影响了网络黑恶势力犯罪。比如，网络“水军”犯罪，其组织方式不再是传统有组织犯罪的隶属、支配关系，而是转为雇佣、交易关系，其组织形式正在从不平等转向“平等”。比如，在网络“水军”犯罪行为中，其组织者并不能够直接“发号施令”掌控被组织者的全部行动，犯罪组织成员对于组织者的人身

---

① 参见王肃之：《网络犯罪原理》，人民法院出版社 2019 年版，第 376 页。

② 参见时延安：《网络规制与犯罪治理》，载《中国刑事法杂志》2017 年第 6 期。

③ 栗向霞：《论有组织犯罪的信息化和网络犯罪的有组织化》，载《河南社会科学》2016 年第 11 期。

④ See Stefano Caneppele & Francesco Calderoni, eds., *Organized Crime, Corruption and Crime Prevention: Essays in Honor of Ernesto U. Savona*, Springer, 2014, p. 230.

⑤ 参见张远煌、林德核：《试析有组织犯罪的演变特征及存在形态》，载《法学杂志》2012 年第 3 期。

⑥ 参见于冲：《有组织犯罪的网络“分割化”及其刑法评价思路转换》，载《政治与法律》2020 年第 12 期。

依附性减弱，只是基于非法获利的目的形成犯罪组织关系。除了“家族式的网络删帖团伙”，网络“水军”组织往往都采取横向的组织结构，而非纵向的组织结构，其组织者更多地扮演召集人而非“话事人”的角色。

第二，组织特征的参与主体消解：网络犯罪组织成员的非确定化。互联网是一个开放的网络，互联网的标志不仅在于使用了路由器，并且能够通过 TCP/IP 接入互联网，而且只有开放的网络才是互联的。[①] 对于互联网而言，任何一个主体只要通过网线接入即可参与网络事务，既不需要特定的身份，也不需要另外的资质要求，网民在互联网上的行为相比于现实空间具有更广泛的自由度。

对网络黑恶势力犯罪而言也是如此，在开放性、自由性的影响下，网络黑恶势力犯罪组织的成员日益呈现出非确定化的特点，甚至处于人员不断流动的状态中。对此有学者指出，网络空间的无限巨大决定了通过该平台组织的成员不再是传统的亲属、老乡、同学等在血缘、地域、行业或人际关系方面存在紧密联系的人，而很可能是彼此之间基本不熟悉甚至在一起实施具体违法犯罪行为之前都没有见过的陌生人。[②] 在扁平结构下，只有犯罪组织的少数核心成员比较固定，并且，核心成员之间的层级关系并不明显，彼此之间多采用协商或协作的方式组织和指挥各种不法活动，充当打手或具体实施不法行为的外围人员则不固定。[③] 参与人完全可以按照自己的意愿参加或者退出，可以选择参与部分或者全部的行为，甚至于其脱离犯罪组织只需要不再登录账号即可完成，无论是政法机关还是犯罪组织都难以寻找其踪迹。由此，网络犯罪组织虽然相对确定，但是其人员却难免处于变动的状态。

如前文所述的网络“水军”犯罪行为，除了组织者和部分积极参加者可能有迹可循外，其他的参加者分散在广大的网民之中，既难以捕捉，也难以进行刑事评价。[④] 就其身份，其不必和组织者有其他的瓜葛，完全可以将参与网络“水军”作为“兼职”或“副业”，更非传统意义上的犯罪组织成员。

由此带来了对于网络黑恶势力犯罪参与人员评价的难题，其一方面参与了网

---

① 参见郭玉锦、王欢编著：《网络社会学》，中国人民大学出版社 2017 年版，第 10 页。

② 参见龚培华、秦新承：《网络时代黑社会性质组织犯罪的惩治与防范》，载《犯罪研究》2010 年第 1 期。

③ 参见张远煌：《中国有组织犯罪的发展现状及立法完善对策》，载《法治研究》2012 年第 2 期。

④ 对于一般的网络“水军”而言，其只要注册账号完成发帖或回帖的任务，即可获取相应的报酬，对于组织者本人或者其犯罪目的是否达成在所不问。

络有组织犯罪,属于事实上的参加者,显然应该在进行法律处罚时和网络犯罪组织相关联;但是,另一方面,其本身又非传统意义上有组织犯罪的成员,在其与网络犯罪组织的联系判断上存在障碍。而这种流动性又反过来影响了网络犯罪组织的判断——如果其核心人员只有几人甚至一人,但是,进行了有组织的网络犯罪行为,是否应当作为有组织犯罪认定和处理。

第三,行为特征的客观层面消解:网络黑恶势力犯罪行为的碎片化。网络犯罪与有组织犯罪的交融同样影响了网络有组织犯罪行为的形式与方式。跨时空互动性对于网络犯罪的影响与网络社会的空间结构有关。网络社会在空间形态上具有流动空间的特点,即通过分时共享(time - sharing)①完成社会实践。② 因此,网络空间是由基于时间共享构建起来的多个分离但联系的子空间所建立,其本身并不是集中、实体的空间。网络空间和物理空间在时间要素上相同,在空间要素上相异。物理空间具有时空统一性,时间要素与空间要素是特定存在的,流动空间虽然时间是特定的,但是空间是不特定的。③

鉴于此,由于时空要素的交错,使网络犯罪的跨时空互动成为可能,并且其影响从计算机犯罪延伸至各类网络犯罪。如有学者在评价跨现实空间的网络聚众行为时指出:“尽管网络用户分布在不同的物理空间,但作为其‘手臂’的数据信息已经聚于一处或者其功能已经指向一处,如果符合聚众犯罪的其他条件,那么,物理地点的差异性不应该影响行为的性质,亦即此时的多个网络行为发生地应该被解释为同一空间、同一地点。”④

而且,跨时空互动性也推动了网络犯罪行为的碎片化,其打破了传统的空间要素,使犯罪行为的分解与聚合成为可能,改变了网络犯罪行为的建构方式。传统意义上,犯罪行为表现为一个行为、一个(或数个)动作,比如,故意杀人行为,持刀捅刺被评价为一个行为,至多包括购买、销毁刀具等。而网络犯罪的行为往往表现为一个行为、无数动作,比如,网络诈骗行为,行为人同时向成千上万个主体发送诈骗信息,显然应当被评价为一个行为,但是却是涉及无数个动作(操作)。由此,网络

① 分时共享是利用多重程序(multiprogramming)与多任务处理(multitasking)等技术,使多个用户在同时间内分享相同的信息网络资源。

② See Manuel Castells, *The Rise of the Network Society*, Blackwell Publishing, 2010, p. 442.

③ 参见王肃之:《网络犯罪原理》,人民法院出版社 2019 年版,第 99 页。

④ 米铁男:《网络犯罪的形式评价问题研究》,载《东方法学》2017 年第 5 期。

犯罪的行为模态判断由单一节点的独立判断转向多个节点的综合判断。

这种犯罪行为的碎片化不可避免地影响网络黑恶势力犯罪。像黑社会性质组织犯罪,其行为通常“以暴力、威胁或者其他手段”实施,即便是行为方式可以从“暴力”延伸至“威胁”,但是对于特定主体法益侵害与威胁的要求始终未改。其实,早先的黑恶势力犯罪行为也具有一定的信息性,如“通过静坐示威、电话滋扰等形式”。[①] 网络黑恶势力犯罪的实施方式发生了根本性的变革,转向多次实施较轻微的行为。[②] 比如,通过公开披露信息,进而威胁他人。[③] 再如,网络“水军”犯罪行为中,除了组织者的行为显而易见外,各个参与者的行为虽然有害但是极其轻微,甚至施以行政处罚都显得过重(如就是发帖、回帖若干次),但是,数以千计、万计的主体实施类似行为却导致了极其严重的危害后果。网络有组织犯罪整体行为评价和个体行为评价的矛盾日益凸显。

(二)网络黑恶势力犯罪有组织性的实质承继

在网络社会的冲击下,网络黑恶势力犯罪的有组织性有了前述部分消解,但是,其核心实质依然承继下来,其依然是有组织犯罪,而非一般的网络共同犯罪。

第一,网络黑恶势力犯罪的组织本体依然明显。随着黑恶势力犯罪的网络化,其犯罪结构也日益从金字塔式的阶层结构转向链式的扁平结构,但是,网络黑恶势力犯罪依然是整体、组织的形态存在,而非类似于一般的网络共同犯罪。比如,网络“水军”犯罪行为中,组织者和“水军”之间是没有传统意义上的垂直的人身依附关系,但是,经济依附关系依然存在。“水军”所实施的非法删帖、发帖行为并不是单独一个人或者几个人共同实施的,而是在组织者的组织下集中针对特定对象实施的,组织性依然是网络“水军”行为的核心实质。如果缺乏这一实质,即便集中的发帖行为也无法构成网络“水军”犯罪行为。

其实,黑恶势力犯罪组织的判断本就是综合分析完成的,传统的黑恶势力犯罪

---

① 参见莫洪宪:《黑社会性质组织认定相关问题探讨》,载《湖北社会科学》2011 年第 1 期。

② 实践中,行为人除了采取“敲诈勒索、恐吓威胁”等传统犯罪手段外,更是广泛实施了“频繁骚扰、电话‘轰炸’亲朋好友”等难以评价为“暴力、威胁”的行为方式,而“频繁”“轰炸”等描述更是说明了类似行为的海量性,其已经成为网络有组织犯罪行为的重要方式,给受害人造成了巨大的物质和精神损害。

③ See Peng Wang, Mei Su & Jingyi Wang, *Organized crime in cyberspace: How traditional organized criminal groups exploit the online peer - to - peer lending market in China*, British Journal of Criminology, Vol. 61:2, p. 320(2021).

组织的组织特征也不乏边缘地带,网络黑恶势力犯罪只不过在刑事上更为突出,但是实质未改。比如,关于纪律规约的要求,最高人民法院《全国部分法院审理黑社会性质组织犯罪案件工作座谈会纪要》即明确:“凡是为了增强实施违法犯罪活动的组织性、隐蔽性而制定或者自发形成,并用以明确组织内部人员管理、职责分工、行为规范、利益分配、行动准则等事项的成文或不成文的规定、约定,均可认定为黑社会性质组织的组织纪律、活动规约。”也即对于传统黑恶势力犯罪组织的纪律规约强调实质判断,而不是严格要求形式。而网络“水军”虽然不具有传统的纪律规约,但是也形成了若干“行业守则”。网民自行发帖即便人数再多、影响再大也显然难以具有类似情形。

第二,网络黑恶势力犯罪组织的人员参与依然具有相当程度的整体稳定性。网络黑恶势力犯罪即便存在相当程度的人员流动,依然未从根本上改变整体人员参与的稳定性。一方面,网络黑恶势力犯罪除了组织者同样不乏骨干成员的存在;另一方面,虽然网络黑恶势力犯罪的组织成员流动性更大,但是和传统黑恶势力犯罪相比至多有量上的不同,并无质上的区别。

即便是传统的黑恶势力犯罪也存在人员部分流动的情况。最高人民法院、最高人民检察院、公安部《办理黑社会性质组织犯罪案件座谈会纪要》明确指出:“一些黑社会性质组织为了增强隐蔽性,往往采取各种手段制造‘人员频繁更替、组织结构松散’的假象。因此,在办案时,要特别注意审查组织者、领导者,以及对组织运行、活动起着突出作用的积极参加者等骨干成员是否基本固定、联系是否紧密,不要被其组织形式的表象所左右。”回归网络黑恶势力犯罪,即便其人员具有流动性,但是势必要求保持一定的人员数量规模,否则便无法实施犯罪。比如网络“水军”犯罪行为中,如果“水军”的数量过少显然无法完成大量的发帖等行为,也难以产生广泛的社会影响;网络“套路贷”犯罪行为中,如果组织成员数量连实施“敲诈勒索、恐吓威胁”都紧张,更无法实施“频繁骚扰、电话‘轰炸’”等行为。

第三,网络黑恶势力犯罪有组织实施的行为依然是关联紧密的行为体系。即便是传统的黑恶势力犯罪也已将其行为体系扩展到违法活动,比如,《刑法》第294条使用的表述即为“有组织地多次进行违法犯罪活动”。《办理黑社会性质组织犯罪案件座谈会纪要》则进一步明确:“根据司法实践经验,《立法解释》中规定的‘其他手段’主要包括:以暴力、威胁为基础,在利用组织势力和影响已对他人形成心理强制或威慑的情况下,进行所谓的‘谈判’、‘协商’、‘调解’;滋扰、哄闹、聚众等其他干扰、破坏正常经济、社会生活秩序的非暴力手段。”也即,即便对于传统的黑恶势力犯罪也已经将其有组织实施的犯罪行为和违法行为作为完整体系进行评价。

网络黑恶势力犯罪有组织实施的行为虽然更体现了“碎片化”的特征,但是,各个“碎片”行为却是在勾勒完整的行为体系。比如,网络“水军”犯罪行为中,每一个具体的删帖、发帖行为可能危害性极其轻微,但是共同构成了危害巨大的“网络洪流”;网络“套路贷”犯罪行为中,单纯的“频繁骚扰、电话‘轰炸’”本与犯罪无缘,但是,如果是为了实现组织“敲诈勒索、恐吓威胁”的目的,则理应在网络黑恶势力犯罪的行为体系中评价。只不过相比于传统的黑恶势力犯罪而言,“违法行为”的边界更为前置,可能需要对众多“轻微违法行为”进行体系化的评价。因此,对于网络黑势力犯罪行为体系中的某一行为,如果只是按照单独或共同的网络犯罪进行评价也会存在疏漏。

综上,网络黑恶势力犯罪的评价面临双重难题:一方面,其在有组织性上有着不同于传统黑恶势力犯罪的诸多特征,难以完全按照既有规范进行妥当评价;另一方面,其又作为黑恶势力犯罪,有组织性的核心特质未改,简单作为网络共同犯罪进行处罚也存在不妥。由此,如何确立网络黑恶势力犯罪科学的评价规则成为立法与司法规范的重要命题。

三、网络黑恶势力犯罪立法与司法规范的发展

由于网络黑恶势力犯罪兼具网络犯罪与有组织犯罪的双重特征,[①]相关立法与司法规范发展也可以从网络犯罪与黑恶势力犯罪的视角展开,并关注其规范的融合趋势。

(一)网络黑恶势力犯罪立法与司法规范的脉络

现有网络黑恶势力犯罪的立法与司法规范经历了从间接规定到直接规定的发展过程,可以基于网络犯罪、黑恶势力犯罪、网络犯罪和黑恶势力犯罪融合的层面分别展开。

第一,网络犯罪层面的立法与司法规范。随着我国互联网的飞速发展,网络犯

① 参见栗向霞:《论有组织犯罪的信息化和网络犯罪的有组织化》,载《河南社会科学》2016年第11期。

罪也呈现愈演愈烈的态势，刑事立法必须进行有效的回应。迄今为止，我国网络犯罪刑事立法大体经历了三个阶段：第一阶段自 1997 年《刑法》出台始，以第 285 条、第 286 条针对计算机犯罪作出独立规定，第 287 条作出利用计算机实施有关犯罪的提示性规定。第二阶段自 2009 年《刑法修正案（七）》出台始，第 285 条增设了第 2 款、第 3 款，完善计算机犯罪的相关条款。第三阶段自 2015 年《刑法修正案（九）》出台始，在第 286 条之一增设拒不履行信息网络安全管理义务罪，第 287 条之一增设非法利用信息网络罪，第 287 条之二增设帮助信息网络犯罪活动罪。[①] 其中前两个阶段的立法均是针对计算机犯罪展开，第三阶段的立法则和黑恶势力犯罪密切相关。其后，最高人民法院、最高人民检察院《关于办理非法利用信息网络、帮助信息网络犯罪活动等刑事案件适用法律若干问题的解释》（法释〔2019〕15 号）围绕《刑法修正案（九）》新设的三个罪名作出具体规定，也体现了网络犯罪与有组织犯罪的密切关系。

比如，《刑法》第 287 条之一非法利用信息网络罪的设立即和网络黑恶势力犯罪有关。从该罪的行为类型看，其并非传统意义的具体实行行为，而是为了实施违法犯罪活动设立网站、通讯群组，以及发布信息的行为。有学者按照传统犯罪行为阶段的划分，将非法利用信息网络行为理解为预备行为，从而将非法利用信息网络罪的设立理解为“预备行为实行化”。但是，不仅《刑法》第 287 条之一本身规定非法利用信息网络系为实施“违法犯罪活动”而非犯罪行为，《关于办理非法利用信息网络、帮助信息网络犯罪活动等刑事案件适用法律若干问题的解释》第 7 条的规定，进一步否定了“预备行为实行化”的观点，该条规定：“《刑法》第二百八十七条之一规定的‘违法犯罪’，包括犯罪行为和属于刑法分则规定的行为类型但尚未构成犯罪的违法行为。”由于预备行为相比对应的实行行为法益侵害性更轻，如果某一预备行为被犯罪化，必然以对应的实行行为犯罪化为前提。比如，有的国家规定了杀人预备罪，但是杀人预备行为可以成为独立犯罪势必以杀人行为构成犯罪为前提，否则便丧失了处罚杀人预备行为的正当性。但是，按照《刑法》和《关于办理非法利用信息网络、帮助信息网络犯罪活动等刑事案件适用法律若干问题的解释》的规定，非法利用信息网络罪所对应的下游行为可以是违法行为，而非必然是

---

① 参见王肃之：《在行为与法益之间：我国网络犯罪立法路径的反思与超越》，载《澳门法学》2017 年第 3 期。

犯罪行为,显然与该观点的前提基础不符。

如果从有组织犯罪的视角则可以解释这一难题。作为非法利用信息网络罪的前奏,最高人民法院、最高人民检察院、公安部《关于办理电信网络诈骗等刑事案件适用法律若干问题的意见》(法发〔2016〕32号)曾作出较为少见的“未遂”处罚规定,其第2条第4项规定:“……诈骗数额难以查证,但具有下列情形之一的,应当认定为《刑法》第二百六十六条规定的‘其他严重情节’,以诈骗罪(未遂)定罪处罚:1.发送诈骗信息五千条以上的,或者拨打诈骗电话五百人次以上的;2.在互联网上发布诈骗信息,页面浏览量累计五千次以上的……”本书认为,这一规定的作出正是和网络犯罪的有组织化相关。从“发送诈骗信息五千条以上”“拨打诈骗电话五百人次以上”的规定看,这些行为的完成往往是需要犯罪组织介入的,无论是分工的配合上还是人力资源的调度上,以个人之力通常难以完成全部行为。而这类大量散播诈骗信息的行为在行为数量和结果程度上的矛盾,也可以在网络有组织犯罪的框架下得以阐释:一方面,该类行为可能未造成实际的后果,因此虽然行为数量众多,但是每个行为未产生具体的法益关联,按照个体犯罪的方式评价必然存在障碍;另一方面,该类行为往往由于具有组织性,其行为数量众多,威胁了公众的财产安全,可以基于组织犯罪的视角证成其刑事可罚性。因此,网络犯罪层面的立法与司法规范也并非和网络有组织犯罪无关,特别是并非和黑恶势力犯罪无关,在行为认定时应注重考虑行为的组织性因素。

第二,有组织犯罪层面的立法与司法规范。《刑法》第294条规定了组织、领导、参加黑社会性质组织罪,入境发展黑社会组织罪,包庇、纵容黑社会性质组织罪等罪名,这些罪名在网络领域同样适用。自2018年“扫黑除恶”专项斗争开展以来,除了之前发布的相关司法解释,最高人民法院、最高人民检察院、公安部、司法部等部门先后发布了《关于办理黑恶势力犯罪案件若干问题的指导意见》《关于办理恶势力刑事案件若干问题的意见》《关于办理实施“软暴力”的刑事案件若干问题的意见》《关于办理“套路贷”刑事案件若干问题的意见》《关于办理黑恶势力刑事案件中财产处置若干问题的意见》等司法规范,在网络黑恶势力犯罪的依法打击过程中同样适用。

直接体现网络黑恶势力犯罪特点的主要有以下三个司法规范的规定:其一,《关于办理黑恶势力犯罪案件若干问题的指导意见》第2条规定,各级人民法院、人民检察院、公安机关和司法行政机关应聚焦黑恶势力犯罪突出的重点地区、重点行业和重点领域,并将"组织或雇佣网络'水军'在网上威胁、恐吓、侮辱、诽谤、滋扰的黑恶势力"列入重点打击范围。根据该条规定,网络"水军"是黑恶势力的重点类型,从而肯定了将打击黑恶势力延伸至网络领域的司法态度。其二,《关于办理实施"软暴力"的刑事案件若干问题的意见》第2条第2款规定:"通过信息网络或者通讯工具实施,符合本意见第一条规定的违法犯罪手段,应当认定为'软暴力'。"而其第1条的规定为:"'软暴力'是指行为人为谋取不法利益或形成非法影响,对他人或者在有关场所进行滋扰、纠缠、哄闹、聚众造势等,足以使他人产生恐惧、恐慌进而形成心理强制,或者足以影响、限制人身自由、危及人身财产安全,影响正常生活、工作、生产、经营的违法犯罪手段。"由此,该意见明确了网络方式实施"软暴力"行为的情形,从而将碎片化的网络黑恶势力犯罪行为纳入刑事打击范围。其三,《关于办理"套路贷"刑事案件若干问题的意见》第3条第1项规定了"制造民间借贷假象"情形:"犯罪嫌疑人、被告人往往以'小额贷款公司''投资公司''咨询公司''担保公司''网络借贷平台'等名义对外宣传,以低息、无抵押、无担保、快速放款等为诱饵吸引被害人借款,继而以'保证金''行规'等虚假理由诱使被害人基于错误认识签订金额虚高的'借贷'协议或相关协议……"该条充分明确了网络"套路贷"犯罪的组织性,从而将其纳入黑恶势力犯罪的打击范畴。

2022年12月31日最高人民检察院发布了4个涉网络黑恶犯罪典型案例,其中"汤某甲等人组织、领导、参加黑社会性质组织案"①,针对的是制造民间借贷假象、制造虚假给付事实、故意制造违约、肆意认定违约、违约金及利息畸高、恶意垒高债务、软硬兼施"索债"等情况,综合认定具有非法占有目的;对有组织地实施网络"套路贷"犯罪活动,实施"软暴力"催收达到与"暴力"或"以暴力相威胁"等相当的程度,产生欺压、残害群众的效果,在网络空间和现实社会造成重大影响的,依

---

① 2017年9月起,被告人汤某甲先后邀约被告人汪某柏、邓某龙、汤某乙注册成立南昌赤之顿信息科技有限公司等6家公司,内设技术部、市场部、风控部、贷后部等部门,依托公司形式运作,利用信息网络,通过"任你花""100分"等7个App平台,采取现金贷或者虚假购物再回购形式,签订虚假合同,以扣除服务费、保证金、中介费名义恶意减少实际放贷数额、恶意垒高违约金等手段,向在校大学生以及大学毕业3年以内的群体实施网络"套路贷"犯罪活动。该组织采取发送拼接被害人头像的淫秽图片和侮辱、威胁性短信,以及电话滋扰、短信轰炸等"软暴力"手段,对不能按期还款的被害人及其父母、亲友、同事、同学进行滋扰施压,索取"债务",形成了层级分明、骨干成员固定的黑社会性质组织。该组织"软暴力"催收共计1万余单,导致20余名年轻被害人自杀、自残、抑郁、退学等,引发网络上大量投诉,严重影响被害人及周边亲朋正常生产生活,影响被害人所在校园安全稳定,在网络空间和现实社会造成重大影响,严重破坏经济、社会生活秩序。

法认定为组织、领导、参加黑社会性质组织犯罪；对以老年人、未成年人、在校学生、丧失劳动能力的人为对象实施“套路贷”犯罪，或因实施“套路贷”导致被害人及相关人员自杀、精神失常的，评价为在相关领域造成重大影响，依法从严从重惩处。该案具有很强的指导性。

第三，网络犯罪和黑恶势力犯罪融合层面的司法规范。虽然此前分别在网络犯罪、黑恶势力犯罪层面出台了相关规范文件，但是，由于网络黑恶势力犯罪兼具这两种犯罪的特点，使其难以完全按照传统的方式进行治理，特别是随着网络社会对于黑恶势力犯罪的再构，其新的参与结构也呼唤相适应的刑事规则。在此背景下，《关于办理利用信息网络实施黑恶势力犯罪刑事案件若干问题的意见》应运而生，该意见共18条，包括“总体要求”“依法严惩利用信息网络实施的黑恶势力犯罪”“准确认定利用信息网络实施犯罪的黑恶势力”“利用信息网络实施黑恶势力犯罪案件管辖”四个部分。

特别是《关于办理利用信息网络实施黑恶势力犯罪刑事案件若干问题的意见》“准确认定利用信息网络实施犯罪的黑恶势力”部分的第9条至第13条，基于网络黑恶势力的组织结构变迁，就其组织特征、经济特征、行为特征和危害性特征的认定作出规定。在《刑法》第294条的基础上，《关于办理利用信息网络实施黑恶势力犯罪刑事案件若干问题的意见》结合互联网的特点作出具体规定。

《关于办理利用信息网络实施黑恶势力犯罪刑事案件若干问题的意见》对于“四个特征”的规定也是基于恶势力认定要件的法定化。“恶势力”的认定需主要把握三个要件：其一是组织特征，即经常纠集在一起，一般为3人以上，纠集者相对固定。其二是行为特征，即以暴力、威胁或者其他手段，在一定区域或者行业内多次实施违法犯罪活动，为非作恶，欺压百姓。其三是危害特征，即扰乱经济、社会生活秩序，造成较为恶劣的社会影响，但尚未形成黑社会性质组织。[①] 恶势力并不特别强调经济特征，对此《关于办理恶势力刑事案件若干问题的意见》第5条规定：“单纯为牟取不法经济利益而实施的‘黄、赌、毒、盗、抢、骗’等违法犯罪活动，不具有为非作恶、欺压百姓特征的，或者因本人及近亲属的婚恋纠纷、家庭纠纷、邻里纠纷、劳动纠纷、合法债务纠纷而引发以及其他确属事出有因的违法犯罪活动，不应

---

① 参见李占州、钟晋：《“恶势力”“恶势力犯罪集团”认定若干问题解析》，载《检察调研与指导》2019年第3期。

作为恶势力案件处理。”虽然在经济特征上有所区别,但是黑社会性质组织和恶势力在结构特征上大体相近,在组织结构上也均受到网络社会的冲击。

之前即有学者对网络黑恶势力的危害性特征的认定难题予以关注。如认为,根据《关于办理黑恶势力犯罪案件若干问题的指导意见》第2条的规定,扫黑除恶专项斗争中重点打击的黑恶势力之一即是组织或雇佣网络“水军”在网上威胁、恐吓、侮辱、诽谤、滋扰的黑恶势力,黑社会性质组织非法控制特征中“区域”就显然包括了网络空间。[①] 也有学者基于组织“公开性”的视角,从公开的、广泛的“震慑力”出发,认为公开性的表征在于称霸一方,公开性的本质在于通过非法控制构建“地下”社会秩序,网络行业领域属于黑社会性质组织控制的对象。[②]

《关于办理利用信息网络实施黑恶势力犯罪刑事案件若干问题的意见》则系统基于网络黑恶势力特征的嬗变作出规定。该意见于第9条作出“综合审查判断”的规定后,分别于第10条至第13条对于“四个特征”的认定作出系统规定:第10条强调对于“组织特征”的判断不应过于机械化,特别是通讯工具、通讯方式层面,“对部分组织成员通过信息网络方式联络实施黑恶势力违法犯罪活动,即使相互未见面、彼此不熟识,不影响对组织特征的认定”。第11条强调“利用信息网络有组织地通过实施违法犯罪活动或者其他手段获取一定数量的经济利益”,同样可以作为黑社会性质组织经济特征予以认定。第12条强调“线上线下相结合的方式”可以作为黑社会性质组织行为特征认定,但同时设置了排除门槛,即“单纯通过线上方式实施”,并且“不具有为非作恶、欺压残害群众特征”时,一般不作为黑社会性质组织行为特征认定的依据。第13条则肯定了网络空间可以成为“危害性特征”中的“一定区域或者行业”,但强调“在网络空间和现实社会造成重大影响”。

此外,《关于办理利用信息网络实施黑恶势力犯罪刑事案件若干问题的意见》关于“四个特征”的规定区别把握了黑社会性质组织和恶势力的使用情形。第10条使用了“黑恶势力组织”的表述,第13条使用了“黑恶势力犯罪”的表述,说明这两条均适用于黑社会性质组织和恶势力。第11条、第12条使用了“黑社会性质组织”的表述,说明这两条仅适用于黑社会性质组织。

---

① 参见王志祥:《论黑社会性质组织非法控制特征中“区域”和“行业”的范围》,载《法治研究》2019年第5期。

② 参见于冲:《网络刑法的体系构建》,中国法制出版社2016年版,第169－172页。

（二）网络黑恶势力犯罪立法与司法规范的特点

现有立法和司法规范均就网络社会对黑恶势力犯罪的再构进行了具体的回应。对此有观点认为，《关于办理利用信息网络实施黑恶势力犯罪刑事案件若干问题的意见》突出强调了治理角度着眼于黑恶势力犯罪网络化所带来的犯罪组织结构松散化、利益攫取方式零散化、犯罪手段软暴力化、犯罪空间多样化。[①] 但是，本书认为，从有组织犯罪的视角来看，应从以下三个方面进行理解：

第一，对网络犯罪组织扁平化的回应。有组织犯罪层面的立法与司法规范中，《关于办理黑恶势力犯罪案件若干问题的指导意见》肯定了网络"水军"是黑恶势力的重点类型，《关于办理"套路贷"刑事案件若干问题的意见》也将"制造民间借贷假象"情形扩大至"网络借贷平台"，明确了网络"套路贷"犯罪的组织性。作为网络犯罪和黑恶势力犯罪融合的司法规范，《关于办理利用信息网络实施黑恶势力犯罪刑事案件若干问题的意见》也是基于"利用信息网络实施的黑恶势力犯罪"展开，强调了对于网络黑恶势力犯罪打击的专门性。

第二，对网络有组织犯罪行为碎片化的回应。网络犯罪层面的立法与司法规范将通过网络方式实施的有组织的类型行为作为独立的犯罪处理，从而实现了碎片化行为的整体评价，将规制视角从行为的个人性回归到组织性。有组织犯罪层面的立法与司法规范中，《关于办理实施"软暴力"的刑事案件若干问题的意见》第2条将"软暴力"的实施方式明确扩大至"通过信息网络或者通讯工具实施"，反过来也将网络黑恶势力犯罪的行为方式明确扩大至"软暴力"。作为网络犯罪和黑恶势力犯罪融合的司法规范，《关于办理利用信息网络实施黑恶势力犯罪刑事案件若干问题的意见》明确其行为的"线上线下相结合的方式"，肯定了网络方式的行为也可以作为"违法犯罪活动"的当然内容。此前即有学者指出，"应该针对网络黑社会（性质组织）行为对现实社会造成的危害，结合危害行为的行为模式，从每次行为或每个组织的利益链条切入，倒查危害行为的组织者、策划者"。[②]《关于办理利用信息网络实施黑恶势力犯罪刑事案件若干问题的意见》无疑践行了"线上线下"双重打击的立场。但是，该意见也采取了相对稳健的态度，认为单纯通过

---

① 参见程雷：《信息社会条件下如何治理网络黑恶势力犯罪》，载《人民法院报》2019年10月26日，第2版。

② 参见卢建平：《软暴力犯罪的现象、特征与惩治对策》，载《中国刑事法杂志》2018年第3期。

线上方式实施的违法犯罪活动,且不具有为非作恶、欺压残害群众特征的,一般不应作为黑社会性质组织行为特征的认定依据,因此,在网络黑恶势力犯罪行为判定上可以认为《关于办理利用信息网络实施黑恶势力犯罪刑事案件若干问题的意见》采取了结合性(网络和现实结合)的立场而非独立性的立场。

第三,对网络犯罪组织成员非确定化的回应。作为网络犯罪和黑恶势力犯罪融合的司法规范,《关于办理利用信息网络实施黑恶势力犯罪刑事案件若干问题的意见》就黑恶势力与人员的关系作出规定,明确部分组织成员通过信息网络方式联络实施黑恶势力违法犯罪活动,即使相互未见面、彼此不熟识,不影响对组织特征的认定。但是,对于组织成员的流动性依然持稳健态度,认为仍需从"组织、策划、指挥、参与人员是否相对固定"进行判断。因此,可以认为《关于办理利用信息网络实施黑恶势力犯罪刑事案件若干问题的意见》对于网络犯罪组织成员非确定化的问题上虽然有所发展,但并未突破原有的实质要件。

四、网络黑恶势力犯罪刑法理念的调整

虽然现有关于网络黑恶势力犯罪的刑事立法和司法规范在相当程度上推进了刑事规制的有效化,不过,由于一直以来缺乏对该类犯罪的专门关注,刑法理念层面的转换并非一朝一夕之功。但是,如果不在刑法理念层面进行顶层设计,很可能影响该类犯罪的长效治理,其中刑事政策理念和犯罪参与理念是两个关键方面,前者关系到如何全面对网络黑恶势力犯罪组织和人员进行全面打击,后者关系到如何对网络黑恶势力犯罪组织及其人员实施的行为进行妥当评价。

(一)刑事政策理念的调整:"打早打小"的融合适用

传统意义上,学界对于黑恶势力犯罪的刑事政策关注较多,随着互联网的发展,网络犯罪对刑事政策的挑战也开始为学者所关注。如有学者提出层次性的刑事政策:"就网络犯罪治理刑事政策模式而言,可以根据不同类型的网络犯罪及其重要特性采取不同的模式,而且网络犯罪治理刑事政策本身也应当具有层次性。"[①]或者提出"轻轻重重"的两极化刑罚策略更为适宜:"就'重其所重'而言,放弃对可能出现极端后果的行为以严厉刑罚威慑的话,势必制约了犯罪化的效果;就

① 刘军:《网络犯罪治理刑事政策研究》,知识产权出版社 2017 年版,第 171 页。

'轻其所轻'而言,在刑罚配置和适用上予以轻缓,提高以罚金刑、缓刑等为代表的非监禁处置措施的适用率,如此也符合罪刑相当原则。"①即便如此,既有对于黑恶势力犯罪刑事政策和网络犯罪刑事政策的研究也多是分别展开,未基于网络黑恶势力犯罪的特殊性关注二者的结合。

然而,实现网络黑恶势力犯罪的长效治理势必需要寻找网络犯罪刑事政策与黑恶势力犯罪刑事政策的契合点。其实,相关司法规范的出台已经可见端倪,即需要在有针对性的刑事政策理念指导下推动刑事规则的不断完善,只是目前尚未形成体系化、典型化的刑事政策与刑法规范互动机制。

就此,"打早打小"的刑事政策可成为结合的切入点。"打早打小"作为刑事政策理念被熟知主要在黑恶势力犯罪领域,即必须依照法律规定对可能发展成为黑社会性质组织的犯罪集团、"恶势力"团伙及早打击,绝不能允许其坐大成势。

而"打早打小"的刑事政策实际上也适用于网络犯罪。有观点指出,非法利用信息网络罪的增设即是应对网络犯罪迅速蔓延的势头,从刑事政策的角度适应网络时代的形势变化,对网络犯罪采取"打早打小"的基本策略。② 在《关于办理非法利用信息网络、帮助信息网络犯罪活动等刑事案件适用法律若干问题的解释》发布时,实务部门代表也指出该司法解释坚持了"打早打小",从惩治设立违法犯罪网站开始,将打击犯罪的环节向前推进了一步。不是等到行为人进行了严重的犯罪才开始惩罚,而是从设立网站开始就要进行严厉惩治。以网络毒品犯罪为例,由于网络空间的跨时空互动性,使毒品滥用、毒品交易行为的危害后果无限延展,一个毒品滥用方式在网络上传播、一个毒品交易平台在网络上运行,都会导致其可以被数以亿计的互联网接入主体访问,必须改变事后的、消极的刑事政策取向,而须采取事前的、积极的刑事政策取向。"打早打小"正是契合这种转向的刑事政策。③

此外,除了"打早打小"等具体刑事政策在网络黑恶势力犯罪的贯彻适用外,也应在宽严相济的刑事政策这一基本刑事政策层面进行探索,从而构建体系化、科学化的网络黑恶势力犯罪刑事政策体系。

---

① 徐然、赵国玲等:《网络犯罪刑事政策的取舍与重构》,中国检察出版社2017年版,第28页。

② 参见喻海松编著:《最高人民法院、最高人民检察院侵犯公民个人信息罪司法解释理解与适用》,中国法制出版社2018年版,第50页。

③ 参见莫洪宪、王肃之:《毒品滥用行为网络防控体系的多维建构》,载《政法论丛》2020年第1期。

(二)行为参与理念的调整:共犯结构的有限突破

应推动网络黑恶势力犯罪部分摆脱传统共犯结构的限制。传统意义上,根据《刑法》第 26 条第 2 款的规定,“三人以上为共同实施犯罪而组成的较为固定的犯罪组织是犯罪集团”。就黑社会性质组织而言,根据《刑法》第 294 条第 5 款第 1 项的规定,其首先也需要具备组织特征:“形成较稳定的犯罪组织,人数较多,有明确的组织者、领导者,骨干成员基本固定。”

然而,随着黑恶势力犯罪的发展,不仅黑社会性质组织实施的犯罪需要基于犯罪组织的视角进行评价,恶势力犯罪的独立评价也不可避免,从而部分突破了“犯罪组织”的传统限定。《关于办理恶势力刑事案件若干问题的意见》第 4 条规定:“恶势力,是指经常纠集在一起,以暴力、威胁或者其他手段,在一定区域或者行业内多次实施违法犯罪活动,为非作恶,欺压百姓,扰乱经济、社会生活秩序,造成较为恶劣的社会影响,但尚未形成黑社会性质组织的违法犯罪组织。”该界定中,最终使用的概念为“违法犯罪组织”,而非黑社会性质组织使用的“犯罪组织”概念。只有符合以上特征,并且,具备《刑法》第 26 条第 2 款所规定的犯罪集团成立条件的犯罪组织才是恶势力犯罪集团。因此,恶势力完全可以是违法组织,但同样需要对其违法组织性质在犯罪认定时进行判断,而非简单地对恶势力实施的每一起违法犯罪行为进行孤立判断。基于此,恶势力犯罪的刑事判断已经部分突破了对于其犯罪组织的严格共犯性要求,将其扩大至违法组织的范畴。

网络犯罪立法的变迁也体现了犯罪参与行为中共犯结构的松动。《刑法修正案(九)》所增设的第 287 条之二帮助信息网络犯罪活动罪即体现了这一意蕴,该条所规定的行为类型为:“明知他人利用信息网络实施犯罪,为其犯罪提供互联网接入、服务器托管、网络存储、通讯传输等技术支持,或者提供广告推广、支付结算等帮助……”该行为类型既未要求具有共同犯罪的意思联络,也未要求行为的目的在于使他人的犯罪目的实现,从而明确了帮助信息网络犯罪活动行为的非共犯评价模式。

在黑恶势力犯罪与网络犯罪共同犯罪模式的双重松动下,网络黑恶势力犯罪完全可以部分突破传统共犯结构的桎梏,以独立或分别的正犯视角实现罪刑相当的刑事评价,即将组织者和参与者的行为分开进行评价。对于参与者的行为,如果不构成犯罪,完全可以按照行政法处罚或者不处罚。但是,参与者的行为是否构成犯罪并不影响组织者的行为评价。组织者行为的组织性不以参与者的行为构成犯罪为前提,即完全可以在参与者的行为不构成犯罪的情况下评价组织者行为的组织性。

比如,前述网络“水军”的评价难题。有观点认为,网络公关公司通过雇人发帖、炒作热点事件等形式实施有组织化的诽谤行为,特别是集团化的网络诽谤行为应纳入诽谤罪的打击半径之内从重处罚。[①] 与之相对,有观点认为:“‘网络水军’的组织结构与普通集团犯罪有本质区别,其成员间关系极端松散,几乎都只存在与上级的单线联系,且这一联络也并不紧密,仅任务派送、结算而已。各人仅以各人行为取酬,与他人无涉,不构成所谓共犯,也不应全部作为犯罪主体。”[②]其实完全可以对“水军”的组织者按照其全部行为承担刑事责任,而参与的人员承担行政责任或者不承担刑事责任。此前也有学者关注到“水军”惩罚程度的问题。如认为,对于被雇用的“网络水军”,由于其人数过于庞大且仅仅实施了简单的发帖行为,不宜给予刑事处罚。[③] 或认为,虽然“水手”对于可能造成他人名誉或商誉受损存在间接故意,但面对成千上万的水军“水手”,刑法不可能全面打击,在司法资源有限的情况下,只会导致司法机关进行选择性的执法。[④] 由此,在网络“水军”肯定组织者犯罪性的同时,对于参与者科以行政责任或者不处罚,从而进行殊途的法律评价,反而是寻求法律正当性与合理性的选择。

其实这样一种评价方式并不突兀,只是对传统共犯理论作了进一步的延伸。在传统共犯理论中即有犯罪共同说与行为共同说之争,行为共同说突破了传统犯罪共同说“数人一罪”的严格限定,倡导“数人数罪”,[⑤]并且随着共犯理论的演变,行为共同说的合理性得到越来越多的认可。行为共同说即只要求行为人实施了共同的行为,不在具体罪名上作过多要求,其对于犯罪共同说的修正即具有对于严格共犯结构予以反思的意蕴。由此,将“行为共同”作出进一步延伸,扩大至犯罪行

---

① 参见于冲:《网络诽谤行为的实证分析与刑法应对——以 10 年来 100 个网络诽谤案例为样本》,载《法学》2013 年第 7 期。

② 张巍:《“网络水军”侮辱、诽谤行为的刑法规制》,载《人民检察》2014 年第 10 期。

③ 参见于冲:《网络诽谤刑法处置模式的体系化思考——以网络水军为切入点》,载《中国刑事法杂志》2012 年第 3 期。

④ 参见罗翔:《网络水军与名誉权的刑法保护》,载《社会科学辑刊》2019 年第 4 期。

⑤ 参见陈家林:《外国刑法理论的思潮与流变》,中国人民公安大学出版社、群众出版社 2017 年版,第 517 - 519 页。

为与违法行为的共同有相应的理论依据。

此外,这种对于传统共犯结构的突破毕竟是有限的。对网络黑恶势力犯罪而言,其归根结底为有组织犯罪,行为的组织性是不可缺失的要件。对犯罪集团等严格的共同犯罪类型进行突破,也应当以有组织行为的行为系违法行为为底线,如果该行为不具有组织性或者对于他人法益并非具有侵害的导向,也不宜纳入网络黑恶势力犯罪的评价范畴。

五、网络黑恶势力犯罪规范发展的方向

在完成前述刑法理念调整的基础上,还应推动网络黑恶势力犯罪规范的发展,以切实构建全面和科学的法律体系。网络黑恶势力犯罪在组织性上呈现二重维度,其人员的整体稳定性和个体流动性并存,有组织的犯罪行为和违法行为更加交融。而传统的黑恶势力犯罪打击方式强调一元维度的严厉制裁,在打击该类犯罪时可能面临规制范围不足和维度单一的问题。由此,结合网络黑恶势力犯罪变化的特点,推动网络黑恶势力犯罪规范与其二重维度相适应势在必行,其中,最关键的是构建处罚条文层面行刑衔接的二元体系,以及推动刑罚实施层面从业禁止、禁止令的有效适用。

(一)推动处罚的行刑衔接

与民法等调整“横向”法律关系的法律部门不同,行政法与刑法具有天然的关系,二者同为调整“纵向”法律关系的法律,辐射各个社会领域,应推动二者在打击网络黑恶势力犯罪过程中的协调适用。

如《治安管理处罚法》也全面规制扰乱公共秩序、妨害公共安全、侵犯人身权利或财产权利、妨害社会管理的违法行为,和《刑法》在行为类型上具有衔接性,只不过处罚的层次性、程度有所区别。在网络犯罪和有组织犯罪领域《治安管理处罚法》也分别设有与《刑法》衔接的条款,如其第29条即规定了计算机领域的违法行为,与《刑法》第285条、第286条衔接;《治安管理处罚法》虽未规定黑恶势力,但是,第26条、第43条也使用了“结伙斗殴”或“结伙殴打”的表述,体现了对于有组织的该类行为进行打击。

为了解决网络黑恶势力犯罪超越刑法性与刑事评价刑法限定性之间的矛盾,应当进一步探索该类犯罪刑事处罚与行政处罚的规范衔接。实际上,在网络犯罪

领域和黑恶势力犯罪领域也已有探索的先例。在网络犯罪领域，《刑法》第 287 条之一非法利用信息网络罪为学者所诟病的核心要点之一即为指向“违法犯罪活动”，而非犯罪行为。但是，反过来思考，该条也正是互联网领域行刑衔接的典型条款，对于指向具有涉众性的（多数或者不特定）违法行为的犯罪行为予以独立处罚。在黑恶势力犯罪领域，不仅《刑法》第 294 条明确黑社会性质组织犯罪的行为涉及违法行为，《关于办理恶势力刑事案件若干问题的意见》第 4 条更是将恶势力评价为“违法犯罪组织”。

对于网络黑恶势力犯罪，已有学者注意到行政处罚适用的必要性，具体提出了贯彻责任主体的层次化，即行政处罚适用程序较为简便，且证明标准较低，对于“网络黑社会（性质组织）”中端与底端的犯罪主体，以行政处罚作为前置性预防更易收到成效。同时，在行为人受到行政处罚之后，以刑罚作后续威慑才是可靠保证。[①] 但是，论者仅是基于纵向视角的适用层次、顺序进行探讨，并未基于黑恶势力的组织性和人员的区别性进行横向视角的探索。

本书认为，应通过行政处罚规则的引入，实现组织者、积极参加者刑事责任评价和其他参加者行政责任评价的整体性、统一性。以网络“水军”为例，组织“水军”的主体对于整体的违法犯罪行为承担组织者的刑事责任，积极参加的主体承担积极参加者的刑事责任，个别、部分参与的“水手”承担行政责任，从而通过两种责任的衔接实现组织者责任的完整评价、参加者责任的妥当评价，将有组织犯罪的视域延展至有组织违法行为。

（二）推动从业禁止、禁止令的探索适用

一直以来，对于黑恶势力犯罪从严、从重打击是理论和实践的主流观点。《关于办理黑恶势力犯罪案件若干问题的指导意见》第 1 条中即规定“正确运用法律规定加大对黑恶势力违法犯罪以及‘保护伞’惩处力度”，并且，在该意见中多次使用“依法严惩”的表述，明确了对于黑恶势力犯罪依法严惩的态度。就网络黑恶势力犯罪的规范适用，也有学者基于从严惩处的角度进行解读。如认为，《关于办理黑恶势力犯罪案件若干问题的指导意见》采用扩张解释的方法，将网络空间纳入黑社会性质组织所控制和影响的“一定区域”的范围，这种扩张解释于法有据，合

---

① 参见姜瀛：《“网络黑社会”的样态重述与刑法治理的进路整合》，载《法治社会》2017 年第 4 期。

乎对各类黑恶势力违法犯罪“依法严惩”的要求。[①]

本书认为,依法严惩和宽严相济在理念上并不矛盾,“依法”和“相济”的限定完全可以实现平衡与调节的目的,真正需要解决的是“厉而不严”。这里的“严”并非指“严厉”,而是指“严密”。“厉而不严”是指我国传统的刑法价值观念是苛严的刑罚和不严的法网,[②]即对于已经纳入刑事法网予以打击的犯罪行为科以的处罚较为严厉,但是,本身刑事法网不够细密,对某些事实上具有社会危害性的行为并没有作为犯罪处理。[③]

对于网络黑恶势力犯罪而言,突出的问题在于刑罚实现方式的有限性:一方面,刑罚执行完毕并不意味着行为人事实层面的人身危险性消失,一定时期内其很可能“重操旧业”;另一方面,有些不宜处以自由刑、财产刑的行为,特别是较为轻微的犯罪行为,如果不在刑事责任上加以考虑可能导致缺乏必要的处理和管控。特别是在网络社会的再构下,网络黑恶势力犯罪行为走向零碎化、分散化,对于已经进入刑罚规制领域的行为不应再通过行政处罚加以制裁,但是,可能不宜通过自由刑等传统刑罚形式加以制裁。比如,对于行为人多次参加网络“水军”,有一定的再犯危险性,但是,其行为未造成严重后果而不宜判处有期徒刑,即属这一情形。

网络犯罪和黑恶势力犯罪领域也有适用从业禁止、禁止令的空间。网络犯罪领域,《关于办理非法利用信息网络、帮助信息网络犯罪活动等刑事案件适用法律若干问题的解释》第 17 条规定:“对于实施本解释规定的犯罪被判处刑罚的,可以根据犯罪情况和预防再犯罪的需要,依法宣告职业禁止;被判处管制、宣告缓刑的,可以根据犯罪情况,依法宣告禁止令。”黑恶势力犯罪领域,《关于办理黑恶势力犯罪案件若干问题的指导意见》第 12 条规定:“……对于符合《刑法》第三十七条之一规定的组织成员,应当依法禁止其从事相关职业……”二者相比,《关于办理黑恶势力犯罪案件若干问题的指导意见》并未规定禁止令,其原因或许在于对于黑恶势力犯罪而言,一般强调“依法严惩”,对判处管制、宣告缓刑更为慎重。

然而,本书认为,随着网络黑恶势力犯罪行为的碎片化和参与人员的非确定

---

① 参见王志祥:《论黑社会性质组织非法控制特征中“区域”和“行业”的范围》,载《法治研究》2019 年第 5 期。

② 参见储槐植:《刑事一体化论要》,北京大学出版社 2007 年版,第 153 页。

③ 参见王肃之:《信息社会犯罪治理的刑事政策反思——以侵犯个人信息犯罪为视角》,载《刑法论丛》2017 年第 4 期。

化，并非所有的参与人员都应该在传统意义上的组织框架下评价，对一些“游离”于网络黑恶势力组织之外，行为较为轻微，但是，又职业、常业地参与不同黑恶势力组织犯罪的行为人（如以“水手”为兼职的主体），也不应一律排除在禁止令的适用范围之外。由此，基于《关于办理非法利用信息网络、帮助信息网络犯罪活动等刑事案件适用法律若干问题的解释》第17条的规定，将从业禁止、禁止令全面适用于网络黑恶势力犯罪，无疑是严密刑事法网，实现从“厉”到“严”转变的重要举措。

第二节　网络时代打击有组织犯罪国际合作的现状与对策

随着有组织犯罪与网络犯罪相互交融，网络时代的跨国有组织犯罪也呈现出一些新的特质，仅依托《联合国打击跨国有组织犯罪公约》打击该类犯罪日益显得捉襟见肘，积极推动国际合作的实现成为必需。虽然目前打击该类犯罪的国际合作取得了一定的进展，但是，仍然存在一些现实的“瓶颈”，影响了合作打击的效果，亟须采取积极的对策，推进国际合作的有效开展。

一、网络时代的跨国有组织犯罪

网络时代的跨国有组织犯罪毫无疑问具备有组织犯罪的性质，但是，其也出现了一些新的特点，使国际合作面临新的问题。第一，跨国网络有组织犯罪往往组织更加严密，并且，大量犯罪活动在国外实施，打击难度更大。利用信息网络，背后的“金主”可以隐匿于世界任何一个角落，在境内外任意一处建立犯罪集团，以甲国为“窝点所在地”、对乙国受害人“行骗”、在丙国“洗钱”。[①] 而且，警方在打击中常常只能抓获国内的“马仔”，国外的主犯通常在逃并伺机卷土重来。[②] 第二，跨国网络有组织犯罪团伙不仅在邻国活动，更可能跨洲实施犯罪，使国际合作甚至洲际合作成为必需。近年来，我国司法机关通过挂牌督办等机制抓捕的有组织的电信诈

---

① 参见谢玲：《论跨境电信网络诈骗案件的打击困境及破解对策——以“人员流”证据的收集、运用为视角》，载《中国刑警学院学报》2021年第1期。

② 参见王世卿、杨富云：《新技术条件下我国跨境有组织经济犯罪研究——以电信诈骗和银行卡犯罪为视角》，载《中国人民公安大学学报（社会科学版）》2012年第4期。

骗犯罪人，不仅涉及柬埔寨等东南亚国家，还涉及西班牙等欧洲国家。① 第三，跨国网络有组织犯罪的追赃更为困难，往往受害人财产难以得到有效补偿，亟须推进资产追回的国际合作。追赃本就困难的网络有组织犯罪，伴随跨越国境形成的法域阻隔，执法障碍陡然而生，又有网银、手机支付等各种即时转账、到账快捷支付方式的普遍应用及互联网先进技术等的嵌入，跨境追赃可谓难上加难。② 实践中，众多跨国网络有组织犯罪案件无法追赃，即便能追回财产的案件，其追回比率也十分有限。

此外，跨国有组织犯罪还有其值得关注的要素：第一，属地因素。跨国网络有组织犯罪往往在多个国家或针对多个国家而实施，因此，如何协调属地管辖权亟待关注。第二，属人因素。由于互联网的无边界性，外国人实施或者针对外国人实施的跨国网络有组织犯罪日益普遍，属人管辖权的适用也面临新问题。第三，对象因素。基于数字货币实施的跨国网络有组织犯罪也值得关注。此前已经有虚拟货币用于国际犯罪的案件，例如，2021 年 3 月 19 日，最高人民检察院、中国人民银行联合发布 6 个惩治洗钱犯罪典型案例，其中“陈某枝洗钱案”即为利用虚拟货币洗钱的案例，该案也系由最高司法机关发布的首个利用虚拟货币洗钱的典型案例。有关部门明确指出虽然我国监管机关明确禁止代币发行融资和兑换活动，但由于各个国家和地区对比特币等虚拟货币采取的监管政策存在差异，通过境外虚拟货币服务商、交易所，可实现虚拟货币与法定货币的自由兑换③，虚拟货币被利用成为跨境清洗资金的新手段。④

因此，虽然基于《联合国打击跨国有组织犯罪公约》所构建的传统国际合作机

① 参见王洁：《司法管控电信网络诈骗犯罪的实效考察》，载《中国刑事法杂志》2020 年第 1 期。

② 参见郝家英：《电信网络诈骗犯罪跨境追赃与国际刑事司法合作》，载《北京警察学院学报》2021 年第 2 期。

③ 如果遇到有的国家或地区以私人数字货币作为法定货币的情形，在这种情况下能否给予同等对待，进行正常的兑换业务，我国法律上还没有明确的意见。参见吴进娥：《涉数字货币犯罪司法治理的多重困境与突破路径》，载《山东大学学报（哲学社会科学版）》2021 年第 6 期。

④ 该案具体案情如下：2018 年中，陈某波将非法集资款中的 300 万元转账至陈某枝个人银行账户。2018 年 8 月，为转移财产，掩饰、隐瞒犯罪所得，陈某枝、陈某波二人离婚。2018 年 10 月底至 11 月底，陈某枝明知陈某波因涉嫌集资诈骗罪被公安机关调查、立案侦查并逃往境外，仍将上述 300 万元转至陈某波个人银行账户，供陈某波在境外使用。另外，陈某枝按照陈某波指示，将陈某波用非法集资款购买的车辆以 90 余万元的低价出售，随后在陈某波组建的微信群中联系比特币“矿工”，将卖车钱款全部转账给“矿工”换取比特币密钥，并将密钥发送给陈某波，供其在境外兑换使用。参见最高人民检察院：《最高检央行联合发布惩治洗钱犯罪典型案例》，https://baijiahao.baidu.com/s?id=1694625323939192371&wfr=spider&for=pc。

制是必要的，但这还远远不够，必须探索具有契合性、适应性、针对性的专项国际合作机制。

二、打击跨国网络有组织犯罪国际合作的发展

我国开展打击跨国网络有组织犯罪既是在各国共同协作的背景下开展的，也是基于我国实际所作的积极探索，因此，需要从国际层面和我国层面进行全面考察。

（一）跨国网络有组织犯罪国际合作的现有机制

在各国层面进行考察，可以发现目前跨国网络有组织犯罪国际合作主要是依托现有领域的协作机制，具体围绕以下三个领域展开。

第一，有组织犯罪领域的协作机制。如有学者指出，《联合国打击跨国有组织犯罪公约》与特定种类跨国网络有组织犯罪国际合作密切相关。具体而言，其认为该公约第 2 条对有组织犯罪集团进行了界定，第 3 条对跨国犯罪的情形进行了列举，第 5 条规定参加有组织犯罪集团的行为，第 6 条、第 7 条要求各缔约国将故意洗钱行为规定为犯罪，第 12 条、第 13 条、第 14 条分别对没收和扣押的国际合作进行了规定，第 14 条规定了赃款赃物优先赔偿被害人、归还合法所有人的原则和资产分享制度，第 18 条、第 19 条分别对司法协助和联合调查进行了规定，第 20 条规定了特殊侦查手段。① 这些均与跨国网络有组织犯罪国际合作有关联。

在此需明确，在网络时代，《联合国打击跨国有组织犯罪公约》依然对于国际合作具有重要意义，但是，其需要与其他国际立法、协作机制协调配合，而非作为唯一基础性机制。

第二，网络犯罪领域的协作机制。2001 年，《欧洲委员会网络犯罪公约》（Council of Europe Convention on Cybercrime）所构建的协作机制。俄罗斯 2017 年提交的《联合国合作打击网络犯罪公约（草案）》（Draft United Nations Convention on Cooperation in Combating Cybercrime）②第 4 条“用语”专门界定了“有组织犯罪

---

① 参见郝家英：《电信网络诈骗犯罪跨境追赃与国际刑事司法合作》，载《北京警察学院学报》2021 年第 2 期。

② 该草案系 2017 年 10 月 11 日俄罗斯联邦向联合国秘书长提交（A/C. 3/72/12），系第一份联合国层面的打击网络犯罪公约草案。该草案的官方中文文本参见 https://documents - dds - ny. un. org/doc/UNDOC/GEN/N17/329/58/pdf/N1732958. pdf? OpenElement。

集团”:“系指由两人或多人组成、在一段时期内存在并以实施本公约规定的一项或多项犯罪为目的而一致行动的具有组织结构的集团。”该草案也探索了在网络犯罪国际立法中规定有组织犯罪条款。

其他国际层面网络犯罪协作机制也具有重要作用。如 2015 年 4 月 13 日,国际刑警组织在新加坡成立第二总部——“全球综合创新中心”,这是国际刑警组织应对近年高发的区域性和全球性网络犯罪等新威胁而设立的专门机构,主要为成员提供打击网络犯罪的行动和技术支持,并提供网络安全威胁分析、预防和打击网络犯罪等长期战略支持服务。[①] 而国际刑警组织除执法机构之间的非正式双边关系网之外,还维系着一个由 190 个国家的国家中心局组成的体系。这些中心局通常是各国全国执法机构内部的指定科室。通过“24/7”网络,中心局既可为警方之间的非正式双边或多边请求提供协助,也可协助通过国家中心局将正式司法互助请求从一国中心机构传送到另一国中心机构。[②] 国际刑警组织的以上机制也有助于打击跨国网络有组织犯罪国际合作。

第三,特定犯罪领域的协作机制。《联合国禁止非法贩运麻醉药品和精神药物公约》是目前惩治毒品犯罪最全面、最系统的国际公约。[③] 该公约对于管辖权、没收问题进行系统规定。该公约第 4 条“管辖权”规定了属地管辖权,即不仅限于发生于缔约国领土内,而且包括犯罪时悬挂其国旗的船只或按其法律注册的飞行器上的毒品犯罪;属人管辖权,即进行毒品犯罪的人为缔约国国民或在其领土内有惯常居所者,以及其他符合属人管辖的特殊情形;并规定了一定的管辖权协调规则。

该公约第 5 条“没收”规定了没收涉毒资产的若干情形。该条第 1 款规定了各缔约国应制定可能必要的措施以便能够没收涉毒资产;第 2 款规定了缔约国还应制定可能必要的措施,使其主管当局得以识别、追查和冻结或扣押本条第 1 款所述的收益、财产、工具或任何其他物品;第 3 款规定了缔约国应授权其法院或其他主管当局下令提供或扣押银行记录、财务记录或商业记录;第 4 款规定了对毒品犯罪拥有管辖权的另一缔约国提出请求后,缔约国的处置要求;第 5 款规定了所没收的

---

① 参见张淑平、郭亦农:《大数据与电信网络诈骗之跨境治理》,载《净月学刊》2018 年第 3 期。

② UNDOC:《司法协助与引渡手册》,https://www.unodc.org/documents/organized-crime/Publications/Mutual_Legal_Assistance_Ebook_C.pdf,第 31 页。

③ 参见张洪成:《禁毒国际公约对我国毒品犯罪法律规制的启示》,载《河北公安警察职业学院学报》2009 年第 3 期。

收益或财产的处置;第6款规定了没收的替代措施;第7款至第9款还规定了举证责任倒置、保护善意第三人权利以及不影响国内法实施。

(二)我国关于跨国网络有组织犯罪国际合作的实践

为了全面推进打击跨国网络有组织犯罪国际合作的深入开展,我国从国内和国际层面进行了积极的实践。

第一,国内层面的实践。《刑事诉讼法》第18条规定了"刑事司法协助原则":"根据中华人民共和国缔结或者参加的国际条约,或者按照互惠原则,我国司法机关和外国司法机关可以相互请求刑事司法协助。"关于国际刑事司法协助,《国际刑事司法协助法》第六章"查封、扣押、冻结涉案财物"与第七章"没收、返还违法所得及其他涉案财物"也与打击跨国网络有组织犯罪国际合作相关,特别是其第七章的条款。此外,《公安机关办理刑事案件程序规定》第十三章"刑事司法协助和警务合作"、《人民检察院刑事诉讼规则》第十六章"刑事司法协助"、最高人民法院《关于适用〈中华人民共和国刑事诉讼法〉的解释》第二十章"涉外刑事案件的审理和刑事司法协助"的相关条款也可适用。

特别是,最高人民法院、最高人民检察院、公安部《关于办理电信网络诈骗等刑事案件适用法律若干问题的意见(二)》从两个维度专门规定了犯罪组织实施的打击电信网络诈骗犯罪国际合作。一是证据认证维度。该意见第14条规定:"通过国(区)际警务合作收集或者境外警方移交的境外证据材料,确因客观条件限制,境外警方未提供相关证据的发现、收集、保管、移交情况等材料的,公安机关应当对上述证据材料的来源、移交过程以及种类、数量、特征等作出书面说明,由两名以上侦查人员签名并加盖公安机关印章。经审核能够证明案件事实的,可以作为证据使用。"二是刑期折抵维度。该意见第15条规定:"对境外司法机关抓获并羁押的电信网络诈骗犯罪嫌疑人,在境内接受审判的,境外的羁押期限可以折抵刑期。"

第二,国际层面的实践。截至2020年6月,我国已经与81个国家缔结引渡条约、司法协助条约、资产返还与分享协定等共169项,与56个国家和地区签署金融情报交换合作协议。[①] 如与马来西亚签订的《关于刑事司法协助的条约》、与日本

---

① 《国家监察委首次向全国人大常委会报告专项工作2014年至今年6月追回外逃人员7831人赃款196.54亿元》,载法制网,http://www.legaldaily.com.cn/index_article/content/2020-08/10/content_8273275.htm。

签订的《关于刑事司法协助的条约》、与西班牙签订的《刑事司法协助条约》、与菲律宾签署的《关于打击跨国犯罪的合作谅解备忘录》，不少条款均可适用于打击跨国网络有组织犯罪国际合作。特别是我国与加拿大签署的《关于分享和返还被追缴资产的协定》，更是直接为追回跨国网络有组织犯罪所涉财产提供了直接依据。①

此外，我国还与一些国家确立了一系列涵括性较强的合作协议，特别是与东南亚国家。包括《中国与东盟在非传统安全问题领域合作联合宣言》、《中老缅泰关于湄公河流域执法安全合作的联合声明》、历届东盟与中国打击跨国犯罪部长级会议发表的《东盟与中国打击跨国犯罪部长级会议的联合声明》、历届中国—东盟成员国总检察长会议发表的《联合声明》，②以及《中越关于加强合作打击跨国网络有组织犯罪谅解备忘录》、《中菲联合声明》等，如《中菲联合声明》即强调双方同意加强执法合作，共同打击职务犯罪、电信诈骗、非法网络赌博、计算机犯罪等跨国犯罪。③

经过国内和国际层面的全面实践，我国取得了打击跨国网络有组织犯罪国际合作的积极成效。④

三、打击跨国网络有组织犯罪国际合作的“瓶颈”

目前，虽然就打击跨国网络有组织犯罪国际合作形成了一定的机制，我国也就此进行了积极的实践，打击了一批该类犯罪。但是总体而言，目前国际合作中还存在多方的“瓶颈”，客观上影响了打击效果。

---

① 《中国与加拿大签署协定　将分享和返还被追缴资产》，载网易新闻，https://www.163.com/news/article/C1P86EJO00014AED.html。

② 参见陈伟强：《中国与东盟国家警务合作之考探——从合作基础、形式、挑战到完善》，载《刑法论丛》2018 年第 4 期。

③ 参见郝家英：《电信网络诈骗犯罪跨境追赃与国际刑事司法合作》，载《北京警察学院学报》2021 年第 2 期。

④ 根据公安部 2021 年 6 月的统计，2020 年以来，各地公安机关坚持境外打击不止步，先后将 2620 名诈骗犯罪嫌疑人从东南亚相关国家遣返回国，已批准逮捕 2091 名，其中 1093 名正在移送起诉，有力震慑了境外诈骗团伙。坚持立足境内打回流，先后抓获从东南亚相关国家回流的诈骗嫌疑人 1.8 万名，深挖破案 3893 起。坚持深挖金主不放松，共抓获“金主”和骨干成员 100 余名，缉捕公安部 A 级逃犯 2 名。坚持深入推进专案行动，公安机关和移民管理部门联手打掉西南边境偷渡团伙 456 个，抓获“蛇头”1364 名，查获境外回流人员 10.1 万名，破获案件 8287 起。先后有 1.6 万名境外诈骗窝点嫌疑人主动停止作案，回国投案自首。参见公安部：《公安部新闻发布会通报全国公安机关打击治理电信网络诈骗犯罪举措成效》，https://baijiahao.baidu.com/s?id=1702870474702855918&wfr=spider&for=pc。

第一,跨国网络有组织犯罪管辖权的"瓶颈"。从理论上看,跨国网络有组织犯罪管辖权可能存在三种冲突:一是可能表现为积极冲突,即多个国家均主张对于跨国网络有组织犯罪的管辖权。二是可能表现为消极冲突,即多个国家均逃避对跨国网络有组织犯罪的管辖。三是可能表现为因刑事实体规则差异带来的冲突。由于各国刑事实体法规则不尽相同,对于跨国网络有组织犯罪的法律处置也不尽相同,由此可能导致不同国家对于行为是否构成犯罪可能采取不同的立场。在涉及3个以上国家时情形更为复杂。如跨国网络有组织犯罪行为人在A国对B国的被害人实施犯罪后,从A国逃往或将财产转移到C国,但是,C国既非犯罪行为地所在国也非犯罪结果地所在国,如果行为人具有C国的合法居留权,C国完全可能拒绝将该涉案人员遣返回请求国。①

这种冲突与管辖权类型密切相关。一般各国刑法理论和实践均认可犯罪的管辖权包括四种类型:属地管辖、属人管辖、保护管辖和普遍管辖。但是,对于跨国网络有组织犯罪而言,不仅异类管辖权之间会出现冲突,同类管辖权之间也可能出现冲突:前者如属地管辖权与属人管辖权的冲突,在A国公民于B国境内向A国被害人实施诈骗犯罪的情形,犯罪行为地在B国,按照属地管辖理当由B国予以制裁,但犯罪行为人为A国公民,基于属人管辖A国也可对其予以打击,二者出现冲突。后者如属地管辖权之间的冲突,还是如A国公民于B国境内向A国被害人实施诈骗犯罪的情形,犯罪行为实施地为B国,但是,犯罪结果发生地为A国,二者也出现冲突。

第二,跨国网络有组织犯罪证据规则的"瓶颈"。基于法律发生效力的地域性,对跨国有组织犯罪的打击难度之一体现在,各国司法实务界很难在短时间内就跨国犯罪完成跨国调查取证程序等司法程序。② 一方面,跨国网络有组织犯罪取证规则存在冲突。有学者将该类犯罪的取证分为两种:一种是通过常规的现场勘验检查、查封、扣押、冻结等侦查行为,获取案件的物证、书证、电子数据及视听资料等证据;另一种是通过远程电子勘查的方式,通过互联网接入犯罪团伙作案时所使用的计算机,进行远程调取电子数据。③ 虽然理论上这种划分并无问题,但是,由

① 参见刘道前:《打击跨境电信诈骗国际警务合作的问题与对策》,载《犯罪研究》2019年第6期。

② 参见栗向霞:《论有组织犯罪的信息化和网络犯罪的有组织化》,载《河南社会科学》2016年第11期。

③ 参见刘道前:《打击跨境电信诈骗国际警务合作的问题与对策》,载《犯罪研究》2019年第6期。

于各国对于司法主权的维护，因此，常规取证往往交由他国予以完成。远程电子勘查虽然可以由一国直接予以完成，但是，由于绕开了他国的司法机关，有可能损害他国主权，因此，也颇受争议。因此，这两种取证方式在跨国网络有组织犯罪领域都面临一定的障碍。

另一方面，跨国网络有组织犯罪证据认定尚缺乏一致的规则。其他国家由于取证技术、办案思路等方面与我国存在差异，因此，证据质量受到影响，如何认证成为问题。正因如此，《关于办理电信网络诈骗等刑事案件适用法律若干问题的意见（二）》第14条对于证据认定作出专门规定，但该条规定内容仅指向程序，即"境外警方未提供相关证据的发现、收集、保管、移交情况等材料"时，如何进行补正，对于证据规格不符等实质判断问题未作规定，跨国网络有组织犯罪证据认定仍然需要进行个案判断。

第三，跨国网络有组织犯罪赃款追回的"瓶颈"。跨国网络有组织犯罪赃款追回的难题来源于两个方面：一方面是犯罪行为人充分利用网络技术和金融服务进行转账、洗钱，导致赃款溯源十分困难。犯罪组织在被害人将钱款转至嫌疑人指定的银行账号后，会迅速进行资产移转并且提现，甚至由专业的洗钱机构进行操作，使公安司法机关对资金流向的查证十分困难，更遑论及时止付、冻结账户、追回赃款。[①] 因此，一旦赃款进入犯罪行为人掌握，可能即刻"无影无踪"。

另一方面是各国对于返还赃款的配合程度有限。在此情况下，犯罪行为人往往利用不同国家金融支付结算转接的难题，转移跨国网络有组织犯罪赃款。[②] 此外，对各国而言还有一重不便言明的原因，即相比于返还给受害国，各国更倾向于将这些赃款纳入自身的支配之下。

四、推进打击跨国网络有组织犯罪国际合作的对策

实现打击跨国网络有组织犯罪国际合作，必须针对各项"瓶颈"采取有针对性

---

① 参见郝家英：《电信网络诈骗犯罪跨境追赃与国际刑事司法合作》，载《北京警察学院学报》2021年第2期。

② 如在我国某省警方侦办的案件中，犯罪组织在实施犯罪过程中，部分犯罪嫌疑人使用的是老挝国家金融系统的银行卡，因受老挝金融清结算系统影响，中国警方在境内无法进行有效扣押冻结。即使采用司法协助，请求老挝警方冻结，由于这一合作环节缺乏有效衔接，导致了当前的警务合作流程时间较长，漏网的犯罪嫌疑人极有可能利用时间的空当将非法所得转移。参见伍光红、杜广雷：《跨境非接触性诈骗犯罪的国际警务合作实证研究——以S省警方侦办的某跨境电信诈骗案为例》，载《广西民族大学学报（哲学社会科学版）》2018年第4期。

的对策,切实促使各国积极协同打击该类犯罪。

第一,有效确立跨国网络有组织犯罪的刑事管辖。在网络犯罪领域,有学者提出应在属地管辖权的基础上,基于"实害或者影响关联性"确定网络犯罪的管辖("实害联系原则")①。具体指仅仅发生联系还不足以享有管辖权,某一法域对具体的某一网络犯罪行为是否拥有刑事管辖权,应当以实害标准作为判断的前提性根据之一。② 这一观点佐证了即便在信息网络领域,犯罪管辖权的确立依然应以属地管辖权为基础,只不过如何具体加以确定需要结合相应的犯罪予以个别化。

就跨国网络有组织犯罪而言,应区分异类管辖权冲突和同类管辖权冲突加以确定:对于异类管辖权冲突,应当强调属地管辖权的基础地位,其他管辖权对其予以补充适用;对于同类管辖权,应强调犯罪结果地优于犯罪行为地,突出强调被害人所在国的管辖优越地位,以更好地保护被害人。对于各种情形,可以考虑参考《联合国打击跨国有组织犯罪公约》第 3 条"适用范围"第 2 款,并加以倒序适用。③ 就跨国网络有组织犯罪,可考虑按照"犯罪结果重大影响国 > 犯罪组织所在国 > 犯罪行为对象国 > 犯罪行为地国"的顺序予以确定。

第二,充分协调跨国网络有组织犯罪证据规则。针对优化取证方式,有学者提出《国际刑事司法协助法》第 25 条第 2 款"请求外国协助调查取证时,办案机关可以同时请求在执行请求时派员到场"这一规定,为我国与相关国家对跨国网络有组织犯罪进行联合侦查提供了可能。建议在我国《刑事诉讼法》或者《国际刑事司法协助法》中明确增设联合侦查机制,并就具体程序运行予以明确,以有力打击包括跨国网络有组织犯罪在内的跨国犯罪。④ 这一建议固然有其积极意义,但更需要积极推动相关证据规则的建立,从国际规则层面予以助力,使二者相得益彰。其中,最重要的是构建兼具主权性和效率性的跨境取证规则。《国际刑事司法协助法》第 4 条第 3 款并未完全排斥跨境取证,而是将经主管机关同意作为开展类似协

---

① 参见于志刚:《关于网络空间中刑事管辖权的思考》,载《中国法学》2003 年第 6 期。

② 参见于志刚:《"信息化跨国犯罪"时代与〈网络犯罪公约〉的中国取舍——兼论网络犯罪刑事管辖权的理念重塑和规则重建》,载《法学论坛》2013 年第 2 期。

③ 《联合国打击跨国有组织犯罪公约》第 3 条第 2 款规定:"就本条第一款而言,有下列情形之一的犯罪属跨国犯罪:(a)在一个以上国家实施的犯罪;(b)虽在一国实施,但其准备、筹划、指挥或控制的实质性部分发生在另一国的犯罪;(c)犯罪在一国实施,但涉及在一个以上国家从事犯罪活动的有组织犯罪集团;或(d)犯罪在一国实施,但对于另一国有重大影响。"

④ 参见郝家英:《电信网络诈骗犯罪跨境追赃与国际刑事司法合作》,载《北京警察学院学报》2021 年第 2 期。

作的前提条件，可考虑基于该款构建相应的跨国网络有组织犯罪取证规则。

另外，也应在《关于办理电信网络诈骗等刑事案件适用法律若干问题的意见（二）》第14条关于证据认定程序规定的基础上，进一步探索实质性条款的设置。其内容可包括跨国网络有组织犯罪证据的真实性、原始性、完整性，以及其他判断要件。有学者提出，在司法层面有必要通过各国国内法律与各国间双边或多边协议，授权由警务合作方成立专门的联合办案小组，在法律授权范围内由办案小组内的合作方侦查人员、技术人员共同进行现场勘验、检查、证据收集、固定和保全，以便于此类证据能够在本国审判中不需要转化程序而直接适用。① 虽然建立类似的联合办案小组确有积极意义，但是，形成常态化、机制化的模式还需长期的努力。

第三，构建跨国网络有组织犯罪赃款追回机制。关于赃款追回机制，2017年《联合国打击网络犯罪合作公约（草案）》（Draft United Nations Convention on Co-operation in Combating Cybercrime）在借鉴《联合国反腐败公约》的基础上作出了全面的规定，这些规定如果通过也适用于跨国网络有组织犯罪。但是，其过于照搬了《联合国反腐败公约》，科学性和针对性存疑，具体见表1。②

表1　资产追回条款对比

《联合国打击网络犯罪合作公约（草案）》	《联合国反腐败公约》
第二章第三节　资产的追回	第五章　资产的追回
第二十九条　一般规定	第五十一条　一般规定
第三十条　预防和监测犯罪所得的转移	第五十二条　预防和监测犯罪所得的转移
第三十一条　直接追回财产的措施	第五十三条　直接追回财产的措施
第三十二条　通过没收事宜的国际合作追回资产的机制	第五十四条　通过没收事宜的国际合作追回资产的机制
第三十三条　没收事宜的国际合作	第五十五条　没收事宜的国际合作
第三十四条　特别合作	第五十六条　特别合作
第三十五条　资产的返还和处分	第五十七条　资产的返还和处分

因此，尚须结合跨国网络有组织犯罪自身的特点，构建有针对性的赃款追回机制，其中，资产分享机制值得关注。“资产分享”（Asset Sharing）又称“犯罪资产分

① 参见刘道前：《打击跨境电信诈骗国际警务合作的问题与对策》，载《犯罪研究》2019年第6期。
② 参见王肃之：《打击网络犯罪国际规则的博弈与中国方案》，载《法学论坛》2021年第1期。

享”,是指犯罪资产来源国和资产实际控制国之间根据国际公约、双边条约或临时协定,将没收的犯罪资产扣除必要费用之后按照比例进行分割的制度。[①] 这一制度的设立并非专门针对反腐败追赃,而是针对各类犯罪资产的追赃问题。

传统意义上的国际司法协助以“人”为中心,包括基于协调各国的实践创设了引渡等协作制度,配套形成了“或引渡或起诉”等国际司法适用的原则,极大程度上确保了对于犯罪人的追诉。与之相对,关于犯罪所涉“物”(特别是追赃)相关的司法协助却存在较大的难题。这是因为犯罪追赃不仅涉及司法协助的问题,还涉及经济、金融方面的问题,一国协助他国追赃无疑会在一定程度上减少本国的现金流入,将从打击犯罪中所获得的收益拱手送予他国。从实践看,请求国总是希望尽可能多地追缴犯罪所得及其收益,这在相当程度上挫伤了被请求国在追缴犯罪所得合作中的积极性。[②] 因此,犯罪追赃资产分享制度的核心目的是调动资产流入国积极性,推进国际司法合作。[③]

一些国家基于其社会发展和司法实践率先创立和实践了犯罪追赃资产分享制度,美国是其典型代表。美国国会通过的《1986 年反毒品滥用法》即出现了类似的规定,并被编为《美国联邦法典》第 18 卷第 981 条。其后,美国与其他国家所签订的双边刑事司法协助条约也大多在“没收中的协助”部分对没收资产的分享加以规定。[④] 1994 年至 2014 年,美国财政部没收基金与为犯罪资产没收提供合作和协助的 27 个国家分享了超过 3 亿美元没收资产。[⑤] 之后,一些国家也实践了美国的这一制度。例如,澳大利亚于 2002 年通过了《犯罪收益追缴法》,该法规定被追缴的犯罪资产统一置于被罚没财产账户(Confiscated Assets Account)中,用于支付资产罚没过程中产生的合理费用和“公平的分享计划”(Equitable Sharing Program)。

---

① 参见张士金:《资产追回国际法律合作问题研究》,中国人民公安大学出版社 2010 年版,第 126 页。

② 参见李长坤:《刑事涉案财物处理制度研究》,上海交通大学出版社 2012 年版,第 235 页。

③ 参见郭欣、李永哲:《浅析我国犯罪资产分享机制的构建》,载《北京警察学院学报》2015 年第 6 期。

④ 参见焦经川:《浅谈美国没收资产国际分享制度及对中国的影响和启示》,载《行政与法》2016 年第 9 期。

⑤ 参见王玫黎、殷超峰:《我国反腐败跨境追赃犯罪资产分享机制的重估与构建》,载《学术探索》2018 年第 3 期。

“公平的分享计划”即澳方对外开展犯罪资产分享的国内法制度。①

1998年联合国大会作出《刑事事项国际合作》决议，该决议明确基于联合国《关于分享没收的犯罪所得或财产的双边示范协定》推动刑事事项国际合作。② 在国际立法层面，一般认为最早规定了犯罪追赃资产分享制度的为1988年《联合国禁止非法贩运麻醉药品和精神药物公约》。该公约第5条第5款(b)项规定了缔约国按该条规定依另一缔约国的请求采取行动时，可特别考虑就特定事项缔结协定的情形，其中，第二种情形即为：“按照本国法律行政程序或专门缔结的双边或多边协定，定期地或逐案地与其他缔约国分享这类收益或财产或由变卖这类收益或财产所得的款项。”此后，关于其他犯罪的国际公约也相继作出类似规定，例如，1999年《联合国制止向恐怖主义提供资助的国际公约》第8条第3款规定：“每一有关缔约国得考虑同其他缔约国缔结协定，在经常性或逐案的基础上，分享执行本条所述没收而取得的资金。”2000年《联合国打击跨国有组织犯罪公约》第14条第3款(b)项规定：“根据本国法律或行政程序，经常地或逐案地与其他缔约国分享这类犯罪所得或财产或变卖这类犯罪所得或财产所获款项。”

我国相关立法也在探索资产分享机制的适用。《国际刑事司法协助法》第49条规定：“外国协助没收、返还违法所得及其他涉案财物的，由对外联系机关会同主管机关就有关财物的移交问题与外国进行协商。对于请求外国协助没收、返还违法所得及其他涉案财物，外国提出分享请求的，分享的数额或者比例，由对外联系机关会同主管机关与外国协商确定。”第54条规定：“对于外国请求协助没收、返还违法所得及其他涉案财物的，可以由对外联系机关会同主管机关提出分享的请求。分享的数额或者比例，由对外联系机关会同主管机关与外国协商确定。”(以上条款)通过该分享制度的设计，可以充分调动其他国家的积极性，③从而与我国充分协同。特别是该法采用了分条加以规定的模式，更是突出了对这一制度的重视和对其应用的关切。《国际刑事司法协助法》第49条、第54条的规定并未限定犯罪类型，因此，腐败犯罪追赃同样可以适用其规定的资产分享制度。

---

① 参见赵宇、喻国奇、杨春：《中国——澳大利亚追赃合作中的资产分享机制建构》，载《广西警察学院学报》2019年第3期。

② See A/C. 3/69/L. 4.

③ 参见黄风：《检察机关实施〈国际刑事司法协助法〉若干问题》，载《国家检察官学院学报》2019年第4期。

未来,可进一步探索资产分享机制在跨国网络有组织犯罪资产追回中的适用。

第一,构建跨国网络有组织犯罪资产分享专项规范。《国际刑事司法协助法》规定的犯罪追赃资产追回制度缺少关于跨国网络有组织犯罪资产分享的特殊考量,需要考虑如何就这一领域设置专项规范,以推动资产分享的充分适用。具体层面,可就实施主体与专项立法的模式选择、分享资产的范围和比例作出规定。

第二,跨国网络有组织犯罪资产分享与相关方式。《国际刑事司法协助法》提供了一种方式,即外国协助执行的,可以扣除合理费用。其第 53 条规定:“外国请求返还违法所得及其他涉案财物,能够提供确实、充分的证据证明,主管机关经审查认为符合中华人民共和国法律规定的条件的,可以同意并安排有关办案机关执行。返还前,办案机关可以扣除执行请求产生的合理费用。”基于此,在实践中可以确立层次化的实践模式,考虑优先适用《国际刑事司法协助法》第 53 条合理费用扣除条款,在无法有效实施时再适用第 53 条资产分享条款,从而尽最大可能确保涉跨国网络有组织犯罪资产追回。

在此基础上,还可探索资产分享方式与费用扣除方式之间的“中间方式”,即对于外国不同意按照费用扣除方式,但是,基于我国具体情况适用资产分享方式存在不妥时,可以探索“按比例奖励方式”。即先要求外国将涉跨国网络有组织犯罪资产给予我国,之后,我国按照协定或约定给予其一定比例的“奖励”,从而兼顾各方。

此外,还需考虑受害人补偿和资产所在国利益的平衡。有学者提出,在跨国网络有组织犯罪跨境追赃中,如果严格坚持受害人优先受偿原则,将严重挫伤资产所在国的积极性,为了保证国际刑事司法合作的长久性、有效性,需要探索设立对资产所在国的补偿制度。① 这一思路可以借鉴,但需要充分考虑被害人的补偿问题,建议采取顺位式的赃款追回机制:第一顺位为被请求国追回赃款支付的费用,先予支付;第二顺位为被害人的补偿和被请求国的补偿;第三顺位为被请求国不要求补偿时,给予的“奖励”数额,以激发其积极性。

第三,推动跨国网络有组织犯罪资产分享规范的适用。一方面,制定跨国网络有组织犯罪资产分享细则规范。可以考虑推动立法的层次化、多元化,在现有立法

---

① 参见郝家英:《电信网络诈骗犯罪跨境追赃与国际刑事司法合作》,载《北京警察学院学报》2021 年第 2 期。

的基础上,就跨国网络有组织犯罪资产分享出台专项指导文件(或者在相关指导文件中涉及),明确资产分享的具体要求、流程、注意事项等,推动其程序化、规范化。另一方面,颁布跨国网络有组织犯罪资产分享指导案例。跨国网络有组织犯罪资产分享必然会涉及多个相关部门,如外交、法院、监察、检察、财政、银行等。[①] 在司法领域,最高人民法院、最高人民检察院公布了众多指导案例,全面指导了各类司法案件的审判。为了指导后续工作开展,可以考虑由最高人民法院、最高人民检察院,围绕跨国网络有组织犯罪资产分享颁布一批指导案例,明确案例要旨,从而尽可能推动这一制度实践的一致化、协调化。

第三节 网络空间智慧“扫黑除恶”机制的实践与完善[②]

《关于办理利用信息网络实施黑恶势力犯罪刑事案件若干问题的意见》的颁布既体现了实务部门对于该类犯罪的重视,也意味着刑事层面专项治理机制的规范塑造。然而,网络空间中的该类犯罪具有明显的技术特征,犯罪组织和犯罪行为的网络化日趋明显,亟须刑事治理和技术治理的有效互动。实践中对这一问题虽有探索,但呈现碎片化、零散化的特征,亟须从理论上进行归纳和总结,探索构建网络空间智慧“扫黑除恶”机制体系,以充分推动该类犯罪的有效治理、协同治理。

一、智慧“扫黑除恶”的实践探索与反思

(一)智慧“扫黑除恶”的初步实践

在“扫黑除恶”专项行动开展过程中,一些地区认识到传统黑恶势力犯罪治理模式的不足,开始探索结合新技术推动智慧“扫黑除恶”的实践。主要包括以下几个方面:

第一,推动对于智慧“扫黑除恶”的地方性立法,提供制度供给。2018 年 7 月 26 日,湖北省人民代表大会常务委员会第四次会议审议通过了《关于深入开展扫

① 参见袁江平、欧福永:《论中国境外追逃追赃国际合作法律机制的国际法依据》,载《上海对外经贸大学学报》2020 年第 4 期。

② 相关内容参见莫洪宪、王肃之:《网络空间智慧“扫黑除恶”机制的理论探索》,载《河南社会科学》2020 年第 10 期。

黑除恶专项斗争的决定》[①],其中,也有与智慧“扫黑除恶”相关的规定。首先,《关于深入开展扫黑除恶专项斗争的决定》规定,“以线索摸排核查、重点案件侦办、突出治安问题整治为抓手,在精准打击、深度打击、延伸打击上下功夫,切实打好扫黑除恶主动仗攻坚仗整体仗”。而“线索摸排核查”“精准打击”等措施离不开智慧技术的支持。其次,湖北省人民代表大会常务委员会《关于深入开展扫黑除恶专项斗争的决定》规定,“推进群众性治安防控‘雪亮工程’建设,健全各级综治中心和网格化平台,推动社会治理重心向基层下移,将涉黑涉恶违法犯罪信息纳入社会信用惩戒体系”,这就为全省范围内跨平台的智慧“扫黑除恶”提供了依据。

第二,借助信息技术进行统计,发布“扫黑除恶”大数据。如全国“扫黑除恶”专项斗争总结表彰大会即发布了一系列数据。[②] 此外,内蒙古自治区、甘肃省等地也曾发布地区性数据。这些数据的统计以及后续分析对于打击发生在现实空间和网络空间的黑恶势力犯罪均有重要意义。

第三,探索运用智慧方式进行黑恶势力的线索与证据收集。比如,在典型案件中,检察机关基于大数据及其他手段汇总分析警情数据,扩大证据收集范围,及时

---

① 湖北省人民代表大会常务委员会:《关于深入开展扫黑除恶专项斗争的决定》,http://www.hubei.gov.cn/zhuanti/2019/rdzd/201901/t20190123_1379521.shtml。

② 2021 年 3 月 29 日,全国“扫黑除恶”专项斗争总结表彰大会在京召开,分多个方面发布了相关统计数据:第一,黑恶势力得到有效铲除。全国共打掉涉黑组织 3644 个,涉恶犯罪集团 11,675 个,抓获犯罪嫌疑人 23.7 万人,缉拿目标逃犯 5768 人,境内目标逃犯全部缉拿归案,境外目标逃犯到案率达 88.7%,43,144 名涉黑涉恶违法犯罪人员投案自首。第二,社会治安环境显著改善。全国公安机关共破获涉黑涉恶刑事案件 24.6 万起,缴获枪支 3114 支,带动破获 2015 年以前陈年积案 8.08 万起,其中命案积案 2669 起,极大震慑了犯罪。2020 年全国刑事案件比 2017 年下降 13.1%,八类严重暴力案件下降 30%。第三,法治权威充分彰显。坚持以法治思维和法治方式推进扫黑除恶专项斗争,全国检察机关起诉涉黑涉恶犯罪案件 3.6 万件 23 万余人,全国法院一审判决 3.29 万件 22.55 万人。第四,党风政风社会风气明显好转。全国纪检监察机关共立案查处涉黑涉恶腐败和“保护伞”案件 89,742 件,立案处理 115,913 人,给予党纪政务处分 80,649 人,移送司法机关 10,342 人。第五,基层基础全面夯实。全国共打掉农村涉黑组织 1289 个,农村涉恶犯罪集团 4095 个,依法严惩“村霸”3727 名。全国组织系统会同有关部门排查清理受过刑事处罚,存在“村霸”、涉黑涉恶等问题的村干部 4.27 万名,补齐配强了一批村干部。第六,发展环境持续优化。全国共打掉欺行霸市等涉黑组织 1128 个,打掉资产在亿元以上的涉黑组织 653 个,依法处置生效涉黑涉恶案件资产 1462 亿元。依法托管代管涉案企业 887 家,保障了 3.6 万多名员工就业。第七,政法队伍战斗力进一步增强。全国 100 余万政法干警充当主力军、奋战在一线,共有 754 名政法干警在专项斗争中负伤牺牲。第八,人民群众获得感幸福感安全感不断提升。国家统计局调查显示,2020 年下半年全国群众安全感为 98.4%,有 95.7% 的群众对专项斗争成效表示“满意”或“比较满意”;对全面从严治党、党风廉政建设和反腐败印象深刻的工作中,有 84.1% 的群众选择了“打伞破网”,位居首位。参见中国长安网:《全国扫黑除恶专项斗争总结表彰大会在京召开 部署常态化开展扫黑除恶斗争》,https://baijiahao.baidu.com/s?id=1695647872349697173&wfr=spider&for=pc。

固定证据,依法查封、扣押、冻结涉案财产,深挖黑恶势力“保护伞”,推动了案件的及时有效侦办。一些地方还建设城市办公平台的“扫黑除恶”模块,充分利用已有的信息化建设成果,特别是城市公共安全平台的数据共享服务,实现了平台联通、数据融通,拓宽了涉黑涉恶犯罪线索的发现渠道。

(二)智慧“扫黑除恶”实践的不足

虽然各地围绕智慧“扫黑除恶”进行了多种实践,但总体来看依然存在较大的不足,难以适应黑恶势力犯罪特别是治理网络空间该类犯罪的现实需要。其主要不足之处表现为:

第一,此前的智慧“扫黑除恶”系围绕黑恶势力犯罪总体开展的,缺乏网络空间该类犯罪的针对性。无论是湖北省人民代表大会常务委员会《关于深入开展扫黑除恶专项斗争的决定》关于智慧“扫黑除恶”的相关规定,还是内蒙古自治区、甘肃省发布的“扫黑除恶”大数据,均是针对黑恶势力犯罪整体作出的,未考虑网络空间黑恶势力犯罪的独特性。网络空间黑恶势力犯罪由于在组织结构、行为方式、人员形态等方面具有独特性,使其难以完全按照传统黑恶势力犯罪的思路实现有效治理,否则也无须制定专门的《关于办理利用信息网络实施黑恶势力犯罪刑事案件若干问题的意见》,这是其他类型的黑恶势力犯罪所从未享有的“待遇”。智慧“扫黑除恶”之所以有必要作为专门的机制提出,最主要的原因也是基于网络空间的现实化,对于其中的黑恶势力犯罪必须采取契合信息、数据、智能技术发展的新模式,特别是充分运用智慧技术、智慧方式,目前的实践并未充分体现这一视角。

第二,此前的智慧“扫黑除恶”主要强调大数据等技术的应用,而且深度和广度均存在不足。现阶段大数据技术在涉黑涉恶案件的线索排查、证据收集等方面有了初步的运用。但总体来看,智慧技术的应用程度和领域较为有限,表现为不全面、不系统,缺少专门的智慧系统,以及快速分析、移送反馈机制。相关案件侦办过程中,未能通过大数据预先对于异常警情进行智能检测和排查,一定程度上影响了涉黑涉恶案件的发现和处理,折射出智慧技术在涉黑涉恶案件侦办过程中应用不足。

第三,此前的智慧“扫黑除恶”实践缺乏参与性、协同性。现有实践多是单一部门、单一地区的有限探索,既缺少相当范围、相当领域的主体有效参与(如网络服务提供者),也缺少科学和全面的协同机制。以智慧技术和行业“扫黑除恶”的衔接为例，此前各地相关认识不够深入，未充分挖掘智慧“扫黑除恶”与行业治理的内在联系，更未将其作为专项斗争的重要内容予以考量，在分析研判、标准衔接、数据对接等方面缺少实践，无法将各行业的基本指标、维度和智慧技术关联，难以通过数据桥梁跨越行业、领域的壁垒，实现智慧“扫黑除恶”与各行业治理的全面有效对接。

二、网络空间智慧“扫黑除恶”机制的二重维度

此前智慧“扫黑除恶”只是零星、分散的实践，并无科学、系统的机制设计，更缺乏对于网络空间专门的考量。因此，需要从基本机理上着眼，推动网络空间智慧“扫黑除恶”机制的维度构建，并从技术协作维度、技术与法律协作维度予以具体化。

（一）技术协作维度

网络空间智慧“扫黑除恶”离不开信息科学相关的各项技术，但是，机制化的网络空间智慧“扫黑除恶”强调各项技术的协同运用，而非仅是强调某一类技术的适用。就技术层面，需要推动大数据技术、云计算技术和人工智能技术的协同运用。

第一，大数据技术。“大数据不是简单的数据库的规模和范围不断扩大和越来越多的信息被不断扩展的程序收集。”①大数据通常被描述为四个“V”，即数量（Volume）、多样（Variety）、速度（Velocity）和价值（Value），以动态的方式进行描述即为通过数据发掘进而从海量的、分散的大量数据中发现价值。大数据技术的关键在于数据挖掘，而且，这种数据挖掘（Data Mining）可以通过快速、高效的方式完成。通过挖掘大数据，可以进行有效的分析研判，为决策提供参考。“Google 流感趋势（Google Flu Trends，GFT），其基于网页搜索的分析来估计流感趋势、位置等数据，这经常被引用作为大数据发挥效果的事例之一。”②

对于网络空间智慧“扫黑除恶”而言，大数据技术无疑发挥着基础性作用——

① Mark Andrejevic, *Personal data: Blind spot of the "affective law of value"?*, The Information Society, Vol. 31(1), p. 11(2015).

② Sherali Zeadally & Mohamad Badra, eds. *Privacy in a digital, networked world: Technologies, implications and solutions*, Springer, 2015, p. 39.

为其他技术形式提供基础资源。无论是云计算技术还是人工智能技术，其性能和效用的实现必须要以大数据为基础，而大数据本身的收集、分类、提取、整合必不可少。大数据技术对于网络空间黑恶势力犯罪治理而言更是具有两个方面的基础意义：一方面，网络空间中的黑恶势力犯罪行为通过信息网络的形式实施，其数字"足迹"有迹可循，进行大数据化的统计和分析无疑能够为充分摸排组织、行为、人员线索提供基础数据；另一方面，随着"扫黑除恶"专项斗争的深入，根据既有的司法裁判结果进行统计，无疑能够为研判、预判网络空间黑恶势力犯罪的趋势与方向提供重要资料。随着技术的发展，大数据技术所能够承载的数据体量日益增大。"大（数据）传感器收集更多和新型的数据，廉价的数据存储可以无限期地保留数据"，[①]即大数据技术在支持网络空间智慧"扫黑除恶"机制的过程中不会出现数据过载的问题，可以充分发挥其基础性作用。

第二，云计算技术。云计算即通过运用云端资源进行分布式计算的技术形式，其目的是"将资源集中于互联网上的数据中心，由这种云中心提供应用层、平台层和基础设施层的集中服务，以解决传统 IT 系统零散性带来的低效率问题"。[②]"云计算"中的"云"一般称为"Cloud"，其实质表现为一个动态的集合（Group）。云计算描述的是一种计算结构而非计算内容，因此，云计算提供了一种方法与范式。

对于网络空间智慧"扫黑除恶"而言，云计算技术发挥着算法保障的作用。无论是大数据统计结果，还是人工智能分析都对运算有着巨大的需求，也是未来智慧机制实现的技术依托。目前进行的智慧"扫黑除恶"多是单机操作，并非基于云端系统——无论是地区性的数据统计，还是个案性的数据分析。而现有实践显然难以适应网络空间黑恶势力犯罪组织、行为、人员的新样态，特别是基于其嬗变的现实状况，挖掘分析均需要巨大的数据计算，远非单机资源所能够承载。因此，云协同的基础性作用应当被突出强调。[③]

第三，人工智能技术。人工智能（Artificial Intelligence，AI）这一概念的出现了一般认为可以追溯至 1956 年。有学者认为，"根据诸多学者文章中对于人工智能

---

① See Rebecca Herold & Christine Hertzog, *Data privacy for the smart grid*, CRC Press, 2015, p. 8.

② 参见欧阳元新、熊璋编著：《物联网引论》，北京航空航天大学出版社 2016 年版，第 200 页。

③ 参见莫洪宪、王肃之：《依法开展大数据"扫黑除恶"的若干关键问题》，载《警学研究》2019 年第 6 期。

的界定，其是人为创造的智慧，即在计算机或其他设备上模拟人类思维的软件系统”。[①] 人工智能的社会应用也越发广泛，如在医疗领域，人工智能软件特别是包含机器学习的软件，其提供了无须基于规则编程的数据学习的能力，可以简化将微量元素从初始化到市场化的过程。[②] 人工智能的普及和发展已经在相当大的程度上改变了社会的发展和人们的认知。[③]

对于网络空间智慧“扫黑除恶”而言，人工智能技术是最为核心的领域，无论是大数据技术，还是云计算技术都是为智能化、智慧化提供支撑，最终实现网络空间“扫黑除恶”的完全实现。比如，对于“非现实化”的组织、碎片化的行为、流动化的人员，依靠传统的人工识别与简单机械运算无法发现其关联，只有充分发挥基于数据、算法之上的智慧系统作用，才能够高效、集中、全面地进行分析研判，确保针对性、有效性的侦控与打击。

（二）技术与法律协作维度

与信息技术领域本身的应用相比，智慧“扫黑除恶”机制除了要求技术层面的协同，更需要技术与法律的协同。对于网络空间的黑恶势力犯罪治理，需要从规范协同、指标协同方面分别着力。

第一，技术与法律的规范协同。仅有湖北省人民代表大会常务委员会《关于深入开展扫黑除恶专项斗争的决定》等地方性立法是不够的，亟须针对黑恶势力犯罪侦查、防控、治理规定技术指标，以及网络空间智慧“扫黑除恶”机制进行专门规定。

一方面，应推动一般层面智慧“扫黑除恶”机制的立法规定。基于我国智慧“扫黑除恶”的实践需求，借鉴域外经验，可以特别规定以下方面的内容：一是规定专门的信息系统，二是规定大数据分析与预警，三是规定智慧侦查措施。

另一方面，还应在下位文件中就网络空间智慧“扫黑除恶”机制进行专门规

---

① See Paulius Čerka, Jurgita Grigienė & Gintarė Sirbikytė, *Liability for damages caused by artificial intelligence*, Computer Law & Security Review, Vol. 31(3), p. 378(2015).

② See Lincoln Tsang, Daniel A. Kracov & Jacqueline Mulryne, et al. *The Impact of Artificial Intelligence on Medical Innovation in the European Union and United States*. Intellectual Property & Technology Law Journal, Vol. 29(8), p. 3(2017).

③ 参见王肃之：《人工智能犯罪的理论与立法问题初探》，载《大连理工大学学报（社会科学版）》2018 年第 4 期。

定。《关于办理利用信息网络实施黑恶势力犯罪刑事案件若干问题的意见》虽然系针对网络空间黑恶势力犯罪治理制定，但是其内容主要围绕实体法层面展开，具体围绕司法认定等问题作出规定，并未规定信息网络等技术的应用问题。然而，网络空间的黑恶势力犯罪具有自身特点，需要在智慧技术层面作出专门规定。因此，应当通过专门制定规范（如出台《关于办理利用信息网络实施黑恶势力犯罪刑事案件技术问题的意见》）或专门规定章节（如“关于黑恶势力犯罪刑事案件技术问题的意见”一章）的形式进行明确。

第二，技术与法律的指标协同。传统意义上，“扫黑除恶”的技术适用和法律适用是分离的，技术适用仅在侦查领域，法律适用仅在审判领域。然而，随着技术的发展，智慧“扫黑除恶”机制强调法律与技术的结合，在审判、治理领域同样需要大数据统计和智能分析，技术在侦查领域的适用和相关法律规定的关联也不断紧密，技术指标和法律指标的协同需求日益凸显。特别是网络空间的黑恶势力在组织、人员、行为等方面都面临特殊的认定问题，比如，对于“网络水军”中大量主体实施的发帖、删帖行为，如何在统计和分析的过程中与相关刑事立法、司法解释对接，从而妥当认定其组织性即需要研究。

其中，最关键的难题在于定量指标和定性指标如何进行协同。信息技术本质上具有定量的性质，无论数据的运算，还是结果导出。与之不同，网络空间黑恶势力犯罪治理工作强调定性属性，二者存在差异。笔者曾提出将黑恶势力组织的要件判断与信息数据进行对接，分组织问题线索信息、经济问题线索信息、行为问题线索信息和危害性问题线索信息，实现涉黑涉恶问题线索数据库与黑恶势力的构成要件衔接。①

但是，对于网络空间智慧“扫黑除恶”而言，由于黑恶势力组织、行为、人员的特殊之处，更需要借助智能系统辅助人工进行线索收集、数据研判、分析决策，即要求智能系统不仅需要完成定量运算，更需要辅助进行定性分析。比如，在“网络水军”案件的侦办中，行为人往往互不相识，难以通过传统的社会关系排查锁定，在确定组织者之后，对于参加者的排查则可借助智能系统进行全面检索，从而确保对于所有人员的快速、完整排查。

---

① 参见莫洪宪、王肃之：《依法开展大数据“扫黑除恶”的若干关键问题》，载《警学研究》2019 年第 6 期。

在具体操作上,可以将"0/1"的数字判断与"有/无"的事实判断进行有机衔接,从而推动智能系统介入定性判断,辅助相关人员。以网络空间黑恶势力组织的判断为例,可结合其四个特征通过智能系统进行辅助判断(见图2)。

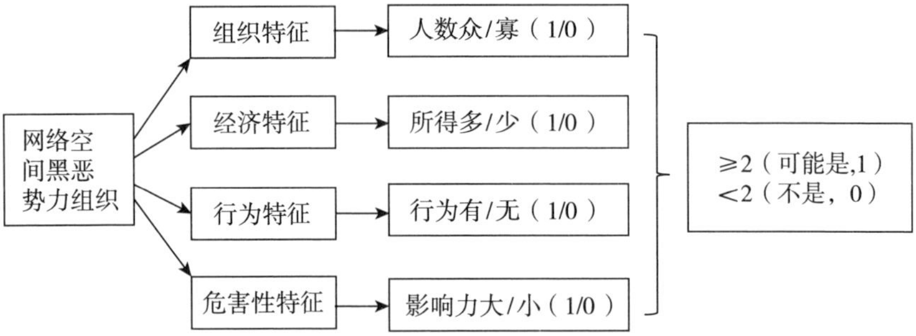

图2 网络空间黑恶势力组织特征智能判断过程

当然,为展示清楚图2对判断过程进行了简化,在判断过程中还需要进行二次判断。比如,对于组织人数的判断,可以"3人"作为界限进行细化;对于组织行为的判断,可区分犯罪行为和违法行为分别划定不同的数量标准。最终的推导结果可以成为相关人员分析的前提和资料,经由通过智能系统进行初次筛选排查,减少工作量和误差。

三、网络空间智慧"扫黑除恶"机制的实践方式

由于网络空间黑恶势力犯罪的独特形态,推动智慧"扫黑除恶"机制的落实不仅需要贯彻前述的二重维度,还需结合客体和主体特殊之处确立科学的、有针对性的实践路径。

(一)客体实践方式

这是基于智慧"扫黑除恶"机制所针对的对象来说的,具体围绕网络空间黑恶势力犯罪的组织、行为、人员采取有针对性的对策,结合《关于办理利用信息网络实施黑恶势力犯罪刑事案件若干问题的意见》的规定构建指标体系和智慧程式,通过智慧方式实现网络空间"扫黑除恶"的全覆盖、全维度打击。

第一,网络空间黑恶势力犯罪组织层面。应围绕网络空间中涉及"黑色"或"灰色"地带的各种组织进行全面、自动化的排查,同时,结合人工进行判断。以"危害性特征"为例,传统意义上的智慧防控多是基于城市空间展开,如通过大数

据对重点地点进行实时防控,特别是针对商贸集市、批发市场、车站码头、旅游景区等往来人员复杂的重点地点,运用犯罪地理学、犯罪制图技术,基于 GIS 地理信息系统进行涉黑涉恶案件的防控。然而,网络空间不同于现实空间,具有分布式的特征,难以确立集中、确定的地域场所,因此,智慧排查应主要围绕网络行业、领域展开。《关于办理利用信息网络实施黑恶势力犯罪刑事案件若干问题的意见》第 13 条已经明确在网络空间和现实社会造成重大影响,严重破坏经济、社会生活秩序的,应当认定为“在一定区域或者行业内,形成非法控制或者重大影响”。基于此,可针对不同领域的网络行业资源集中程度、管理干扰情况等进行智慧排查,设置预警指标(如资金流向、交易指向明显超出正常范围),一旦数据出现异常情况则通过智能系统向相关人员报警,进行人工重点排查。

第二,网络空间黑恶势力犯罪行为层面。网络空间中的黑恶势力犯罪行为更加碎片化,不仅“网络水军”行为体现这一特征,网络“套路贷”中的网络滋扰等行为也是如此。《关于办理利用信息网络实施黑恶势力犯罪刑事案件若干问题的意见》第 12 条明确其行为的“线上线下相结合的方式”,肯定了网络方式的行为也可以作为“违法犯罪活动”的当然内容。应改变传统的对于犯罪行为进行重点排查、对于违法行为进行附属排查的方式,对于关涉某一组织及其人员的大量违法行为进行重点监控,通过算法聚类识别,为后续人工判断提供充分的判断资料和参考意见。但在此过程中也应重视划定合理的界限指标,《关于办理利用信息网络实施黑恶势力犯罪刑事案件若干问题的意见》第 12 条强调,单纯通过线上方式实施的违法犯罪活动,且不具有为非作恶、欺压残害群众特征的,一般不应作为黑社会性质组织行为特征的认定依据。因此,对于行为层面指标的设置应当与其他指标“串联”,即通过算法设置,单纯符合(违法)行为指标而不具有其他指标的情形,通过智能系统自动过滤剔除。

第三,网络空间黑恶势力犯罪组织人员层面。由于网络空间的跨时空互动性,以及黑恶势力犯罪组织人员的流动性,传统的以人员社会关系为核心的防控模式捉襟见肘。《关于办理利用信息网络实施黑恶势力犯罪刑事案件若干问题的意见》第 10 条指出,对部分组织成员通过信息网络方式联络实施黑恶势力违法犯罪活动,即使其相互未见面、彼此不熟识,不影响对组织特征的认定。因此,应当将以社会关系为中心的防控模式转为以(网络)轨迹为中心的防控模式。一方面,通过可疑操作关联、其他刑事案件关联等方式确定可疑人员后,对其进行全面排查,确定是否和特定组织有关；另一方面，对于刑释解教人员和被打击处理过的网络空间黑恶势力组织人员进行重点防控，通过轨迹信息、通讯信息、财产变动信息等重要信息的监视，防止其再犯，实现长效化的人员数据监控体系。

（二）主体实践方式

这是基于参与实施智慧“扫黑除恶”机制的主体来说的，在传统意义上相关部门共同参与网络空间黑恶势力犯罪治理之外，还应该特别强调网络服务提供者的有效参与，致力于实现公私协作。特别是随着“扫黑除恶”进入常态化，相关协作也应具有长期性、长效性。

第一，通过智慧技术实现跨部门有效协作。“扫黑除恶”专项斗争中不仅有政法部门积极参与，经济部门、社会管理部门也是重要的责任主体，多部门的共同参与才确保了专项斗争的实效。然而，目前有限的智慧技术运用多限于各个部门之间，未实现跨部门、打通壁垒的协作机制，亟须实现突破。比如，可以整合城市公共安全管理与基层社会治理信息系统平台、城乡社区网格化服务管理平台、雪亮工程大数据应用平台、综治中心信息化系统平台，建设政法信息共享平台与跨部门云协同平台。①

具体应用上，这种跨部门协作应当贯穿网络空间智慧“扫黑除恶”的各个领域。一是取证智慧协作层面，通过智慧平台打造黑恶势力电子证据系统，根据“打早打小”的证据需求特点，充分利用智慧技术电子化、实时性的优势，保证证据的时效性、实效性。二是行动智慧协作，通过智慧平台和网络行业的管理部门实现全面联网，对于应处行政处罚、处于萌芽状态的网络空间黑恶势力行为也确保和刑事案件一样的实时协作打击效果。三是涉黑涉恶财产智慧协作，公安部门、人民检察院、人民法院等政法部门与金融、房屋管理等部门实现数据联网和精准大数据查询，既保证侦办过程中迅速、全面清查所有涉黑涉恶案件财产，使财产冻结与执行贯彻严格化、程序化，同时，走向在线化、实时化，彻底扫除黑恶势力的经济基础，也保证不侵犯合法的财产。四是“保护伞”腐败案件关联查处智慧协作，将“扫黑除恶”线索数据智慧系统与政法部门现有的“天网”“雪亮工程”等相关系统数据关

---

① 参见程骋、杨安、莫洪宪、许祥辰：《大数据与智慧扫黑除恶工作研究》，载《中国公共安全（学术版）》2018 年第 4 期。

联，充分挖掘网络空间涉黑涉恶案件与腐败案件的线索联系，在发现有交集的国家公职人员后，立即进行“保护伞”线索排查、信息比对，以及问题线索优先精准分析，一旦查实立即同时移送，让智慧技术成为发现每一个“保护伞”的利剑。五是分析研判智慧协作，即通过智慧技术分析不同类型网络空间黑恶势力和特定犯罪的关联性，以及定罪量刑的适当性、均衡性，为全面、长效打击网络空间黑恶势力犯罪提供支持。

此外，也应致力于构建跨部门的智慧“扫黑除恶”机制保障体系，确保技术支持。比如，为确保跨部门智慧系统、数据库的运转，有必要建设多个部门共同参与建设的智慧“扫黑除恶”重点实验室，特别是侧重推动两类实验室的建设：第一类实验室为“扫黑除恶”数据实验室，即基于数据基础统计、组合算法分析、分类算法、聚类算法、离群检测、时间序列分析等大数据实验，充分挖掘黑恶势力组织、人员、资金等关键信息数据，为扫黑除恶工作的开展提供基础数据支持，确保跨部门的数据存储和共享。第二类实验室为“扫黑除恶”智慧分析实验室，即基于数据分析、消息分析等智慧实验，综合分析“扫黑除恶”侦查、防控等方面质效，通过算法归纳得失，为分析预判、即时协作等方面提供全面的技术支持。

第二，通过智慧技术实现公私协作。随着网络社会的发展，网络服务提供者的地位日益彰显，在犯罪防控层面的作用也越发不可或缺，其与相关部门的协作成为网络空间犯罪治理的重要方式。[①] 基于此，应由政法、网信等相关部门与大型互联网企业开展合作，在保证数据安全的前提下推动智慧技术在公私领域协同“扫黑除恶”的过程中充分应用，特别是注重以下层面：一是用户数据、交易数据的实时共享和快速查询，协作锁定网络空间黑恶势力的行为、人员、资金信息数据。二是合作开展专项行动，构建政法、网信等相关部门和互联网企业共同协作的“网上网下”立体行动，将网络空间黑恶势力一网打尽。三是协作大数据分析，借助互联网企业的海量数据和分析运算能力对网络空间黑恶势力进行模型分析，为精准预测和彻底打击提供支持。

（三）技术实现方式

应依法运用智慧技术，通过数据库和云协作机制建设，发挥其在涉黑涉恶案件

---

① 参见莫洪宪、王肃之：《毒品滥用行为网络防控体系的多维建构》，载《政法论丛》2020年第1期。

侦办、黑恶势力防控机制中的重要作用,助力“打早打小”与“打准打实”的结合,以及“打伞破网”与“打财断血”的推进,使之成为智慧“扫黑除恶”的技术实现方式。

第一,建设扫黑除恶线索数据智慧系统。应在全国扫黑办智能化举报平台的基础上,进一步建设智能化、科学化、全覆盖的扫黑除恶线索数据智慧系统,接入单位包括政法部门等相关部门。系统重点围绕黑恶势力的组织特征、经济特征、行为特征和危害性特征设置指标,相关部门人员发现可疑信息后登录数据库录入相关信息,统一汇总至政法部门分析研判。一是组织问题线索数据。对异常组织或人员信息及时录入数据库,特别是针对以“租赁公司”“讨债公司”“调查公司”形式存在的“转型”和“漂白”的黑恶势力。二是经济问题线索数据。对发现的异常资金流向信息及时录入数据库,全面把握黑恶势力经济动向,从而对黑恶势力的经济基础做到第一时间发现、第一时间打击。三是行为问题线索数据。对异常的群体行动、恶性事件信息及时录入数据库,特别是针对全国农村地区、城乡接合部、城中村、工业开发区等管控力量相对薄弱的重点地区发生的事件进行排查和录入,有效发现黑恶势力的“软暴力”行为。四是危害性问题线索数据。对发现的各类行业、地区的行霸、业霸和市霸信息及时录入数据库,特别是针对全国建筑工程、交通运输、矿产资源等经济利益较高的重点行业进行排查和录入,保证有效打击插手经济纠纷的地下出警队等非法组织。

第二,建设全国政法部门联网的涉黑涉恶案件数据库。基于我国实际情况和借鉴域外经验,重视数据库建设,具体可以分两步进行:一是整合公安部门、人民检察院、人民法院涉黑涉恶案件的数据,建立专门的黑恶势力数字档案,并且开设查询功能,为长期监视黑恶势力蜕变发展提供基础资料支撑。二是通过专项调查补充有关黑恶势力所涉行业与地域、发展历程、组织结构、资金运转、行为模式、“保护伞”情况等数据资料,进而实现黑恶势力的结构化分析与“数字画像”,为彻底扫除黑恶势力提供数据分析和模型支持。

第三,建设专门的涉黑涉恶人员信息数据库。在域外,英国的国家罪犯数据库即可以通过严重犯罪、特定犯罪类型和共同犯罪三个标准,将有组织犯罪罪犯与其他罪犯区别开来。[①] 应基于对涉黑涉恶案件相关信息提取,就刑释解教人员和被

---

① See Stuart Kirby, Brian Francis, Les Humphreys & Keith Soothill, *Using the UK General Offender Database as a Means to Measure and Analyse Organized Crime*, Policing: An International Journal of Police Strategies & Management, Vol. 39:1, p. 90(2016).

打击处理过的黑恶犯罪人员建立专门的数据库，从而实现精准打击与精准防控。数据库内容建设应符合以下两个目标：一是数据库应立足于实现涉黑涉恶案件侦查的人员比对、轨迹摸排。数据库应对涉黑涉恶人员的姓名信息、身份证信息、基因信息、指纹信息、住址信息、图像信息、通讯信息等重要信息进行全面录入，为涉黑涉恶案件人员的侦查逮捕提供基础数据。二是数据库应立足于实现涉黑涉恶人员的长期监视和管理，即数据库应对服刑完毕或者免予刑罚处罚的涉黑涉恶人员进行长期跟踪，通过行踪轨迹信息、通讯信息、财产变动信息等重要信息的监视，防止其再犯，特别防止漏网或者轻判的组织成员迅速发展壮大，成长为新的黑恶势力犯罪组织头目。

第四，推动"扫黑除恶"云协作机制的建设，即基于云平台建设推动"扫黑除恶"的实践。重点推动以下两个领域开展云协作：一是推动涉黑涉恶案件财产执行的云协作。随着电子支付的便捷化、即时化，黑恶势力转移财产逃避处罚的风险也日益增加，应建立政法部门与金融等部门联网的涉黑涉恶案件财产执行协作平台，使财产冻结与执行在贯彻严格化、程序化的同时，走向在线化、实时化，一旦锁定立即冻结或执行，防止黑恶势力财产的任何转移，从而确保彻底扫除其经济基础。二是实现涉黑涉恶案件与腐败渎职案件的侦办云协作。应基于大数据平台对涉黑涉恶案件发现的"保护伞"腐败渎职案件第一时间移交，同时，对发现的有关联的经济领域等涉黑涉恶案件与腐败案件经由云协同平台合并线索全面彻查，对党员干部参与的犯罪行为进行同步侦查、同步起诉、同步审理，确保彻底扫除每一个"保护伞"。

第十章 《反有组织犯罪法》时代的规范适用与防治实践

一直以来，我国反有组织犯罪的法律制度比较分散、未成体系，部分文件效力位阶低，防范、治理和保障等相关法律规定比较缺乏，客观上影响实施效果。2021 年 12 月 24 日，全国人民代表大会常务委员会通过了《反有组织犯罪法》，系统总结“扫黑除恶”专项斗争实践经验，保障在法治轨道上常态化开展“扫黑除恶”工作。《反有组织犯罪法》的出台，标志着反有组织犯罪工作进入全面依法开展的新阶段。在此背景下，更需深入理解《反有组织犯罪法》的规定、要求，并在防治实践中予以贯彻。

第一节 《反有组织犯罪法》的立法脉络与特色[①]

一、有组织犯罪专门立法的学术讨论

在如何预防和治理有组织犯罪的讨论中，早就有学者关注制定专门立法，但是，具体的制度设计不尽相同。

第一种观点认为应制定“有组织犯罪法”。如认为，应将已经出现的和将要出现的各种有组织犯罪进行集中统一的规定。

---

① 相关内容参见莫洪宪：《反有组织犯罪法的脉络、特色与适用重点》，载《人民检察》2022 年第 3 期；莫洪宪：《反有组织犯罪法——构筑防治有组织犯罪的法律长城》，载《检察日报》2021 年 12 月 31 日，第 3 版。

“有组织犯罪法”中，不仅应有罪行规定，还应有行政措施，规定专门对付有组织犯罪的机构组成及其运作方式，以及金融等部门配合打击有组织犯罪的协作方式及有效协助的制裁措施等。[①]

第二种观点认为应制定“有组织犯罪防治法”。如认为，需要考虑该法的可操作性及同其他法律的衔接问题，应当将实体法和程序法甚至行政刑法规定于其中，包括有组织犯罪防治所涉及的立法机关、司法机关和行政机关的专家们以及高校的学者（不限于刑事法学者，还应当包括国际法、民商法学、经济法学、宪法行政法学等部门法的学者）应当共同就该防治法涉及的理论与实践问题进行探讨，以增强立法与实践同步性。[②] 类似观点如制定专门的单行法律“有组织犯罪防制法”。[③]

第三种观点认为应制定“反有组织犯罪法”。如认为，面对日益高发的有组织犯罪态势，有必要在当前的法律框架下制定专门的反有组织犯罪法。通过立法与打击该类犯罪相关的各个法律部门，包括刑事实体法、刑事程序法、金融监管法、反腐败法等结合起来，形成打击有组织犯罪的严密法网。[④] 或认为，立法的形式，应当突破当前实体法和程序法分立的格局，而采用实体法和程序法相结合的混合式立法方式。[⑤] 该部法律应该是一部反有组织犯罪的综合性法律，绝不应是刑事单行法，其中，应该涵盖所有关于预防、控制和惩治有组织犯罪的法律制度：既包括刑事实体与程序的规定，又包括行政法、民事法、经济法等规定；既要规定法律的治理措施，又要规定政治的、经济的、社会的、文化的、教育的治理手段；既要规定刑事责任，又要规定民事及行政责任；既要有惩罚措施的规定，又要有防范措施的规定；既要强调事后惩罚，又要强调事前预防；既要有指导原则性的规定，又要有具体措施的规定。[⑥] 也有学者基于借鉴国外经验，提出应制定单独的《反有组织犯

---

① 参见李浩、陈洪兵：《社会转型及入世背景下的中国有组织犯罪——有组织犯罪对策研究》，载《犯罪研究》2002 年第 4 期。

② 参见储槐植、贾凌：《有组织犯罪预防论要》，载《法学家》2008 年第 3 期。

③ 参见蔡军：《我国惩治有组织犯罪的实践困境与立法对策》，载《华东政法大学学报》2013 年第 4 期。

④ 参见许靖、杨丽、邢菲菲：《对有组织犯罪查处中的疑难问题研究》，载《政治与法律》2010 年第 5 期。

⑤ 参见万毅：《有组织犯罪的特性及其对策研究》，载《重庆社会科学》2002 年第 6 期。

⑥ 参见蔡军：《我国有组织犯罪刑事规制体系的检视与重构——基于有组织犯罪集团向企业化发展趋势的思考》，载《法商研究》2021 年第 3 期。

罪法》。[①]

以上观点中第三种观点无疑更为妥当。“有组织犯罪法”主要面向已然的有组织犯罪,不利于进行长效防控。“有组织犯罪防治法”修正了这一问题,但是,其主要聚焦于治理措施,未重视治理主体,有可能在实施上存在障碍。“反有组织犯罪法”则将专门主体、职责纳入考量,进行体系防治,更为全面。

此外,在《反有组织犯罪法》制定过程中也有观点提出,草案既然是对扫黑除恶的专项斗争实践的立法总结,以反黑恶势力(犯罪)法命名也就更为适当、顺理成章,而试图以反有组织犯罪来命名,反而不利于为这种专门性立法的未来创制与深入发展留下应有的空间。[②] 但本书认为,确实采“反有组织犯罪”的表述更为妥当:第一,有组织犯罪是一般性概念,不仅能够涵盖已然的有组织犯罪,也为未来打击新型有组织犯罪提供概念空间。此前,已有学者提出,尽早在立法和司法中确立广义的有组织犯罪概念,使刑事法律的触角能够向前延伸至有组织犯罪的形成期和发展期。[③] 而且,“有组织”是该类犯罪的核心特征,也应予以强调。已有学者提出,仅依赖个体犯罪和一般共同犯罪的归责原则进行责任追究尚显不足,不利于有效抗制和彻底摧毁犯罪组织。[④] 第二,“有组织犯罪”也是一个世界性概念,采这一术语更有利于开展国际合作。不少学者在探讨时也是基于《联合国打击跨国有组织犯罪公约》的概念进行探讨的。[⑤]

二、《反有组织犯罪法》的立法脉络

有组织犯罪严重侵害国家安全、社会秩序、经济秩序以及人民群众的合法利益。为了保障人民安居乐业、社会安定有序以及国家长治久安,就要站在平安中国建设的高度依法防范和严厉惩治有组织犯罪。《反有组织犯罪法》即是立足我国具体国情,总结提升“扫黑除恶”专项斗争实践经验,推进反有组织犯罪工作法治

---

① 参见杨方泉:《有组织犯罪的认定与防范》,载《中山大学学报(社会科学版)》2003 年第 1 期;许靖、杨丽、邢菲菲:《对有组织犯罪查处中的疑难问题研究》,载《政治与法律》2010 年第 5 期;李芳晓:《国外有组织犯罪的现状与防范对策》,载《国外社会科学》2009 年第 4 期。

② 参见王燕飞:《〈反有组织犯罪法(草案)〉的理论检视》,载《河北法学》2021 年第 11 期。

③ 参见蔡军:《我国惩治有组织犯罪的问题与破解路径》,载《河南大学学报(社会科学版)》2014 年第 4 期。

④ 参见蔡军:《我国惩治有组织犯罪的实践困境与立法对策》,载《华东政法大学学报》2013 年第 4 期。

⑤ 参见储槐植、贾凌:《有组织犯罪预防论要》,载《法学家》2008 年第 3 期。

化、长效化的重要里程碑。《反有组织犯罪法》具有鲜明的立法脉络,理解该法时需予以重视。

(一)明确依法防治有组织犯罪的基本问题

一直以来,虽然我国对有组织犯罪均采取严厉打击的态度,然而,多体现在政策、实践层面,虽然也对其贯彻了"严打""打黑除恶""扫黑除恶"等政策,但是缺少专门的立法予以指导,对一些基础性、关键性的问题并未作出专门规定,难以实现长期防治的效果。《反有组织犯罪法》首先对一些基本问题作出契合我国国情的规定,奠定了依法预防和治理有组织犯罪的基础。

第一,界定了有组织犯罪的范围。虽然"有组织犯罪"是一个世界性的概念,各国均对该类犯罪进行严厉打击,但是不同国家该类犯罪的具体情况不尽相同。我国有组织犯罪已经呈现出形式差异较大、整体形态丰富的本土性特征。[①] 我国语境下,有组织犯罪的概念一直有狭义与广义之争,狭义的有组织犯罪仅指黑恶势力犯罪,广义的有组织犯罪还包括以有组织形式实施的恐怖活动犯罪等。根据《反有组织犯罪法》第 2 条,有组织犯罪应从两个层面加以理解:一是有组织犯罪既包括黑社会性质组织犯罪,也包括恶势力组织犯罪;二是有组织犯罪既包括成立、发展犯罪组织的犯罪,也包括犯罪组织实施的犯罪。由于"黑社会性质组织"已经在《刑法》中加以具体规定,因此,第 1 款仅作出指引规定,在第 2 款详细界定了"恶势力组织"。"黑社会性质组织"和"恶势力组织"的多数特征具有同类性质,除了"恶势力组织"不要求经济特征外,其与"黑社会性质组织"在组织特征、行为特征、危害性特征上均具有一致性。此外,第 2 条还规定了本法适用境外的黑社会组织。

第二,明确预防和治理有组织犯罪相结合。有组织犯罪的成因极为复杂,包括政治原因、社会原因、经济原因、文化原因、个体原因等,仅依靠事后打击虽然可以消灭具体的犯罪组织,但是,无法从根本上解决问题,还会出现新的有组织犯罪。既有反有组织犯罪工作仅强调治理侧面,注重通过打击和制裁消灭有组织犯罪,无论是"严打"还是"打黑除恶"的理念均是如此。"扫黑除恶"理念的提出意味着反有组织犯罪工作强调扫除犯罪组织的生存土壤、环境,日益注重预防侧面。

---

① 参见蔡军:《我国惩治有组织犯罪的问题与破解路径》,载《河南大学学报(社会科学版)》2014 年第 4 期。

《反有组织犯罪法》更是以法律的形式将预防和治理并重的理念规定下来，推动有组织犯罪的长期、根本防治。其第1条即明确“预防和惩治有组织犯罪”是首要立法目的，不仅第二章标题为“预防和治理”，整部法律中第1条、第3条、第9条、第10条、第13条、第14条、第15条等条文也同时规定了预防和治理有组织犯罪。除此之外，《反有组织犯罪法》规定了不少预防性、劝阻性的条款，在适用这些条款时应注重其预防属性。

（二）强调打击有组织犯罪和保障人权并重

有组织犯罪危害国家安全、社会秩序、经济秩序，以及公民和组织的合法权益，因此，必须予以严厉打击，《反有组织犯罪法》第1条即体现了这一意蕴。除此之外，《反有组织犯罪法》也强调兼顾打击犯罪和保障人权，其第1条、第15条均强调打击有组织犯罪与维护公民和组织的合法权益并重。

在此过程中，就保障人权需注意：第一，尊重和保障人权应从两个方面加以理解，既要充分保障被害人、证人等主体的人权，也要充分保障被告人的人权。特别需注意的是充分保障被告人的人权，这一要求与依法严惩有组织犯罪并不矛盾，只有充分保障其各项合法权利，才能保证侦查、审判、执行的公正，真正实现依法、长效打击有组织犯罪。第二，维护公民和组织的合法权益。在开展反有组织犯罪工作时，既要强调对于犯罪组织、人员、财产的严厉打击，也要防止侵害公民和组织合法权益的情形，特别是防止不当认定组织成员、不当认定涉案财产。同时，也需注意，仅保护公民和组织的合法权益，对于其非法获得的各项权益需依法进行处置。此外，应全面把握合法权益的范围，如对于个人合法权益，不仅需维护传统人身、财产等权利，也需要对相关人员的个人信息权利进行有效保护。

《反有组织犯罪法》第5条规定反有组织犯罪工作的三项基本要求是依法开展、尊重人权和保护权利。第一，合法性是反有组织犯罪工作的第一要求，在对犯罪组织、人员、财产进行打击的过程中，不能为了实现实体正义忽视程序正义，防止因措施违法造成消极的社会后果。第二，反有组织犯罪工作需要全程注重尊重和保障人权，杜绝非法拘禁、刑讯逼供等行为的出现。第三，反有组织犯罪工作应注重维护公民和组织的合法权益，既要注重个人合法权益的保护，也要注重组织合法权益的保护。

（三）系统规定相关部门的职责

《反有组织犯罪法》第 1 条、第 5 条均强调反有组织犯罪工作应当依法进行。反有组织犯罪工作牵涉方方面面，各项举措均需要在法治的轨道内实施。无论是有组织犯罪案件侦查、起诉、审判，涉案人员强制措施、刑罚的执行，还是相关人员的保护、涉案财产的处置，均需严格按照各项法律规定的要求和程序完成，坚决防止违法、违规情形出现。第 2 条则是首次在立法的层面明确界定有组织犯罪，并且，将犯罪组织的范畴划定为黑社会性质组织、恶势力组织以及境外的黑社会组织，实现了有组织犯罪概念的法定化。

在此基础上，《反有组织犯罪法》第 6 条就相关部门的履职作出规定，强调需分工负责，既相互配合，又相互制约，共同推动反有组织犯罪工作的深入开展。

第一，监察机关。各级纪检监察机关严格落实“一案三查”要求，既深挖有组织犯罪涉及的腐败问题，又倒查党委、政府的主体责任和有关职能部门的监管责任。要严厉打击“保护伞”，对“关系网”一打到底，坚决清除包庇、纵容有组织犯罪的腐败分子，严肃查处党员干部和公职人员助长有组织犯罪坐大成势、干预和阻挠案件调查处理等问题，严肃查处“村霸”、宗族恶势力和黄赌毒背后的腐败行为，不断推动有组织犯罪治理纵深发展。

第二，公安机关、人民检察院、人民法院。这三个机关是有组织犯罪案件办理的责任机关，需要全流程、全过程依法做好案件办理的各项工作。要做到建立线索移交和反馈机制，确保发现在早、处置在小；建立扩线深挖机制，不断巩固“打伞”战果；依法精准、“打财断血”，防止有组织犯罪死灰复燃。对于有组织犯罪案件，一律深挖其背后腐败问题，依法予以打击处理。

第三，司法行政机关。司法行政机关应结合自身实际，整合监狱、戒毒、社区矫正、法治宣传、律师管理、人民调解、法律援助、司法鉴定等多方力量，切实助力打击有组织犯罪。在律师管理层面，可建立律师办理有组织犯罪案件专项管理制度。在罪犯管理层面，可教育引导实施过涉黑涉恶犯罪的人员主动自首、主动检举揭发，为破获有组织犯罪案件提供有价值的线索。在法治宣传层面，可及时开展“以案释法”等法治宣传教育活动，积极营造防范和打击有组织犯罪的强大声势，最大限度释放正能量。

第四，其他机关和部门。除了上述五个专门机关之外，在反有组织犯罪的工作中，工商、税务、国土、住建、审计、人民银行等部门也承担着相应职责职能，需要监察机关、人民法院、人民检察院、公安机关、司法行政机关及其他有关国家机关、各有关部门，根据分工充分发挥职能作用，密切配合，相互支持，相互制约，从而形成打击合力。这些要求在《反有组织犯罪法》第二章、第三章、第四章的相关规定中均有具体体现。

（四）注重反有组织犯罪工作的多措并举、多方协同

打击有组织犯罪是一项系统工程，需要多个方面、多个领域有效协同，切实发挥各种手段的优势，形成合力。传统意义上仅强调法律手段特别是刑法手段在打击有组织组织犯罪过程中的应用，虽然这一方式易于“立竿见影”，但是难以消除滋生有组织犯罪的“土壤”。从常态化、长期化、长效化的角度，必须综合运用各种手段防治有组织犯罪。

《反有组织犯罪法》强调通过多种举措实现预防和治理有组织犯罪。第3条强调充分重视各种手段的有效应用。第一，运用法律手段，依法对有组织犯罪进行严厉打击，特别是全面运用刑事、民事、行政法律手段，构成犯罪的严肃处理，构成侵权的依法追偿，构成行政违法的依法处罚，确保其所有违法行为均受到法律的制裁。第二，运用经济手段，深挖彻查黑恶势力经济线索，对于涉黑涉恶财产及时、全面查处，依法处置，彻底摧毁黑恶势力的经济基础。第三，运用科技手段，充分运用互联网、大数据、人工智能技术，做到精准研判、精准打击，[①]推进反有组织犯罪工作的科技化。第四，运用文化、教育手段，做到激浊扬清，唱响主旋律、弘扬正能量，特别是针对重点群体进行正向的引导教育，消除有组织犯罪的潜在人员基础。这些手段也在《反有组织犯罪法》第二章、第三章、第四章的多个条文中予以体现。

此外，《反有组织犯罪法》还强调多方协同参与。一是第3条规定“建立健全反有组织犯罪工作机制和有组织犯罪预防治理体系”。反有组织犯罪工作具有复杂性、系统性，需要构建科学有效的工作机制，一方面，需要进行体制建设，完成反有组织犯罪工作相关部门管理职能和岗位责权的优化配置；另一方面，需要进行流程建设，特别是相关部门需就如何切实履行职责，有效参与打击有组织犯罪工作，

① 参见莫洪宪、王肃之：《网络空间智慧“扫黑除恶”机制的理论探索》，载《河南社会科学》2020年第10期。

形成一套科学的管理流程。二是第 4 条规定了“四个结合”与“两个兼顾”，即反有组织犯罪工作应当坚持专门工作与群众路线相结合，坚持专项治理与系统治理相结合，坚持与反腐败相结合，坚持与加强基层组织建设相结合，惩防并举、标本兼治。这些协同举措在后续条文中多有体现，例如，第 59 条关于反有组织犯罪专业力量的规定，以及第 7 条关于协助义务和保护措施的规定即充分体现了“专门工作与群众路线相结合”。与之类似，第 6 条第 2 款、第 9 条第 2 款也规定了村民委员会、居民委员会、企业事业单位、社会组织参与有组织犯罪预防和治理工作。

（五）统筹境内境外反有组织犯罪工作

我国有组织犯罪的出现，一方面来自境内黑社会性质组织、恶势力组织的滋生，另一方面来自境外黑社会组织的渗透。预防和治理有组织犯罪除了需要关注境内的黑社会性质组织、恶势力组织外，也需关注境外黑社会组织。因此，《反有组织犯罪法》不仅关注国内防治，同样关注国际防治。

《反有组织犯罪法》首先全面规定了境内反有组织犯罪工作，特别是第三章“案件办理”、第四章“涉案财产认定和处置”全面规定了办理有组织犯罪的各项要求，强调依法从严惩处。第 22 条既规定办理有组织犯罪案件，应当以事实为根据，以法律为准绳，坚持宽严相济；也规定对有组织犯罪的组织者、领导者和骨干成员，应当严格掌握取保候审、不起诉、缓刑、减刑、假释和暂予监外执行的适用条件，充分适用剥夺政治权利、没收财产、罚金等刑罚。之后第三章的相关条款全面规定了线索收集研判、调查措施、羁押措施、技术侦查、分案处理、从宽情形、财产刑、跨省异地执行、减刑与假释等问题，第四章则是细致规定了查封扣押、调查、查询、出售、追缴、没收、异议处理等问题。第五章“国家工作人员涉有组织犯罪的处理”还规定了国家工作人员组织、领导、参加，或者帮助、包庇、纵容有组织犯罪的责任追究。

此外，《反有组织犯罪法》也强调从国际层面对有组织犯罪予以有效打击。一方面，注重对于防范、打击境外黑社会组织入境活动。《反有组织犯罪法》第 2 条即规定其适用于境外的黑社会组织在中华人民共和国境内发展组织成员、实施犯罪，以及在境外对中华人民共和国国家或者公民实施犯罪；第 21 条还规定了防范境外黑社会组织，明确了移民管理、海关、海警等部门应当会同公安机关切实履行职责，对相关的有组织犯罪活动、人员予以有效防控，包括进行出入境证件的有效管理。另一方面，注重从国际层面开展反有组织犯罪工作。《反有组织犯罪法》第六章“国际合作”对此作出专门规定，明确了开展国际合作的依据与部门，以及开展国际司法合作的专项要求。具体而言，第 54 条至第 57 条分别规定了国际合作的对象与依据、国际合作的部门与事项、刑事司法协助与引渡、通过国际合作取得的材料的使用等重要问题。

《反有组织犯罪法》第 66 条第 2 款还规定：“境外的黑社会组织的人员到中华人民共和国境内发展组织成员、实施犯罪，以及在境外对中华人民共和国国家或者公民犯罪的，依法追究刑事责任。”“境外的黑社会组织”，是指被境外国家和地区确定为黑社会组织，既包括外国的黑社会组织，也包括我国台湾地区、香港特别行政区、澳门特别行政区的黑社会组织。所谓“到中华人民共和国境内发展组织成员”，是指境外黑社会组织通过引诱、拉拢、腐蚀、强迫、威胁、暴力、贿赂等手段，在我国境内将境内或者境外人员吸收为该黑社会组织成员的行为。

三、《反有组织犯罪法》的立法特色

《反有组织犯罪法》不仅全面系统地对反有组织犯罪工作予以规定，推动其实现规范化、法治化，更是结合我国具体实践和有组织犯罪的现实状况进行探索创新，形成了立法特色。

（一）推动国家、社会层面的一体防治

有组织犯罪的成因较为复杂，而且往往牵涉众多人员、财产。并非所有的犯罪活动都能引起执法部门的注意。[①] 由此，需要国家、社会层面形成合力，方能对其实现有力打击，构建长效的治理机制。基于此，《反有组织犯罪法》不仅强调治理有组织犯罪，更强调防范有组织犯罪，并从国家、社会层面予以一体推进。

第一，明确了一体防治的各项要求。《反有组织犯罪法》第二章特别明确了需要国家、社会一体实施的防治有组织犯罪的重点方面。一是第 10 条规定了开展宣传教育，即通过开展反有组织犯罪宣传教育，实现社会各个群体的充分动员，提高公众反有组织犯罪的意识和能力，增强人民群众辨别和抵制有组织犯罪的能力，凝聚最广泛的社会力量共同投身反有组织犯罪工作，从根源上防范该类犯罪的发生。

---

① See David Weisburd, Ernesto U. Savona, Badi Hasisi & Francesco Calderoni, eds., *Understanding Recruitment to Organized Crime and Terrorism*, Springer, 2020, p. 304.

二是第 11 条规定了未成年人保护，即防止有组织犯罪向未成年人渗透，从源头着眼，推动教育行政部门、学校切实保护未成年人免受有组织犯罪影响。三是第 12 条规定了候选人资格审查。强调民政部门应当会同其他部门严把选举“关口”，防止涉黑涉恶人员或者其代理人进入村民委员会班子。四是第 13 条、第 14 条规定了行业监管及行业防治建议。明确了市场监管、金融监管、自然资源、交通运输等行业主管部门对有组织犯罪的监管义务，以及监察机关、人民法院、人民检察院、公安机关的行业建议职责。五是第 15 条规定了重点区域防治，强调公安机关等部门与管理单位的有机配合，加强管控力度。六是第 16 条规定了网络信息安全管理义务，电信业务经营者、互联网服务提供者与网信、电信、公安等主管部门应通力配合，协同防治有组织犯罪。七是第 17 条规定了反洗钱监管，国务院反洗钱行政主管部门、国务院其他有关部门、机构应当督促金融机构和特定非金融机构等部门积极履行防控职责。八是第 18 条至第 20 条规定了相关人员的监管，这些条文分别从管教矫正和安置措施、特殊主体报告制度、重点人员从业监管作出规定，体现了对犯罪组织成员予以重点防控。综合以上规定可以看出，《反有组织犯罪法》强调从多主体、多维度、多举措加强对有组织犯罪的预防和治理，确保使其无所立足。

第二，明确了专门的法律责任。《反有组织犯罪法》第八章为“法律责任”，不仅明确实施、包庇有组织犯罪的行为应承担刑事责任，针对未成年实施有组织犯罪应从重处罚，依法决定从业禁止等，更基于预防和治理有组织犯罪规定了专门的行政责任。其规制范围包括参与犯罪组织尚不构成犯罪的，有组织犯罪特殊人员未如实报告个人财产及日常活动的，金融机构等相关单位、电信业务经营者、互联网服务提供者、有关国家机关、行业主管部门未履行法定义务的，以及相关主体违反保密立法规定等情形，全面推动法律义务与法律责任衔接。

（二）构建契合各类主体的引导、鼓励机制

《反有组织犯罪法》针对不同主体的特点分别规定了不同的条款，以切实引导、动员各方积极参与反有组织犯罪工作，形成打击合力。

第一，强调检察机关、政法机关的配合与制约。此前有学者担心，法官在被赋

予自由裁量权的同时,也为徇私提供了一个契机。[①]《反有组织犯罪法》第 6 条规定监察机关、人民法院、人民检察院、公安机关、司法行政机关应当根据分工,互相配合,互相制约。因为这些机关处在打击有组织犯罪的一线,掌握相应的办案权、管辖权,如果履职不当或不到位,甚至有案不查、有罪不究,将会对反有组织犯罪工作产生巨大的消极影响。因此,一方面,各个机关要相互配合协同,确保形成打击有组织犯罪的强大合力;另一方面,要相互制约监督,从而有效防止包庇纵容、违法办案等情况的发生。

第二,规定将有组织犯罪预防和治理工作纳入各级人民政府和有关部门考评体系。根据《反有组织犯罪法》第 9 条第 1 款的规定,各级人民政府和有关部门依法组织开展有组织犯罪预防和治理工作,为保证其切实履行职责,同时,规定通过完善考评制度、机制,将这一工作作为考评体系的重要指标,从而促使各级人民政府和有关部门切实提高认识,充分重视。此外,该条还为村民委员会、居民委员会设置防范有组织犯罪的职责,使其有效配合各级人民政府和有关部门的预防和治理工作。这是因为,基层组织是打击有组织犯罪的最前沿,全面开展有组织犯罪防范工作,离不开基层组织的配合。明确村民委员会、居民委员会的协助预防和治理任务,是推动这一工作落到实处的必由之路。

第三,明确对于参与反有组织犯罪工作的单位和个人予以保护、奖励。《反有组织犯罪法》第 7 条除了规定任何单位和个人都有协助、配合有关部门开展反有组织犯罪工作的义务,也规定国家依法对协助、配合反有组织犯罪工作的单位和个人给予保护。域外国家存在没有对执法人员的工作方式进行建设性的激励,没有对警官的出色工作给予应有的赞扬的情况。[②] 第 8 条除了规定国家鼓励单位和个人举报有组织犯罪,也规定对举报有组织犯罪或者在反有组织犯罪工作中作出突出贡献的单位和个人,按照国家有关规定给予表彰、奖励。

(三)强调对未成年群体予以特别保护

《反有组织犯罪法》第 11 条规定了对学生群体的特别保护,包括两重意蕴:一

---

① 参见卢建平、郭理蓉:《有组织犯罪刑罚之比较研究——兼论我国刑法关于有组织犯罪刑罚规定的完善》,载《政治与法律》2004 年第 2 期。

② See Simon Mackenzie & Niall Hamilton - Smith, *Measuring Police Impact on Organised Crime: Performance Management and Harm Reduction*, Policing: An International Journal of Police Strategies & Management, Vol. 34:1, p. 8(2011).

方面，教育引导学生自觉抵制有组织犯罪，防止其受到蛊惑、蒙骗参与实施有组织犯罪；另一方面，通过采取制止和防范措施、向公安机关和教育行政部门报告等方式，防止学生受到有组织犯罪的侵害。而且，该条要求不同主体履行相应的保护责任，第 1 款规定防范教育责任，教育行政部门、学校均为责任主体，且应会同有关部门共同落实；第 2 款规定防范制止责任，学校为责任主体，其在采取制止和防范措施后应向公安机关和教育行政部门报告。而在学生群体中，未成年人无疑所占比重最大，是最为重要的保护对象。

此外，《反有组织犯罪法》还充分注重对于犯罪组织侵犯未成年人的行为追究法律责任。第一，追究刑事法律责任。第 67 条规定了涉未成年人有组织犯罪的刑事责任，具体包括两种情况：利用未成年人实施的有组织犯罪，具体包括发展未成年人参加黑社会性质组织、境外的黑社会组织，或者教唆、诱骗未成年人实施有组织犯罪两种情形；针对未成年人实施的有组织犯罪，具体指向实施有组织犯罪侵害未成年人合法权益的情形。第二，追究行政法律责任。第 67 条规定，对于教唆、诱骗未成年人参加或阻止其退出犯罪组织的，从重加以行政处罚。

（四）规定专门的侦查、执行、监管措施

有组织犯罪由于关系犯罪组织，对于社会的渗透、影响较一般犯罪更深，因此，《反有组织犯罪法》规定了颇具特色的侦查与执行制度：第一，关于涉信息技术的规定。第 23 条规定利用网络实施的犯罪也可认定为有组织犯罪，以应对有组织犯罪的“网络化”①。第 24 条规定公安机关应当依法运用现代信息技术，建立有组织犯罪线索收集和研判机制，分级分类进行处置。第二，关于组织成员特别处遇的规定。第 32 条规定犯罪嫌疑人、被告人检举、揭发重大犯罪的其他共同犯罪人或者提供侦破重大案件的重要线索或者证据，同案处理可能导致其本人或者近亲属有人身危险的，可以分案处理。第 34 条规定对黑社会性质组织的组织者、领导者，应当依法并处没收财产；对其他组织成员，可视具体情况判处财产刑。第 35 条规定，黑社会性质组织的组织者、领导者或者恶势力组织的首要分子被判处 10 年以上有期徒刑、无期徒刑、死刑缓期 2 年执行的，应当跨省、自治区、直辖市异地执行刑罚。

---

① 参见莫洪宪：《网络有组织犯罪结构的嬗变与刑法转向——基于网络黑恶势力犯罪的视角》，载《中国刑事法杂志》2020 年第 4 期。

第三,关于有组织犯罪相关财产处置的规定。第 27 条第 2 款规定了涉案财产的紧急措施,公安机关核查黑社会性质组织犯罪线索,发现涉案财产有灭失、转移的紧急风险的,经设区的市级以上公安机关负责人批准,可以对有关涉案财产采取紧急止付或者临时冻结、临时扣押的紧急措施,期限不得超过 48 小时。第 45 条第 3 款规定了特殊缴没,被告人实施黑社会性质组织犯罪的定罪量刑事实已经查清,有证据证明其在犯罪期间获得的财产高度可能属于黑社会性质组织犯罪的违法所得及其孳息、收益,被告人不能说明财产合法来源的,应当依法予以追缴、没收。

《反有组织犯罪法》针对不同种类的重点人员设置了相应的监管措施,第一,第 18 条规定了管教矫正和安置措施,对于监狱、看守所、社区矫正机构的有组织犯罪罪犯,采取有针对性的监管、教育、矫正措施,并在其释放后进行安置帮教。第二,第 19 条规定了特殊主体报告制度,因组织、领导黑社会性质组织被判处刑罚的人员要求其在不超过 5 年的时间内,按照国家有关规定向公安机关报告个人财产及日常活动。第三,第 20 条规定了从业监管,对曾被判处刑罚的黑社会性质组织的组织者、领导者或者恶势力组织的首要分子开办企业或者在企业中担任高级管理人员的,加强审查和监管。此外,第 70 条还规定了违反第 19 条规定,不按照公安机关的决定如实报告个人财产及日常活动的,由公安机关分情况给予相应的处罚。

(五)系统构建反有组织犯罪保障机制

反有组织犯罪是一项系统工程,特别是在预防和治理有组织犯罪的层面,需要强有力的支持与保障。各项反有组织犯罪工作的开展离不开组织领导和统筹协调,加强政策措施衔接配套,依法依规抓好落实,需要组织、制度、物质等方面的全面保障,以及激励、奖励相关主体积极参与的措施。《反有组织犯罪法》除了通过第七章“保障措施”作出系统规定外,也在其他部分规定了相应的保障措施。

第一,规定了保障的基本问题。《反有组织犯罪法》第 58 条就保障措施作出一般规定,强调组织保障、制度保障和物质保障。在此基础上,第 59 条规定了公安机关和有关部门建立反有组织犯罪专业力量,以保障法律赋予的反有组织犯罪工作职责有效履行,切实取得实效。第 60 条规定了将反有组织犯罪工作经费列入财政预算,以提高工作效率,加强战斗力。

第二,规定了特殊人员保障措施。反有组织犯罪工作危险性极大,相关人员极易受到犯罪组织的打击报复,因此,《反有组织犯罪法》在既有立法规定的基础上,结合该项工作的特点,构建了更为全面、周延的保护体系,确保参与各项工作的人员及其近亲属的安全。《反有组织犯罪法》第61条规定了特殊人员保护措施。因举报、控告和制止有组织犯罪活动,在有组织犯罪案件中作证,本人或者其近亲属的人身安全面临危险的,可以采取保护措施。该条与《刑事诉讼法》相比扩大了保护对象,将因举报、控告和制止有组织犯罪活动,本人或者其近亲属的人身安全面临危险的情况纳入保护的范围。在此基础上,《反有组织犯罪法》进一步扩大保护措施的适用范围,第63条规定了参加有组织犯罪的人员参照特殊人员保护的情形,第64条规定了执法、司法人员及近亲属的保护,从而最大限度地防止相关人员遭受犯罪组织的打击报复。

第三,规定了其他制度的配套保障。《反有组织犯罪法》第65条还规定了伤残、死亡人员的待遇,以表彰履行反有组织犯罪工作职责或者协助、配合有关部门开展反有组织犯罪工作导致伤残或者死亡的人员,抚恤他们为国家、社会作出的牺牲,体现国家对这些人员的关心和爱护,解除他们的后顾之忧。

此外,《反有组织犯罪法》第八章"法律责任"也提供了充分的制度保障,不仅规定了实施有组织犯罪、涉未成年人时的刑事责任以及从业禁止的适用,也对各类主体违反该法各项义务应承担的法律责任予以规定,同时,规定了救济渠道,切实保障履职主体各司其职、违法犯罪主体依法受惩。

第二节 《反有组织犯罪法》中刑事程序规则的适用

《反有组织犯罪法》不仅全面系统地规定了反有组织犯罪工作的方方面面,而且在很多具体的机制、制度上有所创新。其中,特别需要注意的是刑事程序规则,很多系在原有刑事程序立法的基础上围绕有组织犯罪的相关事项作出突破性规定。因此,关于有组织犯罪的刑事程序事项,不仅需要依照《刑事诉讼法》等相关立法,更需要依照《反有组织犯罪法》的刑事程序规则予以适用,形成不同于其他犯罪的二元刑事程序立法模式。在此背景下,梳理有组织犯罪刑事程序规则的发展脉络,深入分析、理解《反有组织犯罪法》中刑事程序规则,无疑具有重要的现实意义。

一、《反有组织犯罪法》的刑事程序规则概述

《反有组织犯罪法》充分继承、整合了相关刑事程序立法和司法规范，并且，进行了与时俱进的创新与完善，构建了系统化、科学化的有组织犯罪刑事程序规则体系。该法所规定的刑事程序规则与之前的立法、司法规范相比，存在以下几种情形。

第一，沿用或者进一步强调既有规则。例如，《反有组织犯罪法》第22条第1款规定了办理原则："办理有组织犯罪案件，应当以事实为根据，以法律为准绳，坚持宽严相济。"其中，"以事实为根据"和"以法律为准绳"不仅是办理有组织犯罪案件的要求，也是办理各类刑事案件的要求。《反有组织犯罪法》第26条规定了调查措施："公安机关核查有组织犯罪线索，可以按照国家有关规定采取调查措施。公安机关向有关单位和个人收集、调取相关信息和材料的，有关单位和个人应当如实提供。"而无论是公安机关的调查权限，还是相关单位、人员的配合义务，也是和既有规则、实践一致的。根据《反有组织犯罪法》第31条的规定，技术侦查措施、实施控制下交付以及由有关人员隐匿身份进行侦查收集的材料[①]，在刑事诉讼中可以作为证据使用。

第二，将既有司法规范确立的规则上升为立法。例如，《反有组织犯罪法》第40条规定了全面调查："公安机关、人民检察院、人民法院根据办理有组织犯罪案件的需要，可以全面调查涉嫌有组织犯罪的组织及其成员的财产状况。"而之前《关于办理黑恶势力犯罪案件若干问题的指导意见》第26条第1款已对此作出规定。再如，《反有组织犯罪法》第47条规定了针对黑社会性质组织犯罪案件的犯罪嫌疑人、被告人的违法所得没收程序，而如前所述，最高人民法院《关于适用〈中华人民共和国刑事诉讼法〉的解释》第609条已经明确《刑事诉讼法》第298条的规定可以适用于该类案件。

第三，对既有刑事程序规则予以完善。例如，《反有组织犯罪法》第34条规定："对黑社会性质组织的组织者、领导者，应当依法并处没收财产。对其他组织成员，根据其在犯罪组织中的地位、作用以及所参与违法犯罪活动的次数、性质、违法

---

① 有组织犯罪分子的反侦查能力越来越强，反侦查的经验越来越丰富，相关案件的难度远高于一般传统的个体犯罪。参见许靖、杨丽、邢菲菲：《对有组织犯罪查处中的疑难问题研究》，载《政治与法律》2010年第5期；刘莹：《有组织犯罪侦查策略研究》，载《湖南社会科学》2010年第6期。

所得数额、造成的损失等,可以依法并处罚金或者没收财产。"此前,学界也多认为财产刑的适用对于从根本上遏制有组织犯罪具有不可忽视和不可替代的作用。[①]从某些方面来讲,给予有组织犯罪分子严厉的财产刑,确实剥夺了其再犯罪的经济能力。[②]《关于办理黑恶势力犯罪案件若干问题的指导意见》第13条对此加以规定。《反有组织犯罪法》第34条对该意见中的规定进一步加以完善,删去了"对于确属骨干成员或者为该组织转移、隐匿资产的积极参加者,可以并处没收个人全部财产"的表述。不过从该条来看,上述修改对于司法实践影响不大,有实质影响的条款将在下文进行分析。

第四,新设专门刑事程序规则。《反有组织犯罪法》新设了不少刑事程序规则,其中,有代表性的为第45条第3款规定:"被告人实施黑社会性质组织犯罪的定罪量刑事实已经查清,有证据证明其在犯罪期间获得的财产高度可能属于黑社会性质组织犯罪的违法所得及其孳息、收益,被告人不能说明财产合法来源的,应当依法予以追缴、没收。"这一规定属于刑事推定,其最大可能实现了有组织犯罪所得及其收益的充分没收,对于严厉惩处有组织犯罪能起到关键作用。[③] 类似规则不仅未有相关立法,也未出现在相关司法规范中,对其应深入地理解、掌握。

就以上四种情形而言,前两种情形更多是一种立法的肯认,对实践影响有限。而第三种、第四种情形则对司法实践具有重要的影响,以下将结合这两种情形,具体围绕刑事强制措施与刑罚、财产处置和特殊人员保护三个方面进行分析。

二、刑事强制措施与刑罚规则的适用

《反有组织犯罪法》的刑事强制措施、刑罚规则,不仅在既有立法的基础上进一步予以完善,还规定了一些特殊的适用条款。

---

① 参见卢建平、郭理蓉:《有组织犯罪刑罚之比较研究——兼论我国刑法关于有组织犯罪刑罚规定的完善》,载《政治与法律》2004年第2期;张远煌:《中国有组织犯罪的发展现状及立法完善对策》,载《法治研究》2012年第2期;蔡军:《我国有组织犯罪刑事规制体系的检视与重构——基于有组织犯罪集团向企业化发展趋势的思考》,载《法商研究》2021年第3期。

② 参见莫洪宪、王明星:《中国大陆黑社会性质犯罪的特点及其刑事对策》,载《湖北警官学院学报》2002年第2期。

③ 参见莫洪宪、李占州、王肃之:《反有组织犯罪法重点解读与适用要点》,法律出版社2022年版,第140页。

(一)特殊羁押与执行规则

《反有组织犯罪法》在犯罪嫌疑人、被告人羁押与执行规则上进行了创新,不仅首次系统地规定了有组织犯罪人员的特殊羁押规则体系,而且发展了既有的刑罚执行规则。

第一,特殊羁押规则。《反有组织犯罪法》第30条规定,对有组织犯罪案件的犯罪嫌疑人、被告人,根据办理案件和维护监管秩序的需要,可以采取异地羁押、分别羁押或者单独羁押等措施。在此之前,没有就"异地羁押、分别羁押和单独羁押措施"作出规定的相关立法,更没有针对有组织犯罪作出规定的相关立法。实践中,被羁押的有组织犯罪案件犯罪嫌疑人、被告人为达到串供、隐匿、毁灭证据而对抗侦查的目的,往往要千方百计进行各种非法联络。联络既有言词方式,如口头告知、转交信件,也有可视性观察的方式,如看见同案嫌疑人或某件物品等;既有由监管人员、侦查人员直接实施,也有其他人员实施等。[①] 例如,如果对有组织犯罪的嫌疑人、被告人在本地羁押,由于犯罪组织往往经营已久,很可能加大其与相关人员进行非法联络的可能,进而影响有组织犯罪的案件办理,所以,有时需要异地羁押。与之类似,为全面防止上述情况的出现,该条同时规定了分别羁押、单独羁押措施。

在适用该条时还应注意以下三点:一是该条使用了"等"的兜底性规定,也即对有组织犯罪案件的犯罪嫌疑人、被告人还可采取这三种羁押方式之外的其他措施。二是采取前述措施必须基于"办理案件和维护监管秩序的需要",未必针对所有的嫌疑人、被告人均采取以上措施。三是根据该条,采取异地羁押措施的应当依法通知犯罪嫌疑人、被告人的家属和辩护人,这既是为了保障犯罪嫌疑人、被告人及其家属的知情权,也是为了防止超期羁押现象的出现。

第二,异地执行规则。《反有组织犯罪法》第35条共分两款,第1款规定对有组织犯罪的罪犯从严管理,第2款则规定了特定有组织犯罪人员的刑罚异地执行制度:"黑社会性质组织的组织者、领导者或者恶势力组织的首要分子被判处十年以上有期徒刑、无期徒刑、死刑缓期二年执行的,应当跨省、自治区、直辖市异地执

---

① 参见莫洪宪、李占州、王肃之:《反有组织犯罪法重点解读与适用要点》,法律出版社2022年版,第100页。

行刑罚。”

此前该条第2款的规则仅在司法文件中出现，司法部于2006年11月下发的《关于收押黑恶势力罪犯工作有关问题的通知》规定：“对同一黑恶势力团伙的罪犯不得在同一监狱关押；对被判处有期徒刑十年以上的黑社会性质组织头目应当实行跨省（区、市）异地关押。”《关于办理黑恶势力犯罪案件若干问题的指导意见》第33条虽然规定类似，但适用的主体范围为“黑社会性质组织的组织者、领导者”。

该条第2款不仅提升了这一规则的立法位阶，更使相关规则具体化、科学化。一是应准确把握适用主体的范围。该款适用于“黑社会性质组织的组织者、领导者或者恶势力组织的首要分子”，并非“黑社会性质组织的组织者、领导者”。二是该款表述为“异地执行刑罚”而非“异地关押”，说明并非只是具体刑罚执行地点的变化，而是整体刑罚异地执行。三是应严格把握刑期条件，即“被判处十年以上有期徒刑、无期徒刑、死刑缓期二年执行的”，防止不当限缩或者扩大适用范围。

（二）减刑、假释规则

《反有组织犯罪法》对有组织犯罪人员的减刑、假释作出特别规定，以充分防止其再次实施有组织犯罪，或者通过其他方式危害社会。其中，关于报核程序、办理程序和考虑财产判项的规则均具有创新性。

第一，特殊主体的减刑、假释报核。根据《反有组织犯罪法》第36条的规定，被判处10年以上有期徒刑、无期徒刑、死刑缓期2年执行的黑社会性质组织的组织者、领导者或者恶势力组织的首要分子的减刑、假释需要执行机关依法提出减刑建议，报经省、自治区、直辖市监狱管理机关复核后，提请人民法院裁定。可以看出，该条适用的主体范围和《反有组织犯罪法》第35条第2款一致，充分体现了对于该类主体的严格管控。

该条系《反有组织犯罪法》的创新条款。此前，相关司法文件中只有减刑、假释的一般规则，并无关于有组织犯罪特殊人员的专门条款。2014年6月1日施行的最高人民法院《关于减刑、假释案件审理程序的规定》，对被判处有期徒刑和被减为有期徒刑的罪犯的减刑、假释，由罪犯服刑地的中级人民法院在收到执行机关提出的减刑、假释建议书后1个月内作出裁定。可以看出，对于前述主体的减刑、假释提高了复核主体级别，需由“省、自治区、直辖市监狱管理机关复核”。

在适用该条时应注意被判处不同刑期的上述主体的裁定机关不同。对于判处10年以上有期徒刑的黑社会性质组织的组织者、领导者或者恶势力组织的首要分子减刑的，以及对于对黑社会性质组织的组织者、领导者或者恶势力组织的首要分子假释的，虽然复核机关为省级监狱管理机关，审理机关应为罪犯服刑地的中级人民法院；但对于对被判处无期徒刑、死刑缓期2年执行的黑社会性质组织的组织者、领导者或者恶势力组织的首要分子减刑的，应由罪犯服刑地的高级人民法院负责审理。①

第二，减刑、假释的办理。《反有组织犯罪法》第37条规定："人民法院审理黑社会性质组织犯罪罪犯的减刑、假释案件，应当通知人民检察院、执行机关参加审理，并通知被报请减刑、假释的罪犯参加，听取其意见。"该条对于黑社会性质组织犯罪罪犯的减刑、假释办理规则作出具体规定，既有利于保障罪犯的相关程序权利，也有利于防止"暗箱操作"，避免其借助减刑、假释逃避刑罚处罚。

该条系首次在立法中就特定有组织犯罪罪犯的减刑、假释办理规则作出规定。此前，最高人民检察院《人民检察院办理减刑、假释案件规定》第7条仅就减刑、假释的办理方式和审查内容进行规定，未对有组织犯罪罪犯作出特别规定。

适用该条时应注意以下两点：一是该条的适用范围为"黑社会性质组织犯罪罪犯"，既非所有的有组织犯罪罪犯，也非有组织犯罪的组织者、领导者或首要分子。二是该条不仅规定了人民检察院、执行机关和报请减刑、假释的罪犯参加，而且采用了"应当"的表述，具有强行效力。

第三，减刑、假释考虑财产判项。《反有组织犯罪法》第38条规定："执行机关提出减刑、假释建议以及人民法院审理减刑、假释案件，应当充分考虑罪犯履行生效裁判中财产性判项、配合处置涉案财产等情况。"

该条规定在之前的司法文件中也未专门涉及。最高人民法院《关于办理减刑、假释案件具体应用法律的规定》第2条仅是规定办理"可以减刑"的案件，应当"综合考察罪犯犯罪的性质和具体情节、社会危害程度、原判刑罚及生效裁判中财产性判项的履行情况、交付执行后的一贯表现等因素"。其并未特别强调财产判项，也未与有组织犯罪相关联。

---

① 参见莫洪宪、李占州、王肃之：《反有组织犯罪法重点解读与适用要点》，法律出版社2022年版，第117－118页。

就该条新设的规则，适用时应注意综合进行把握，不应仅关注形式上的要件。例如，未履行财产性判项但经法院出具材料证明其目前无履行能力，且符合其他减刑、假释条件的，可以提请减刑，一般不得提请假释。履行部分财产性判项但经法院出具材料证明其目前无履行能力，且符合其他减刑、假释条件的，可以提请减刑，一般不得提请假释。对被判处没收个人全部财产的罪犯（其他财产性判项已全部履行），法院出具材料证明未查到可供执行财产的，可以提请减刑，一般不得提请假释。[①]

三、财产处置规则的适用

经济性是有组织犯罪的重要特点。[②] 欲使威慑触及犯罪组织的高层，打击犯罪所得十分重要。[③] 为防止我国出现域外打击有组织犯罪追回资产不充分[④]的问题，《反有组织犯罪法》的财产处置规则不仅具有专门性，而且具有体系性，涵盖案件侦查阶段、处理阶段，并就有组织犯罪领域的该问题作出特色性的制度设计。

（一）财产查询、紧急措施规则

犯罪组织的成立及发展壮大需要一定的经济基础，尽管犯罪组织被摧毁，漏网的成员仍可利用未被追缴的非法财产重新网罗发展成员，死灰复燃。[⑤] 因此，打击有组织犯罪相关财产，从经济上消灭其生存基础是极为关键的方面。

然而，实践中对这些财产进行妥善处置则并非易事。对此有学者提出，有组织犯罪的企业化使犯罪组织拥有较多的资产，在违法犯罪或者"合法经营"过程中，也会存在各种各样的交易行为，因而，财产的来源、性质、用途和归属各不相同，加之黑恶犯罪涉案资产处置的相关法律规定宽泛、滞后且可操作性不强，财产处置的

---

① 参见莫洪宪、李占州、王肃之：《反有组织犯罪法重点解读与适用要点》，法律出版社 2022 年版，第 124 页。

② 参见王园：《论有组织犯罪的经济分析》，载《云南大学学报（法学版）》2010 年第 2 期；于改之：《我国关于有组织犯罪的立法与司法完善》，载《法学论坛》2004 年第 5 期。

③ See Guy W. E. Williams, *Policy Implications of Different Theoretical Approaches to Organised Crime*, Journal of Financial Crime, Vol. 19:4, p. 408 (2012).

④ See Peter Sproat, *A Critique of the Official Discourse on Drug and Sex Trafficking by Organised Crime Using Data on Asset Recovery*, Journal of Financial Crime, Vol. 19:2, p. 159 (2012).

⑤ 参见贾宇：《有组织犯罪之对策研究》，载《法律科学（西北政法学院学报）》2003 年第 5 期。

司法实践出现困难状况。[1] 与此同时,有组织犯罪涉案财产的处置比对普通刑事犯罪涉案财产的处置要复杂得多,且涉及范围广,财产的性质和范围不容易查清与区分,一旦处理不当,不仅会造成有组织犯罪集团的经济基础无法摧毁,有组织犯罪会死灰复燃并进一步向更高级阶段演化的结果,而且容易损害第三方的合法权利甚至引发群体性事件,影响社会的安定。[2]

《反有组织犯罪法》在明确具体的财产处置规则前,首先就前期财产查询中的问题予以创新规定,无论是财产查询、紧急措施还是配合查询,均设置了契合有组织犯罪治理的相应规则。

第一,财产查询与紧急措施。《反有组织犯罪法》第 27 条第 1 款规定了财产查询措施,经县级以上公安机关负责人批准,公安机关核查有组织犯罪线索时可以查询嫌疑人员的存款、汇款、债券、股票、基金份额等财产信息。这一规定与《反恐怖主义法》的规定一致,实践中可参考调查恐怖活动嫌疑的程序予以适用。

《反有组织犯罪法》第 27 条第 2 款所规定的紧急措施规定则具有突破性,在适用时应严格把握法定条件:一是针对核查黑社会性质组织犯罪线索,立案前可以采取查询和紧急止付或者临时冻结、临时扣押的紧急措施;对于恶势力组织犯罪线索,只能进行查询,不能采取紧急止付或者临时冻结、临时扣押的紧急措施。[3] 二是涉案财产的"灭失、转移"风险必须具有紧急性,如果通过正常程序也能够防止其灭失、转移,则不必采取该款规定的紧急措施。三是严格掌握批准机关的权限,需"经设区的市级以上公安机关负责人批准"。四是依法把握紧急措施的时限,不得超过 48 小时。

此外,需注意该条规定于《反有组织犯罪法》第三章"案件办理",而非第四章"涉案财产认定和处置"中,因此,仅是临时性的财产处置规则,相关财产的最终去向需待后续处理程序决定。

第二,反洗钱配合查询。《反有组织犯罪法》第 42 条规定了要求反洗钱行政主管部门配合查询的规则。相关立法已对金融机构的配合义务予以明确,如《金融

---

① 参见蔡军:《我国惩治有组织犯罪的刑事司法问题及其机制调适——基于有组织犯罪企业化发展趋势的思考》,载《河南大学学报(社会科学版)》2021 年第 6 期。

② 参见蔡军:《我国有组织犯罪刑事规制体系的检视与重构——基于有组织犯罪集团向企业化发展趋势的思考》,载《法商研究》2021 年第 3 期。

③ 参见莫洪宪、李占州、王肃之:《反有组织犯罪法重点解读与适用要点》,法律出版社 2022 年版,第 97 页。

机构反洗钱规定》第 14 条第 1 款规定:"金融机构及其工作人员应当依法协助、配合司法机关和行政执法机关打击洗钱活动。"该条是对公安机关如何提起配合查询请求作出规定。

适用该条时应注意:一是公安机关仅就有组织犯罪相关的两项工作要求反洗钱行政主管部门予以配合,一项是查询信息数据,另一项是协查可疑交易活动;前者仅是提供数据即可,后者还需要开展相应的协助工作。二是对反洗钱行政主管部门的要求为"配合并及时回复",即不仅要求协同性,也要求及时性。三是对于获取的上述数据,不仅只能用于反有组织犯罪相关刑事诉讼,不得滥用,而且应做好保密工作,防止泄露造成危害后果。

(二)合法财产处置规则

《反有组织犯罪法》突出强调维护公民和组织的合法权益,要求在开展反有组织犯罪工作时既要强调对于犯罪组织、人员、财产的严厉打击,也要防止侵害公民和组织的合法权益,特别是防止不当认定组织成员、涉案财产。① 对此,《反有组织犯罪法》通过多个条文规定了涉案合法财产的先行处置、依法处置,创设了新的程序与规则。

第一,《反有组织犯罪法》第 43 条规定了财产的先行处置,根据该条的规定,对易损毁、灭失、变质等不宜长期保存的物品,有效期即将届满的汇票、本票、支票等,经权利人申请的债券、股票、基金份额等财产,可以先行通过依法出售、变现或者先行变卖、拍卖等方式处置,但是,需要经过县级以上公安机关、人民检察院或者人民法院主要负责人批准。该条系将既有司法规范上升为立法规范,延续和发展了《关于办理黑恶势力刑事案件中财产处置若干问题的意见》第 12 条的规定,但是,在内容上有所修改,调整了"易贬值的汽车、舰艇等物品,或者市场价格波动大的债券、股票、基金等财产"的表述。

第二,《反有组织犯罪法》第 41 条规定了涉案财物的依法处置,明确了在查封、扣押、冻结、处置涉案财物时的相关条件和程序,以及同时要保留必需的生活费用和物品。该条进一步修改和完善了《关于办理黑恶势力犯罪案件若干问题的指导意见》第 31 条的规定,更加强调程序的规范性、合法性。适用该条时应注意:一

---

① 参见莫洪宪:《反有组织犯罪法的脉络、特色与适用重点》,载《人民检察》2022 年第 3 期。

是强调依法性,必须“严格依照法定条件和程序进行”,防止不当处置涉案财产。二是强调相关性,不仅需要严格区分违法所得和违法财产,而且不得查封、扣押、冻结与案件无关的财物。三是强调及时性,对于查明与有组织犯罪无关的财产,应当在3日内解除强制措施,并予以返还。四是强调适度性,必须为犯罪嫌疑人、被告人及其扶养的家属保留必需的生活费用和物品。

(三)涉案财产的审查和处置规则

《反有组织犯罪法》不仅首次规定了涉案财产的审查处理程序,更是对如何依法、妥善处置相关财产进行体系化、创新性的制度设计。

第一,涉案财产的审查处理程序。《反有组织犯罪法》第44条规定了有组织犯罪案件涉案财产的审查处理,第1款规定了公安机关、人民检察院的甄别职责,并明确了在移送审查起诉、提起公诉时,应当对涉案财产提出处理意见;第2款规定了人民法院应在审理中就“与涉案财产的性质、权属有关的事实、证据进行法庭调查、辩论”,并在判决中作出处理。

适用该规则时,应注意公安机关、人民检察院、人民法院的不同职责,以及在不同诉讼阶段应当采取的措施。在侦查和审查起诉阶段,要逐步甄别组织及其成员的财产性质和有效剥离其“黑化”部分,明确权属关系,坚持抓捕涉案人员和查清涉案财产同步进行;在移送审查起诉、提起公诉时,要“提出处理意见建议”,对继续追缴的尚未被足额查封、扣押的其他违法所得同样处理。真正做到部门联动、整体发力,彻底摧毁有组织犯罪经济基础。①

第二,财产判定和处理规则。《反有组织犯罪法》第45条、第46条规定了有组织犯罪的财产判定和处理规则。这两个条文直面实践问题,提供了具有可操作性的实施方式。其中,第45条区分规定了三种财产判定的具体情形,在此基础上第46条又就第一种情形中“追缴、没收”的规则予以细化,对这两个条文应作体系化的理解。

一是依法追缴、没收或者责令退赔。根据第45条第1款的规定,应依法追缴、没收或者责令退赔的范围包括:(1)一切财物及其孳息、收益;(2)违禁品;(3)供犯

① 参见莫洪宪、李占州、王肃之:《反有组织犯罪法重点解读与适用要点》,法律出版社2022年版,第135页。

罪所用的本人财物。其中,值得注意的是后两种物品,违禁品往往没有社会公认的价值数额,但是,其也可能具有非法价值(如毒品),理应予以罚没;本人的财物虽然属于个人,但是,这些财物一旦供犯罪之用也应予以罚没。

在此基础上,第 46 条又分别针对第 45 条第 1 款规定的特殊情形予以细化。此前,《办理黑社会性质组织犯罪案件座谈会纪要》《关于办理黑恶势力犯罪案件若干问题的指导意见》《关于办理黑恶势力刑事案件中财产处置若干问题的意见》等司法文件涉及了这一情形,第 46 条不仅将其上升为立法规范,而且进一步进行了优化。第 46 条第 3 项明确"利用有组织犯罪组织及其成员的违法犯罪活动获得的财产及其孳息、收益"应予以追缴、没收。该规定可以理解为打击范围的进一步延伸,对于有组织犯罪的次生财产也予以打击。第 46 条第 1 项和第 2 项明确"为支持或者资助有组织犯罪活动而提供给有组织犯罪组织及其成员的财产"和"有组织犯罪组织成员的家庭财产中实际用于支持有组织犯罪活动的部分"也应予以追缴、没收。适用时应注意二者的区别,对其支持有组织犯罪的财产全部予以打击,对家庭财产仅打击支持有组织犯罪的部分。此外还应注意,第 46 条不涉及"责令退赔"的情形。

2022 年 12 月 7 日最高人民法院发布第 33 批指导性案例,其中,指导性案例 188 号"史某振等组织、领导、参加黑社会性质组织案"①,明确了在涉黑社会性质组织犯罪案件审理中,人民法院应当对查封、扣押、冻结财物及其孳息的权属进行调查,案外人对查封、扣押、冻结财物及其孳息提出权属异议的,人民法院应当听取其意见,确有必要的,人民法院可以通知其出庭,以查明相关财物权属。

该案基本案情是:被告人史某振 2007 年 12 月即开始进行违法犯罪活动。2014 年以来,被告人史某振、赵某、付某刚等人先后实施组织、领导、参加黑社会性质组织,开设赌场,非法拘禁,聚众斗殴,寻衅滋事,妨害公务等违法犯罪行为。公安机关在侦查阶段查扣史某振前妻王某某房产一套及王某某出售其名下路虎越野车所得车款 60 万元,另查扣王某某工商银行卡一张,冻结存款 2221 元。河南省修武县人民检察院提起公诉后,王某某就扣押财物权属提出异议并向法院提供相关证据。法院经审理查明,被告人史某振前妻王某某名下的路虎越野车系史某振与

---

① 最高人民法院:《指导案例 188 号:史广振等组织、领导、参加黑社会性质组织案》,载 https://www.court.gov.cn/fabu-xiangqing-382231.html。

王某某夫妻关系存续期间购买,但史某振与王某某均无正当职业,以二人合法收入无力承担路虎越野车的购置费用。史某振因被网上追逃无法办理银行卡,其一直使用王某某的银行卡,该卡流水显示有大量资金进出。综上所述,可以认定购置路虎越野车的费用及该银行卡中剩余钱款均属于违法所得,故已查扣的卖车款 60 万元及银行卡中剩余钱款均应当予以没收。

该案审理过程中,涉及案外人对查封、扣押、冻结财物及其孳息提出权属异议的情况,审判机关通过查明相关财物的权属,作出了公正的裁判,具有现实的指导意义。

二是追缴、没收等值财产。根据第 45 条第 2 款的规定,存在以下情形应当追缴、没收其他等值财产或者混合财产中的等值部分:(1)依法应当追缴、没收的涉案财产无法找到、灭失;(2)该财产与其他合法财产混合且不可分割。此前,《关于办理黑恶势力刑事案件中财产处置若干问题的意见》第 19 条就此作出规定,该款将这一规则上升为立法规定。适用时应特别注意财产混合的情形,可结合民事立法的相关规定加以理解。

三是追缴、没收高度可能与黑社会性质组织犯罪关联的财产。此前有学者提出构建合法财产来源的举证责任倒置规则,其认为应对黑社会性质犯罪组织及其成员拥有的财产增设特别的没收措施,在认定黑社会性质组织成员构成黑社会性质组织犯罪的基础上,适用举证责任倒置规则,对其不能证明合法来源的财产,予以没收。[①] 或认为,我国《刑事诉讼法》对合法财产来源的举证责任倒置问题并无规定,《刑法》中仅规定巨额财产来源不明罪适用举证责任倒置制度,且惩罚偏轻。为满足打击严重特殊犯罪的需要,可在《刑事诉讼法》以及《刑法》中规定举证责任倒置制度,但是,应严格限制其适用范围并规定严密的适用程序,把负面影响降到最低限度,从而实现各种利益间的平衡。[②] 参考这一思路,第 45 条第 3 款规定了一项特殊规定,只要该财产"高度可能"与黑社会性质组织犯罪关联,即予以追缴、没收财产,适用时应特别注意:(1)要求被告人实施黑社会性质组织犯罪的定罪事实、量刑事实均已查清,不存在疑问;(2)其在犯罪期间获得的财产"高度可能"属

---

① 参见于天敏等:《黑社会性质组织犯罪理论与实务问题研究》,中国检察出版社 2010 年版,第 299 页。

② 参见蔡军:《我国有组织犯罪刑事规制体系的检视与重构——基于有组织犯罪集团向企业化发展趋势的思考》,载《法商研究》2021 年第 3 期。

于黑社会性质组织犯罪的违法所得及其孳息、收益,并且有证据证明,不能仅靠主观推断;(3)被告人不能说明财产合法来源,否则便可依法予以排除。综上,这一规定属于刑事推定,如办案机关无直接证据证明财产性质,可以从间接证据证明犯罪嫌疑人、被告人的收入情况、生活状态等情况,从而"高度盖然性"证明相关材料并非犯罪嫌疑人、被告人的合法所得,最终形成一种司法上的事实推定,如果犯罪嫌疑人、被告人有相反充分的证据予以推翻前述证明,则不能对其财产予以没收。①

四、特殊人员保护规则的适用

特殊人员的保护问题极为复杂,《反有组织犯罪法》不仅注重将保护时点前移至分案阶段,更是充分扩展主体范围,将证人、鉴定人、被害人、特定有组织犯罪人员、执法人员、司法人员及其近亲属均纳入保护范围。

(一)前置保护规则

《反有组织犯罪法》注重诉讼程序中的特殊人员保护,首次设置了前置保护规则。就特殊人员的预防保护,《反有组织犯罪法》第32条以分案处理情形的形式作出规定。虽然该条文位于第三章"案件办理",并且是针对分案问题,但是,该条实质上系通过确立特殊的分案规则,在有组织犯罪案件办理过程中有效保护特定人员。该条在案件办理之初即对这些人员进行保护,因此,具有前置保护规则的性质。以往的分案制度多是根据特殊主体制定,例如,关于未成年人的分案问题,最高人民法院《关于审理未成年人刑事案件的若干规定》(已失效)、最高人民检察院《人民检察院办理未成年人刑事案件的规定》等均作出规定,在立法中基于有组织犯罪特殊人员规定分案制度尚属首次。

适用该条应准确把握条件要求:第一,适用对象为"犯罪嫌疑人、被告人",其必须是有组织犯罪的被诉对象,而非其他主体。第二,要求其必须对有组织犯罪案件侦破做出重大贡献,既包括"检举、揭发重大犯罪的其他共同犯罪人",也包括"提供侦破重大案件的重要线索或者证据"。第三,"同案处理可能导致其本人或

① 参见莫洪宪、李占州、王肃之:《反有组织犯罪法重点解读与适用要点》,法律出版社2022年版,第140页。

者近亲属有人身危险”,这里将危险的辐射对象由其本人扩展至近亲属,充分体现了该项措施保护的周延性。

(二)证人保护规则

由于犯罪组织往往具有一定的社会影响力,因而,对有组织犯罪的证人更有必要进行有效保护。有组织犯罪的被害人,可能惧怕犯罪组织的恐吓威胁或报复,而不敢出面指证;或者在起诉后法院审理中翻供甚至不愿出庭,导致司法机关难以追诉定罪。[①] 此前也有学者提出,不但应对勇于作证的证人物质上给予奖励,更应加强保护措施,[②]从法律上对其安全加以保障,提高民众同有组织犯罪作斗争的积极性。[③] 有学者具体提出,对证人的保护措施可分为一般保护措施和特殊保护措施两大类。一般保护措施既包括对证人及其近亲属的姓名、身份、住址等予以保密,又包括为避免不法侵害行为发生所采取的各种防范措施,还包括在庭审质证时利用视频、音频设备进行变像、变声处理等特殊方法作证。对于有组织犯罪中的证人,在作证期间,应当对证人及其近亲属实行 24 小时的贴身保护,在此期间,除非获得保护机构的特别许可,任何其他人不得与证人接触,证人也不得离开指定地点;作证之后,证人保护机构应当为面临高度、长期风险的证人及其近亲属,建立新的个人档案、更改身份信息,开展脱离原生活环境的工作安排、居所乔迁、生活保障等一系列后续工作,必要时甚至需要改变证人的容貌。[④]

虽然《刑事诉讼法》也设有证人保护规则,但并非特别针对有组织犯罪设置。《反有组织犯罪法》不仅在既有规定的基础上扩大了证人保护措施的种类,而且专门规定了保护措施的批准、实施要求。

第一,证人保护措施。《反有组织犯罪法》第 61 条规定了证人保护措施。该

---

① 参见刘莹:《有组织犯罪侦查策略研究》,载《湖南社会科学》2010 年第 6 期。

② 另有学者提出,有必要整合公检法三家的力量,设立专门的针对有组织犯罪中证人的保护机构,配备日常工作人员,负责证人安全保护的总体协调,为打击黑社会性质组织犯罪中的证人提供出庭前、庭审中和庭审后的全程服务,避免由于司法机关在证人保护上的衔接不畅对证人造成不必要的伤害与恐慌,有效防止犯罪组织的干扰、破坏活动。该机构中应有专门的保护人员负责具体案件的证人保护,而对保护人员要进行专业化的特殊培训,经培训合格后,方能持证上岗执行任务。参见胡隽:《论我国打击有组织犯罪中证人保护制度的完善》,载《中国人民公安大学学报(社会科学版)》2011 年第 3 期。

③ 参见贾宇:《有组织犯罪之对策研究》,载《法律科学(西北政法学院学报)》2003 年第 5 期。

④ 参见胡隽:《论我国打击有组织犯罪中证人保护制度的完善》,载《中国人民公安大学学报(社会科学版)》2011 年第 3 期。

条适用于“因举报、控告和制止有组织犯罪活动，在有组织犯罪案件中作证，本人或者其近亲属的人身安全面临危险”的情形，并具体规定了5项保护措施。关于“因举报、控告和制止有组织犯罪活动”和“在有组织犯罪案件中作证”的关系，有两种理解：一种理解为“且”的关系，即必须同时符合二者；另一种理解为“或”的关系，即符合二者之一即可。基于体系解释，解释为“且”的关系更为妥当。第63条关于参照特殊人员保护的规定有“可以参照证人保护的规定执行”的表述，结合条文关联应指的是第61条，也即第61条虽然指向特殊人员，但系为了实现作为证人的这些特殊人员保护而制定。

第61条的规定虽然是围绕证人保护展开，但是并非简单重申《刑事诉讼法》第64条，而是结合有组织犯罪的特点作出专门规定，应注意二者的不同之处：一是该条保护的是有组织犯罪案件中作证的“举报人、控告人和制止人”及其近亲属，与其他犯罪的证人保护范围有所区别。二是《刑事诉讼法》中证人保护条款仅适用于黑社会性质组织犯罪案件，该条则适用于有组织犯罪案件。三是该条除了不公开真实姓名、住址和工作单位等个人信息，采取不暴露外貌、真实声音等出庭作证措施，禁止特定的人接触被保护人员，对人身和住宅采取专门性保护措施，其他必要的保护措施这五项保护措施与《刑事诉讼法》一样外，另行规定了一项新型保护措施——“变更被保护人员的身份，重新安排住所和工作单位”。这主要是考虑到有组织犯罪往往具有一定的社会影响力，很可能于事后对作证的特殊人员进行打击报复，因此设置该项。

适用该条除了应把握其与《刑事诉讼法》第64条规定的异同外，还应注意以下三点：一是要求这些特殊人员和近亲属“人身安全面临危险”，这种危险必须是现实的危险，而非想象的危险，因此，必须结合案件情况予以准确把握，防止扩大适用。二是根据该条，采取措施的主体包括公安机关、人民检察院、人民法院，言下之意是这些特殊人员的保护贯穿整个有组织犯罪案件刑事诉讼过程，依诉讼阶段由相应的机关采取措施。三是该条所规定的措施既可以单独采取，也可以同时采取多项措施，以切实保证这些特殊人员和近亲属的人身安全。

第二，保护措施的批准与配合。《反有组织犯罪法》第62条专门规定了证人保护措施的批准和配合。其中，第1款规定禁止特定的人接触被保护人员、对人身和住宅采取专门性保护措施由公安机关执行，变更被保护人员的身份、重新安排住所和工作单位由公安部批准和组织实施。第2款规定有关单位和个人应当配合保护措施。

第62条第1款的规定是《反有组织犯罪法》新设的条款。此前《刑事诉讼法》并未就证人保护措施的执行作出规定，最高人民法院、最高人民检察院、公安部、司法部《关于办理黑社会性质组织犯罪案件若干问题的规定》等相关司法文件关于批准程序的规定，也仅涉及“查询、查封、扣押、冻结财产需要其他部门配合或者执行”等情形。第62条第2款的规定则和《刑事诉讼法》第64条第3款的规定具有一致性，在适用时可参考后者。

实践中需特别注意的是，关于变更被保护人员的身份、重新安排住所和工作单位的特别规定。第62条第1款规定的“由国务院公安部门批准和组织实施”，也即由公安部批准和组织实施。一方面，该类措施需要动用庞大的社会资源，需要更为慎重，因此，未采取县级或市级公安机关负责人批准的常规程序，而是由公安部统一掌握；另一方面，该类措施往往需要跨地区、跨地域实施，也需要公安部协调不同地区的公安部门落实。

（三）参照保护规则

《反有组织犯罪法》一改《刑事诉讼法》只对证人等诉讼参与人及其近亲属加以保护的做法，根据既有实践和司法规定，对于特定有组织犯罪人员、执法人员、司法人员及近亲属的保护加以规定，构建了广范围、多主体的参照证人保护规则。

第一，特定有组织犯罪人员的保护。早先即有学者提出，有组织犯罪与非有组织犯罪相比，往往报复手段更凶残，对证人和主动脱离犯罪组织的人，毫无疑问会进行疯狂的报复和打击。因此，不仅对于证人，对于被分化瓦解人也应建立有效保护制度。[①]《反有组织犯罪法》第63条明确规定有组织犯罪人员参照证人保护的规定执行。根据《关于办理黑恶势力犯罪案件若干问题的指导意见》第35条第2款的规定，犯罪嫌疑人、被告人，积极配合侦查、起诉、审判工作，在查明黑社会性质组织的组织结构和组织者、领导者的地位作用，组织实施的重大犯罪事实，追缴、没收赃款赃物，打击“保护伞”等方面提供重要线索和证据，经查证属实的，对其参照证人保护的有关规定采取保护措施。《反有组织犯罪法》第63条将这一规定上升

---

① 参见李浩、陈洪兵：《社会转型及入世背景下的中国有组织犯罪——有组织犯罪对策研究》，载《犯罪研究》2002年第4期。

为立法的同时,对其适用范围予以限缩,应注意二者的区别。

适用第 63 条时应注意严格依法把握条件:一是适用主体限于“实施有组织犯罪的人员”,不包括仅一般参与犯罪组织违法活动,未进入刑事诉讼的主体。二是其必须“配合侦查、起诉、审判等工作”,这里采用了“等”的兜底规定,即其配合的工作主要指向有组织犯罪刑事诉讼,但也可作出例外考虑。三是其配合工作必须“对侦破案件或者查明案件事实起到重要作用”,这里需特别关注“重要”的表述,如果其仅是提供个别线索或信息,起到一般辅助作用,也不能适用该条。四是即便符合上述条件也仅是“可以”参照,具体是否参照证人保护的规定执行仍应进行具体判断。

第二,执法、司法人员及近亲属的保护。《反有组织犯罪法》第 64 条规定了执法、司法人员及近亲属可以采取部分证人保护的措施。此前,《关于办理黑恶势力犯罪案件若干问题的指导意见》第 35 条第 4 款曾明确,对于办理黑社会性质组织犯罪案件的政法干警及其近亲属,需要采取保护措施的,可以采取禁止特定的人员接触、对人身和住宅予以专门性保护等必要的措施。《反有组织犯罪法》第 64 条在前述规定基础上于立法层面对此加以规定。

在适用该条时应注意和证人保护条款的体系理解。一是在适用条件上,虽然该条没有明确规定要求“本人及其近亲属面临安全危险”,但结合第 61 条的规定,对执法、司法工作人员及其近亲属适用保护措施也需要存在本人面临个人无法应对的安全风险的情形。[①] 二是在措施类型上,虽然该条仅提及了“人身保护、禁止特定的人接触”,但同时有“等”的兜底规定,说明实践中应优先参照第 61 条第 1 款第 3 项、第 4 项加以保护,但也不排除采取其他的保护措施。此外,为实现该条的保护目的,对于“执法、司法人员”的范围不应过于限缩,例如,法警及其近亲属面临上述风险时,如有必要也可适用第 64 条的规定。

第三节 《反有组织犯罪法》视域下的预防与治理

有组织犯罪的治理必须基于历史、长期的视角,有学者即将此前我国有组织犯

① 参见莫洪宪、李占州、王肃之:《反有组织犯罪法重点解读与适用要点》,法律出版社 2022 年版,第 192 页。

罪的发展和近30年的经济发展相关联[①]。从消解有组织犯罪社会认同的角度出发,而不只是单纯严打,对于有组织犯罪的防控具有更加本源性意义。[②]《反有组织犯罪法》不仅立足当下,而且面向未来,规定了新的有组织犯罪罚则,以及各种配套机制。预防和治理应基于该法的各项规定,体系化地实现对于有组织犯罪的长效防治。

一、进行体系化、科学化的预防与治理

《反有组织犯罪法》充分吸收了既有理论与实践成果,构建了全面、科学的规范体系,不仅涉及具体规则,更就领导机制、防治方针等进行了具体规定,未来应立足其规定进行体系化、科学化的预防与治理。

(一)明确反有组织犯罪工作的基本导向

一直以来,从严打击有组织犯罪是各方的共识。如有学者提出,由于有组织犯罪具有不同于一般共同犯罪的特殊性,因此,对其从严处罚是世界上绝大多数国家和地区的做法。[③] 始终对有组织犯罪保持严厉的高压态势,这既是防止社会犯罪形势恶化不可或缺的手段,也是开拓和巩固犯罪预防局面的必要保障。[④] 或提出,严密法网应由近及远、逐步推进,最终形成遏制犯罪组织发展的立体法网。[⑤] 但是,随着有组织犯罪治理的深化,仅依靠事后打击的不足被学者关注。如有学者认识到,有组织犯罪成因复杂,其形成既有特定的历史原因也有现实基础,是一系列社会、政治、经济、文化等因素相互作用而成的,光靠打击不能够有效遏制有组织犯罪,还需要一系列相应的刑事政策、法律对策、国际合作对策以及其他一系列对策的辅助才能很好地完成打击防范有组织犯罪的工作。[⑥]

---

① See T. Wing Lo, Dina Siegel & Sharon I. Kwok, eds., *Organized crime and corruption across borders: Exploring the belt and road initiative*, Routledge, 2020, p. 29.

② 参见张爽:《有组织犯罪社会认同研究——以中日有组织犯罪合作研究项目报告为例》,载《政法论丛》2015年第1期。

③ 参见蔡军:《我国有组织犯罪刑事规制体系的检视与重构——基于有组织犯罪集团向企业化发展趋势的思考》,载《法商研究》2021年第3期。

④ 参见张远煌:《关于我国有组织犯罪的概念及发展形态的再思考》,载《人大法律评论》2009年第1期。

⑤ 参见张远煌:《中国有组织犯罪的发展现状及立法完善对策》,载《法治研究》2012年第2期。

⑥ 参见李洁:《预防有组织犯罪:从"打小"开始》,载《国家检察官学院学报》2011年第5期。

在此背景下,预防有组织犯罪的重要性日益受到关注。如有学者提出,之前治理有组织犯罪的司法实践表明,有组织犯罪并没有得到有效地控制。这与我国在控制有组织犯罪方面重打击轻预防的观念有关,根据国外有关国家治理有组织犯罪的实践经验来看,在惩罚控制有组织犯罪时,那种仅仅注重惩罚而轻预防的做法,不利于对有组织犯罪的控制。只有注重预防才是控制有组织犯罪的根本之策。① 刑事治理中主要依靠传统的措施以应对有组织犯罪,事实上已经出现应对无力、疲于应付的被动局面。② 也有学者将刑事政策与预防有组织犯罪结合进行分析,如认为有组织犯罪"打小"的合理性是明显的,"防胜于打"的道理也得到了人们的认可。③ "打早打小""防早防小"可有效预防和遏制有组织犯罪向高级形态转化。④《反有组织犯罪法》第 1 条也专门规定了其立法目的系"为了预防和惩治有组织犯罪"。

《反有组织犯罪法》第 1 条还规定了"加强和规范反有组织犯罪工作"。这可以从两个方面加以理解:第一,该法旨在加强反有组织犯罪工作。一直以来,我国反有组织犯罪的法律制度比较分散、未成体系,部分文件效力位阶低,防范、治理和保障等相关法律规定比较缺乏,客观上影响实施效果,该法作为专门的反有组织犯罪的立法,理应推动反有组织犯罪工作的有效开展。第二,该法旨在规范反有组织犯罪工作。此前即有学者提出,在刑事司法过程中,绝不能仅因打击的需要而将这些犯罪形态拔高认定为黑社会性质组织,当然也不能将黑社会性质组织降格认定为犯罪团伙或犯罪集团。尽管这样处理可能无法有效惩治有组织犯罪的所有参加者,也可能无法对犯罪组织及其成员的涉案财产和犯罪收益进行精准处置,但司法本身就对预防和惩罚犯罪具有强烈的警示作用,也具有依法治理的意义。⑤ 实践中,反有组织犯罪工作也个别存在"拔高""降格"处理等不规范、不适当的情形,因此,该法的相关规定也是划定法律上的"底线""红线",推动相关实践的规范化、法

---

① 参见付其运:《行政法治视角下有组织犯罪防治研究》,载《河北法学》2013 年第 9 期。

② 参见蔡军:《我国治理有组织犯罪刑事政策的检讨与调适——基于有组织犯罪企业化趋势的思考》,载《中州学刊》2021 年第 2 期。

③ 参见李洁:《预防有组织犯罪:从"打小"开始》,载《国家检察官学院学报》2011 年第 5 期。

④ 参见蔡军:《我国有组织犯罪刑事规制体系的检视与重构——基于有组织犯罪集团向企业化发展趋势的思考》,载《法商研究》2021 年第 3 期。

⑤ 参见蔡军:《我国惩治有组织犯罪的刑事司法问题及其机制调适——基于有组织犯罪企业化发展趋势的思考》,载《河南大学学报(社会科学版)》2021 年第 6 期。

治化。在适用该法相关条文时,应当兼顾这两个方面加以理解,既明确职权职责,也明确行为边界,确保反有组织犯罪工作的依法开展。

(二)准确贯彻反有组织犯罪工作的方针

早先即有学者指出,黑社会性质组织犯罪问题应该通过防控体系的建设来对其加以控制甚而杜绝,具体指国家所采取的为法律所规定的防控黑社会性质组织犯罪产生与发展的各种政策、对策、手段的有机整体。[①] 或认为,要从整个社会的各方面入手,发动群众、依靠群众,拓宽群众参与的渠道和网络,鼓励社会组织积极参与,同时,综合运用法律、科技、教育、经济、文化乃至政治等手段,做到事前预防与事后严惩相协调。只有这样,才能从阻截经济来源、减少活动空间、堵塞犯罪机会、减小犯罪影响等方面防范有组织犯罪。[②] 以上观点虽然未明确提出反有组织犯罪工作的方针,但是多措并举的探讨具有积极的意义。

《反有组织犯罪法》第2条并未局限于具体举措进行探讨,而是系统规定了有组织犯罪工作方针,可从以下三个方面加以理解:

第一,反有组织犯罪工作必须坚持总体国家安全观。坚持总体国家安全观,必须以人民安全为宗旨,以政治安全为根本,以经济安全为基础,以军事、文化、社会安全为保障,以促进国际安全为依托。有组织犯罪谋求社会控制、政治渗透,严重影响正常的经济秩序、社会秩序,对于国家政治安全、经济安全、社会安全等均具有现实的危害。对有组织犯罪的预防和打击必须在贯彻落实总体国家安全观的视角下科学实践,以切实维护国家安全。

第二,反有组织犯罪工作应当综合运用法律、经济、科技、文化、教育等手段。打击有组织犯罪是一项系统工程,需要多个方面、多个领域有效协同,切实发挥各种手段的优势,形成合力。传统意义上仅强调法律手段特别是刑法手段在打击有组织犯罪过程中的应用,虽然这一方式易于"立竿见影",但是难以消除滋生有组织犯罪的"土壤"。从常态化、长期化、长效化的角度来看,必须综合运用各种手段防治有组织犯罪。

---

① 参见于天敏等:《黑社会性质组织犯罪理论与实务问题研究》,中国检察出版社2010年版,第293页。

② 参见蔡军:《我国治理有组织犯罪刑事政策的检讨与调适——基于有组织犯罪企业化趋势的思考》,载《中州学刊》2021年第2期。

第三,应当建立健全工作机制和防治体系。建立健全反有组织犯罪工作机制。反有组织犯罪工作具有复杂性、系统性,需要构建科学有效的工作机制,一方面,需要进行体制建设,完成反有组织犯罪工作相关部门管理职能和岗位责权的优化配置;另一方面,需要进行流程建设,特别是相关部门需就如何切实履行职责,有效参与打击有组织犯罪工作,形成一套科学的管理流程。

(三)准确把握反有组织犯罪工作的理念

之前综合治理的理念在学界已有较为充分的探讨。大多数著作运用了社会学、刑法学、刑事政策学等多学科的知识,对有组织犯罪问题进行了综合性的研究,不局限于犯罪学这一学科的研究领域与方法。[①] 如认为,有组织犯罪滋生、发展、壮大是各种主客观因素相互影响、相互作用的结果,其危害具有涉及多领域的综合性。[②] 防控有组织犯罪是一项庞大的系统工程,[③]运用社会综合力量来解决,才是科学的预防途径。[④] 而且,社会综合治理不仅强调各种主体的全方位参与,更要求各参与主体及各种治理手段和措施协调互动。[⑤] 就其理由有学者提出,因为有组织犯罪不像个体犯罪那样具有一定的偶发性,其发展需要一个几乎不间断的、由一系列违法犯罪活动构成的过程,并且与社会管理工作和群众的日常生活紧密地交织在一起,因而,在社会治安综合治理得到有效落实的前提下,很容易被发觉,以防患于未然。[⑥]

《反有组织犯罪法》第 4 条并未简单地规定综合治理,而是结合有组织犯罪防治规定了多维度、多层面的工作理念。

第一,反有组织犯罪工作应做到四个"结合"。这实际上明确了并不仅是政法机关负有打击有组织犯罪的责任,相关党政部门也应积极开展这一工作。(1)坚持反有组织犯罪专门工作与群众路线相结合。反有组织犯罪工作具有专门性,必

---

① 参见谢勇、王燕飞:《论有组织犯罪研究——十年回顾、评价与前瞻》,载《中国刑事法杂志》2005 年第 3 期。

② 参见陈明华主编:《有组织犯罪问题对策研究》,中国政法大学出版社 2004 年版,第 323 页。

③ 参见邢志人、张继平:《有组织犯罪的政治经济分析》,载《当代法学》2007 年第 2 期。

④ 参见王园:《论有组织犯罪的经济分析》,载《云南大学学报(法学版)》2010 年第 2 期。

⑤ 参见蔡军:《我国治理有组织犯罪刑事政策的检讨与调适——基于有组织犯罪企业化趋势的思考》,载《中州学刊》2021 年第 2 期。

⑥ 参见许靖、杨丽、邢菲菲:《对有组织犯罪查处中的疑难问题研究》,载《政治与法律》2010 年第 5 期。

须针对有组织犯罪的特点实施有针对性的举措。但是,随着我国严厉打击有组织犯罪,其生存空间受到压缩,日益走向隐蔽化。因此,在防范和惩治有组织犯罪时,必须始终坚持人民主体地位,紧紧依靠群众、发动群众,寻找有组织犯罪的“蛛丝马迹”,防止其逃避打击。(2)坚持有组织犯罪专项治理与系统治理相结合。有组织犯罪的产生有着复杂深刻的原因,因此,既要坚持予以严厉打击,更要强调对于有组织犯罪相关的人、财、物等要素进行系统治理,从而不仅彻底打击有组织犯罪本身,而且能够更有效治理滋生有组织犯罪的环境。(3)坚持反有组织犯罪工作与反腐败相结合。有组织犯罪的滋生和发展往往和“保护伞”的庇护密切相关,因此,需要统筹抓好打击有组织犯罪和关联的腐败犯罪。(4)坚持反有组织犯罪工作与加强基层组织建设相结合。基层组织既是打击有组织犯罪的关键,也是防范犯罪组织腐蚀、渗透的重点,因此,必须抓好基层组织建设,切实筑牢防范有组织犯罪的坚实“堤坝”。

第二,反有组织犯罪工作应做到两个“兼顾”。(1)必须兼顾惩防并举。传统对有组织犯罪多强调严厉打击,强调对于已经形成的犯罪组织及其实施的犯罪进行严惩。但是仅强调严惩的弊端日益显现,更需进行有针对性的预防,从而尽可能减少社会成本。(2)必须兼顾标本兼治。打击具体的犯罪组织及其人员、犯罪行为,固然能起到“立竿见影”的“治标”效果,但是,如果不从根本上挖掘、治理有组织犯罪的形成原因,那么,势必还会出现新的有组织犯罪,难以实现“治本”的目标,因此该条特别强调“标本兼治”。①

(四)准确把握反有组织犯罪工作的主要参与主体

之前学界关于反有组织犯罪工作主体的讨论主要聚焦在专门机构和队伍上。如有学者认为,除一些大城市和沿海一些城市组建了反黑专业队伍以外,大多数地区尚未建立专门的反黑机构和专业队伍。② 有学者进而提出,应向国际公约靠拢,借鉴国外成功的做法,适应反有组织犯罪的现实需要,尽快建立全国统一的指挥协调机构,组建公安、检察、武警及相关部门参加或由多种专业人员参加的专门机构,依据法律规定侦办有组织犯罪案件。并建立反有组织犯罪的警察队伍,甚至精锐

---

① 早先学界已关注有组织犯罪“标本兼治”的问题,《反有组织犯罪法》则是将其上升为立法规定。参见莫洪宪、周娅:《中国法学会犯罪学研究会第12届学术研讨会综述》,载《中国法学》2003年第6期。

② 参见朱其良:《试论有组织犯罪的治理对策》,载《学术论坛》2001年第5期。

部队。[1]

有学者还给出了具体的机制设计。如认为,应成立全国打击黑社会性质组织犯罪警察局,组建三级打黑专业警察队伍,其主要任务是:(1)指导各省打黑处开展日常工作,对各地打黑侦查机关实施的有关打击黑社会性质组织犯罪组织活动的侦查进行指导、协调、分析,对跨地区性黑社会性质组织进行协调打击。(2)调查与掌握全国黑社会性质组织的犯罪情况,通过综合研究黑社会性质组织发展规律,及时制定有效的打击措施与政策。(3)对重特大黑社会性质组织案,直接实施侦查或指定异地管辖,负责为各地打黑提供技术服务、专业支持,提供最新科技手段的使用,在重要的调查行动中直接使用先进的科学技术。[2] 还有学者就专门机构、队伍建立后如何运转提出思考,认为建立专门反黑组织机构和队伍后,还必须进一步完善职能,加强司法人员反黑斗争技能培训,提高反黑斗争的水平和素质,并要有效地提供专业经费和装备,使专门机构之间可以及时沟通联系,做到快速反应,及时调配司法资源,增强反黑工作的打击力度。建立专门的反黑机构后,可以有专门的力量和有组织犯罪作斗争,进行常年搜集黑社会活动情况,建立本地反黑信息网络,收集、总结国内外反黑的动态、经验,监控黑社会分子;研究和探讨有关法律、政策和斗争中出现的新情况、新问题,提出反黑斗争的策略和建议设想,打破地区和部门之间的界限,公安部门和其他执法部门统一协调,密切配合,有效打击有组织犯罪。[3]

《反有组织犯罪法》一方面通过多个条文规定反有组织犯罪工作的参与主体,并未规定设立专门机构;另一方面规定了反有组织犯罪专业力量。

第一,反有组织犯罪工作的参与主体。根据《反有组织犯罪法》第 9 条的规定,"各级人民政府和有关部门"与"村民委员会、居民委员会"首先作为关键参与主体。(1)各级人民政府和有关部门不仅自身应积极开展有组织犯罪预防和治

---

① 参见于改之:《我国关于有组织犯罪的立法与司法完善》,载《法学论坛》2004 年第 5 期;李芳晓:《国外有组织犯罪的现状与防范对策》,载《国外社会科学》2009 年第 4 期;冯殿美、曲振涛:《有组织犯罪的成因及其对策分析》,载《法学论坛》2003 年第 3 期;贾宇:《有组织犯罪之对策研究》,载《法律科学(西北政法学院学报)》2003 年第 5 期;赵赤:《中外惩治有组织犯罪比较研究》,中国政法大学出版社 2017 年版,第 409 页。

② 参见于天敏等:《黑社会性质组织犯罪理论与实务问题研究》,中国检察出版社 2010 年版,第 212 - 213 页。

③ 参见卢建平:《中国有组织犯罪相关概念特征的重新审视》,载《国家检察官学院学报》2009 年第 6 期。

理，还应动员各方社会力量积极参与，共同推动这一工作的有效进行。在此过程中，必须对有组织犯罪预防和治理工作均给予充分的重视，而非仅侧重有组织犯罪的治理，应立足新时代有组织犯罪的治理需求，同样强调有组织犯罪预防的重要性。此外，应当在考评体系中体现有组织犯罪预防和治理工作，也即通过完善考评制度、机制，将这一工作作为考评体系的重要指标，从而促使各级人民政府和有关部门切实提高认识，充分重视，有效履行好自身的职责。(2)村民委员会、居民委员会应对有组织犯罪的预防和治理工作予以全面协助。一方面，村民委员会、居民委员会应充分协助有组织犯罪的治理工作。除了配合侦查等诉讼工作外，对于犯罪组织成员的矫正等工作，同样需要村民委员会、居民委员会予以协助，因此，明确其协助有组织犯罪治理工作具有重要意义。另一方面，村民委员会、居民委员会应充分协助有组织犯罪的预防工作。防范有组织犯罪染指重点区域、重点人员、重点财产，以及开展相关教育、普法，同样需要村民委员会、居民委员会发挥积极作用，因此，也需明确其协助预防的责任。还应体系理解《反有组织犯罪法》第 6 条与第 9 条的规定，注重相关主体与“监察机关、人民法院、人民检察院、公安机关、司法行政机关以及其他有关国家机关”协调配合。

此外，根据《反有组织犯罪法》第 7 条的规定，“单位和个人”也是重要的参与主体。不论是作为单位，包括企业、事业单位、社会团体等，还是作为公民的每一个人，都有协助、配合负有反有组织犯罪工作职责的有关部门。与此同时，该条还规定“国家依法对协助、配合反有组织犯罪工作的单位和个人给予保护”，有关机关实践中需注意对这些单位和个人采取有关保护措施，防止其遭受犯罪组织的打击报复。

第二，关于反有组织犯罪专业力量。《反有组织犯罪法》第 59 条对于反有组织犯罪专业力量相关事项作出全面规定。理解该条需注意以下两点：(1)建立健全反有组织犯罪专业力量需依照法律规定的职责。公安机关和有关部门必须依照职责开展这一工作，不能任意设立、扩大。(2)该条仅是规定公安机关和有关部门负责反有组织犯罪专业力量，其他参与力量不在该条规定之列。反有组织犯罪社会力量也是反有组织犯罪力量的有机组成部分，特别是依靠群众反有组织犯罪也是经实践检验行之有效的方法，这些社会力量可依法在相关部门指导下有序参与反有组织犯罪工作。

二、注重反有组织犯罪的新协同机制

为了打击有组织犯罪，执法机构必须与公共和私营机构、学术界和外国同行合作。[①] 域外国家立法机关也注重使用行政规则（administrative rules）而非刑法来预防有组织犯罪。[②] 其即便存在临时合作、联合工作和信息共享，但缺乏资源、存在其他优先事项，以及缺乏国家协调、支持或监督（的现象仍然存在）。[③] 为防止我国出现上述情况，以加强分工配合，《反有组织犯罪法》就各方如何有效协同开展反有组织犯罪规定了多项新机制，在防治有组织犯罪过程中应注重加强这些机制的实践。

（一）分工协作开展宣传教育

早先即有观点提出应该加强宣传教育，提高公民打击黑社会性质组织犯罪的意识。其认为，现实生活中，普通民众对黑社会性质组织的认识不足并缺乏警惕性，一些被害人或群众虽然有所认识，但存在恐惧心理，不敢控告举报。应注意加强黑社会性质组织犯罪的宣传和教育力度，提高全社会对黑社会性质组织犯罪严重危害性的认识，增强全社会的打击黑恶势力意识；充分运用我国具有社会主义群防群治特点的社区居委会以及各基层组织工作的机制，教育普通群众关注本社区的可疑迹象。[④] 类似观点如，我国应当在宣传有组织犯罪的危害、增强公众抵制有组织犯罪的愿意和能力以及加强“反黑”的公共管理措施等方面出台新的制度并加以切实执行。[⑤] 但是，上述观点主要围绕黑社会性质组织的宣传教育，未延伸至整个有组织犯罪领域。

《反有组织犯罪法》第 10 条规定了区分主体的宣传教育职责：

第一，承担预防和治理职责的部门负责开展反有组织犯罪宣传教育，提高公众

---

① See Thomas P. Ott, *US Law Enforcement Strategies to Combat: Threats to Financial Institutions*, Journal of Financial Crime, Vol. 17:4, p. 383(2010).

② See Lars Korsell, *Regulating Organized Crime*, The Annals of the American Academy of Political and Social Science, Vol. 679:1, p. 174(2018).

③ See Alan Doig & Peter A. Sproat, *Local Responses to a National Initiative on Organised Crime and Local Government Procurement Fraud*, Journal of Financial Crime, Vol. 27:1, p. 88 – 89(2020).

④ 于天敏等：《黑社会性质组织犯罪理论与实务问题研究》，中国检察出版社 2010 年版，第 317 – 318 页。

⑤ 参见赵赤：《中外惩治有组织犯罪比较研究》，中国政法大学出版社 2017 年版，第 421 页。

反有组织犯罪意识和能力。需明确,上述单位开展有组织犯罪宣传教育的主要目标是“提高公众反有组织犯罪意识和能力”。因此,无论是教育内容还是教育形式,都需要围绕这一主题,一方面向公众充分揭示有组织犯罪的本质,另一方面提升公众与有组织犯罪作斗争的各项能力。

第二,监察机关、人民法院、人民检察院、公安机关、司法行政机关通过普法宣传、以案释法等方式,开展反有组织犯罪宣传教育。与前述“承担预防和治理职责的有关部门”所承担的教育责任不同,上述政法机关主要围绕普法、司法层面展开宣传教育。因此,政法机关应当结合自身特色,重点讲述有组织犯罪的法律性质、社会危害、司法处置等,提升公众反有组织犯罪的法治意识和法律知识。

第三,新闻、广播、电视、文化、互联网信息服务等单位有针对性地面向社会开展反有组织犯罪宣传教育。新闻、广播、电视、互联网等媒体受众广泛,传播速度快,其传播内容有着很强的影响力,应当利用好这一阵地开展反有组织犯罪宣传教育。文化部门也承担着引导、传播正确思想,抵制有组织犯罪消极思想的职责。特别是在信息网络环境下,更应该加强反有组织犯罪宣传的针对性。

此外,虽然明确了不同的单位分别有侧重地进行反有组织犯罪宣传教育,但是很多内容具有共通性,多个部门在进行宣传教育过程中可能都会涉及,比如,识别有组织犯罪的方法、反有组织犯罪的现状、个人或单位反有组织犯罪的权利和义务、有组织犯罪的法律后果以及其他对于有组织犯罪预防具有重要意义的内容。

(二)协同完成候选人资格审查工作

基层群众自治组织处在防治有组织犯罪的第一线,也是犯罪组织渗透的重要目标。之前,犯罪组织往往采取暴力、威胁、贿赂手段,操纵选举,直接控制农村基层政权。① 对此有学者提出,防控有组织犯罪,必须加强基层政权建设。② 鉴于此,应在基层群众自治组织层面长期落实准入监督,严防任何犯罪组织人员渗透,防止其担任重要职务。

《反有组织犯罪法》第12条规定了候选人资格审查,就村民委员会、居民委员会成员候选人资格审查作出专门规定,防止涉有组织犯罪人员染指基层政权。理

① 参见张远煌:《中国有组织犯罪的发展现状及立法完善对策》,载《法治研究》2012年第2期。

② 参见邢志人、张继平:《有组织犯罪的政治经济分析》,载《当代法学》2007年第2期。

解该条时应注意区别不同情形：一是就候选人审查而言，发现其因实施有组织犯罪受过刑事处罚的，应当依照有关规定及时作出处理，取消相应的候选人资格；二是就事实审查而言，发现有组织犯罪线索的，应当及时向公安机关报告。实践中应注意两个层面：

第一，应从预防和治理有组织犯罪的角度，注重对于村民委员会、居民委员会成员候选人资格的全面审查。根据该条规定，民政部门是前述候选人资格审查的第一责任部门，但各个相关部门同样需要履行相应的职责，特别是监察机关、公安机关等有关部门。

第二，应注重候选人资格审查与有组织犯罪线索处置的联动。可建立民政部门与监察机关、公安机关等有关部门的线索反馈预案，一经发现有组织犯罪影响换届线索，立即启动应急预案，部门联动，多措并举，消除隐患。

（三）协同做好行业监管

有组织犯罪往往和行业具有密切关联，因此，做好行业监管也是防治有组织犯罪的重要方面。根据《刑法》第 294 条的规定，黑社会性质组织的危害性特征即为“称霸一方，在一定区域或者行业内，形成非法控制或重大影响，严重破坏经济、社会生活秩序”。也有学者关注到，有组织犯罪在向企业化发展的过程中往往会充分利用行业监管漏洞、权力管控薄弱或者法律制度间衔接不畅等因素大肆从事违法犯罪行为，以牟取非法利润。[①] 因此，公安、工商、税务和其他相关的政府部门，在行业场所的管理工作中要切实依法履行好各自的职能，切实做到管理到位、措施到位、责任到位，不给有组织犯罪以可乘之机。[②] 或提出，应强化和完善决定和影响有组织犯罪企业化的金融监管、行业监管、市场监管、出入境监管等领域的相关行政法律法规，以及反不正当竞争法、反垄断法、公司法、税法等经济、民事法律法规。[③]

《反有组织犯罪法》第 13 条规定了行业监管，从而为相关行业防治有组织犯

---

① 参见蔡军：《我国有组织犯罪刑事规制体系的检视与重构——基于有组织犯罪集团向企业化发展趋势的思考》，载《法商研究》2021 年第 3 期。

② 参见何秉松：《中国有组织犯罪研究（第一卷）：中国大陆黑社会（性质）犯罪研究》，群众出版社 2009 年版，第 321 页。

③ 参见蔡军：《我国治理有组织犯罪刑事政策的检讨与调适——基于有组织犯罪企业化趋势的思考》，载《中州学刊》2021 年第 2 期。

罪提供了指导。

第一,建立健全行业有组织犯罪预防和治理长效机制。有组织犯罪预防和治理是一项系统工程,需要在行业层面建立长效机制,防止其涉足甚至控制特定行业。这就要求行业主管部门充分注重机制建设,不仅需要建立长效机制,更需要不断予以健全,切实从行业层面整体实现有组织犯罪的长期预防和治理。

第二,对相关行业领域内有组织犯罪情况进行监测分析,即不仅应关注已发现和查处的有组织犯罪,更需要监测本行业领域内可能与有组织犯罪相关的各种情况,在此基础上作出分析,做到全面把握该类犯罪的发展态势,为采取有针对性的治理措施奠定基础。这就要求行业主管部门采取有效的管理和技术措施,实时、全面了解行业动态。在实践中,可考虑通过定期和非定期的形式开展监测工作,既开展常态化、固定化的排查工作,也通过其他形式了解行业动态,切实做到"防患于未然",提早对有组织犯罪进行防治。

第三,对有组织犯罪易发的行业领域加强监督管理,即对有组织犯罪"易发的行业领域"除了进行监测分析外,还需要采取有效措施,强化行业监督、行业管理。据此,相关行业主管部门不仅应担负起管理职责,还需要有效履行监督职责,保证履行职责的全面、有效。一是应加强对有组织犯罪易发的行业领域的管理。对于行业内发现的易滋生有组织犯罪的漏洞,应当在其自身的职责范围内积极作为,及时采取有针对性的举措予以整治,提早预防。二是应加强对有组织犯罪易发的行业领域的监督。行业主管部门除了自身应履行内部监督职责外,还需与公安机关等部门积极协同,如及时移送违法犯罪线索,防止相关违法犯罪漏管。

此外,还需注意以下两点:其一,前述主管部门不仅有落实行业监管的责任,还应会同公安机关共同落实长效防控有组织犯罪的职责,因此,不仅应注重内部监管,也应注重协同治理。其二,行业主管部门的范围以"等"作出兜底规定,因此,除了所列四种行业,诸如农业、旅游、建设、水利等行业的主管部门也应履行自身职责。

在此基础上,《反有组织犯罪法》第 14 条规定了行业防治意见建议,明确这一特殊行业监管举措的相关要求。

第一,行业防治意见建议的提出程序。根据该条的规定,行业防治意见建议的提出应遵循特定要求。一是对于发现行业主管部门防治有组织犯罪工作存在问题的,监察、政法机关"可以"提出行业防治意见建议,而非必须提出。实践中可能存在不宜提出行业防治意见建议的情形，如行业主管部门个别人员可能牵涉有组织犯罪或者可能造成较大负面社会效果等情形，因此，即便发现前述问题，是否提出建议仍由监察、政法机关具体掌握。二是行业防治意见建议应以书面形式提出，不应电话、口头等形式提出。

第二，行业防治意见建议的办理效果。一是相关行业主管部门应当及时处理行业防治意见建议。据此，相关行业主管部门不仅需要按照行业防治意见建议予以处理，还需要保证处理的时效性，防止前述问题造成后续不良后果，否则即为未充分履行自身职责。二是相关行业主管部门应当书面反馈处理情况，也即需要根据及时处理的效果，形成书面报告向提出行业防治意见建议的监察或政法机关反馈具体情况，做到"文来文往"。

此外，还应注意：其一，提出行业防治意见建议的主体包括"监察机关、人民法院、人民检察院、公安机关"，除了政法机关，明确监察机关也可以提出行业防治意见建议。其二，行业防治意见建议虽与监察、政法机关在办的有组织犯罪案件相关，但是，意见建议内容未必限于案件本身，只要和"有组织犯罪预防和治理工作"相关即可，从而确保意见建议事项范围的全面性。

（四）协同做好重点区域防控

有组织犯罪的活动区域也有显著特征，其往往选取社会管控力量相对薄弱、经济利润较高的地区或者领域。如有学者指出，随着中国城市的扩张，这种现象尤其在一些城乡接合部及城市近郊的农村地区比较突出。例如，这些地区的土地潜藏着巨大的经济价值，负责管理土地出让和开发事务的农村村乡政权成为黑恶势力侵蚀的重点。[①] 因此，要加强阵地控制，对有组织犯罪活动经常涉足的建筑工地、商贸市场、公共娱乐场所等重点部位，布建刑事特情和治安耳目，及时获取情报信息，增强同有组织犯罪斗争的主动性。[②]

《反有组织犯罪法》第 15 条规定了重点区域防控，将相关区域、行业领域或者场所均纳入视野。

第一，应全面把握预防和治理有组织犯罪重点区域的范围。凡是有组织犯罪

① 参见张远煌、林德核：《试析有组织犯罪的演变特征及存在形态》，载《法学杂志》2012 年第 3 期。
② 参见莫洪宪：《有组织犯罪研究》，湖北人民出版社 1998 年版，第 243 页。

可能盘踞、涉足的区域都有可能确定为重点区域。而且,根据该条第1款的规定,重点区域、行业领域或场所均属于重点区域的范畴。例如,管控力量相对薄弱的重点地区、经济利益较高的重点行业场所,均可能成为预防和治理有组织犯罪的重点区域。

第二,应准确把握确定重点区域的要求。一是重点区域的确定必须根据当地有组织犯罪的情况确定,坚决防止简单按照行政区划、职责分工确定,否则,难以实现应有成效。二是重点区域应与预防和治理有组织犯罪相关,防止不当限缩或者扩大重点区域范围。三是公安机关"可以"会同有关部门确定重点区域,而非应当确定。这是考虑到实践中可能存在不宜确定重点区域的情形,如确定重点区域可能引起社会恐慌等情形,因此,即便有利于预防和治理有组织犯罪,但是否确定重点区域仍由公安机关具体掌握。

第三,应严格落实重点区域的治理和反馈要求。一是重点区域管理单位应当确保治理实效。根据该条第2款的规定,重点区域管理单位要采取切实有效的举措,加强管理,保证既有问题的解决和相关风险的管控。二是重点区域管理单位应当及时将工作情况向公安机关反馈。其中,特别强调"及时"的要求,即管理单位应确保第一时间将治理效果告知公安机关。

此外,还应注意:其一,围绕预防和治理有组织犯罪重点区域,公安机关和有关部门、单位需有效协同,确保实现对重点区域的有效管控。其二,重点区域虽然一般指现实空间的具体区域,但是在对其管控过程中应注意信息网络方式的运用,例如,对犯罪组织所实施违法犯罪行为相关的微信群、QQ群等载体进行管控,斩断非法营运网上链条。

(五)协同做好网络管理和技术协助

网络服务提供者在防治有组织犯罪中也具有十分关键的地位。[①]《反有组织犯罪法》第16条规定了网络信息安全管理、技术协助义务。

第一,电信业务经营者、互联网服务提供者应切实履行网络信息安全管理、技术协助义务。(1)采取安全技术防范措施防止含有宣扬、诱导有组织犯罪内容的信息传播。该条第1款明确了电信业务经营者、互联网服务提供者应当采取"安全

① 详见本书第九章的相关论述。

技术防范措施”,因此,其不能仅满足于在用户告知或者主管部门通知后再采取措施,而是应预先采取安全技术措施。(2)对于上述信息停止传输,采取消除等处置措施,保存相关记录,并向公安机关或者有关部门报告。电信业务经营者、互联网服务提供者需要履行两种义务:一种是内部义务,包括停止传输、采取消除等处置措施、保存相关记录三项;另一种是外部义务,为向公安机关或者有关部门报告。(3)依法为公安机关侦查有组织犯罪提供技术支持和协助。对这一规定应作全面理解,即不仅包括具体事项的协助,还包括提供技术上的支持。

第二,网信、电信、公安等主管部门及有关单位应切实保证网络信息安全管理职责的实现。(1)主管部门自身应积极履行职责,包括及时责令电信业务经营者、互联网服务提供者等有关单位停止传输、删除相关信息,必要时,责令关闭相关网站、关停相关服务。对互联网上跨越国(边)境进行传输的包含有组织犯罪内容的信息,不论是从境外向境内传输还是从境内向境外传输,电信主管部门均应当采取相应的技术措施,阻断此类信息的传播。(2)有关单位应当履行配合义务。其义务内容包括立即执行、保存记录、协助调查三项。此外,这里的“有关单位”范围可能广于电信业务经营者、互联网服务提供者。

还需注意,网络信息安全管理具有两重含义:其一,电信业务经营者、互联网服务提供者应承担网络信息安全管理、技术协助义务,针对有组织犯罪相关信息予以有效管控,履行停止传输、及时报告等义务,以及协助主管部门的义务。其二,网信、电信、公安等主管部门应承担网络信息安全管理职责,采取处置措施、技术措施等。

此外,《反有组织犯罪法》还规定了不履行网络信息安全管理、技术协助义务的处罚。理解第 72 条时需注意与第 16 条规定的一致性和区别性。该条与第 16 条一致之处在于均为电信业务经营者、互联网服务提供者设置了网络信息安全管理、技术协助义务,不同之处在于:(1)该条适用的对象不包括网信、电信、公安等主管部门。该法第 16 条的规定具体包括两个方面:一方面是电信业务经营者、互联网服务提供者应承担网络信息安全管理、技术协助,针对有组织犯罪相关信息予以有效管控,履行停止传输、及时报告等义务,以及协助主管部门的义务;另一方面是网信、电信、公安等主管部门应承担网络信息安全管理职责,采取处置措施、技术措施等。第 72 条则只规制电信业务经营者、互联网服务提供者,不规制网信、电信、公安等主管部门。(2)第 72 条规定予以处罚的情形不包括未“采取安全技术防范措施防止含有宣扬、诱导有组织犯罪内容的信息传播”，仅包括第16条规定的后两种情形。

（六）协同做好反洗钱监管

打击有组织犯罪的经济基础，除了通过《刑法》打击洗钱犯罪外，也需要全面加强反洗钱监管，防患于未然。对此有学者提出，虽然我国现行《刑法》及《反洗钱法》已将洗钱行为明确为刑事犯罪，并规定了相应罚则，国务院及中国人民银行也发布了一些行政法规和规章，对预防和限制洗钱活动起到一定的作用，但是，这些法律法规之间缺乏系统性，以至于在打击和预防洗钱中总体上处于被动薄弱地位。[①] 或者结合域外实践提出，为彻底瓦解犯罪组织，联合国和西方国家目前已达成共识，把反洗钱作为打击有组织犯罪的主要战略。[②] 有学者还给出具体的制度设计，如切实推行金融活动实名制，以有效识别客户身份；要求金融机构保存交易记录5年以上；对可疑交易建立申报制度；等等。[③]

《反有组织犯罪法》第17条规定了反洗钱监管，明确了相关部门应协同配合：

第一，国务院反洗钱行政主管部门，国务院其他有关部门、机构应当督促金融机构和特定非金融机构履行反洗钱义务。在实践中，应注意金融机构和特定非金融机构在履行涉有组织犯罪反洗钱方面义务的区别。

第二，上述主体应严格开展涉有组织犯罪反洗钱调查，并履行相应的报案义务。一是切实开展涉有组织犯罪反洗钱调查。二是如果经过调查，无法排除涉有组织犯罪洗钱嫌疑的，反洗钱行政主管部门应当立即向有管辖权的公安机关报案，由公安机关根据情况依法采取进一步措施。

还需注意：第一，监管主体和义务主体的区别，国务院反洗钱行政主管部门，国务院其他有关部门、机构履行督促涉有组织犯罪反洗钱监管的职责，金融机构和特定非金融机构履行涉有组织犯罪反洗钱的义务。第二，依法进行调查的是监管主体而非义务主体。

此外，《反有组织犯罪法》还规定了金融机构等单位不履行止付、冻结义务的

---

① 参见蔡军：《我国惩治有组织犯罪的问题与破解路径》，载《河南大学学报（社会科学版）》2014年第4期。

② 参见李芳晓：《国外有组织犯罪的现状与防范对策》，载《国外社会科学》2009年第4期。

③ 参见于改之：《我国关于有组织犯罪的立法与司法完善》，载《法学论坛》2004年第5期。

处罚。第71条规定了金融机构等相关单位未依照该法第27条规定协助公安机关采取紧急止付、临时冻结措施的,由公安机关责令改正而拒不改正的行政处罚。适用该条时应注意以下两点:(1)该条处罚的对象是"金融机构等单位",也即不仅金融机构,其他相关单位不履行止付、冻结义务也可适用该条罚则。(2)公安机关在该条适用中具有关键地位,其不仅是采取紧急止付、临时冻结措施的部门,也是责令改正和进行处罚的部门。

(七)协同推进打击反有组织犯罪国际、区际合作

早先即有学者提出,之前有关人员参加境外黑社会组织,境外黑社会组织成员入境从事黑社会犯罪活动等,我国《刑法》并无相应规定,这对于打击和遏制涉黑犯罪显然是不利的。[①] 应积极利用国际力量,形成强大合力,以有效打击日益猖獗的有组织犯罪。[②] 或提出,向《联合国打击跨国有组织犯罪公约》的规定靠拢,[③]从国际合作角度应对有组织犯罪。[④]

《反有组织犯罪法》第21条规定移民管理、海关、海警等部门应与公安机关配合,做好防范境外黑社会组织工作,第六章"国际合作"强调从跨国层面对于有组织犯罪予以全面防治。

一是明确规定对境外黑社会组织的打击与防范。《反有组织犯罪法》第2条即规定其适用于境外的黑社会组织在中华人民共和国境内发展组织成员、实施犯罪,以及在境外对中华人民共和国国家或者公民实施犯罪的情形。之所以对境外的黑社会组织作出独立规定,是因为我国的有组织犯罪尚未发展至黑社会组织阶段,只存在"黑社会性质组织",因此,应注意二者区别。我国《刑法》第294条既规定了组织、领导、参加黑社会性质组织罪,又规定了入境发展黑社会组织罪。实践中需把握二者的对立和统一。此外,第21条还规定了防范境外黑社会组织,明确了移民管理、海关、海警等部门应当会同公安机关切实履行职责,对相关的有组织犯罪活动、人员予以有效防控,包括进行出入境证件的有效管理。

---

① 参见于天敏等:《黑社会性质组织犯罪理论与实务问题研究》,中国检察出版社2010年版,第294页。

② 参见李芳晓:《国外有组织犯罪的现状与防范对策》,载《国外社会科学》2009年第4期。

③ 如刑法关于"洗钱"概念与《金融机构反洗钱规定》所定概念的统一等。参见于改之:《我国关于有组织犯罪的立法与司法完善》,载《法学论坛》2004年第5期。

④ 参见李洁:《预防有组织犯罪:从"打小"开始》,载《国家检察官学院学报》2011年第5期。

二是明确了开展国际合作的依据与部门。根据《反有组织犯罪法》第54条的规定，无论是中华人民共和国根据缔结或者参加的国际条约，还是按照平等互惠原则，均可开展反有组织犯罪国际合作。此外，不仅是国家，地区、国际组织也可称为开展国际合作的对象。在此基础上，第55条规定了开展国际合作的部门和事项，为公安部、国家安全部、外交部、中国人民银行等有关部门开展国际合作提供了法律依据。

三是明确了开展国际司法合作的专项要求。由于司法协作程序特殊，因此，《反有组织犯罪法》对其如何开展以及后续事项作出规定，除了在第56条明确刑事司法协助、引渡依照有关法律的规定办理，还在第57条专门规定了通过国际合作取得的材料的使用，以有效指导有组织犯罪相关证据的国际合作。作出这一规定，也是考虑到不同于在国内调查取得的证据，通过国际合作取得的材料具有一定的特殊性，因为涉及其他国家，需要受到国际惯例和与相关国家的条约或者协议的约束。

此外，也应注重防治有组织犯罪的区际协作。此前即有学者提出，要加强区际合作，特别是要加强与港澳台地区警方合作，联手打击黑社会组织犯罪。[①] 在《反有组织犯罪法》实施后，更应积极推动区际合作，防止因区际立法、司法差异为有组织犯罪提供空间。

（八）协同做好其他方面的反有组织犯罪工作

除了以上方面，也需要协同做好其他方面各项工作，共同推进有组织犯罪的防治。

第一，应推动反有组织犯罪情报信息工作的协作。情报信息是打击有组织犯罪的有力保障，是掌握有组织犯罪的存在、行动、组织及其成员身份的唯一手段，也是执法部门制定对策的重要依据。[②] 有学者在讨论反有组织犯罪工作时，即认为在具体的战术原则和措施上，要特别重视和加强情报、侦破、追逃和处置四个主要环节，[③]其中情报信息工作是在第一位的。就黑社会性质组织犯罪而言，是指具体

---

① 参见张丽霞、赵红星：《新形势下有组织犯罪的特点及其对策》，载《河北法学》2005年第10期。

② 参见李芳晓：《国外有组织犯罪的现状与防范对策》，载《国外社会科学》2009年第4期。

③ 参见何秉松：《中国有组织犯罪研究（第一卷）：中国大陆黑社会（性质）犯罪研究》，群众出版社2009年版，第524页。

做好以下工作:一是情报搜集。情报的搜集是在反黑斗争中通过各种途径和方法,对黑社会性质组织犯罪及活动情况的各种信息、线索的搜索和了解。二是情报传递,即将搜集到的有关情报借助于某种媒介,通过各种方式,从情报源到情报使用者之间的运作过程。三是运用现代化技术[①]做好反黑情报的整理、储存及检索工作。四是加强反黑情报的组织管理。这是做好反黑情报工作的保证。[②] 有学者甚至提出,在全国统一的打击黑社会性质组织犯罪的专业机构内设立情报信息中心,其主要任务是合理布局,加强阵地控制,获取犯罪组织的深层次信息,密切掌握黑社会性质犯罪组织的形成、发展的动态及其活动情况。[③]

也有学者提出借鉴欧美经验,为有效预测和控制有组织犯罪,执法机构需要运用以下五种方式:提高信息收集能力;运用风险评估工具;掌握评估工具各项参数;利用团队收集信息;将风险评估与执法实践相结合。[④]

《反有组织犯罪法》的多个条文涉及情报信息工作。例如,第 24 条规定公安机关应当依法运用现代信息技术,建立有组织犯罪线索收集和研判机制;第 26 条规定公安机关可以向有关单位和个人收集、调取相关信息和材料;第 27 条规定公安机关可以查询嫌疑人员的存款、汇款、债券、股票、基金份额等财产信息;第 42 条规定公安机关可以向反洗钱行政主管部门查询与有组织犯罪相关的信息数据;第 55 条则规定了反有组织犯罪情报信息交流和执法合作。因此,应当根据《反有组织犯罪法》的各项规定,全面加强情报信息工作。

第二,应注重刑法与行政法的衔接适用。此前学者即关注到了有组织犯罪的"破窗"效应。对于有组织犯罪而言,当其犯罪态势初露端倪时,哪怕是轻微的犯罪现象,可能在量上影响较小,但其内部已经蕴含了向质的规定性方向转化的动能,对此不应忽视。如果反应不及时、任其发展,就会像未被修理的破窗一般,将导致更为严重的犯罪,进而演变为质的变化。因此,从质量互变原理出发,一旦有组

---

① 有学者提出,运用计算机技术、网络技术、微电子图像处理技术,以增强对有组织犯罪的侦查能力。参见林亚刚、何荣功:《经济全球化与我国有组织犯罪的发展趋势及其对策》,载《犯罪研究》2003 年第 3 期。

② 参见卢建平:《中国有组织犯罪相关概念特征的重新审视》,载《国家检察官学院学报》2009 年第 6 期。

③ 参见于天敏等:《黑社会性质组织犯罪理论与实务问题研究》,中国检察出版社 2010 年版,第 212 - 213 页。

④ 参见刘莹:《欧美有组织犯罪的预测与控制》,载《西南大学学报(社会科学版)》2011 年第 2 期。

织犯罪出现“破窗”，就应及时修复，以防止其发生加速质变。[①] 在此背景下，刑法不能对社会生活的所有问题都加以规制，因而，需要同样作为公法的行政法与之配合，以期待其解决对有组织犯罪从一般违法打起的困境问题。[②]《反有组织犯罪法》第八章“法律责任”规定了若干行政法层面的处罚，其他相关行政立法也有诸多和有组织犯罪防控相关的条款，应加强这些条款和《刑法》相关条款的衔接互动，实现层次化、梯次化的处罚体系，防止犯罪组织“坐大”，防止出现“破窗”效应。

此外，《反有组织犯罪法》第76条规定了对行政处罚、行政强制措施不服的救济渠道，因此，在相关主体权利保障层面也应注重刑法与行政法的衔接适用。

第三，应加强涉案信息的保密。执法机关或者有关部门在履行反有组织犯罪工作职责、义务过程中不可避免地会接触到一些国家秘密、商业秘密和公民个人隐私。例如，有关部门为反有组织犯罪工作需要，根据《反有组织犯罪法》有关规定，在对互联网进行管理、管控和调查过程中，或者在采取技术侦查措施过程中，可能会知悉其他组织、公民的合法商业秘密或者个人隐私。《反有组织犯罪法》第5条规定：“反有组织犯罪工作应当依法进行，尊重和保障人权，维护公民和组织的合法权益。”

《反有组织犯罪法》第74条规定了违反保密义务的法律责任，有关部门和单位、个人应当对在反有组织犯罪工作过程中知悉的国家秘密、商业秘密和个人隐私予以保密。该条规定对国家秘密、商业秘密和个人隐私予以保密，既是对国家安全、公共安全的保障，也是在反有组织犯罪工作中贯彻尊重和保障人权，维护公民和组织合法权益的体现，目的是加强规范，防止反有组织犯罪工作过程中侵害国家、组织和公民合法权益，维护有关方面利益。

该条规定的主体系“有关部门和单位、个人”，因此，并非特定某一类主体的专属义务，而是参与反有组织犯罪工作的各类主体均应遵守的义务。违反规定[③]泄露国家秘密、商业秘密和个人隐私的，依法追究法律责任。

第四，应加强枪支弹药等危险物品的管理。枪支、弹药、爆炸物、管制刀具是黑

---

① 参见丁英华：《对有组织犯罪的若干规律性认识》，载《国家检察官学院学报》2010年第6期。

② 参见李洁：《有组织犯罪“打小”从一般违法开始——兼论司法打击与行政处理的配合价值》，载《北方法学》2011年第6期。

③ 该条仅对“在反有组织犯罪工作过程中”知悉的国家秘密、商业秘密和个人隐私的保密义务作出规定，而且，该条追究责任要求“违反规定”而非“违反法律规定”，因此，也需考虑违反法律以外其他规范性文件的情形。

社会性质组织的基本作案工具。[①] 就此有学者提出,公安机关的治安管理部门应加强对危险物品的管理工作,严格控制危险物品的生产、使用、运输、销售和购买,收缴流散在社会上的枪支、弹药、管制刀具及爆炸物品等,以防止黑社会(性质)组织等利用它们进行犯罪活动。[②]《反有组织犯罪法》虽然没有单独对于枪支弹药等危险物品加以规定,但是,结合其立法精神和相关规定,也应进一步强化管理,全方位防止诱发有组织犯罪的各个因素。

三、注重特殊群体的制裁、监管与保护措施

特殊群体对于防治有组织犯罪至关重要。域外实践中,即使在监禁期间,还存在(有组织犯罪)犯罪者继续"在纸上"经营企业的情况。[③] 不仅如此,新招募成员对于有组织犯罪影响[④]也有待关注。《反有组织犯罪法》针对特殊群体的制裁、监管与保护措施进行了系统规定。

(一)犯罪组织人员

实现黑恶势力犯罪长效治理,人员防控是其中的关键一环。传统意义上的犯罪人处遇多关注设施内处遇,如日本查获暴力团成员,让其长期服刑以隔离于社会,重点查获暴力团核心成员,防止其加入暴力团并对其脱离暴力团等给予援助。[⑤] 域外实践中,对于有些有组织犯罪人员(如伪造文物的犯罪人员)的惩罚较轻,导致了社会各阶层人员大规模参与(有组织犯罪)。[⑥] 在我国,随着"扫黑除恶"刑事政策的实践,复归或者新生的社会主体参与黑恶势力组织的问题逐渐凸显。

---

① 参见于天敏等:《黑社会性质组织犯罪理论与实务问题研究》,中国检察出版社 2010 年版,第 321 页。

② 参见于改之:《我国关于有组织犯罪的立法与司法完善》,载《法学论坛》2004 年第 5 期。

③ See Vere van Koppen, Victor van der Geest, Edward Kleemans, Edwin Kruisbergen, Employment and Crime: A Longitudinal Follow – up of Organized Crime Offenders, *European Journal of Criminology*, 2020, Vol. 00(0)(Published Online), p. 22.

④ See Francesco Calderoni, Gian Maria Campedelli, Aron Szekely, Mario Paolucci, Giulia Andrighetto, *Recruitment into Organized Crime: An Agent – Based Approach Testing the Impact of Different Policies*, Journal of Quantitative Criminology, Vol. 38:1, p. 218(2022).

⑤ 参见[日]川出敏裕、[日]金光旭:《刑事政策》,钱叶六等译,中国政法大学出版社 2016 年版,第 307 页。

⑥ See Konstantinos – Orfeas Sotiriou, *The F Words: Frauds, Forgeries, and Fakes in Antiquities Smuggling and the Role of Organized Crime*, International Journal of Cultural Property, 2018, Vol. 25(2), p. 235.

犯罪组织人员无疑是防治有组织犯罪过程中最为主要、最为核心的主体，必须采取体系化的举措，充分防止其再次实施有组织犯罪。应基于《反有组织犯罪法》的规定，结合“扫黑除恶”刑事政策中“打早打小”的内容，系统建立“防患未然”的人员防控机制，优化重点人员、敏感人员的处置、改造、教育与安置，从人员层面防治黑恶势力犯罪。

1. 犯罪组织人员法律责任的追究

应基于刑法、行政法的体系衔接，对其依法追究责任，有效实现犯罪预防。

第一，对犯罪组织人员依法追究刑事责任。《反有组织犯罪法》第66条规定了有组织犯罪相关的刑事责任，明确组织、领导、参加黑社会性质组织，黑社会性质组织、恶势力组织实施犯罪的，依法追究刑事责任。理解该条时除了应注重和《刑法》的衔接外，也应和相关规范性文件衔接。虽然《刑法》并未就恶势力组织作出专门规定，但是第25条、第26条关于共同犯罪、犯罪集团等规定对于黑社会性质组织犯罪、恶势力组织犯罪同样适用。此外，为有效打击有组织犯罪，相关部门还出台了立法解释、司法解释以及其他规范性文件，主要包括：(1)全国人民代表大会常务委员会《关于〈刑法〉第二百九十四条第一款的解释》；(2)最高人民法院《关于审理黑社会性质组织犯罪的案件具体应用法律若干问题的解释》；(3)最高人民法院、最高人民检察院、公安部《办理黑社会性质组织犯罪案件座谈会纪要》；(4)最高人民法院、最高人民检察院、公安部、司法部《关于办理黑社会性质组织犯罪案件若干问题的规定》；(5)最高人民法院《全国部分法院审理黑社会性质组织犯罪案件工作座谈会纪要》；(6)最高人民法院、最高人民检察院、公安部、司法部《关于办理黑恶势力犯罪案件若干问题的指导意见》；(7)最高人民法院、最高人民检察院、公安部、司法部《关于办理恶势力刑事案件若干问题的意见》；(8)最高人民法院、最高人民检察院、公安部、司法部《关于办理“套路贷”刑事案件若干问题的意见》；(9)最高人民法院、最高人民检察院、公安部、司法部《关于办理实施“软暴力”的刑事案件若干问题的意见》；(10)最高人民法院、最高人民检察院、公安部、司法部《关于办理利用信息网络实施黑恶势力犯罪刑事案件若干问题的意见》；等等。在对有组织犯罪追究刑事责任时也应按照这些规范性文件的要求，严格依法对其予以打击。

在司法实践中，还应注意按照宽严相济刑事政策对犯罪组织人员进行处罚。如有学者提出，对于与犯罪组织处于敌对状态并受其侵害的其他犯罪组织成员，以及脱离犯罪组织并受到犯罪组织迫害的成员,可以妥善地运用自首和立功的办法,鼓励其自首,并检举侵害其自身的有组织犯罪。① 不仅如此,还有学者建议对于“改邪归正”的犯罪组织人员规定特殊的减轻或免除刑事处罚事由。如认为,对脱离犯罪组织、与司法机关合作的黑社会组织、恐怖组织等组织的成员进行奖励,不将其单纯的参加行为作为犯罪处理,以在严惩黑社会组织、恐怖组织的同时,达到分化瓦解恐怖组织、黑社会组织和鼓励恐怖分子、黑社会成员悔过自新的目的。② 这些特殊的刑罚减免制度并非主要基于刑罚个别化及罪刑均衡的考量,更多的是基于功利主义的目标,即唯有如此,才能分化瓦解有组织犯罪集团,从而实现对该类犯罪的打击。③ 甚至认为可以针对这些人员设置“特别立功”制度。④

在有组织犯罪专门立法层面,也有学者提出作出专门规定。如认为,针对黑社会性质组织的组织结构较为严密,侦破难度大等特点,在“有组织犯罪法”中应明确对具有自首、坦白、立功等情节的有组织犯罪成员采取减免刑和人身保护制度,动摇有组织犯罪的组织基础,为分化、瓦解有组织犯罪提供有力的法律保障。⑤ 或认为,在“有组织犯罪控制法”中,可以确立对有组织犯罪的成员实行分化瓦解的制度。如规定自愿或经教育脱离犯罪组织的,主动检举、揭发犯罪组织头目及犯罪组织犯罪行为的,可以减轻、免除处罚,有重大立功表现的,可以对其罪行不予追究。⑥

最终,《反有组织犯罪法》并未明确规定减轻或免除刑事处罚的事由。本书认为,这样规定有其道理。一方面,相关立法、司法规范文件中已有相应规定,《反有组织犯罪法》未独立作出规定并不影响其他规定的适用。⑦ 另一方面,对于有组织犯罪应坚持从严的导向,在《反有组织犯罪法》规定减轻或免除刑事处罚事由有可

---

① 参见陈金林:《有组织犯罪中的被害人权利保护》,载《河南省政法管理干部学院学报》2009 年第 4 期。

② 参见于改之:《我国关于有组织犯罪的立法与司法完善》,载《法学论坛》2004 年第 5 期。

③ 参见蔡军:《我国惩治有组织犯罪的实践困境与立法对策》,载《华东政法大学学报》2013 年第 4 期。

④ 参见魏汉涛、齐文远:《构建特别立功制度之设想——破解有组织犯罪泛滥之难》,载《中南民族大学学报(人文社会科学版)》2014 年第 3 期。

⑤ 参见林黄鹂:《对有组织犯罪的考量和打击对策》,载《山东社会科学》2006 年第 10 期。

⑥ 参见李浩、陈洪兵:《社会转型及入世背景下的中国有组织犯罪——有组织犯罪对策研究》,载《犯罪研究》2002 年第 4 期。

⑦ 参见本书第五章的相关内容。

能造成不利的社会影响。

应基于相关立法,不断优化服刑人员的慎重处遇。由于刑事处罚的附随后果不易消除,因此,应慎重区别黑恶势力的首要分子、积极参加者和一般参加者。对于首要分子、积极参加者依法严惩,有效制裁与震慑。对于一般参与者,尤其是犯罪情节较轻的初犯、偶犯、未成年犯等,应贯彻谦抑性刑事政策,注重法律实施的社会效果。如果行为人主观恶性不大,具有较大的脱离黑恶势力组织的可能性,就可以对其科处非监禁刑(如进行社区矫正),也即社会内处遇,对不将犯罪人收容于设施内,而是让其在社会内进行自律性生活,以实现改过自新的措施。[①] 通过社会内处遇,防止因轻易贴上犯罪者的标签,而将其迫至社会的对立面。

第二,对犯罪组织人员依法追究行政责任。此前也有学者提出,对于自己从事了违法活动同时受到犯罪组织侵害的人,应当充分利用《治安管理处罚法》减轻对其违法行为的处罚或者不予处罚。[②] 作为反有组织犯罪专门立法,应不限于上述主体,而是对涉有组织犯罪相关违法行为的行政处罚作出系统规定。

《反有组织犯罪法》第69条规定了对尚不构成犯罪情形的处罚。第69条第1款规定了符合以下五种情形,尚不构成犯罪的行政处罚:(1)参加境外的黑社会组织。《刑法》第294条规定了入境发展黑社会组织罪,但是,未规定参加境外的黑社会组织构成犯罪,因此,应当对其加以行政处罚。(2)积极参加恶势力组织。《刑法》第294条仅规定积极参加黑社会性质组织构成犯罪,因此,对这一情形也应加以行政处罚。(3)教唆、诱骗他人参加有组织犯罪组织,或者阻止他人退出有组织犯罪组织。教唆、诱骗他人参加或者阻止他人退出犯罪组织不属于《刑法》第294条规定的组织、领导等行为类型,因此,也应对其加以行政处罚。(4)为有组织犯罪活动提供资金、场所等支持、协助、便利。不同于恐怖主义犯罪,有组织犯罪并未独立规定资助、帮助行为入罪,因此,也应通过行政处罚的方式予以打击。(5)阻止他人检举揭发有组织犯罪、提供有组织犯罪证据,或者明知他人实施有组织犯罪行为,在司法机关向其调查有关情况、收集有关证据时拒绝提供。《刑法》第310条窝藏、包庇罪的适用范围有限,一些事实上阻碍追查有组织犯罪的行为,因为行为

① 参见[日]川出敏裕、[日]金光旭:《刑事政策》,钱叶六等译,中国政法大学出版社2016年版,第180页。

② 参见陈金林:《有组织犯罪中的被害人权利保护》,载《河南省政法管理干部学院学报》2009年第4期。

类型差异或者不属于情节严重的情形，未必均能按照该条加以处罚，因此，需要通过行政处罚加以处置。

2. 犯罪组织人员的从业限制

为防止犯罪组织人员“重操旧业”，《反有组织犯罪法》分别规定了特定人员的从业监管与从业禁止。

第一，特定人员的从业监管。《反有组织犯罪法》第 20 条规定了从业监管，防止黑社会性质组织的组织者、领导者或者恶势力组织的首要分子涉足企业经营的监管条款。需注意该规定系从业监管而非从业禁止条款，也即相关行业主管部门仅是对于上述核心成员开办企业或者在企业中担任高级管理人员予以严格监管，而非禁止其从事相关职业。适用该条时应特别注意从业监管的具体范围、监管要求。

一是应准确把握从业监管的对象和事项范围。一方面，从业监管的对象范围为黑社会性质组织的组织者、领导者或者恶势力组织的首要分子。[①] 恶势力组织的首要分子，是指在恶势力犯罪集团中起组织、策划、指挥作用的犯罪分子。恶势力组织的其他成员，是指知道或者应当知道是为共同实施犯罪而组成的较为固定的犯罪组织，仍接受首要分子领导、管理、指挥，并参与该组织犯罪活动的犯罪分子。应注意，对于恶势力组织从业监管仅适用于首要分子。另一方面，从业监管的事项范围为开办企业或者在企业中担任高级管理人员，因此，如果其仅是参与企业经营管理，不作为主要出资人、管理者则不应适用该条规定。

二是应准确把握从业监管的监管要求。一方面，落实从业监管的相关行业主管部门，其在开展行业管理过程中应注重进行前述核心人员的从业监管。另一方面，相关行业主管部门具体从两个层面进行监管，既要对其开办企业或者在企业中担任高级管理人员进行依法审查，也要对其经营活动加强监督和管理。

此外，我国不少现行法律和有关法律问题的决定对受过刑事处罚人员有从事相关职业作出禁止或者限制性规定，包括规定禁止或者限制担任一定公职，禁止或者限制从事特定职业，以及禁止或者限制从事特定活动等。这些其他法律、行政法规规定的禁止或者限制从事相关职业、活动，都属于行政性的预防性措施，与该条规定的从业限制在条件、要求等方面存在一定差异，应准确把握其与该条规定的区别。

---

① 黑社会性质组织的组织者、领导者已在第六章中予以释明。

第二,特定人员的从业禁止。随着有组织犯罪的发展,仅依靠自由刑、罚金刑等传统刑罚方式对其打击的不足日益凸显,刑罚执行完毕并不意味着有组织犯罪罪犯的人身危险性消失,一定时期内其很可能再度在特定行业、特定领域实施有组织犯罪。因此,防控和打击有组织犯罪,也需要从行业、职业方面着力。此前也有学者提出,针对有组织犯罪设置专门的资格刑,如对利用企业形式进行有组织犯罪的,在一定期限内禁止其开办企业或者在任何企业中担任领导职务;剥夺其荣誉称号;还可以考虑规定由政府征收其企业。① 禁止有组织犯罪罪犯从事特定职业,正是防止其"重操旧业",进行长期精准防控的重要举措。因此,应重点针对人身危险性较大、一定时期内可能利用特定职业再实施有组织犯罪(及其关联犯罪)的罪犯适用从业禁止。

通报制度是《反有组织犯罪法》中从业禁止制度的特色规定。第 68 条规定了两个层次的内容:一是刑罚层面,人民法院可以决定禁止有组织犯罪罪犯从事相关职业;二是实施层面,由人民法院通报相关行业主管部门。《刑法》总则中规定了从业禁止,是从预防犯罪、保障社会公众安全和维护社会公众利益的角度采取的一项预防性措施。考虑到有组织犯罪牵涉的行业、领域众多,为保证从业禁止的有效适用,需要相关部门配合落实,因此在对有组织犯罪罪犯判令从业禁止的同时,应通报相关行业主管部门,从而实现司法、行政的有机协同。

适用该条需要注意以下两个方面:

一是对有组织犯罪罪犯判令从业禁止系由人民法院依照《刑法》相关规定作出。根据《刑法》第 37 条之一的规定,对于有组织犯罪罪犯判令从业禁止需要符合以下条件:(1)该罪犯利用职业便利实施有组织犯罪,或者实施违背职业要求的特定义务的有组织犯罪。其中,"利用职业便利"是指利用自己从事该职业所形成的管理、经手、权力、地位等便利条件,"实施违背职业要求的特定义务"是指违背职业道德、职业信誉等义务要求。(2)对该罪犯判令从业禁止必须依据犯罪情况或预防再犯罪的需要。该条使用"可以"而非"应当"的表述,也即并非该罪犯利用职业便利实施有组织犯罪即需判处从业禁止,"犯罪情况"与"预防再犯罪"也是需要考虑的因素。因此,如果有组织犯罪罪犯主观恶性较小、犯罪情节较轻,利用职业再次实施有组织犯罪可能性较小的,也可不对其判令从业禁止。(3)从业禁止

① 参见储槐植、贾凌:《合理反击有组织犯罪》,载《甘肃政法学院学报》2009 年第 2 期。

的期限为刑罚执行完毕之日或者假释之日起 3 年至 5 年。需注意,对于犯罪情节轻微,免予刑事处罚的有组织犯罪罪犯,不适用从业禁止的规定。此外,从业禁止的效力当然及于刑罚执行期间。

另需注意,根据《刑法》第 37 条之一第 2 款的规定,有组织犯罪罪犯违反从业禁止的规定,情节较轻的由公安机关给予处罚,情节严重的依照《刑法》第 313 条拒不执行判决、裁定罪定罪处罚。

二是人民法院可将对有组织犯罪罪犯判令从业禁止通报相关行业主管部门。适用该规定时应注意:首先,该规定未限定通报的形式,但是实践中以书面形式通报为宜。其次,通报的对象是“相关行业主管部门”,因此,所通报的行业主管部门必须与执行从业禁止相关。最后,可根据有组织犯罪罪犯从业禁止的需要,向一个或多个部门通报。

3. 犯罪组织人员的管教矫正和安置措施

严厉的处罚非但不能防止犯罪,而且会给应受处罚的人累积起再社会化的障碍,导致罪因性环境形成,加剧其再犯。应以人道主义改造有组织犯罪罪犯,使之感受到国家和社会的关怀,保障每人掌握至少一种正当谋生的技能,减少重返社会的困难,消除抵触情绪、反叛心理,使之更容易开始新的生活。[①] 此前也有学者提出,刑满释放和解除劳教人员、具有违法犯罪倾向的社会闲散人员是我国黑社会性质组织的重要成员来源。对此类重点人群必须在一定时期进行重点帮教,公安机关、基层组织、有关企事业单位及其家庭、亲属密切配合,减少其重新犯罪机会。[②]

《反有组织犯罪法》第 18 条规定了监管教育矫正和安置帮教。第一,该条第 1 款明确监狱、看守所、社区矫正机构均应对有组织犯罪罪犯进行管教矫正,特别是将社区矫正机构纳入,充分注意到了罪行较轻的罪犯,体现了管教矫正的全面性。第二,该条第 2 款强调司法行政机关应当会同有关部门落实安置帮教等必要措施,明确了司法行政机关的主导地位,并且强调部门之间的有机配合。适用该条时应注意有组织犯罪罪犯管教矫正和安置措施的区别。

第一,监狱、看守所、社区矫正机构应采取有针对性的监管、教育、矫正措施。

---

① 参见莫洪宪:《我国有组织犯罪的特征及其对策》,载《河南财经政法大学学报》2012 年第 6 期。

② 参见于天敏等:《黑社会性质组织犯罪理论与实务问题研究》,中国检察出版社 2010 年版,第 321 页。

监狱、看守所、社区矫正机构是对服刑的有组织犯罪罪犯执行刑罚和进行社区矫正的机关。根据相关刑事法规，对于有组织犯罪的罪犯，监狱负责对死刑缓期2年执行、无期徒刑、有期徒刑的刑罚执行；看守所负责拘役的刑罚执行，被交付执行刑罚前剩余刑期在3个月以下的有期徒刑，由看守所代为执行；对被判处管制、宣告缓刑、假释或者暂予监外执行的，依法实行社区矫正，由社区矫正机构负责执行。该条强调了上述机关的职责，要求加强对服刑的有组织犯罪罪犯的监管、教育、矫正等工作。监狱、看守所、社区矫正机构应当根据有组织犯罪罪犯的犯罪类型、刑罚种类、刑期、改造表现等情况，采取不同方式加强管理，因人施教、分类教育，加强法治、道德、形势、政策、前途等内容的思想教育，使其认清有组织犯罪罪犯的社会危害性，帮助其认罪悔罪，积极改造，最终能够顺利回归社会。

第二，司法行政机关应当会同有关部门落实安置帮教等必要措施。该条第2款明确规定了“安置帮教”，司法行政机关应着力落实此措施。如司法行政机关可和就业保障等部门密切配合、相互协作，注重从多个方面着力：(1)开设专门的职业培训课程，使其掌握一技之长，重返社会之后可以自食其力。(2)在其重返社会之际，帮助实现就业、创业。如在做好监督的同时对招聘刑满释放人员的公司、企业给予一定的扶持；给予刑满释放人员专项创业政策扶持，或在审批等方面给予必要支持；设立刑满释放人员复归社会创业支持计划，每年向适格的人员提供一定的资金支持；等等。

4. 特定犯罪组织人员的报告制度

《反有组织犯罪法》第19条规定了特定犯罪组织人员的个人财产及日常活动报告制度。黑社会性质组织犯罪的组织者、领导者是预防和治理有组织犯罪最需关注的特殊群体。一是黑社会性质组织犯罪是最为严重的有组织犯罪。根据《反有组织犯罪法》第2条的规定，有组织犯罪包括黑社会性质组织犯罪和恶势力组织犯罪，而前者由于在组织特征、经济特征、行为特征和危害性特征具有黑社会性质，无疑具有更为严重的社会危害性。二是组织者、领导者是黑社会性质组织犯罪中最为关键的犯罪主体。组织者、领导者的工作是犯罪组织的组织与领导，是犯罪计划的策划与制定。[①] 在组织者、领导者、积极参加者和一般参加者四类主体中，组

---

① 参见李洁：《打击有组织犯罪法律适用中的难点及其消解途径》，载《国家检察官学院学报》2009年第6期。

织者、领导者[①]无疑对黑社会性质组织起着决定性作用，也是最需加以重点管控的人员。

第19条就黑社会性质组织的组织者、领导者作出特殊规定，要求其在刑满释放后仍需在一定期限履行报告义务，从而防止“重操旧业”，再度实施黑社会性质组织犯罪。适用该条时应特别注意黑社会性质组织的组织者、领导者报告制度的要求和程序：第一，应准确把握适用对象。(1)必须为黑社会性质组织的组织者、领导者，既包括通过一定形式产生的有明确职务、称谓的组织者、领导者，也包括在该组织中被公认的事实上的组织者、领导者。(2)必须为被判处刑罚的黑社会性质组织的组织者、领导者，实践中也不排除对其不判处刑罚的特殊情形，必须予以精准把握。第二，应准确把握决定主体。根据该条，“设区的市级以上公安机关可以决定”适用这一报告制度。设区的市即设立市辖区的市，不包括县级市。对决定主体作出这一要求也是考虑到涉及对于他人人身自由进行限制，虽然基于预防和治理有组织犯罪的目的需要规定这一制度，但是也应慎重。此外，该条规定为“可以”适用，也是考虑到实践中可能存在不宜适用的情形。第三，应准确把握报告要求。(1)该组织者、领导者须向公安机关报告个人财产及日常活动，也即无论是个人财产及变动情况，还是个人工作、生活、学习、参加社会活动等情况，均需向公安机关报告，不得隐瞒。(2)报告期限不超过5年，也即可以根据具体情况，要求其于5年或者5年以下的期限内予以报告。

《反有组织犯罪法》第70条规定了违反财产报告制度的处罚。这一规定是创新性条款，并无对应的刑事责任规定，在其违反上述义务时也无法通过其他法律加以有效制裁。因此，该条专门规定了特殊主体违反报告制度的处罚，以保障上述规定的有效落实。

理解《反有组织犯罪法》第70条时需注意以下两点：第一，该条罚则的衔接性。《反有组织犯罪法》第19条是该条罚则的前置规定，只有违反第19条规定的“如实报告个人财产及日常活动”的义务，才可考虑适用该条。第二，该条罚则的层次性。在特殊主体违反前述义务时，应先由公安机关给予警告并责令改正，只有拒不改正时才可适用行政拘留、罚款。因此，该条规定的行政处罚中，警告具有前

---

① 实践中，司法机关也是沿用首要分子的逻辑来认定黑社会性质组织中组织者、领导者。参见李海滢：《对黑恶势力犯罪基础问题的重新审视——以共同犯罪与有组织犯罪为界域》，载《河南社会科学》2020年第7期。

置性，行政拘留、罚款具有后置性。

适用《反有组织犯罪法》第70条时应注意：第一，特殊主体需违反《反有组织犯罪法》第19条的规定，不按照公安机关的决定如实报告个人财产及日常活动，也即适用该条罚则的前提条件是组织、领导黑社会性质组织被判处刑罚的人员未履行前述法定义务，行为违法，实践中须严格掌握法定标准，防止不当适用。第二，由公安机关对特殊主体给予警告，并责令改正。特殊主体有上述违法行为的，首先应责令其停止违法行为，履行法定义务。此外，公安机关不但是《反有组织犯罪法》第19条特殊主体报告制度的决定机关，也是行政处罚的决定机关，因此由其对特殊主体予以警告，并责令改正。第三，特殊主体需拒不改正其违法行为。“拒不改正”是指明知而故意加以拒绝，也即特殊主体在收到警告和责令改正要求后，依然不按照公安机关的决定如实报告个人财产及日常活动，这时才能对其适用处5日以上10日以下拘留，并处3万元以下罚款的行政处罚。

（二）涉有组织犯罪的国家工作人员

为获取犯罪高收益，并逃避打击，犯罪组织会不惜一切代价腐蚀行政和司法官员，包括花重金收买政府、法院、警察机构中的腐败分子，使其充当“保护伞”。① 因此，打击支持、包庇有组织犯罪的“外围型”犯罪也十分重要。② 此前也有学者提出，要坚持打黑与反腐双管齐下，同步推进。③ 要建立完备的反腐败法律体系，④加强对与有组织犯罪的衍生和发展具有高关联度的腐败犯罪的强力规制。⑤

《反有组织犯罪法》不仅规定了国家工作人员涉有组织犯罪的处理，而且规定了国家机关及其人员的法律责任。

1. 国家工作人员涉有组织犯罪的处理

《反有组织犯罪法》第五章为“国家工作人员涉有组织犯罪的处理”，除了第53

---

① 参见李芳晓：《国外有组织犯罪的现状与防范对策》，载《国外社会科学》2009年第4期。

② 参见许靖、杨丽、邢菲菲：《对有组织犯罪查处中的疑难问题研究》，载《政治与法律》2010年第5期。

③ 参见于天敏等：《黑社会性质组织犯罪理论与实务问题研究》，中国检察出版社2010年版，第316页。

④ 参见蔡军：《我国有组织犯罪刑事规制体系的检视与重构——基于有组织犯罪集团向企业化发展趋势的思考》，载《法商研究》2021年第3期。

⑤ 参见张远煌：《中国有组织犯罪的发展现状及立法完善对策》，载《法治研究》2012年第2期。

条系执法保护条款外,第50条至第52条均规定了相关处理事项。第66条也规定了刑事责任。

第一,国家工作人员相关的职务犯罪。《反有组织犯罪法》第50条规定了国家工作人员与有组织犯罪相关职务犯罪的处理,第66条规定了国家机关工作人员包庇、纵容黑社会性质组织的,依法追究刑事责任。实践中,涉及的罪名主要有包庇、纵容黑社会性质组织罪,滥用职权罪,玩忽职守罪,徇私枉法罪,民事、行政枉法裁判罪,执行判决、裁定失职罪,执行判决、裁定滥用职权罪,徇私舞弊减刑、假释、暂予监外执行罪等,其中,最主要的罪名是包庇、纵容黑社会性质组织罪。

一是准确把握"包庇""纵容"。其中的"包庇",是指国家工作人员为使黑社会性质组织及其成员逃避查禁,而通风报信,隐匿、毁灭、伪造证据,阻止他人作证、检举揭发,指使他人作伪证,帮助逃匿,或者阻挠其他国家机关工作人员依法查禁等行为。"纵容",是指国家机关工作人员不依法履行职责,放纵黑社会性质组织进行违法犯罪活动的行为。国家工作人员包庇、纵容黑社会性质的组织,有下列情形之一的,属于《刑法》第294条第3款规定的"情节严重":(1)包庇、纵容黑社会性质组织跨境实施违法犯罪活动的;(2)包庇、纵容境外黑社会组织在境内实施违法犯罪活动的;(3)多次实施包庇、纵容行为的;(4)致使某一区域或者行业的经济、社会生活秩序遭受黑社会性质组织特别严重破坏的;(5)致使黑社会性质组织的组织者、领导者逃匿,或者致使对黑社会性质组织的查禁工作严重受阻的;(6)具有其他严重情节的。

二是准确把握包庇、纵容黑社会性质组织罪主观要件的认定。该罪主观方面要求必须是出于故意,过失不能构成本罪。只要行为人知道或者应当知道是从事违法犯罪活动的组织,仍对该组织及其成员予以包庇,或者纵容其实施违法犯罪活动,即才可认定本罪。至于行为人是否明知该组织系黑社会性质组织,不影响本罪的成立。

第二,国家工作人员与有组织犯罪相关行为的线索移送。《反有组织犯罪法》第51条规定了监察机关、人民法院、人民检察院、公安机关、司法行政机关建议线索办理沟通机制。上述机关应积极参与对涉黑涉恶违法犯罪问题的综合治理,促进有关部门堵漏建制,强化管理,严格执法,加强基层组织建设,最大限度地挤压、铲除黑恶势力犯罪组织滋生的空间和土壤。适用该条时应注意以下两点:

一是应注重监察机关和政法机关的协同。应建立有组织犯罪办理刑事司法与行政执法的衔接机制,以及各政法部门线索办理沟通机制,坚决防止和纠正有案不移、有案不立、有罪不究、以罚代刑。对办理涉黑涉恶犯罪案件中发现的收受贿赂、渎职侵权等违纪违法或者职务犯罪线索,及时移送纪检监察机关、人民检察院。

二是应注重监察机关、政法机关与其他党政部门的协同。各级党委政府要进一步加强对综合治理、重点治乱的组织领导,推动各部门各司其职、齐抓共管,各部门对于有组织犯罪及相关线索加强沟通协调,紧盯非法借贷、建筑工程、矿产资源,娱乐场所、城乡接合部、工业园区等重点行业领域或地区,综合运用各种手段预防和解决黑恶势力犯罪组织违法犯罪突出问题。政法机关和相关部门要强化信息共享、工作联动,切实加强线索移送工作。任何单位和个人举报国家工作人员与有组织犯罪有关的违法犯罪行为的,监察机关、人民检察院、公安机关、政法机关要及时受理并按照相关规定予以查办或移送。

第三,国家工作人员依法查办有组织犯罪案件。《反有组织犯罪法》第 52 条规定了国家工作人员在办理案件、协助办理案件要依法规范行为的相关内容。理解该条时应注重把握各项要求的具体内容,全面防范各类不当司法行为,防止因为滥用职权、玩忽职守、徇私舞弊行为影响预防和治理有组织犯罪的效果。

适用该条时应注意以下两点:一是准确把握该条规制对象。依法查办有组织犯罪案件,以及依照职责支持、协助查办有组织犯罪案件的国家工作人员,均适用该条。二是应注重该条与保密规定的协调适用。在依法查办有组织犯罪案件或者依照职责支持、协助查办有组织犯罪案件过程中,相关国家工作人员要严格遵守保密规定,切实做好案件的管理和保密工作,坚决防止相关情况信息外泄,对于过失泄密,造成严重后果或者不良影响的,依规依纪依法追究相关人员责任。

2. 国家机关及其人员的法律责任

《反有组织犯罪法》也在第八章“法律责任”对有关国家机关、行业主管部门及其人员的责任、国家工作人员违法犯罪的责任进行了规定。

第一,有关国家机关、行业主管部门及其人员的责任。《反有组织犯罪法》第 73 条规定了有关国家机关、行业主管部门及其人员未履行反有组织犯罪职责的责任。理解该条时应注意,该条并未设置独立的处罚规则,需和其他法律衔接适用:一是对于“依法给予处分”的情形,对于负有责任的领导人员和直接责任人员,应当根据《公职人员政务处分法》等法律的规定处理。二是对于“依法追究刑事责任”的情形,应当根据《刑法》的规定处理。适用该条时需注意适用对象范围、应追责情形和具体追责形式。

其一,应准确把握该条适用的对象范围。根据该条规定,追责的对象为“有关国家机关、行业主管部门”。根据《反有组织犯罪法》第6条第1款的规定,“有关国家机关”具体指“监察机关、人民法院、人民检察院、公安机关、司法行政机关以及其他有关国家机关”;根据《反有组织犯罪法》第13条的规定,“市场监管、金融监管、自然资源、交通运输等行业主管部门”负有预防和治理有组织犯罪的职责。应结合《反有组织犯罪法》相关条款准确把握“有关国家机关、行业主管部门”。

其二,应准确把握应当追究责任的情形。根据该条规定,有三种情形应追究相应责任。(1)拒不履行或者拖延履行反有组织犯罪法定职责,也即不仅不履行法定职责,拖延履行法定职责的情形同样需要追责。(2)拒不配合反有组织犯罪调查取证。这一情形具体指政法机关以外的其他机关,在政法机关办案时未予配合。(3)在其他工作中滥用反有组织犯罪工作有关措施。既包括滥用侦查取证等措施,也包括滥用行政管理等措施。

其三,应准确把握具体追责形式。根据该条,有三种具体的追责形式。(1)由其上级机关责令改正,这也是最为轻微的追责形式。(2)对负有责任的领导人员和直接责任人员,依法给予处分。这一形式适用于“情节严重”的情形,往往需要造成较为严重的后果或者恶劣的社会影响。这里所说的“依法予以处分”,是指依照《公职人员政务处分法》等有关法律法规给予处分。(3)依法追究刑事责任,仅适用于构成犯罪的情形。

第二,国家工作人员违法犯罪的责任。《反有组织犯罪法》第75条规定了国家工作人员违法犯罪责任的追究。理解该条时,注意以下两点:一是应注重和《刑法》的衔接适用,特别是犯罪构成要件的适用。根据《刑法》第397条的规定,反有组织犯罪工作人员构成滥用职权罪或者玩忽职守罪,不仅要有滥用职权或者玩忽职守的行为,而且这种行为必须造成了“致使公共财产、国家和人民利益遭受重大损失”的后果。比如,因反有组织犯罪工作人员滥用职权或者玩忽职守,致使组织人员脱逃后实施了恶性犯罪事件,对公民人身、财产和公共利益造成重大损失等。对此,在实践中,司法机关可以依照法律有关规定和案件有关情况具体认定。二是对于国家工作人员的上述行为,即便不构成犯罪,也需给予相应的行政处分。

根据《反有组织犯罪法》第50条、第52条的规定,国家工作人员与有组织犯罪相关的犯罪行为包括两类:一类为组织、领导、参加,或者帮助、包庇、纵容有组织犯罪,即直接参与有组织犯罪或者为其生存、发展提供帮助;另一类为失职渎职,未履行预防和治理有组织犯罪职责。以上行为中,其实施第一类行为则直接按照对应的有组织犯罪罪名认定处理即可,需要重点把握的是第二类行为。实践中,被追究刑事责任的常见情形为:

一是"滥用职权",即国家工作人员超越职权,违法决定、处理其无权决定、无权处理的事项,或者违反规定处理公务。比如,国家工作人员违反法律规定的条件、程序,或者违反国家反有组织犯罪工作要求,对不应当采取技术侦查措施的情形擅自采取技术侦查措施,或者擅自采取查封、扣押、冻结措施等。

二是"玩忽职守",即国家工作人员严重不负责任,不履行或者不认真履行职责义务。其中,不履行职责义务,是指反有组织犯罪工作人员,对于自己应当履行的职责,拒绝履行或者放弃职守。比如,在反有组织犯罪工作中擅离职守,对于工作中发现的问题和危害国家安全,会对人民的生命财产造成重大损失的隐患不及时解决、处理。不认真履行职责,是指反有组织犯罪工作人员在履行职责义务中违背职责要求,不按有关法律、法规或者有关规定办事,严重不负责任。比如,反有组织犯罪工作人员在工作中严重不负责任,不认真排查有组织犯罪嫌疑人员,导致有组织犯罪嫌疑人员逃避法律追究。

三是"徇私舞弊",即国家工作人员在履行职责过程中,徇个人私利或者私情而违背职责的行为。根据反有组织犯罪工作人员履行职责的具体情况,其徇私舞弊的行为可以分为两种情形:一种是在依照《反有组织犯罪法》开展反有组织犯罪工作中,有徇私舞弊行为的,如构成滥用职权罪、玩忽职守罪,应当依照《刑法》第397条第2款的规定,分别作为滥用职权罪、玩忽职守罪的加重情节处理。另一种是反有组织犯罪工作人员在侦查、拘留、预审和执行逮捕等工作中,为徇私情,利用职权实施的,对明知是无罪的人而使他受追诉,对明知违法有罪的人而故意包庇不使他受追诉的行为。这种行为构成犯罪的,应当依照《刑法》第399条关于徇私枉法罪的规定定罪处罚。

(三)应予保护的特殊人员

除了严厉惩处实施和参与有组织犯罪的人员外,《反有组织犯罪法》还注重对于特殊人员予以保护。

1. 学生群体保护

阻止下一代"新兵"加入有组织犯罪至关重要。[①]《反有组织犯罪法》第 11 条规定了教育行政部门、学校应如何保护学生免受有组织犯罪影响。虽然学生群体绝大部分系未成年人,但是其也包括大学生等成年学生。

学生具有自我保护能力弱、辨别能力低、易于控制指挥的特点,易于被拉拢、引诱、欺骗进入犯罪组织,进而实施违法犯罪活动。因此,出现了不少犯罪分子利用学生实施有组织犯罪的案例,严重损害学生健康成长,严重危害社会和谐稳定。为有效解决这一问题,除了切实贯彻宽严相济刑事政策,最大限度保护涉案学生合法权益外,更需要从源头着眼,推动教育行政部门、学校切实保护学生免受有组织犯罪影响,因而,该条对此作出专门规定。理解该条需注意以下两点:一是该条所规定的学生保护有两重意蕴,即一方面教育引导学生自觉抵制有组织犯罪,防止其受到蛊惑、蒙骗参与实施有组织犯罪;另一方面是通过采取制止和防范措施、向公安机关和教育行政部门报告等方式,防止学生受到有组织犯罪的侵害。二是该条两款责任主体的范围不同,第 1 款规定的防范教育责任,教育行政部门、学校均为责任主体,且应会同有关部门共同落实;第 2 款规定的防范制止责任,学校为责任主体,其在采取制止和防范措施后应向公安机关和教育行政部门报告。此外,该条保护的对象为"学生",因此,不仅未成年学生依法受到保护,成年学生也依法受到保护。

适用该条需要充分注意两款规定的区别:一是教育行政部门、学校应切实履行防范教育责任。(1)建立防范有组织犯罪侵害校园工作机制,也即要将防范有组织犯罪侵害作为专门的一项教育任务抓好落实,例如,可将预防有组织犯罪教育纳入学校教学计划,规定专门的教育要求、教学流程、考试形式,设立与之相应的教辅举措,并将落实情况作为部门或者学校的考核内容。(2)通过多种形式切实强化反有组织犯罪宣传教育。要重视青少年教育,坚决杜绝不良文化腐蚀。[②] 例如,可以通过专题授课、实地走访、交流研讨等形式开展教育,还可充分利用信息网络渠

---

① See John Denley & Barak Ariel, *Whom Should We Target to Prevent? Analysis of Organized Crime in England using Intelligence Records*, European Journal of Crime, Criminal Law & Criminal Justice, 2019, Vol. 27(1), p. 37.

② 参见于天敏等:《黑社会性质组织犯罪理论与实务问题研究》,中国检察出版社 2010 年版,第 318 - 319 页。

道，充分运用新媒体，通过视频短片、专题动画片等形式，以学生易于理解和接受的方式做好宣传教育。在此过程中，日本改造保护机构举办青少年咨询等犯罪预防活动可资借鉴。① (3)注重教育行政部门、学校与有关部门的协同。例如，学校应通过聘请法治副校长、校外法治辅导员、法治课教师等方式，加强与政法机关在反有组织犯罪宣传教育中的协作。二是学校应切实履行防范制止责任。(1)应加强防范可能影响学生的有组织犯罪，严格按照该条第2款的规定，对于其是否可能侵害学生人身、财产安全，是否妨害校园区域秩序，是否有学生参与有组织犯罪，均采取有效的预警措施。(2)应注重制止防范义务和报告义务的衔接，保证第一时间处置有组织犯罪问题。例如，在学生人身安全受到严重威胁时，应果断采取措施，防止其在公安机关介入前遭受非法侵害。

2. 未成年人保护

《反有组织犯罪法》还专门针对发展、教唆、诱骗未成年人的行为进行规定，明确对其予以从重处罚，并区分不同情形加以规定。

第一，发展、教唆、诱骗未成年人的刑事处罚。《反有组织犯罪法》第67条规定："发展未成年人参加黑社会性质组织、境外的黑社会组织，教唆、诱骗未成年人实施有组织犯罪，或者实施有组织犯罪侵害未成年人合法权益的，依法从重追究刑事责任。"

理解该条时应注意，有组织犯罪涉未成年人包括两种情况：一是利用未成年人实施的有组织犯罪，具体包括发展未成年人参加黑社会性质组织、境外的黑社会组织，或者教唆、诱骗未成年人实施有组织犯罪两种情形。二是针对未成年人实施的有组织犯罪，具体指向实施有组织犯罪侵害未成年人合法权益的情形。2020年最高人民法院发布的《关于加强新时代未成年人审判工作的意见》也规定："对未成年人权益要坚持双向、全面保护。坚持双向保护，既依法保障未成年被告人的权益，又要依法保护未成年被害人的权益，对各类侵害未成年人的违法犯罪要依法严惩。坚持全面保护，既要加强对未成年人的刑事保护，又要加强对未成年人的民事、行政权益的保护，努力实现对未成年人权益的全方位保护。"因此，在预防和治理涉未成年人有组织犯罪时要充分统筹这两种情况，切实做到全面预防和治理。

适用该条时应注意结合相关规范性文件予以具体把握：

---

① 参见[日]大谷实：《刑事政策学》，黎宏译，法律出版社2000年版，第307页。

一是应准确把握利用未成年人实施有组织犯罪的情形。《关于依法严惩利用未成年人实施黑恶势力犯罪的意见》第一部分明确了九种应当从重处罚的具体情形:(1)组织、指挥未成年人实施故意杀人、故意伤害致人重伤或者死亡、强奸、绑架、抢劫等严重暴力犯罪的;(2)向未成年人传授实施黑恶势力犯罪的方法、技能、经验的;(3)利用未达到刑事责任年龄的未成年人实施黑恶势力犯罪的;(4)为逃避法律追究,让未成年人自首、作虚假供述顶罪的;(5)利用留守儿童、在校学生实施犯罪的;(6)利用多人或者多次利用未成年人实施犯罪的;(7)针对未成年人实施违法犯罪的;(8)对未成年人负有监护、教育、照料等特殊职责的人员利用未成年人实施黑恶势力违法犯罪活动的;(9)其他利用未成年人违法犯罪应当从重处罚的情形。在实践中应对以上情形重点把握。

除此之外,该意见还具体规定了两点适用要求:其一,对于利用未成年人实施犯罪的黑社会性质组织、恶势力犯罪集团的首要分子、骨干成员以及恶势力(组织)中起组织、策划、指挥作用的纠集者,均从重处罚。其二,虽然未成年人并没有加入黑社会性质组织、恶势力组织,对于首要分子、骨干成员、纠集者、主犯和直接利用的成员,即便有自首、立功、坦白等从轻减轻情节的,一般也不予从轻或者减轻处罚。

二是应全面把握针对未成年人实施有组织犯罪的情形。犯罪组织针对未成年人实施的犯罪类型种类繁多,但应注重相关规范性文件作出特殊规定的情况。例如,2019 年最高人民法院、最高人民检察院、公安部、司法部《关于办理"套路贷"刑事案件若干问题的意见》第 8 点规定:"以老年人、未成年人、在校学生、丧失劳动能力的人为对象实施'套路贷',或者因实施'套路贷'造成被害人或其特定关系人自杀、死亡、精神失常、为偿还'债务'而实施犯罪活动的,除刑法、司法解释另有规定的外,应当酌情从重处罚……"2013 年最高人民法院、最高人民检察院、公安部、司法部《关于依法惩治性侵害未成年人犯罪的意见》第 1 点、第 2 点规定:"本意见所称性侵害未成年人犯罪,包括刑法第二百三十六条、第二百三十七条、第三百五十八条、第三百五十九条、第三百六十条第二款规定的针对未成年人实施的强奸罪,强制猥亵、侮辱妇女罪,猥亵儿童罪,组织卖淫罪,强迫卖淫罪,引诱、容留、介绍卖淫罪,引诱幼女卖淫罪,嫖宿幼女罪等。对于性侵害未成年人犯罪,应当依法从严惩治。"对于上述规范性文件规定的犯罪类型,应予以特别关注。

第二,教唆、诱骗未成年人的行政处罚。《反有组织犯罪法》第 69 条第 2 款规定:“教唆、诱骗未成年人参加有组织犯罪组织或者阻止未成年人退出有组织犯罪组织,尚不构成犯罪的,依照前款规定从重处罚。”

根据该款规定,符合以下条件时应依照第 69 条第 1 款的规定从重处罚:一是教唆、诱骗未成年人参加或阻止其退出犯罪组织,即其通过各种方式让未成年人加入或者留在犯罪组织中。二是其行为必须“尚不构成犯罪”,否则,即按照《刑法》的规定予以处罚。实践中应注意该条和第 67 条在处罚层次上的区别,切实保证刑事处罚和行政处罚在预防和治理涉未成年人有组织犯罪中的协同。

3. 执法人员保护

保护从事有组织犯罪工作的执法、司法工作人员对于相关工作的开展也具有重要意义。《反有组织犯罪法》第 53 条规定了对政法工作人员受到恶意举报干扰办案、打击报复后,如何恢复名誉、澄清事实,消除不良影响,保护政法干警合法权益的内容规定。

反有组织犯罪工作中,政法干警合法权益受损事件时有发生,恶意举报屡见不鲜。政法干警合法权益受损不仅体现了个人权益被侵害,也会造成国家公权力权威性下降,以及对全社会法治环境的践踏等不良影响。因此,在查办有组织犯罪案件过程中,如何有效维护政法干警合法权益,减少干警权益受损现象,极为重要。部分犯罪组织人员在受到或轻或重的打击处理后,心理不平衡,恶意向相关机关举报控诉干警,发泄自身的不满,还有假借举报干警,实则是为了干扰干警执法办案,以达到规避法律,逃避惩处的目的。这些行为不仅对干警的心理造成影响,而且严重挫伤了干警的执法积极性。为此,该条以法律的形式,为政法干警合法权益提供坚实法律支撑保护。

实践中,各政法机关可以采取以下具体措施依法保障干警的合法权益,顺利开展反有组织犯罪工作,确保公平正义得以实现。

第一,建立专业权利救济机制以维护政法干警的人身及执法权益。比如,公安部发布的《公安机关维护民警执法权威工作规定》第 4 条规定,县级以上人民政府公安机关应当成立由督察长为主任,警务督察和法制、警令指挥、警务保障、政工人事、教育训练、新闻宣传及执法办案等部门为成员的维护民警执法权威工作委员会。维护民警执法权威工作委员会办公室设在警务督察部门,具体负责协调督办侵犯民警执法权威案件,受理调查相关民警的申请申诉,为受到侵犯的民警提供救济、恢复名誉、挽回损失。公安机关的规定对其他各政法单位极具借鉴意义。

第二，做好澄清正名维权保障。诽谤、诬告严重损害了政法机关的执法形象和干警名誉。各政法机关要树立“干警声誉无小事”的维权理念，建立澄清正名维权制度，要实事求是、客观公正进行调查，澄清事实真相，同时，采取向被诬告的单位及民警出具维权正名通知书等方式，公开宣读澄清正名，为受侵害干警消除影响。

第三，做好法律援助保障。政法干警维权工作是一个系统工程，绝非某一家机关一己之力可以完成，需要协同相关单位共同努力。公安机关、检察机关、审判机关、司法行政机关要同纪检监察机关、宣传部门等建立维护干警执法权威工作协调联动机制，加强工作沟通与协作。多部门实行联动机制，最大限度保障干警权益，为其提供多渠道的救济机制。比如，建立维权法律顾问机制，聘请精通法律业务法律工作人员，成为维权工作法律顾问。通过法律渠道维权，运用专业法律知识、专业党纪素能，精准维权，参与干警维权工作，彰显法律的权威性和体现法律的震慑力。

第四，建立完善依法履职免责和容错纠错工作机制。中共中央印发《关于新形势下加强政法队伍建设的意见》，明确提出要健全依法履职保护机制，依法严惩妨害执法、司法的违法犯罪行为。政法干警履行职权，是代表国家执法，依法正当的职务行为，各单位应为其澄清正名，为其提供坚实的大后方。要建立政法干警依法履职免责和容错纠错制度，对应该免责容错的具体情形要详细列举，明确受理、执行、审批、复议等减免责工作流程。组建干警履职责任认定专家库，对干警履职行为开展调查论证，客观公正评价干警行为性质，对符合相关情形的，应当及时对干警作出免责、容错决定，激励政法干警履职尽责，勇于担当。

附录

中华人民共和国反有组织犯罪法

（2021 年 12 月 24 日第十三届全国人民代表大会常务委员会第三十二次会议通过　2021 年 12 月 24 日中华人民共和国主席令第 101 号公布　自 2022 年 5 月 1 日起施行）

第一章　总　　则

第一条　为了预防和惩治有组织犯罪，加强和规范反有组织犯罪工作，维护国家安全、社会秩序、经济秩序，保护公民和组织的合法权益，根据宪法，制定本法。

第二条　本法所称有组织犯罪，是指《中华人民共和国刑法》第二百九十四条规定的组织、领导、参加黑社会性质组织犯罪，以及黑社会性质组织、恶势力组织实施的犯罪。

本法所称恶势力组织，是指经常纠集在一起，以暴力、威胁或者其他手段，在一定区域或者行业领域内多次实施违法犯罪活动，为非作恶，欺压群众，扰乱社会秩序、经济秩序，造成较为恶劣的社会影响，但尚未形成黑社会性质组织的犯罪组织。

境外的黑社会组织到中华人民共和国境内发展组织成员、实施犯罪，以及在境外对中华人民共和国国家或者公民犯罪的，适用本法。

第三条　反有组织犯罪工作应当坚持总体国家安全观，综合运用法律、经济、科技、文化、教育等手段，建立健全反有组织犯罪工作机制和有组织犯罪预防治理体系。

第四条　反有组织犯罪工作应当坚持专门工作与群众路线相结合，坚持专项治理与系统治理相结合，坚持与反腐败相结合，坚持与加强基层组织建设相结合，惩防并举、标本兼治。

第五条　反有组织犯罪工作应当依法进行，尊重和保障人权，维护公民和组织的合法权益。

第六条　监察机关、人民法院、人民检察院、公安机关、司法行政机关以及其他有关国家机关，应当根据分工，互相配合，互相制约，依法做好反有组织犯罪工作。

有关部门应当动员、依靠村民委员会、居民委员会、企业事业单位、社会组织，共同开展反有组织犯罪工作。

第七条　任何单位和个人都有协助、配合有关部门开展反有组织犯罪工作的义务。

国家依法对协助、配合反有组织犯罪工作的单位和个人给予保护。

第八条　国家鼓励单位和个人举报有组织犯罪。

对举报有组织犯罪或者在反有组织犯罪工作中作出突出贡献的单位和个人，按照国家有关规定给予表彰、奖励。

第二章　预防和治理

第九条　各级人民政府和有关部门应当依法组织开展有组织犯罪预防和治理工作，将有组织犯罪预防和治理工作纳入考评体系。

村民委员会、居民委员会应当协助人民政府以及有关部门开展有组织犯罪预防和治理工作。

第十条　承担有组织犯罪预防和治理职责的部门应当开展反有组织犯罪宣传教育，增强公民的反有组织犯罪意识和能力。

监察机关、人民法院、人民检察院、公安机关、司法行政机关应当通过普法宣传、以案释法等方式，开展反有组织犯罪宣传教育。

新闻、广播、电视、文化、互联网信息服务等单位，应当有针对性地面向社会开展反有组织犯罪宣传教育。

第十一条　教育行政部门、学校应当会同有关部门建立防范有组织犯罪侵害校园工作机制，加强反有组织犯罪宣传教育，增强学生防范有组织犯罪的意识，教育引导学生自觉抵制有组织犯罪，防范有组织犯罪的侵害。

学校发现有组织犯罪侵害学生人身、财产安全，妨害校园及周边秩序的，有组织犯罪组织在学生中发展成员的，或者学生参加有组织犯罪活动的，应当及时制止,采取防范措施,并向公安机关和教育行政部门报告。

第十二条 民政部门应当会同监察机关、公安机关等有关部门,对村民委员会、居民委员会成员候选人资格进行审查,发现因实施有组织犯罪受过刑事处罚的,应当依照有关规定及时作出处理;发现有组织犯罪线索的,应当及时向公安机关报告。

第十三条 市场监管、金融监管、自然资源、交通运输等行业主管部门应当会同公安机关,建立健全行业有组织犯罪预防和治理长效机制,对相关行业领域内有组织犯罪情况进行监测分析,对有组织犯罪易发的行业领域加强监督管理。

第十四条 监察机关、人民法院、人民检察院、公安机关在办理案件中发现行业主管部门有组织犯罪预防和治理工作存在问题的,可以书面向相关行业主管部门提出意见建议。相关行业主管部门应当及时处理并书面反馈。

第十五条 公安机关可以会同有关部门根据本地有组织犯罪情况,确定预防和治理的重点区域、行业领域或者场所。

重点区域、行业领域或者场所的管理单位应当采取有效措施,加强管理,并及时将工作情况向公安机关反馈。

第十六条 电信业务经营者、互联网服务提供者应当依法履行网络信息安全管理义务,采取安全技术防范措施,防止含有宣扬、诱导有组织犯罪内容的信息传播;发现含有宣扬、诱导有组织犯罪内容的信息的,应当立即停止传输,采取消除等处置措施,保存相关记录,并向公安机关或者有关部门报告,依法为公安机关侦查有组织犯罪提供技术支持和协助。

网信、电信、公安等主管部门对含有宣扬、诱导有组织犯罪内容的信息,应当按照职责分工,及时责令有关单位停止传输、采取消除等处置措施,或者下架相关应用、关闭相关网站、关停相关服务。有关单位应当立即执行,并保存相关记录,协助调查。对互联网上来源于境外的上述信息,电信主管部门应当采取技术措施,及时阻断传播。

第十七条 国务院反洗钱行政主管部门、国务院其他有关部门、机构应当督促金融机构和特定非金融机构履行反洗钱义务。发现与有组织犯罪有关的可疑交易活动的,有关主管部门可以依法进行调查,经调查不能排除洗钱嫌疑的,应当及时向公安机关报案。

第十八条 监狱、看守所、社区矫正机构对有组织犯罪的罪犯,应当采取有针对性的监管、教育、矫正措施。

有组织犯罪的罪犯刑满释放后，司法行政机关应当会同有关部门落实安置帮教等必要措施，促进其顺利融入社会。

第十九条 对因组织、领导黑社会性质组织被判处刑罚的人员，设区的市级以上公安机关可以决定其自刑罚执行完毕之日起，按照国家有关规定向公安机关报告个人财产及日常活动。报告期限不超过五年。

第二十条 曾被判处刑罚的黑社会性质组织的组织者、领导者或者恶势力组织的首要分子开办企业或者在企业中担任高级管理人员的，相关行业主管部门应当依法审查，对其经营活动加强监督管理。

第二十一条 移民管理、海关、海警等部门应当会同公安机关严密防范境外的黑社会组织入境渗透、发展、实施违法犯罪活动。

出入境证件签发机关、移民管理机构对境外的黑社会组织的人员，有权决定不准其入境、不予签发入境证件或者宣布其入境证件作废。

移民管理、海关、海警等部门发现境外的黑社会组织的人员入境的，应当及时通知公安机关。发现相关人员涉嫌违反我国法律或者发现涉嫌有组织犯罪物品的，应当依法扣留并及时处理。

第三章 案件办理

第二十二条 办理有组织犯罪案件，应当以事实为根据，以法律为准绳，坚持宽严相济。

对有组织犯罪的组织者、领导者和骨干成员，应当严格掌握取保候审、不起诉、缓刑、减刑、假释和暂予监外执行的适用条件，充分适用剥夺政治权利、没收财产、罚金等刑罚。

有组织犯罪的犯罪嫌疑人、被告人自愿如实供述自己的罪行，承认指控的犯罪事实，愿意接受处罚的，可以依法从宽处理。

第二十三条 利用网络实施的犯罪，符合本法第二条规定的，应当认定为有组织犯罪。

为谋取非法利益或者形成非法影响，有组织地进行滋扰、纠缠、哄闹、聚众造势等，对他人形成心理强制，足以限制人身自由、危及人身财产安全，影响正常社会秩序、经济秩序的，可以认定为有组织犯罪的犯罪手段。

第二十四条 公安机关应当依法运用现代信息技术，建立有组织犯罪线索收集和研判机制，分级分类进行处置。

公安机关接到对有组织犯罪的报案、控告、举报后，应当及时开展统计、分析、研判工作，组织核查或者移送有关主管机关依法处理。

第二十五条 有关国家机关在履行职责时发现有组织犯罪线索，或者接到对有组织犯罪的举报的，应当及时移送公安机关等主管机关依法处理。

第二十六条 公安机关核查有组织犯罪线索，可以按照国家有关规定采取调查措施。公安机关向有关单位和个人收集、调取相关信息和材料的，有关单位和个人应当如实提供。

第二十七条 公安机关核查有组织犯罪线索，经县级以上公安机关负责人批准，可以查询嫌疑人员的存款、汇款、债券、股票、基金份额等财产信息。

公安机关核查黑社会性质组织犯罪线索，发现涉案财产有灭失、转移的紧急风险的，经设区的市级以上公安机关负责人批准，可以对有关涉案财产采取紧急止付或者临时冻结、临时扣押的紧急措施，期限不得超过四十八小时。期限届满或者适用紧急措施的情形消失的，应当立即解除紧急措施。

第二十八条 公安机关核查有组织犯罪线索，发现犯罪事实或者犯罪嫌疑人的，应当依照《中华人民共和国刑事诉讼法》的规定立案侦查。

第二十九条 公安机关办理有组织犯罪案件，可以依照《中华人民共和国出境入境管理法》的规定，决定对犯罪嫌疑人采取限制出境措施，通知移民管理机构执行。

第三十条 对有组织犯罪案件的犯罪嫌疑人、被告人，根据办理案件和维护监管秩序的需要，可以采取异地羁押、分别羁押或者单独羁押等措施。采取异地羁押措施的，应当依法通知犯罪嫌疑人、被告人的家属和辩护人。

第三十一条 公安机关在立案后，根据侦查犯罪的需要，依照《中华人民共和国刑事诉讼法》的规定，可以采取技术侦查措施、实施控制下交付或者由有关人员隐匿身份进行侦查。

第三十二条 犯罪嫌疑人、被告人检举、揭发重大犯罪的其他共同犯罪人或者提供侦破重大案件的重要线索或者证据，同案处理可能导致其本人或者近亲属有人身危险的，可以分案处理。

第三十三条 犯罪嫌疑人、被告人积极配合有组织犯罪案件的侦查、起诉、审判等工作，有下列情形之一的，可以依法从宽处罚，但对有组织犯罪的组织者、领导者应当严格适用：

（一）为查明犯罪组织的组织结构及其组织者、领导者、首要分子的地位、作用提供重要线索或者证据的；

（二）为查明犯罪组织实施的重大犯罪提供重要线索或者证据的；

（三）为查处国家工作人员涉有组织犯罪提供重要线索或者证据的；

（四）协助追缴、没收尚未掌握的赃款赃物的；

（五）其他为查办有组织犯罪案件提供重要线索或者证据的情形。

对参加有组织犯罪组织的犯罪嫌疑人、被告人不起诉或者免予刑事处罚的，可以根据案件的不同情况，依法予以训诫、责令具结悔过、赔礼道歉、赔偿损失，或者由主管部门予以行政处罚或者处分。

第三十四条 对黑社会性质组织的组织者、领导者，应当依法并处没收财产。对其他组织成员，根据其在犯罪组织中的地位、作用以及所参与违法犯罪活动的次数、性质、违法所得数额、造成的损失等，可以依法并处罚金或者没收财产。

第三十五条 对有组织犯罪的罪犯，执行机关应当依法从严管理。

黑社会性质组织的组织者、领导者或者恶势力组织的首要分子被判处十年以上有期徒刑、无期徒刑、死刑缓期二年执行的，应当跨省、自治区、直辖市异地执行刑罚。

第三十六条 对被判处十年以上有期徒刑、无期徒刑、死刑缓期二年执行的黑社会性质组织的组织者、领导者或者恶势力组织的首要分子减刑的，执行机关应当依法提出减刑建议，报经省、自治区、直辖市监狱管理机关复核后，提请人民法院裁定。

对黑社会性质组织的组织者、领导者或者恶势力组织的首要分子假释的，适用前款规定的程序。

第三十七条 人民法院审理黑社会性质组织犯罪罪犯的减刑、假释案件，应当通知人民检察院、执行机关参加审理，并通知被报请减刑、假释的罪犯参加，听取其意见。

第三十八条 执行机关提出减刑、假释建议以及人民法院审理减刑、假释案件，应当充分考虑罪犯履行生效裁判中财产性判项、配合处置涉案财产等情况。

第四章　涉案财产认定和处置

第三十九条　办理有组织犯罪案件中发现的可用以证明犯罪嫌疑人、被告人有罪或者无罪的各种财物、文件，应当依法查封、扣押。

公安机关、人民检察院、人民法院可以依照《中华人民共和国刑事诉讼法》的规定查询、冻结犯罪嫌疑人、被告人的存款、汇款、债券、股票、基金份额等财产。有关单位和个人应当配合。

第四十条　公安机关、人民检察院、人民法院根据办理有组织犯罪案件的需要，可以全面调查涉嫌有组织犯罪的组织及其成员的财产状况。

第四十一条　查封、扣押、冻结、处置涉案财物，应当严格依照法定条件和程序进行，依法保护公民和组织的合法财产权益，严格区分违法所得与合法财产、本人财产与其家属的财产，减少对企业正常经营活动的不利影响。不得查封、扣押、冻结与案件无关的财物。经查明确实与案件无关的财物，应当在三日以内解除查封、扣押、冻结，予以退还。对被害人的合法财产，应当及时返还。

查封、扣押、冻结涉案财物，应当为犯罪嫌疑人、被告人及其扶养的家属保留必需的生活费用和物品。

第四十二条　公安机关可以向反洗钱行政主管部门查询与有组织犯罪相关的信息数据，提请协查与有组织犯罪相关的可疑交易活动，反洗钱行政主管部门应当予以配合并及时回复。

第四十三条　对下列财产，经县级以上公安机关、人民检察院或者人民法院主要负责人批准，可以依法先行出售、变现或者变卖、拍卖，所得价款由扣押、冻结机关保管，并及时告知犯罪嫌疑人、被告人或者其近亲属：

（一）易损毁、灭失、变质等不宜长期保存的物品；

（二）有效期即将届满的汇票、本票、支票等；

（三）债券、股票、基金份额等财产，经权利人申请，出售不损害国家利益、被害人利益，不影响诉讼正常进行的。

第四十四条　公安机关、人民检察院应当对涉案财产审查甄别。在移送审查起诉、提起公诉时，应当对涉案财产提出处理意见。

在审理有组织犯罪案件过程中，应当对与涉案财产的性质、权属有关的事实、证据进行法庭调查、辩论。人民法院应当依法作出判决，对涉案财产作出处理。

第四十五条　有组织犯罪组织及其成员违法所得的一切财物及其孳息、收益，违禁品和供犯罪所用的本人财物，应当依法予以追缴、没收或者责令退赔。

依法应当追缴、没收的涉案财产无法找到、灭失或者与其他合法财产混合且不可分割的，可以追缴、没收其他等值财产或者混合财产中的等值部分。

被告人实施黑社会性质组织犯罪的定罪量刑事实已经查清，有证据证明其在犯罪期间获得的财产高度可能属于黑社会性质组织犯罪的违法所得及其孳息、收益，被告人不能说明财产合法来源的，应当依法予以追缴、没收。

第四十六条　涉案财产符合下列情形之一的，应当依法予以追缴、没收：

（一）为支持或者资助有组织犯罪活动而提供给有组织犯罪组织及其成员的财产；

（二）有组织犯罪组织成员的家庭财产中实际用于支持有组织犯罪活动的部分；

（三）利用有组织犯罪组织及其成员的违法犯罪活动获得的财产及其孳息、收益。

第四十七条　黑社会性质组织犯罪案件的犯罪嫌疑人、被告人逃匿，在通缉一年后不能到案，或者犯罪嫌疑人、被告人死亡，依照《中华人民共和国刑法》规定应当追缴其违法所得及其他涉案财产的，依照《中华人民共和国刑事诉讼法》有关犯罪嫌疑人、被告人逃匿、死亡案件违法所得的没收程序的规定办理。

第四十八条　监察机关、公安机关、人民检察院发现与有组织犯罪相关的洗钱以及掩饰、隐瞒犯罪所得、犯罪所得收益等犯罪的，应当依法查处。

第四十九条　利害关系人对查封、扣押、冻结、处置涉案财物提出异议的，公安机关、人民检察院、人民法院应当及时予以核实，听取其意见，依法作出处理。

公安机关、人民检察院、人民法院对涉案财物作出处理后，利害关系人对处理不服的，可以提出申诉或者控告。

第五章　国家工作人员涉有组织犯罪的处理

第五十条　国家工作人员有下列行为的，应当全面调查，依法作出处理：

（一）组织、领导、参加有组织犯罪活动的；

（二）为有组织犯罪组织及其犯罪活动提供帮助的；

（三）包庇有组织犯罪组织、纵容有组织犯罪活动的；

（四）在查办有组织犯罪案件工作中失职渎职的；

（五）利用职权或者职务上的影响干预反有组织犯罪工作的；

（六）其他涉有组织犯罪的违法犯罪行为。

国家工作人员组织、领导、参加有组织犯罪的，应当依法从重处罚。

第五十一条 监察机关、人民法院、人民检察院、公安机关、司法行政机关应当加强协作配合，建立线索办理沟通机制，发现国家工作人员涉嫌本法第五十条规定的违法犯罪的线索，应当依法处理或者及时移送主管机关处理。

任何单位和个人发现国家工作人员与有组织犯罪有关的违法犯罪行为，有权向监察机关、人民检察院、公安机关等部门报案、控告、举报。有关部门接到报案、控告、举报后，应当及时处理。

第五十二条 依法查办有组织犯罪案件或者依照职责支持、协助查办有组织犯罪案件的国家工作人员，不得有下列行为：

（一）接到报案、控告、举报不受理，发现犯罪信息、线索隐瞒不报、不如实报告，或者未经批准、授权擅自处置、不移送犯罪线索、涉案材料；

（二）向违法犯罪人员通风报信，阻碍案件查处；

（三）违背事实和法律处理案件；

（四）违反规定查封、扣押、冻结、处置涉案财物；

（五）其他滥用职权、玩忽职守、徇私舞弊的行为。

第五十三条 有关机关接到对从事反有组织犯罪工作的执法、司法工作人员的举报后，应当依法处理，防止犯罪嫌疑人、被告人等利用举报干扰办案、打击报复。

对利用举报等方式歪曲捏造事实，诬告陷害从事反有组织犯罪工作的执法、司法工作人员的，应当依法追究责任；造成不良影响的，应当按照规定及时澄清事实，恢复名誉，消除不良影响。

第六章 国际合作

第五十四条 中华人民共和国根据缔结或者参加的国际条约，或者按照平等互惠原则，与其他国家、地区、国际组织开展反有组织犯罪合作。

第五十五条 国务院有关部门根据国务院授权，代表中国政府与外国政府和有关国际组织开展反有组织犯罪情报信息交流和执法合作。

国务院公安部门应当加强跨境反有组织犯罪警务合作，推动与有关国家和地区建立警务合作机制。经国务院公安部门批准，边境地区公安机关可以与相邻国家或者地区执法机构建立跨境有组织犯罪情报信息交流和警务合作机制。

第五十六条 涉及有组织犯罪的刑事司法协助、引渡，依照有关法律的规定办理。

第五十七条 通过反有组织犯罪国际合作取得的材料可以在行政处罚、刑事诉讼中作为证据使用，但依据条约规定或者我方承诺不作为证据使用的除外。

第七章 保障措施

第五十八条 国家为反有组织犯罪工作提供必要的组织保障、制度保障和物质保障。

第五十九条 公安机关和有关部门应当依照职责，建立健全反有组织犯罪专业力量，加强人才队伍建设和专业训练，提升反有组织犯罪工作能力。

第六十条 国务院和县级以上地方各级人民政府应当按照事权划分，将反有组织犯罪工作经费列入本级财政预算。

第六十一条 因举报、控告和制止有组织犯罪活动，在有组织犯罪案件中作证，本人或者其近亲属的人身安全面临危险的，公安机关、人民检察院、人民法院应当按照有关规定，采取下列一项或者多项保护措施：

（一）不公开真实姓名、住址和工作单位等个人信息；

（二）采取不暴露外貌、真实声音等出庭作证措施；

（三）禁止特定的人接触被保护人员；

（四）对人身和住宅采取专门性保护措施；

（五）变更被保护人员的身份，重新安排住所和工作单位；

（六）其他必要的保护措施。

第六十二条 采取本法第六十一条第三项、第四项规定的保护措施，由公安机关执行。根据本法第六十一条第五项规定，变更被保护人员身份的，由国务院公安部门批准和组织实施。

公安机关、人民检察院、人民法院依法采取保护措施，有关单位和个人应当配合。

第六十三条 实施有组织犯罪的人员配合侦查、起诉、审判等工作，对侦破案件或者查明案件事实起到重要作用的，可以参照证人保护的规定执行。

第六十四条 对办理有组织犯罪案件的执法、司法工作人员及其近亲属，可以采取人身保护、禁止特定的人接触等保护措施。

第六十五条 对因履行反有组织犯罪工作职责或者协助、配合有关部门开展反有组织犯罪工作导致伤残或者死亡的人员，按照国家有关规定给予相应的待遇。

第八章 法律责任

第六十六条 组织、领导、参加黑社会性质组织，国家机关工作人员包庇、纵容黑社会性质组织，以及黑社会性质组织、恶势力组织实施犯罪的，依法追究刑事责任。

境外的黑社会组织的人员到中华人民共和国境内发展组织成员、实施犯罪，以及在境外对中华人民共和国国家或者公民犯罪的，依法追究刑事责任。

第六十七条 发展未成年人参加黑社会性质组织、境外的黑社会组织，教唆、诱骗未成年人实施有组织犯罪，或者实施有组织犯罪侵害未成年人合法权益的，依法从重追究刑事责任。

第六十八条 对有组织犯罪的罪犯，人民法院可以依照《中华人民共和国刑法》有关从业禁止的规定，禁止其从事相关职业，并通报相关行业主管部门。

第六十九条 有下列情形之一，尚不构成犯罪的，由公安机关处五日以上十日以下拘留，可以并处一万元以下罚款；情节较重的，处十日以上十五日以下拘留，并处一万元以上三万元以下罚款；有违法所得的，除依法应当返还被害人的以外，应当予以没收：

（一）参加境外的黑社会组织的；

（二）积极参加恶势力组织的；

（三）教唆、诱骗他人参加有组织犯罪组织，或者阻止他人退出有组织犯罪组织的；

（四）为有组织犯罪活动提供资金、场所等支持、协助、便利的；

（五）阻止他人检举揭发有组织犯罪、提供有组织犯罪证据，或者明知他人有有组织犯罪行为，在司法机关向其调查有关情况、收集有关证据时拒绝提供的。

教唆、诱骗未成年人参加有组织犯罪组织或者阻止未成年人退出有组织犯罪组织，尚不构成犯罪的，依照前款规定从重处罚。

第七十条 违反本法第十九条规定,不按照公安机关的决定如实报告个人财产及日常活动的,由公安机关给予警告,并责令改正;拒不改正的,处五日以上十日以下拘留,并处三万元以下罚款。

第七十一条 金融机构等相关单位未依照本法第二十七条规定协助公安机关采取紧急止付、临时冻结措施的,由公安机关责令改正;拒不改正的,由公安机关处五万元以上二十万元以下罚款,并对直接负责的主管人员和其他直接责任人员处五万元以下罚款;情节严重的,公安机关可以建议有关主管部门对直接负责的主管人员和其他直接责任人员依法给予处分。

第七十二条 电信业务经营者、互联网服务提供者有下列情形之一的,由有关主管部门责令改正;拒不改正或者情节严重的,由有关主管部门依照《中华人民共和国网络安全法》的有关规定给予处罚:

(一)拒不为侦查有组织犯罪提供技术支持和协助的;

(二)不按照主管部门的要求对含有宣扬、诱导有组织犯罪内容的信息停止传输、采取消除等处置措施、保存相关记录的。

第七十三条 有关国家机关、行业主管部门拒不履行或者拖延履行反有组织犯罪法定职责,或者拒不配合反有组织犯罪调查取证,或者在其他工作中滥用反有组织犯罪工作有关措施的,由其上级机关责令改正;情节严重的,对负有责任的领导人员和直接责任人员,依法给予处分;构成犯罪的,依法追究刑事责任。

第七十四条 有关部门和单位、个人应当对在反有组织犯罪工作过程中知悉的国家秘密、商业秘密和个人隐私予以保密。违反规定泄露国家秘密、商业秘密和个人隐私的,依法追究法律责任。

第七十五条 国家工作人员有本法第五十条、第五十二条规定的行为,构成犯罪的,依法追究刑事责任;尚不构成犯罪的,依法给予处分。

第七十六条 有关单位和个人对依照本法作出的行政处罚和行政强制措施决定不服的,可以依法申请行政复议或者提起行政诉讼。

第九章 附 则

第七十七条 本法自 2022 年 5 月 1 日起施行。

主要参考文献

一、中文著作、译作

1. [德]斐迪南·滕尼斯:《共同体与社会》,张巍卓译,商务印书馆 2019 年版。

2. [德]冯·李斯特:《论犯罪、刑罚与刑事政策》,徐久生译,北京大学出版社 2016 年版。

3. [德]拉德布鲁赫:《法学导论》,米健、朱林译,中国大百科全书出版社 1997 年版。

4. [法]米海依尔·戴尔玛斯 – 马蒂:《刑事政策的主要体系》,卢建平译,法律出版社 2000 年版。

5. [日]川出敏裕、[日]金光旭:《刑事政策》,钱叶六等译,中国政法大学出版社 2016 年版。

6. [日]大谷实:《刑事政策学》,黎宏译,法律出版社 2000 年版。

7. [日]上田宽:《犯罪学》,戴波、李世阳译,商务印书馆 2016 年版。

8. [英]麦克·马圭尔等:《牛津犯罪学指南》,刘仁文等译,中国人民公安大学出版社 2012 年版。

9.《澳门刑法典　澳门刑事诉讼法典》,法律出版社 1997 年版。

10.《法学前沿》编辑委员会编:《法学前沿》(第 1 辑),法律出版社 1997 年版。

11. 陈光中、[加]丹尼尔·普瑞方廷主编:《联合国刑事司法准则与中国刑事法制》,法律出版社 1998 年版。

12. 陈家林:《外国刑法理论的思潮与流变》,中国人民公安大学出版社、群众出版社 2017 年版。

13. 陈明华:《有组织犯罪问题对策研究》,中国政法大学出版社 2004 年版。

14. 陈兴良:《刑法的价值构造》(第 3 版),中国人民大学出版社 2017 年版。
15. 陈兴良主编:《宽严相济的刑事政策研究》,中国人民大学出版社 2007 年版。
16. 陈兴良主编:《刑事法评论》(第 1 卷),中国政法大学出版社 1997 年版。
17. 陈忠林:《意大利刑法纲要》,中国人民大学出版社 1999 年版。
18. 储槐植:《刑事一体化论要》,北京大学出版社 2007 年版。
19. 丁英华、季境:《公司犯罪论》,中国检察出版社 2011 年版。
20. 冯殿美等:《全球化语境中的有组织犯罪》,中国检察出版社 2004 年版。
21. 高铭暄、马克昌主编:《刑法学》(第 10 版),北京大学出版社、高等教育出版社 2022 年版。
22. 高铭暄主编:《当代刑法前沿问题研究》,人民法院出版社 2019 年版。
23. 高一飞:《有组织犯罪问题专论》,中国政法大学出版社 2000 年版。
24. 郭子贤:《黑社会(性质)组织形成研究》,知识产权出版社 2006 年版。
25. 何秉松:《中国有组织犯罪研究(第一卷):中国大陆黑社会(性质)犯罪研究》,群众出版社 2009 年版。
26. 靳高风:《中国反有组织犯罪法律制度研究》,中国人民公安大学出版社 2016 年版。
27. 康树华、魏文新主编:《有组织犯罪透视》,北京大学出版社 2001 年版。
28. 康树华主编:《当代有组织犯罪与防治对策》,中国方正出版社 1998 年版。
29. 康树华:《我国有组织犯罪的现状及其治理》,载《法学家》2008 年第 3 期。
30. 郎胜主编:《中华人民共和国刑法释义》,法律出版社 2015 年版。
31. 李杰清:《剥夺组织犯罪所得之研究》,台北,元照出版有限公司 2001 年版。
32. 李文燕、柯良栋主编:《黑社会性质犯罪防治对策研究》,中国人民公安大学出版社 2006 年版。
33. 李蕴辉、辛科:《刑事政策与社会政策初论》,中国民主法制出版社 2013 年版。
34. 李长坤:《刑事涉案财物处理制度研究》,上海交通大学出版社 2012 年版。
35. 梁根林:《刑事政策:立场与范畴》,法律出版社 2005 年版。
36. 刘军:《网络犯罪治理刑事政策研究》,知识产权出版社 2017 年版。
37. 卢建平主编:《有组织犯罪比较研究》,法律出版社 2004 年版。
38. 卢林:《公司犯罪论:以中美公司犯罪比较研究为视角》,法律出版社 2010 年版。
39. 罗大华、何为民主编:《犯罪心理学》,中国政法大学出版社 2012 年版。
40. 马克昌:《宽严相济刑事政策研究》,清华大学出版社 2012 年版。
41. 马克昌主编、莫洪宪执行主编:《刑法》(第 5 版),高等教育出版社 2022 年版。
42. 马克昌主编:《近代西方刑法学说史》,中国人民公安大学出版社 2008 年版。
43. 莫洪宪、李占州、王肃之:《反有组织犯罪法重点解读与适用要点》,法律出版社 2022 年版。

44. 莫洪宪:《有组织犯罪研究》,湖北人民出版社 1998 年版。
45. 莫洪宪主编:《澳门有组织犯罪研究》,武汉大学出版社 2005 年版。
46. 莫洪宪主编:《犯罪学概论》,中国检察出版社 1999 年版。
47. 南英主编:《打黑除恶审判参考》,人民法院出版社 2003 年版。
48. 彭新林:《刑法各论前沿问题探索》,南开大学出版社 2016 年版。
49. 曲新久:《刑事政策的权力分析》,中国政法大学出版社 2002 年版。
50. 阮方民、王晓:《有组织犯罪新论——中国黑社会性质组织犯罪防治研究》,浙江大学出版社 2005 年版。
51. 王爱立、雷建斌主编:《〈中华人民共和国刑事诉讼法〉理解与适用》,人民法院出版社 2018 年版。
52. 王俊平:《刑法视野下的犯罪集团研究》,中国人民公安大学出版社 2009 年版。
53. 王牧主编:《犯罪学论丛》(第 1 卷),中国检察出版社 2003 年版。
54. 王肃之:《网络犯罪原理》,人民法院出版社 2019 年版。
55. 王彦学:《黑社会性质组织犯罪侦防层次论》,中国人民公安大学出版社 2015 年版。
56. 王作富主编:《中国刑法的修改与补充》,中国检察出版社 1997 年版。
57. 魏东主编:《刑事政策学》,四川大学出版社 2011 年版。
58. 吴鹏森:《犯罪社会学》,社会科学文献出版社 2008 年版。
59. 夏玉珍主编:《犯罪社会学》,华中科技大学出版社 2014 年版。
60. 肖永平主编:《珞珈法学论坛》(第 13 卷),武汉大学出版社 2014 年版。
61. 谢望原等主编:《中国刑事政策报告》(第 3 辑),中国法制出版社 2008 年版。
62. 谢瑶伟:《台湾地区暴力犯罪增加原因及其防制对策之探讨》,台湾"法务部"研究中心 1997 年版。
63. 谢勇、王燕飞主编:《有组织犯罪研究》,中国检察出版社 2004 年版。
64. 徐久生:《德国犯罪学研究探要》,中国人民公安大学出版社 1995 年版。
65. 徐然等:《网络犯罪刑事政策的取舍与重构》,中国检察出版社 2017 年版。
66. 许春金等:《台湾地区组织犯罪影响政、经体系运作之实证调查研究——如何解决黑金政治》,1997 年版。
67. 许福生:《台湾地区组织犯罪防制策略之研究》,2000 年版。
68. 许永安主编:《中华人民共和国刑法修正案(十一)解读》,中国法制出版社 2021 年版。
69. 杨万明主编:《〈刑法修正案(十一)〉条文及配套〈罪名补充规定(七)〉理解与适用》,人民法院出版社 2021 年版。
70. 于冲:《网络刑法的体系构建》,中国法制出版社 2016 年版。

71. 于天敏等:《黑社会性质组织犯罪理论与实务问题研究》,中国检察出版社 2010 年版。
72. 喻海松:《最高人民法院、最高人民检察院侵犯公民个人信息罪司法解释理解与适用》,中国法制出版社 2018 年版。
73. 张明楷:《刑法格言的展开》(第 3 版),北京大学出版社 2013 年版。
74. 张士金:《资产追回国际法律合作问题研究》,中国人民公安大学出版社 2010 年版。
75. 张智辉:《国际刑法通论》,中国政法大学出版社 2009 年版。
76. 赵赤:《中外惩治有组织犯罪比较研究》,中国政法大学出版社 2017 年版。
77. 赵颖:《当代中国黑社会性质组织犯罪分析》,辽宁人民出版社 2009 年版。
78. 周光权:《刑法总论》(第 3 版),中国人民大学出版社 2016 年版。

二、中文论文、译文

1. [比]莱蒂齐亚・保利:《意大利有组织犯罪:黑手党、克莫拉和恩特兰盖塔》,陈波译,载《河南警察学院学报》2016 年第 6 期。
2. [法]让-马克・埃尔博:《法国反恐怖主义和反有组织犯罪的斗争》,王鲲译,载《国家检察官学院学报》2009 年第 6 期。
3. [美]克劳斯・冯・兰佩:《跨国有组织犯罪研究的最新趋势》,林少伟译,载《犯罪研究》2013 年第 3 期。
4. [美]夏明:《中国有组织犯罪的组织形态——以国家、市场与网络为视角》,邬琤、郑彬彬译,载《犯罪研究》2013 年第 4 期。
5. [日]白取祐司:《日本近期预防有组织犯罪立法及其问题》,王鲲译,载《国家检察官学院学报》2009 年第 6 期。
6. [意]弗朗塞斯科・巴拉佐:《意大利关于有组织犯罪的立法》,朱力宇译,载《青少年犯罪研究》1997 年第 5-6 期。
7. [英]文森佐・鲁杰罗:《论欧洲跨国有组织犯罪》,陈波译,载《社会科学家》2014 年第 10 期。
8. Valsamis Mitsilegas:《打击有组织犯罪的框架决议——欧盟如何加强在该领域的立法工作》,陈于思、刘丹昊译,载《刑法论丛》2014 年第 3 期。
9. 蔡军:《我国惩治有组织犯罪的实践困境与立法对策》,载《华东政法大学学报》2013 年第 4 期。
10. 蔡军:《我国惩治有组织犯罪的问题与破解路径》,载《河南大学学报(社会科学版)》2014 年第 4 期。
11. 蔡军:《我国惩治有组织犯罪的刑事司法问题及其机制调适——基于有组织犯罪企业化发

展趋势的思考》,载《河南大学学报(社会科学版)》2021年第6期。
12. 蔡军:《我国有组织犯罪企业化的路径及其表现分析》,载《法学论坛》2021年第1期。
13. 蔡军:《我国有组织犯罪刑事规制体系的检视与重构——基于有组织犯罪集团向企业化发展趋势的思考》,载《法商研究》2021年第3期。
14. 蔡军:《我国治理有组织犯罪刑事政策的检讨与调适——基于有组织犯罪企业化趋势的思考》,载《中州学刊》2021年第2期。
15. 王敏等:《关于广东省有组织犯罪的思考》,载《青少年犯罪研究》1997年第8-9期。
16. 曾祥生、陈放:《黑社会性质组织犯罪的司法认定》,载《人民检察》2001年第5期。
17. 陈金林:《有组织犯罪中的被害人权利保护》,载《河南省政法管理干部学院学报》2009年第4期。
18. 陈亮、刘平:《"两岸四地"跨境有组织犯罪威胁评估模型构建研究》,载《中国人民公安大学学报(社会科学版)》2014年第1期。
19. 陈沛林:《论香港打击黑社会有组织犯罪的立法与实践》,载《北方法学》2008年第2期。
20. 陈世伟:《新世纪以来欧美有组织犯罪理论研究的新近发展与启示》,载《江西警察学院学报》2016年第6期。
21. 陈伟强:《中国与东盟国家警务合作之考探——从合作基础、形式、挑战到完善》,载《刑法论丛》2018年第4期。
22. 陈兴良:《宽严相济刑事政策研究》,载《法学杂志》2006年第2期。
23. 陈兴良:《刑事法治视野中的刑事政策》,载《江苏社会科学》2004年第5期。
24. 程骋、杨安、莫洪宪、许祥辰:《大数据与智慧扫黑除恶工作研究》,载《中国公共安全(学术版)》2018年第4期。
25. 储槐植、贾凌:《合理反击有组织犯罪》,载《甘肃政法学院学报》2009年第2期。
26. 储槐植、贾凌:《有组织犯罪预防论要》,载《法学家》2008年第3期。
27. 戴铭:《欧盟境内的有组织犯罪与联合打击》,载《现代世界警察》2020年第7期。
28. 邓又天、李永升:《试论有组织犯罪的概念及其类型》,载《法学研究》1997年第6期。
29. 狄世深:《跨国有组织犯罪的主要类型》,载《犯罪研究》2003年第4期。
30. 翟中东:《中国社会转型与刑事政策调整》,载《学术论坛》2003年第1期。
31. 邸瑛琪:《有组织犯罪及其特征》,载《河南省政法管理干部学院学报》2002年第4期。
32. 丁英华:《对有组织犯罪的若干规律性认识》,载《国家检察官学院学报》2010年第6期。
33. 董兴佩、赵路:《法国有组织犯罪刑事责任立法解析》,载《中国刑事法杂志》2009年第12期。
34. 杜宇:《系统论视野中的有组织犯罪》,载《现代法学》2000年第2期。

35. 杜宇:《有组织犯罪概念二元论》,载《湖南省政法管理干部学院学报》2000 年第 5 期。
36. 冯殿美、曲振涛:《有组织犯罪的成因及其对策分析》,载《法学论坛》2003 年第 3 期。
37. 冯殿美:《有组织犯罪的几个理论问题》,载《政法论坛》2003 年第 1 期。
38. 付其运:《行政法治视角下有组织犯罪防治研究》,载《河北法学》2013 年第 9 期。
39. 高嘉绫:《有组织犯罪法》,载《法域纵横》1998 年第 1 期。
40. 龚培华、秦新承:《网络时代黑社会性质组织犯罪的惩治与防范》,载《犯罪研究》2010 年第 1 期。
41. 龚义年:《域外有组织犯罪企业化防控模式及其对我国的启示》,载《行政与法》2018 年第 4 期。
42. 顾立雄等:《组织犯罪条例的立法评论》,载《律师杂志》1997 年第 209 期。
43. 郭欣、李永哲:《浅析我国犯罪资产分享机制的构建》,载《北京警察学院学报》2015 年第 6 期。
44. 郭自力:《论有组织犯罪的概念和特征》,载《中外法学》1998 年第 2 期。
45. 郝家英:《电信网络诈骗犯罪跨境追赃与国际刑事司法合作》,载《北京警察学院学报》2021 年第 2 期。
46. 何秉松:《黑社会组织(有组织犯罪集团)的概念与特征》,载《中国社会科学》2001 年第 4 期。
47. 何荣功:《避免黑恶犯罪的过度拔高认定:问题、路径与方法》,载《法学》2019 年第 6 期。
48. 何显兵:《论"扫黑除恶"中的没收犯罪工具》,载《东方法学》2019 年第 5 期。
49. 胡敏、万富海:《有组织犯罪、带黑社会性质的团伙犯罪和流氓恶势力犯罪的特征及其认定》,载《华东政法学院学报》2001 年第 5 期。
50. 胡隽:《论我国打击有组织犯罪中证人保护制度的完善》,载《中国人民公安大学学报(社会科学版)》2011 年第 3 期。
51. 黄风:《检察机关实施〈国际刑事司法协助法〉若干问题》,载《国家检察官学院学报》2019 年第 4 期。
52. 黄立、徐检波:《粤港澳合作打击有组织犯罪的新路径——以经济领域的防控策略为视角》,载《广州大学学报(社会科学版)》2009 年第 6 期。
53. 黄立:《有组织犯罪概念之我见》,载《福建政法管理干部学院学报》2000 年第 3 期。
54. 黄立:《有组织犯罪基本特征探讨》,载《湖南公安高等专科学校学报》2000 年第 4 期。
55. 黄立:《有组织犯罪类型研究》,载《中国刑事法杂志》2000 年第 6 期。
56. 黄立:《中国大陆有组织犯罪发展的 11 种趋势》,载《公安学刊(浙江公安高等专科学校学报)》2001 年第 4 期。

57. 贾宇:《有组织犯罪之对策研究》,载《法律科学(西北政法学院学报)》2003 年第 5 期。
58. 赵宇、喻国奇、杨春:《中国——澳大利亚追赃合作中的资产分享机制建构》,载《广西警察学院学报》2019 年第 3 期。
59. 江苏省人民检察院课题组:《查处“黑恶”势力犯罪及其“保护伞”的适用法律问题——〈刑法〉第 294 条质疑》,载《江苏行政学院学报》2005 年第 2 期。
60. 江雪松:《刑事政策理论视野下弱势群体涉黑解读》,载《求实》2010 年第 8 期。
61. 姜瀛:《“网络黑社会”的样态重述与刑法治理的进路整合》,载《法治社会》2017 年第 4 期。
62. 焦经川:《浅谈美国没收资产国际分享制度及对中国的影响和启示》,载《行政与法》2016 年第 9 期。
63. 康树华:《论有组织犯罪的基本手段》,载《江苏公安专科学校学报》2001 年第 2 期。
64. 康树华:《有组织犯罪的类型特征》,载《江苏公安专科学校学报》1998 年第 5 期。
65. 赖早兴:《惩治黑恶势力犯罪中宽严相济刑事政策之贯彻》,载《法学杂志》2019 年第 6 期。
66. 李芳晓:《国外有组织犯罪的现状与防范对策》,载《国外社会科学》2009 年第 4 期。
67. 李芳晓:《跨国有组织犯罪防治的国际合作对策》,载《国外社会科学》2011 年第 3 期。
68. 李浩、陈洪兵:《社会转型及入世背景下的中国有组织犯罪——有组织犯罪对策研究》,载《犯罪研究》2002 年第 4 期。
69. 李洁:《打击有组织犯罪法律适用中的难点及其消解途径》,载《国家检察官学院学报》2009 年第 6 期。
70. 李洁:《有组织犯罪“打小”从一般违法开始——兼论司法打击与行政处理的配合价值》,载《北方法学》2011 年第 6 期。
71. 李洁:《预防有组织犯罪:从“打小”开始》,载《国家检察官学院学报》2011 年第 5 期。
72. 李玫瑾:《论有组织犯罪的概念、形态与形成规律》,载《青少年犯罪研究》1997 年第 8 - 9 期。
73. 李锡海:《帮会文化与有组织犯罪》,载《法学论坛》2004 年第 5 期。
74. 李昕韡:《俄罗斯有组织犯罪形势及打击机制》,载《现代世界警察》2020 年第 7 期。
75. 李运才:《论刑事政策及其研究的形势》,载《昆明理工大学学报社科(法学)版》2008 年第 3 期。
76. 李占州、钟晋:《“恶势力”“恶势力犯罪集团”认定若干问题解析》,载《检察调研与指导》2019 年第 3 期。
77. 李哲、朱晓琴:《澳门刑法中有组织犯罪之罪名:犯罪集团罪还是黑社会罪》,载《法律适用》2021 年第 3 期。

78. 栗向霞:《论有组织犯罪的信息化和网络犯罪的有组织化》,载《河南社会科学》2016 年第 11 期。
79. 梁利波:《有组织犯罪立法的国际谱系》,载《刑法论丛》2014 年第 3 期。
80. 林冬梅:《〈2015 年度英国严重及有组织犯罪战略评估报告〉评析》,载《人民检察》2016 年第 9 期。
81. 林黄鹂:《对有组织犯罪的考量和打击对策》,载《山东社会科学》2006 年第 10 期。
82. 林黄鹂:《有组织犯罪的特征、认定及防控》,载《河南省政法管理干部学院学报》2004 年第 4 期。
83. 林尚儒:《有组织犯罪处罚法的最近修正及其评析——以共谋罪为中心》,载《日本法研究》2018 年第 4 卷。
84. 林亚刚、何荣功:《经济全球化与我国有组织犯罪的发展趋势及其对策》,载《犯罪研究》2003 年第 3 期。
85. 刘道前:《打击跨境电信诈骗国际警务合作的问题与对策》,载《犯罪研究》2019 年第 6 期。
86. 刘庆飞:《论经济全球化对有组织犯罪的双重影响——国际视野范围内的考察》,载《犯罪研究》2007 年第 2 期。
87. 刘仁文、刘文钊:《恶势力的概念流变及其司法认定》,载《国家检察官学院学报》2018 年第 6 期。
88. 刘仁文:《论刑事政策的概念与范围》,载《中国人民公安大学学报(社会科学版)》2005 年第 1 期。
89. 刘守芬、李瑞生:《刑事政策变迁与刑种的改革及完善》,载《河南省政法管理干部学院学报》2008 年第 2 期。
90. 刘宪权、吴允锋:《黑社会性质组织犯罪司法认定中若干疑难问题探讨(上)》,载《犯罪研究》2002 年第 1 期。
91. 刘洋、姚春富:《美国青少年有组织犯罪社会防控机制研究》,载《云南警官学院学报》2014 年第 6 期。
92. 刘莹:《论对抗有组织犯罪之秘密证人保护——以德国法为视角》,载《求索》2011 年第 4 期。
93. 刘莹:《有组织犯罪侦查策略研究》,载《湖南社会科学》2010 年第 6 期。
94. 刘远:《有组织犯罪概念的刑法哲学分析》,载《法学家》2008 年第 3 期。
95. 刘韵、刘期勇、邓华鑫:《论我国有组织犯罪立法的缺陷及完善》,载《北华大学学报(社会科学版)》2014 年第 5 期。
96. 龙长海:《俄罗斯有组织犯罪的族裔化发展态势及原因》,载《中国刑事法杂志》2014 年第

1 期。
97. 龙宗智:《有组织犯罪案件分案审理问题研究》,载《法学研究》2021 年第 3 期。
98. 卢建平、郭理蓉:《有组织犯罪的刑事责任与刑罚问题研究》,载《法学论坛》2003 年第 5 期。
99. 卢建平、郭理蓉:《有组织犯罪刑罚之比较研究——兼论我国刑法关于有组织犯罪刑罚规定的完善》,载《政治与法律》2004 年第 2 期。
100. 卢建平:《软暴力犯罪的现象、特征与惩治对策》,载《中国刑事法杂志》2018 年第 3 期。
101. 卢建平:《中国有组织犯罪相关概念特征的重新审视》,载《国家检察官学院学报》2009 年第 6 期。
102. 卢建平:《作为"治道"的刑事政策》,载《华东政法学院学报》2005 年第 4 期。
103. 陆凌:《美国应对有组织犯罪之新近法治实践》,载《广西大学学报(哲学社会科学版)》2016 年第 5 期。
104. 罗翔:《网络水军与名誉权的刑法保护》,载《社会科学辑刊》2019 年第 4 期。
105. 罗旭红、李文燕:《有组织犯罪与秘密侦查法制化》,载《深圳大学学报(人文社会科学版)》2007 年第 4 期。
106. 马方:《犯罪网络分析:社会网络分析在有组织犯罪研究中的应用》,载《西南政法大学学报》2012 年第 2 期。
107. 马克昌:《宽严相济刑事政策刍议》,载《人民检察》2006 年第 19 期。
108. 马克昌:《宽严相济刑事政策的演进》,载《法学家》2008 年第 5 期。
109. 马克昌:《论宽严相济刑事政策的定位》,载《中国法学》2007 年第 4 期。
110. 马克昌:《有组织犯罪——全球关注的问题》,载《法学论坛》2004 年第 5 期。
111. 马微:《理念转向与规范调整:网络有组织犯罪之数据犯罪的刑法规制路径》,载《学术探索》2016 年第 11 期。
112. 马长生:《对我国改革开放以来刑事政策的回顾与展望》,载《法学杂志》2005 年第 5 期。
113. 梅建明、陈侃:《有组织犯罪概念的社会学分析》,载《公安大学学报》2002 年第 6 期。
114. 米铁男:《网络犯罪的形式评价问题研究》,载《东方法学》2017 年第 5 期。
115. 莫洪宪、郭玉川:《有组织犯罪的界定》,载《国家检察官学院学报》2010 年第 2 期。
116. 莫洪宪、郭玉川:《有组织犯罪特征的构成形态》,载《犯罪研究》2009 年第 2 期。
117. 莫洪宪、胡隽:《论〈联合国打击跨国有组织犯罪公约〉与我国刑事司法理念之转变》,载《犯罪研究》2004 年第 5 期。
118. 莫洪宪、李成:《台湾地区组织犯罪的发展轨迹与防治对策》,载《厦门大学法律评论》2005 年第 1 期。

119. 莫洪宪、罗建武:《扫黑除恶常态化研究——以〈反有组织犯罪法〉实施为重点》,载《中国人民公安大学学报(社会科学版)》2022 年第 2 期。
120. 莫洪宪、王明星:《论澳门反“黑”刑事程序法的特点与完善》,载《河南师范大学学报(哲学社会科学版)》2004 年第 3 期。
121. 莫洪宪、王明星:《论澳门反“黑”刑事实体法的特色》,载《河南师范大学学报(哲学社会科学版)》2003 年第 5 期。
122. 莫洪宪、王明星:《中国大陆黑社会性质犯罪的特点及其刑事对策》,载《湖北警官学院学报》2002 年第 2 期。
123. 莫洪宪、王树茂:《刑法谦抑主义论纲》,载《中国刑事法杂志》2004 年第 1 期。
124. 莫洪宪、王肃之:《毒品滥用行为网络防控体系的多维建构》,载《政法论丛》2020 年第 1 期。
125. 莫洪宪、王肃之:《网络空间智慧“扫黑除恶”机制的理论探索》,载《河南社会科学》2020 年第 10 期。
126. 莫洪宪、王肃之:《依法开展大数据“扫黑除恶”的若干关键问题》,载《警学研究》2019 年第 6 期。
127. 莫洪宪、吴爽:《论个体报复社会型犯罪的概念及发生原因》,载《河南警察学院学报》2013 年第 4 期。
128. 莫洪宪、张小宁:《中日犯罪组织比较分析——中国黑社会性质组织 VS 日本暴力团》,载《法学杂志》2011 年第 5 期。
129. 莫洪宪、张小宁:《中日有组织犯罪现状比较研究》,载《刑法论丛》2009 年第 2 期。
130. 莫洪宪、张颖纬:《欧洲刑法发展的“特洛伊木马”》,载《法学评论》2001 年第 5 期。
131. 莫洪宪、周娅:《〈巴勒莫公约〉之若干刑事政策解读》,载《犯罪研究》2003 年第 6 期。
132. 莫洪宪、周娅:《中国法学会犯罪学研究会第 12 届学术研讨会综述》,载《中国法学》2003 年第 6 期。
133. 莫洪宪:《反有组织犯罪法的脉络、特色与适用重点》,载《人民检察》2022 年第 3 期。
134. 莫洪宪:《改革开放以来我国刑事政策总体评估和启示》,载《东方法学》2008 年第 5 期。
135. 莫洪宪:《黑社会性质组织认定相关问题探讨》,载《湖北社会科学》2011 年第 1 期。
136. 莫洪宪:《全球化视角下控制跨国有组织犯罪的对策》,载《法学论坛》2004 年第 5 期。
137. 莫洪宪:《日本惩治有组织犯罪的最新法律对策》,载《国外社会科学》2001 年第 3 期。
138. 莫洪宪:《试论我国大陆有组织犯罪发展阶段》,载《河南警察学院学报》2011 年第 3 期。
139. 莫洪宪:《网络有组织犯罪结构的嬗变与刑法转向——基于网络黑恶势力犯罪的视角》,载《中国刑事法杂志》2020 年第 4 期。

140. 莫洪宪:《我国公司犯罪的现状、原因及对策》,载《法学杂志》2014 年第 1 期。
141. 莫洪宪:《我国有组织犯罪的特征及其对策》,载《河南财经政法大学学报》2012 年第 6 期。
142. 莫洪宪:《有组织犯罪概念研究》,载《法学评论》1998 年第 3 期。
143. 莫洪宪:《有组织犯罪结构分类研究》,载《河北法学》1998 年第 5 期。
144. 莫晓宇:《民意的刑事政策分析:一种双向考量后的扬弃》,载《甘肃政法学院学报》2007 年第 3 期。
145. 庞冬梅:《俄罗斯有组织犯罪的企业化路径及对策研究》,载《上海政法学院学报(法治论丛)》2018 年第 5 期。
146. 庞冬梅:《全球化时代俄罗斯有组织犯罪及其法律对策研究》,载《俄罗斯中亚东欧研究》2011 年第 2 期。
147. 皮艺军:《有组织犯罪的界定》,载《青少年犯罪研究》1997 年第 8－9 期。
148. 齐文远、周详:《"严打"方针的刑法学思考》,载《法学论坛》2002 年第 5 期。
149. 齐贤等:《黑龙江省有组织犯罪特征探析》,载《青少年犯罪研究》1997 年第 8－9 期。
150. 钱伟:《论粤港澳跨境有组织犯罪区际侦查合作模式及原则》,载《中国人民公安大学学报》2007 年第 2 期。
151. 邱格屏:《从"保护伞"到"黑老大"——解读中国黑社会性质组织中官员角色的变迁》,载《青少年犯罪问题》2008 年第 1 期。
152. 邵沙平、丁明方:《控制跨国犯罪与现代国际法的发展——2000 年〈联合国打击跨国有组织犯罪公约〉评述》,载《法学评论》2002 年第 1 期。
153. 施鹏鹏:《正当程序视野下的反有组织犯罪:法国的经验与教训——以"贝尔本二号法律"为中心》,载《中国刑事法杂志》2011 年第 11 期。
154. 时延安:《网络规制与犯罪治理》,载《中国刑事法杂志》2017 年第 6 期。
155. 宋小明:《试析有组织犯罪分子对国家工作人员的贿赂腐蚀及其对策》,载《政法学刊》1997 年第 3 期。
156. 宋洋:《有组织犯罪案件中污点证人豁免制度的引入》,载《国家检察官学院学报》2011 年第 2 期。
157. 苏惠渔、孙万怀:《我国若干刑事政策的回顾与展望》,载《中国刑事法杂志》1999 年第 6 期。
158. 万国海、马荣春:《有组织犯罪的研究导向:超越具体类型的一种"规划"》,载《苏州大学学报(法学版)》2015 年第 2 期。
159. 万毅:《有组织犯罪的特性及其对策研究》,载《重庆社会科学》2002 年第 6 期。

160. 王晨宇、齐大伟:《跨国有组织犯罪与失败国家:挑战与应对》,载《福建警察学院学报》2015 年第 3 期。
161. 王春林:《宽严相济刑事政策的时代意义——从“严打”到宽严相济刑事政策演变角度分析》,载《江苏大学学报(社会科学版)》2009 年第 5 期。
162. 王桦:《海峡两岸打击有组织犯罪比较研究》,载《人民检察》2018 年第 16 期。
163. 王纪轩:《组织犯罪的规范适用与立法检讨》,载《东海大学法学研究》2016 年第 12 期。
164. 王洁:《司法管控电信网络诈骗犯罪的实效考察》,载《中国刑事法杂志》2020 年第 1 期。
165. 王均平:《澳门有组织犯罪立法的价值及反思》,载《法学评论》2002 年第 5 期。
166. 王玫黎、殷超峰:《我国反腐败跨境追赃犯罪资产分享机制的重估与构建》,载《学术探索》2018 年第 3 期。
167. 王楠高:《有组织犯罪的实践与思考》,载《甘肃政法学院学报》2001 年第 1 期。
168. 王平:《刑罚轻重的根据——兼论严打》,载《政法论坛》2002 年第 2 期。
169. 王强军:《知恶方能除恶:“恶势力”合理界定问题研究》,载《法商研究》2019 年第 2 期。
170. 王世卿、杨富云:《新技术条件下我国跨境有组织经济犯罪研究——以电信诈骗和银行卡犯罪为视角》,载《中国人民公安大学学报(社会科学版)》2012 年第 4 期。
171. 王烁:《中国的熟人社会与有组织犯罪的组织性特征》,载《犯罪研究》2014 年第 6 期。
172. 王肃之:《打击网络犯罪国际规则的博弈与中国方案》,载《法学论坛》2021 年第 1 期。
173. 王肃之:《人工智能犯罪的理论与立法问题初探》,载《大连理工大学学报(社会科学版)》2018 年第 4 期。
174. 王肃之:《信息社会犯罪治理的刑事政策反思——以侵犯个人信息犯罪为视角》,载《刑法论丛》2017 年第 4 期。
175. 王肃之:《在行为与法益之间:我国网络犯罪立法路径的反思与超越》,载《澳门法学》2017 年第 3 期。
176. 王燕飞:《〈反有组织犯罪法(草案)〉的理论检视》,载《河北法学》2021 年第 11 期。
177. 王园:《论有组织犯罪的经济分析》,载《云南大学学报(法学版)》2010 年第 2 期。
178. 王云才:《网络有组织犯罪威胁评估——欧洲网络犯罪中心报告解读与启示》,载《中国人民公安大学学报(社会科学版)》2015 年第 1 期。
179. 王志祥:《论黑社会性质组织非法控制特征中“区域”和“行业”的范围》,载《法治研究》2019 年第 5 期。
180. 魏汉涛、齐文远:《构建特别立功制度之设想——破解有组织犯罪泛滥之难》,载《中南民族大学学报(人文社会科学版)》2014 年第 3 期。
181. 闻志强:《日本〈刑事诉讼法〉2016 年修改动态》,载《国家检察官学院学报》2016 年第

6 期。
182. 吴高庆:《试论有组织犯罪特别程序》,载《河北法学》2007 年第 12 期。
183. 吴进娥:《涉数字货币犯罪司法治理的多重困境与突破路径》,载《山东大学学报(哲学社会科学版)》2021 年第 6 期。
184. 吴宗宪:《解读宽严相济的刑事政策》,载《中国人民公安大学学报(社会科学版)》2007 年第 1 期。
185. 伍光红、杜广雷:《跨境非接触性诈骗犯罪的国际警务合作实证研究——以 S 省警方侦办的某跨境电信诈骗案为例》,载《广西民族大学学报(哲学社会科学版)》2018 年第 4 期。
186. 谢玲:《论跨境电信网络诈骗案件的打击困境及破解对策——以"人员流"证据的收集、运用为视角》,载《中国刑警学院学报》2021 年第 1 期。
187. 谢勇、王燕飞:《建国初期有组织犯罪惩治策略研究——一种犯罪学的分析路径》,载《湘潭大学社会科学学报》2002 年第 5 期。
188. 谢勇、王燕飞:《论有组织犯罪研究——十年回顾、评价与前瞻》,载《中国刑事法杂志》2005 年第 3 期。
189. 谢佑平:《论公民人身自由权的宪法保障与司法保护——以刑事司法为中心》,载《上海交通大学学报(哲学社会科学版)》2003 年第 4 期。
190. 欣如:《日本当前及将来通信监听模式》,载《现代世界警察》2018 年第 9 期。
191. 邢志人、张继平:《有组织犯罪的政治经济分析》,载《当代法学》2007 年第 2 期。
192. 徐京辉:《澳门惩治有组织犯罪的法律概况》,载《法学家》2002 年第 6 期。
193. 徐京辉:《澳门惩治有组织犯罪的立法与司法简论》,载《人民检察》2007 年第 6 期。
194. 徐永伟:《黑社会性质组织"保护伞"的刑法规制检视与调试——以涉黑犯罪与腐败犯罪的一体化治理为中心》,载《北京社会科学》2019 年第 5 期。
195. 许恒达:《国际法规范与刑事立法:简评近期刑事法修订动向》,载《台大法学论丛》第 46 卷特刊。
196. 许靖、杨丽、邢菲菲:《对有组织犯罪查处中的疑难问题研究》,载《政治与法律》2010 年第 5 期。
197. 严励:《我国刑事政策的价值追问》,载《山东公安专科学校学报》2004 年第 3 期。
198. 杨方泉:《有组织犯罪的认定与防范》,载《中山大学学报(社会科学版)》2003 年第 1 期。
199. 杨正鸣、姚建龙:《转型社会中的社会治安综合治理体系改革》,载《政治与法律》2004 年第 2 期。
200. 姚建龙:《市民社会与有组织犯罪》,载《犯罪研究》2004 年第 2 期。
201. 姚向阳:《有组织犯罪的相对性研究》,载《政法论丛》2000 年第 4 期。

202. 应培礼、吴军:《有组织犯罪的概念及特征探究》,载《犯罪研究》2004 年第 4 期。
203. 于冲:《黑社会性质组织与“恶势力”团伙的刑法界分》,载《中国刑事法杂志》2013 年第 7 期。
204. 于冲:《网络诽谤刑法处置模式的体系化思考——以网络水军为切入点》,载《中国刑事法杂志》2012 年第 3 期。
205. 于冲:《网络诽谤行为的实证分析与刑法应对——以 10 年来 100 个网络诽谤案例为样本》,载《法学》2013 年第 7 期。
206. 于冲:《有组织犯罪的网络“分割化”及其刑法评价思路转换》,载《政治与法律》2020 年第 12 期。
207. 于改之:《我国关于有组织犯罪的立法与司法完善》,载《法学论坛》2004 年第 5 期。
208. 于文沛:《俄罗斯有组织犯罪及其合法化路径论析》,载《俄罗斯东欧中亚研究》2013 年第 4 期。
209. 余磊、邓小俊:《中日打击有组织犯罪的法律对策之比较》,载《法学评论》2010 年第 2 期。
210. 余新民:《对黑恶势力犯罪坚持“打早打小”原则的探讨》,载《中国人民公安大学学报(社会科学版)》2005 年第 6 期。
211. 袁江平、欧福永:《论中国境外追逃追赃国际合作法律机制的国际法依据》,载《上海对外经贸大学学报》2020 年第 4 期。
212. 张洪成:《禁毒国际公约对我国毒品犯罪法律规制的启示》,载《河北公安警察职业学院学报》2009 年第 3 期。
213. 张杰:《俄罗斯社会转型对有组织犯罪发展的影响》,载《中国人民公安大学学报(社会科学版)》2005 年第 2 期。
214. 张丽霞、赵红星:《新形势下有组织犯罪的特点及其对策》,载《河北法学》2005 年第 10 期。
215. 张秋波:《打击跨境有组织犯罪区际警务合作制度研究》,载《山东警察学院学报》2015 年第 3 期。
216. 张淑平、郭亦农:《大数据与电信网络诈骗之跨境治理》,载《净月学刊》2018 年第 3 期。
217. 张爽:《有组织犯罪社会认同研究——以中日有组织犯罪合作研究项目报告为例》,载《政法论丛》2015 年第 1 期。
218. 张巍:《“网络水军”侮辱、诽谤行为的刑法规制》,载《人民检察》2014 年第 10 期。
219. 张小虎:《有组织犯罪的犯罪学类型性考究》,载《江苏社会科学》2016 年第 6 期。
220. 张小虎:《有组织犯罪的事实特征与刑法规定》,载《法学家》2008 年第 3 期。
221. 张亚平:《法国惩治有组织犯罪的立法动向》,载《云南大学学报(法学版)》2012 年第

4 期。
222. 张远煌、林德核:《试析有组织犯罪的演变特征及存在形态》,载《法学杂志》2012 年第 3 期。
223. 张远煌、姚兵:《社会流动视野中有组织犯罪发展趋势探讨》,载《山东警察学院学报》2008 年第 4 期。
224. 张远煌:《关于我国有组织犯罪的概念及发展形态的再思考》,载《人大法律评论》2009 年第 1 期。
225. 张远煌:《美国惩治有组织犯罪的法治实践及其对我国的借鉴与启示》,载《山东警察学院学报》2011 年第 1 期。
226. 张远煌:《中国有组织犯罪的发展现状及立法完善对策》,载《法治研究》2012 年第 2 期。
227. 张志胜:《表达阙如与黑夜政治——利益视域下的新生代农民工犯罪问题研究》,载《青少年犯罪问题》2011 年第 2 期。
228. 张宗亮:《全球化境域下跨国有组织犯罪的发展态势》,载《中国人民公安大学学报》2004 年第 5 期。
229. 长井园:《有组织犯罪:日本文化的产物》,载《中国刑事法杂志》2004 年第 5 期。
230. 赵秉志、赫兴旺:《跨国跨地区有组织犯罪及其惩治与防范》,载《政法论坛》1997 年第 4 期。
231. 赵秉志:《宽严相济刑事政策及其贯彻的基本问题》,载《人民检察》2009 年第 17 期。
232. 赵赤:《联合国有组织犯罪调查评估及其启示》,载《武汉理工大学学报(社会科学版)》2013 年第 3 期。
233. 赵赤:《美国有组织犯罪的概念演变及借鉴启示》,载《法学杂志》2011 年第 5 期。
234. 赵赤:《美国有组织犯罪基础观念的考证、反思与启示》,载《法学评论》2013 年第 4 期。
235. 赵东平:《简论我国有组织犯罪的特征》,载《国家检察官学院学报》1999 年第 2 期。
236. 赵国玲、李强:《香港有组织犯罪现状分析》,载《中国刑事法杂志》2010 年第 4 期。
237. 赵国玲、于小川:《澳门有组织犯罪研究》,载《人民检察》2011 年第 6 期。
238. 赵军:《有组织犯罪中的胁迫研究——对一个“黑帮”成长历程的入圈考察》,载《河南大学学报(社会科学版)》2012 年第 3 期。
239. 赵微、王昭振:《有组织犯罪界定及其组织行为实行行为化——基于犯罪学与刑法学的视角转换》,载《法学家》2008 年第 3 期。
240. 周光权:《黑社会性质组织非法控制特征的认定——兼及黑社会性质组织与恶势力团伙的区分》,载《中国刑事法杂志》2018 年第 3 期。
241. 周良沱:《犯罪效益论》,载《青少年犯罪研究》1997 年第 4 期。

242. 周长军、祝圣武、路诚:《有组织犯罪的国际化及其应对——有组织犯罪集团和有组织犯罪国际研讨会综述》,载《山东警察学院学报》2007 年第 6 期。

243. 周长康:《关于有组织犯罪的几个问题》,载《青少年犯罪研究》1997 年第 8 - 9 期。

244. 朱蓓莉:《有组织犯罪的界定及其类型特征》,载《政法论丛》2000 年第 2 期。

245. 朱飞、李永升:《有组织犯罪与毒品犯罪的共生模式》,载《吉首大学学报(社会科学版)》2010 年第 2 期。

246. 朱俊强:《论有组织犯罪的刑法配置结构——以国际刑法、区域刑法、国家刑法一体化为视角》,载《暨南学报(哲学社会科学版)》2006 年第 3 期。

247. 朱其良:《试论有组织犯罪的治理对策》,载《学术论坛》2001 年第 5 期。

248. 左昊、潮龙起:《黑恶势力"保护伞"的危害及其防治》,载《甘肃社会科学》2005 年第 5 期。

三、外文文献

1. Alan Doig & Peter A. Sproat, *Local Responses to a National Initiative on Organised Crime and Local Government Procurement Fraud*, Journal of Financial Crime, Vol. 27:1(2020).

2. Andreas Schloenhardt, *Fighting Organized Crime in the Asia Pacific Region: New Weapons, Lost Wars*, Asian Journal of International Law, Vol. 2:1(2012).

3. Anna Sergi & Divergent Mind - Sets, *Convergent Policies: Policing Models Against Organized Crime in Italy and in England Within International Frameworks*, European Journal of Criminology, Vol. 12:6(2015).

4. Anna Sergi, *Organised Crime in English Criminal Law: Lessons from the United States on Conspiracy and Criminal Enterprise*, Journal of Money Laundering Control, Vol. 18:2(2015).

5. Anqi Shen, *Female Membership in the Black - Society Style Criminal Organizations: Evidence from a Female Prison in China*, Feminist Criminology, Vol. 11:1(2016).

6. Aunshul Rege & Anita Lavorgna, *Organization, Operations, and Success of Environmental Organized Crime in Italy and India: A Comparative Analysis*, European Journal of Criminology, Vol. 14:2(2017).

7. Bill Tupman, *What does the Way Crime was Organised Yesterday Tell Us About the Way Crime is Organised Today and will be Tomorrow?*, Journal of Money Laundering Control, Vol. 18:2(2015).

8. Bojan Dobovšek & Boštjan Slak, *Old Horizons of Organised - White Collar Crime: Critical Remarks About the Current Definition, Development and Perceptions of Organised and White -*

Collar Crime, Journal of Financial Crime, Vol. 22:3(2015).

9. Cecily Rose, *The Creation of a Review Mechanism for the UN Convention Against Transnational Organized Crime and Its Protocols*, American Journal of International Law, Vol. 114:1 (2020).

10. Chaim Shinar, *Organized Crime in Russia*, European Review, Vol. 24:4(2016).

11. Chris M. Smith, *Exogenous Shocks, the Criminal Elite, and Increasing Gender Inequality in Chicago Organized Crime*, American Sociological Review, Vol. 85:5(2020).

12. Corinna Elsenbroich et al., *Social Dimensions of Organised Crime: Modelling the Dynamics of Extortion Rackets*, Springer, 2016.

13. Daan P. van Uhm & Rebecca W. Y. Wong, *Chinese Organized Crime and the Illegal Wildlife Trade: Diversification and Outsourcing in the Golden Triangle*, Trends in Organized Crime, 2021, Vol. 24:4(2021).

14. David Weisburd et al., *Understanding Recruitment to Organized Crime and Terrorism*, Springer, 2020.

15. Dina Siegel et al., *Traditional Organized Crime in the Modern World: Responses to Socioeconomic Change*, Springer, 2012.

16. Donald R. Cressey & James Finckenauer, *Theft of the Nation: The Structure and Operations of Organized Crime in America*, Routledge, 2017.

17. Edward R. Kleemans, *Organized Crime and the Visible Hand: A Theoretical Critique on the Economic Analysis of Organized Crime*, Criminology & Criminal Justice, Vol. 13:5(2013).

18. Edwin W. Kruisbergen et al., *Explaining Attrition: Investigating and Confiscating the Profits of Organized Crime*, European Journal of Criminology, Vol. 13:6(2016).

19. Elizangela Valarini et al., *Political Corruption and Organizational Crime: The Grey Fringes of Democracy and the Private Economy*, Springer, 2021.

20. Emilio C. Viano, *Unholy Alliances and Their Threat: The Convergence of Terrorism, Organized Crime and Corruption*, International Annals of Criminology, Vol. 58:1(2020).

21. Felia Allum & Stan Gilmour, eds., *The Routledge Handbook of Transnational Organized Crime (2nd edition)*, Routledge, 2022.

22. Francesco Calderoni et al., *Recruitment into Organized Crime: An Agent - Based Approach Testing the Impact of Different Policies*, Journal of Quantitative Criminology, Vol. 38:1 (2022).

23. Francesco Calderoni, *Organized Crime Legislation in the European Union: Harmonization and*

Approximation of Criminal Law, National Legislations and the EU Framework Decision on the Fight Against Organized Crime, Springer, 2010.

24. Frank G. Madsen, *United Nations vs. Transnational Organized Crime: a Glimpse of the Future?*, Journal of Financial Crime, Vol. 26:2(2019).
25. Frank S. Perri & Richard G. Brody, *The Dark Triad: Organized Crime, Terror and Fraud*, Journal of Money Laundering Control, Vol. 14:1(2011).
26. Gerard McElwee & Robert Smith, eds., *Exploring Criminal and Illegal Enterprise: New Perspectives on Research*, Policy & Practice, Emerald, 2015.
27. Giovanni A. Travaglino et al., *Organized Crime and Group - Based Ideology: The Association Between Masculine Honor and Collective Opposition Against Criminal Organizations*, Group Processes & Intergroup Relations, Vol. 17:6(2014).
28. Greg Borgstede, *Cultural Property, the Palermo Convention, and Transnational Organized Crime*, International Journal of Cultural Property, Vol. 21:3(2014).
29. Guy W. E. Williams, *Policy Implications of Different Theoretical Approaches to Organised Crime*, Journal of Financial Crime, Vol. 19:4(2012).
30. Hans Nelen & Dina Siegel, eds., *Contemporary Organized Crime: Developments, Challenges and Responses*, Springer, 2021.
31. Howard Abadinsky, *Organized crime (10th Edition)*, Cengage Learning, 2012.
32. Jarrett Blaustein et al., *The Emerald Handbook of Crime, Justice and Sustainable Development*, Emerald, 2021.
33. Jay S. Albanese, *Illegal Gambling Businesses & Organized Crime: an Analysis of Federal Convictions*, Trends in Organized Crime, Vol. 21:3(2018).
34. Jay S. Albanese, *Organized Crime in Our Times (6th Edition)*, Routledge, 2015.
35. John Denley & Barak Ariel, *Whom Should We Target to Prevent? Analysis of Organized Crime in England using Intelligence Records*, European Journal of Crime, Criminal Law & Criminal Justice, Vol. 27:1(2019).
36. Julia Weber & Edwin W. Kruisbergen, *Criminal Markets: the Dark Web, Money Laundering and Counterstrategies - An Overview of the 10th Research Conference on Organized Crime*, Trends in Organized Crime, Vol. 22:3(2019).
37. Ko - Lin Chin, *Heijin: Organized Crime, Business, and Politics in Taiwan*, Routledge, 2015.
38. Konstantinos - Orfeas Sotiriou, *The F Words: Frauds, Forgeries, and Fakes in Antiquities*

Smuggling and the Role of Organized Crime, International Journal of Cultural Property, Vol. 25:2(2018).

39. Lars Korsell, *Regulating Organized Crime*, The Annals of the American Academy of Political and Social Science, Vol. 679:1(2018).
40. Louis – Alexandre Berg & Marlon Carranza, *Organized Criminal Violence and Territorial Control: Evidence from Northern Honduras*, Journal of Peace Research, Vol. 55:5(2018).
41. Margaret E. Beare, ed., *Transnational organized crime*, Routledge, 2016.
42. Maria O'Neill, *International Business Encounters Organized Crime: The Case of Trafficking in Human Beings*, German Law Journal, Vol. 19:5(2018).
43. Matt Hopkins et al., *Homicide and Organized Crime in England*, Homicide Studies, Vol. 17:3(2013).
44. Mitchel P. Roth, *Global Organized Crime: A 21st Century Approach (2nd edition)*, Routledge, 2017.
45. Nicholas Barnes, *Criminal Politics: An Integrated Approach to the Study of Organized Crime, Politics, and Violence*, Perspectives on Politics, Vol. 15:4(2017).
46. Paolo Campana & Federico Varese, *Cooperation in Criminal Organizations: Kinship and Violence as Credible Commitments*, Rationality and Society, Vol. 25:3(2013).
47. Paolo Campana & Federico Varese, *The Determinants of Group Membership in Organized Crime in the UK: A Network Study*, Global Crime, Vol. 23:1(2022).
48. Peng Wang et al., *Organized crime in cyberspace: How traditional organized criminal groups exploit the online peer – to – peer lending market in China*, British Journal of Criminology, Vol. 61:2(2021).
49. Peter Sproat, *A Critique of the Official Discourse on Drug and Sex Trafficking by Organised Crime Using Data on Asset Recovery*, Journal of Financial Crime, Vol. 19:2(2012).
50. Phil Williams, ed., *Russian Organized Crime: The New Threat?*, Routledge, 2014.
51. Pierre Hauck & Sven Peterke, *Organized Crime and Gang Violence in National and International Law*, International Review of the Red Cross, Vol. 92:878(2010).
52. Robert M. Lombardo, *Fighting Organized Crime: A History of Law Enforcement Efforts in Chicago*, Journal of Contemporary Criminal Justice, Vol. 29:2(2013).
53. Robert M. Lombardo, *Organized Crime in Chicago: Beyond the Mafia*, University of Illinois Press, 2012.
54. Roberto Musotto & David S. Wall, *More Amazon than Mafia: Analysing a DDoS Stresser*

Service as Organised Cybercrime, Trends in Organized Crime, Vol. 25:2(2022).

55. Sara Schatz, *Impact of Organized Crime on Murder of Law Enforcement Personnel at the U. S. - Mexican Border*, Springer, 2014.
56. Saša Djordjević & Bojan Dobovšek, *Organised Crime in Western Balkans Six at the Onset of Coronavirus*, *International Journal of Sociology and Social Policy*, Vol. 40:9/10(2020).
57. Simon Mackenzie & Niall Hamilton - Smith, *Measuring Police Impact on Organised Crime: Performance Management and Harm Reduction*, Policing: An International Journal of Police Strategies & Management, Vol. 34:1(2011).
58. Stefano Caneppele & Francesco Calderoni, eds., *Organized Crime, Corruption and Crime Prevention: Essays in Honor of Ernesto U. Savona*, Springer, 2014.
59. Stuart Kirby et al., *Using the UK General Offender Database as a Means to Measure and Analyse Organized Crime*, Policing: An International Journal of Police Strategies & Management, Vol. 39:1(2016).
60. T. Wing Lo, Dina Siegel, Sharon I. Kwok, eds., *Organized crime and corruption across borders: Exploring the belt and road initiative*, Routledge, 2020.
61. Thomas P. Ott, *US Law Enforcement Strategies to Combat: Threats to Financial Institutions*, Journal of Financial Crime, Vol. 17:4(2010).
62. Thomas Ren, *Viewing Organised Crime and Terrorist Organisations Through the Financial Threats They Pose to Society*, Journal of Financial Crime, Vol. 25:4(2018).
63. Tim Hall, *The Economic Geographies of Organized Crime*, The Guilford Press, 2018.
64. Tom OBOKATA, *The Value of International Law in Combating Transnational Organized Crime in the Asia - Pacific*, Asian Journal of International Law, Vol. 7:1(2017).
65. Vere van Koppen, Victor van der Geest, Edward Kleemans, Edwin Kruisbergen, Employment and Crime: A Longitudinal Follow - up of Organized Crime Offenders, European Journal of Criminology, 2020, Vol. 00(0) (Published Online).
66. Основы борьбы с организованной престуностью / Под ред. В. С. Овчинского, В. Е. Эминова, Н. П. Яблокова. М., 1996. С. 150—151. Цит. по: Топильская Е. В. Организованная преступность. —СПб., 1999.
67. Организованная преступность - 2 / Под ред. А. И. Долговой. М., 1993.
68. Организованная преступность - 3 / Под ред. А. И. Долговой. М., 1996. С. 12.
69. Уголовное право. Особенная часть: учебник / отв. ред. И. Я. Козаченко, Г. П. Новоселов. - 4 - е изд., изм. И доп. - М., 2008.

70. Емельянов А. С. Понятие организованной преступности и проблемы борьбы с ней // Вопросы организованной преступности и борьбы с ней. М. , 1993.
71. Побегайло Э. Ф. Тенденции современной преступности и совершенствование уголовно – правовой борьбы с нею. М. , 1990.
72. Гуров А. И. Организованная преступность – не миф, а реальность. М. , 1990.
73. Криминология: Учебник / Под ред. Н. Ф. Кузнецовой, В. В. Лунеева. 2 – е изд. , перераб. и доп. М. , 2005.
74. Организованная преступность и коррупция (исследования, обзоры, информация). Екатеринбург, 2000. Вып. 2; Системы общеуголовной этики поведения. М. , 1999. Цит. по: Криминология: Учебник / Под ред. Н. Ф. Кузнецовой, В. В. Лунеева. 2 – е изд. , перераб. и доп. М. , 2005.
75. Звягин А. А. Факторы роста коррупции и тене – вой экономики, взаимосвязь коррупции и теневой эко – номики //Материалы Всероссийской научной конфе – ренции. Москва,М. , 2007.
76. Агильдин В. В. Организованная преступность: понятие, признаки, вопросы, требующие разрешения // Криминологический журнал Байкальского государственного университета экономики и права. – 2013. – № 3.
77. Лунеев В. В. Организованная преступность в России: осознание, истоки, тенденции // Государство и право. 1996. № 4.
78. Агапов П. В. Обо сновных тенденциях организованной преступности в современной России//Криминологический журнал БГУЭП. 2013. № 3.
79. Карягина О. В. , Колычев Р. А. Проблемы квалификации преступлений о рейдерских захватах собственности // Безопасность бизнеса. 2010. № 4.
80. Христюк А. А. Понятие и признаки организованной преступности. Организованная преступная деятельность. // Вестник Томского государственного университета. 2010. № 335.
81. [日]川出敏裕:《通信傍受法の改正について》,载《東京大学法科大学院ローレビュー》2015 年第 11 期。
82. [日]渡边一弘:《有组织犯罪对策相关三法的制定及今后的展望》,载日本《现代刑事法》第 12 期,1999 年。
83. [日]酒卷匡:《关于有组织犯罪对策刑事程序立法》,载日本《现代刑事法》第 11 期,1999 年。

84. [日]田口守一:《有组织犯罪对策相关三法的制定及今后的展望》,载日本《现代刑事法》第12期,1999年。
85. [日]渥美东洋:《有组织犯罪对策的基本观点》,载日本《现代刑事法》第11期,1999年。
86. [日]椎桥隆幸:《有组织犯罪对策相关三法的制定及今后的展望》,载日本《现代刑事法》第12期,1999年。
87. 莫洪宪:《中国の組織犯罪》,载[日]《警察政策研究》第4号警察大学校警察政策研究センター。
88. 日本警察厅编:《警察白書》,株式会社ぎょうせい2003年版。
89. 日本警察厅编:《警察白書特集:変革を続ける刑事警察》,株式会社ぎょうせい2007年版。

四、域外和国际立法

1. 香港《有組織及嚴重罪行條例》,https://www.elegislation.gov.hk/hk/cap455! zh-Hant-HK。
2. 香港《社團條例》,https://www.elegislation.gov.hk/hk/cap455! zh-Hant-HK。
3. 香港《證人保護條例》,https://www.elegislation.gov.hk/hk/cap564! zh-Hant-HK? INDEX_CS=N。
4. 澳门《有組織犯罪法》,https://bo.io.gov.mo/bo/i/97/30/lei06_cn.asp。
5. 澳门《刑法典》,https://bo.io.gov.mo/bo/i/95/46/codpencn/codpen0001.asp。
6. 日本《暴力団員による不当な行為の防止等に関する法律》,https://elaws.e-gov.go.jp/document? lawid=403AC0000000077。
7. 日本《組織的な犯罪の処罰及び犯罪収益の規制等に関する法律》,https://elaws.e-gov.go.jp/document? lawid=411AC0000000136。
8. 日本《犯罪捜査のための通信傍受に関する法律》,https://elaws.e-gov.go.jp/document? lawid=411AC0000000137。
9. Codice penale Edizione Agosto 2017 - aggiornata alla riforma penale (legge numero 103/2017), http://www.procuragenerale.trento.it/attachments/article/31/cp.pdf.
10. Codice di Procedura Penale - Edizione gennaio 2020, http://zyxy.zuel.edu.cn/_upload/article/files/85/b5/b5752ab94a4c99f96c0fd04309fc/8c8798ac-b651-4d26-b7ce-7bcbfd4225a6.pdf.
11. Code penal, https://codes.droit.org/PDF/Code pénal.pdf.
12. Serious Crime Act 2015, https://www.legislation.gov.uk/ukpga/2015/9/contents/enacted.

13. USSC, https://www. ussc. gov/sites/default/files/pdf/training/primers/2018_Primer_RICO. pdf.

14. УГОЛОВНЫЙ КОДЕКС РОССИЙСКОЙ ФЕДЕРАЦИИ, https://rulaws. ru/uk/.

15. Статья в редакции Федерального закона от 03. 11. 2009 № 245 – ФЗ, https://base. garant. ru/12170605/.

16. Федеральный закон от 1 апреля 2019 г. N 46 – ФЗ "О внесении изменений в Уголовный кодекс Российской Федерации и Уголовно – процессуальный кодекс Российской Федерации в части противодействия организованной преступности", https://base. garant. ru/72210300/.

17. COE, Council Framework Decision 2008/841/JHA of 24 October 2008 on the fight against organised crime, https://eur – lex. europa. eu/legal – content/EN/TXT/? uri = CELEX%3A32008F0841.

18. UN, Draft United Nations Convention on Cooperation in Combating Cybercrime, https://documents – dds – ny. un. org/doc/UNDOC/GEN/N17/329/58/pdf/N1732958. pdf? OpenElement.

五、电子文献

1. UNDOC:《联合国打击跨国有组织犯罪公约实施立法指南》,https://www. unodc. org/documents/treaties/Legislative_Guide_2017/Legislative_Guide_C. pdf。

2. UNODC, T*he Globalization of Crime*: *A Transnational Organized Crime Threat*, Assessment, https://www. unodc. org/documents/data – and – analysis/tocta/TOCTA_Report_2010_low_res. pdf。

3. 欧洲刑警组织:《网络有组织犯罪威胁评价(2021)》(Internet Organised Crime threat Assessment(2021)), https://www. europol. europa. eu/cms/sites/default/files/documents/internet_organised_crime_threat_assessment_iocta_2021. pdf。

4. 最高人民法院:《指导案例 186 号:龚品文等组织、领导、参加黑社会性质组织案》, https://www. court. gov. cn/fabu – xiangqing – 382211. html。

5. 中国国家禁毒委员会办公室:《2021 年中国毒情形势报告》, https://new. qq. com/omn/20220625/20220625A080S600. html。

6. 最高人民法院:《指导案例 187 号:吴强等敲诈勒索、抢劫、故意伤害案》, https://www. court. gov. cn/fabu – xiangqing – 382221. html。

7. BKA, *Bundeslagebild Organisierte Kriminalität* 2020, https://www. ihk. de/schleswig – hol-

stein/standortpolitik/sicherheit/bundeslagebild – organisierte – kriminalitaet – 4963294。

8. The National Crime Agency(NCA), *National Strategic Assessment of Serious and Organised Crime* 2020, https://www. nationalcrimeagency. gov. uk/who – we – are/publications/437 – national – strategic – assessment – of – serious – and – organised – crime – 2020/file。

9. 法務総合研究所:《犯罪白書(令和3年版):詐欺事犯者の実態と処遇》,https://hakusyo1. moj. go. jp/jp/68/nfm/mokuji. html。

10. 南方前沿:《华为公司就美国司法机关增加的欺诈指控提出无罪申辩》,https://baijiahao. baidu. com/s? id = 1660314884303505536&wfr = spider&for = pc。

11.《欧洲委员会关于洗钱、搜查、缉获和没收犯罪收益的公约(Convention on Laundering, Search, Seizure and Confiscation of the Proceeds from Crime)》, https://rm. coe. int/168007bd23 Convention on Laundering, Search, Seizure and Confiscation of the Proceeds from Crime。

12. UNDOC, *The Global Programme for Strengthening Capacities of Member States to Prevent and Combat Transnational Organized and Serious Crime* , https://www. unodc. org/unodc/en/organized – crime/GPTOC/international – cooperation – networks. html。

13. UNDOC,《联合国打击跨国有组织犯罪公约及其各项议定书实施情况审议机制运作程序和规则》, https://www. unodc. org/documents/organized – crime/reviewmechanism/Procedures_and_Rules_ – _Chinese. pdf。

14. UNDOC, *Digest Of Cyber Organized Crime*, https://www. unodc. org/documents/organized – crime/tools_and_publications/21 – 05344_eBook_rev. pdf。

15. UNDOC:《网络犯罪综合研究(草案)》,https://www. unodc. org/documents/organized – crime/cybercrime/Cybercrime_Study_Chinese. pdf。

16. 中国互联网络信息中心:第49次《中国互联网络发展状况统计报告》,http://www. cnnic. net. cn/hlwfzyj/hlwxzbg/hlwtjbg/202202/P020220407403488048001. pdf。

17. 最高人民检察院:《最高检央行联合发布惩治洗钱犯罪典型案例》, https://baijiahao. baidu. com/s? id = 1694625323939192371&wfr = spider&for = pc。

18. UNDOC:《司法协助与引渡手册》, https://www. unodc. org/documents/organized – crime/Publications/Mutual_Legal_Assistance_Ebook_C. pdf。

19. 法制网:《国家监察委首次向全国人大常委会报告专项工作 2014 年至今年 6 月追回外逃人员 7831 人赃款 196. 54 亿元》, http://www. legaldaily. com. cn/index_article/content/2020 – 08/10/content_8273275. htm。

20. 网易新闻:《中国与加拿大签署协定　将分享和返还被追缴资产》, https://www. 163.

com/news/article/C1P86EJO00014AED. html。
21. 公安部:《公安部新闻发布会通报全国公安机关打击治理电信网络诈骗犯罪举措成效》, https://baijiahao. baidu. com/s? id = 1702870474702855918&wfr = spider&for = pc。
22. 湖北省人民代表大会常务委员会:《关于深入开展扫黑除恶专项斗争的决定》, http://www. hubei. gov. cn/zhuanti/2019/rdzd/201901/t20190123_1379521. shtml。
23. 中国长安网:《全国扫黑除恶专项斗争总结表彰大会在京召开　部署常态化开展扫黑除恶斗争》, https://baijiahao. baidu. com/s? id = 1695647872349697173&w fr = spider&for = pc。
24. 最高人民法院:《指导案例 188 号:史广振等组织、领导、参加黑社会性质组织案》, https://www. court. gov. cn/fabu - xiangqing - 382231. html。

后　记

金秋时节的珞珈山层林尽染，桂花飘香，校园更显典雅和秀丽。放下校对完成的书稿《有组织犯罪通论》，看着窗外的满山红叶，闻着沁人心脟的花香，不由心潮澎湃，感慨万千……

四十年前，我还在学海门外彷徨，是马先生引领我进入法学世界，先送我赴南斯拉夫贝尔格莱德大学法律系研修刑法学，后又支持我赴俄罗斯圣彼得堡大学法律系专心从事有组织犯罪研究。1996 年，我以“有组织犯罪研究”为题完成了博士学位论文（经修改，成书《有组织犯罪研究》于 1998 年由湖北人民出版社出版），至今已 27 年。多年来，有组织犯罪研究一直是我的主要研究方向之一。我以此为中心先后围绕国内与国际、大陆与港澳台、司法认定与犯罪治理、实体问题与程序问题等多方面展开了研究，积累了一些心得，后又发表了一批论文，于是有了“聚沙成塔”系统总结自己有组织犯罪研究学术成果的想法。知易行难，早在十余年前我就曾考虑重新撰写《有组织犯罪研究》，当时已列出大纲并开始撰写部分章节，但又感到许多问题没有想透。参与《反有组织犯罪法》立法研究后，深切感受到我国犯罪治理目标是实现刑事治理的现代化。转型期我国有组织犯罪的结构变迁、持续增长、预防与打击有组织犯罪有很多方面的问题值得研究。《反有组织犯罪法》通过制度化、规范化、程序化为有组织犯罪刑事治理的现代化提供了法律保障。我国抗制有组织犯罪进入常态化、法治化，面临新的形势必须进行深入的研究。然而本书的撰写也并非简单之事：如一些问题过去没有立法而后有了新的规定，需补充研究；一些问题原来做过研究,但内容和观点需充实和完善;一些问题的探讨可独立成文,但要成为书中的有机板块,需大力修改和整合。尽管撰写过程中困难不少,但历经两年有余的工作,终于完成此书。个中体会可谓:敝帚自珍,甘苦自知。

从某种意义上来说,撰写本书也是向已故著名刑法学家、恩师马克昌先生呈上一份学术答卷。恩师多次与我谈到,犯罪治理现代化是国家治理现代化的基本要求;在推进国家治理现代化的进程中,因社会急剧变迁引发的犯罪问题,尤其是有组织犯罪问题是国家与社会共同关注的重要问题,其关系到国家安全与社会稳定;有组织犯罪治理的成效,检验着国家治理现代化的水平;作为学者应当承担社会责任,要理论联系实际地研究现实问题并解决问题。为此,恩师希望我坚持有组织犯罪研究的方向,以扎实研究成果回应有组织犯罪的新挑战。为了怀念先生和追寻先生的足迹,故本书定名为《有组织犯罪通论》。

本书的完成离不开各位同仁的帮助和支持,尤其是张小宁教授、王肃之博士、罗建武博士、吕行博士等为本书的外文资料收集、翻译、校对提供了诸多帮助,在此谨致以诚挚的谢意!此外,还要特别感谢法律出版社李群、陈昱希二位编辑为本书的编辑出版付出的心血和劳动!

莫洪宪

2023 年中秋于珞珈山